Für meine Frau

Geschrieben als Zeugnis der Epoche
für meine Kinder und Enkel in der Hoffnung,
dass sie jeder ideologischen Verheißung
misstrauen.

Kein Grund zum Jubeln

Erlebte Nähe deutscher Irrungen und Wirrungen im zwanzigsten Jahrhundert

Karl Ludwig Tschaikowski

Karl Ludwig Tschaikowski:

Kein Grund zum Jubeln

Erlebte Nähe deutscher Irrungen und
Wirrungen im zwanzigsten Jahrhundert

1. Auflage
Lektorat: Urs Walther
Gestaltung: Martin Haußmann
Satz: Jasmin Jochum
Druck: Druckerei Steinmeier,
Nördlingen
Gedruckt auf alterungsbestän-
digem Papier aus chlorfrei
gebleichtem Zellstoff

Alle Rechte der Verbreitung,
einschließlich derjenigen
des auszugsweisen Abdrucks
und der bildtechnischen
Reproduktion sowie der Ein-
speicherung und Verarbeitung in
Datenverarbeitungsanlagen aller Art, sind
vorbehalten.

edition foglio
© 2001, Foglio Medien GmbH,
Krahnenstraße 7-9,
51063 Köln
Printed in Germany

ISBN 3-9804752-3-9

Inhaltsverzeichnis

Vorwort   11

Erster Teil | Hoffnungen, Krieg und Ängste; blendender Schein und Apokalypse   13

1 Die Lichter verlöschen   14
Jubel, Trubel, Böllerschüsse: das neue Jahrhundert in der Tür | Klassenunterschiede vor 1914 | die Bildungssituation | die kulturgeschichtliche Krise vor 1914 | die Jugendbewegung | die Konsequenzen der Ratlosigkeit vor 1914 | Juden und Antisemiten | die politische Struktur der wilhelminischen Epoche | drohende Kriege am Horizont | Wilhelm II. | Deutschlands Isolierung | die Krisenstrategie am Beginn des Ersten Weltkrieges | die irrationale Kriegsbegeisterung von 1914 | wäre der Erste Weltkrieg vermeidbar gewesen?

2 Der verlorene Krieg und seine Folgen von 1918 bis 1924   31
Der Krieg geht militärisch verloren und Deutschland erhält eine parlamentarische Demokratie | das Ende der Monarchie und der Anfang der Republik | die Torheiten von Versailles und die deutschen Reaktionen | die neue deutsche Demokratie, die Weimarer Koalition und die Mehrheitsverhältnisse der Parteien | die Vorbehalte gegen das Experiment der Demokratie und der Respekt vor der Monarchie | die Wiege des Verfassers | Hitlers Anfänge | die wirtschaftliche Situation vom Kriegsende bis 1924

3 Die Situation im Nachkriegsdeutschland von der Währungsreform bis zum Beginn der Weltwirtschaftskrise (1924 bis 1929)   48
Die Scheinblüte der Zwanzigerjahre | es geht besser | Gustav Stresemann auf neuen außenpolitischen Wegen | Deutschland vor unlösbaren Schwierigkeiten | Dresden in den Zwanzigerjahren

4 Die Katastrophe beginnt: Die Weltwirtschaftskrise und die Ratlosigkeit der Präsidialregierungen   54
Der »Schwarze Freitag« in New York und seine Folgen in Deutschland | die Konservativen machen einen neuen Versuch im Kampf um die Staatsmacht

5	**Ein unverhoffter Paukenschlag: Hitler vor den Toren**	57

Hitler, der hoffnungslose politische Außenseiter, liegt auf der Lauer | das Volksbegehren zum Young-Plan: Hitler steigt in Hugenbergs Boot und gibt ihm anschließend einen Tritt | Hitlers erste Ernte | Hitlers Dynamik und der verhängnisvolle Fehler der Intellektuellen | das deutsch-völkische Lebensgefühl und der »heroische Realismus« | die hilflose Demokratie und die Furcht vor dem Bolschewismus | Hitler und die Sinnkrise der Zeit | Hitler als Redner | heutige Fehldarstellungen Hitlers in Fernsehdokumentationen | »für Juden Zutritt verboten« | »der Führer«, die moderne Version absolutistischer Herrschaft | Hitlers Appell an die idealistische Bereitschaft

6	**Die alltäglichen Realitäten der Wirtschaftskrise**	69

Hungernde und frierende Arbeitslose, Bettler und Selbstmörder

7	**Hitler wird salonfähig**	73

Der große Einbruch der NSDAP am 14. September 1930 | die Harzburger Front | Hitlers schillernde Persönlichkeit | die SA beherrscht bereits die Straße

8	**Die große allgemeine Ratlosigkeit am Ende der Weimarer Republik**	78

Der Anfang vom schlimmen Ende | ein Dokument der Ausweglosigkeit aus der Feder von Ernst Robert Curtius | ein absurdes politisches Theater: die Wahl des Reichspräsidenten 1932 | Brünings Entlassung | Hitlers Wahlsieg vom Juli 1932 | November 1932: Hitler verliert die Wahl und bleibt trotzdem in der Tür | die kurze Kanzlerschaft des Generals K. von Schleicher | Papens Ranküne und sein Kolumbus-Ei | die Demokratie – ein gescheitertes Experiment | Ewald von Kleist-Schmenzin, ein Warner in der Wüste fataler Hoffnungen

9	**Allen Warnungen zum Trotz**	86

Hitler zunächst: ein scheinbar Gemäßigter | war Hitler zu verhindern? | warum Hitler allseits so grundfalsch eingeschätzt wurde | ein Gelehrter in Oxford liest aufmerksam Hitlers »Mein Kampf« | Hitlers »Mein Kampf« als Informationsquelle: eine fiktive Analyse aus dem Jahr 1933

10	**Das turbulente Jahr 1933 nach Hitlers Machtübernahme: »Nationale Erhebung«, Volksgemeinschaft, Wirtschaftswunder, Terror und Judendiskriminierung, Gleichschaltung und Gleichschaltung und Ausschaltung**	92

Die ersten Wochen unter Hitlers Kanzlerschaft | Hitlers raffiniertes machtpolitisches Spiel auf drei Ebenen: Höflichkeit im Kabinett, Terror auf der Straße und dazu die überwältigende «Nationale Erhebung« | die Aufbruchstimmung der »Nationalen Erhebung« | die »Verordnung zum Schutze des deutschen Volkes« | Hitler vor der Generalität | Terror unter dem Mantel der Legalität | Onkel Alfons in »Schutzhaft« | das merkwürdige Geheimnis der Konzentrationslager | die Wahl vom 5. März | die verblendeten Kommunisten | der Reichstag brennt | die »Notverordnung zum Schutze von Volk und Staat« | die »Nationale Revolution« als Maske des Terrors | der braune Rütli-Schwur auf die »Volksgemeinschaft« | der »Tag von Potsdam« | das Ermächtigungsgesetz | als Sextaner auf dem Gymnasium | Hitlers weiterer Vormarsch | Hitlers biologische Sicht des Staates |

der 1. Mai und die Auflösung der Gewerkschaften | Massenbeeinflussung durch Hitler | seine suggestive Verbreitung von neuer Zuversicht facht plötzlich die Investitionstätigkeit an | Hitlers nationaler Sozialismus | Josef Goebbels und die Gleichschaltung des kulturellen Lebens | die Intellektuellen und das »Dritte Reich« | die Situation der Kirchen | die Tragödie der Juden beginnt | Hitlers außenpolitische Wege

11   1934 – Das zweite Jahr 146
Hitler als Staatsmann des Friedens und als brutaler Diktator | der erste Bluff: ein Pakt mit Polen | Papens Rede | die Ermordung des österreichischen Bundeskanzlers Dollfuß | Hindenburgs Tod

12   Das Jahr 1935 150
Das Saargebiet kehrt heim | die Wiedereinführung der Wehrpflicht und die armselige Reaktion der Westmächte | mein Vater wird fünzig und ich sage ein Gedicht auf. Onkel Hans auf der Anklagebank | die Judengesetzgebung von 1935 | Abschied von Locarno

13   Friedensstimmung im Jahr 1936 155
Deutschland im Olympiafieber | Hitler kündigt Locarno und marschiert unbehelligt im Rheinland ein

14   Die innere Struktur der Zustimmung und Ablehnung im »Dritten Reich« 158
Die Schattierungen der Zustimmung und Ablehnung | wo kamen die Jubelnden her? | der »nichtorganisierte Durchschnittsbürger« | Aufmärsche und Kundgebungen | der Festtags-kalender des nationalsozialistischen »Kirchenjahres« | die Hitlerjugend wird zur »Staatsjugend« | was war das eigentlich: die »nationalsozialistische Weltanschauung«?

15   Das Jahr 1937 173
Hitlers glänzende Bilanz | ganz Deutschland träumt vom dauerhaften Frieden | Hitler agiert immer ungeduldiger und entwickelt in der Führungsspitze seine Eroberungspläne

16   Das Jahr 1938 175
Die Fritsch-Krise | Österreich im Heimkehrrausch | am Rand des Krieges erscheint Hitler als Retter des Friedens | persönliche Erlebnisse | Österreich »kehrt heim ins Reich« | ein neuer Lehrer | ein neues Haus und die Nachbarn | die »Bannspielschar« der Hitlerjugend. Eine Weihnachtsfeier | die Septemberkrise am Rand des Krieges

17   Hitler bricht alle Brücken ab 186
Das Novemberpogrom | Hitler überfällt die Tschechei und teilt sich mit Stalin im Voraus Polen | der Krieg beginnt | der für Hitler überraschende Kriegseintritt der Westmächte | persönliche Eindrücke auf einer neuen Schule | Hitler beginnt in Polen mit seiner Ausrottungspolitik

18   Im Sommer 1940 198
Hitler auf dem Zenit | das Desaster Frankreichs | Hitlers militärische Begabung und ihre Grenzen | eine Zwangstaufe

19	**Das Jahr 1941**	204
	*Keine Invasion Englands, aber ein Krieg gegen Russland	Hitler ohne politisches Konzept	die Italiener rufen um Hilfe	die »Schule der Nation« und ihre Führer	der Krieg gegen Russland beginnt	persönliche Erfahrungen	der mörderische Winterkrieg*	
20	**Das Jahr 1942**	213
	*Eine Million Tote an der Ostfront: Hitler opfert rücksichtslos die Soldaten für die Verlängerung seines Überlebens	neue persönliche Erfahrungen	eine Belehrung durch Theodor Mommsen	zu Gast bei Onkel Josef	eine Landserbegegnung	eine kleine Korrektur des Schicksals	neue Scheinsiege und die große Tragödie	Versagen und Schuld der deutschen Generalität	Hitlers Herrschafts- und Vernichtungsphantasien*	
21	**Die Anfänge des Luftkrieges**	223
	*Zur Frage deutscher Terrorangriffe	das alliierte Luftkriegskonzept und seine verhängnisvollen Fehler*	
22	**Nach Stalingrad**	227
	*Törichte Hoffnungen, verzweifelte Anstrengungen und riesige sinnlose Opfer	paradigmatisch für viele: Albert Speer*	
23	**Die »Endlösung der Judenfrage« und Hitlers wichtigste Helfer**	230
24	**Die letzte Phase des Krieges**	236
	*Der 20. Juli 1944	Narkosen wie im 19. Jahrhundert	Graf Q. weiß einen neuen Witz	Heinrich Schlusnus singt ein Schubertlied. Eine vertane Chance	ungarische Gastfreundschaft	das Ende des Krieges*	

Zweiter Teil | Waffenstillstand und Frieden im Zwielicht; ausgebliebene »Aufarbeitung«, Wirtschaftswunder und ein neuer ideologischer Schub 245

1	**Der Krieg ist aus und ein komplizierter Friede beginnt**	246
	*Die Vertreibung der Deutschen	Deutschland wird ein Vier-Zonen-Land	eine Momentaufnahme im ersten Nachkriegsjahr	Hitlers Weltanschauung verschwindet wie Rauch im Wind*	
2	**Die unselige Entnazifizierung und der Nürnberger Prozess**	252
	*Das ausgebliebene Schuldbekenntnis	das geistige Klima in den ersten Nachkriegsjahren	als Medizinstudent in Bonn im Wintersemester 1946/47	die fragwürdigen Grundlagen des Nürnberger Prozesses	die merkwürdige Solidarisierung der deutschen Bevölkerung	zur Frage der »Aufarbeitung«	Hitlers beide eigentlichen, aber schwer erkennbaren Ziele*	
3	**Das politische Denken der Deutschen zur Zeit des »Dritten Reiches« und ihre unangefochtene Zustimmung zu Hitler im Licht moderner Meinungsforschung**	263
4	**Schlussfolgerungen für das Verhalten der Bevölkerung im »Dritten Reich« (1.–7.)**	269
	Falsche Zustimmung oder Irrtum bei John Locke	

5	**Eine neue Republik**	276

Als Student nach der Währungsreform 1948 | die Demokratie setzt sich durch und die Integration von 13 Millionen Flüchtlingen gelingt | »sag' mal, was ist ein Gentleman?« | der unverhoffte wirtschaftliche Aufschwung | ein arbeitsloser Arzt 1951 | ein Glück für den jungen neuen Staat: Konrad Adenauer

6	**Ein neuer ideologischer Schub: Die Achtundsechziger-Bewegung**	284

Eine neue Utopie der Gesellschaft und praktische Versuche ihrer Umsetzung | unsere fatale Neigung, das Heil in einer Ideologie zu suchen

7	**Drei tiefe Spuren der Achtundsechziger-Bewegung**	292

Unser Betroffenheitskult | der verkannte Kommunismus und seine vergessenen Hohen Priester | die verachteten Soldaten

8	**Die Juden und wir**	300

Einige Gedanken zu unserer Verstrickung in Hitlers Genozid und über die Schwierigkeiten eines angemessenen Umgangs mit unserer Vergangenheit

9	**Ein Wiedersehen mit Dresden und ein zweiter Besuch in dieser Stadt**	306
10	**Doch ein Grund zum Jubeln: die Wiedervereinigung**	312
11	**Brauchen wir wirklich ein Nationalgefühl? Was tun mit dem neuen Rechtsradikalismus?**	313

	**Epilog	Unsere politische Situation, die Sinnkrise unserer Gesellschaft und der Versuch einer Neuorientierung**	**317**
1	Alexis de Tocquevilles Erfahrungen mit der Demokratie in Amerika	318

Die Gleichheit | die Menschen in der Demokratie nutzen nicht ihre Freiheit zur Mitverantwortung in der Gesellschaft | die gesellschaftlichen Folgen der Gleichheit | die vermeintliche Freiheit: das Volk als scheinbarer Souverän

2	**Einige Krisenpunkte unserer geistesgeschichtlichen Situation**	320
3	**Gibt es einen Ausweg aus unserem Dilemma?**	322
4	**Auf welche Wertvorstellungen soll man zurückgreifen?**	325
5	**Plädoyer für einen anderen Lebensentwurf**	326
	Bibliografie	329
	Schlagwortregister	334

Vorwort

Als ich gerade darüber nachdachte, wie ich mit meinem Vorwort einen potentiellen Leser, der einen Blick in das Buch wirft, veranlassen könnte, nun auch wirklich zuzugreifen, kamen mir die überaus lesenswerten Erinnerungen von Sebastian Haffner aus den Jahren 1914 bis 1933 in die Hand. Dort fand ich die ermutigende Bemerkung, die wissenschaftlich-pragmatische Geschichtsdarstellung sage über die individuellen Intensitätsunterschiede des historischen Geschehens nichts. Wer darüber etwas erfahren wolle, müsse Biographien lesen, und zwar nicht die Biographien von Staatsmännern, sondern die viel zu raren Biographien von Privatleuten.

Ich hoffe, dass die vorliegende Darstellung, die eigenes Erleben mit den Ergebnissen der seriösen historischen Literatur zu verbinden sucht, diese Annahme rechtfertigt. Wenn man selbst viele Jahrzehnte des zwanzigsten Jahrhunderts sehenden Auges miterlebt hat, ist man überrascht, wie sehr sich mit zunehmender zeitlicher Distanz die populärhistorischen Darstellungen in der Publizistik und im Fernsehen immer weiter von jener Realität entfernen, die man aus eigener Anschauung kennen gelernt hat. Am stärksten empfinde ich dies für die Zeit des »Dritten Reiches«. Andere Zeitabschnitte wiederum sind schon fast ganz vergessen, obwohl sie des Erinnerns wert wären, wie etwa die ersten beiden Jahrzehnte des Jahrhunderts, die ich naturgemäß nur aus zweiter Hand kenne, die mir aber doch durch viele Erzählungen meiner Eltern und durch Unterhaltungen mit Angehörigen dieser Generation sehr lebhaft vor Augen stehen.

Blickt man zurück auf die verflossenen einhundert Jahre, so findet man aus meiner Sicht die Auffassung bestätigt, dass es ein Jahrhundert der Ideologien war. Gleichwohl habe ich in zahlreichen Diskussionen mit meinen Kindern und deren Freunden immer wieder erfahren, dass für die heute Lebenden die große deutsche Katastrophe nach wie vor das größte Rätsel jener vergangenen Epoche bleibt. Vielleicht gelingt es mir, mit diesem Buch ein wenig mitzuhelfen, dass insbesondere diese Lücke gefüllt wird.

Dennoch verdienen, wie ich meine, auch die linksideologischen Irrungen der letzten drei Jahrzehnte und nicht weniger die neuerdings verstärkt in Erscheinung tretenden rechtsextremistischen Strömungen in Anbetracht ihrer irrealen Prägung und ihres Absolutheitsanspruches unsere Aufmerksamkeit. Für mich sind sie ein Zeugnis mehr, dass jene Orientierungslosigkeit, die für das zwanzigste Jahrhundert so kennzeichnend ist, sich immer wieder ein neues Gewand sucht.

Wenn am Ende dieses Buches der Versuch gemacht wird, einen Ausweg aus unserer gegenwärtigen Sinnkrise zu finden, so bin ich mir selbstverständlich bewusst, dass ich dort einer Utopie das Wort rede. Doch ich glaube in der Tat, dass unsere Massengesellschaft – wenn überhaupt – nur durch neue Meinungsführer beeinflussbar ist, soweit diese im Alltag daran erkennbar sind, dass sie sich eine Besinnung auf bestimmte tradierte und bewährte Wertvorstellungen zu Eigen gemacht haben.

K. L. Tschaikowski

Erster Teil | Hoffnungen, Krieg und Ängste;
blendender Schein und Apokalypse

1 | Die Lichtern verlöschen

Jubel, Trubel, Böllerschüsse: das neue Jahrhundert in der Tür Als die Menschen in Deutschland das neue Jahrhundert, das zwanzigste, mit Böllerschüssen und knallenden Sektkorken begrüßten, war ihr überschäumender Optimismus in der damaligen Situation durchaus nicht unberechtigt. Denn man hatte allen Anlass, voller Hoffnungen in die Zukunft zu blicken. Es war eine Zeit steigenden Wohlstands, täglich neuer Erfindungen und rapider technischer Entwicklungen, vor allem auf chemischem und elektrotechnischem Gebiet. Gerade hier lag Deutschland eindeutig an der Weltspitze. Man hatte seine persönliche Freiheit, und man lebte in einem Rechtsstaat.

Zudem war Deutschland in diesem Zeitalter des Imperialismus* ein friedliches und friedliebendes Land, ungeachtet allen Säbelrasselns. Die Großmächte ringsumher waren da mit ihrer Bereitschaft, das Gewehr zu schultern, weit schneller bei der Hand.

Im Rückblick sieht man heute in dieser Zeit vorzugsweise den Inbegriff des Obrigkeitsstaates, militaristischer Pistolenfuchtelei, einer kurzsichtigen und großsprecherischen Politik, des Großstadtelends und einer Unterdrückung der »Massen« sowie einer bürgerlichen, pseudointakten Scheinwelt. Von alledem ist gewiss etwas wahr. Aber die Realität des Alltags und des subjektiven Lebensgefühls war eben doch sehr viel anders.

Zunächst kann man sagen, dass die Menschen in den beiden letzten Jahrzehnten vor 1914 ganz offensichtlich zufrieden und glücklich waren. In den ersten zwanzig Jahren nach der Reichsgründung 1871, in den sogenannten Gründerjahren, hatte es mehrfach bedrückende wirtschaftliche Krisen gegeben. Aber dann war es bis 1914 zu einer ungeahnten wirtschaftlichen Blüte gekommen:

Um 1800 hatte der Welthandelsumsatz bei 2 Milliarden Goldmark gelegen; im Jahre 1900 waren es 82 und im Jahre 1913 160 Milliarden. Der deutsche Außenhandelsumsatz betrug im Jahre 1880 5,7 Milliarden Goldmark; im Jahre 1900 waren es 10,4 Milliarden und im Jahre 1913 20,7 Milliarden.

Ich habe nie erlebt, dass Menschen aus der Generation meiner Eltern abfällig über die Zeit vor 1914 gesprochen haben. Ein unverdächtiger Zeuge aus jener Zeit ist Rudolf Nissen, einer der wichtigsten Schüler Ferdinand Sauerbruchs, der ihm besonders nahe stand. Er war ein eher »linksliberaler« Mann und dazu Pazifist. Als Jude war er gleich in den ersten Monaten des Jahres 1933 so vielen Schikanen ausgesetzt, dass er sofort seine Zelte hier abbrach und emigrierte.

---

* | Imperialismus: Eine internationale Bewegung der industriell hochentwickelten Staaten vor dem 1. Weltkrieg, die Welt direkt und indirekt in Besitz zu nehmen: durch eine recht unbekümmerte territoriale Machtausdehnung und mittels einer waffenlosen Durchdringung auf industriellem und handelspolitischem Wege; durch eine Ausbeutung der Rohstoffquellen und eine robuste Ausweitung der Einflussbereiche.

In seinen auch heute noch lesenswerten Erinnerungen schreibt er über die Zeit vor dem Ersten Weltkrieg: »Wenn man geistig und politisch in der wilhelminischen Zeit herangereift ist, sucht man in der Rückerinnerung unwillkürlich nach Eigenarten, wie sie in politischen und soziologischen Betrachtungen der Weimarer Zeit und der Periode nach dem Zweiten Weltkrieg geschildert werden. Ich hatte indessen lange Zeit bei vergleichender Beurteilung den Eindruck, dass die Freiheit der Meinungsäußerung und Bewegung im autokratisch regierten Deutschland vor dem Ersten Weltkrieg uneingeschränkter vorhanden war als heute in den besten und ältesten Demokratien.«

Klassenunterschiede und Aufstiegsmöglichkeiten vor 1914 Es gab gewiss beträchtliche Klassenunterschiede. Aber die Grenzen waren keineswegs so undurchlässig, wie man es heute oft dargestellt findet. Wer tüchtig und fleißig war, konnte in Deutschland seit den Achtzigerjahren des neunzehnten Jahrhunderts fast mit Sicherheit darauf rechnen, sozial aufzusteigen. Allerdings mussten die Eltern bereit sein, sich für den Aufstieg ihrer Kinder erhebliche Beschränkungen aufzuerlegen. Aber das war für viele Eltern selbstverständlich, denn sie sahen darin einen Teil ihrer Lebensaufgabe. Meine beiderseitigen Großeltern sind dafür ein ganz gutes Beispiel.

Mein Großvater väterlicherseits war ein sprachbegabter und wissbegieriger Mann. Er entstammte einer polnischen Familie in der damals preußischen Provinz Posen und hatte in seiner Heimat beim Pastor recht gut Latein gelernt. Dann war er als junger Mann innerhalb des alten Kaiserreiches auf die Wanderschaft gegangen, war Postbeamter geworden und am Niederrhein hängen geblieben; denn dort wurde er in dem kleinen Ort Hüls bei Krefeld Postmeister.

Meine Großmutter brachte 12 Kinder zur Welt, vier Söhne und fünf Töchter erreichten das Erwachsenenalter. Alle vier Söhne erhielten von meinem Großvater im Schalterraum der Post Lateinunterricht. Wenn sie soweit waren, dass sie Caesar übersetzen konnten, fuhr er mit ihnen nach Krefeld zum Gymnasium. Dort wurden sie vom Direktor des Gymnasiums an Hand der Caesar-Lektüre geprüft, und wenn sie bestanden (und dafür hatte der Großvater gesorgt), wurden sie in die Untertertia (Kl. 8) aufgenommen. Auf diese Weise hatte der Großvater für jeden Sohn drei Jahre Schulgeld gespart. Alle vier Söhne haben den erhofften Weg gemacht. Und der Gymnasialdirektor war klug genug, sich mit der Lateinprüfung zufrieden zu geben; denn er wusste aus Erfahrung, dass ein Junge, der Caesar übersetzen konnte, in aller Regel begabt genug war, um – damals – die Rückstände in den anderen Fächern aufzuholen.

Dieser Großvater herrschte in seinem Postamt noch bis in die Zwanzigerjahre hinein fast wie ein Duodezfürst. Als kleiner Junge bin ich dort oft herumgelaufen und habe das schöne Haus noch vor Augen, das der Großvater, weiß der Himmel mit welchen Krediten, vor dem Ersten Weltkrieg gebaut hatte. Im Erdgeschoss hatte er die Räume für die Post eingerichtet und an sie vermietet. Vermutlich wird dieser Mietvertrag nicht zu seinen Ungunsten ausgefallen sein. Auf der Front des Hauses prangte in großen Lettern die Aufschrift »Kaiserliches Postamt« und verlieh dem Gebäude und seinen Bewohnern eine Aura allerhöchster, monarchischer Protektion. Der ausgedehnte Garten des Hauses wurde mit großer Selbstverständlichkeit innerhalb der Dienststunden von den Briefträgern des Postamtes besorgt, wenn sie von ihrer »Tour« zurückgekehrt waren. Solche Art »Leibeigenschaft« war allerdings auch damals schon ungewöhnlich. Denn als einmal ein Revisor der Oberpostdirektion in Hüls war und mein

Großvater den Wunsch äußerte, irgendwann einmal »aufzusteigen«, meinte der Herr aus Düsseldorf: »Bleiben Sie um Himmels Willen hier, das bekommen Sie nie mehr wieder!«

Mein Großvater mütterlicherseits stammte aus einem Dorf im Sauerland mit dem putzigen Namen Dumicke. Er war Postsekretär, also noch etwas »weniger« als Postmeister, und hatte drei Söhne. Der Jüngste ging zur Post und belastete deshalb den Familienetat nicht. Aber der Älteste äußerte den Wunsch, Medizin zu studieren. Die Antwort des Vaters: Er könne ihm 80 Mark im Monat geben. Er möge sich die billigste Universität suchen, und den Rest zum Lebensunterhalt müsse er sich mit Nachhilfestunden verdienen. Und er müsse versprechen, dass er nach Beendigung seines Studiums dem jüngeren Bruder das Jurastudium ermöglichen werde. Dieser wieder musste meiner Mutter – als Vierzehnjähriger – Französisch beibringen, damit sie sofort in die Quinta aufgenommen und so ein Jahr Schulgeld gespart werden konnte. Beide haben ihr Versprechen gehalten, der eine war später Arzt und der andere Anwalt in Köln.

Besonders schwer hatten es damals die Arbeiterkinder. Der soziale Aufstieg vollzog sich hier – wenn es dahin kam – meist langsam über mehrere Generationen. Aber auch das musste nicht so sein.

Ein Beispiel dafür war mein Onkel Hans. Hier über ihn nur soviel, dass er der Sohn eines bettelarmen Schneiders in Berlin und der Mann einer Schwester meines Vaters war. Nach seiner Büro-Lehre war er »kleiner Angestellter« bei der Deutschen Erdöl-AG in Berlin. Damals gab es bei der Firma noch zwei Eingänge: einen für die »kleinen« und einen für die »oberen« Angestellten. Natürlich musste er durch den Eingang für die »kleinen«, erklärte aber seiner Frau, lange werde er durch diese Tür nicht mehr gehen. In der Tat erhielt er schon in jungen Jahren Prokura, und am Ende seiner Laufbahn hatte er in dem Unternehmen eine leitende Funktion.

Die Bildungssituation Vor dem Ersten Weltkrieg bestimmte das humanistische Gymnasium sehr stark die höhere Schulbildung. In diesem Zusammenhang hat die Bezeichnung »humanistisch« zu mancherlei Missverständnissen Anlass gegeben, weil man dieses Wort mit dem landläufigen Begriff der »Humanität« gleichgesetzt hat. Ein Humanist nach unserem gegenwärtigen Verständnis wird man aber nicht durch die alten Sprachen. Denn die Antike war alles andere als »human« in unserem Sinne. Hammer oder Amboss sei man in der Antike gewesen, schreibt Theodor Mommsen.

Der Neuhumanismus des 19. Jahrhunderts und das hierauf zurückgehende humanistische Gymnasium hatte denn auch ganz andere Ziele. Sie ähneln denen der Renaissance und der deutschen Klassik.

Es geht dabei in erster Linie um eine bestmögliche Ausformung aller menschlichen Anlagen nach dem klassischen Vorbild der Antike. Ein solches Bildungskonzept bot in der Tat dem Heranwachsenden außerordentlich günstige Voraussetzungen für seine Entwicklung, setzte aber überdurchschnittlich gute Lehrer voraus. Da diese jedoch, wie in allen Berufen, nicht die Regel sind, blieb der Unterricht vielfach in kleinlich-philiströser Grammatikfuchserei stecken; oft auch wurde die Antike in einer überzogenen, schwärmerischen Idealisierung gesehen. Aber selbst dann noch boten der Latein- und Griechischunterricht vorzügliche und vielseitige Möglichkeiten des intellektuellen Trainings zu klarem Denken und präzisem Ausdruck sowie einer wenigstens elementaren Begegnung mit der Wiege unserer Kultur.

Die Altphilologen machten allerdings einen geradezu dümmlichen Fehler: Sie fühlten sich erhaben über die Mathematiker und Naturwissenschaftler, weil sie den neuhumanistischen Bildungsauftrag nur für sich selbst in Anspruch nahmen. Dies führte dazu, dass die Naturwissenschaftler im 19. Jahrhundert und noch vor 1914 hartnäckig um ihre Lehrstühle an den Universitäten und um ihre Gleichberechtigung an den Gymnasien kämpfen mussten. Inzwischen hat man das Kind mit dem Bade ausgeschüttet und meint, alte Sprachen seien unnötiger Ballast.

Extrem benachteiligt waren Frauen; sie konnten im »gehobenen« Berufsfeld im Allgemeinen nur Lehrerinnen werden. Eine für mich unvergessliche Episode möchte ich in diesem Zusammenhang kurz erzählen.

Um 1948 wurde in Bonn die Max Planck-Medaille an Lise Meitner und Otto Hahn verliehen, und es gelang mir, eine der begehrten Eintrittskarten für das Physikalische Institut zu ergattern. Die berühmte Physikerin war ein zierliche alte Dame, ebenso wie Otto Hahn überaus bescheiden. Sie sah aus wie eine Künstlerin. Otto Hahn erzählte aus der Zeit, als Lise Meitner und er vor dem Ersten Weltkrieg in Berlin am Kaiser Wilhelm-Institut tätig gewesen seien und wie Lise Meitner damals nur im Keller hätte arbeiten dürfen, weil sie eben eine Frau war. Dort hinunter sei er oft gestiegen, um sich von ihr (er war von Hause aus Chemiker) in die Geheimnisse der Physik einweihen zu lassen. Das gab sie dann am Beginn ihres Vortrages in sehr netter Weise zurück als sie sagte, dies gelte auch umgekehrt: Otto Hahn verdanke sie ihre nähere Bekanntschaft mit der Chemie. Und dann nahm sie nicht, wie man es am ehesten hätte erwarten können, eine Geige in die Hand, sondern ein Stück Kreide und schrieb die Tafel voll, während sie über »die historische Entwicklung der Entdeckung der Gammastrahlen« referierte.

Die kulturgeschichtliche Krise vor 1914 und ihre Orientierungslosigkeit Die Benachteiligung der Frauen in dieser sich stürmisch entwickelnden Industriegesellschaft war nur der Teilaspekt einer tiefen geistesgeschichtlichen Krise, in der die Gesellschaft vor dem Ersten Weltkrieg steckte, ungeachtet allen Glücks und aller Zukunftshoffnungen. Allerdings nahmen die meisten Menschen die Problematik der Zeit kaum so recht wahr. Die eigene Epoche bietet eben, wie Goethe einmal gesagt hat, keinen Standort zum Betrachten der Gegenwart.

Hinter dem schönen Schein der Zeit, hinter der subjektiven Zufriedenheit in jener Gegenwart, hinter dem berauschenden zivilisatorischen Fortschritt wurden nämlich in der Vorkriegsepoche das Auseinanderbrechen alter Wertvorstellungen, irrationale Fortschritts- und Zukunftsängste sowie das Erstarren in formalen Konventionen sichtbar. Hierzu gehörte auch ein Moral- und Verhaltenskodex, der oft groteske Formen annahm. Einige Beispiele mögen das illustrieren.

Meine Mutter war vor dem Ersten Weltkrieg Lehrerin in Emmerich. Sie kannte damals schon meinen Vater, da er der Bruder einer Kollegin war. Er besuchte eines Tages meine Mutter, und die beiden spazierten durch das Städtchen. Am nächsten Morgen stellte die Direktorin meine Mutter im Kollegium zur Rede, mit wem sie da »gesehen worden sei«. Jetzt mischte sich die Schwester meines Vaters ein mit der Bemerkung, das sei ihr Bruder gewesen. Daraufhin erklärte die Direktorin fordernd: »Dann wird in Zukunft die Schwester mit dem Bruder spazieren gehen!« Natürlich haben die jungen Lehrerinnen über diese absurde Äußerung der Direktorin hinter deren Rücken gekichert; aber kennzeichnend bleibt doch, dass sie so etwas überhaupt sagen konnte.

Auf gleicher Ebene liegt eine Episode aus der Familie meiner Frau. Ein Onkel meiner Frau war Offizier und lag während des Ersten Weltkrieges verwundet in einem Kölner Lazarett. Eine Krankenschwester verliebte sich in ihn, aber diese Zuneigung blieb einseitig. Einige Zeit später war der junge Offizier zu Besuch in Köln und quartierte sich in einem Hotel ein. Die Krankenschwester erfuhr hiervon und versuchte ihn dort zu treffen, aber er hatte gerade das Hotel verlassen. Daraufhin machte sie sein Zimmer ausfindig und es gelang ihr, dort auf ihn zu warten. Nach seiner Rückkehr musste die junge Dame feststellen, dass sich an den Gefühlen des jungen Offiziers nichts geändert hatte, und die beiden verließen das Zimmer. Vor der Tür standen zufällig einige andere Offiziere, und »um die Ehre der jungen Frau zu retten« stellte er sie seinen Kameraden als seine Verlobte vor.

Nun kommt der ganze Kreislauf der Konventionen in Gang: Großes Hallo, gegenseitige Besuche der Familien; der junge Mann hält beim Vater der jungen Frau um die Hand der Tochter an; dann offizielle Verlobung mit Geschenken hin und Geschenken her. Nach einem knappen Jahr erklärt der Bräutigam, alles sei ein Irrtum gewesen, er müssen die Verlobung lösen. Jetzt ist die Aufregung natürlich groß – ja, wieso denn und warum? Doch die Braut hat ihn händeringend gebeten, nicht die Wahrheit zu sagen; also bleibt alles im Nebelhaften, Empörung hier, Verlegenheit dort. Die Geschenke werden zurückgegeben, und der Vater des Bräutigams verpflichtet sich, für eine weitere Ausbildung der Braut Sorge zu tragen. Und all dies, weil ein junger Mann und eine junge Frau zusammen aus einem Hotelzimmer kommen!

Kurze Zeit später fällt der junge Offizier. In seinem Nachlass findet man die Aufzeichnungen, die den Zusammenhang offen legen.

Ein besonders trübes Kapitel war der selbstgerechte, scheußliche Umgang der Gesellschaft mit den unehelichen Müttern und ihren Kindern. Als ich die Erinnerungen von Willy Brandt las, hat es mich sehr berührt zu sehen, wie ihm dieses Schicksal noch in seinen späten Tagen und in der Erinnerung zu schaffen gemacht hat. In der Tat, der Umgang der Gesellschaft mit diesen Frauen und Kindern war von einer gnadenlosen Erbarmungslosigkeit.

Den absurden Standesdünkel der Epoche belegt eine anderes kleines Beispiel: Die Familie meiner Mutter wohnte in Münster, und dort war der Bruder meiner Mutter, der spätere Jurist, Mitglied einer Verbindung. Wenn seine gestärkten Hemden von der Wäscherin abzuholen waren, dann besorgte das der Vater, denn der Sohn »durfte« das nicht, weil die »Anstandsregeln« der Verbindung es nicht erlaubten, dass er mit einem Wäschepaket über die Straße ging!

Etwas Erfreulicheres zum Schluss: Als meine Mutter ihr Lehrerinnen-Examen ablegte, war auch eine kleine Musik-Prüfung vorgesehen. Eine der Kandidatinnen hatte ihre Ausbildung in einem überaus sittenstrengen Internat absolvieren müssen. Als die Reihe an ihr war und sie aufgefordert wurde, ein Lied zu singen, zögerte sie. Daraufhin sagte der Prüfer: »Na, dann singen Sie doch das Volkslied ›Freiheit, die ich meine‹«. Schlagfertig antwortete die couragierte Kandidatin: »*Die* Freiheit, *die* ich meine, kann ich nicht singen!«

Natürlich haben viele junge Menschen diese Einengung nicht einfach hingenommen und nach neuen Wegen gesucht, die aus dieser festgefahrenen Situation herausführen könnten. Nicht wenige von ihnen sammelten sich in der Jugendbewegung, weil sie das Bestehende als morsch und brüchig empfanden, und die Begeisterung, mit der sie 1914 in den Krieg zogen, war sehr wesentlich Ausdruck dieses Überdrusses an der eigenen Epoche.

Die Jugendbewegung Diese Protestbewegungen gegen die Krise der Zeit begann kurz vor der Jahrhundertwende als Wanderbewegung jugendlicher Gruppen, die sich wenige Jahre später im »Wandervogel« zusammenschlossen – als »Alternative« würden wir heute sagen. Kurze Hosen, offener Schillerkragen und taillenlose Kleider waren die äußeren Merkmale dieser junge Leute; meist waren es Schüler und Studenten, die nach dem Erlebnis der »unverfälschten Natur« suchten. Ihr Bild wäre unvollständig ohne Rucksack, Zelt und Lagerfeuer, ohne die Klampfe und den »Zupfgeigenhansel«, ihr Liederbuch.

Die Jugendbewegung war vor dem Ersten Weltkrieg keine ausgesprochene Massenbewegung und ihre Anhänger folgten keiner umschriebenen Ideologie. Aber von ihrer Zielsetzung und Protesthaltung her sprach sie die Idealbildung des Jugendlichen an und machte ihn empfänglich für das »völkische« Denken* und die Suche nach dem großen Gemeinschaftserlebnis.

Sie überdauerte nicht nur den Krieg, sondern fand in den Zwanzigerjahren eine beträchtlich gesteigerte Fortsetzung in vielen jugendlichen Gruppierungen, die das »Fronterlebnis« mit seiner sozial einigenden Bindung nachzuempfinden suchten. Sie alle boten einen fruchtbaren Nährboden für völkisch gefärbte Nationalismen, irrationale Sehnsüchte nach der großen, in sich widerspruchsfreien Gemeinschaft, nach sozialer Harmonie und charismatischer Führerschaft. »Dabei vermischten sich widersprüchlich, aber wirkungsvoll, den Widersprüchen der Zeit entsprechend, radikale Gesellschaftskritik und romantischer Irrationalismus, Antikapitalismus und Antimarxismus, Nähe und Gegnerschaft zum Sozialismus, [...] totale Reformforderung und Anfälligkeit für autoritären Gemeinschafts- und Führungskult.« (K. D. Bracher)

Nicht alle liefen später mit fliegenden Fahnen zu Hitler und zur Hitlerjugend über. Aber die von der HJ offerierte Fahrten- und Lagerfeuerromantik in Verbindung mit völkischer Werteordnung, Gemeinschaftserlebnis und Führermythos hat viele angezogen, deren Grundstimmung von der Jugendbewegung vorgeformt war. Es gab damals ein vielgesungenes Lied, das besser als Worte dieses Stimmungsbündel irrationaler Empfindungen zum Ausdruck bringt. Es hatte eine eingängige Melodie und gehörte zum Liedrepertoire der verschiedensten Jugendgruppen, so auch der katholischen Schülergruppe (»Neudeutschland«), der ich angehörte. Ich glaube, der Text stammt von Walter Flex. Im Erinnerung geblieben sind mir die beiden folgenden Verse:

Wildgänse rauschen durch die Nacht
Mit schrillem Schrei nach Norden.
Unstete Fahrt, habt acht, habt acht,
Die Welt ist voller Morden.

Wir sind wie Ihr ein graues Heer
Und fahr'n in Kaisers Namen.
Und fahr'n wir ohne Wiederkehr
Singt uns im Herbst ein Amen.

---

* | **Völkisches Denken:** Überzogene, mit Irrationalismen durchsetzte Wertvorstellung der »deutschen Art« und des »deutschen Wesens«.

Die Konsequenzen der Ratlosigkeit vor 1914 Diese Orientierungslosigkeit war von entscheidender Bedeutung für die in den Jahren vor dem Ersten Weltkrieg entstehenden oder sich vertiefenden Ideologien. Sie ergriffen vom staatsphilosophischen Denken allmählich immer mehr Besitz: die Staatsvergottung Hegel'schen Ursprungs*, der Marxismus, obskure Rassentheorien (s. S. 21), der Sozialdarwinismus**, der Imperialismus, der Kollektivismus (s. S. 123), das deutsch-völkische Lebensgefühl (s. auch S. 60) und alle möglichen links- oder rechtsextremen sozialistischen Theorien. Letztere liefen darauf hinaus, die Rechte und die Entfaltungsmöglichkeiten des Individuums zu beschneiden und stattdessen die Handlungs- sowie Entscheidungskompetenzen um so mehr auf den Staat zu übertragen. Insgesamt bestand mithin eine Tendenz gegen den Liberalismus und hin zu autoritären Herrschaftsformen.

Die Orientierungslosigkeit dieser Epoche findet ihren Niederschlag in der Experimentierfreudigkeit der Kunst und der Architektur jener Jahre. Naturalismus und Expressionismus in Literatur und Malerei sowie der Jugendstil, die Suche nach einer »neuen Sachlichkeit« und die Absage an den Historismus in der Architektur sind ohne den Hintergrund dieser Orientierungssuche wie auch der gleichzeitig manifest werdenden gesellschaftlichen Probleme nicht vorstellbar.

Juden und Antisemiten Einen Antisemitismus gab es vor 1914 überall in Europa, vor allem in Frankreich und in der Habsburger Monarchie, sehr ausgeprägt in Russland (hier verbunden mit Diskriminierungen und Verfolgungen), aber sehr viel weniger in Deutschland.

Die Juden genossen hierzulande Rechtsgleichheit, verkrochen sich keineswegs ängstlich in die Ecke und konnten fast alles werden. Dieses »fast« ist allerdings nicht unwichtig: Der Offiziersrang und der des höheren Beamten war ihnen praktisch unzugänglich. Wenn man bedenkt, welches Sozialprestige diese beiden Berufsgruppen vor 1914 hatten, so ist diese Einschränkung nicht unwesentlich.

Gleichwohl: »Wenn man Leuten 1914 erzählt hätte, dass innerhalb einer Generation die meisten europäischen Juden ermordet sein würden, hätten sie in ihrer Antwort

---

* | Der Staat ist für Hegel »selbstbewusste, sittliche Substanz, [...] das an und für sich Vernünftige. Diese substantielle Einheit ist absoluter, unbewegter Selbstzweck, in welchem die Freiheit zu ihrem höchsten Recht kommt, so wie dieser Endzweck das höchste Recht gegen die Einzelnen hat, deren höchste Pflicht es ist, Mitglieder des Staates zu sein. [...] Der Staat ist die göttliche Idee, wie sie auf Erden vorhanden ist. Man muss daher diesen Staat wie ein Irdisch-Göttliches verehren. [...] Es ist der Gang Gottes in der Welt, dass der Staat ist.« Und: »Allen Wert, den der Mensch hat, alle geistige Wirklichkeit hat er allein durch den Staat.« Die Bürokratie wird als »höchste Einsicht« definiert. Wenn ein Volk sich anschickt, über das andere zu herrschen, so ist es im Recht, weil »[...] die widersprechenden Rechte zweier Staaten gleich wahr sind, dass also ein Drittes – und das ist der Krieg – sie unmöglich machen muss, damit sie vereinigt werden können, was dadurch geschieht, dass eines dem anderen weicht.« (zit. n. J. Hirschberger, K. Popper und F. Schnabel)

** | Der Sozialdarwinismus: die folgenschwerste Konsequenz aus Darwins – falsch verstandener – Lehre. Er geht davon aus, dass sich das persönliche Leben wie auch das Leben der Völker ganz analog zu dem Existenzkampf in der Natur abspielen: dass also im Kampf ums Dasein immer nur der Stärkere bzw. das stärkere Volk überlebt. Man sah mithin in der Gesellschaft bzw. in einem Volk so etwas wie einen biologischen Organismus. Unter dieser Voraussetzung wurden humane Vorstellungen schnell zur »Humanitätsduselei«, weil sie dem »natürlichen« Ablauf einer biologischen Auseinandersetzung entgegenstanden. Die Vorstellung, dass Kriege unvermeidlich seien, hat hierdurch vor 1914 eine weite Verbreitung und eine unheilvolle Stütze erfahren.

höchstwahrscheinlich die Franzosen, Russen, Polen oder Österreicher dafür verdächtigt. Die Deutschen wären ihnen wohl zuletzt eingefallen.« (G. L. Mosse*, zit. n. E. Jäckel)

Die Deutschen waren stolz auf ihr Land, aber die Juden liebten Deutschland. Ich glaube, sie sahen einfach durch das neureiche Kostüm der Deutschen hindurch, hofften auf ein schließliches Verschwinden der Animositäten einer doch relativ kleinen, ideologisch fixierten Minderheit und hatten einen Blick für die aus langer Tradition gespeiste kulturelle Substanz, die dahinter stand.

Jedoch entwickelte sich nach 1870 eine neue Form des Antisemitismus. An die Stelle der früheren religiösen Differenzen, die im 19. Jahrhundert durch den aufgeklärten Liberalismus einschliefen, traten jetzt pseudowissenschaftliche Vorstellungen einer »Rassenkunde«. Sie gehen in erster Linie auf den französischen Grafen Gobineau zurück (»Versuch über die Ungleichheit der Menschenrassen«, Paris 1853–55).

Hier der Grundgedanke: Es gibt »höhere« und »niedere« Rassen. Diese Verschiedenartigkeit bedingt von vornherein eine unterschiedliche Wertigkeit. Die »weiße Rasse« ist die einzige wahrhaft schöpferische Rasse. Innerhalb dieser sind die »Arier« die Wertvollsten, und unter diesen überragen alle die Germanen, die »Nordischen«. Dieser Schöpfungsauslese sind die Semiten, weil unschöpferisch, als minderwertige Rasse gegenüberzustellen.

Damit war eine Rangordnung festgelegt, aus der die Juden nicht mehr herauskonnten. Auch die Aufklärung und in ihrem Gefolge der Liberalismus waren nun machtlos mit ihrer Überzeugung, dass die Juden durch Bildung und Erziehung aus ihrem Ghetto herauskommen und auf der sozialen Stufenleiter nach oben klettern könnten wie andere auch. Einmal Jude – immer Jude, hieß es jetzt.

Diese fatale Rassenlehre bot nach 1870 dem zwar kleinen, aber verbissenen Kreis ihrer Anhänger immer wieder Anlass zu schriftlicher und mündlicher Agitation. Zu ihnen stieß unter anderem Houston Stewart Chamberlain, der Schwiegersohn Richard Wagners (»Die Grundlagen des neunzehnten Jahrhunderts«, 1899). Das Buch wurde tatsächlich so etwas wie ein Bestseller. Hier feierte das Bedürfnis der Massengesellschaft nach wissenschaftlicher Halbbildung einen wahren Triumph. Kein Wunder, war es doch eine »leicht verständliche« und deshalb einleuchtende, im Mantel der Wissenschaft daherkommende Kultur- und Geschichtsideologie, die alles Unglück auf der Welt rassistisch zu begründen verstand.

Dass sich nicht nur verschwindend wenige fanden, die diesen rassentheoretischen Unfug nachbeteten, lag wohl in erster Linie daran, dass die Juden überdurchschnittlich erfolgreich und in allen höherqualifizierten Berufen überrepräsentiert waren.

In den siebziger Jahren des 19. Jahrhunderts erschienen zahlreiche antisemitische Schriften und Artikel in den verschiedensten Presseorganen. Alles war jetzt auf ideologisch-rassische Vorstellungen zentriert, religiöse Motive existierten praktisch nicht mehr. Bezogen auf die Gesamtbevölkerung waren das allesamt kleine Gruppen, 3,4 % erreicht eine von ihnen bei einer Reichstagswahl. Einer ihrer typischen Vertreter ist jener Kanzleibeamte Theobald Maske, den Carl Sternheim 1913 in seinem Bühnenstück »Die Hose« sagen lässt: »Ich bin Deutscher. Mache keinen Lärm um die Judensache, doch am besten das Rote Meer zwischen diese und mich.«

* | deutsch-amerikanischer, jüdischer Historiker

Die politische Struktur des wilhelminischen Epoche Ungeachtet jener aufkeimenden ideologischen Turbulenzen gab es in Deutschland damals – beinahe – eine parlamentarische Demokratie. Beinahe: Der Reichstag bildete nicht die Regierung, denn der Reichskanzler wurde vom Kaiser (der sich übrigens durchaus an die Verfassung hielt) ernannt.

Aber kein Gesetzentwurf der Regierung konnte zum Gesetz werden, wenn der Reichstag nicht zugestimmt hatte (auch der Bundesrat, d. h. die Länderregierungen, mussten zustimmen). Grob gesagt bildeten die Sozialdemokraten, zusammen mit den (Links-) Liberalen und dem Zentrum, die Opposition, während die Nationalliberalen und die Konservativen auf der Regierungsseite standen.

Hieraus ergab sich ein grundsätzliches Problem für die weitere politische Entwicklung. Denn wenn die Sozialdemokraten weiter zunahmen (und damit war angesichts der industriellen Entwicklung sicher zu rechnen), dann war absehbar, dass eines Tages eine vom Kaiser ernannte Regierung nicht mehr handlungsfähig sein würde. Über kurz oder lang war deshalb die Notwendigkeit einer parlamentarischen Demokratie vorgegeben.

Drohende Kriege am Horizont Wir sind geneigt, in dem Zeitabschnitt von 1871 bis 1914 eine Spanne tiefen Friedens zu sehen. In Wirklichkeit gab es eine Fülle von schwerwiegenden politischen Krisen, die oft genug von einer ernsthaften Kriegsgefahr begleitet waren. Denn damals bestand unter allen europäischen Mächten eine vom Nationalismus und insbesondere vom heraufkommenden Imperialismus vorgeformte Rivalität.

Es war Bismarcks Konzept, die verschiedenen Rivalitäten auszunutzen, Deutschland nicht eingewichtig festzulegen und den Verdacht eines deutschen Hegemonialanspruches auszuschalten, um hierdurch ein Gleichgewicht der Spannungen herbeizuführen und auf diese Weise den Frieden zu sichern. Dabei komme es darauf an, so sagte er sich, den Druck der anderen Mächte vom Zentrum, nämlich Deutschland, auf die Peripherie in den Bereich der dortigen rivalisierenden Interessen zu verlagern.

Bismarck hat zu diesem Zweck nach 1871 mehrere Bündnisse mit unterschiedlichen Zielrichtungen abgeschlossen: den Zweibund mit Österreich, den Dreibund mit Österreich und Italien sowie das geheime Dreikaiserbündnis (Deutschland, Österreich, Russland). Diese Bündnisse ergänzten sich teilweise, teils aber auch widersprachen sie sich und waren eigentlich nur von einem Virtuosen wie ihm zu handhaben. 1887 schloss Bismarck mit Russland den berühmten Rückversicherungsvertrag (Zusicherung gegenseitiger Neutralität bei einem unprovozierten französischen bzw. österreichischen Angriff auf einen der Vertragspartner).

Ein junger Kaiser kommt 1889 war der 29-jährige Thronfolger als Wilhelm II. Kaiser geworden. Ein Jahr später wurde Bismarck entlassen, und der Rückversicherungsvertrag (den Russland verlängern wollte) wurde nicht erneuert: Das war wie ein Programm. An die Stelle des Bismarck'schen schwebenden Gleichgewichtszustandes sollten jetzt klare Fronten mit überschaubaren Bündnissen treten. Aber schon dieser erste Schritt erwies sich langfristig als verhängnisvoll.

Auch wenn man dem Rückversicherungsvertrag nicht allzu viel Wirksamkeit zutraute (das hatte auch Bismarck nicht getan), so geriet Deutschland ohne diese Absicherung angesichts der österreichisch-russischen Gegensätze in ein fatales Abhängigkeitsverhältnis zu seinem einzigen und dazu schwachen Bündnispartner Österreich. Und die russischen Nationalisten und Panslawisten konnten jetzt mit gutem Grund ihre Attacken auf

Deutschland ausdehnen. Dementsprechend kam es 1894 prompt zu einer französisch-russischen Militärallianz.

Jetzt, als der junge Kaiser die Parole »mit Volldampf voraus« verkündete, lebte man im Hochgefühl des wirtschaftlichen Aufschwunges sowie allgemeiner Machtentfaltung. Man war mitten im Zeitalter des Imperialismus und bemühte sich, behaftet mit dem Komplex des Zuspätgekommenen, alles nachzuholen, was zum Etikett einer »Weltmacht« noch fehlte.

Wilhelm II. Auch wenn man voll des guten Willens ist, auch wenn man alle Zeitumstände berücksichtigt – er war bestenfalls eine unglückselige Figur auf dem deutschen Kaiserthron.

Er war nicht untalentiert und besaß vor allem eine recht schnelle Auffassungsgabe: Aber in seinem Denken war er oberflächlich, undiszipliniert und sprunghaft. »Wilhelm der Plötzliche« wurde er einmal boshaft genannt. Infolgedessen fehlten ihm die Voraussetzungen zur ruhigen, nüchternen Analyse, und dies umso mehr, als er sachkundige und unabhängige Berater weniger schätzte als Höflinge, die ihm nach dem Munde redeten

Leider war er zudem recht eitel und geltungssüchtig. Systematische Arbeit war nicht seine Stärke, und fleißig konnte man ihn auch nicht unbedingt nennen. Er stand spät auf, frühstückte lange und vertrieb sich die Zeit mit Reiten, Spazierengehen und allerlei Gesprächen. Das militärisches Zeremoniell liebte er sehr, ebenso langes Essen und »erholsame« Abendunterhaltungen. Am liebsten hätte er jeden Tag Geburtstag gefeiert, hat Bismarck gesagt.

Er hat sicher in einer Wechselwirkung mit seiner Zeit gestanden. Aber gerade deshalb hätte bei dem großen Ansehen, das die Monarchie damals noch genoss, von ihm ein positiver Einfluss auf seine Zeitgenossen ausgehen können, wenn er einen anderen Zuschnitt gehabt hätte. Doch leider war seine Wirkung gerade umgekehrt, weil seine Veranlagung und seine Mentalität dem Zeitgeist der Epoche recht genau entsprachen. Infolgedessen waren seine negativen Wirkungen beträchtlich. Man muss hier natürlich berücksichtigen, dass er in doch sehr jungen Jahren auf den Thron kam und dass viele Ungereimtheiten aus seinem Munde diesem Umstand zuzuschreiben waren.

Der nassforsche Kasino-Ton, die alberne Deutschtümelei mit ihrer Überheblichkeit, das »schneidige« Gehabe, diese »Uns-kann-Keiner«-Attitüde, das Auftrumpfen, dieses alberne Herumschwadronieren, die Theatralik und die Arroganz, all dies lag durch das imperialistische Grundmuster der Zeit gewiss ohnehin in der Luft; doch leider wurde dieses negative Verhaltensmuster durch ihn nicht abgeschwächt, sondern eher verstärkt.

Oftmals mischte er sich außenpolitisch durch seine Äußerungen in Dinge hinein, von denen er nichts verstand, weil er sich nur oberflächlich damit befasst hatte, und gerade hier hat er viel Porzellan zerschlagen. Das war um so schlimmer, als im Zeitalter des hereingebrochenen Imperialismus ohnehin alle europäischen Staaten mit den Muskeln spielten und das sozialdarwinistische Denken ständig an Boden gewann.

Dass Deutschland den Ersten Weltkrieg allein verschuldet hat, ist gewiss nicht wahr. Aber dass ein deutscher Kaiser, ausgestattet mit intellektueller Bescheidenheit, Umsicht und der Fähigkeit, die richtigen Leute um sich zu sammeln, zugleich ohne diesen absurden Hass auf seine englische Mutter, vielleicht doch entscheidend zu einer Verhinderung des Ersten Weltkriegs hätte beitragen können, ist als Vermutung nicht abwegig. Allerdings wird man in der Geschichte lange suchen müssen, bis man einen Herrscher solchen Formats findet.

Besonders unangenehm war seine Selbstherrlichkeit. Im Kanzler und in den Ministern sah er seine »Handlanger«, und eines Tages verstieg er sich zu dem Ausspruch, wenn er, der Kaiser, es befehle, müsse der Soldat bereit sein, auf die eigenen Eltern zu schießen. Wenn man sich dieser Forderung aus des Kaisers Mund erinnert, wird manches verständlich, was an Willfährigkeit seitens der Generalität Hitler gegenüber sonst unverständlich bleibt. Denn Hitlers führende Generale waren zumeist vor dem Ersten Weltkrieg junge Offiziere gewesen.

Völlig vernarrt war er in die Flottenrüstung. An sich war es aus deutscher Sicht im Hinblick auf die politischen Gegebenheiten völlig normal, eine angemessen starke Flotte zu besitzen. Aber man musste natürlich darauf achten, dass man damit England nicht vor den Kopf stieß. Aber gerade hier ließ der junge Kaiser das rechte Augenmaß gänzlich vermissen.

Nichts zu seinen Gunsten? Das fällt schwer. Wohl kann man sagen, dass er eigentlich ein friedfertiger Mann und nicht kriegslüstern war. Es war bei alledem noch ein Glück, dass Wilhelm II. von der Verfassung her keine unmittelbare Entscheidungsbefugnis besaß. Aber die ständigen Ungereimtheiten aus »allerhöchstem« Munde waren es, die seinen Einfluss auf das Denken der Zeit so fatal gemacht haben. Zwei einfache Beispiele aus seinem alltäglichen Leben mögen belegen, wes Geistes Kind er war.

Als im Jahre 1917 der damalige Papst Benedikt XV. eine Friedensinitiative zur Beendigung des Krieges entwickelte, kam der Nuntius Pacelli mit dem entsprechenden Schreiben zum Kaiser. Dieser überflog es unkonzentriert, brummte ein paar Worte in sich hinein und sagte dann zu Pacelli: »Und jetzt zeige ich Ihnen mal unsere neue Infanterieuniform ...«

Nicht weniger entlarvend ist der Bericht des großen Schauspielers Fritz Kortner, wonach Wilhelm II. nicht selten »beratend« in die Proben des königlichen Schauspielhauses eingriff. Überhaupt fühlte er sich auch in Fragen der Kunst kompetent, und seine diesbezügliche Zuständigkeit kleidete er in die peinliche Wendung »Eine Kunst, die sich über die von Mir bezeichneten Gesetze und Schranken hinwegsetzt, ist keine Kunst mehr.«

Die Kaiserin (die »Kirchen-Auguste«, wie die Berliner sie nannten) sorgte ergänzend für die rechte Moral auf der Bühne. Fritz Kortner erzählt in seinen Erinnerungen, wie sie mit Entsetzen gemutmaßt habe, die Anita in »Peer Gynt« könnte mit nackten Beinen getanzt haben. Man habe ihr die fleischfarbenen Trikots sofort nach der Szene in die Hofloge bringen müssen, damit sie prüfen konnte, ob diese noch körperwarm waren.

Die deutsche Begeisterung für die Flotte un der unheilvolle Einfluss des Marinestaatssekretärs Tirpitz auf Wilhelm II. England, Frankreich, Russland und die USA hatten schon 1890 mit großangelegten Flottenbauprogrammen begonnen. Jetzt, 1897, folgte auch Deutschland. Eine Begeisterung für die Flotte wurde zur Frage nationaler Aufrichtigkeit, und alle Jungen und Mädchen trugen sonntags einen »Matrosenanzug« (noch in den Zwanzigerjahren waren sie Mode, ich hatte natürlich auch einen »Kieler Anzug« und war sehr stolz auf meine langen Hosen).

Unter dem Marinestaatssekretär von Tirpitz wurde der Flottenbau mit großer Intensität vorangetrieben. Dieser Mann, eine starke Persönlichkeit, hatte einen unheilvollen Einfluss. Denn er bestärkte Wilhelm II. ständig in dessen Flottenliebhaberei und unterlief damit die Bemühungen der Reichsregierung (die auch von den Engländern geteilt wurden), zu einem Ausgleich mit den Briten zu kommen.

Die Wirkung dieser Aufrüstung wie auch die deutsche Großmachtattitüde wirkten äußerst negativ nach außen. Dabei hätte man ja eigentlich mit sich zufrieden sein können. Aber immer wieder machte sich dieser Gleichberechtigungskomplex bemerkbar, dieses fast kindlich-trotzige Auftrumpfen: »Wir wollen aber auch was zu sagen haben!«

Demgegenüber hätten die großen deutschen Erfolge und das politische Gewicht dieses mitteleuropäischen Machtkomplexes eher Anlass zu einem Understatement sein sollen. Aber das schwierige Geschäft, selbstsicher sowie interessenwahrend und zugleich bescheiden aufzutreten, das war (und ist) leider nicht immer unsere Stärke. Und damit ist man eigentlich schon wieder bei dem verhängnisvollen Einfluss Wilhelms II.

Die Folgen waren höchst fatal. Denn die anderen Mächte wandten sich von uns ab, ließen uns links liegen und regelten ihre Angelegenheiten untereinander.

Deutschlands Isolierung Schon seit der Jahrhundertwende griff nicht nur im Bewusstsein der deutschen Öffentlichkeit, sondern in allen europäischen Staaten zunehmend die Vorstellung um sich, dass ein Krieg unvermeidlich sein würde. Diese Stimmung spitzte sich gegen 1914 hin immer mehr zu.

Schuld waren mehrere Faktoren, die zusammenkamen. Zum einen war es der allgemein leichtfertige Umgang mit dem Gedanken an einen Krieg. Zum zweiten waren wir unbeliebt aus den oben schon genannten Gründen; hinzu kamen die schiere Größe des deutschen Machtblocks mitten in Europa und Frankreichs alte Racheschwüre.

Diese französischen Ressentiments nahmen jetzt immer mehr den Charakter einer Massenhysterie an, die durch eine rücksichtslose Stimmungsmache der Presse angeheizt wurde. Bezeichnend ist der Bericht eines deutschen Touristen über einen Kinobesuch in der französischen Provinz im Frühjahr 1914: »In diesem Augenblick, da Kaiser Wilhelm im Bilde (der Wochenschau) erschien, begann ganz spontan in dem dunklen Raume ein wildes Pfeifen und Trampeln. Alles schrie und pfiff, Männer, Frauen, Kinder höhnten, als ob man sie persönlich beleidigt hätte. [...] Ich spürte, wie weit die Vergiftung durch die seit Jahren und Jahren geführte Hasspropaganda fortgeschritten sein musste, wenn sogar hier, in einer kleinen Provinzstadt, die arglosen Bürger und Soldaten bereits dermaßen gegen den Kaiser, gegen Deutschland aufgestachelt waren, dass selbst ein flüchtiges Bild auf der Leinwand sie schon zu einem solchen Ausbruch verleiten konnte.« (zit. n. J. Mirow)

Dabei war Deutschland in den Jahren zwischen 1871 und 1914 weit friedfertiger als die übrigen Großmächte. Während nämlich in dieser Zeit Russland gegen das Osmanische Reich, Frankreich gegen China, England gegen die Burenrepubliken, Italien gegen das Osmanische Reich, die USA gegen Spanien und Japan gegen China sowie gegen Russland recht selbstverständlich Angriffskriege führten, war Deutschland in keinen derartigen Konflikt verwickelt.

Auch die deutsche Rüstung und die deutschen Militärausgaben hielten sich durchaus im internationalen Rahmen, wenn man einmal von dem unsinnigen Flottenprogramm absieht, das England vor den Kopf stieß, aber doch nicht den erhofften Abschreckungseffekt hatte.

In den letzten Jahren vor dem Krieg wurde Deutschlands Isolierung immer schmerzlicher fühlbar und die nationalistisch-imperialistischen Töne auf dem rechten Flügel immer lauter. Diese Rechte postulierte eine aggressive deutsche Politik überall auf der Welt und verstieg sich bis zur Forderung eines Präventivkrieges.

Obschon die deutsche Führung – jetzt unter dem Kanzler Theobald von Bethmann Hollweg – hier keineswegs mitmachte, sondern bremste, wurde ihr innenpolitischer Spielraum gegenüber der öffentlichen Meinung immer enger. Trotzdem versuchte der Kanzler, zu einer vernünftigen Entspannungspolitik gerade mit England zu kommen. Aber hier stand immer wieder das aberwitzige Flottenrüstungsprogramm im Wege. Auf der anderen Seite wurde der Gegensatz zwischen Russland und Österreich immer schärfer, und in den letzten Jahren vor dem Krieg kam es zu mehreren schweren Krisen, die sich nur noch am Rande eines Krieges so gerade eben bewältigen ließen.

Die Krisenstrategie am Beginn des Ersten Weltkrieges und die schwierige Frage seiner Vermeidbarkeit
Das war der Stand, als der Erste Weltkrieg ausbrach, der in Europa die Lichter löschte und im »Keim« (G. F. Kennan) jene grundlegenden Veränderungen enthielt, die Europa umgepflügt, aber auch die ganze Welt beeinflusst haben. Wäre er nicht vermeidbar gewesen?

Die äußeren Bedingungen des Kriegsanfanges sind schnell erzählt. Bekanntlich wurde am 28. Juni 1914 der österreichische Thronfolger Erzherzog Franz Ferdinand in Sarajewo von einem bosnischen Studenten, den Serbien unterstützt hatte, ermordet. Der aktuelle Hintergrund waren die Bestrebungen Serbiens, sich Bosnien einzuverleiben, das Österreich-Ungarn zusammen mit der Provinz Herzegowina 1908 (zuvor waren das nominell türkische Gebiete) annektiert hatte.

Durch diese großserbische Bewegung sah Österreich den Zusammenhalt der Donaumonarchie gefährdet und wollte an Serbien durch einen kriegerischen Schritt ein Exempel statuieren und Serbien zum Satellitenstaat machen. Der Wiener Außenminister und die Militärs rechneten mit einem Eingreifen Russlands, das durch sein ständiges Engagement auf dem Balkan die Donaumonarchie in ihren Grundlagen gefährdete. Jetzt sollte Russland in seinem Bündnissystem eine schwere Niederlage beigebracht werden, zumindest hinsichtlich seiner Reputation; aber auch einen Krieg war man bereit in Kauf zu nehmen.

Deutschland war in einer höchst unangenehmen Lage. Der damalige Reichskanzler von Bethmann Hollweg hat die Situation treffend so umrissen: »Unser altes Dilemma bei jeder österreichischen Balkanaktion. Reden wir ihnen zu, so sagen sie, wir hätten sie hineingestoßen; reden wir ab, so heißt es, wir hätten sie im Stich gelassen. Dann nähern sie sich den Westmächten, deren Arme offen stehen, und wir verlieren den letzten mäßigen Bundesgenossen.« (zit. n. E. Jäckel)

Nach anfänglichem Schwanken tat die deutsche Regierung am 6. Juli den verhängnisvollen Schritt. Man sicherte Wien die deutsche Unterstützung mit dem berühmten »Blankoscheck« zu; d. h. man ermunterte Österreich bedingungslos zu einer Politik der Stärke gegenüber Serbien, ohne sich die Möglichkeit einer mäßigenden Einflussnahme offen zu halten. Desgleichen tat man nichts, um Russland möglichst irgendwie zu »schonen«. Diese Inkaufnahme des Kriegsrisikos war die Lunte, die deutscherseits an das Pulverfass gelegt wurde. Wie konnte es dazu kommen?

So einfach, wie die vorhergehenden Sätze suggerieren könnten, war die Situation nicht.

Kanzler, Kaiser, Militärs und Diplomaten, also das deutsche politische Spitzengremium, waren aus guten Gründen zutiefst pessimistisch, weil sich die Sicherheitssituation des Reiches in den letzten Jahren kontinuierlich verschlechtert hatte. Vor allem machte Russland, hochgerüstet, aus seiner Bereitschaft zum Kriege keinen Hehl, und es betrieb in diesem Zusammenhang eine außerordentlich aggressive Politik, insbesondere auf dem

Balkan. Die Deutschfeindlichkeit hatte in der russischen Öffentlichkeit ein bedrohliches Ausmaß erreicht, auch hier war die Stimmung kriegsbereit. Unter gleichzeitiger Berücksichtigung der enorm wachsenden russischen Bevölkerungszahl schien es absehbar, dass Russland spätestens in wenigen Jahren in einen Krieg gegen Deutschland eintreten würde, zumal führende russische Kreise hofften, hierdurch die befürchtete Revolution vermeiden zu können.

Darüber hinaus: Was deutscherseits gern als Einkreisung angesehen wurde, war eigentlich mehr eine durch die »Weltmachtpolitik« zustande gekommene Auskreisung, die nun eine Triple-Entente, nämlich Russland, Frankreich und England, auf den Plan gerufen hatte. Die deutsche Regierung hatte Kenntnis von russisch-englischen militärischen Geheimverhandlungen erhalten, die das Bild zusätzlich verdüsterten. Ein Krieg schien auf die Dauer jetzt erst recht unvermeidlich.

In dieser Situation entwickelte die deutsche Seite eine Krisenstrategie, die das Risiko eines Krieges bewusst einschloss, weil man nicht glaubte, ihn definitiv verhindern zu können und weil man die Gewinnchancen jetzt für größer hielt als in der Zukunft.

Was man am liebsten gewollt hätte: Russland ohne Krieg eine schwere Schlappe beizubringen, um auf diese Weise die Bindungen innerhalb der Triple-Entente zu lockern und wieder etwas mehr Bewegungsfreiheit zu bekommen. Aber so etwas war, wenn überhaupt, nur am Rande eines Krieges möglich. Wenn Deutschland jetzt Österreich stützte, so war das keine Nibelungentreue, sondern es entsprach aus der damaligen Perspektive einer Sicherung der eigenen Existenz durch Erhalt des – ohnehin schwachen – Bündnispartners. Aggression war das nicht.

Es war schon eine verfahrene Situation. Denn auch die Gegenseite sah sich in einer defensiven Lage, weil man meinte, den Weltmacht-Neuling, diesen unvermittelten Aufsteiger, eindämmen zu müssen. Vermehrt wurden auf deutscher Seite für Bethmann Hollweg die Schwierigkeiten durch das lautstarke Getöse der Kriegsbefürworter, die in einer unverantwortlichen Publizistik Unterstützung fanden.

Als Berlin am 6. Juli den Blankoscheck ausstellte, rechnete man mit einem schnellen Handeln in Wien, das hätte die Erfolgschancen verbessert. Aber dort ließ man sich endlos Zeit. Endlich, am 23. Juli, wurde das Ultimatum in Belgrad übergeben. Serbien nahm die Bedingungen an – bis auf eine wichtige Ausnahme: die Beteiligung von Österreichern an der Untersuchung des Attentats. Gleichzeitig ordnete Serbien die Mobilmachung an. Dahinter stand der Einfluss Russlands, dem seinerseits von Frankreich volle Unterstützung zugesagt worden war.

Dann ging alles sehr schnell: Am 28. Juli erklärte Österreich Serbien den Krieg. Am 29. Juli ordnete Russland, unprovoziert, die Mobilmachung an. Nach einigen letzten diplomatischen Anstrengungen von deutscher und englischer Seite und einem erfolglosen Ultimatum an Russland erklärte Deutschland am 1. August den Krieg. Am folgenden Tag wurde deutscherseits mitgeteilt, Russland habe den Krieg eröffnet. Die deutsche Öffentlichkeit und hier auch die Sozialdemokraten sahen sich in einem Verteidigungskrieg.

Die deutsche Anfrage nach Frankreichs Haltung im jetzt begonnen deutsch-russischen Krieg wurde, wie zu erwarten, im kriegsbereiten Sinn entschieden; daraufhin erklärte Deutschland am 3. August Frankreich den Krieg. Am nächsten Tag erging die englische Kriegserklärung an Deutschland, nachdem das Reich das englische Ultimatum – Achtung der belgischen Neutralität und Rückzug der deutschen Truppen – abgelehnt hatte.

Begeisterte junge Deutsche ziehen, wie überall in Europa, jubelnd in den Krieg.

Zum schlimmen Schluss kann man sagen: Bethmann Hollweg hat Wien nicht gezügelt und die Westmächte haben Russland nicht gezügelt.

Die irrationale Kriegsbegeisterung 1914 Die Kriegsbegeisterung war damals – und eben nicht nur in Deutschland, sondern desgleichen bei den Feindmächten – grenzenlos: »Politischer Darwinismus, demokratischer Massendruck bildeten ein Klima der ›ideological assumptions‹ (James Joll), die den Krieg nicht nur diplomatisch und militärisch möglich, sondern geradezu psychologisch und philosophisch zwingend machten: Er war auf allen Seiten so populär, wie kaum ein anderer Krieg zuvor und danach. Studenten, Schriftsteller, Künstler, die den intellektuellen Umbruch der Jahrhundertwende getragen hatten, zogen in die Schlachten von 1914, als seien sie die Besiegelung des Neuen, ein gottgewolltes, geschichtsnotwendiges Ereignis für Nation, Fortschritt, Kultur, das zugleich die tiefgefühlte Krise der Modernisierung lösen würde. [...] Die lange Liste der Begeisterten vom August 1914 liest sich wie ein großes Kulturbuch, aber aufgeschlagen für den Krieg der Europäer gegeneinander: Wissenschaftler und Künstler, Dichter und Denker, Konservative, Liberale, Revolutionäre.« (K. D. Bracher)

Die Jugend glaubte, nun werde der Krieg wie ein reinigendes Gewitter alle alten überholten bürgerlichen Vorstellungen, die alte bürgerliche Scheinwelt, die Zwänge und die gesellschaftlichen Ordnungen hinwegfegen. Das ganze Volk lag sich in den Armen, endlich waren alle Streitigkeiten, aller »Parteienhader«, begraben.

Der Krieg werde das große Erlebnis, die große Reinigung der Welt sein, so die allgemeine Hoffnung. Und kurz werde er sein, dank moderner Verkehrsmittel. Und Weihnachten werde man zu Hause sein, als Sieger natürlich. »Siegreich woll'n wir Frank-

Das Kriegsende mit der Meutrei der Matrosen in Kiel.

reich schlagen«, so habe man allerorten gesungen, erzählte mir später meine Mutter, und damals sei ihr gar nicht der Gedanke gekommen, dass dieser Krieg verloren gehen könnte.

Ein von meiner Frau und mir sehr verehrter alter Onkel sagte uns einmal bei einem Glas Wein, er werde es sich bis ans Ende seiner Tage nicht verzeihen, dass er damals im Kreise seiner Kommilitonen mit in diesen Begeisterungstaumel gefallen sei. Einzig eine Studentin habe sie angestarrt und gefragt, ob sie denn alle verrückt geworden seien, ob sie sich denn überhaupt vorstellen könnten, was ein Krieg bedeute? Sie konnten es nicht, aber die Studentin ahnte es.

Wäre der Erste Weltkrieg vermeidbar gewesen? Ich vermute, dass ein geschicktes diplomatisches Management die Julikrise des Jahres 1914 hätte meistern können. Es ist heute leicht, Bethmann-Hollweg einen Vorwurf daraus zu machen, dass er in seinen Kalkulationen das Kriegsrisiko so bewusst in Kauf genommen hat. Hätte er es nicht getan und der Krieg wäre einige Jahre später über Europa hereingebrochen, dann würde man vermutlich in den Geschichtsbüchern Spekulationen darüber lesen, ob es nicht besser gewesen wäre, den ohnehin unvermeidlichen Krieg im Jahre 1914 angenommen zu haben.

Der unvermeidliche Krieg – damit ist man bei dem entscheidenden Punkt. Ich bin überzeugt, dass dieser Krieg in Anbetracht der politischen Gesamtsituation und der dabei mitspielenden, vielfältig gefärbten imperialistischen Stimmungen langfristig nicht zu vermeiden war. Einseitige Schuldzuweisungen in die eine oder andere Richtung lösen die Frage nicht. Richtiger scheint mir die Feststellung zu sein, dass alle Beteiligten an dieser tragischen Schuld mit einem gerüttelten Maß ihren Anteil hatten.

Der Erste Weltkrieg Auf eine Schilderung des Kriegsverlaufes soll hier verzichtet werden, da sie wenig zur Grundthematik dieses Buches beiträgt. Aber soviel sollte man doch sagen: Dieser Krieg wurde auf beiden Seiten mit einer idealistischen Opferbereitschaft ohnegleichen geführt. Das mag uns heute fremd sein; dürfen wir uns deshalb der damaligen Generation überlegen fühlen? Wohl kaum. Denn ihr Opfermut verdient, wie ich meine, auch heute noch menschlichen Respekt, und die Irrationalität ihrer Aufbruchsstimmung wird in diesem von Sinnkrise zu Sinnkrise fortschreitenden Jahrhundert in immer wieder anderen Gewändern mit ähnlichem Anspruch auf Befreiung und Erlösung ins Bild treten.

Eine ganz andere Frage ist es, ob dieser Krieg tatsächlich so lange dauern musste. Denn bei nüchterner Überlegung hätte der deutschen Heeresführung spätestens 1917, nach dem Eintritt der USA, klar sein müssen, dass der Krieg nicht zu gewinnen war. Leider waren die Einsichtsfähigkeit der deutschen Generalität und die Bereitschaft, hieraus die erforderlichen schmerzlichen Konsequenzen zu ziehen, in beiden Kriegen kaum entwickelt.

Literatur:
(9) K. D. Bracher
(10) K. D. Bracher
(17) Encycl. Brit. 3/453
(38) F. W. Henning
(39) J. Hirschberger
(42) E. Jäckel
(50) F. Kortner
(60) J. Mirow
(68) R. Nissen
(67) Th. Nipperdey
(90) H.-P. Schwarz

2 | Der verlorene Krieg und seine Folgen von 1918 bis 1924

Der Krieg geht militärisch verloren und Deutschland erhält eine parlamentarische Demokratie
Nachdem die deutsche Oberste Heeresleitung der deutschen Bevölkerung bislang immer wieder mit geschönten Darstellungen der militärischen Lage Siegeschancen vorgegaukelt hatte, sah sie sich am 29. September 1918 plötzlich zu dem Eingeständnis gezwungen, dass der Krieg nicht mehr zu gewinnen sei.

Jetzt schob man das unangenehme Geschäft des Friedensschlusses jenen in der Opposition stehenden Parteien zu, die hier – in Anlehnung an E. Jäckel – »Demokraten« genannt werden sollen. Ihre Gegenspieler waren und blieben die Konservativen und Nationalliberalen, die mit einer parlamentarischen Demokratie nichts im Sinn hatten, sondern auf einen Fortbestand der alten Verfassung von 1871 hofften, weil sie ihnen im Parlament die an den Monarchen gekoppelte Macht sicherte. Nennen wir sie hier – ebenfalls in Anlehnung an E. Jäckel – »Monarchisten«, auch wenn diese Bezeichnung nur bedingt eine Vorliebe für irgendeine Form der Monarchie impliziert.

Bei dieser Gelegenheit seines militärischen Offenbarungseides erklärte Ludendorff den Offizieren seines Stabes, er habe den Kaiser gebeten, jetzt auch diejenigen Kreise an die Regierung zu bringen, »denen wir es in der Hauptsache zu danken haben, dass wir soweit gekommen sind. Wir werden also diese Herren jetzt in die Ministerien einziehen sehen. Die sollen nun den Frieden schließen, der jetzt geschlossen werden muss. Sie sollen die Suppe jetzt essen, die sie uns eingebrockt haben.« (zit. n. E. Jäckel)

Das war nichts als blanke Verleumdung; denn der Krieg war militärisch verloren worden, und nicht durch politische Fehler oder gar hinterhältige politische Manöver. Aber die »Dolchstoßlegende«, die Ludendorff hier in ihren Ansätzen in die Welt gesetzt hatte, wurde und blieb für viele Deutsche die Rechtfertigung für einen »unverschuldet verlorenen Krieg«, dessen unglücklichen Ausgang man »den Novemberverbrechern« anlastete.

Ludendorffs infame Lüge aber hatte den Zweck, die Mehrheitsparteien – die »Demokraten« – von vornherein mit der Schuld am Zusammenbruch zu belasten, um eine günstige Ausgangsposition für die »Monarchisten« zur Wiedergewinnung der Macht zu erlangen. Die Dolchstoßlegende aber wurde eines der wirkungsvollsten propagandistischen Instrumente Hitlers bis zu seinem Machtantritt und auch noch darüber hinaus. Es ist kaum abzusehen, wie viel Unheil Ludendorff mit dieser Lüge angerichtet hat.

Die »Demokraten« standen der neuen Situation völlig unvorbereitet gegenüber; sie hatten nicht einmal einen Kanzlerkandidaten. So einigte man sich auf Prinz Max von Baden, der am 3. Oktober mit Mitgliedern der »Demokraten« eine Regierung bildete. Am 28. Oktober – also noch im Kriege – kam es dann zu jener entscheidenden Änderung der Verfassung, als der Satz eingefügt wurde: »Der Reichskanzler bedarf zu seiner Amtsführung des Vertrauens des Reichstags.« Damit war Deutschland eine parlamentarische Demokratie geworden.

Die deutschen Admirale sorgen sich um ihre Ehre Am 30. Oktober 1918 hatte die deutsche Admiralität die absurde Idee, zu einer letzten Seeschlacht auszulaufen, um »in Ehren« unterzugehen. Von dieser Aufforderung zum Heldentod in letzter Stunde hielten die Matrosen aber nichts, sondern meuterten und rissen am 4. November 1918 in Kiel die Macht an sich. Sofort breitete sich über ganz Deutschland ein linksradikaler Flächenbrand aus, und es bildeten sich überall spontan Soldaten- und Arbeiterräte. Am 7. November wurde in München die Bayrische Republik ausgerufen.

Das Ende der Monarchie und der Anfang einer Republik Am 9. November rief der SPD-Abgeordnete Philipp Scheidemann von einem Fenster des Reichstagsgebäudes die »Deutsche Republik« aus, und wenige Stunden später proklamierte Karl Liebknecht (USPD) vom Berliner Stadtschloss aus die »freie sozialistische Republik Deutschland«. Ebenfalls am gleichen Tage übergab Prinz Max von Baden ohne viel zu fragen, aber natürlich auch ohne eine Legitimation, sein Amt an Friedrich Ebert, den Führer der Sozialdemokraten. Am 11. November wurde der Waffenstillstand geschlossen.

Im gleichen Monat November dankten die deutschen Monarchen ab, in den Ländern bildeten sich sozialistische oder sozialistisch-bürgerliche Regierungen. Sieht man einmal von Berlin und München ab, wo es Schießereien gab und zeitweise chaotisch zuging, so vollzog sich der Umbruch in Deutschland zumeist unblutig. Anfang 1919 tagte die verfassunggebende Nationalversammlung in Weimar, und im Spätsommer des gleichen Jahres trat die neue Verfassung in Kraft. Ebert wurde jetzt Reichspräsident. Etwa um die gleiche Zeit spaltete sich aus dem linken Flügel der USPD (Unabhängige SPD) die KPD (Kommunistische Partei Deutschlands) ab. Dies sollte fatale Folgen haben.

In den nächsten Monaten kam es in zunehmendem Maße zu linkssozialistischen Tendenzen. Auch blieben die Grenzgebiete im Osten unsicher. Daraufhin bildeten sich so genannte Freikorps, die aus ehemaligen Frontsoldaten bestanden. Sie setzten sich für den Schutz der unsicher gewordenen Grenzen im Osten ein und beseitigten verschiedene Anfang 1919 ausgerufene Räterepubliken, die in der Bevölkerung ohne große Resonanz geblieben waren.

Sie bahnten aber gleichzeitig rechtsradikalen Tendenzen den Weg, zumal eine verbreitete Angst vor bolschewistischen Verhältnissen bestand, die den Menschen sozusagen vor der Tür in Russland anschaulich vorgeführt wurden. In Berlin schlugen Freikorpsanhänger einen kommunistischen Aufstand nieder, bei dem Karl Liebknecht und Rosa Luxemburg ermordet wurden.

Überhaupt waren die Freikorps mit Mord und Totschlag nicht kleinlich, und es wäre verfehlt, sie sozusagen als ruhenden Fels der Ordnung inmitten einer roten Brandung zu sehen. Vielmehr verkörperten sie eine höchst verhängnisvolle rechtsradikale Grundstimmung deutsch-völkischen Zuschnitts, aus der sich später viele militante Anhänger Hitlers rekrutieren sollten.

Es war aber nicht nur die Angst vor dem Bolschewismus, die dem rechtsextremen Lager Sympathisanten zuführte. Nicht weniger war es die irrationale Hoffnung vieler ehemaliger Soldaten und insbesondere Offiziere, durch eine neue nationale Bewegung irgendwann die erlittene Niederlage ungeschehen zu machen. Besonders in Bayern durchzog diese Grundstimmung viele Behörden und nicht zuletzt die Justiz.

Alles zusammengenommen liefen allerdings Kriegsende und erste Nachkriegszeit vorläufig noch einigermaßen glimpflich ab, da sich weder die links- noch die rechtsradikalen Kräfte definitiv durchsetzen konnten.

Die Torheiten von Versailles und die deutschen Reaktionen Im Juni 1919 musste Deutschland den Vertrag von Versailles unterzeichnen. Die Bedingungen waren gewiss schlimm. Leider muss man nach allem, was in Deutschland während des Krieges für den Fall eines »Siegfriedens« an Plänen und Forderungen herumschwirrte, davon ausgehen, dass die Friedensbedingungen im umgekehrten Fall wohl kaum sehr viel vernünftiger ausgesehen hätten. Aber nun hatte Deutschland den Krieg verloren, und das war es, was zählte.

In Versailles überboten sich die alliierten Verhandlungspartner gegenseitig in überschäumendem Hass und verloren jegliches Augenmaß. Der Vorsitzende der britischen Wirtschaftskommission war ein damals 38-jähriger Wirtschaftswissenschaftler namens Maynard Keynes aus Cambridge. Er sah nicht nur, dass die Reparationsforderungen in dieser Höhe unrealistisch waren und allein schon an dem Transferproblem scheitern mussten. Vor allem überblickte er die Folgen für die europäische und amerikanische Gesamtwirtschaft und warnte nachdrücklich vor einem solchen »karthagischen« Frieden

Aber die alliierten Politiker hatten nun einmal Rache geschworen, und deshalb erklärten sie die Bedenken dieses Fachmannes für abwegig, man kennt das ja. Daraufhin nahm Keynes seinen Hut, er hatte Besseres zu tun. Vorher aber schrieb er noch schnell ein Buch: »The economic consequences of the peace«, das ein dauerndes Zeugnis seiner überragenden analytischen Fähigkeit bleiben wird, und eines ferneren Tages schmückte man ihn mit dem Nobelpreis. Die hassbesessenen Politiker aber machten weiter, bis sie eines Tages merkten, dass Keynes Recht gehabt hatte.

Besonders entehrend und abwegig war es, dass Deutschland die alleinige Schuld am Kriege in die Schuhe geschoben wurde. Materiell waren nicht die Gebietsabtretungen, sondern die auf 132 Milliarden Goldmark festgelegten Reparationszahlungen am belastendsten. Diese »Kriegsschuldlüge« und die Reparationen waren es vor allem, die über Jahre hinweg bei den Menschen in Deutschland eine anhaltende Verbitterung und jene Ressentiments auslösten, die den auf Verständigung bedachten deutschen Politikern wie Stresemann das Leben schwer machten und beständig Öl ins Feuer verständlicher nationaler Empörung gossen. Denn dieser Versailler Vertrag wurde allgemein als Diktat empfunden und stieß in Deutschland auf einhellige Ablehnung.

Und so auch bei meinen Eltern. Sie waren von ihrem Naturell her ganz gewiss friedliche Leute. Aber wenn die Rede auf »Versailles« kam, dann waren sie empört, und sie waren auch überzeugt, dass alle Misere der Nachkriegsjahre offensichtlich hier ihre Ursache habe. Allerdings habe ich von ihnen nie gehört, dass man mit Gewalt dagegen vorgehen müsse. Sie empfanden dieses Kriegsende und seine Folgen einfach als ein tragisches Verhängnis.

In der Tat spaltete das Abkommen Deutschland letztlich in zwei Lager: Auf der einen Seite waren jene, die sich vernünftigerweise in das Unvermeidliche fügten und bereit waren, zunächst einmal die auferlegten Bedingungen zu erfüllen in der Hoffnung, dass es im Laufe der Zeit auf dem Verhandlungswege zu einer Besserung der Verhältnisse und zu einer Wiederannäherung mit den vormaligen Feindmächten kommen würde. In diesem

Eine der unheilvollen Wurzeln der zweiten Katastrophe: die Unterzeichnung des Vertrages von Versailles am 28. Juni 1919.

Lager standen das liberale Bürgertum, die Sozialdemokraten, wohl auch die Mehrheit des Zentrums und die meisten Intellektuellen.

In dem anderen Lager waren viele heimgekehrte Frontsoldaten beheimatet, zumal die ehemaligen aktiven Offiziere, aber auch jene jungen Männer, die von der Schulbank weg in den Krieg gezogen waren und ihn vier Jahre in seinen schlimmsten Formen der Materialschlachten kennen gelernt hatten. Des Weiteren waren viele junge Leute darunter, die zu jung gewesen waren, um noch in den Krieg zu ziehen, die aber vom »Fronterlebnis« der Älteren träumten und auf die Möglichkeit hofften, sich eines Tages in einer »Nationalen Wiedergeburt« doch noch einmal soldatisch zu bewähren. Aber auch breite Kreise von Groß- und Kleinbürgerlichen gehörten dazu wie überhaupt alle jene, die sich mit der Niederlage nicht abfinden mochten, weil sie sich, irrationalerweise, durch die »Heimtücke der Novemberverbrecher« um den militärischen Sieg gebracht glaubten.

Als die alliierten Politiker sich endlich eingestehen mussten, dass die ursprünglich im ersten Anlauf des Hasses auferlegten Reparationszahlungen in dieser Höhe unmöglich geleistet werden konnten, gab man die Lösung des Problems nun doch in die Hände von Wirtschaftsfachleuten, die am Ende eine jährliche Zahlung von 2,5 Milliarden Goldmark festlegten. Diese sollten über viele Jahrzehnte hinweg gezahlt werden. Doch waren auch diese Beträge nur mit Hilfe von ständig aus Amerika zufließende Anleihen aufzubringen.

Es war ein aberwitziger Kreislauf: Die amerikanischen Sparer zeichneten deutsche Anleihen der Industrie und der öffentlichen Hand, die damit ihren Verbindlichkeiten nachkommen und ihre Investitionen tätigen konnten. Auf diese Weise erhielt die Reichsbank Devisenbeträge. In der Wirklichkeit stammte also das in die Devisenkasse der Gläubigerländer fließende Geld aus den Ersparnissen der eigenen Bevölkerung. Einige Jahre funktionierte das System, dann brach es mit der Weltwirtschaftskrise zusammen.

Man ist leicht geneigt, diesen Schlüssel ins Schloss zu stecken, um damit die Tür zum deutschen Verhängnis dieses Jahrhunderts aufzuschließen. Aber die Ursachen des großen Unheils waren doch vielschichtiger.

Es waren einerseits politische, andererseits wirtschaftliche Faktoren, die in ihrer Gesamtheit, eng miteinander verflochten, den Boden für die große Katastrophe vorbereiteten. Der Versailler Vertrag war nur ein Teil davon und hatte im Grunde vor allem psychologische Bedeutung, während seine wirtschaftspolitischen Konsequenzen geringer waren, als allgemein angenommen wird.

Es sei deshalb zunächst der politische Hintergrund in seinen wichtigsten Umrissen skizziert.

Die neue deutsche Demokratie, die »Weimarer Koalition« und die Mehrheitsverhältnisse der Parteien
Die »Monarchisten« hatten die Macht verloren oder besser: sie hatten sie den »Demokraten« zugeschoben (s. S. 31). Es war kaum anzunehmen, dass sie sich mit dieser Machtkonstellation im Staat auf die Dauer abfinden würden.

Die »Demokraten«, jetzt auch als »Weimarer Koalition« bezeichnet, setzten sich zusammen aus der SPD, der DDP (Deutsche Demokratische Partei, hervorgegangen in erster Linie aus der »Fortschrittlichen Volkspartei«, also den Linksliberalen) und dem Zentrum. Die Gegenseite der »Monarchisten« bestand aus den früheren Nationalliberalen, die jetzt als »Deutsche Volkspartei« (DVP) auftraten, und den Konservativen, die sich jetzt »Deutschnationale Volkspartei« (DNVP) nannten. Bei den Wahlen zur Weimarer Nationalversammlung entfielen auf die »Demokraten« 76,1 % der Stimmen, auf die »Monarchisten« aber nur 14,7 %.

Es ist wichtig festzuhalten, dass dieser Kräfteverteilung kein durch die »Novemberrevolution« hervorgerufener politischer Erdrutsch zugrunde lag. Denn schon bei der Wahl 1912 waren zwei Drittel der Stimmen auf die »Demokraten« entfallen, aber die damalige Verfassung erlaubte ihnen eben trotzdem nicht das Regieren. Jetzt aber war es soweit.

Nun war die Frage, ob die »Monarchisten« die neuen parlamentarischen Mehrheiten akzeptieren würden. Denn die Zahl ihrer Anhänger war so niedrig, dass eigentlich keine Aussicht bestand, auf normalem parlamentarischem Wege wieder an die Macht zu kommen. Sie konnten allenfalls davon träumen, irgendwie den Kampf um die Macht im Staate durch eine Hintertür der Verfassungswirklichkeit zu gewinnen. Für diesen Weg entschieden sie sich am Ende.

Die nächste Wahl im Juni 1920 brachte eine schwerwiegende Veränderung: Plötzlich hatten die »Demokraten« ihre Mehrheit verloren (43,6 %). Was war passiert?

An den »Monarchisten« lag es nicht. Ihr Stimmenanteil war zwar auf 29,0 % gestiegen, entsprach aber damit etwa dem Vorkriegsstand. Entscheidend war vielmehr, dass sich aus der SPD die USPD und die KPD abgespalten hatten, die jetzt 20 % der Stimmen auf sich vereinigten. Die USPD kehrte kurze Zeit später wieder in die SPD zurück. Aber die KPD blieb für sich, sah sich als Teil der Weltrevolution und verschrieb sich einer bedingungslosen Vasallentreue zu Moskau. Sie suchte die Macht nicht mit parlamentarischen, sondern mit revolutionären Mitteln zu erreichen, und ihr Hass auf die Sozialdemokratie machte sie blind und unfähig, einige Jahre später Hitler und die von ihm ausgehenden Risiken richtig einzuschätzen. Das war in mehrfacher Hinsicht von eminenter Bedeutung.

Die Kommunisten wurden zum Schreckgespenst weiter Bevölkerungskreise. Zwar erreichten sie immer nur einen relativ kleinen Stimmenanteil um die 10–16 %; aber sie hatten ja immer wieder erklärt, dass sie die Weltrevolution im Sinne einer Diktatur des Proletariats wollten, und Russland hatte gezeigt, wie diese politische Lebensform in der

Realität aussah. Vor einem Bolschewismus nach russischem Muster aber erfasste die meisten Menschen verständlicherweise panische Angst, zumal die Kommunisten keine Gelegenheit ausließen, Gewalt anzuwenden und der Bevölkerung damit einen Vorgeschmack kommunistischer Herrschaft zu geben.

Noch viel schlimmer war, dass die Etablierung der KPD eben jenen Mehrheitsverlust der »Demokraten« zur Folge hatte, der ohne die KPD nahezu mit Sicherheit nicht eingetreten wäre.

Und schließlich: Als 1925 nach Eberts Tod der Reichspräsident neu gewählt werden musste, verloren die »Demokraten« dieses wichtigste Amt im Staate – deshalb so wichtig, weil der Reichspräsident laut Verfassung über ganz besondere Vollmachten verfügte. Der Abstand zwischen Hindenburg, dem Repräsentanten der »Monarchisten«, und Wilhelm Marx (Zentrum), dem Kandidaten der »Demokraten«, war gering (48,3 bzw. 45,3 %). Zwar mochte die Wahl Hindenburgs das rechte Lager versöhnlich gegenüber dem neuen Staat stimmen. Aber hätten die Kommunisten darauf verzichtet, ihren Kandidaten Thälmann aufzustellen, der von vornherein ohnehin keinerlei Erfolgsaussichten hatte, so wäre Hindenburg mit hoher Wahrscheinlichkeit seinem Wahlkonkurrenten unterlegen gewesen, und das wäre wohl wichtiger gewesen, auch wenn natürlich niemand sicher sagen kann, dass Hitler durch den Sieg eines Reichspräsidenten Marx' verhindert worden wäre.

Dass der populäre Generalfeldmarschall, ein »Monarchist« reinsten Wassers, in dieser parlamentarischen Demokratie zum Reichspräsidenten gewählt wurde, war ein Widerspruch in sich; »es war, als ob ein Lutheraner zum Papst gewählt worden wäre« (E. Jäckel).

Die Vorbehalte gegen das Experiment der Demokratie und der Respekt vor der Monarchie Da die »Demokraten« in den folgenden Jahren die Mehrheit niemals wiedererlangten und die »Monarchisten« noch weniger eine Mehrheitschance hatten, fehlten klare Mehrheitsverhältnisse als Grundlage jeder funktionierenden Demokratie, und die Antipathien gegen dieses »System« steigerten sich im Laufe der Zeit immer mehr. Diese Abneigung gegen die demokratische Staatsform war aber noch auf eine andere und wohl wichtigere Ursache zurückzuführen, die von Anfang an den »Staat von Weimar« belastete.

Aus unserer rückblickenden Sicht ist es merkwürdig und kaum erklärlich, dass damals so viele Menschen der parlamentarischen Demokratie ablehnend gegenüberstanden und sich eher irgendeine passable Form der autoritären Herrschaft gewünscht haben.

Diese Vorbehalte waren im Nachkriegseuropa weit verbreitet. Man traute der Demokratie die Lösung der vielen anstehenden Fragen und insbesondere der wirtschaftlichen Probleme nicht zu, und so ist es auch in verschiedenen Ländern zu autoritären Herrschaftssystemen gekommen. In Deutschland hätte man am liebsten einen Monarchen als Herrscher gesehen, eben am besten einen Kaiser. Die Wurzeln dieses Wunsches gehen sehr tief, sie reichen im Grunde bis ins Mittelalter.

Der mittelalterliche Kaiser war im Bewusstsein der Epoche ein sakral überhöhter Herrscher. Hierunter ist nicht zu verstehen, dass man den Kaiser für einen automatisch besseren Menschen hielt. Sondern man sah ihn als den mit menschlichen Fehlern behafteten Inhaber eines Amtes, das ihm »durch die Gnade Gottes« zugefallen war und das somit die gottgewollte Obrigkeit repräsentierte.

Mit dem Beginn der Neuzeit verblassten auch die mittelalterlichen Überzeugungen von der Heiligkeit des Herrscheramtes. Aber bestehen blieb doch etwas von jener

Vorstellung, dass ein Herrscher seine Machtstellung nicht nur eigener Wirksamkeit verdanke, sondern dass da noch etwas mehr im Spiel sein müsse – eben die Gnade Gottes. Und wenn die englische Königin heute noch eine Person zu irgendetwas »gnädig ernennt«, kommt verbal immer noch ein Relikt jenes Gottesgnadentums zum Ausdruck.

Nur so ist es erklärlich, dass die Menschen Wilhelm II. ungeachtet seiner Begabungslücken und seiner beklagenswert primitiven Äußerungen sowohl innenpolitisch wie auf dem internationalen Parkett doch so viel Respekt und Verehrung entgegengebracht haben. Weder von meinen Eltern noch von deren Geschwistern habe ich je verächtliche Äußerungen über »Wilhelm« gehört. Man pries ihn nicht wie einen überragenden Herrscher; aber man achtete ihn doch. Und wenn meine Mutter von ihm redete, dann verband sich für sie mit diesem Namen die Erinnerung an eine sorglose Zeit, und ähnlich war es bei anderen Angehörigen ihrer Generation.

Es war für Hindenburg als ruhmreichen Feldherrn des Krieges (so jedenfalls sah man ihn) deshalb nicht schwer, als »Ersatzkaiser« in diese Rolle einzutreten. Hitler dann hat mit seinem untrüglichen Gefühl für Massenwirksamkeit und machiavellistisches Raffinement von Anfang an seine Rolle als »Führer« an eine pseudosakrale Überhöhung geknüpft und bei jeder Gelegenheit »den Allmächtigen« bemüht, in dessen Sendung er stehe; und er hat mit großer Selbstverständlichkeit sofort nach Hindenburgs Tod den Platz eines absolutistischen Monarchen in seiner pervertierten »Führer«-Version neu belebt.

Die Überlebenden des Kaiserreiches – und hier sind die Anhänger der SPD und des Zentrum einzuschließen – hatten aber auch deshalb eine Abneigung gegen die Demokratie westlicher Prägung, weil ihnen das liberale Wesen dieser Staatsform fremd war. Der Staat war für sie eine Institution, nahezu personalisiert im Sinne Hegels, fast greifbar als Hort geordneten Zusammenlebens und gemeinsamen Wollens, nicht aber als ein Spielball der »Parteiinteressen« und des »Parteiengezänks«.

Gerade dieses Wechselspiel der Attacken zwischen Regierung und Opposition auf dem offenen Markt des Parlamentes, dieses tagtägliche Feilschen um Kompromisse, mit denen sich irgendwie leben lässt, war den westlichen Nationen geläufig, weil sie ihre Lehrzeit hinter sich hatten. Aber in das deutsche, sehr stark von Hegel geprägte Staatsverständnis passte das alles überhaupt nicht. Und nun auch noch das Dilemma fehlender klarer Mehrheiten, das nicht zu überwinden war und einen ständigen Kuhhandel um Interessenausgleiche erforderlich machte – wie sollte angesichts dieser Blockade des elementaren politischen Wechselspiels ein Demokratieverständnis wachsen!

Für den Durchschnittsdeutschen war diese neue Staatsform der Demokratie deshalb ein Experiment und nicht die Verwirklichung einer lange gehegten Sehnsucht, so sehr SPD und Zentrum über die erreichte Teilhabe an der Staatsmacht auch erfreut sein mochten. Und je länger das Experiment dauerte, um so mehr schienen diejenigen Recht zu behalten, die »schon immer dagegen« gewesen waren, und die »Demokraten« wurden immer kleinlauter, weil sie keine plausiblen Argumente hatten.

Die Wiege des Verfassers In dieser wirren Zeit, im Jahr 1921, heirateten meine Eltern, und ein Jahr später wurde ich geboren – zufällig in Köln. Zufällig deshalb, weil der Bruder meiner Mutter Arzt in Köln war und sie sich ihm anvertraute. Aber aufgewachsen bin ich in Dresden, wo meine Eltern wohnten.

Die beiden kannten sich schon seit Jahren, hatten aber durch den Krieg und andere äußere Umstände kaum Gelegenheit, sich im täglichen Umgang kennen zu lernen. Denn meine Mutter war, wie schon angedeutet, Lehrerin in Emmerich, und mein Vater war aus seiner Heimat am Niederrhein ausgezogen und hatte sich als Ingenieur in Dresden selbständig gemacht. Infolgedessen hatten die beiden fast nur brieflichen Kontakt, und da sie beide sehr schöne Briefe schreiben konnten und da es ohnehin bekanntlich schwierig ist, den erhofften Ehepartner realistisch zu sehen, heirateten sie in der Meinung, sie würden gut zueinander passen.

Aber leider war das aus verschiedenen Gründen nicht in dem erhofften Maß der Fall. Bedauerlicherweise war mein Vater zudem ein jähzorniger Mann. Das wirkte sich hinsichtlich der natürlichen Vater-/Sohn-Spannungen nicht unbedingt positiv aus. Zu seiner Ehrenrettung muss ich aber hinzufügen, dass er schon mit 16 Jahren sein Elternhaus verlassen musste, um in Wuppertal die Ingenieurschule zu besuchen. Dort wohnte er irgendwo zur Untermiete, und niemand war mehr da, der ihm in diesen wichtigen jungen Jahren ein Leitbild hätte sein können.

Meine Mutter war eine überzeugte Katholikin, während mein Vater sich als »Weltkind« bezeichnete und ein liberaler Mann blieb.

Meine Mutter sah Hitler vom ersten Augenblick an richtig, und sie sagte 1933: »Hitler – das ist der Krieg!« Worauf damals ihre Meinung fußte, weiß ich nicht. Es war vermutlich nicht eine tiefgründige politische Analyse, sondern eher eine gefühlsmäßige Antipathie gegenüber diesem konfliktsüchtigen Agitator, die sie zu dieser Annahme brachte. Und sie ahnte wohl, dass er ihr eines Tages ihren einzigen Sohn abfordern würde, um ihn in seinen Krieg zu schicken. Infolgedessen war sie von einer tiefen Abneigung gegenüber diesem Mann erfüllt.

Mein Vater war kein Nazi, Gott bewahre, nein, und er wurde es auch nie. Auch polemisierte er vor 1933 in politischen Debatten, die mir noch im Ohr klingen, oft geradezu leidenschaftlich gegen Hitler. Aber ... Doch ich will nicht vorgreifen und dieses »Aber« für die chronologisch passende Stelle aufbewahren.

Was wählten meine Eltern in den Zwanzigerjahren? Meine Mutter ganz sicher immer das Zentrum. Mein Vater dürfte die Liberalen gewählt haben, genau weiß ich das allerdings nicht. Von Hitler sprach in Dresden zu Beginn der Zwanzigerjahre kaum ein Mensch. Und doch war er schon unterwegs.

Hitlers Anfänge Aus Oberösterreich stammend, hatte Hitler in den Jahren vor dem Krieg zunächst in seiner Heimatstadt Linz ein unstetes Leben geführt. Nachdem er ohne regulären Schulabschluss geblieben war, hatte er vom Geld seiner verwitweten Mutter (der Vater war Zollbeamter gewesen) gelebt und das Leben eines jugendlichen Faulenzers führen können, weil ihn seine Mutter von allen Seiten umsorgte.

Nach deren Tod hatte er dann von einer bescheidenen, aber für ihn ausreichenden Waisenrente gelebt. Den Tag vertrieb er sich mit allerlei phantastischen Plänen und träumte davon, ein großer Architekt zu werden und Linz in riesigen Dimensionen umzubauen. Dann wieder meinte er, zum Maler berufen zu sein, auf jeden Fall aber zum großen Künstler.

Abends besuchte er oft die Oper, weil er Wagner abgöttisch huldigte. Er fühlte sich magisch angezogen von der Wagner'schen Mythenwelt der Götter und der Titanenkämpfe, von jenen, die eine alte Ordnung herausforderten, von Verrat, Erlösung und Heldentod. Im Stehparkett lernte er einen gleichaltrigen, sechzehnjährigen jungen Mann kennen, mit dem er sich anfreundete und der sich geduldig seine endlosen Monologe über die Kunst, die Musik und die Welt anhörte. Eines Abends stiegen die beiden nach einer Rienzi-Aufführung auf einen Berg bei Linz, und dort oben erging sich der junge Hitler in irren Phantastereien, wie er »das Reich« erretten und neu gestalten werde. Im Mannesalter wird er jenem Freund einmal bestätigen: »Ja, damals begann es.«

Zum weiblichen Geschlecht hatte er nicht nur in diesem jugendlichen Alter, sondern auch später ein merkwürdig gestörtes, kontaktscheues Verhältnis. Liest man seine Äußerungen, so gewinnt man den Eindruck, er habe mit seiner Präferenz einer scheinbar asketischen Lebensweise seine Kontaktarmut kaschieren wollen.

Schließlich zogen die beiden jungen Leute eines Tages nach Wien, der junge Hitlerfreund (Kubiczek hieß er) um Musik zu studieren, Hitler um die Kunstakademie zu besuchen. Während Kubiczek den normalen Studienweg absolvierte, fiel Hitler in der Aufnahmeprüfung durch; jedoch sagte man ihm, er habe wohl eine Begabung für das Architekturstudium. Diesen Gedanken musste er aber angesichts eines fehlenden Abiturs von vornherein aufgeben.

Hinfort führte er in bescheidenem Rahmen das Leben eines Bohemiens, verdiente sich ein wenig Geld mit dem Malen von kleinen Aquarellen, glitt aber sozial immer mehr ab, bis er schließlich in einer Art Nachtasyl landete. Seinem Freund Kubiczek hatte er sich inzwischen schon entzogen, weil er ihn wohl nicht zum Zeugen seines sozialen Abstiegs werden lassen wollte.

In dem Nachtasyl lernte er einen Landstreicher kennen, der ihm den Vorschlag machte, Bilder aus dem alltäglichen Wiener Leben in Postkartengröße zu malen, die er, der Landstreicher, dann vertreiben wolle. Den Gewinn würde man sich teilen. Aus dem Geschäft wurde tatsächlich etwas, sodass Hitler in ein »Männerheim« mit einem wenn auch bescheidenen Komfort umziehen konnte. Eines Tages verschwand sein Kumpan, sodass er die Postkartenmalerei und deren Vertrieb allein fortsetzte.

In die Zeit der Freundschaft mit dem jungen Kubiczek fällt eine eigentlich belanglose Episode, die aber Erwähnung verdient, weil sie bereits ein wichtiges Charaktermerkmal Hitlers offenbart. Der junge Hitler hatte ein Los gekauft und dem Freund verkündet, er sei ganz sicher, das große Los zu gewinnen. Die verständlichen Zweifel des jungen Kubiczek wischte er ärgerlich vom Tisch. Stattdessen erging er sich in lauten Träumereien, welch herrliches Leben als »Künstler« im Müßiggang er mit seinem Freund in einer herrschaftlichen Villa führen würde.

Dann kam es, wie es kommen musste: Das Los war eine Niete. Jetzt aber betrachtete der junge Hitler dieses Ergebnis der Lotterie nicht etwa als verständliches Resultat, sondern geriet außer sich vor Wut und erging sich in wüsten Schimpfereien auf die Lotterie und ihre Angestellten mit der Behauptung, er sei ganz sicher, dass er hier irgendeiner Intrige oder einem Betrug zum Opfer gefallen sei.

Diese Verdrängung der Realität, sobald eine Wunschvorstellung zerrinnt, wird man später in Hitlers ganzem Lebenslauf immer wieder finden. Solange seine Wunschvorstellungen durch seine ständige Bereitschaft, Vabanque zu spielen, zur Realität wurden, gingen seine Rechnungen auf. Von dem Zeitpunkt an, als das Vabanquespiel ohne Ergebnis blieb, war im Grunde alles vorbei. Denn nie war Hitler bereit, aus seiner Wunschvorstellung herauszutreten und statt ihrer eine Realität anzuerkennen. Man kann dies nur als einen infantilen Grundzug in Hitlers Charakter bezeichnen.

Noch ein anderer Vorfall ist erwähnenswert. Der junge Kubiczek arbeitete im Geschäft seines Vaters, eines Tapeziermeisters. Aber sein Herz hing an der Musik, er hatte eine musikalische Begabung und wollte Musik studieren. Schon viele Male hatte er den Vater um dessen Zustimmung angefleht und angebettelt, die ganze Familie hatte ihm dabei zu helfen versucht, aber der Vater hatte sich immer geweigert: Der Junge solle das Geschäft übernehmen, entgegnete er kategorisch. Eines Tages nun redete der junge Hitler auf den Vater seines Freundes ein – stundenlang, und am Ende stimmte der Vater dem Studium am Wiener Konservatorium zu. Diese ungewöhnliche Fähigkeit, andere Menschen zu überreden, lässt sich ebenfalls durch Hitlers ganze Laufbahn verfolgen. Er selbst hat das auch gewusst und von sich in späten Jahren gesagt, sein ganzes Leben habe aus Überreden bestanden.

Vorab sei noch auf eine dritte wichtige Eigenschaft Hitlers hingewiesen. In seinem Müßiggang hat er offenbar vielerlei gelesen, aber nichts systematisch studiert, sondern sich in seinem außerordentlich guten Gedächtnis alles kunterbunt, wie es ihm vor die Augen kam, angeeignet. Es fehlte ihm offenbar völlig die Gabe, unvoreingenommen und kritisch das in der Lektüre Behauptete auf seinen möglichen Wahrheitsgehalt zu überprüfen oder wenigstens zunächst einmal skeptisch zu registrieren – für einen Autodidakten, wie er es war, ein geradezu verheerendes Defizit.

Er schreibt denn auch in seinem Buch »Mein Kampf«, der Belesene erkenne das als richtig, was in seinem Inneren schon immer irgendwie präformiert gewesen sei. Und das heißt ja nichts anderes, als dass jener Leser aus seiner Lektüre das kritiklos übernimmt, was seinem Vorurteil entspricht.

Am ehesten erklärbar ist diese Verhaltensweise ebenso wie seine immer wieder festzustellende Unfähigkeit, die eigene Meinung zu revidieren, mit seiner geradezu pathologischen Egomanie, die später sein ganzes politisches Leben bis zum Ende kennzeichnen wird.

In Wien, der Hauptstadt des großen Habsburgerreiches, gab es damals viele Juden. Die meisten von ihnen waren aus den östlichen Landesteilen eingewandert und wirkten von daher fremdländisch. Solche fremden ethnischen Minderheiten sind bekanntlich häufig der Anlass zu Vorurteilen. Hier in Wien entwickelte sich aber ein Antisemitismus, der über das Maß eines Vorurteils weit hinausging und völlig absurde Vorstellungen und Behauptungen mit den Juden und ihrem Leben verband.

Dieser Wiener Antisemitismus war viel schärfer als in Mitteleuropa, wo die Juden im 19. Jahrhundert unter dem Einfluss des Liberalismus immer mehr assimiliert wurden. In Wien hatte der Antisemitismus osteuropäisches, hasserfülltes Kolorit. Die Vermutung liegt nahe, dass hier der Grundstein für Hitlers Antisemitismus gelegt wurde.

Die Deutschvölkischen in der Donaumonarchie. Hitler geht nach München. Der Krieg bricht aus. Hitler als Kriegsfreiwilliger. Nach dem verlorenen Krieg hockt er orientierungslos in München herum.

Gefördert wurde diese Animosität durch eine entsprechende Stimmung unter den »Deutschvölkischen« in der Donaumonarchie, deren Ziel ein großes Reich aller Deutschsprechenden war, das aber darüber hinaus in mythischer Überhöhung gesehen wurde. Da die Deutschen in dem bunten Vielvölkerstaat der Habsburger eine Minderheit darstellten, waren sie für Ressentiments gegenüber allen Nichtdeutschen sehr empfänglich.

Denn die Donaumonarchie war der letzte große Nationalitätenstaat, ein Feudalstaat, in dem die Dynastie vor der Nationalität rangierte. Infolgedessen waren, solange die Monarchie der Habsburger bestand, alle Rufe der »Deutschvölkischen« nach dem »Reich« ebenso unsinnig wie aussichtslos. Gleiches galt für die anderen unter dem Doppeladler vereinigten Nationalitäten, und aus dieser Herrschaft wollte eben jeder partout heraus, um sein eigenes nationales Leben zu führen (als es dann so weit war, ging es den meisten schlechter und keinem besser als vorher).

Es ist anzunehmen, dass Hitler hier in Wien über die Sekundärliteratur auch mit den rassentheoretischen Vorstellungen Gobineaus in Kontakt gekommen ist. Liest man jedenfalls Hitlers »Mein Kampf«, so sind diese Bezüge unverkennbar.

Als Hitler im April 1913 24 Jahre alt wurde, fiel ihm das Erbe seines Vaters zu, eine für seine Verhältnisse ganz ansehnliche Geldsumme. Sie ermöglichte es ihm, dem ungeliebten Wien den Rücken zu kehren und nach München umzusiedeln. Hierhin wich er vor allem aus, um nicht in der von ihm gehassten Donaumonarchie Soldat werden zu müssen.

Dann kommt der Krieg, den Hitler mit vielen Millionen in ganz Europa jubelnd begrüßt. Hitler also meldet sich in München wie viele andere freiwillig und wird ein unerschrockener Soldat. Aber eine selbst bescheidene militärische Karriere strebt er nicht an, und es kommt auch niemand auf die Idee, ihm Führungseigenschaften zu attestieren. Er erhält das EK I, eine für einen Mannschaftsdienstgrad seltene Auszeichnung, die ausgerechnet er einem jüdischen Leutnant zu verdanken hat.

Am wohlsten fühlt er sich bei seinem Regiment. Hier, in diesem militärischen Verband, hat er seit seinem Fortgang aus Linz zum ersten Mal in seinem Leben eine »gesicherte« Existenz und ein Zuhause. Sein Dienst als Meldegänger entspricht seiner eigenbrötlerischen Natur, und mit Mädchen hat er nie etwas im Sinn. Was er in dieser Zeit wirklich gedacht hat, kann man sich nur aus Vermutungen zusammenreimen. Denn seine eigenen Aussagen in »Mein Kampf« stehen zu sehr unter dem erkennbaren Wunsch, bestimmte Wirkungen zu erzielen.

Gleichwohl hat das Kriegserlebnis Hitler zweifellos geprägt. Das kann eigentlich auch nicht anders sein bei einem Mann, der vier Jahre Frontsoldat in einem Infanterieregiment war, das in diesem Krieg 3 754 Gefallene gezählt hat und ständig in die schweren Kämpfe an der Westfront verwickelt war.

Aber er hat nicht zu denen gehört, die das Grauen des Krieges zu Pazifisten werden ließ oder für die, in den Frieden zurückgekehrt, der Krieg eine wenn auch bedeutsame, so doch abgeschlossene Episode ihres Lebens war. Er war im Gegenteil einer von den vielen ehemaligen Frontsoldaten, die ihre Kriegserlebnisse immer wieder und gern Revue passieren ließen und ständig davon sprachen. Für sie hatte die Kriegsbewährung einen größeren moralischen Wert als das Leben im Frieden, mit dem sie so recht nichts anzufangen wussten. Mit dem Kriegserlebnis dagegen verbanden sie glückliche Erinnerungen an Todesmut, soldatischen Ruhm und Kameradschaft. Der Alltag des Friedens in ihrem besiegten Land aber erfüllte sie mit Ressentiments und Empörung gegen das Schicksal und gegen vermeintliche finstere Mächte, denen sie die Schuld an der Niederlage gaben. So war denn auch für Hitler der Krieg immer das Lieblingsthema, und in »Mein Kampf« schreibt er, die Kriegsjahre seien die größte und unvergesslichste Zeit seines Lebens gewesen.

Hitler erlebt das Kriegsende wegen einer an der Front erlittenen Gasvergiftung im Lazarett. Hier will er den Entschluss gefasst haben, Politiker zu werden; aber das ist nach Lage der Dinge wenig glaubhaft. Er kommt nach München, kann aber – wohin sollte er auch gehen? – noch einige Zeit im militärischen Verband bleiben und sich hier nützlich machen.

Hitler im chaotischen München In München herrschten in dieser ersten Nachkriegszeit chaotische Verhältnisse. Für kurze Zeit kam eine linksradikale Räterepublik an die Macht. Aber rechtsradikale Kräfte gewannen in blutigen Kämpfen, die über 600 Tote forderten, bald gegenüber dem kommunistischen Regime die Oberhand. Schließlich etablierte sich doch wieder eine geordnete Regierungsmacht von stark konservativ-rechtslastiger Färbung. Die Erinnerung an die kommunistische Episode gab in der Folgezeit den rechtsradikalen Kräften in Bayern erheblichen Rückenwind.

Hitler hat sich an diesem Kampf zur Beseitigung der Räterepublik nicht beteiligt. Er lungerte immer noch als Soldat in einer Kaserne herum. Als die Räterepublik beseitigt war, wurde er eine Art Vertrauensmann, der feststellen sollte, wer aus dem Ersatzbataillon mit den Kräften der Räterepublik sympathisiert hatte. In diesem Zusammenhang organisierte die Reichswehr antibolschewistische Kurse unter den Soldaten. Hiermit wurde u. a. ein Offizier namens Mayr befasst, der zufällig auf Hitler stieß (und später im KZ Buchenwald ermordet wurde).

Sehr viel später hat Mayr über diese erste Begegnung berichtet: »In dieser Zeit war Hitler bereit, von irgendjemand einen Posten anzunehmen, der ihm freundlich gesinnt war, [...] er glich einem müden streunenden Hund, der nach einem Herrn suchte. Das deutsche Volk und sein Schicksal ließen ihn kalt ...« Mayr steckte Hitler in einen politischen Bildungskurs, in dem Hitler zufällig sein überragendes Talent als Redner entdeckte und das offensichtlich von der ersten Minute an auf alle Zuhörer einen tiefen Eindruck machte.

Dass um diese Zeit gerade in München der Antisemitismus üppige Sumpfblüten trieb, passte haargenau in Hitlers schon vorgefertigte Meinung, und so war die »Judenfrage« in seinen Vorträgen ein zentrales Thema, das auf breite Resonanz stieß. In einer seiner damaligen schriftlichen Äußerungen findet sich die Auffassung, das Judentum sei ein rassisches und kein religiöses Problem und am Ende findet sich schon der gespenstische Satz: »Sein [des Antisemitismus] letztes Ziel aber muss unverrückbar die Entfernung der Juden überhaupt sein.«

Kurze Zeit später lernte Hitler eine der kleinen Parteien kennen, die damals wie Pilze aus der Erde schossen. Es ergab sich, dass er hier in die Diskussion eingriff und alle Anwesenden durch sein Redetalent verblüffte, sodass hinterher der Parteivorsitzende zu einem anderen Mitglied sagte: »Jo mei, der hat a Gosch'n, den kunnet ma bracha.« (Ja, meine Güte, hat der ein Mundwerk, den könnten wir gebrauchen.) Im Herbst 1919 trat er dann in der Tat dieser »Deutschen Arbeiterpartei« bei und wurde bald ihr Starredner. Zum ersten Mal in seinem Leben war ihm eine echte Tätigkeit sozusagen ins Haus geflattert, ohne dass er dafür einen Finger hatte krumm machen müssen, und dazu wurde er jetzt mit einem Mal bestaunt, bewundert und anerkannt.

Von Anfang an ist das Erstaunliche, dass Hitler bei seinen stundenlangen Reden nie der Stoff ausging. Denn die Thematik drehte sich immer nur um wenige Punkte: Die Novemberverbrecher sind Schuld an unserer Niederlage; das gegenwärtige Elend ist die Folge des Verrates der Revolution; die Juden sind die Drahtzieher des Marxismus und Bolschewismus, sie stehen im Bund mit der bolschewistischen Weltrevolution, deshalb muss der Marxismus mit Stumpf und Stiel ausgerottet werden; nur so können wir vor der bolschewistischen Weltrevolution geschützt werden; das Schanddiktat von Versailles haben wir den ruinösen Erfüllungspolitikern zu verdanken; es gibt einen Weg aus dem Elend dieser Tage, und ich kenne diesen Weg: Das ist die deutsch-völkische Wiedergeburt.

Dutzende anderer Redner sagten in jener Zeit inhaltlich das Gleiche, aber blieben ohne Resonanz. Doch an seinen Lippen hingen die Massen – ja, tatsächlich die Massen – und lauschten gebannt, wenn er immer wieder über Stunden die magere Grundsubstanz auswalzte und immer wieder das Gleiche sagte, aber in immer wieder neuen Variationen mit These und Antithese, Wahrheiten und Halbwahrheiten geschickt vermischend, die Massen aufheizte.

Einmal bat man ihn, auf einer Hochzeitsfeier doch eine Rede zu halten, aber er lehnte ab: »In einem kleinen Kreis finde ich einfach nicht die richtigen Worte. Sie wären alle nur enttäuscht! Und das will ich Ihnen ersparen. Ich kann überhaupt nicht bei Familienfeiern sprechen und auch keine Grabrede halten.« Hitler spürte schon damals genau, dass seine rednerische Begabung auf die an seinen Lippen hängenden Menschenmassen und seine geradezu seelische Kommunikation mit ihnen angewiesen war.

Hier zunächst nur soviel: Bereits Anfang 1920 riss Hitler den mit 2000 Menschen vollbesetzten Saal des Hofbräuhauses zu frenetischem Beifall hin, als er ein 25-Punkte-Programm ausbreitete. Im Saal anwesende und lautstark opponierende Gegner der Linken sorgten für den nötigen Tumult, der Hitler nur neuen rhetorischen Stoff lieferte und seine Anhänger nur um so mehr begeisterte. »Er sprach über zweieinhalb Stunden«, so berichtet einer seiner damaligen Anhänger, »oft von geradezu frenetischen Beifallsstürmen unterbrochen – und man hätte ihm weiter, immer weiter zuhören können. Er sprach sich alles von der Seele und uns allen aus der Seele.« (Hans Frank, zit. n. I. Kershaw) Anfang Februar des nächsten Jahres kamen bereits 6000 Menschen zu seiner Rede in den Zirkus Krone, den größten Versammlungsort in München.

Schon zu diesem frühen Zeitpunkt seiner Karriere wird erkennbar, dass Hitler ohne sein rednerisches Talent die politische Bühne nie hätte betreten können. Und umgekehrt wäre diese Begabung ohne das damalige politische Umfeld folgenlos geblieben, und Hitler wäre sang- und klanglos in seine frühere Bedeutungslosigkeit zurückgefallen.

Hitlers Putschversuch scheitert kläglich 1923 versuchte Hitler in München, durch einen Putsch an die Macht zu kommen, um auf diesem Wege den »Marsch nach Berlin« antreten zu können. Das Unternehmen war vom Ansatz her schon eine Phantasterei, war dilettantisch vorbereitet, scheiterte kläglich, und Hitler benahm sich wenig heldenhaft.

Er war nahe daran, sich eine Kugel in den Kopf zu schießen, aber sein Fotograf Ernst Hanfstaengel brachte ihn davon ab. Man machte ihm den Prozess, aber seinen rechtslastigen Richtern war dieser Mann offensichtlich hochsympathisch, wie er sich da außerordentlich geschickt verteidigte und, eigentlich aus einer hoffnungslosen Situation heraus, den Gerichtssaal zu einem Forum für seine Sache machte, die den Richtern wohl gar nicht so abwegig erschien. Erst recht wusste er sie mit seinem Schlusswort zu beeindrucken:

»Wer für die Politik geboren ist, muss Politik treiben, [...] das Schicksal seines Volkes wird ihn bewegen vom frühen Morgen bis in die späte Nacht hinein. [...] Wer sich berufen fühlt, ein Volk zu regieren, hat nicht das Recht zu sagen: Wenn ihr mich wünscht oder holt, tue ich mit. Er hat die Pflicht das zu tun. [...] Die Armee, die wir herangebildet haben, die wächst von Tag zu Tag, von Stunde zu Stunde schneller. Gerade in diesen Tagen habe ich die stolze Hoffnung, dass einmal die Stunde kommt, dass diese wilden Scharen zu Bataillonen, die Bataillone zu Regimentern, die Regimenter zu Divisionen werden, dass die alte Kokarde aus dem Schmutz herausgeholt wird, dass die alten Fahnen wieder voranflattern, dass dann die Versöhnung kommt beim ewigen letzten Gottesgericht, zu dem anzutreten wir willens sind. [...] Denn nicht Sie, meine Herren, sprechen das Urteil über uns; das Urteil spricht das ewige Gericht der Geschichte. Ihr Urteil, das Sie fällen werden, kenne ich. Aber jenes Gericht wird uns nicht fragen: Habt ihr Hochverrat getrieben oder nicht? Jenes Gericht wird über uns richten, über den Generalquartiermeister der alten Armee, über seine Offiziere und Soldaten, die als Deutsche das Beste gewollt haben für ihr Volk und Vaterland, die kämpfen und sterben wollen. Mögen Sie uns tausendmal schuldig sprechen; die Göttin des ewigen Gerichts der Geschichte wird lächelnd den Antrag des Staatsanwalts und das Urteil des Gerichts zerreißen; denn sie spricht uns frei.« (zit. n. J. Fest)

Hier ist bereits alles zusammen, was Hitler an rhetorischer Raffinesse zeitlebens zur Verfügung hatte und mit Erfolg eingesetzt hat: Eine ungemein feine Witterung für die Gefühlswelt seiner Adressaten; ein melodramatisches Pathos, gemischt mit pseudoreligiöser Feierlichkeit; die glänzend gespielte Treuherzigkeit eines Mannes, dem jegliche moralische Hemmungen fremd waren, der völlig unbekümmert die Ewigkeit bemühte und der gelegentlich versicherte, er sei bereit, jeden Tag sechs falsche Eide zu schwören. »Für ihn war die Lüge nicht nur durch die Staatsraison geheiligt; schon der Gedanke, durch eine Unterschrift sich eines Teiles seiner Freiheit zu begeben, war ihm unerträglich. Er war ein Herausforderer, wenn auch seine Verschlagenheit es zuwege brachte, ihn nach außen nicht als solchen erscheinen zu lassen; und Fanatismus und angeborene Unaufrichtigkeit brachten ihn schließlich dazu, sich selbst für herausgefordert zu halten.« (A. François-Poncet)

Das Urteil war denn auch eine Farce. Hitler wurde zu fünf Jahren Haft auf der Festung Landsberg verurteilt, mit der erklärten Aussicht, alsbald auf Bewährung entlassen zu werden. Er saß sechs Monate unter äußerst milden Bedingungen ab, die weit ehrenhafter waren, als sein unrühmliches Verhalten während des missglückten Putsches.

In Landsberg schrieb er sein Buch »Mein Kampf«. Das Buch war so aufschlussreich, dass Hitler später äußerte, er hätte es nicht geschrieben, wenn er damals gewusst hätte, dass er Reichskanzler werden würde. Es dürfte kaum ein Buch gegeben haben, das so hohe Auflagen und gleichzeitig so wenige Leser erreichte. Dass dies so war, ist eine tragische Begleiterscheinung auf dem Weg in das große Verhängnis.

Während seiner Haftzeit wurde die Festung Landsberg zum Mekka der Deutschvölkischen, die jetzt richtig merkten, wie nötig sie den umschwärmten Häftling brauchten. Denn ohne Hitlers machtpolitisches Talent zerfiel die »Bewegung« schnell.

Einige wichtige Begabungen Hitlers Hitler musste das sehr willkommen sein. Um so wirkungsvoller konnte er sich nach seiner Haftentlassung vor einer viertausendköpfigen Menge seiner Anhänger, mit einer Nilpferdpeitsche als nunmehr unentbehrlichem Requisit in der Hand, in einer zweistündigen Rede in Szene setzen und umjubelte Zustimmung zu seinem Anspruch auf bedingungslose Unterwerfung einfordern. Von der gemeinen Menge seiner Anhänger setzte er sich jetzt mehr denn je dadurch ab, dass er sich als »Führer« titulieren ließ und von seinen Gefolgsleuten verlangte, dass sie auch im Alltag mit »Heil Hitler« grüßten. Damals schon zeichnete er einen riesigen Triumphbogen, den er sich eines Tages in Berlin errichten lassen wollte.

Im Vorfeld dieser »Machtergreifung« innerhalb seiner Anhängerschaft wurde bereits eine weitere Begabung Hitlers deutlich, die von seinen Gegnern bis weit in die Dreißigerjahre hinein immer wieder unterschätzt worden ist und die auch heute noch in historischen Rückblicken meist vernachlässigt wird: Es ist sein machiavellistisches, sein machtpolitisches Talent. In diesem Punkt ist er, bezogen auf unser Jahrhundert, nur mit Stalin und Mao vergleichbar. Nein, er überragt sie sogar, weil er nicht nur, wie auch sie, völlig skrupellos war, sondern außerdem über eine eminente schauspielerische Begabung verfügte. Hierdurch war es ihm möglich, mit treuherzigem Augenaufschlag seine Verhandlungspartner und die Öffentlichkeit ständig in die Irre zu führen. Er tat das aber so raffiniert, dass es sehr lange gedauert hat, bis ihm das Ausland überhaupt nichts mehr glaubte. Das deutsche Volk hingegen hat sogar in seiner Mehrheit die abgrundtiefe Verlogenheit dieses Mannes bis in den Untergang hinein nicht erkannt und in einer Art Vasallentreue an ihm als dem »Führer« festgehalten.

So armselig sein Denken sonst sein konnte, so primitiv er war und so vulgär er sich gebärden konnte – in allen machtpolitischen Auseinandersetzungen war er von einer überragenden Intelligenz, die ihn die jeweilige Situation blitzschnell erfassen, Interessenlagen durchschauen und schlagfertige Antworten in allen Schattierungen finden ließ.

Sein Aufstieg war deshalb weit mehr als lediglich die erfolgreiche Trommelei eines Agitators, seine Erfolge verdankte er sehr viel mehr sich selbst als der Dummheit seiner Anhänger, und die Etablierung seiner Diktatur nach 1933 wird das raffinierteste machtpolitische Meisterstück sein, das dieses Jahrhundert gesehen hat.

Weil Hitler so sehr das Böse schlechthin personifizierte, fällt es vielen rückblickenden Betrachtern immer wieder schwer, ihm bestimmte Qualitäten, d. h. Fähigkeiten zu attestieren, die er unzweifelhaft hatte. Wenn man aber den Versuch machen will herauszufinden, wie das Undenkbare eigentlich möglich wurde, kommt man an der nüchternen Feststellung nicht vorbei, dass er auf einigen, für seinen Aufstieg entscheidenden Gebieten als überragend angesehen werden muss. Man müsste sogar sagen, er war hier genial begabt, wenn man mit diesem Wort nicht unwillkürlich einen positiven Eindruck der Gesamtpersönlichkeit verbinden würde.

Diesen Fähigkeiten stand eine schier unglaubliche Disziplinlosigkeit des Denkens gegenüber, das sich in einer fahrigen Sprunghaftigkeit der Gedankenfolge äußerte. Albert Speer hat einmal als Teilnehmer der abendlichen Runde des engsten »Führer«-Zirkels dieses Kunterbunt Hitler'scher Äußerungen notiert. Da geht es los mit Heinrich dem Löwen, springt zu einem Diätrezept und zur Aufzucht von Schäferhunden, streift römische Staatskunst, beanstandet Beleuchtungsvorschriften für Kraftwagen, springt über zur Forderung, das Niederwalddenkmal und die Burg Kaub nachts anzustrahlen, dann wieder weiß der Führer plötzlich das beste Verfahren zur Herstellung von Kunsthonig, sodann folgen seine Ansicht über den zuletzt gesehenen Film, ein Rauchverbot für alle Diensträume der Partei, antisemitische Ausfälle und anderes mehr, je nach Stichwort.

Über seine Begabungen und Defizite werden im weiteren Verlauf immer wieder ergänzende Bemerkungen notwendig sein, um ihn möglichst von allen Seiten zu beleuchten. Denn es ist nicht zu verkennen, dass er in seinen Fähigkeiten und Schwächen widersprüchlich war und deshalb sein Bild leicht unvollständig geraten kann. Dann aber wird es noch schwieriger zu erklären, warum so viele ihm bis in den Abgrund gefolgt sind.

Soviel zu Hitlers Karriere bis zum Jahre 1925. Bevor man damit fortfährt, sollte man von der wirtschaftlichen Situation im damaligen Nachkriegsdeutschland sprechen, weil sie für die politische Entwicklung von 1918 bis 1933 von prägender Bedeutung geworden ist.

Max Beckmann: »Tanz in Baden Baden«, 1923. Die Inflation führte zum Zusammenbruch der gesamten privaten Daseinsvorsorge und für manche Wendige zu ungeahntem Reichtum.

Die wirtschaftliche Situation vom Kriegsende bis 1924 Die gängige Lesart lässt sich etwa so zusammenfassen: Deutschland hatte den Krieg verloren und stand unter den Zwängen des Versailler Diktates mit seinen unmenschlichen Reparationen. Es kam die Inflation, durch die viele Menschen um ihre Ersparnisse gebracht und in tiefes Elend gestürzt wurden. Nach Stabilisierung der Währung durch die Einführung der Reichsmark hatte die Wirtschaft einige gute Jahre. 1929 brach jedoch die Weltwirtschaftskrise herein, die sich in Deutschland besonders verheerend auswirkte und eine extreme Arbeitslosigkeit zur Folge hatte. Dies war der entscheidende Grund für Hitlers Aufstieg.

Eine solche Sicht ist in ihren Grundzügen richtig. Trotzdem sollte man in Kürze einige wichtige Ergänzungen anfügen.

Etwa Mitte 1922 kam es zu einem Wertverfall der deutschen Währung, der sich im Laufe der folgenden Monate rapide verschlimmerte. Die Ursache hierfür war letzten Endes die Schuldenlast des verlorenen Krieges: Sie betrug 1919 über 90 Milliarden Mark. Ein weiteres Problem war die drohende Massenarbeitslosigkeit. Millionen Frontsoldaten kehrten heim und wurden sofort nach Hause entlassen. Diese sechs Millionen konnten nicht von heute auf morgen in der Friedensproduktion untergebracht werden. Das Reich, Länder und Gemeinden mussten also auch hier zahlen.

Hinzu kamen jetzt die Lasten der Reparationsforderungen und die Kosten für die Besatzungsarmee im Rheinland. Hier, in dem Ansteigen der kurzfristigen Verbindlichkeiten des Reiches, lag die Hauptursache für den katastrophalen Anstieg der Geldmenge.

Als man nicht mehr weiterwusste, gab man durch Gesetz die bisherige »Dritteldeckung« der Währung durch Gold auf und öffnete damit die Schleusen.

Jetzt drehte sich die Schraube immer schneller: Das eben erwähnte Gesetz eröffnete dem Finanzminister den Zugang zum kurzfristigen Notenbankkredit. Gleichzeitig sank das Steueraufkommen, weil es in der Frist zwischen Steuerbescheid und Zahlung bereits wieder zu einer Geldentwertung kam.

Nun war die Stunde der Spekulanten gekommen. Das Rezept war höchst simpel: Man lieh sich hohe Summen Geld zu günstigen Zinsen, kaufte damit Sachwerte und zahlte mit entwertetem Geld zurück, das man wieder geliehen hatte und so fort. Ein Meister dieses Fachs war Hugo Stinnes, der sich ein ganzes Industrieimperium zusammenkaufte: 1 664 selbständige Unternehmen aus allen Wirtschaftszweigen waren schließlich sein Eigentum.

Viele andere, wie etwa Günther Quandt oder Friedrich Flick, eiferten ihm mit Erfolg nach. Auch private Schuldner konnten sich die Situation zunutze machen, weil ein weltfremdes Urteil des Reichsgerichtes den Satz: »Mark gleich Mark« aufgestellt hatte, sodass etwa Hypothekenschulden aus dem Jahre 1913 jetzt mit entwertetem Geld getilgt werden konnten.

Die Opfer waren die weniger Wendigen, die in diesem Währungstrubel ihren Besitz veräußern mussten, um leben zu können. Ein entsetzliches Elend brach herein, weil die ganze private Daseinsvorsorge wie morsches Gebälk zusammenkrachte: Von Mitte 1921 bis Mitte 1922 stieg der Preis des Dollars um 692 % auf 493 Mark. Im gleichen Zeitraum erhöhte sich der Preisindex um 769 %. 1924 war der Spuk zu Ende, und durch eine Währungsreform wurde wieder eine stabile Mark eingeführt.

Der größte Gewinner in dem ganzen Inflationsspiel war der Staat. Denn die gesamten inneren Kriegsschulden des deutschen Reiches in Höhe von 154 Milliarden Goldmark betrugen zum Zeitpunkt der Währungsumstellung, bezogen auf die Kaufkraft des Jahres 1913, sage und schreibe noch 15,4 Pfennige. 1925 nahm der Staat eine Aufwertung der Kriegsanleihen vor (25 Reichsmark für 1 000 Mark Nennwert); aber dadurch blieb dem Staat nur noch eine Schuld von 4,8 Milliarden Reichsmark.

Hitler nach Landsberg: ein politischer Außenseiter ohne Perspektive Dies etwa war die ökonomische Situation, als Hitler aus Landsberg entlassen wurde. In der Zeit seiner Inhaftierung hatten sich, zu Hitlers Genugtuung, seine Anhänger in endlosen Querelen gründlichst zerstritten, und von der »Bewegung« war nichts mehr übrig. Dies allein zeigt schon, dass eine deutsche Katastrophe durch den Nationalsozialismus ohne Hitler undenkbar ist.

Für Hitler schienen zunächst alle Tore geschlossen zu sein, da seine Partei verboten war. Aber es gelang ihm, durch ein treuherziges Lippenbekenntnis zur Legalität die Aufhebung des Verbotes zu erreichen.

Trotzdem hatte er in den folgenden vier Jahren alle Mühe, seine Parteigänger wieder um sich zu versammeln und sich auf der politischen Bühne bemerkbar zu machen. Denn mit der Währungsreform stellte sich im Bewusstsein der Menschen wieder ein gewisses Gefühl der Sicherheit ein, und die Staatsautorität bekam wieder Boden unter die Füße. Auch außenpolitisch schienen sich die Wogen allmählich zu glätten.

3 | Die Situation im Nachkriegsdeutschland von der Währungsreform bis zum Beginn der Weltwirtschaftskrise (1924 bis 1929)

Die Scheinblüte der Zwanzigerjahre Die Jahre von 1925 bis 1929 gelten heute im allgemeinen Bewusstsein als eine Phase der allmählichen politischen Stabilisierung und des wirtschaftlichen Aufschwungs. Diese Sicht ist hinsichtlich der politischen Situation – von der später die Rede sein soll – nur sehr bedingt richtig; im Blick auf die wirtschaftliche Entwicklung trifft sie noch weniger zu.

Denn schon von 1925 bis 1929 waren die wirtschaftlichen Aufwärtsbewegungen sehr kurz und wenig stabil. In diesen Jahren blieb die Investitionstätigkeit weit hinter den Vorkriegswerten zurück. Andererseits lag der private Verbrauch 1928 schon um 16 % über dem Vorkriegswert, der staatliche Verbrauch sogar um 34 %. Hieraus lässt sich ableiten, dass diese Jahre weniger durch ein Wirtschaftswachstum als durch Verteilungskämpfe gekennzeichnet waren.

Dementsprechend überstieg die Lohnentwicklung von 1925 bis 1929 die Produktivität ganz beträchtlich. Damit hatte es schon gegen Ende des Krieges begonnen, als die Unternehmer die gewerkschaftlichen Forderungen weitgehend akzeptierten, weil sie den Flächenbrand einer Revolution fürchteten und stattdessen die »revolutionäre Bewegung in eine Lohnbewegung« (zit. n. K. Borchert) überführen wollten. Als aber dann nach 1925 mit der harten Währung auch die harten ökonomischen Realitäten auf dem Tisch lagen, ließ sich die überdrehte Schraube der Lohnentwicklung aus politischen Gründen nicht mehr zurückdrehen.

In dieser Situation ergriff jede damalige Regierung die Gelegenheit, für alle ökonomischen Probleme einschließlich der hauseigenen die Last der Reparationen verantwortlich zu machen und damit die öffentliche Meinung auf ein Konfliktforum abzulenken, auf dem ihr der Beifall aller sicher sein konnte. Nicht wenige von denen, die diese Zusammenhänge richtig sahen, meinten schließlich, eine große Krise werde die einzige Möglichkeit sein, die ökonomischen Sachzwänge wieder zurechtzurücken. Dass eine solche Krisensituation dann ganz andere politischen Kräfte freisetzen würde, ahnten sie freilich kaum.

Die Konsequenz der überhöhten Reallöhne war ein Absinken der Investitionstätigkeit auf etwa 60 % des Vorkriegswertes. Da Investitionen damals wie heute die Voraussetzung einer ausreichenden Beschäftigung waren bzw. sind, ist es nicht verwunderlich, dass die Arbeitslosigkeit von 1925 bis 1929 ein ungelöstes Problem blieb: Sie lag nie unter 1,3 Millionen und stieg im harten Winter 1928/29, also noch vor dem New Yorker Börsenkrach, sogar auf 20 % der Gewerkschaftsmitglieder.

Und woher kamen die mageren Investitionen? Die Antwort hierauf ist erst recht wichtig: 41 % kamen aus der öffentlichen Hand; nur 9 % aus den Gewinnen der Kapitalgesellschaften; 14 % aus privaten Mitteln und sage und schreibe 36 % strömten durch ausländische

Kapitalimporte herein. Im Klartext: Drei Viertel der Investitionstätigkeit und damit Wohl und Wehe der deutschen Volkswirtschaft hingen vom Zustrom ausländischer Gelder ab und davon, ob die öffentliche Hand aus ihren Einnahmen etwas erübrigen konnte – eine volkswirtschaftliche Situation von unerhörter und nie da gewesener Brisanz. Dennoch besserte sich die wirtschaftliche Situation nach der Währungsstabilisierung für die meisten Menschen zunächst.

Es geht besser So ging es auch meinem Vater. Er betrieb als Ingenieur ein Vertretungsbüro für Brauereimaschinen. 1928 kaufte er sich sein erstes Auto. Es war ein viersitziger NSU, ein hochbeiniges Gefährt, in das man über ein breites Trittbrett hineinklettern musste und das noch keine Stoßdämpfer hatte. Infolgedessen wurde man beim Fahren kräftig durchgeschüttelt. Aber den herrlichen Duft im Inneren dieses Autos – eine Mischung aus Leder, Lack und Holz – habe ich heute noch in der Nase. Noch fast um die gleiche Zeit hatte ich auf dem Dresdener Altmarkt die parkenden offenen Pferdedroschken mit ihren großen, gelblackierten Rädern gesehen, neben denen die Kutscher mit einem Zylinder auf dem Kopf ihre Kundschaft erwarteten.

Ein Auto war damals sehr kostspielig: 6 000 Reichsmark hatte mein Vater dafür bezahlt, und dabei war es kein großer Wagen. Aber die Stückzahlen waren eben noch klein, und ein Auto konnten sich die Menschen im Allgemeinen nur zu beruflichen Zwecken leisten. Doch die technische Entwicklung lief mit Riesenschritten weiter, und wenige Jahre später kostete ein gleich großes, aber wesentlich besseres Auto etwas mehr als die Hälfte.

Mein Vater erklärte mir kleinem Knirps immer wieder enthusiastisch die neuesten Verbesserungen. Mit ihm begeisterte ich mich an der Erfindung der »Schwingachsen«. Das waren im Prinzip quer zur Fahrtrichtung angeordnete Blattfedern, aus denen sich später die verschiedensten Typen einer Einzelradaufhängung entwickelten. Diese Schwingachsen waren in der Tat eine revolutionäre Erfindung, weil sie durch den Wegfall der starren Achse die Fahreigenschaften des Autos mit einem Schlag schier unglaublich verbesserten. Der Erfinder war ein Automobilfabrikant namens Röhr, der in Frankfurt besonders schöne und teure Autos baute.

Natürlich kannten wir Jungen alle Marken und prahlten untereinander mit unseren technischen Kenntnissen. Durch meinen Vater wusste ich da ganz gut Bescheid und sparte nicht mit Belehrungen im Gespräch mit meinen Altersgenossen. Einmal im Monat kam eine Autozeitschrift zu uns ins Haus, die ich begierig las, um keine technische Neuerung zu verpassen.

Gustav Stresemann auf neuen außenpolitischen Wegen England verhielt sich gegenüber Frankreich kühl, weil ihm an einer französischen Führungsrolle auf dem Kontinent nichts gelegen war. So versuchte Frankreich – nachdem Russland weggefallen war – mit den neuen östlichen Nachbarn Deutschlands zu einem Bündnissystem zu kommen. Es verband sich also mit Polen. Die Tschechoslowakei, Jugoslawien und Rumänien schlossen sich zur so genannten »kleinen Entente« zusammen, und Frankreich verbündete sich mit Jugoslawien und Rumänien. Allen diesen östlichen Ländern war gemeinsam, dass sie nach dem Ersten Weltkrieg neu entstanden waren und natürlich befürchteten, es könnten sie eines Tages die mit den Händen zu greifenden deutschen Revisionsbestrebungen treffen. Dieses östliche Bündnissystem sah aber imposanter aus, als es war; denn es bestanden von Anfang an zwischen diesen einzelnen Kleinstaaten historisch gewachsene, beträchtliche Spannungen, und sehr viel militärisches Potential brachten sie auch nicht auf die Beine.

Demgegenüber gelang es der deutschen Außenpolitik, an Frankreich vorbei mit Russland zu einem neuen Anfang zu kommen, der 1922 im Vertrag von Rapallo begründet wurde. Er hatte zwar weniger die erhofften wirtschaftlichen Konsequenzen, sondern mehr positive psychologische Folgen hinsichtlich des Beziehungsklimas, aber das war ja auch schon etwas. Hierzu trug auch eine gewisse Zusammenarbeit auf militärischem Gebiet bei.

Gustav Stresemann war der bei weitem begabteste Staatsmann, den Deutschland in den Zwanzigerjahren zur Verfügung hatte. Auch er empfand Versailles als Diktat, aber er war besonnen genug, seine Partner zunächst durch eine »Erfüllungspolitik« des Versailler Vertrages für sich zu gewinnen in der Hoffnung, auf diesem Wege langfristig zu einer vernünftigen Revision jenes Vertrages zu kommen (in seinen geheimen Vorstellungen dachte er sogar an einen »Anschluss« Österreichs). Dabei nahm er in Kauf, dass er vom rechten Flügel des deutschen politischen Spektrums wüst geschmäht wurde. Aber er hatte Erfolg und kam im Vertrag von Locarno 1925 mit den Alliierten zu einem Neubeginn der Beziehungen. Leider Gottes starb Stresemann 1929 an seinem chronischen Nierenleiden. Wer weiß, ob unserem Lande und der Welt nicht Hitler erspart geblieben wäre, wenn Stresemann ein Jahrzehnt länger gelebt hätte.

Deutschland vor unlösbaren Schwierigkeiten Wenn man sich heute bemüht, die Problematik des Staates von Weimar gerade im Hinblick auf die große Katastrophe, die Hitler hieß, zu verstehen, sollte man diese tragische Konstellation stets im Blick behalten: Einen Staat, der politisch fast von Anfang an hochgradig handlungsbehindert blieb, weil ihm das normale demokratische Kräftespiel von Regierung und Opposition fehlte und der in seiner wichtigsten wirtschaftlichen Grundlage krank war, weil eine gesunde Lohn-/Produktivitätsrelation nicht bestand. Und diese unglückselige Verkettung war in ihren Auswirkungen um so verhängnisvoller, als die Demokratie hierzulande aus historischen Gründen zunächst als nicht mehr denn ein Experiment angesehen wurde, nicht aber als eine vom Volk erhoffte und auf gewachsenen Traditionen, Strukturen und Erfahrungen basierende Staatsform.

Es ist deshalb billig, heute nach 50 Jahren stabiler Demokratie, die uns Gott sei Dank nach dem Kriege von den Alliierten aufgezwungen wurde und die in eine kontinuierlich wachsenden Volkswirtschaft eingebettet war, die Generation der Zwanziger- und Dreißigerjahre zu schelten, weil sie schließlich jenes in ihren Augen gescheiterten Experimentes überdrüssig wurde, das sie nie als erstrebenswerte Staatsform erlebt hatte.

Ein anderer, schwerwiegender Umstand kam hier hinzu. Ohne dass sich der Einzelne dessen recht bewusst wurde, keimten in diesen Jahren jene später so verhängnisvollen politischen Denkmuster mit dem unterschiedlichsten pseudoreligiösen Wahrheitsanspruch auf. Sie mochten dem unbefangenen Beobachter als chancenlose Außenseiterideen erscheinen und für ihn von daher kein großes Gewicht haben.

In Wirklichkeit waren sie aber ideologische Sprengladungen von unerhörter Brisanz, die »mit dem doppelten Anspruch auf wissenschaftliche Geltung und zugleich religiöse Unbedingtheit auftraten. Sie verhießen, das durch moderne Wissenschaft und Säkularisierung Getrennte wieder zum Einklang von Kultur und Technik, von Politik und Kultur zu bringen: dabei suchten sie jedem jedes zu versprechen, Sammelbewegung und Sammelglauben zu sein und zugleich in scharfer Konfrontation den absoluten ideologischen Gegner auszumachen: Integrations- und Feindideologie in einem. [...] Faschismus und Nationalsozialismus wie Leninismus-Stalinismus und später Maoismus waren beides zugleich: Verheißung einer endzeitlichen Gemeinschaft – tausendjähriges Reich oder allgemeiner Kommunismus –, aber doch vor allem Mobilisierungsideologien zum Kampf mit dem totalen Feind.« (K. D. Bracher)

Dresden in den Zwanzigerjahren Wir wohnten in der Dresdner »Neustadt«, auf der rechten Elbseite also, im vierten Stock eines Eckhauses in der Kaiserstraße. Vom Balkon aus sah man auf den Neustädter Bahnhof und auf die Gleise, die von dort auf die andere Elbseite zum Hauptbahnhof führten. Wegen der vielen Züge und des damals schon ziemlich lebhaften Lastwagenverkehrs war es recht laut in unserer Wohnung.

Mein Freund war Heinz Sandmann, er wohnte im Nebenhaus. Wir bauten zusammen aus Brettern ein Flugzeug, mit dem ich vom Küchenbalkon aus zu starten beabsichtigte. Glücklicherweise verschob sich die Fertigstellung immer wieder, sodass aus dem Flug nichts wurde. Sein Vater war Viehhändler. Eines Tages – es dürfte Ende der Zwanzigerjahre gewesen sein – sah ich dort auf dem Tisch einen angekommenen Brief liegen, dessen Anschrift an »Pg. Sandmann« lautete. Ich rätselte, was dieses »Pg.« heißen könnte, genierte mich aber zu fragen. Mein Vater gab mir erst eine ausweichende Antwort; schließlich erfuhr ich, dass sich dahinter das Wort »Parteigenosse« verbarg. Damals steckten die Bauern, ebenso wie die Industrie, in einer schweren wirtschaftlichen Krise, und gerade in ländlichen Bezirken suchten viele Menschen ihre Rettung bei Hitler.

Auf der Straße sah ich oft Herrn Bialaschewski. Er war Pferdehändler und hatte seine Ställe ein paar Häuser weiter. Seine Tochter Esther spielte mit uns im Hinterhof. Er imponierte mir, weil er immer schick angezogen war in seinen eleganten Anzügen, mit den »Hundedeckchen« (Gamaschen) auf den Füßen, einem hellen Spazierstock in der Hand und einer Melone auf dem Kopf. Meist klemmte zwischen den Fingern der anderen Hand eine Zigarre. Wenn ich sagte: »Guten Morgen, Herr Bialaschewski«, dann erwiderte er meinen Gruß, tippte mit zwei Fingern an die Hutkrempe und lächelte freundlich. Ich wusste, dass er Jude war, aber für mich und die übrigen Kinder war das nicht anders als »katholisch« oder »evangelisch«.

Dresden in den Zwanzigerjahren: das war – ähnlich wie Berlin – so etwas wie ein kulturelles Paradies. Die Staatsoper war – neben Berlin, München, Hamburg und Wien – im deutschsprachigen Raum eine führende Bühne, mit Fritz Busch am Pult, zu deren Ensemble zu gehören für jeden Künstler die Erfüllung seiner Träume war, zumal es den durch die Welt jettenden Opernstar noch nicht gab.

Jenseits des Zwingers stand das Schauspielhaus mit einem vorzüglichen Ensemble, dessen unbestrittener Doyen Erich Ponto war. Er wohnte neben unserem Gymnasium auf der Wiener Straße. Dort sah ich ihn später oft, als ich diese Schule besuchte, auf der Straße. Er ging etwas mühsam am Stock, weil ihn seine Wirbelsäule plagte. Aber wenn er auf der Bühne stand, dann hielt man ihn für kerngesund.

Weil die Theater feste Ensembles hatten, die sich kaum veränderten, hatten die Dresdener Bürger zu ihren Bühnenkünstlern eine so persönliche Beziehung, wie sie heute gar nicht mehr vorstellbar ist. Als beispielsweise die damals berühmte Sopranistin Eva Plaschke-von der Osten nach einer längeren Krankheit wieder auftreten konnte, sang sie die Elisabeth im Tannhäuser, und bei den ersten Takten der »Hallen-Arie« («Dich teure Halle grüß' ich wieder ...«) erhob sich das Publikum zu ihren Ehren spontan von den Plätzen.

Jeden(!) Sonntag konnte man in der Hofkirche eine andere musikalische Messe hören, die von Mitgliedern der Staatskapelle und des Opernchores, von den Kapellknaben und den Solisten der Oper bestritten wurden. Die Leitung hatte Karl Maria Pembaur, ein ausgezeichneter Kapellmeister, der nur für diese musikalischen Messen zuständig war.

Sozusagen schräg gegenüber auf der anderen Seite des Altmarktes sang in der Kreuzkirche der berühmte Kreuzchor, der durch seine Reisen bis nach Amerika weit über Dresden hinaus bekannt war.

Dann gab es da noch das Centraltheater für Operetten und Varieté. Dort habe ich, noch als kleiner Junge, zum ersten Mal den berühmten Grock gesehen. Seine Komik brachte mich so zum Lachen, dass ich nicht mehr aus noch ein wusste. Doch plötzlich änderte er die Melodie seiner Komik, und aus dem Lachen seiner Zuschauer wurde ein Lächeln – ein humanes Lächeln.

Jeden Samstag war die letzte Seite der Zeitung voller Anzeigen für kulturelle Veranstaltungen. Die Technische Hochschule hatte einen sehr guten Ruf, nicht weniger das Konservatorium. In Hellerau gab es die Deutschen Werkstätten und eine richtungweisende neue Architektur mit einer Mustersiedlung für Arbeiter, im Tanz ging die Palucca neue Wege, die Kunstakademie zehrte noch vom Ruhm der Brücke-Maler, und das alles spielte sich in einer Stadt ab, deren Panorama und Straßenbild sich von selbst gegen Hässlichkeit zu wehren schien. Das mag von der Erinnerung ein wenig verklärt sein, aber im Kern war es wohl so. Denn der sich in Schleifen durch Dresden ziehende Fluss und die Elbhänge der Neustädter Seite brachten die Architektur der Altstadt in eine einzigartige ästhetische Balance. Keiner hat das besser gesehen als Canaletto.

Sonntags fuhren wir oft in die »Dresdner Heide«, ein weites Waldgebiet, das im Norden an die Stadt angrenzte. Dort konnte man stundenlang spazieren gehen und begegnete nur wenigen Menschen. Am Ende des Spazierganges kehrten wir dann auf der »Hofewiese« ein, einem beliebten Gartenlokal.

Dort sah ich eines Tages eine größere Gruppe von jungen Leuten in blauen Hemden mit rotem Halstuch, die herumalberten und sich dann zu einem Gruppenfoto formierten, wobei sie sich mit allerlei übertriebenen religiösen Gesten wie Händefalten und Augen-zum-Himmel-Verdrehen gegenseitig zum Lachen brachten.

»Was machen die da?«, fragte ich meine Eltern. – »Ach, das sind wohl Kommunisten.« – »Was sind Kommunisten?« – »Tja, wie soll ich dir das erklären – das sind Leute, die meinen, in der Welt wäre es am besten, wenn keiner mehr hat als der andere.« – »Auch keiner ein Auto?« – »Entweder alle oder gar keiner, aber so etwas geht nicht.« – Das war meine erste Bekanntschaft mit dem Sozialismus, und es leuchtete mir ein, dass so etwas nicht ging – alle Autobesitzer wie mein Vater!

Zu Ostern 1928 kam ich auf die Schule. Am ersten Schultag sang eine Gruppe älterer Schüler, als die fünf Vokale verkleidet, »A – E – I – O – U, nun hört mal alle zu« und verhieß uns mit den nächsten Versen, dass wir nun das Glück hätten, in die paradiesischen Freuden des Schullebens einzutauchen. Aber schon kurz nach dem ersten Kennenlernen dieser Vokale musste meine Mutter plötzlich eine Kur in Franzensbad absolvieren, und da sie nicht wusste, wohin mit mir, durfte sie mich aus der Schule und mit in ihren Kuraufenthalt nehmen.

Franzensbad war einer von den bekannten böhmischen Kurorten, kleiner und nicht so teuer wie das berühmte Karlsbad, aber doch recht hübsch. Die Kurverwaltung hatte damals schon die Bedeutung der autofreien Zonen erkannt, und da alle Leute deutsch sprachen, konnte meine Mutter mich herumlaufen lassen, wie ich wollte, während sie ihren »Anwendungen« nachkam.

Am ersten Tag stand ich etwas ratlos vor dem Hotel, weil ich keinen Spielkameraden hatte. Als ich gelangweilt zur Hotelfassade hochsah, fiel mein Blick auf die großen goldenen Lettern des Wortes »PARADIES«. So hieß unser Hotel, und so sah es also geschrieben aus. In meiner Langeweile kam mir die Idee, mir daraufhin einmal die anderen Hotels anzusehen. Ich bummelte also los, und vor jedem Hotel fragte ich einen Passanten: »Können Sie mir bitte sagen, wie das Hotel heißt?«. Meist bekam ich eine freundliche Antwort, und damit versuchte ich mein Buchstabenrepertoire, bestehend aus »Paradies« und den Vokalen, zu ergänzen. Der autodidaktische Leseunterricht geriet zu einer Mischung aus Ganzheitsmethode und konventionellem Buchstabieren, und wenn ich hängen blieb, schleppte ich am Nachmittag meine Muter dorthin, die mir half und natürlich froh war, dass ich einen so nützlichen Zeitvertreib gefunden hatte. Die Straßenschilder dienten dann, ebenfalls mit Hilfe meiner Mutter, zum Erlernen der kleinen Buchstaben, und da dieser Unterricht zu einem ganztägigen Intensivkurs ausuferte, konnte ich am Ende der Kur lesen und hatte vor meinen Klassenkameraden einen gehörigen Vorsprung. Glücklicherweise hinkte ich aber im Rechnen und Schreiben hinterher, sodass ich meine Nase nicht zu hoch tragen konnte. Aber die Liebe zu den Buchstaben ist geblieben.

Literatur: (9) K. D. Bracher
(10) K. D. Bracher
(16) C. Cipolla und K. Borchardt
(22) J. Fest
(37) F. W. Henning
(41) A. Hitler
(42) E. Jäckel
(46) D. Keese
(48) I. Kershaw
(55) A. Kubiczek
(65) G. Niedhardt

4 | Die Katastrohpe beginnt: Weltwirtschaftskrise und die Ratlosigkeit der Präsidialregierungen

Der »Schwarze Freitag« in New York und seine Folgen in Deutschland In Amerika stieg das Bruttosozialprodukt von 52,6 Milliarden Dollar im Jahre 1921 auf 85,2 Milliarden im Jahre 1929. Der amerikanische Aktienindex kletterte von 1923 bis Oktober 1929 von 69 auf 190 Punkte; von 1927 bis 1929 nahm er allein um 72 Punkte zu. Alle Welt und natürlich vor allem Amerika wurde vom Börsenfieber ergriffen. Jeder wollte an dieser wunderbaren Vermehrung des Vermögens teilhaben und kaufte Aktien. Wenn das Bargeld nicht mehr reichte, nahm man einen Kredit auf und bezahlte damit – es ging ja ständig aufwärts. Dieser allgemeine Wettlauf mit den Aktien trieb natürlich die Kurse in die Höhe. Fachleute allerdings warnten vor allem im Jahr 1929 vor den Kursübertreibungen, und im Sommer 1929 war eine beträchtliche Nervosität an den Börsen zu beobachten, die nicht zuletzt durch zwei große Finanzskandale ausgelöst wurde.

Der 24. Oktober 1929 war ein ganz normaler Tag. Nichts war an den vorhergehenden Tagen passiert. Aber ausgerechnet an diesem Tag lagen plötzlich auf den Tischen der New Yorker Börsenmakler riesige Berge von Verkaufsaufträgen, ohne dass entsprechende Kaufaufträge vorlagen. Kein Mensch weiß bis heute, warum es gerade an diesem Donnerstag zu dieser Verkaufswelle kam. Man versuchte durch Interventionen gegenzusteuern, aber am folgenden Tag, jenem berühmten schwarzen Freitag, ging es mit den Kursen erst richtig nach unten, und Anfang der folgenden Woche setzte sich die Abwärtsbewegung fort.

Jetzt mussten viele Aktienbesitzer um jeden Preis verkaufen, um ihre Kredite zurückzahlen zu können, und das beschleunigte die Drehung der Spirale, sodass eine katastrophale Situation entstand. Immerhin erholten sich bis zum Frühjahr 1930 die Kurse fast auf das Niveau vom Beginn des Jahres 1929. Aber dann ging es bis März 1933 unaufhaltsam abwärts. Jetzt kam es zur amerikanischen Bankenkatastrophe, und der Aktienindex fiel schließlich auf 43,2 Punkte im Jahre 1933. Das war mithin ein Wertverlust von ca. 77 %!

Die wirtschaftlichen Folgen glichen einer weltweiten Kettenreaktion. Das Schlimmste war eigentlich die psychologische Seite. Denn niemand hatte mehr den Mut zu Investitionen, und in dieser Haltung sah man sich durch die ausbleibende Nachfrage bestätigt, die durch den Vermögensverlust breiter Käuferschichten verschlimmert wurde. Immer mehr Unternehmen gingen in Konkurs, und die Zahl der Arbeitslosen stieg.

Bis zum Sommer 1930 war die amerikanische Wirtschaftskrise in vollem Umfang nach Deutschland herübergeschwappt. Da die Anleger in Amerika kein Geld mehr hatten, kam der bis dahin kontinuierliche Geldstrom aus Amerika zum Erliegen. Dazu fiel Amerika als Absatzmarkt aus und die Gewinne gingen dramatisch zurück, sodass die Anleihenehmer Zinsen und Tilgung zumindest nicht mehr in Dollarwährung bezahlen konnten.

Warteschlange vor einem Pfandhaus. In der großen Wirtschaftskrise vor 1933 mußten viele Menschen ihre Wertsachen verpfänden, um sich von einem Tag auf den anderen retten zu können.

Die Arbeitslosigkeit stieg rapide an, weil jeder neue Arbeitslose gleichbedeutend mit einer Verringerung der Nachfrage war. Man geriet in eine Deflation, d. h. die zur Verfügung stehende Kapitalmenge verringerte sich. Dadurch blieb nicht nur eine Zinssenkung aus, die sonst zur Belebung der Kapitalnachfrage angeregt hatte, sondern die Zinsen stiegen sogar noch, weil das Kapitalangebot klein war.

Besonders die Regierung in Deutschland hatte angesichts der gerade überstandenen Inflation größte Bedenken, sich zu verschulden. Zudem war aber auch der Markt mangels ausreichenden Kapitals kaum aufnahmefähig für Anleihen. So unterblieb die Verschuldung der öffentlichen Hand, um die Konjunktur wieder flott zu machen. Stattdessen erhöhte man die Steuern und schränkte die Ausgaben ein, um mit dem wenigen zur Verfügung stehenden Geld auszukommen. Dadurch wurde der Konsum noch weiter gedrosselt, sodass noch mehr Menschen arbeitslos wurden. Viele Banken gingen wegen der Illiquidität ihrer Schuldner in Konkurs.

Die Konservativen (die »Monarchisten«) machen einen neuen Versuch im Kampf um die Staatsmacht
Bei der Reichstagswahl im Mai 1928 waren die »Deutschnationalen« auf 14,2 % (vorher 20,5 %) zurückgefallen, die SPD dagegen hatte ihr bestes Ergebnis erzielt. Es wurde eine große Koalition ohne die Deutschnationalen unter dem von Hindenburg ernannten Sozialdemokraten Hermann Müller gebildet; Stresemann blieb Außenminister. Das ging gut bis zum Frühjahr 1930, als die Folgen der Weltwirtschaftskrise die Regierung Müller in Schwierigkeiten brachten, sodass sie zurücktreten musste.

Jetzt folgte Hindenburg der Stimme seines Herzens und den Einflüsterungen einiger »Monarchisten«. Am liebsten hätte man den Zustand wiederhergestellt, wie er vor dem

Oktober 1918 (also vor Einführung der parlamentarischen Demokratie) bestand. Da dies verfassungsmäßig nicht möglich war, kam man auf die Idee, diesen Zustand durch eine Hintertür der Verfassung zu erreichen.

Artikel 53 der Verfassung bot nämlich die Möglichkeit, dass der Reichspräsident einen Reichskanzler seiner Wahl ohne Zustimmung des Parlamentes ernannte, sodass dieser eine Minderheitsregierung bilden konnte. Voraussetzung für das Funktionieren dieses Konzeptes war allerdings, dass der Reichstag den von diesem Reichskanzler erlassenen Gesetzen zustimmte. Tat er das nicht, so konnte der Reichspräsident nach Artikel 48 der Verfassung die von der Minderheitsregierung beabsichtigten Gesetze auf dem Wege von Verordnungen erlassen.

Jedoch hatte der Reichstag die Möglichkeit, alle präsidialen Verordnungen mit einfacher Mehrheit wieder außer Kraft zu setzen. In diesem Fall sollte der Reichspräsident – so dachten die »monarchistischen« Initiatoren – nach Artikel 25 der Verfassung den Reichstag auflösen. Man hoffte, dass diese Möglichkeit, als Drohung vorab ausgesprochen, den Reichstag davon abhalten würde, etwas gegen die präsidialen Verordnungen zu unternehmen; denn das hätte ja einen neuerlichen Wahlkampf mit ungewissem Ausgang bedeutet.

Sollte dennoch eine Auflösung des Reichstages notwendig werden, so war spätestens am 60. Tag nach der Auflösung des Reichstages die Neuwahl fällig. Und spätestens am 30. Tag nach dieser Wahl musste der neue Reichstag zusammentreten. Praktisch hieß dies also, dass der Reichspräsident und sein Reichskanzler mindestens bzw. im schlimmsten Fall nur drei Monate auf dem Verordnungswege regieren konnten.

Aber es konnte ja auch sein, dass der Reichstag stillhielt oder dass er eines Tages vielleicht sogar einer Wiedereinführung der alten Verfassung zustimmen würde. Wie auch immer – da auch die »Demokraten« keine Mehrheit würden zustande bringen können, mochte dieses Verfahren bei manchem im Lande Zustimmung finden.

So kam es jedenfalls zur Einführung der sogenannten Präsidialregierungen zwischen 1930 und 1933. Der erste Reichskanzler dieser Art war Heinrich Brüning (der dem Zentrum angehörte, also kein »Monarchist« war). Ende März 1930 wurde er ernannt und kündigte sofort an, dass der Reichstag aufgelöst würde, falls eine seiner Gesetzesvorlagen keine Mehrheit finden würde. Dazu kam es schon Mitte Juni 1930. Nun lief das Hin und Her ab, wie es die Verfassung vorsah: Unmittelbar nachdem das Parlament seine Zustimmung zu Brünings Gesetzesvorlage verweigert hatte, erließ der Reichspräsident dieses Gesetz auf dem Verordnungswege. Kurz darauf hob der Reichstag diese Verordnung auf, im Gegenzug löste der Reichspräsident den Reichstag auf und Neuwahlen wurden erforderlich.

Diese Neuwahlen wurden auf den spätesten Termin, nämlich den 14. September 1930, festgesetzt. Bis dahin hatte Brüning Ruhe.

5 | Ein unverhoffter Paukenschlag: Hitler vor den Toren

Hitler, der hoffnungslose politische Außenseiter, liegt auf der Lauer Gegen Ende der Zwanzigerjahre hatte sich Hitler die Kehle heiser geredet mit seinen wilden Agitationen, aber eigentlich wollte kaum einer etwas von ihm wissen. Ich kann mich nicht erinnern, dass meine Eltern damals von Hitler als einer drohenden Gefahr gesprochen hätten. Die Reichstagswahl 1928 brachte ihm mit Ach und Krach zweieinhalb Prozent der Stimmen. Damit hatte er im Reichstag gerade mal 12 Abgeordnete (die Kommunisten 54!). Im Grunde war er seit seiner Haftentlassung 1925 eine armselige politische Randfigur, und seine Anhänger, überwiegend politische Rowdies, wurden ungeduldig. Wann würde endlich die Nacht der langen Messer kommen, auf die man nun schon seit Jahren wartete? Wäre denn nicht eine Revolution tausendmal besser, als dieses ewige Warten mit den paar Prozent Stimmen? Es schien doch offenbar, dass der vom »Führer« eingeschlagene Weg – legal an die Macht zu kommen – Quatsch war. Hitler hatte alle Mühe, die an der Leine zerrenden Hunde zurückzuhalten. Denn seine geradezu animalische politische Witterung nahm eine in der Luft liegende Chance wahr. Aber noch war es nicht so weit, und niemand hätte zu diesem Zeitpunkt einen Pfifferling auf Hitlers kometenhaften Aufstieg gewettet.

Außenpolitisch war die Entwicklung in Deutschland seit dem Kriegsende dank Stresemanns geduldigen und geschickten Bemühungen allmählich in ein ruhiges und, wie es schien, einigermaßen sicheres Fahrwasser gekommen. Denn immerhin hatten sich die Beziehungen zu den früheren Kriegsgegner einigermaßen beruhigt, wenn auch die Frage der Reparationen ein heikles Thema blieb. Hier sah auch Hitler immer wieder einen Ansatzpunkt zu populistischen Attacken, und plötzlich bot sich ihm auf diesem Feld eine echte politische Betätigungsmöglichkeit.

Das Volksbegehren zum Young-Plan: Hitler steigt in Hugenbergs Boot und gibt ihm anschließend einen Tritt Stresemann hatte eine Neuregelung der Reparationszahlungen erreicht, die von dem amerikanischen Bankier Owen Young ausgearbeitet worden war. Sie bot aus deutscher Sicht eine ganze Reihe von Verbesserungen, denen aber viele enttäuschende Vertragspunkte gegenüberstanden. Vor allem war vorgesehen, dass die Zahlungen über sechzig Jahre erfolgen sollten, obschon man zum Zeitpunkt des Vertragsentwurfes nicht einmal wusste, woher man das Geld für die ersten Jahresraten nehmen sollte. Denn die Weltwirtschaftskrise war eben hereingebrochen. Hinzu kam, dass hier wieder mit dem alten Kriegsschuldartikel des Versailler Vertrages Öl ins Feuer der Gefühle gegossen wurde. So kam es zu einem Protest auch der Besonnenen, den in einer öffentlichen Erklärung zahlreiche bekannte Persönlichkeiten unterzeichneten.

Dabei blieb es aber nicht. Die radikale politische Rechte inszenierte mit großem Propagandaaufwand ein Volksbegehren gegen den Young-Plan mit Alfred Hugenberg an der Spitze, einem ehrgeizigen und skrupellosen Mann, der über ein großes Medien-Imperium gebot und – er war Vorsitzender der Deutschnationalen Partei – die parlamentarische Demokratie hasste. Er hoffte, mit dem Volksbegehren die nationale Rechte um sich zu sammeln.

Hitler ließ sich zu seinem Bundesgenossen machen, stellte aber sehr selbstbewusste Forderungen politischer wie finanzieller Art. Am wichtigsten war es für ihn, mit dieser Allianz auf der bürgerlichen Bühne als gefragter Akteur zu erscheinen. Der von ihm und seinen Anhängern entfachte Propagandafeldzug machte die Mitwirkenden der anderen Parteien zu blassen, bedeutungslosen Randfiguren.

Zwar scheiterte das Volksbegehren, aber Hitler wurde bekannt, und selbstverständlich zögerte er keinen Augenblick, jetzt Hugenberg die Schuld am Scheitern des Volksbegehrens in die Schuhe zu schieben und ihm politisch einen Fußtritt zu geben. Im Übrigen sagte er mit neuem Selbstbewusstsein den Sieg seiner Bewegung »in zweieinhalb bis drei Jahren« voraus.

Hitlers erste Ernte Diese Episode des Volksbegehrens gegen den Young-Plan half Hitler sehr bald bei den anstehenden Kommunal- und Landtagswahlen, zumal sich jetzt auch die politischen Folgen der Wirtschaftskrise bemerkbar machten. Denn im Winter 1928/29 stieg die Zahl der Arbeitslosen auf 3,7 Millionen.

Von der Intensität seiner propagandistischen Vorbereitungen macht man sich keine Vorstellung. Die Menschen damals waren es – wie wir heute – gewohnt, dass politische Parteien vor den Wahlen alle Mühe hatten, ein paar Leute für ihre Veranstaltungen zusammenzubekommen. Völlig anders war hier das Bild Hitlers und seiner Partei.

Wo gewählt wurde, da wurde getrommelt in einem damals unbekannten Ausmaß. Allein vor den sächsischen Landtagswahlen im Juni 1930 trat die NSDAP mit 1 300 Veranstaltungen an die Öffentlichkeit. Da wurden nicht nur Reden gehalten, sondern in einer Art politischer Kirmes gab es alle Arten von Volksbelustigung und -unterhaltung, alles politisch im gleichen Sinn eingefärbt: Theaterstücke, gemeinsames Singen, Vorträge, Filmvorführungen und Sportveranstaltungen.

Dieser Propagandarummel wurde – törichterweise – von der politischen Konkurrenz belächelt, machte sie selbst aber zu blassen politischen Schemen. Hitler und der NSDAP drückte der Propagandafeldzug demgegenüber den Stempel einer unerhörten Dynamik auf, sodass sich der breiten Masse im Unterbewusstsein die Vorstellung einprägte, ein solcher Parteiführer und seine Partei müssten folgerichtig auch politischen Aufgaben besser als die bisherigen Parteien gewachsen sein.

Hitler verkündete beileibe kein klares Konzept, aus dem man hätte ablesen können, wie er der aufgetürmten Schwierigkeiten Herr werden wollte. In diesem Punkt hatte er nur allgemeine Redensarten, die er allerdings rhetorisch geschickt anbot. Am wichtigsten war aber, dass er beständig die Schuldigen der ganzen Misere benannte, die »Systempolitiker« natürlich, die es zu beseitigen gelte. Und zumindest der breiten Masse leuchtete das ohne weiteres ein: 12 Jahre hatten diese Politiker ja Zeit gehabt, und das Resultat war ein riesiges Elend.

Das war zwar eine plumpe Vereinfachung, aber wenn es den Menschen schlecht geht, geben sie nicht viel um eine genaue Analyse. Dann suchen sie einen Schuldigen und rufen nach einem Retter. Deshalb bekam Hitler genau in dieser ersten kritischen Phase, im Winter 1928/29, erstmalig verstärkt Zulauf im Rahmen jener Landtags- und Kommunalwahlen.

Vor allem unter den durch eine Agrarkrise (Verschuldung, Konkurse) gefährdeten Bauern erhielt er neue Sympathisanten, aber auch von kleinen Gewerbetreibenden, Handwerkern und Mittelständlern. Der Zulauf begann nicht in den großen Städten, sondern eher auf dem Land und in den Kleinstädten, wo lokale »Meinungsführer« die Kristallisationspunkte bilden konnten.

Hitlers Dynamik und der verhängnisvolle Fehler der Intellektuellen Nach dem Publizitätserfolg des Volksbegehrens und dem Rückenwind der Landtagswahlen nutzte Hitler die Wochen bis zur Reichstagswahl am 14. September 1930 zu einer beispiellosen, noch nie da gewesenen politischen Kampagne. Zu Hilfe kamen ihm hierbei mehrere Umstände.

Vor allem war es die ausweglose parlamentarische Situation, in der ja weder das Lager der Rechts- noch das der Linksparteien eine mehrheitsfähige Koalition zusammenbringen konnte. Im Hinblick auf alles, was kam, muss man dies festhalten: In den 14 Jahren der Weimarer Republik waren in Deutschland 21 Regierungen an der Macht, die längste kaum mehr als zwei Jahre!

Hierdurch musste für die Wähler der Eindruck entstehen, das für sie neue System der parlamentarischen Demokratie als solches sei vom Ansatz her falsch und unbrauchbar. Je mehr sich jetzt die Wirtschaftskrise verschärfte und je hilfloser die traditionellen Parteien dieser Katastrophensituation gegenüberstanden, umso mehr musste sich die Abneigung der Deutschen gegen das ungewohnte und völlig neue Experiment einer parlamentarischen Demokratie verstärken.

Zu Hilfe kam Hitler des Weiteren jetzt in viel größerem Maße als bei den Landtagswahlen, dass die etablierten Parteien sich mit der Aktivität und dem geradezu jugendlichen Schwung der NSDAP nicht im entferntesten messen konnten. Die Partei hatte jetzt um die hundert gut geschulte Redner. Ständig fanden in zahllosen Städten und Ortschaften Parteiveranstaltungen statt, im Wahlkampf pro Tag über einhundert!

In den letzten vier Wochen vor der Wahl steigerten Hitler und seine Partei die Anstrengungen in bis dahin ungekannter Manier: 34 000 (!) Wahlveranstaltungen wurden abgehalten, und Hitler hastete von Rede zu Rede. Im Berliner Sportpalast waren es 16 000, die ihm gebannt lauschten, in der Breslauer Jahrhunderthalle 20 000 bis 30 000 und einige Tausend vor der Tür.

Hitler war, um es einmal mehr zu sagen, ohne jede Frage in den zum Machterwerb entscheidenden Punkten ein Naturtalent. Hier sei nur angemerkt, dass er – ganz abgesehen von seiner ungewöhnlichen rhetorischen Begabung – ein Meister des propagandistischen Raffinements war, dem nicht einer seiner hilflosen Gegner auch nur entfernt das Wasser reichen konnte.

So stur er sonst zumeist an seiner Meinung festhielt – hier war er stets lernbereit wie ein wissbegieriger Schüler. Er brachte seinen Anhängern bei, virtuos auf dem Propagandaklavier zu spielen und das Niveau getreu seiner Maxime »auf den Begriffsstutzigsten einzustellen«. In diesem Sinne wurden die Redner planmäßig ausgebildet. Auch jetzt wieder: Musikkapellen, Reden, Volksfeste, Sportfeste, Kinderfeste mit Tombola, sogar gemeinsame Kirchgänge, Autosternfahrten, alles was Herz und Gemüt erfreuen konnte, wurde aufgeboten. Keine moderne Werbeagentur hätte das besser machen können. Und immer wieder tönte dazwischen seine Devise: »Gebt mir vier Jahre Zeit!«

Da für den kritischen Beobachter kein klares Programm erkennbar war, sondern für ihn eigentlich der ganze Propagandarummel auf eine schwammige Offerte hinauslief, schüttelten viele Intellektuelle den Kopf oder spotteten amüsiert.

Doch damit machten sie einen tödlichen Fehler: Sie verkannten Hitlers politische Potenz, weil sie nur seine Mittelmäßigkeiten wahrnahmen, ohne seine daneben existenten ungewöhnlichen Begabungen zu erkennen. Kurt Tucholsky hat diese Fehleinschätzung der Intellektuellen in einem berühmt gewordenen Wort auf den Punkt gebracht: »Den Mann gibt es gar nicht; er ist nur der Lärm, den er verursacht.« Aber es gab eben eine ständig fließende Quelle dieses Lärms: das deutsch-völkische Lebensgefühl. In ihm sammelten sich alle Irritationen nationalen Selbstbewusstseins.

Zwei wichtige geistige Wegbereiter Hitlers: das deutsch-völkische Lebensgefühl und der »heroische Realismus« Für uns Heutige stehen, wenn wir an Hitler denken oder über ihn sprechen, sein Antisemitismus und die Katastrophe des von ihm veranlassten Judenmordes ganz im Vordergrund. Das deutsche Volk ist ihm aber nicht wegen, sondern eher trotz seines Antisemitismus in das Verhängnis gefolgt. Für seinen Aufstieg war demgegenüber ein ganz anderes Phänomen wichtig, das heute meist nur noch nebenbei Erwähnung findet: das eben schon genannte *deutsch-völkische Lebensgefühl*.

Hierunter ist ein irrationaler Stimmungsaufguss zu verstehen, bestehend aus Enttäuschungen nationaler Sehnsüchte, einer Protesthaltung gegen das »Versailler Diktat«, der Dolchstoßlegende, dem so genannten »heroischen Realismus« (s. u.), Angst vor der Zukunft, Überdruss an der politischen Ineffizienz der Parteien, Verachtung einer liberalen Demokratie und Hoffnung auf eine politische »Erlöser«-Figur.

Mit dem Nationalsozialismus hatte das alles zunächst nichts zu tun. Aber Hitler fand hier ein Repertoire vor, das sich mit seinen eigenen Vorstellungen deckte und das er in tausenderlei Variationen rhetorisch außerordentlich geschickt zu nutzen verstand, um Anhänger zu gewinnen.

In diesem deutsch-völkischen Lager waren besonders viele ehemalige Frontsoldaten und ihr Ideal suchende junge Menschen beheimatet, und für ihr Denken gewann der eben erwähnte »heroische Realismus« als tragende Substanz ihres deutsch-völkischen Lebensgefühls eine besondere Anziehungskraft.

Der »heroische Realismus«. Als Deutschland 1918 kapitulieren musste, brach für viele Soldaten an der Front eine Welt zusammen. Denn sie mussten sich sagen, dass sie über vier Jahre umsonst in diesem entsetzlichen Krieg ihren Kopf hingehalten hatten. Unter seiner Mechanisierung und Maschinisierung, gipfelnd in den mörderischen Materialschlachten der Westfront, hatten sie bis aufs Blut gelitten und ausgehalten.

Es ist von daher menschlich verständlich, dass sie diese Niederlage nicht wahrhaben wollten und Ludendorffs Dolchstoßlegende in ihnen ein aufnahmebereites Publikum fand. Wer immer sich diese Auffassung zu Eigen machte, konnte sich sagen, dass nicht eigenes militärisches Unvermögen bzw. die feindliche Übermacht, sondern ein heimtückisches Schicksal die militärische Niederlage und alle hieraus resultierenden Konsequenzen verschuldet hatte. Dementsprechend sah man in meiner Jugendzeit immer wieder Plakate oder Bilder, die einen heldisch stilisierten Soldatenkopf mit Stahlhelm darstellten, unter dem in altertümlich gotischer Druckschrift zu lesen war: »Im Felde unbesiegt!«

Trotzdem stand die Frontgeneration (die in weiten Kreisen so dachte) vor dem Problem, dem ja nun evidenterweise sinnlos gewesenen Kampf und Krieg nachträglich doch noch irgendwie einen Sinn zu geben, damit nicht all die unermesslichen Opfer vergeblich erscheinen mussten.

Am Anfang dieses Bemühens steht hier Ernst Jüngers Satz, der Ausdruck dieses so genannten heroischen Realismus ist: »Nicht wofür wir kämpfen ist das Wesentliche, sondern wie wir kämpfen«, entstanden und von vielen übernommen, als gegen Ende des Ersten Weltkrieges offenbar wurde, dass ein Sieg als Ziel des Kampfes illusorisch geworden war. 1930 hat Ernst Jünger* dann ein Buch mit dem Titel »Krieg und Krieger« herausgegeben, dessen Tendenz die eines solchen »heroischen Realismus« ist.

Präformiert worden ist die Grundeinstellung dieses heroischen Realismus durch Nietzsche. Im Zarathustra (den viele Soldaten des Ersten Weltkriegs in ihrem Tornister trugen) liest man »Vom Krieg und Kriegsvolke«: »Von unseren besten Feinden wollen wir nicht geschont sein und auch von Denen nicht, welche wir von Grund aus lieben. [...] Ich sehe viele Soldaten: möchte ich viele Kriegsmänner sehen! [...] Ihr sollt mir solche sein, die immer nach einem Feinde suchen – nach eurem Feinde! [...] Ihr sollt den Frieden lieben als Mittel zu neuen Kriegen. Und den kurzen Frieden mehr als den langen.« (Die Tendenz dieses Denkens war übrigens nicht auf Deutschland beschränkt, sondern fand auch in den westeuropäischen Ländern Eingang.)

Auf dieser Linie liegt es, wenn Friedrich Georg Jünger (der Bruder Ernst Jüngers) in dem genannten Buch schreibt, dass »[...] Friedenszustände [...] jene Zustände [sind], in denen der Krieg latent ist. Der Friede ist der Vater des Krieges [...]; er ist jene Ordnung, die den Krieg immer aufs neue aus sich entlässt und ihn mit den Mitteln versieht, deren er zu seiner Existenz bedarf. [...] Wem aber einmal diese regulierende, zerstörende und entwickelnde Tätigkeit des Krieges aufgegangen ist, dem sind Mitleid und Hass nicht vollziehbar. Wer sich aufs Finden überhaupt versteht, der findet hier inmitten des Untergangs ein herrliches Selbstbewusstsein, ein festes Gefühl der Unsterblichkeit, das Bewunderung weckt.«

Ernst Jünger, der Bruder, folgt diesem Gedanken an anderer Stelle: »Diese Gefallenen gingen, indem sie fielen, aus einer unvollkommenen in eine vollkommene Wirklichkeit, aus dem Deutschland der zeitlichen Erscheinung in das ewige Deutschland ein. [...] So kann auch das Ergebnis dieses Krieges für die wirklichen Krieger kein anderes als der Gewinn des tieferen Deutschland sein ...«

Es wird hier also der Krieg in irrealer Verklärung gesehen und die Vorstellung des Kriegführens um seiner selbst willen ermöglicht. Zugleich wird suggeriert, dass Deutschland den Krieg eben nur äußerlich verloren habe, dass aber die eigentliche, tiefe Kraftquelle in jenem dem Feinde unzugänglichen »ewigen Deutschland« liege. »Diese Spiritualisierung ist eine äußerst gefährliche Form politischer Romantik und korrespondierte aufs beste mit den totalitären Absolutheitsforderungen des Nationalsozialismus.« (H. Buchheim)

---

*| Ernst Jünger hat sich bekanntlich von Hitler nicht vereinnahmen lassen und im »Dritten Reich« in unmittelbarer physischer Bedrohung gelebt. Ausdruck dieser gegen Hitler und den Nationalsozialismus gerichteten Haltung sind seine »Marmorklippen«. Dies ändert allerdings nichts an dem unglücklichen Einfluss, den Jünger, persönlich ein unerhört tapferer Offizier und Pour-le-Mérite-Träger, gerade mit dieser Schrift auf das Denken sowohl der Frontgeneration wie auch der nachwachsenden Jugend hatte.

Hitler präsentiert sich als Führer. Und immer wieder: die hilflose Demokratie und die Furcht vor dem Bolschewismus Als »Führer« sich anzubieten hatte Hitler seit etwa 1923 nie aufgehört. Sein sicherer Instinkt im Umgang mit der Macht hatte ihm schon ganz früh gesagt, dass sein Auftreten als »Führer« das entscheidende Ingrediens seines Erfolgsrezeptes sein würde. Angefangen nach seiner Haftentlassung 1924, hatte er unablässig über die Jahre hinweg im Kreise seiner Anhänger mit einer Konsequenz ohnegleichen auf diesem Dekor bestanden, bis auch der letzte Anhänger davon überzeugt war, dass dem Führer etwas Übermenschliches innewohne, eine geheime überirdische Fähigkeit, stets das Richtige zu tun und keine Fehler zu machen.

Und da seine pathologisch verbogene Natur in ihrer Egomanie nie etwas von Freundschaften, wie sie sich jeder normale Mensch wünscht, wissen wollte, entsprach diese selbstgewählte Distanz geradezu seinem Naturell und vermittelte ihm, was ihm auf natürlichem Wege nie zugefallen wäre: die Aura einer sakralen Überhöhung, aus der die normale menschliche Irrtumsmöglichkeit ausgeschlossen war.

Auf diesem Feld aber verließ er sich keineswegs nur auf die Ergebenheitsgefühle seiner Anhänger. In seinem Buch »Mein Kampf« bekannte er ganz unbekümmert, dass der »Führer« im Führerstaat niemals einen Fehler zugeben dürfe, weil ihn ein solches Eingeständnis seine Glaubwürdigkeit kosten würde. Erstaunlich genug: Dieses absurde und primitive Rezept hat ihm in der Tat die Ergebenheit seiner Anhänger verschafft, und dieser Teil der deutschen Bevölkerung hat tatsächlich in ihm so etwas erblickt wie einen Überirdischen.

Rein politisch gesehen war zwischen 1930 bis 1933 das Schlimmste, dass die »Demokraten« keine schlagkräftigen, überzeugenden Gegenargumente zur Verfügung hatten und in ihrem politischen Handeln hilflos erschienen wie stotternde Kinder; dass die Rechtsparteien an dem Experiment einer parlamentarischen Demokratie überhaupt nicht interessiert waren und sie die demokratische Verfassung lieber heute als morgen abgeschafft gesehen hätten; dass die Kommunisten mit einer parlamentarischen Demokratie genau so wenig im Sinn hatten wie Hitler und die Diktatur des Proletariats predigten, vor der jeder Angst hatte.

Der Kommunismus war im Vergleich zum Nationalsozialismus im Grunde nur die spiegelbildliche Seite des Versuches, der hereingebrochenen großen Sinnkrise Herr zu werden. Auch er versuchte, ebenso wie der nationale Sozialismus, durch eine radikale Lösung die überkommene und zu Bruch gegangene Werteordnung zu ersetzen.

Hier wie dort war der Hass auf eine bürgerliche Gesellschaftsordnung bisheriger Phänomenologie bestimmendes Element, die Rosa Luxemburg als »Pesthauch für Kultur und Menschheit« anprangerte. Da inzwischen alle Menschen in Deutschland wussten oder ahnten, welches Terror-Regime sich aus dem Kommunismus am Ende entwickelte, die Konsequenzen des nationalen Sozialismus Hitler'scher Prägung aber erst in der Zukunft lagen, war es nicht verwunderlich, dass viele Menschen dort ihr Heil und die Errettung vor dem Bolschewismus sahen.

Dabei ging zum damaligen Zeitpunkt von den Kommunisten eine aktuelle Gefahr für den Staat gar nicht aus. Es gab zwar viele Straßenschlachten zwischen SA und Kommunisten, aber der Staat von Weimar sah keineswegs ausufernden Gewalttätigkeiten hilflos zu, sondern brachte Verbrecher vor die Gerichte. Dennoch war angesichts der russischen Verhältnisse die Angst vor dem Bolschewismus weit verbreitet, und sie goss Wasser auf die Mühlen Hitlers. Alle Parteien zusammen aber fühlten sich in dieser Krisensituation weit wohler in der Opposition als in der politischen Verantwortung.

Wenn meine Eltern mich an der Hand nahmen, um zum Wahllokal in einer Schule unseres Wahlbezirkes zu gehen, dann sah man davor »Sandwich-Werbeträger« so vieler großer und kleiner Parteien, dass sogar ich als kleiner Junge meine Eltern nach dem Sinn all dieser Parteien fragte. Gerade die Vertreter aller möglichen Splitterparteien, die keinerlei Chance hatten, setzten das negative Bild eines großen ausweglosen Durcheinanders jedem Wähler unmittelbar vor dem Urnengang drastisch in Szene.

Ich besuchte damals die katholische Volksschule. Sie lag im »Hechtviertel«, einem typischen Arbeiterdistrikt im Dresdner Norden und einer Hochburg der Kommunisten. Mein Schulweg war ziemlich weit, aber meine Eltern machten sich eigentlich keine Sorgen um meine Sicherheit. Straßenkämpfe zwischen Kommunisten und SA habe ich als Kind nicht erlebt. Es ging auf den Straßen meines Schulweges, zumindest bei Tage, alles sehr friedlich zu.

Auf dem Heimweg machte ich oft einen Umweg und stromerte mit meinen Schulkameraden im »E-Ha-Pe« herum, einem Massenkonsumladen mit Einheitspreisen bis zu einer Mark, um die günstigsten Angebote für den nächsten Geburtstagswunsch herauszufinden. Nicht weit davon war der »Konsum«. Dort durften nur Mitglieder hinein. Und wenn ich mit meiner Mutter zum Einkaufen ging und ich sie fragte, warum sie denn nicht im Konsum kaufte, dann verzog sie schmerzlich das Gesicht, als müsse der linkssozialistische politische Hintergrund dieses Ladens notwendigerweise zum unverzüglichen Verderb aller dort erhältlichen Waren führen.

Hitler weist mit unbekümmertem Selbstbewusstsein den Weg aus der Sinnkrise der Zeit. Hitlers entscheidendes Vehikel auf dem Weg zur Macht: seine rhetorische Begabung. Hitler erfasste instinktsicher, dass die Ursache des allgemeinen Gefühls der Ausweglosigkeit nicht nur die festgefahrene innenpolitische Situation war, sondern dass dahinter eine tiefe Sinnkrise steckte, die das Katastrophenszenario erst eigentlich ausmachte. Und eben diese Lücke schien er für viele Ratlose zu füllen, weil er ihnen eine erstrebenswerte Perspektive bot.

Er bugsierte seine Zuhörer nicht nur mit dem Erwähnen von Versailles, Reparationen und Arbeitslosigkeit in eine aufgebrachte Negativstimmung, sondern er sprach zugleich immer wieder von einer notwendigen Erneuerung des deutschen Volkes. Den vielen Verarmten ging es ans Herz, wenn er seine Visionen einer heraufziehenden neuen Zeit an den Horizont malte, in der die Menschen, erfüllt von gläubiger Hingabe an die nationale Eintracht, sich in Selbstlosigkeit verzehren und im blinden Vertrauen auf jenen messianischen Führer wetteifern würden. Und erwartungsbereit hofften sie darauf, dass dieser Gesandte des Schicksals dem »Parteienhader« und dem nichtsnutzigen »Geschwätz« der Parlamentarier ein Ende bereiten und dem Volk seherisch den Weg weisen würde.

Erst recht konnte Hitler auf die Zustimmung der Massen rechnen, wenn er mit der Vokabel »Volksgenosse« die verbrüdernde Umarmung sozialistischer Gleichheitsträume postulierte und zugleich das Wort »Bürger« eliminierte, um unausgesprochen die Individualität aufzuheben und die allgemeine »Gleichschaltung« vorwegzunehmen.

Oder wenn er den Gruppeninteressen den Kampf ansagte, von einem neuen auf die Gemeinschaft ausgerichteten Fühlen und Denken sprach, den »Eigennutz« anprangerte und den »Gemeinnutz« pries. »Was wir versprechen, ist nicht materielle Besserung für einen einzelnen Stand, sondern die Mehrung der Kraft der Nation, weil nur diese den Weg zur Macht und damit zur Befreiung des ganzen Volkes weist.« (zit. n. M. Domarus)

Konkret hieß das überhaupt nichts, nicht mehr als demagogische Floskeln waren das. Aber so holte er die Sehnsüchte seiner Zuhörer aus der Tiefe herauf, führte sie in ein von Ferne leuchtendes nationales und soziales Traumland und empfahl sich für diesen schwierigen Weg mit großer Selbstverständlichkeit als gottgesandter »Führer«, der jenes dekadente »System«, jenen Tummelplatz von parlamentarischen Tagedieben und unsauberen jüdisch-bolschewistischen Geschäftemachern hinwegfegen würde.

Noch einmal: Hitler als Redner Damit sei hier noch einmal Hitlers Rolle und Bedeutung als Redner angesprochen. Der Stellenwert dieser seiner Begabung ist für seinen Aufstieg gar nicht hoch genug anzusetzen. Es hat im zwanzigsten Jahrhundert – und nach meiner Meinung darüber hinaus in der gesamten Neuzeit – ganz sicher keinen Menschen gegeben, der wie er rhetorische Macht über die Massen gewonnen hätte. Seine Erfolge als Redner hatten mehrere Väter.

Zum einen war es sein ausgeprägtes schauspielerisches Talent. Wie jeder gute Schauspieler verstand er es, seinem Publikum den Eindruck absoluter Spontaneität und Echtheit der dargestellten Gefühlswelt zu vermitteln, gleichzeitig aber alle eingesetzten schauspielerischen Mittel unter völliger rationaler Kontrolle zu behalten und dadurch auch noch den vorgespiegelten Affekt in seine wirkungsvollsten Nuancen hineinzusteuern.

Zum zweiten wohnte seinen Auftritten die extrem ausgeprägte Fähigkeit zur psychischen Überwältigung inne. Eng gekoppelt hieran waren erotische bzw. orgiastische Elemente. Wenn es nicht stimmt, was überliefert ist, dann ist es richtig erfunden: Hitler hat diese Masse vor ihm »seine einzige Braut« genannt. Diese Braut aber wartete mit einer Hingabewilligkeit ohnegleichen auf ihre rhetorische Vergewaltigung.

Jedermann weiß, wie Politiker sich abmühen, um nicht vor leeren Stuhlreihen reden zu müssen. Bei Hitler aber waren es immer Zehntausende, die im Sinne des Wortes seiner harrten.

Wer besuchte seine Kundgebungen? In erster Linie waren es natürlich seine eingeschworenen Anhänger. In geringerer, aber beachtlicher Zahl waren es Neugierige, die ihn und seine »Bewegung« kennen lernen wollten. Ich kann mich allerdings nicht erinnern, dass meine Eltern oder jemand aus unserer weiteren Familie eine solche Kundgebung besucht hätten. Das bürgerliche Publikum im eigentlichen Sinn war (und blieb) Hitler und seiner Partei gegenüber doch lange zurückhaltender als manche andere gesellschaftliche Gruppe. Präzise Aussagen sind in diesem Punkt allerdings kaum zu machen, da es keine entsprechenden zuverlässigen Unterlagen gibt.

Der Ablauf des Zeremoniells einer solchen Kundgebung war genauestens kalkuliert und durch die Erfahrung vieler Veranstaltungen verfeinert. Hitler hatte einmal erleben müssen, dass eine Veranstaltung in der morgendlichen Helle völlig ohne Wirkung blieb, weil er keinen Kontakt mit der Menge bekam. Von nun an fanden seine Redeveranstaltungen in aller Regel nur am Abend statt.

Vor seinem Eintreffen sorgte Marschmusik für erwartungsvolle Stimmung, während Fahnen und Standarten den Anwesenden die Zugehörigkeit zu einer traditionsreichen, kampferprobten Gemeinschaft suggerierten. Die Rednertribüne stand, wie heute bei einem Rockkonzert, bereits im Scheinwerferlicht und weckte mit ihrer Leere das Hoffen auf ein baldiges Erscheinen des Ersehnten. Die massenweise anwesende SA in ihren Uniformen sorgte dafür, dass der Zuhörer bereits optisch auf die hier präsente »Weltanschauung« eingestimmt wurde und er seine möglichen andersartigen Auffassungen schon im Vorfeld in Frage stellte. Chöre mit Liedern der »Bewegung« vertieften diesen Eindruck akustisch.

Währenddessen sitzt Hitler nervös wie ein Sänger vor seinem Auftritt in einem Hinterzimmer und lässt sich laufend über die Stimmung im Saal und den Ablauf der Vorbereitungen Bericht erstatten. Den richtigen Zeitpunkt zum Aufbruch weiß er sehr genau abzuschätzen. Er zögert ihn so weit als nur möglich hinaus, um die Erwartung der Menge ins Unerträgliche zu steigern.

Plötzlich reißt die Musik ab, der Raum wird dunkler und die Scheinwerfer richten sich auf den sich möglichst lang erstreckenden Zugangsweg zur Rednertribüne. Gleichzeitig ertönt der »Badenweiler Marsch«, die dem »Führer« vorbehaltene Erkennungsmelodie. Hitler erscheint, sofort von anschwellenden Heilrufen überschüttet, das Gesicht meist abwesend in eine mythische Ferne gerichtet, zum Gruß den rechten Arm abgewinkelt und die rechte Handfläche nach oben gerichtet, und geht mit zügigen Schritten nach vorn. Die Ungeduld der Menge wird durch eine kurze und bedeutungslose Einführungs- und Huldigungsrede noch einmal vermehrt – dann tritt er ans Rednerpult und sein Buhlen um die Unterwerfung der Masse beginnt.

Jetzt steigert er selbst noch einmal die Spannung, indem er lange, endlos lange Augenblicke bis zu seinen ersten Worten vergehen lässt. Er beginnt mit der »Parteierzählung«: »Als ich als namenloser Frontsoldat [– er sagt »Soldat« –] des Weltkrieges 1918 beschloss, Politiker zu werden, war dies der schwerste Entschluss meines Lebens …« Damit tastet er sich in Kontakt mit der Masse vor ihm. Stoßweise, langsam und mit gedämpfter Stimme kommen ihm die Satzfetzen über die Lippen, bald aber überdehnt er einzelne Worte, legt kleinste Pausen an »falschen« Stellen ein, bis er die sich steigernde Erwartungshaltung der Masse spürt, die sehnlichst auf die erste Kaskade seiner mit überreizter Stimme vorgetragenen, hasserfüllten Beschuldigungen wartet. Noch ein paar zögerlich eingestreute Worte, dann erfüllt sich zum ersten Mal die Gier der Menge mit einer Attacke gegen die »Novemberverbrecher«, deren Köpfe einst rollen werden, oder gegen »das System«, und die Masse gerät in ihren ersten Begeisterungstaumel.

Im Auf und Ab seiner Klagen, Anklagen und Verheißungen umgarnt er immer mehr die Gefühle seiner »Braut«, bis er sie mit seinen arienhaften Tiraden und den Peitschenhieben seiner Schmähungen zu immer weiteren Exzessen und Höhepunkten der Gefühle treibt und sie so mit den erhofften Lusterlebnissen beschenkt, um schließlich die Annäherung an die Umworbene durch immer neue Variationen seiner reichen rhetorischen und stimmlichen Mittel weiter und immer mehr zu verdichten und jenem orgiastischen Höhepunkt zuzuführen, der ihm, dem kontaktgestörten Urheber dieser Freuden, und seiner unterworfenen Masse Befriedigungen ganz eigener Art beschert.

Zwei Stunden setzt sich dieser Exzess in immer neuen Kopulationen fort. Beständig liegt Hitler auf der Lauer, um die Stimmungen der Masse aufzuspüren und gleichsam aufzusaugen, damit er sie, gesättigt mit seiner eigenen aggressiven und krausen Ideenwelt und untermischt mit rhetorisch aufgespießten Wahrheiten, Halbwahrheiten und seinen wahnhaften Vorstellungen, an die lechzende Masse zurückgeben kann, die sich verstanden sieht bis auf den Urgrund ihrer Gefühle und die Unterwerfung in rauschhaften Orkanen des Beifalls vollzieht.

Und am Ende wird der Moment in dieser Walpurgisnacht gekommen sein, dass der Mann dort oben seinen Beschwörungszauber zum Zenit führt: Die Fäuste geballt und beide Unterarme abgewinkelt, wirft er den Kopf zurück und blickt in grenzenlose Höhen, seine pathetisch erhobene Stimme steigert sich noch einmal in Anklage und erlösungsschwangerer Verheißung – dann senkt sich der Ton seiner gutturalen Artikulation, um im nächsten Augenblick den »Segen des Allmächtigen« mit prophetischer Selbstgewissheit herabzurufen und ihn sodann, jetzt den rechten Arm und rechten Zeigefinger ausgestreckt und halb nach unten gerichtet, auf die erwartungsselige Menge zu verteilen.

In dieser rauschhaften Zustimmungsorgie der ihn umgebenden Masse werden dem Zweifler die Bedenken hinschmelzen wie Schnee in der Sonne, er wird glücklich sein, sich in einer riesigen Gemeinschaft zu wissen, die gleiches empfindet, gleiches erhofft und das gleiche Glück dieser Begegnung mit dem von den Sternen gesandten Führer erlebt.

Ja, doch, von den Sternen! Als Hitler in einem Wahlfeldzug unterwegs war, ergab es sich, dass er am Nachthimmel in seinem erleuchteten Flugzeug die auf ihn wartende vieltausendköpfige Menschenmasse überkreiste. Die Wirkung dieses Herabtauchens aus nächtlichen Himmelshöhen auf die wartende Menge war so bezwingend, dass Hitler dieses Propagandamittel unverzüglich in sein Repertoire einfügte.

Wenn heute ein angekündigter Politiker auf sich warten lässt, gehen die Leute bald nach Hause. Als Hitler dagegen auf einem seiner Wahlfeldzüge von Stadt zu Stadt jagte, geriet sein Zeitplan derart durcheinander, dass er in Stralsund erst nachts um halb drei Uhr eintraf. Aber die auf ihn wartenden vierzigtausend Menschen hatten sieben Stunden ausgeharrt, um ihm – endlich, endlich! – zu Füßen liegen zu können.

Es versteht sich, dass rationale Erwägungen für die Kundgebungsteilnehmer völlig außer Betracht blieben. War es doch gerade die Ausschaltung des Verstandes und das rauschhafte Eintauchen in eine politisch kolorierte, reine Gefühlswelt, was die Menge ersehnte und was ihr Idol so meisterhaft in Szene setzte, wenn er mit seinen vielfältigen Anklagen und Verdammungen für jeden Zuhörer etwas Hassenswertes bereithielt, wenn er latente irrationale Ängste mobilisierte und so die Menge an sich band, um sie sodann durch seine Erlösungsverheißungen in besinnungslose Zustimmung zu versetzen. Hier erlebte sich der Einzelne, sonst der bedeutungslose »Mann auf der Straße«, als stolzer Zugehöriger einer überwältigenden Macht, nach deren Kraft er sich insgeheim in seinen Träumen sehnen mochte.

Heutige Fehldarstellungen Hitlers in Fernsehdokumentationen Viel zu oberflächlich ist deshalb die häufige Erklärung für Hitlers Erfolge als Redner, er habe den Leuten einfach erzählt, was sie hören wollten. Und irreführend für die heute Lebenden ist es, wenn in Dokumentationen des Fernsehens Hitler als Redner immer nur mit Sekundenausschnitten zu Wort kommt. Diese Redefetzen nämlich rufen im heutigen Zuschauer lediglich Kopfschütteln hervor und vermitteln das selbstsichere Gefühl, nie im Leben wäre man auf Hitler hereingefallen.

Doch der Schein trügt. Als ob die Massengesellschaft in unserer Gegenwart eine andere wäre als die des Jahres 1931! Wirkung oder Nichtwirkung auf den heutigen Fernsehzuschauer ließen sich erst beurteilen, wenn man Hitler mit einer Rede in voller Länge wiederauferstehen lassen würde. Doch vor einer solchen Probe aufs Exempel kann man nur warnen. Denn ich bin ziemlich sicher, dass sich alle über die Wirkung dieses unseligen Geistes aus der Flasche wundern würden und dass – selbst heute unter ganz anderen, stabilen politischen Voraussetzungen – dieser Demagoge par excellence eine große Schar von Bewunderern finden würde.

Natürlich wissen das auch unsere Fernsehredakteure. Deshalb wäre es nur fair gegenüber der Generation ihrer Väter und Großväter, wenn sie in ihren Dokumentationen wenigstens dann und wann den heutigen Zuschauer zu mehr Nachdenklichkeit und weniger Sicherheit sich selbst gegenüber anregen würden.

»Für Juden Zutritt verboten« Der Hass auf die Juden in derart pathologischer Dimension, wie er Hitler zu Eigen war, erfüllte nicht im Entferntesten die große Mehrzahl der Deutschen. Aber wenn ich zur Schule ging, dann sah ich auf den Litfasssäulen die schwarzbeschrifteten, roten Werbeplakate für irgendwelche NS-Versammlungen, deren unterste Zeilen stereotyp lauteten: »Für Juden Zutritt verboten!« und »Die Juden sind unser Unglück!« Und natürlich folgten alle Propagandaveranstaltungen der NSDAP dem Hitler'schen Muster des Judenhasses.

Trotzdem ging keine einzige gesellschaftliche Gruppe in diesem Punkt zum Gegenangriff über – weder die Kirchen noch die Parteien noch die Gewerkschaften. Denn was hätte näher gelegen – so ist man heute, nach der Katastrophe, leicht geneigt zu sagen – als gerade auf diese Diffamierung mit gleicher Schärfe zu antworten. Aber niemand hat es wohl für möglich gehalten (oder besser: konnte es für möglich halten), dass sich hinter diesen Verleumdungssätzen Hitlers geheimes Programm eines Mordes an den europäischen Juden verbarg.

Vielmehr sahen naheliegenderweise die verschiedenen gesellschaftlichen Gruppen Hitler und seine »Bewegung« unter dem Aspekt ihrer eigenen Interessenlage: Wenn die Kirchen ihn kritisierten, sahen sie in ihm eine Gefahr für ihren Glauben; wenn die Linke ihn attackierte, sprach sie von ihm als einem »Mietling« des Großkapitals; das gehobene Bürgertum und der Adel fanden ihn vulgär und ungebildet, sahen in ihm einen substanzlosen Schreihals und empfanden ihn als einen ordinären Emporkömmling. Und für die politische Rechte war er ein Demagoge mit gefährlichen sozialistischen Tendenzen.

Hitlers Machiavellismus. »Der Führer« – die moderne Version absolutistischer Herrschaft Im Sommer 1930 schien die NSDAP durch verschiedene innerparteiliche Strömungen in die Krise zu geraten. Es waren vor allem die Linken in der Partei um Otto Strasser, die ein klares antikapitalistisch-sozialistisches Programm mit Verstaatlichungen und ein Bündnis mit der Sowjetunion forderten. In dieser Auseinandersetzung kam einmal mehr eine weitere überragende Begabung Hitlers zum Zuge: seine machtpolitischen Fähigkeiten im Umgang mit Freund und Feind. Er benutzte die Gelegenheit zu einem Großreinemachen, bei dem er auch gegen einige Gegner vorging, die mit Strasser nichts zu tun hatten, und ehe sie sich versahen, standen alle, die er nicht wollte, vor der Tür.

Diese Kostproben seiner machiavellistischen Fähigkeiten hätten eigentlich alle Politiker hellhörig machen und insbesondere jene auf der Rechten warnen müssen, die heimlich an eine Allianz mit Hitler dachten. Seinen Führungsanspruch erneuerte Hitler bei dieser Gelegenheit in einem bezeichnenden Satz: »Und somit proklamiere ich jetzt für mich und meine Nachfolger in der Führung der NSDAP den Anspruch auf politische Unfehlbarkeit ...«

Bezeichnenderweise war die Antwort auf diese verrückte Forderung nicht ein schallendes Gelächter, sondern Unterwerfung. Hitlers Charisma und sein von Anfang an betriebener, sakral überhöhter Führerkult hatten bei seinen Anhängern einen ersten Höhepunkt erreicht. Und Hitler sorgte dafür, dass auch in Zukunft ihm gegenüber keinerlei Kameraderie aufkam, sondern dass er allen, die er beherrschte, entrückt und unnahbar blieb. Dementsprechend ließ er sich bei Wahlveranstaltungen nicht mehr als »Adolf Hitler«, sondern nur noch als »Der Führer« plakatieren.

Hitler hatte instinktiv das eigentliche Wesen des Absolutismus erkannt. »Die Franzosen hielten es unter der alten Monarchie für eine feststehende Tatsache, dass der König niemals irren könne; und wenn er einmal etwas Falsches tat, gaben sie seinen Ratgebern die Schuld. Das erleichterte den Gehorsam ganz vortrefflich. Man konnte gegen das Gesetz murren, ohne deshalb aufzuhören, den Gesetzgeber zu lieben und zu achten ...« (Alexis de Tocqueville)

Hitlers Appell an die idealistische Bereitschaft Während alle anderen Politiker sich – vergeblich natürlich – beständig den Kopf zerbrachen, wie man allen Interessengruppen willfährig sein und dabei noch Geld sparen könne, drehte Hitler die Sache um: »Ich verspreche nicht Glück und Wohlleben wie die anderen, ich kann nur das eine sagen: Wir wollen Nationalsozialisten sein, wir wollen erkennen, dass wir kein Recht haben, national zu sein und ›Deutschland, Deutschland über alles‹ zu schreien, wenn Millionen von uns zum Stempeln gehen müssen und nichts zum Anziehen haben.«

Das waren natürlich auch wieder im Grunde nichts als leere Worte und Verheißungen ohne programmatische Substanz, aber diese Visionen einer neuen Gesellschaft der Eintracht und Gerechtigkeit beschwor Hitler in immer neuen Formulierungen und entfachte damit in den Zuhörern mächtige Hoffnungen und ein Sehnen nach einer utopischen, besseren, konfliktfreien Welt.

Junge Menschen fühlten sich verständlicherweise von Hitler und seiner Partei besonders angesprochen. Denn hier wurde ihnen, anders als bei den herkömmlichen Parteien, reichlich visionäres »Material« für ihre jugendliche Idealbildung angeboten. Gerade dass Hitler keine materiellen Versprechungen machte, sondern von ihnen »Gefolgschaft« und Einsatzbereitschaft forderte, musste so viele am ihn binden, die sich abgestoßen fühlten von diesem ewigen ergebnislosen Sich-Durchwursteln und Nach-Kompromissen-Suchen in einer funktionsuntüchtigen Demokratie. So jedenfalls sahen es die meisten, und zudem wussten die »Demokraten« ihre Erfolge, die sie ohne Frage hatten, überhaupt nicht zu vermitteln.

So schwenkte ein Teil der Jugend zu den Kommunisten, und viele der anderen suchten ihr Heil bei Hitler, dessen Partei jedenfalls die überzeugendste Dynamik sowie ein Zuhause zu bieten schien für eine idealistische Verachtung des Materialismus, für jene völkischen Gefühle und für eine Sehnsucht nach Gemeinschaft und kommender Größe eines vom politischen Streit befreiten Vaterlandes.

Hitler achtete darauf, dass junge Leute in den Zwanzigern in führende Positionen aufstiegen und ihren ganzen jugendlichen Elan der wachsenden Partei mitteilten. Gegenüber dieser vom Glauben an die eigene Sache zutiefst erfüllten, optimistisch in die Zukunft blickenden Mannschaft nahmen sich die politischen Honoratioren der Zeit, angetan mit Gehrock und Zylinder, geradezu wie Witzfiguren aus. Sie wehrten sich, so gut sie konnten und brachten die NSDAP sowie die SA scharenweise vor Gericht, aber diese Prozesse machten die Nationalsozialisten nur bekannter. Und die Kommunisten wirkten im Vergleich zu den Nationalsozialisten bei aller Agitation geradezu griesgrämig.

So fragte sich schließlich auch mancher Nachdenkliche, ob denn nicht ein solcher Führerstaat unter einem so energischen Mann am Ende mit den sich auftürmenden Schwierigkeiten besser fertig werden würde als das bisherige System mit seinem endlosen und fruchtlosen parlamentarischen Gezerre.

6 | Die alltäglichen Realitäten der Wirtschaftskrise

Hungernde und frierende Arbeitslose, Bettler und Selbstmörder Wenn die Menschen kein Geld mehr haben, dann sparen sie im Allgemeinen beim Bier, bevor sie auf das Brot verzichten. Und da mein Vater Brauereimaschinen verkaufte, ging es schnell abwärts mit seinem Geschäft.

Zunächst kam Fräulein Wolf nicht mehr. Sie war lange seine Stenotypistin gewesen, aber nun hatte er ihr sagen müssen, leider habe sich – wie sie ja selbst an der Korrespondenz gesehen habe – die Wirtschaftslage auch für ihn drastisch verschlechtert, sodass er sie leider Gottes entlassen müsse. Sie verabschiedete sich mit Tränen in den Augen, denn es war für sie praktisch aussichtslos, eine andere Stelle zu finden.

Die Briefe musste mein Vater nun selber tippen. Das wäre ja nicht weiter schlimm gewesen, aber bald gab es nichts mehr zu tippen, weil die Anfragen immer weniger wurden. Eines Tages saß er ratlos im Zimmer und wusste nicht mehr, wie wir die nächsten Wochen überstehen sollten. Da kam meine Mutter mit einem Sparbuch ins Zimmer. Sie hatte heimlich im Laufe der Zeit von ihrem Haushaltsgeld etwas auf die Seite gelegt und auf diese Weise etwas über eintausend Mark gespart. Sie zeigte das Sparbuch meinem ratlosen Vater, und die beiden lagen sich unter Tränen in den Armen.

Aber auch die eintausend Mark hielten nicht ewig, dann kam hier und da noch mal ein kleiner Auftrag, und dann saß mein Vater wieder im Zimmer und stierte ratlos vor sich hin. Am Ende kamen meine Eltern überein, dass mein Vater den Großvater und seine Geschwister, die Beamte waren, leihweise um eine Hilfe angehen sollte – vorübergehend, wie er hoffte. Als Selbständiger hatte er natürlich keinen Anspruch auf Arbeitslosenhilfe. Das muss so etwa 1931/32 gewesen sein. Die Familie half, aber der Kummer meiner Eltern wurde größer.

Doch gab es viele Menschen, denen es noch dreckiger ging. Sie klingelten an unserer Wohnungstür im vierten Stock und bettelten um eine Kleinigkeit zu essen – nicht um Geld! Und da meine Mutter ihnen von dem Wenigen, das sie zur Verfügung hatte, immer noch irgendetwas abzweigte, ritzten sie in den Rahmen unserer Wohnungstür ein Zeichen, das dem nächsten Bettler signalisierte: Hier gibt's was.

Von unserem vierten Stock ging eine hölzerne Treppe hoch zum Speicher. Dort setzten sich diese armen Schlucker hin und verzehrten mit hungrigem Magen, was sie gerade bekommen hatten. Unter diesen Bettlern waren auch gestandene Ingenieure …

Eines Tages sprach meine Mutter länger als gewöhnlich mit einem der Bettler. Ich sehe sein sympathisches Gesicht noch vor mir. Er erzählte ihr seine Geschichte, und meine Mutter sagte nur dann und wann: »Mein Gott, wie schrecklich!« oder »Was soll man da nur machen!«, aber sie konnte ihm offenbar nicht helfen.

Ich war ein kleiner Junge, aber ich ahnte, dass dieser arme Mann in einer ausweglosen Situation sein musste. So fragte ich, als er gegangen war, meine Mutter, was es denn mit

Ein Arbeitsloser – er spricht sechs Sprachen – wirbt 1931 auf der Straße für sich mit dem Hinweis: »Ich suche Arbeit jeder Art und bin an gutes und intensives Arbeiten gewöhnt« – ein heute unvorstellbares Bild!

dem Mann auf sich habe. Da flüsterte meine Mutter mir zu, als handele es sich um einen Pestkranken: »Ein Staatenloser!« Ich konnte mir nichts darunter vorstellen, aber dann erfuhr ich, dass Staatenlosigkeit so ungefähr das Schlimmste war, was einem passieren konnte, dass ein Staatenloser ein völlig rechtloser Mensch sei, ein Niemand sozusagen, ohne Papiere, dass ihn keiner haben wolle und dass er erst recht keinen Anspruch auf irgendeine Hilfeleistung habe. Er kam noch öfter wieder, und ich war jedes Mal froh, wenn er wieder auftauchte, weil ich wohl im Unterbewusstsein fürchtete, er könne sich in seiner Verzweiflung etwas antun. Noch heute empfinde ich beim Gedanken an ihn jenes Gefühl grenzenlosen Mitleids neu, das meine Mutter damals mit diesem geflüsterten »ein Staatenloser« in mir geweckt hat. Vielleicht hat sie ihn wirklich vor dem Selbstmord bewahrt. Selbstmorde waren damals jedenfalls an der Tagesordnung, eine Selbstmordwelle ging über das Land. Denn die Arbeitslosenunterstützung war so gering, dass man hiervon auf die Dauer nicht leben konnte:

»Der durchschnittliche Unterstützungssatz der Reichsanstalt pro Monat und Leistungsempfänger sank von 80,93 Reichsmark im Jahre 1927 um 46,3 % auf 43,46 Reichsmark in der zweiten Hälfte des Etatjahres 1932. [...] Spätestens ab 1931 erreichte die Unterstützung kaum noch das Existenzminimum einer Familie. [...] Rechnet man zu den Arbeitslosen noch die Familienangehörigen hinzu, dann ergibt sich, dass im Herbst 1932 36 Prozent des deutschen Volkes, also 23,3 Millionen Menschen, nur von öffentlichen Mitteln ihr Leben fristeten [...].« (F. Blaich)

Bild oben:
Armenspeisung 1931

Bild unten:
In langen Schlangen warteten Arbeitslose 1932 morgens auf die Ausgabe der Zeitung mit den Stellenanzeigen.

Heute geht ein Sozialhilfeempfänger zum Sozialamt, erklärt dort, dass sein Kühlschrank oder sein Fernsehapparat irreparabel sei, und dann erhält er einen neuen. Damals konnte ein Arbeitsloser von seiner Unterstützung weder seinen Hunger stillen noch konnte er sich einen Wintermantel kaufen noch konnte er seine Wohnung einigermaßen ausreichend heizen.

Es war in jenen Jahren keine Seltenheit, dass ganze Familien vor Not und Elend in den Tod gingen. Goebbels in seinem diabolischen Zynismus wusste auch diese Tragik für sich in Propaganda umzumünzen: In seinem Blatt »Der Angriff« führte er ständig eine Spalte mit der Überschrift: »Das Glück dieses Lebens in Schönheit und Würde vermochten nicht länger zu ertragen«, und dann folgten die Namen jener Verzweifelten, die freiwillig aus dem Leben geschieden waren.

Bis zum Anfang des Jahres 1933 stieg die Zahl der Arbeitslosen in Deutschland auf über 6 Millionen. Nimmt man die Kurzarbeiter und die versteckte Arbeitslosigkeit hinzu, so kommt man auf eine Zahl von 8 754 000. Dies heißt praktisch, dass damals die Hälfte aller arbeitsfähigen Menschen in Deutschland ohne eine normale Arbeit war.

Diese schlimme Arbeitslosigkeit war ein weiterer Grund, dass gerade die Jugend sich zunehmend Hitler zuwandte. Denn ob einer nun ein Handwerk lernte oder ob er studierte: seine Aussichten für die Zukunft waren geradezu hoffnungslos düster. Die junge Generation sah sich von der älteren im Stich gelassen, und die Demokratie, in der sie aufwuchs, konnte sie aus ihrer Sicht und Erfahrung nur verachten.

7 | Hitler wird salonfähig

Der große Einbruch der NSDAP am 14. September 1930 Als die Wahlergebnisse vom 14. September 1930 vorlagen, stellte sich heraus, dass die NSDAP die Zahl ihrer Reichstagsmandate von zuvor 12 auf jetzt 107 gesteigert hatte. So etwas hatte es noch nie gegeben, und Hitler hatte in seinen kühnsten Träumen vielleicht an 60 Mandate geglaubt. Das Ergebnis war der Ausdruck des erbitterten Protestes gegen das demokratische System insgesamt, das – so jedenfalls sahen es Hitlers Wähler – zur Überwindung der Krise unfähig war, weil es sich selbst überlebt hatte.

Dementsprechend kamen die Gewinne der Nationalsozialisten in erster Linie aus dem Lager der rechtsgerichteten bürgerlichen Parteien. Auch die SPD – immer noch die größte Partei – hatte Stimmen eingebüßt, desgleichen das Zentrum (allerdings weniger). Die Kommunisten hatten demgegenüber gewonnen (13,1 %). Insgesamt waren also die radikalen Parteien am linken und rechten Rand die Gewinner der Wahl und vereinigten fast ein Drittel der Wähler auf sich. Hitler und seine Anhänger taten natürlich alles, um den roten Teufel an die Wand zu malen und sich als Retter vor der bolschewistischen Gefahr zu empfehlen.

Strukturell war an der Wählerwanderung bemerkenswert, dass der Zuwachs vor allem die protestantischen norddeutschen Regionen betraf und in den ländlichen Gegenden stärker ausfiel als in den Städten. In den katholischen Landesteilen war die Umschichtung – jetzt noch – weit weniger ausgeprägt. An der Verschiebung waren alle sozialen Schichten beteiligt, jedoch war der Mittelstand mit etwa 40 % am stärksten vertreten.

Vor der Wahl hatte – so ein Zeitgenosse – das Wort »Nazi« vielerorts noch Assoziationen ans Irrenhaus geweckt. Jetzt war Hitler mit seinen Anhängern plötzlich ins Zentrum der Macht vorgestoßen. Die SPD tolerierte Brünings Notstandsverordnungen in einem unnatürlichen stillschweigenden Bündnis, um Schlimmeres zu verhüten.

Hitler wurde jetzt auch bei den Auslandsjournalisten hoffähig. Der Mitarbeiter der konservativen britischen »Daily Mail«, R. Reynolds, begeisterte sich an Hitlers Überzeugungskraft und »großem Ernst«, und der Herausgeber des Blattes, Lord Rothermere, sprach angesichts des Wahlergebnisses von der »Neugeburt der deutschen Nation« und pries die Aussicht einer Machtübernahme durch die Nationalsozialisten, weil »damit ein Bollwerk gegen den Bolschewismus geschaffen würde.« (zit. n. I. Kershaw)

Erstaunlich ist auch, mit welchen im Grunde billigen Tricks es Hitler gelang, seine in aller Offenheit vorgetragenen politischen Pläne zu verharmlosen.

Anlässlich einer Zeugenaussage vor dem Reichsgericht erklärte er, in kurzen Worten zusammengefasst: Er werde mit legalen Mitteln an die Macht kommen, nach einigen weiteren Wahlen werde es soweit sein. Dann werde es zur Sühne für 1918 einen Staatsgerichtshof geben »und es werden Köpfe rollen« (Bravo und großer Jubel bei den

Zuschauern). Dann werde man »den Staat in die Form gießen, die unseren Ideen entspricht. [...] Die Verfassung schreibt uns nur die Methoden vor, nicht aber das Ziel.« Also, die Quintessenz dieser Rabulistik: Wer erst einmal die Macht hat, kann mit dem Staat machen, was er will. Tatsächlich war ein solches Vorhaben von der gängigen Lehrmeinung gedeckt: Wenn der Souverän, das Volk, freiwillig auf die Souveränität verzichtete, dann war diese Entscheidung nicht zu beanstanden.

Brüning allerdings fiel nicht auf ihn herein. Anlässlich einer längeren Aussprache nach der Wahl stellte Brüning mit Entsetzen fest, aus welchem Holz dieser Mann geschnitzt war, der beständig das Wort »vernichten« im Munde führte. Hitler seinerseits spürte Brünings Überlegenheit, die aus dessen Integrität und intellektuellen Fähigkeiten resultierte, und hasste ihn von da an bis aufs Blut.

Der Wahlsieg steigerte die Entschlossenheit der NSDAP zur Agitation ins Maßlose: mit 70 000 Versammlungen wurde das Land überrollt. Es ist gar nicht so schwer, sich die Wirkung einer solchen Propaganda auszumalen. Gewiss, viele fühlten sich von diesem Propagandageschrei abgestoßen. Vielen aber auch imponierte die dahinter stehende Dynamik, in der sie eine elementare politische Kraft vermuteten, der endlich die Lösung der anstehenden Probleme gelingen müsste.

Jetzt gab es einen Meinungsumschwung. Hitler und seine Anhänger waren auf einmal »in«, die politische Stimmung war umgeschlagen. Viele flinke Schreiber unter den Journalisten verhalfen der NSDAP kostenlos zur Publizität, weil es auf einmal zur veröffentlichten Meinung gehörte, an Hitler und seine Partei als neue Möglichkeit zu denken. Kein Wunder, dass Hitler seinen Anhängern nach der Wahl einmal mehr couragiert erklärte, in zweieinhalb bis drei Jahren werde man an der Macht sein. Reichsbankpräsident Hjalmar Schacht reihte sich ein, ein Kaisersohn ebenso, Interessenverbände waren als neue Anhänger zur Stelle und 100 000 neue Mitglieder ebenfalls.

Sein Bekenntnis zur Legalität hinderte Hitler aber keineswegs, auf der unteren Ebene durch die SA den Terror der Straße zu praktizieren und sie sich mit den Kommunisten Straßenschlachten liefern zu lassen, die im Zweifelsfall als Kampf gegen die bolschewistische Gefahr interpretiert wurden. Da die Kommunisten ihrerseits nicht zimperlich waren, florierte diese publikumswirksame Auseinandersetzung permanent.

Die SA wurde seit 1931 von Ernst Röhm, einem alten Haudegen mit beachtlichem Organisationstalent, geführt. Die hohe Arbeitslosigkeit spülte viele Tausende (bald war es eine halbe Million) in diese paramilitärische Organisation, die sich den Kampf auf der Straße in allen Variationen angelegen sein ließ. Für Hitler war diese Bürgerkriegsarmee ein zweischneidiges Schwert. Einerseits trommelte sie für ihn, und die militärisch diszipliniert wirkenden Auftritte ihrer Marschkolonnen steigerten den Respekt der Bürger vor dieser »Bewegung«. Andererseits erkannte Hitler natürlich die Risiken dieses Staates innerhalb seines Parteistaates, und deshalb ging er daran, die SS allmählich als seine persönliche Garde aufzubauen.

Inzwischen spielten die einhundertsieben Reichstagsabgeordneten Hitlers auf allen Registern der Obstruktion, die ihnen die parlamentarischen Spielregeln zur Verfügung stellten. Zu diesem Zeitpunkt regierte Brüning bereits vorzugsweise mit Hilfe des Notverordnungsrechts des Reichspräsidenten (Artikel 48 der Weimarer Verfassung). Da es sich hierbei um unpopuläre Entscheidungen handelte, waren alle Parteien froh, dass sie damit nichts zu tun hatten und ließen Brüning bzw. den Reichspräsidenten gewähren.

Dass Brüning keine Erfolge vorweisen konnte, wurde nicht nur ihm, sondern dem ganzen »System« angelastet.

Im folgenden Jahr 1931 bemühte sich Hitler um eine Annäherung an die Rechtsparteien und diese umgekehrt um eine Fühlungnahme mit ihm. Hitler war klar geworden, dass er die Macht kaum durch eine Stimmenmehrheit würde erringen können, zumal sich die eigentliche Machtzentrale durch Artikel 48 der Verfassung auf Hindenburg und seine Umgebung verlagert hatte.

Hitler ging jetzt zu einer anderen Taktik über. Er »frühstückte keine Juden mehr«, wie ein zeitgenössische Journalist schrieb, gab sich bürgerlich, gereift und verantwortungsbewusst, stellte sich als wichtigste Kraft gegen den Weltbolschewismus dar und residierte weltmännisch im renommierten Berliner Hotel »Kaiserhof«. Er suchte den Kontakt zur bislang eher reservierten Industrie und ließ sich von einigen ältlichen Damen der Gesellschaft, die an ihm einen Narren gefressen hatten, protegieren. Sozialistischen Tendenzen in seiner Partei erteilte er, ungeachtet des sozialistischen Partei-Etiketts, eine klare Absage, und seine Kontrahenten meinten, er sei nun auf dem besten Wege, ein verantwortungsbewusster Partner zu werden. Auch versicherte er treuherzig, nach einer Machtübernahme werde es nicht zu gewaltsamen Judenverfolgungen kommen.

In ihrer Glücksstimmung übersahen die Hitler zugeneigten Wirtschaftsleute völlig, über wie viel komödiantisches Talent und politische Raffinesse ihr neuer Favorit verfügte. Dieser aber äußerte seinen Getreuen gegenüber: »Jetzt habe ich sie in der Tasche, sie haben mich als Verhandlungspartner anerkannt!« Ganz so war es allerdings nicht, denn in den meisten Führungsetagen der Wirtschaft behielt eine gesunde Skepsis noch die Oberhand. Und Hindenburg durchschaute ihn sehr wohl als er nach dem ersten Zusammentreffen sagte, er werde diesen böhmischen Gefreiten allenfalls zum Postminister machen, aber sicher nicht zum Reichskanzler.

Die »Harzburger Front« Kurz darauf hatte Hugenberg in Bad Harzburg so ziemlich alles versammelt, was in der Großindustrie wie überhaupt in der Wirtschaft und auf der rechten Seite der Politik Rang und Namen hatte. Er hatte geglaubt, Hitler werde begeistert in das Bündnis einschwenken, aber der winkte ab. Gefühlsmäßig hatte er eine Abneigung gegen den »bürgerlichen Mischmasch«, obschon er früher als bürgerlich Gestrandeter nichts mehr ersehnt hatte, als zu diesem Kreis zu gehören. Auch fürchtete er wohl, dass außer ihm noch andere (insbesondere Hugenberg) sich in der eigentlichen Führungsrolle sahen.

Ein Erfolg im Sinne Hugenbergs war dieses Bad Harzburger Treffen gewiss nicht, und es ist auch nicht richtig, dass sich hier »das Großkapital« mit Hitler verbündet hätte. Dennoch: »Der Kongress von Harzburg wird in der Geschichte vielleicht als eine Episode sekundärer Bedeutung erscheinen. In Wirklichkeit kündigte er das Kommende deutlich an. Von jenem Tag an datiert die Verantwortung, wenn nicht des Volkes, so doch der führenden Kreise Deutschlands, die die öffentliche Meinung gegen Brüning aufhetzten und als erste das Land vom Weg des Friedens abbrachten, um es in Hitlers Arme und damit in den Abgrund zu treiben.« (A. François-Poncet)

Denn wenn man Hitler seitens der Industrie insgesamt auch noch nicht nennenswert unterstützte, so stieß er doch nicht grundsätzlich auf Ablehnung. Vielmehr machte ihn sein merkwürdiger Sozialismus unter Wirtschaftsleuten allmählich diskutabel. Denn mit marxistischem Gedankengut hatte dieser Sozialismus auf den ersten Blick überhaupt nichts zu tun. Er schien lediglich in platten Allgemeinplätzen zum Ausdruck zu kommen (»Gemeinnutz geht vor Eigennutz«).

Auf den zweiten Blick allerdings zeichneten sich im Hintergrund eben doch jene sozialistischen, die Masse beglückenden Tendenzen zur Gleichmacherei und zur Diffamierung der Individualität ab, aber das merkten die meisten nicht. Vielmehr schienen Hitlers Recht-und-Ordnungs-Mentalität und seine Autoritätsvergötterung sowie seine Attacken gegen das »System« ihn in Industriellenkreisen allmählich hoffähig zu machen. Als Hitler vor dem Industrieklub in Düsseldorf seine berühmte zweieinhalbstündige(!) Rede hielt, jubelte man ihm nicht zu, aber man nahm diesen Aufsteiger – jetzt im dunklen Zweireiher und mit korrekten Manieren – auf einmal ernst.

Und wieder: Hitlers schillernde Persönlichkeit, sein politischer Instinkt und seine Überredungsgabe
Dass Hitler damals und später – bis auf den heutigen Tag – so häufig falsch eingeschätzt wurde, lag nicht zuletzt an der Widersprüchlichkeit seines Charakters und seines Erscheinungsbildes. Gerade seinen engsten Anhängern blieb er immer wieder ein Rätsel, das Ernst Hanfstaengl viele Jahre später in einigen Sätzen sehr treffend umrissen hat:

»In meiner Erinnerung steht Hitler nicht in einem geschlossenen Persönlichkeitsbild vor mir; es ist vielmehr eine Vielzahl von Bildern und Gestalten, die zwar alle Adolf Hitler heißen und auch Adolf Hitler waren, die jedoch nur schwer in ein Deckungsverhältnis zueinander zu bringen sind. Er konnte bezaubernd sein und wenig später Ansichten äußern, die erschreckende Abgründe ahnen ließen. Er konnte große Gedanken entwickeln und primitiv bis zur Banalität sein. Er konnte Millionen mit der Überzeugung erfüllen, dass nur sein eiserner Wille und seine charakterliche Stärke den Sieg verbürge und dabei bis in seine Kanzlertage ein Bohemien bleiben, dessen Unzuverlässigkeit seine Mitarbeiter zur Verzweiflung trieb.« (zit. n. I. Kershaw)

Zu den vielen Facetten in Hitlers Phänomenologie seien noch einige Ergänzungen angefügt.

Hierhin gehört nicht zum wenigsten sein politischer Instinkt. Hitler besaß eine ganz ungewöhnliche, geradezu animalische Witterung für in der Luft liegende Entwicklungen, andererseits zögerte er oft endlos mit einem wichtigen Entschluss, weil er der Entscheidung hilflos gegenüberzustehen schien. Dann fasste er schließlich geradezu fatalistisch doch einen Entschluss und ohne rechte eigene Überzeugung. Nach einer wie auch immer getroffenen Entscheidung aber ging er in jedem Fall wie ein Getriebener an die Durchführung, nicht wie einer jener großen Tatmenschen, die die Geschichte kennt.

Auf Hitlers Fähigkeit zur suggestiven Beeinflussung seiner Gesprächspartner wurde oben im Zusammenhang mit dem jungen Kubiczek schon hingewiesen. Diese Überredungsgabe im persönlichen Umgang mit anderen Menschen ist von Anfang bis Ende ein ungemein wichtiger Faktor in Hitlers Karriere und wird sich im Kriege und hier vor allem im Umgang mit der Generalität besonders verhängnisvoll auswirken. Hier nur ein Beispiel:

Ich kenne einen ehemaligen Generalstabsoffizier, der seinen kommandierenden General zum Flugplatz begleitete, als dieser wegen eines völlig unsinnigen, von Hitler angeordneten strategischen Schrittes ins Führerhauptquartier reisen wollte. Auf dem Weg zu Flughafen beschwor dieser Generalstäbler seinen Chef, doch um Gottes Willen nicht vor Hitler umzufallen. Was er denn von ihm denke, war die Antwort, schließlich sei die strategische Lage doch völlig eindeutig.

Dann kam der General zurück und gab kleinlaut zu, ja, ja, der Führer habe ihn doch überzeugt, er habe eingesehen, dass sich die Situation im größeren Rahmen eben doch anders darstelle. Es war nichts zu machen, der General hatte die aufoktroyierte Meinung völlig übernommen. Nach dem Kriege trafen sich die beiden wieder, und der ehemalige General bekannte, er werde es sich bis ans Ende seines Lebens nicht verzeihen, dass er sich damals Hitlers Meinung gegen jede Vernunft so bedingungslos zu Eigen gemacht habe.

Zurück zum Jahr 1931: Hitler gewinnt die hessische Landtagswahl und seine SA beherrscht bereits die Straße Ende 1931 wurde die NSDAP bei den hessischen Landtagswahlen mit 38,5 % die weitaus stärkste Partei. Die allgemeine Stimmung war jetzt schon soweit umgeschlagen, dass der Staat nicht mehr die Kraft fand, gegen die Partei Hitlers in Fällen offensichtlichen Hochverrats nach Recht und Gesetz vorzugehen. Insgeheim träumte Hitler davon, dass es zu einem kommunistischen Umsturzversuch kommen könnte und der Staat ihn und seine SA zu Hilfe rufen müsste, um der Lage Herr zu werden – eine von mehreren Möglichkeiten, ohne parlamentarische Mehrheit an die Macht zu kommen.

Als es auf einer Konferenz darum ging, drastische Maßnahmen gegen die sich immer rücksichtsloser aufführenden Nationalsozialisten zu ergreifen, antwortete General Kurt von Schleicher: »Dazu sind wir nicht mehr stark genug. Wenn wir das probieren, dann werden wir einfach hinweggefegt« (zit. n. J. Fest). Es war, als hätte Mephisto in Person die verfahrene parlamentarische Situation und die materielle Not zu einer unauflöslichen Bindung verschmolzen.

8 | Die große allgemeine Ratlosigkeit am Ende der Weimarer Republik und der Anfang vom schlimmen Ende

Ein Dokument der Ausweglosigkeit aus der Feder von Ernst Robert Curtius Anfang 1932 schrieb Ernst Robert Curtius, später namhafter Bonner Romanist und Kulturhistoriker (ein gewiss unverdächtiger Zeuge), im Vorwort zu seiner Streitschrift »Deutscher Geist in Gefahr«:

»Die Jahreswende von 1931 auf 1932 ist die wichtigste seit dem Ende des Weltkrieges. Alle Menschen in Deutschland spüren, dass das Jahr 1932, in das wir soeben eingetreten sind, ein Jahr der großen Entscheidungen sein wird. Die dreizehn Nachkriegsjahre, die hinter uns liegen, gewinnen in der Rückschau den Charakter eines bloßen Provisoriums. Wir sind im Begriff, alles zu liquidieren, was zwischen 1920 und 1930 mit dem Anspruch auf neue Geltung auftrat. Die geistigen und künstlerischen Moden dieses Jahrzehnts [...] sind schon längst verwelkt und verscharrt. Aber auch in der Politik hat uns das vergangene Jahrzehnt nur Scheinlösungen gebracht, die jetzt endlich als solche erkannt werden. Ob es sich um Reparationen oder Abrüstung, um Planwirtschaft oder um Reichsreform, um das parlamentarische System oder um die deutsch-französischen Beziehungen handelt: Überall bietet sich das gleiche Bild – ein Trümmerfeld.

Wir haben alle möglichen Experimente gemacht, haben uns vertröstet und vertrösten lassen; wir haben alle Methoden versucht, ohne an sie zu glauben. Jetzt sitzt uns die würgende Not an der Kehle. Die vergangenen Jahre haben uns nichts hinterlassen als ein neues Wort für nie erhörte Not, das gespenstische Wort von der Schrumpfung. Deutschland bebt in Krämpfen, und wir haben nur eine Hoffnung: Es muss besser werden, weil es nicht mehr schlechter werden kann.«

Diese Äußerung eines Mannes, der mit Hitler damals und später nichts zu tun hatte und der zudem ein brillanter Kopf war, gibt in wenigen Zeilen sehr charakteristisch die damals verbreitete allgemeine Stimmung der Ausweglosigkeit wieder.

Ein absurdes politisches Theater: die Wahl des Reichspräsidenten 1932 Im Frühjahr 1932 wurde der Reichspräsident gewählt. Hitler zögerte lange, gegen Hindenburg anzutreten, weil er sich der Risiken wohl bewusst war. Denn Hindenburg war eine Art Ersatzkaiser und dazu eine geradezu mythische Figur, die sich Hitler nicht zum Gegner machen wollte. Aber Brüning hatte die Figuren so aufgestellt, dass Hitler sich entscheiden musste. Sehr spät, wenige Wochen vor der Wahl, gab Goebbels im Berliner Sportpalast vor der frenetisch jubelnden Menge der Anhänger Hitlers Kandidatur bekannt. Aber es wurde eine Niederlage, denn Hindenburg erhielt im zweiten Wahlgang die erforderliche absolute Mehrheit (53 %).

Es war ein absurdes politisches Theater: Hindenburgs Gegner – die SPD – verhalf diesem zum Wahlsieg, weil sie in ihm das kleinere Übel sah. Umgekehrt: Ausgerechnet die

Deutschnationalen wählten nicht mehr Hindenburg, weil sie mit Brüning nicht einverstanden waren; sie stellten einen eigenen Kandidaten auf, und die Kommunisten votierten für ihren Thälmann. Hitler kam nur auf 36,8 % der Stimmen.

Doch der vorauſgegangene Wahlkampf musste den unvoreingenommenen Beobachter sehr nachdenklich stimmen. Denn der propagandistische Aufwand Hitlers und seiner Partei war atemberaubend, alle neuesten Möglichkeiten der damaligen Medien wurden genutzt.

Hitler selbst reiste mit Flugzeug und Auto durch Deutschland und sprach in den letzten Wochen auf über hundert Veranstaltungen – er schien allgegenwärtig zu sein. Unterstützt wurde er von einer großen Zahl vorzüglich ausgebildeter Parteiredner. Goebbels hatte nicht übertrieben, wenn er einen Wahlkampf angekündigt hatte, »wie ihn die Welt noch nicht gesehen hat«. Diese Dynamik Hitlers und seiner Anhänger suggerierte gerade den Schwankenden und Ratlosen, dass hier Menschen der Tat auf ihre Chance warteten.

Aber diesmal hatte der ganze Propagandaaufwand noch nicht zum Ziel geführt. Immerhin war seit der Reichstagswahl vom 14. September 1930 allen Vernünftigen klar geworden, dass mit Hitler ein völlig neuer Machtfaktor auf der politischen Bühne erschienen war, den man sich möglichst vom Leibe halten musste. Deshalb tolerierten die Sozialdemokraten den Reichskanzler Brüning, und er bemühte sich umgekehrt um tragfähige Kompromisse mit der SPD. Darüber waren das Jahr 1931 und das Frühjahr 1932 bis zur Reichspräsidentenwahl Hindenburgs vergangen. Brüning konnte immerhin erreichen, dass die Reparationszahlungen für ein Jahr ausgesetzt wurden. Aber seine Bemühungen um eine Bewältigung der Wirtschaftskrise blieben ohne Erfolg.

Brünings Entlassung Brüning war ein redlicher Mann. »Dieser bleiche, sorgfältig rasierte Mann mit den bleichen Zügen, den man für einen katholischen Prälaten oder anglikanischen Priester halten konnte, der mit zagender Stimme sprach, aber klar und bestimmt, ohne jemals laut zu werden, flößte sogleich Vertrauen und Sympathie ein, [...] nichts an ihm erinnerte an die raue schwere Art des Germanen, er überraschte angenehm. [...] Man fühlte, er war bemüht, gerecht, vernünftig und anständig zu denken ...« (A. François-Poncet) Aber er war eben – leider, muss man sagen – auch ein Mann, dem keinerlei demagogisches Talent zur Verfügung stand.

Hindenburg gefielen diese Verknüpfungen Brünings mit der von ihm verachteten SPD nicht, und jetzt tat er – ohne zwingenden Grund – einen verhängnisvollen Schritt: Nicht zuletzt unter dem Einfluss verantwortungsloser Ratgeber aus dem konservativen Lager entließ er Brüning und ernannte Franz von Papen zum Reichskanzler in der Hoffnung, damit der Restauration (d. h. der Wiederherstellung der Monarchie oder jedenfalls einer irgendwie gearteten konservativen Herrschaft ähnlich der vor dem Krieg) einen Weg zu eröffnen. Reichswehrminister wurde der General Kurt von Schleicher, ein fintenreicher Mann, der in dieser Regierung maßgebliches Gewicht entwickelte.

Im Programm der neuen Regierung stand denn auch keineswegs die Frage an erster Stelle, wie man der katastrophalen wirtschaftlichen Lage mit ihrer verheerenden Arbeitslosigkeit Herr werden könnte. Vielmehr zerbrach man sich vor allem den Kopf, wie man das Ziel einer Wiederherstellung der konservativen Herrschaft würde erreichen können.

Brüning mochte seine politischen Schwächen gehabt haben (vor allem konnte er sich eben nicht darstellen), aber er war intelligent sowie klug, und er war redlich. Papen aber war beides nicht, und echtes politisches Format hatte er schon gar nicht. Vielmehr war ihm allenfalls eine gewisse Schläue eigen, aber ohne politischen Weitblick, und man kann beim besten Willen nicht behaupten, dass für ihn das Wohl des Volkes vor seinen persönlichen Machtinteressen rangiert hätte.

Er war kein Feigling, sondern er konnte sehr mutig sein (wie 1934 in seiner »Marburger Rede«, s. S. 147). Aber er war ein skrupelloser Opportunist (als nach der »Machtergreifung« drei seiner Mitarbeiter in Gefängnissen verschwanden, zuckte er mit den Achseln und überließ sie ihrem Schicksal). Als ehemaliger Generalstabsoffizier war er der Liebling Hindenburgs, den er mit seinem unbestreitbaren Charme und seiner launigen Unterhaltungsgabe für sich zu gewinnen wusste. Vor allem aber war er ein Konservativer in des Wortes unangenehmer Bedeutung.

Doch zunächst zurück zur neuen Regierung Papens. Sie war – wie zuvor jene von Brüning – von vornherein instabil, weil sie bei der ersten sich bietenden Gelegenheit vom Reichstag durch ein Misstrauensvotum abgesetzt werden konnte. Dem kam Hindenburg drei Tage nach der Ernennung Papens dadurch zuvor, dass er den Reichstag auflöste und Neuwahlen ansetzte. Nun hatte Papen drei Monate Zeit, um zu regieren. Er erntete jetzt, was andere gesät hatten: Eine internationale Konferenz beschloss die Beendigung der Reparationszahlungen. Aber angesichts der immer noch steigenden Arbeitslosigkeit hatte dieses an sich ja sehr wichtige Faktum keine Auswirkungen auf die Stimmung im Lande.

Hitlers Wahlsieg Als am 31. Juli 1932 gewählt wurde, verlor die SPD nicht unerheblich an die KPD, aber Hitler erhielt bei dieser Wahl 37,3 % der Stimmen, was also ungefähr eine Verdoppelung des Stimmenanteils gegenüber der Wahl zuvor von 1930 darstellte. Doch die Mehrheit war das nicht (übrigens hat Hitler in wirklich freien Wahlen nie einen höheren Anteil errungen). Doch im Reichstag stellte die NSDAP jetzt mit 230 Abgeordneten die stärkste Fraktion. Aber immerhin: Fast zwei Drittel des deutschen Volkes hatten Hitler selbst in diesem Augenblick höchster wirtschaftlicher Not eben nicht gewählt!

Was jetzt kam, war in erster Linie an die Kräfteverhältnisse im Reichstag geknüpft. Denn die NSDAP war stärker als jede andere Fraktion. Auch waren NSDAP und KPD zusammen stärker als alle anderen Fraktionen gemeinsam. Infolgedessen war jetzt eine mehrheitsfähige Koalition im Reichstag nicht mehr möglich. Hitler lehnte eine Tolerierung Papens (die er vor der Wahl zugesagt hatte) ab und verlangte die Regierungsgewalt für sich. Aber Hindenburg war nicht bereit, die Regierungsgewalt »einer Partei allein zu übertragen, die dazu einseitig gegen Andersdenkende eingestellt« sei. Hindenburg war also trotz seines Alters keineswegs ein verblendeter Mann, und diese Zurückweisung aus dem Munde des alten Feldmarschalls traf Hitler tief. Wie aber nun weiter?

November 1932: Hitler verliert die Wahl und bleibt trotzdem in der Tür Die jetzt noch bestehenden Möglichkeiten und die folgenden Ereignisse sind etwas verwickelt, aber sie sind zum Verständnis der hochdramatischen Konsequenzen zu wichtig, um sie nur oberflächlich zu streifen. Abgespielt haben sich die Ereignisse weitgehend hinter den Kulissen, ohne dass die breite Masse der Bevölkerung Kenntnis von dem Schachspiel erhielt.

Man musste davon ausgehen, dass Papen sofort nach Regierungsantritt durch ein Misstrauensvotum gestürzt werden würde; denn er war ein Kommandant ohne Bataillone.

Hindenburg konnte in dieser Situation nur zweierlei tun: Entweder er löste den Reichstag auf und schrieb Neuwahlen aus; dann war Papens Zeit auf drei Monate begrenzt. Oder er beging einen Verfassungsbruch, indem er den Reichstag auflöste, ohne Neuwahlen anzusetzen; dann hatte Papen unbefristet Zeit zum Regieren.

Natürlich war so etwas ein riskantes Unternehmen. Denn ob sich das alle politischen Kreise gefallen lassen und sie Hindenburg nicht vor den Staatsgerichtshof bringen würden, war sehr fraglich. Aber Hindenburg wagte den Schritt und gab Papen die Vollmacht, den Reichstag aufzulösen, ohne Neuwahlen auszuschreiben. Doch Papen zuckte zurück und machte von der Vollmacht keinen Gebrauch.

Daraufhin wurde ihm vom Parlament sofort nach Regierungsantritt die Quittung überreicht: Das Misstrauensvotum ergab, dass von 600 Abgeordneten nur 42 hinter Papen standen. Die parlamentarische Durchsetzung dieses – von den Kommunisten eingebrachten – Misstrauensvotums, vorbei an dem verdutzten Papen, war ein erstaunliches Bubenstück des neuen Parlamentspräsidenten Göring, das einen Vorgeschmack auf dessen raffinierten Umgang mit der Macht gab und die Beteiligten eigentlich schon hätte warnen müssen.

Jetzt wurden also wieder Neuwahlen fällig, die im November 1932 stattfanden. Und siehe da: Hitler verlor zwei Millionen Wähler, er kam auf 33,12 % der Stimmen. Es war seine erste Niederlage seit 1930, und alle Besonnenen im Lande meinten hoffnungsvoll, nun sei es wohl vorbei mit ihm.

Trotz seiner Niederlage forderte Hitler erneut für sich die Macht. Aber Hindenburg verweigerte ihm die präsidialen Vollmachten unter Hinweis auf seine Befürchtung, dass ein von Hitler geführtes Präsidialkabinett »sich zwangsläufig zu einer Parteidiktatur mit allen ihren Folgen für eine außerordentliche Verschärfung der Gegensätze im deutschen Volke entwickeln würde«.

Die kurze Kanzlerschaft des Generals K. von Schleicher Papen wurde nun entlassen, und statt seiner wurde am 3. Dezember 1932 der General Kurt von Schleicher von Hindenburg zum Reichskanzler ernannt. Man konnte sich aber ausrechnen, dass es ihm nach der Weihnachtspause genauso gehen würde wie Papen.

Jetzt ging es darum, was man mit Hitler anfangen sollte. Viele meinten, man komme an ihm nicht mehr vorbei. Hitlers Gegenspieler im bürgerlichen Lager waren, gemessen an seiner aggressiven Dynamik, dünne schwankende Rohre im Winde. Hitler spürte das ganz genau: »Machen wir uns nichts vor«, so sagte er verächtlich, »man will uns ja gar nicht mehr Widerstand leisten. Das Bedürfnis, mit uns zu paktieren, schreit uns aus jedem Wort, das aus jenem Lager kommt, entgegen. Das sind ja alles keine Männer, die Macht begehren und Genuss im Besitz der Macht verspüren. Sie reden nur von Pflicht und Verantwortung, und sie wären hochbeglückt, wenn sie in Ruhe ihre Blumen pflegen, wenn sie zur gewohnten Stunde angeln gehen und wenn sie im Übrigen ihr Leben in frommer Betrachtung verbringen könnten.« (zit. n. J. Fest)

Wie genau hatte er sie erkannt! Nur hatten sie selbst sich nicht erkannt und noch weniger die Fähigkeiten ihres Gegenspielers begriffen. In ihrem bürgerlichen Hochmut unterschätzten sie den politischen Parvenu völlig.

Schleicher bemühte sich in seiner kurzen Kanzlerschaft vergeblich nach allen Seiten um Kompromisse. Die Details seiner Kanzlerepisode sollen hier unberücksichtigt bleiben, weil sie letzten Endes für den weiteren Ablauf von untergeordneter Bedeutung sind.

Papens Rankünen und sein Kolumbus-Ei Währenddessen entfaltete Papen eine emsige Geschäftigkeit, um die Konservativen seines Schlages auf irgendeine Weise wieder an die Macht zu bringen. Dabei kam ihm Hindenburg zu Hilfe, der Papen zu seinen machtpolitischen Rankünen hinter dem Rücken des von ihm selbst ernannten Kanzlers Schleicher animierte.

Eine Schlüsselrolle spielte dabei das Treffen zwischen Hitler und Papen bei dem Kölner Bankier von Schroeder Anfang Januar 1933. Letzterer war in den Monaten zuvor ein erklärter Anhänger Hitlers geworden und gehörte zu einem kleinen Kreis von Geschäftsleuten, die seine Sympathien für Hitler teilten. Er handelte aber nicht als Repräsentant »des Großkapitals« oder gar des Reichsverbandes der deutschen Industrie.

Hitler forderte für sich die Kanzlerschaft, gestand den Deutschnationalen reichlich Ministerposten unter der Voraussetzung eines loyalen Verhaltens zu und redete unverblümt von seinem Vorhaben, alle Sozialdemokraten, Kommunisten und Juden aus den führenden Stellungen zu entfernen. Wie schon früher, so hatte Hitler auch jetzt alarmierende Zeichen an die Wand geschrieben. Aber Papen ließ sich von seinem Ehrgeiz die Augen vor dem Menetekel zuhalten.

In einer Unterredung mit Hindenburg gelang es Papen, Schleicher auszuschalten und sich selbst noch stärker als Favoriten Hindenburgs zu etablieren. Dabei half ihm seine fälschliche Behauptung, Hitler habe seine Pläne auf die alleinige Übertragung der Regierungsgewalt aufgegeben. Dem General von Schleicher stellten jetzt von links bis rechts viele ein Bein. Zu Fall gebracht wurde er schließlich von den Großgrundbesitzern und vom »Reichslandbund«, nachdem der so genannte »Osthilfeskandal« aufgedeckt wurde, in den verschiedene Großgrundbesitzer verwickelt waren.

Hitler und seine Partei stürzten sich jetzt auf die gerade einhunderttausend Wähler des kleinen Ländchens Lippe, um die dortigen Landtagswahlen zum Test für die ganze Republik hochzustilisieren und die Niederlage vom November vergessen zu machen. Aber der Stimmenzuwachs war minimal. Es sah wirklich so aus, als hätten Hitler und seine Partei die Grenze ihrer möglichen Anhängerschaft erreicht.

Im Januar 1933 spitzte sich die Situation immer mehr zu, als Papen von Hindenburg gebeten wurde, sich um eine Regierung der »nationalen Konzentration« zu bemühen.

Eine Lösung der Krise mit parlamentarischen Mitteln schien nach wie vor unmöglich, weil die Nationalsozialisten und die Kommunisten im Parlament jede Koalition sofort zum Scheitern bringen konnten. Dennoch glaubte Papen kurze Zeit später, das Ei des Kolumbus in der Hand zu haben und dem Reichspräsidenten sozusagen die ideale Lösung der Krise offerieren zu können. Denn er hatte mit Hitler verhandelt, und dabei war folgendes herausgekommen:

Hitler sollte Reichskanzler werden, jedoch sollte die NSDAP nur drei, die Konservativen aber sollten acht Minister stellen. Auf diese Weise glaubte man Hitler »eingezäunt« zu haben (Papen meinte im kleineren Kreis übermütig, so werde man Hitler in die Ecke drücken »bis er quietscht«). Hitler versprach noch mehr: Dieses Verhältnis der Minister solle unabhängig vom Ergebnis der von ihm geforderten Neuwahlen bestehen bleiben. Und er wolle, so sagte er weiter, im Reichstag mit verfassungsändernder Mehrheit ein »Ermächtigungsgesetz« verabschieden, das es der Regierung ermöglichen würde, über eine bestimmte zeitliche Frist Gesetze nach eigener Vorstellung zu erlassen.

Dieser Vorschlag nun fand den Beifall des Reichspräsidenten. Es war eine Regierung der »nationalen Konzentration«, die sich Hindenburg gewünscht hatte. Nicht, dass Hindenburg auf einmal ein Freund Hitlers geworden wäre. Den verachtete er nach wie vor. Aber Hindenburg wollte die Restauration und weg von der parlamentarischen Demokratie, weil er sie nicht mochte und weil sie offenbar in eine Sackgasse geführt hatte. Dies schien nun ein Weg zu sein, auf dem die Konservativen die Macht wiedererlangen konnten: mit der Hilfe Hitlers zwar, aber eben doch – so hatte es wenigstens den Anschein – unter Beachtung entsprechender Kautelen.

Selbstverständlich war das ein Spiel mit dem Feuer, das auch damals von vielen als solches erkannt wurde. Trotzdem sahen auch manche Zeitgenossen, die keine Anhänger Hitlers waren, das Experiment mit Hitler fälschlicherweise als einen Ausweg aus der Krise. Warum?

Die Demokratie – ein gescheitertes Experiment Das Kriegsende lag gerade 15 Jahre zurück – das ist auch im Menschenleben eine kurze Zeit. Nicht nur der achtzigjährige Hindenburg, auch die große Mehrzahl der erwachsenen Deutschen hatten das Kaiserreich und den Krieg erlebt, und dann war es zu diesem Experiment mit der Demokratie gekommen, das kläglich gescheitert schien.

Dass die Sozialdemokraten, die Deutsche Demokratische Partei und das Zentrum trotz allem mit der parlamentarischen Demokratie zufrieden waren, ist nicht verwunderlich. Schließlich hatte sie ihnen die Mitwirkung an der Staatsmacht gebracht, für die sie so lange gefochten hatten. Aber die breite Masse der Bevölkerung? Wie früher schon gefragt: Welchen Grund sollte sie nach diesen 15 Jahren eigentlich haben, die von einer Krise in die andere schlitternde parlamentarische Demokratie als ihre Herzensangelegenheit zu betrachten? Für sie war die Demokratie eine mögliche Staatsform unter anderen; sie schien die schlechtere Alternative zur Vorkriegsverfassung zu sein und ihre Bewährungsprobe nicht bestanden zu haben.

Und konnte man nicht von den Repräsentanten der Demokratie selbst zu hören bekommen, die Demokratie sei zwar keine gute Staatsform, aber von allen Möglichkeiten gewiss nicht die schlechteste? Da musste es doch noch etwas anderes geben, ohne dieses ständige nichtsnutzige Palaver – war denn niemand da, der da einmal reinen Tisch machte, der alle zusammenführte? Viele dachten so, verständlicherweise; denn die autoritative Staatsform lag in der Luft der Zeit.

So oder ähnlich dürfte auch Hindenburg gedacht haben. Man kann nicht im Ernst von einem achtzigjährigen ehemaligen Feldmarschall erwarten, dass er im hohen Alter seine monarchistisch geprägte politische Grundüberzeugung gegen eine Begeisterung für eine neue Staatsform eintauscht, die allem Anschein nach versagt hat. Was lag näher, als dass er versuchte, den früheren – in seinen Augen bewährten – Zustand wiederherzustellen? Dass er die SPD und ihre Anhänger verachtete, ist gewiss nicht zu entschuldigen, aber auf Grund seiner Herkunft und Biographie bis zu einem gewissen Grade verständlich. Das Verhältnis unserer heutigen Politiker untereinander ist ja nun auch nicht gerade allenthalben von gegenseitiger Hochachtung bestimmt. Jedenfalls kann man Hindenburg nicht absprechen, dass sein Handeln subjektiv das Wohl des Vaterlandes und nicht zuvörderst einen eigenen machtpolitischen Erfolg im Auge hatte.

Unverzeihlich aber war Hindenburgs Fehler, ohne Not Brüning fallen zu lassen und an seiner Stelle das politische Leichtgewicht Papen zu favorisieren. Dieser hatte im Zentrum dem äußersten rechten Flügel angehört, während Brüning in der gleichen Partei sozusagen die bürgerliche Mitte repräsentierte und als früherer Geschäftsführer der christlichen Gewerkschaften mit der SPD ganz gut zurechtkam. Das gefiel Hindenburg an Brüning am allerwenigsten.

Ewald von Kleist-Schmenzin: ein Warner in der Wüste fataler Hoffnungen Die gängige Meinung sieht die Hauptschuldigen der Katastrophe vom 30. Januar in den Konservativen, und das ist auch sicher richtig. Nur muss man die Einschränkung machen, dass es nicht »die Konservativen« schlechthin waren, sondern eben jene Konservativen, die damals an den Schalthebeln saßen, an ihrer Spitze Papen. Sie haben denn auch bis zum heutigen Tage bei uns den Begriff »konservativ« in Misskredit gebracht.

Deshalb ist an dieser Stelle – repräsentativ für seinesgleichen – eines Konservativen ganz anderen Zuschnitts zu gedenken, der bis zum letzten Augenblick mit aller Leidenschaft versucht hat, dem drohenden Verhängnis in den Arm zu fallen. Er besaß gerade das, was Papen und dem kleinkarierten Hugenberg (dem Führer der Deutschnationalen) völlig abging, nämlich eine tiefe und uneigennützige Liebe zu seinem Vaterland.

Die Rede ist von Ewald von Kleist-Schmenzin. Er gehörte zu den ganz wenigen Menschen, die Hitlers »Mein Kampf« von Anfang bis Ende genau gelesen hatten. Um ganz sicher zu gehen, erbat er 1932 von Hitler eine Unterredung, die auch tatsächlich stattfand. In diesem Gespräch ließ Hitler keinen Zweifel an seiner Auffassung, dass Deutschland im Osten »bis zum Ural und Schwarzen Meer« seinen »Lebensraum« durch militärische Expansion erweitern müsse. Damit war für Kleist-Schmenzin die Situation klar. Er versäumte nicht, seine Sicht der Dinge in einer kleinen Streitschrift (»Der Nationalsozialismus – eine Gefahr«) niederzulegen.

Ewald von Kleist-Schmenzin wurde zu einem unerbittlichen Gegner Hitlers. Kurz vor Ausbruch des Krieges unternahm er eine höchst gefährliche Reise nach England, um die maßgebenden Briten über Hitler aufzuklären; aber er stieß im Grunde auf taube Ohren. Fortan lebte er, ohne Hitler oder seiner Partei die geringste Konzession zu machen. Niemals wurde auf seinem Besitz die Hakenkreuzfahne gehisst, geschweige denn, dass er mit »Heil Hitler« gegrüßt hätte.

Nachdem Stauffenberg Kleist-Schmenzins Sohn Ewald Heinrich für den Widerstand und für ein Attentat auf Hitler gewonnen hatte, bei dem der junge Kleist-Schmenzin sich mit Hitler in die Luft sprengen sollte, antwortete der Vater auf die entsprechende Frage des Sohnes nach kurzem Nachdenken: »Ja, das musst du tun. Wer in einem solchen Moment versagt, wird nie wieder froh in seinem Leben.« (zit. n. J. Fest)

Angeklagt vor dem Volksgerichtshof bekannte Ewald von Kleist-Schmenzin vor Freisler ohne Zaudern: »Ich habe Hitler und den Nationalsozialismus immer für den Erzfeind des deutschen Reiches gehalten. Ich habe ihn immer bekämpft, soweit es meine Kräfte erlaubten.« Er starb auf dem Schafott der Schergen Hitlers.

Kleist-Schmenzin hatte durch seinen Schwiegervater, Oscar von der Osten-Warnitz, auch Zugang zu Hindenburg, und er tat alles, um Hindenburg vor Hitler zu warnen. Dieser wiederum versicherte ihm, er denke nicht im entferntesten daran, Hitler zum Reichskanzler zu machen: »[...] er [Papen] will ja, dass ich Hitler zum Reichskanzler machen soll. Das kann und darf ich aber nicht. Das verbietet mir mein Pflichtgefühl und mein Verantwortungsbewusstsein. Er ist doch kein Staatsmann. Na, Postminister meinetwegen.« (E. v. Kleist-Schmenzin, zit. n. F. v. Schlabrendorff)

Ewald von Kleist-Schmenzin gelang es, Papen die Zusage zu der Alternative abzuringen, dass Papen Reichkanzler und Kleist-Schmenzin Reichsinnenminister werden, Hitler aber vor der Tür bleiben solle. Der Reichstag sollte aufgelöst werden, aber Neuwahlen sollte es nicht geben. Es sollte sich um eine Übergangsregierung handeln, bis eine Revision der Weimarer Verfassung durchgeführt sein würde.

Das war natürlich gleichbedeutend mit einem Staatsstreich, der vermutlich die Verhaftung Hitlers und den Einsatz der Reichswehr gegen die SA erforderlich gemacht hätte. Auf Hindenburg glaubte man in dieser Situation rechnen zu dürfen. Wahrscheinlich schwebte den beteiligten Konservativen die Etablierung einer konstitutionellen Monarchie vor.

Doch es kam anders. Papen hielt sich nicht an jene Zusage, die er Kleist-Schmenzin gemacht hatte. Vielmehr hatte er sich den schon erwähnten naiven Plan in den Kopf gesetzt: Hitler und sein Anhang sollten für die Rückeroberung der konservativen Macht sozusagen die Bataillone liefern, und die Konservativen in Gehrock und Zylinder würden dieser braunen Truppe dann sagen, was zu geschehen habe. Als irgendjemand seine Bedenken an der Einbeziehung Hitlers in die Regierung äußerte, antwortete Papen: »Sie irren sich. Wir haben ihn uns engagiert!« Dieser herablassende Ausspruch offenbart einerseits den ganzen Hochmut und die politische Instinktlosigkeit dieses Mannes, andererseits zeigt er, dass Papens einziges Interesse der Rückeroberung der Macht galt.

Dazu war Papen ein unaufrichtiger Mensch. Aus den Aufzeichnungen von Kleist-Schmenzin (zit. n. F. v. Schlabrendorff): »Unterwegs überfiel ich ihn [Papen] plötzlich mit dem Vorwurf, warum er Hindenburg dahin bearbeite, dass er Hitler zum Kanzler machen solle. Papen ging in die Falle und sagte: ›Es bleibt doch nichts anderes übrig, als den alten Herrn dazu zu bewegen.‹ Damit steht fest, dass Papen alle Welt hintergangen hat, wenn er so tat, als strebe er eine wirklich vaterländische, unabhängige Regierung an ...«

Der skrupellose Opportunist Hugenberg Ein Wort ist noch zu Alfred Hugenberg, dem Führer der Deutschnationalen, zu sagen. Er war eine Krämerseele, »[...] ein engstirniger und beschränkter Geist, eigensinnig bis zum Äußersten, ein heftiger Sektierer, ein wilder Parteimann, einer der bösen Geister Deutschlands ...« (A. François-Poncet) Als er 1932 in Bad Harzburg die schon erwähnte Allianz mit Hitler schmieden wollte, warnte und beschwor ihn Kleist-Schmenzin, nicht zum Steigbügelhalter Hitlers zu werden. Hugenbergs Antwort: »Ohne Hitler komme ich nie in die Macht eines Reichsministeriums ...«

Im Januar 1933 ließ Hugenberg seine ursprünglichen Vorbehalte gegen Hitler, die er noch im November 1932 gegenüber Hindenburg zum Ausdruck gebracht hatte, angesichts der ihn verlockenden Regierungsbeteiligung fallen. Hierzu noch einmal Kleist-Schmenzin: »Dann war ich mit Hugenberg allein. Er war nicht dazu zu bewegen, eine Beteiligung an der Regierung Hitler abzulehnen. Gründe nannte er mir nicht. Was in dem Gehirn dieses Spießbürgers gespielt hat, weiß ich bis zum heutigen Tage nicht.« Auch von anderer Seite wurde Hugenberg gewarnt: Er (Hugenberg) werde eines Nachts noch in Unterhosen durch den Garten des Ministeriums fliehen, um der Verhaftung zu entgehen, sagte ihm Theodor Duesterberg, der stellvertretende Führer des »Stahlhelm«. Es half alles nichts, Hugenberg wurde zum willigen Wegbereiter Hitlers. Der Grund war einfach: Papen hatte Hugenberg zwei Kabinettssitze versprochen.

Literatur: (3) W. Benz et al.
(6) F. Blaich
(16) C. Cipolla und K. Borchardt
(19) E. R. Curtis
(23) J. Fest
(33) S. Haffner
(38) F. W. Henning
(43) E. Jäckel
(47) D. Keese
(65) G. Niedhardt

9 | Allen Warnungen zum Trotz: Hitler am Ziel

Hitler zunächst: ein scheinbar Gemäßigter Geschickt wie immer hatte Hitler in den Verhandlungen mit Papen versichert, seine außenpolitischen Ziele werde er auf friedlichem Wege verfolgen. Überhaupt erweckte er den Eindruck, mit seinen Forderungen zurückgegangen zu sein, und schließlich ließ er sogar mit der Hand auf dem Herzen anklingen, dass die Monarchie eine durchaus mögliche Staatsform sei, über die das deutsche Volk einmal werde zu entscheiden haben. Na also, war das nicht eine Basis?

So konnte schließlich Papen tatsächlich seinen Plan dem alten Hindenburg schmackhaft machen, der inzwischen nun doch zu alt und unbeweglich geworden war, um die Folgen richtig abschätzen zu können. Am 30. Januar 1933 standen drei Nationalsozialisten acht bürgerlichen Ministern gegenüber. Letztere ahnten nicht, dass sich am Ende des Jahres dieses Verhältnis in neun zu sieben umgekehrt haben würde.

»Selten ist man einer solchen politischen Verblendung begegnet. Selten haben sich so viele Illusionen und psychologische Fehler zusammengefunden. Hitler und seine Genossen hatten ihre Ideen keineswegs verborgen; sie hatten keinen Zweifel über ihr Vorgehen, ihre Methoden und ihren Geist gelassen. Sie hatten in Deutschland längst ihre Gewaltherrschaft aufgerichtet. [...] Als ich Papen meine Befürchtungen mitteilte, erwiderte er: ›Ach was, wenn sie sich die Hörner abgelaufen haben, wird alles gut gehen!‹ Dieses Wort spiegelt die Leichtfertigkeit dieses Mannes wider, unterstreicht seine Verantwortung und die seiner Freunde. Auf Hunderttausende seiner politischen Soldaten und Tausende seiner Anhänger gestützt, die ihm gehorchen, wird Hitler nicht zögern, ihnen zu sagen: ›Das ist mein Haus. Ihr habt es zu verlassen!‹« (A. François-Poncet)

Als die Vereidigung bereits im Gang war, traf in Papens Büro ein Telegramm aus München ein, in dem ein persönlicher Freund Papens diesen beschwor, die Vereidigung mindestens hinauszuzögern. Denn er besitze absolut zuverlässige Informationen, denen zufolge die NSDAP unmittelbar vor dem finanziellen Zusammenbruch stünde. Die Banken hätten weitere Kredite verweigert, in wenigen Tagen sei Hitler regelrecht bankrott.

Ob das so stimmt, muss man offen lasen. Sicher ist, dass die NSDAP tatsächlich am Rande der Pleite stand und finanziell kaum noch Spielraum zum Leben hatte. Das wusste auch Papen. Doch auch diese Chance, Hitler loszuwerden, wurde von ihm nicht genutzt, weil er um jeden Preis durch ihn an die Macht kommen wollte. So nahm das Verhängnis den von Papen vorgegebenen Verlauf, und Hindenburg ernannte einen Tag vor dem Zusammentritt des Reichstages, am 30. Januar 1933, Hitler zum Reichskanzler.

Ludendorff schrieb, als es geschehen war, an Hindenburg: »Sie haben unser heiliges deutsches Vaterland einem der größten Demagogen aller Zeiten ausgeliefert. Ich prophezeie

Ihnen feierlich, dass dieser unselige Mann unser Reich in den Abgrund stürzen und unsere Nation in unfassbares Elend bringen wird. Kommende Geschlechter werden Sie wegen dieser Handlung in Ihrem Grabe verfluchen.« (zit. n. J. Fest)

Das Verhängnis nahm seinen Lauf. Hitler erhielt außer der Kanzlerschaft das Reichsinnenministerium; dazu wurde Görings Eitelkeit durch ein noch gar nicht vorhandenes Reichsluftfahrtministerium befriedigt, und Göring wurde zugleich preußischer Innenminister. Ihnen standen acht konservative Minister gegenüber. Hitler hatte diese Regelung bereitwillig akzeptiert. Denn er kannte seine Kontrahenten und wusste, dass sie weder Rückgrat noch den Willen besaßen, jenen Wert zu verteidigen, den man, etwas pathetisch zwar, aber immer noch am besten als das »Wohl des Vaterlandes« umschreiben kann.

War Hitler zu verhindern? Die Schlüsselfiguren dieser Geschehnisse sind natürlich Hindenburg und Papen. Letzterer hätte Hindenburg auch eine Lösung ohne Hitler anbieten können und wäre damit ganz sicher willkommener gewesen. Dass Papen sich in Hitler getäuscht hat, wäre verzeihlich, wenn Hitler eine undurchsichtige politische Figur gewesen wäre. Aber Hitler hatte sich immer wieder und geradezu penetrant mit einer gewissen Schwatzhaftigkeit zu seinen Zielen bekannt (nur dass er die Juden ermorden wollte, hatte er verschwiegen), und Männer wie Ewald von Kleist-Schmenzin hatten Papen beschworen, sich nicht mit Hitler einzulassen und ihre Ablehnung sachlich klar begründet.

Aber Papen war in seiner Beurteilung Hitlers ganz offensichtlich von Wunschdenken bestimmt und ständig von der Gier gedrängt, die Macht zurückzuerobern. Wären Papen und seine Freunde Hitler ebenso entschlossen entgegengetreten, wie sie dies vermutlich gegenüber den Kommunisten getan hätten, wenn diese ähnlich spektakuläre Wahlerfolge gehabt hätten wie die NSDAP, dann wäre Hitler mit Sicherheit vor der Tür geblieben. Aber sie meinten in Hitler irgendwelche Zielverwandtschaften zu entdecken, und als sie ihren Irrtum bemerkten, saßen die meisten von ihnen bereits in Gefängnissen oder waren tot.

Hindenburg trifft vor allem der Vorwurf, dass er Brüning ohne zwingende Notwendigkeit fallen ließ. Brüning hat Hitler immer richtig eingeschätzt und hätte sich niemals mit ihm eingelassen. Man darf ihm auch zutrauen, dass er weiterhin ein Arrangement mit den Sozialdemokraten gefunden hätte, um einen Ausweg aus der Krise zu finden.

Ein anderer Fehler Hindenburgs (und eine Niederträchtigkeit dazu) war es, mit Papen gegen den eigenen Kanzler Kurt von Schleicher zu konspirieren. Auch Schleicher hatte kein Bündnis mit Hitler im Sinn. Hätte ihm Hindenburg die Parlamentsauflösung ohne Neuwahlen zugestanden und ihn gestützt (wie er es Papen gegenüber getan hat), wäre Hitler mindestens für weitere Monate von der Macht ausgeschlossen geblieben.

Da im deutschen Parlament eine regierungsfähige Mehrheit nicht mehr herbeizuführen war, blieb als Ausweg – wie oben schon angedeutet – auf die Dauer nur ein Staatsstreich und die Einsetzung einer Regierung durch Hindenburg auf Grund präsidialer Vollmachten und ohne Neuwahlen und ohne Hitler.

Hätte Hindenburg nicht so vernarrt an seinem Liebling Papen festgehalten, so hätte sich wahrscheinlich schließlich doch ein geeigneter Mann in Deutschland finden lassen, der nicht nur das Vertrauen der Rechten, sondern auch das der Linken auf sich vereinigt hätte, wenn er die Verhaftung Hitlers und den Einsatz der Reichswehr gegen die dann wahrscheinlich auf den Plan tretende SA nicht gescheut hätte. Dass die Rechte in dieser Situation überhaupt nur an sich und an die Wiederherstellung ihrer Macht dachte und keinen Gedanken darauf verschwendete, ob nicht durch eine Einbeziehung der Linken ohne die Kommunisten eine tragfähige Minderheitsregierung zustandegebracht werden könnte, um Hitler auszumanövrieren, zeigt die ganze Engstirnigkeit dieser Clique.

Allerdings: Gegen dieses machtpolitische Naturtalent Hitler, der ständig wie ein Räuberhauptmann mit zwei Pistolen in den Manteltaschen herumlief, war es nicht leicht, ein resolutes Gegengewicht zu schaffen. Aber für meine Person bin ich davon überzeugt, dass beispielsweise Ewald von Kleist-Schmenzin schon mit ihm fertig geworden wäre. Die politischen Honoratioren jener Tage waren allerdings nicht die richtigen Leute, um der Gefahr Paroli zu bieten.

Ein weiteres, schwer zu kalkulierendes Problem lag in der allgemeinen Stimmung. Denn viele, sehr viele, waren der Meinung, an Hitler sei nun nicht mehr vorbeizukommen, und sie wurden hierin durch die weit verbreitete Bolschewismusfurcht bestärkt. Diese Angst vor dem Bolschewismus war damals nicht auf Deutschland beschränkt, sondern in Europa weit verbreitet. Sie war auch nicht aus der Luft gegriffen, denn welche menschenverachtende Entwicklung zur mordbereiten Diktatur das Regime in Russland inzwischen genommen hatte, war allgemein bekannt. Diese verständliche Furcht und die rücksichtslose Bolschewismusfeindschaft, die Hitler immer wieder erkennen ließ, schien ihn in den Augen der damaligen bürgerlichen Welt – sowohl in Deutschland wie auch im Ausland – zu einem Bollwerk gegen die gefürchtete »rote Flut« zu machen.

Hitler erspürte mit seiner feinen politischen Witterung diese Bolschewismusfurcht als irrationales, aber ungemein wichtiges Vehikel für die Sympathie sehr genau. Dies galt aber auch für das gesamte übrige Spektrum der Gefühle, der Ängste und der Hoffnungen, die damals in der Luft lagen.

Auch wenn Hitler damals nur ein Drittel der Bevölkerung hinter sich hatte, wäre es auf die Dauer wohl sehr schwer geworden, gegen die meisterliche Propaganda-Dynamik Hitlers, Goebbels' und der vielen versierten NSDAP-Redner anzukommen, denen sich ja bis dahin die übrigen Parteien wie hilflose Kinder ausgeliefert gesehen hatten.

Trotzdem: Hitler war kein Naturereignis, und er war auch nicht die logische Konsequenz voraufgegangener politischer Entwicklungen. Vielmehr war seine Kanzlerschaft nur möglich, weil er ein hochbegabter Machtpolitiker war, weil im entscheidenden Augenblick kurzsichtige und selbstsüchtige Politiker an den Schalthebeln der Macht saßen und Hitler mit sicherem politischem Instinkt um keinen Deut von seiner Forderung abrückte, er beanspruche für sich die Führung. Darüber hinaus hat er in diesen verhängnisschwangeren Tagen gar nicht viel aktiv getan – das haben ihm die anderen und die Stimmung im Lande abgenommen.

Warum Hitler allseits so grundfalsch eingeschätzt wurde Professionelle Politiker der Linken erlagen ihren Fehleinschätzungen nicht weniger als die konservative Rechte. Der SPD-Abgeordnete und spätere Parteivorsitzende Kurt Schumacher beispielsweise sah die Situation so: »Das Kabinett heißt Adolf Hitler, aber das Kabinett ist Alfred Hugenberg. Adolf Hitler darf reden, Alfred Hugenberg wird handeln. Mit dieser Regierungsbildung ist der letzte Schleier gefallen. Der Nationalsozialismus hat sich als das offen dargestellt, als das wir ihn immer angesehen haben, als die hochkapitalistisch-nationalistische Rechtspartei. Nationalkapitalismus ist die wahre Firma!« (zit. n. I. Kershaw)

Der Fraktionsvorsitzende der SPD, Rudolf Breitscheid, klatschte vor Vergnügen in die Hände, als er von Hitlers Ernennung zum Reichskanzler erfuhr weil er meinte, nun werde Hitler sich, vor die große Aufgabe gestellt, selbst zugrunde richten.

Der Sozialdemokrat Julius Leber, der später zum deutschen Widerstand gehörte und nach dem misslungenen Attentat auf Hitler am 20. Juli 1944 dafür sein Leben gab, wurde im März 1933 auf dem Weg ins Parlament verhaftet, ins Gefängnis geworfen und misshandelt. Selbst unter diesen Umständen schätzte er die Situation falsch ein und beobachtete hinter den Gefängnismauern »das große Experiment« des Nationalsozialismus, die »große und entscheidende Aufgabe, Millionen Deutscher aus ihrer Lebensangst herauszuführen«. Er meinte, Hitler habe die historische Chance, einen großen Teil der Ideen, die dem Weimarer Staat vorschwebten, zu realisieren. Er war auch bereit, »Unfreiheit, Diktatur und rücksichtslose Machtanwendung« hinzunehmen, wenn anders die großen Aufgaben der Wirtschaft und der Außenpolitik nicht gelöst werden könnten. Auch der Abschaffung der Demokratie sei unter dieser Voraussetzung eine innere Rechtfertigung nicht abzusprechen, desgleichen sei es dann als unwesentlich zu betrachten, »ob einige Juden oder Sozialdemokraten oder Pfarrer misshandelt würden« (zit. n. H. U. Thamer).

Wir alle wissen aus der Erfahrung vieler Wahlen, dass die allerwenigsten Menschen ihre politische Entscheidung aufgrund sorgfältiger Überlegungen und Analysen treffen, sondern sich von Stimmungen tragen und leiten lassen. Hitlers Sieg war ein Sieg der von ihm erzeugten politischen Stimmungen. Alle seine Reden lassen erkennen, dass er echte Argumente strikt vermied, aber ein explosives Gemisch aus Stimmungen des Protestes gegen das Bestehende sowie aus Hoffnungen auf nationale Wiedergeburt in imperialer Größe verbunden mit Hassstimmungen auf angeblich Schuldige zu mischen verstand. Zudem bot er mit seinem – durchaus verschwommenen – Sozialismusbegriff eine nationale Alternative, die gegenüber der sonst gepredigten sozialistischen Internationale für den Einzelnen eine weit bessere Identifikationsmöglichkeit darstellte.

Diese Situation verband sich mit dem nun wirklich unbegreiflichen Faktum, dass von den damaligen politischen Entscheidungsträgern offenbar kaum einer Hitlers »Mein Kampf« gelesen hat. Denn dort hätte man alle wichtigen Informationen schwarz auf weiß vorgefunden. Aber alle ließen das Buch im Schrank stehen – sogar später, als alles vorbei war, auch noch manche Historiker. Denn noch viele Jahre nach dem Krieg hat sich manch einer von ihnen vergeblich den Kopf darüber zerbrochen, welches eigentlich Hitlers Motive waren, so zu handeln, wie er gehandelt hat.

Aber das Durchackern dieses Schinkens war wohl den meisten zu lästig, und viele dürften das Buch nach einhundert Seiten als unlesbar auf die Seite gelegt haben. Vermutlich hat mancher in dem Buch herumgeblättert, dies und das gelesen, den Kopf geschüttelt ob des Stils und des kunterbunten Durcheinanders und dann gemeint, so etwas könne man nicht zur Basis einer Beurteilung machen. Aber das war es gerade: Kaum einer las das Buch sorgfältig.

Ein Gelehrter in Oxford liest aufmerksam Hitlers »Mein Kampf« In der Abgeschiedenheit seiner Gelehrtenstube saß 1939 der Oxforder Historiker Robert Charles Kirkwood Ensor. Er sagte nicht: »So etwas ist unlesbar.« Im Gegenteil, er tat gerade das, worum alle anderen einen Bogen machten: Er las Hitlers »Mein Kampf« aufmerksam und vorurteilsfrei von Anfang bis Ende. Anschließend schrieb er in der Reihe »Oxford Pamphlets of World

Affairs« eine 29 Seiten umfassende Arbeit unter dem Titel: »Herrn Hitlers Selbstoffenbarung in ›Mein Kampf‹«. Er begann mit dem Satz: »Wenige große Tatmenschen haben jemals so klar wie Adolf Hitler die Grundsätze und Ziele, die ihre Taten leiten, im Voraus offenbart.« Und dann berichtete er, was sich aus der Lektüre ergab.

Ein paar Leute mögen diese Arbeit gelesen haben, dann geriet sie in Vergessenheit. Aber sie ist ein bleibendes Zeugnis dafür, zu welchen weitreichenden Erkenntnissen man durch vorurteilsfreies und sorgfältiges Lesen kommen kann. Jedermann, den es anging, hätte es in den kritischen Monaten vor dem 30. Januar 1933 ebenso machen können. Ewald von Kleist-Schmenzin hatte es getan und daraus die unerbittlichen Konsequenzen gezogen. Alle anderen in maßgeblichen Positionen haben es ganz offensichtlich unterlassen (sonst hätten sie anders handeln müssen, als sie gehandelt haben) und haben dadurch der Katastrophe die Tür geöffnet. Man kann sich nicht genug darüber wundern.

Hitlers »Mein Kampf« als Informationsquelle: Eine fiktive Analyse aus dem Jahr 1933
1. Allgemeine Gesichtspunkte: Das in hölzernem Deutsch geschriebene und deshalb schwer lesbare Buch offenbart ein äußerst undiszipliniertes Denken des Verfassers, der von der jeweiligen Thematik immer wieder launenhaft abweicht.

Der Verfasser ist ein ungewöhnlich aggressiver, konfliktsüchtiger Radikalpolitiker, der keinen Zweifel daran lässt, dass er seine Ziele mit Gewalt durchsetzen wird, sobald sich ihm hierzu eine Gelegenheit bietet. Die Brutalität seines Denkens zeigt exemplarisch neben vielen anderen verbalen Drohgebärden jene Stelle, in der er ankündigt, ein deutscher Nationalgerichtshof werde einst »etliche Zehntausend der organisierenden und damit verantwortlichen Verbrecher des Novemberverrats und alles dessen, was dazugehört, abzuurteilen und hinzurichten« haben. Der Vorsatz ist somit offensichtlich, den Rechtsstaat aufzuheben und Menschen ohne Gerichtsverfahren umzubringen.

Hitler betrachtet das parlamentarische System allenfalls als Mittel zur Erlangung der Macht, erklärt aber unmissverständlich, dass er es beseitigen werde. An seine Stelle soll ein autoritärer Staat treten, der von einem Führer geleitet wird; dieser entscheidet allein.

Im wissenschaftlichen Sinne völlig konfus, aus der Sicht des Verfassers jedoch unbeirrbar rechthaberisch wird eine Theorie von Rasse und Volk entwickelt, in der die Juden als die Schuldigen allen Unglücks der Völker dargestellt werden. Grundlage dieser Vorstellung sind in erster Linie die Rassentheorien Gobineaus. Daneben vertritt der Verfasser einen rücksichtslosen ethnischen Darwinismus, demzufolge nur das stärkere kampfbereite Volk eine Überlebenschance hat, sodass die »Auslese« durch den Krieg erfolgt.

Da die Juden keinen eigenen Staat besitzen, sondern in anderen Völkern leben, betrachtet sie der Verfasser als »Parasiten«, die diesen ethnischen Darwinismus nicht mittragen, sondern zu unterlaufen versuchen. Daher sind sie nach seiner Auffassung die Drahtzieher des internationalen Marxismus und Bolschewismus. Was mit den Juden in dem von ihm angestrebten Staat definitiv geschehen soll, wird nicht gesagt. Offenkundig ist aber, dass Hitler einer »Beseitigung« das Wort redet.

Sein Führerstaat legt zuallererst Wert auf körperliche Ertüchtigung zur Verbesserung des Kampfvermögens und der Kampfbereitschaft. Die Bereitschaft für das Vaterland zu kämpfen ist das höchste Ziel. Die Ausbildung des Wissens als Voraussetzung einer wissenschaftlichen Tätigkeit wird verächtlich gemacht.

Der Verfasser zeichnet sich in allen von ihm kritisch vorgebrachten Passagen durch einen widerlichen und primitiven Zynismus aus. Eine Kompromissbereitschaft wird von ihm grundsätzlich als Zeichen der Schwäche abgelehnt. Er postuliert eine hemmungslose Hassbereitschaft gegenüber dem politischen Gegner.

An der grundsätzlichen Bereitschaft zum Krieg als Durchsetzungsmittel der eigenen Politik kann kein Zweifel sein. Das Wort »Frieden« im Sinne eines positiven Wertes kommt in dem ganzen Buch nicht ein einziges Mal vor. Da der Verfasser ganz sicher ein mutiger und unerschrockener Mann ist, werden seine Drohungen keine leeren Worte sein. Er ist ein radikaler Anhänger der »Dolchstoßlegende« und vertritt die Revision des Versailler Vertrages nicht auf friedlichem Verhandlungswege, sondern durch militärische Gewalt. Dabei nimmt er Südtirol aus, da ihm offenbar ein Bündnis mit Italien vorschwebt.

Einzelne geschilderte Begebenheiten aus der »Geschichte der Bewegung« zeigen, dass der Verfasser über eine schnelle Reaktionsfähigkeit, über brutale Härte und einen ungewöhnlichen Durchsetzungswillen verfügt.

2. Die außenpolitischen Vorstellungen Hitlers in seinem Buch
a) Westeuropa: England, so Hitler, will die Machtbalance auf dem Kontinent zur Aufrechterhaltung seiner Weltherrschaft; Frankreich sehe in der Schwächung Deutschlands die Voraussetzung seiner Vormachtstellung auf dem Kontinent. Das letzte Ziel der französischen Diplomatie stehe somit im Gegensatz zu England.

Nach der Interessenlage biete sich nur ein Bündnis mit England und Italien an, letzteres wegen der gegen Frankreich gerichteten Interessen im Mittelmeerraum. Hinter dieser Kulisse könnten in Ruhe die Vorbereitungen zur Abrechnung mit Frankreich getroffen werden.

Frankreich gegenüber, das er als Erzfeind betrachtet, findet er Worte eines unsäglichen Hasses. Kein noch so entfernter Gedanke an eine versöhnliche Zusammenarbeit mit dem westlichen Nachbarn ist in seinem Buch zu finden. Alles weist unmissverständlich darauf hin, dass er den Krieg mit Frankreich und dessen Vernichtung anstrebt.

b) Ostorientierung oder Ostpolitik: Deutschland müsse expandieren, um neuen Grund und Boden zu erobern. Der Verfasser denkt dabei »an Russland und die ihm untertanen Randstaaten«. Das russische Reich sei reif zum Untergang, weil der Bolschewismus vom Judentum beherrscht werde, das versuche, sich auf diese Weise die Weltherrschaft anzueignen.

Hitlers letztes Ziel offenbart ein Satz aus dem Schlusswort seines Buches: »Ein Staat, der im Zeitalter der Rassenvergiftung sich der Pflege seiner besten rassischen Elemente widmet, muss eines Tages zum Herrn der Erde werden.«

10 | Das turbulente Jahr 1933 nach Hitlers Machtübernahme: »Nationale Erhebung«, Volksgemeinschaft, Wirtschaftswunder, Terror und Judendiskriminierung, Gleichschaltung und Ausschaltung

Die ersten Wochen unter Hitlers Kanzlerschaft Allen Warnungen einsichtiger Leute zum Trotz war Hitler nun also plötzlich Reichskanzler, obwohl er nur ein Drittel der deutschen Wähler hinter sich hatte. »Es ist wie im Märchen«, notierte Goebbels verzückt. Ab Abend zogen fackeltragende SA-Kolonnen an Hitler vorüber. Ganz so viele, wie es die meist gezeigten Filmaufnahmen suggerieren, waren es allerdings nicht, diese Aufnahmen hat Goebbels nachträglich anfertigen lassen.

Im Übrigen haben am 30. Januar 1933 wohl viele Menschen geglaubt, es handele sich um einen Regierungswechsel, wie sie das Land schon viele erlebt hatte. Ich kann mich auch nicht entsinnen, dass sich damals das Straßenbild wesentlich verändert hätte, wenn ich zur Schule ging. Äußerlich war zunächst alles wie vorher. Erst recht war in unserer Schule von den veränderten politischen Verhältnissen nichts zu spüren.

Doch dieser Eindruck war trügerisch. Die Ereignisse der folgenden Wochen offenbarten die ganze Meisterschaft Hitlers im Umgang mit der Macht und seine Fähigkeit, alle Gegner so raffiniert schachmatt zu setzen, dass der Mann auf der Straße die Frage stellte, wozu diese politischen Gegner eigentlich noch taugen sollen; denn Hitler machte sie einfach überflüssig.

Am übernächsten Tag, am 1. Februar 1933 sprach Hitler erstmalig im Rundfunk. Er hielt eine Rede an das deutsche Volk. Diese Proklamation wurde anschließend an allen Litfasssäulen veröffentlicht. Wegen ihrer exemplarischen Bedeutung gebe ich sie hier mit nur unwesentlichen Kürzungen wieder. Um sie richtig zu werten, muss man sich allerdings zwingen, sie aus der damaligen aktuellen Situation heraus zu lesen und nicht aus dem Wissen unserer Gegenwart. Hier also die entscheidenden Passagen:

»Über 14 Jahre sind vergangen seit dem unseligen Tag, da, von inneren und äußeren Versprechungen verblendet, das deutsche Volk der höchsten Güter unserer Vergangenheit, des Reiches, seiner Ehre und seiner Freiheit vergaß und dabei alles verlor. Seit diesen Tagen des Verrates hat der Allmächtige unserem Volk seinen Segen entzogen. Zwietracht und Hass hielten ihren Einzug. [...]

Die Wahnidee vom Sieger und Besiegten zerstörte das Vertrauen von Nation zu Nation und damit auch die Wirtschaft der Welt. Das Elend unseres Volkes aber ist entsetzlich! Dem arbeitslos gewordenen, hungernden Millionen-Proletariat der Industrie folgt die Verelendung des gesamten Mittel- und Handwerksstandes. Wenn sich dieser Verfall am deutschen Bauern endgültig vollendet, stehen wir vor einer Katastrophe von unübersehbarem Ausmaß. [...]

In einem unerhörten Willens- und Gewaltansturm versucht die kommunistische Methode des Wahnsinns das in seinem Innersten erschütterte und entwurzelte Volk endgültig zu vergiften und zu zersetzen. [...]

Angefangen bei der Familie, über alle Begriffe von Ehre und Treue, Volk und Vaterland, Kultur und Wirtschaft hinweg bis zum ewigen Fundament unserer Moral und unseres Glaubens, bleibt nichts verschont von dieser nur verneinenden, alles zerstörenden Idee. 14 Jahre Marxismus haben Deutschland ruiniert. Ein Jahr Bolschewismus würde Deutschland vernichten. Die heute reichsten und schönsten Kulturgebiete der Welt würden in ein Chaos und Trümmerfeld verwandelt. Selbst das Leid der letzten anderthalb Jahrzehnte könnte nicht verglichen werden mit dem Jammer eines Europas, in dessen Herzen die rote Fahne der Vernichtung aufgezogen würde. Die Tausende von Verletzten, die unzähligen Toten, die dieser innere Krieg schon heute Deutschland kostet, mögen ein Wetterleuchten sein der Warnung vor dem Sturme.

In diesen Stunden der übermächtig hereinbrechenden Sorgen um das Dasein und die Zukunft der deutschen Nation rief uns Männer nationaler Parteien und Verbände der greise Führer des Weltkrieges auf, noch einmal, wie einst an den Fronten, nunmehr in der Heimat in Einigkeit und Treue für des Reiches Rettung unter ihm zu kämpfen. Indem der ehrwürdige Herr Reichspräsident uns in diesem großherzigen Sinne die Hände zum gemeinsamen Bunde schloss, wollen wir als nationale Führer Gott, unserem Gewissen und unserem Volke geloben, die uns damit übertragene Mission als nationale Regierung geschlossen und beharrlich zu erfüllen. [...]

So wird es die nationale Regierung als ihre oberste und erste Aufgabe ansehen, die geistige und willensmäßige Einheit unseres Volkes wiederherzustellen. Sie wird die Fundamente wahren und verteidigen, auf denen die Kraft unserer Nation beruht. Sie wird das Christentum als die Basis unserer gesamten Moral, die Familie als die Keimzelle unseres Volks- und Staatskörpers in ihren festen Schutz nehmen. Sie wird über Stände und Klassen hinweg unser Volk wieder zum Bewusstsein seiner völkischen und politischen Einheit und der daraus entspringenden Pflichten bringen. Sie will die Ehrfurcht vor unserer großen Vergangenheit, den Stolz auf unsere alten Traditionen zur Grundlage machen für die Erziehung der deutschen Jugend. Sie wird damit der geistigen, politischen und kulturellen Nihilisierung einen unbarmherzigen Krieg ansagen. Deutschland darf und wird nicht im anarchischen Kommunismus versinken. [...]

Die nationale Regierung wird das große Werk der Reorganisation der Wirtschaft unseres Volkes mit zwei großen Vierjahresplänen lösen. [...] Binnen vier Jahren muss die Arbeitslosigkeit endgültig überwunden sein. [...]

[Es folgen Hinweise auf die Sicherung bei Krankheit und im Alter, auf die Sparsamkeit der Verwaltung und die Sicherung der Währung.]

Außenpolitisch wird die nationale Regierung ihre höchste Mission in der Wahrung der Lebensrechte und damit der Wiedererringung der Freiheit unseres Volkes sehen. [...] [Sie] wird mithelfen, in die Gemeinschaft der übrigen Nationen einen Staat gleichen Wertes und damit allerdings auch gleicher Rechte einzufügen. Sie ist dabei erfüllt von der Größe der Pflicht, mit diesem freien, gleichberechtigten Volk für die Erhaltung und Festigung des Friedens einzutreten. [...]

So groß unsere Liebe zu unserem Heere als Träger unserer Waffen und Symbol unserer großen Vergangenheit ist, so wären wir doch beglückt, wenn die Welt durch eine Beschränkung ihrer Rüstungen eine Vermehrung unserer eigenen Waffen niemals mehr erforderlich machen würde.

Soll aber Deutschland diesen politischen und wirtschaftlichen Wiederaufstieg erleben und seine Verpflichtungen anderen Nationen gegenüber gewissenhaft erfüllen, dann setzt dies eine entscheidende Tat voraus: die Überwindung der kommunistischen Zersetzung Deutschlands.

Wir Männer dieser Regierung fühlen uns vor der deutschen Geschichte verantwortlich für die Wiederherstellung eines geordneten Volkskörpers und damit für die endgültige Überwindung des Klassenwahnsinns und Klassenkampfes. Nicht einen Stand sehen wir, sondern das deutsche Volk, die Millionen seiner Bauern, Bürger und Arbeiter, die entweder gemeinsam die Sorgen dieser Zeit überwinden oder ihnen sonst gemeinsam erliegen.

Entschlossen und getreu unserem Eide wollen wir damit angesichts der Unfähigkeit des derzeitigen Reichstages, diese Arbeit zu unterstützen, dem deutschen Volke selbst die Aufgabe stellen, die wir vertreten. [...] Wir appellieren deshalb nunmehr an das deutsche Volk, diesen Akt der Versöhnung selbst mit zu unterzeichnen. [...]

Die Parteien des Marxismus und seiner Mitläufer haben 14 Jahre lang Zeit gehabt, ihr Können zu beweisen. Das Ergebnis ist ein Trümmerfeld. Nun, deutsches Volk, gib uns die Zeit von vier Jahren und dann urteile und richte uns!

Getreu dem Befehl des Generalfeldmarschalls wollen wir beginnen. Möge der allmächtige Gott unsere Arbeit in seine Gnade nehmen, unseren Willen recht gestalten, unsere Einsicht segnen und uns mit dem Vertrauen unseres Volkes beglücken. Denn wir wollen nicht kämpfen für uns, sondern für Deutschland!« (zit. n. M. Domarus)

Natürlich war diese Rede – wenn man sie aus heutiger Sicht liest – gespickt mit Halbwahrheiten und verlogenen Treuherzigkeiten, mit raffinierten Beschwörungen der Bolschewismusfurcht und geschickter melodramatischer Feierlichkeit; aber sie enthielt, ungeachtet ihres holprigen Stils, auch bittere echte Wahrheiten. Und in der damaligen Situation schien vielen Menschen das gestelzte Pathos ein neuer Ton zu sein, dem Ernst der Stunde angemessen, und alles zusammen weckte in weiten Kreisen des Volkes in der damaligen Misere große Hoffnungen auf einen »neuen Weg« nationaler Geschlossenheit, um der riesigen Schwierigkeiten Herr zu werden.

Denn Hitler stellte an den Anfang nicht ökonomische Aspekte mit Versprechungen des Wohlstandes, sondern ein ideelles Konzept: »Er vermittelte den Deutschen ein aufwühlendes neues Gefühl ihrer historischen Bestimmung und gab damit einem besiegten Volk eine kollektive Identität zurück. Auf diese Weise konnten die Sozialisten und Gewerkschafter leicht überrumpelt werden.« (J. Rifkin)

Jedenfalls konnte, wer das damals hörte, sehr leicht versucht sein zu glauben, dass dieser Mann willens und dabei war, die aktuellen Probleme zu lösen, an denen seine Vorgänger gescheitert waren.

Hitlers raffiniertes machtpolitisches Spiel auf drei Ebenen: Höflichkeit im Kabinett, Terror auf der Straße und dazu die überwältigende »Nationale Erhebung« Am gleichen Tag wie diese Rede fand die erste Kabinettsitzung statt. Hiernach erzählte Papen ganz begeistert, wie umsichtig und entschlossen der neue Reichskanzler alle Punkte der Tagesordnung erledigt habe. Damit hatte er nicht unrecht. Denn in den Kabinettsitzungen war von dem früheren Masseneinpeitscher nichts zu merken. Er war höflich und, gestützt auf sein blendendes Gedächtnis, stets vorzüglich über die anstehende Thematik informiert. Auch verstand er es, komplizierte Sachverhalte schlussendlich auf eine einfache und einleuchtende Formel zu bringen. Diese zügige Abwicklung des Anstehenden sollte Papen in den folgenden Monaten noch öfter Anlass zum Erstaunen geben.

Allerdings sah die Realität des Alltags auf der Straße in den nächsten Tagen ganz anders aus. Denn die Regimegegner bekamen den Terror bald überdeutlich zu spüren. Aber Hitler zog währenddessen landauf, landab und hielt Reden über Reden, zumal die Wahlen vom 5. März vor der Tür standen. In diesen Reden folgte er immer wieder dem Grundschema seiner ersten Rundfunkproklamation, wobei »die bolschewistische Gefahr«, die »Novemberverbrecher«, die Versäumnisse »der Marxisten«, die »nationale Erhebung«, die neue klassenlose »Volksgemeinschaft« und der wirtschaftliche Wiederaufstieg die führenden thematischen Linien blieben.

In seinen offiziellen Äußerungen aber tat Hitler so, als ginge der Terror gar nicht von ihm aus. Außerordentlich geschickt rief er jetzt seine Anhänger in SA und SS zur Mäßigung auf: »Gewissenlose Subjekte, hauptsächlich kommunistische Spitzel, versuchen, die Partei durch Einzelaktionen zu kompromittieren, die in keiner Beziehung zum großen Werk der nationalen Erhebung stehen, sondern höchstens die Leistungen unserer Bewegung belasten und herabsetzen können. [...] Ihr müsst solche Kreaturen sofort selbst stellen und zur Verantwortung ziehen, Ihr müsst sie weiter unverzüglich der Polizei übergeben.«

Bereits dieses Doppelspiel zeigte das ganze Raffinement und die unermessliche Brutalität dieses Mannes. Zugleich operierte Hitler aber noch mit einem zweiten doppelten Boden: Bei diesem Terror ging es ihm um die Beseitigung der intellektuellen Schaltstellen im Regierungs- und Justizapparat sowie darum, die Wortführer der politischen wie der intellektuellen Opposition auszuschalten und die Juden aus ihren Ämtern und Berufen als Ärzte, Juristen, Künstler und Wissenschaftlicher zu vertreiben. Gemessen an der Gesamtbevölkerung war dies aber ein zahlenmäßig kleiner Kreis, der drangsaliert, gedemütigt, körperlich geschunden und getreten und in Hunderten von Fällen ermordet (»auf der Flucht erschossen« nannte man das) oder – günstigstenfalls – in ein Konzentrationslager geworfen wurde.

Das Vollzugsorgan dieser Willkür war die SA. Hier hatte sich Hitler eine Truppe versammelt, die über genügend minderwertiges Gesindel von Schlägern mit bestialischen Instinkten verfügte, denen jede Möglichkeit zur unkontrollierten Machtausübung und Quälerei zum persönlichen Fest geriet.

Die breite Masse aber, auf die es Hitler ankam, blieb völlig ungeschoren, sodass sie diese »nationale Erhebung« tragen konnte. Und wie das so ist, viele der nicht in Mitleidenschaft Gezogenen dachten bei sich: »Irgendetwas wird mit dem da schon faul gewesen sein«; oder: »Armes Schwein, aber warum musste er auch immer diese Reden halten«; oder: »Es ist nicht schön, aber wenn mal Ordnung geschaffen werden soll, fallen beim Hobeln immer Späne«; oder: »Wären die Kommunisten an die Macht gekommen, dann wäre alles noch viel schlimmer ...«

Die Aufbruchstimmung der »Nationalen Erhebung« Gewiss, es gab viele Opportunisten, die nun auf einmal ihr Herz »für die neue Zeit« entdeckten. Aber von dem völkischen Vereinigungsrausch und den aufbrechenden nationalen Hoffnungen wurden auch viele erfasst, die nicht an materiellen Nutzen dachten. Und noch mehr waren es, die in dieser Aufbruchsstimmung plötzlich von Zuversicht erfüllt wurden, dass es »jetzt wieder aufwärts geht« und dass die wirtschaftliche Not ein Ende haben würde.

Liest man heute die von manchen damaligen Zeitgenossen verfassten Lobeshymnen auf die neue Zeit und ihren Führer, so ist man natürlich befremdet und fragt sich, wie so etwas möglich gewesen ist. Waren sie alle von Sinnen?

Ja und nein. Etwas mehr als ein Drittel des deutschen Volkes war ohne Wenn und Aber dafür. Dieses plötzlich aufkommende Gefühl nationaler Einigkeit und nationaler Bereitschaft, jetzt die anstehenden Probleme gemeinsam zu bewältigen, übte auf die anderen, nicht jubelnden Deutschen, die »abseits« standen, einen immensen geistigen Druck aus, dem standzuhalten gar nicht so einfach war: diesen Lobgesängen um nächtliche Freudenfeuer nicht zu erliegen, diesem gemeinsamen Lauschen auf die ans Herz gehenden Verheißungen des Propheten, der jetzt »Führer« hieß, diesen Schwüren ewiger Treue, diesem Sich-Verbrüdern und Aufgehen in einer großen Gemeinschaft, die allen Konflikten abgeschworen hatte.

Selbst Thomas Mann befielen Zweifel, ob er nicht doch nach Deutschland zurückkehren sollte, ob Hitler nicht doch Recht hatte. Im Juni 1933 dachte er mit seinem Bruder Heinrich darüber nach, ob die deutsche Bewegung nicht vielleicht doch den richtigen sozialen Kern hätte mit dem Ende der parlamentarischen Parteien und der Vereinigung der proletarisierten Kleinbürgermassen zur Verwirklichung des Sozialismus.

Die Konsequenz und die Schnelligkeit, mit der Hitler diese herbeigesehnte politische Einigung vollzogen hat, war ganz sicher ein wesentlicher Grund dafür, dass so viele Menschen bereit waren, die gleichzeitigen Gewaltmaßnahmen in Kauf zu nehmen und in ihnen ein unvermeidliches Mittel zum übergeordneten Zweck zu sehen.

Eine unheilschwangere »Verordnung zum Schutze des deutschen Volkes« Bereits wenige Tage nach der »Machtergreifung«, am 4. Februar, wurde eine Verordnung »zum Schutze des deutschen Volkes« erlassen (immer entsprechend der Verfassung auf dem Verordnungswege über den Reichspräsidenten). Hierdurch erhielt die Regierung das Recht, unliebsame Druckerzeugnisse und politische Veranstaltungen unter fadenscheinigem Vorwand zu verbieten. Zur »Begründung« erklärte Hitler zwei Tage später der Presse zynisch, die Zeitungsurteile über Richard Wagner seien fehlerhaft, und vor solchen Fehlern wolle er die Presse in Zukunft bewahren. Gleichzeitig bedrohte er alle, »die Deutschland bewusst schädigen wollen«, mit scharfen Maßnahmen. Außerdem steuerte Hitler auf Neuwahlen zu, die er kurz vor der Vereidigung Hugenberg abgetrotzt und später dem Zentrum abgeluchst hatte. Am 5. März sollte es soweit sein.

Hitler vor der Generalität Am 7. Februar sprach er in der Dienstwohnung des Chefs der Heeresleitung, General von Hammerstein-Equord, zu den Generälen der Reichswehr.

Anfangs begegnete ihm die versammelte Generalität reserviert, und Hitler verhielt sich zunächst linkisch und unsicher. In diesem konservativen, traditionsbewussten Kreis muss er wohl, zumal er im Krieg nicht einmal Offizier gewesen war, den gesellschaftlichen Abstand geradezu körperlich gefühlt haben.

Aber dann kam er in seiner langen Rede bald in Fahrt. Er beschwor die Notwendigkeit einer autoritären Führung und einer straffen Jugenderziehung mit dem Ziel, Deutschland wieder wehrhaft zu machen. Der Ausbau der Streitkräfte sei die vordringlichste Aufgabe, um die politische Macht zurückzuerlangen. Deshalb sei die allgemeine Wehrpflicht einzuführen und die Jugend zu Härte und Wehrbereitschaft zu erziehen. Demgegenüber seien Pazifismus und Marxismus mit Stumpf und Stiel auszurotten. Die Wehrmacht sei die wichtigste Institution im Staat, um politisch handlungsfähig zu sein. Das nahmen seine Zuhörer natürlich gern zur Kenntnis.

Es gelte, fuhr er fort, auf diese Weise Versailles zu revidieren, um sich dann der »Eroberung neuen Lebensraumes im Osten und dessen rücksichtsloser Germanisierung« zuwenden zu können. Hitler hat also schon in den ersten Tagen die Generalität über eines seiner beiden Fernziele informiert, legte ihnen aber keinen eigentlichen Kriegsplan vor.

Das Zeitalter des Imperialismus war 1933 in Europa noch keineswegs vorüber, seine Hochblüte lag noch nicht eine Generation zurück. Eine Expansionspolitik war also in der damaligen Epoche – keineswegs auf Deutschland beschränkt – politisch noch nichts grundsätzlich Anrüchiges. Zudem war Polen und nicht Russland unser östlicher Nachbar. Dies lässt die Reaktionslosigkeit der Generäle bis zu einem gewissen Grade verständlich erscheinen.

Dennoch muss man sich wundern, dass über diese Thematik nicht zumindest eine Erörterung innerhalb der Generalität stattgefunden hat bzw. dass keiner von ihnen Hitler (der sich ja zu diesem Zeitpunkt noch durchaus unsicher fühlte) die simple Frage gestellt hat: »Wie meinen Sie das im Einzelnen? Verstehe ich Sie richtig, dass Sie einen Krieg zu führen beabsichtigen?«

Nur der Chef der Heeresleitung, General von Hammerstein-Equord, durchschaute Hitler und trug in den folgenden Wochen bei seinen Begegnungen mit Hitler ständig eine entsicherte Pistole in der Hosentasche, weil er schwankte, ob es nicht am besten sei, Hitler einfach zu erschießen. Leider hat er sich am Ende doch nicht dazu entschlossen. 1934 trat er zurück und gehörte in der Folgezeit zu den entschiedenen Gegnern Hitlers.

Terror unter dem Mantel der Legalität, Hilfspolizei und immer wieder Bolschewismusfurcht In den folgenden Monaten verankerte Hitler mit seinen Anhängern in allen Bereichen des öffentlichen Lebens die unbestrittene Herrschaft. Die wichtigsten Schritte auf dem Weg in die Diktatur trugen als Verordnungen im Sinne des Paragraphen 48 der Verfassung die Unterschrift des Reichspräsidenten. Im Übrigen verstanden es Hitler und seine engsten Anhänger (insbesondere Göring und Goebbels) meisterhaft, bei diesen Griffen nach der allumfassenden Macht jeweils den Schein der Legalität zu wahren. Dem »ordnungsliebenden Volk« konnte man eine andere Art der Revolution nicht zumuten. In seinen letzten Tagen hat Hitler gerade diese Vorgehensweise beklagt: »Sonst wären Tausende damals beseitigt worden. [...] Man bereut es erst hinterher, dass man so gut ist.« (zit. n. J. Fest)

In den ersten Februartagen wurde außerdem der preußische Landtag aufgelöst, und in den folgenden Wochen wurde durch Göring und seine Helfer die preußische Verwaltung rücksichtslos von den »Systembonzen« gesäubert. Aus dem Berliner Polizeipräsidium wurde binnen kurzem die Geheime Staatspolizei aufgebaut. Mord und Totschlag wurden von Göring ausdrücklich gedeckt.

Am 22. Februar wurde von Göring eine 50 000 Mann starke »Hilfspolizei« aus SA und SS gebildet, gekennzeichnet durch eine weiße Armbinde und ausgestattet mit willkürlichen Verhaftungsbefugnissen. »Hier habe ich keine Gerechtigkeit zu üben, hier habe ich nur zu vernichten und auszurotten, weiter nichts«, bekannte er.

Die KPD hatte zu Generalstreik und Demonstrationen aufgerufen, es kam zu heftigen Zusammenstößen zwischen Kommunisten und SA mit zahlreichen Toten und Verletzten. Die – bereits verlassene – Zentrale der KPD wurde besetzt und der Polizeibericht sprach von grauenerregendem staatsfeindlichem Material, das man dort gefunden habe, ohne dass allerdings jemals dieses Material wirklich publiziert wurde. Auch wurde die KPD (noch) nicht verboten, um nicht der SPD Wähler in die Arme zu treiben. Die Kampagne diente in erster Linie dazu, der Bevölkerung die Schrecken der kommunistischen Gefahr zu suggerieren.

Onkel Alfons in »Schutzhaft« Ende Februar kam ich eines Tages aus der Schule nach Hause, als meine Mutter mit aufgeregter Stimme gleich an der Tür sagte: »Onkel Alfons ist im Gefängnis!«

Onkel Alfons war der älteste Bruder meines Vaters. Er war Apotheker, ein friedlicher Mann und dazu Sozialist und erst recht überzeugter Pazifist. Er war ein Eiferer vor dem Herrn und ging seinen Geschwistern, die seine Auffassungen auf diesem politischen Gebiet nicht teilten, manchmal ein bisschen auf die Nerven, weil bei ihm aus der Unterhaltung leicht ein Bekehrungsversuch wurde. Vor 1933 war er gelegentlich in kleinen Zirkeln als Redner aufgetreten, vielleicht gehörte er auch der SPD an, das weiß ich nicht, kurzum, er war ein Sozialist, nichts weiter, und nun saß er wegen nichts im Gefängnis. »Schutzhaft« nannte man das zynisch mit der Begründung, dass die Betreffenden vor dem Volkszorn geschützt werden sollten.

Gott sei Dank dauerte die Haft nicht lange, 6 Wochen vielleicht, dann hatten die Bemühungen um seine Freilassung, die von verschiedenen Seiten angestrengt wurden, Erfolg. Aber er musste noch jahrelang berufliche Nachteile in Kauf nehmen und konnte von Glück sagen, dass er nicht, wie viele seinesgleichen, in einem KZ landete.

Nichts gewusst? Das merkwürdige Geheimnis der Konzentrationslager Für die jüngere Generation gehört es zu den kaum erklärbaren Unverständlichkeiten des »Dritten Reiches«, wenn Angehörige der Elterngeneration immer wieder versichern, von den Konzentrationslagern nichts gewusst zu haben. Und doch trifft dies im Großen und Ganzen zu; allerdings muss man diese Aussage auch etwas einschränken.

Das Regime umgab von vornherein das Wort »Konzentrationslager« mit einer Aura des Dunklen, Geheimnisvollen und Schrecklichen und vermied es sehr bewusst, genauere Einzelheiten an die Öffentlichkeit dringen zu lassen, weil durch diese strikte Geheimhaltung der Einschüchterungseffekt noch erhöht wurde.

Meine Eltern saßen 1938 während eines Kuraufenthaltes in Wörishofen zufällig mit einem Herrn am Tisch, von dem sie erfuhren, dass er höherer Polizeioffizier in München gewesen und als solcher im KZ Dachau inhaftiert worden war. Natürlich waren sie neugierig und wollten etwas darüber erfahren. Aber er sagte ihnen, über Einzelheiten dürfe er nicht sprechen, sonst laufe er Gefahr, wieder ins KZ zu kommen. Nur soviel: es sei schrecklich gewesen. Als er das sagte, muss ihm wohl das Grauen dieses Lagers im Gesicht ablesbar gewesen sein, denn meine Mutter machte ein ganz entsetztes Gesicht, als sie davon erzählte.

Ganz besonders infam war es, dass in den Konzentrationslagern die politischen Gegner mit den Kriminellen unter dem gleichen Dach inhaftiert waren, um sie auf diese Weise noch mehr zu demoralisieren und der Bevölkerung zu suggerieren, es liege in ihrem ureigensten Interesse und diene ihrem Schutz, wenn »asoziale Elemente« dort im KZ inhaftiert seien.

Dass es in Dachau ein KZ gab, war eigentlich – schon seit 1933 – allgemein bekannt. Es gab auch bald so etwas wie eine stehende Redewendung: »Pass nur auf, sonst kommst

Massenverhaftungen Anfang 1933 nach der »Machtergreifung«. Die Gleichzeitigkeit von derartigen Massenverhaftungen der politischen Gegner und der »Nationalen Erhebung« war der wohl raffinierteste all jener unzähligen machtpolitischen Tricks, die Hitler in seinem virtuosen machiavellistischen Spiel zu nutzen wusste. Denn diese Verhaftungen suggerierten vielen Menschen, dass – »wo gehobelt wird, da fallen Späne« – die so entscheidend wichtige nationale Einigung und die Abwehr des Bolschewismus notwendigerweise die Beseitigung der alten Unruhestifter aus der »Systemzeit« erforderlich mache.

du nach Dachau!« Deshalb dachte ich immer, dies sei wohl »das« KZ schlechthin. Bekannt war auch, dass 1933 unmittelbar nach der »Machtergreifung« provisorische Lager entstanden, in denen sogenannte »Schutzhäftlinge« unter SA-Bewachung inhaftiert wurden. In den meisten Fällen waren es Regimegegner der verschiedensten Art. Hitler und seine Führungsriege behaupteten aber immer wieder, dass es sich hier um Staatsfeinde handeln würde, um Kommunisten, die eine Gegenrevolution geplant hätten, sowie um Kriminelle. Das hörte sich nach dem Reichstagsbrand für die meisten nicht unglaubwürdig an, zumal die Kommunisten ja auch immer wieder erklärt hatten, den Staat beseitigen und die Revolution durchsetzen zu wollen.

Damit war selbstverständlich die Willkürlichkeit dieser Inhaftierungen immer noch nicht legitimiert, aber die meisten Menschen gaben sich angesichts der verbreiteten Kommunistenfurcht damit zufrieden und dachten, es wird sich um vorübergehende »Übergriffe« handeln.

In der Tat wurden diese Lager ziemlich bald wieder aufgelöst; danach blieb eigentlich nur das KZ Dachau im allgemeinen Bewusstsein bestehen, in Berlin wohl auch Oranienburg. Erst mit Kriegsbeginn ist es zur Errichtung zahlreicher KZ gekommen. Dass die Bevölkerung hiervon kaum etwas wusste und erst recht nicht davon sprach, hatte mehrere Gründe.

In einer Diktatur gibt es zahlreiche stillschweigende Gesetze, die jeder kennt und die zu verletzen außerordentlich gefährlich ist. Hierzu gehörte das unausgesprochene

Verbot, über die KZ zu sprechen, insbesondere über die dort praktizierten Haftbedingungen. Da man sich hier und dort etwas von der grundsätzlichen Existenz der KZ zuraunte, aber nicht darüber zu sprechen wagte, legte sich über diese Thematik eben jener Schleier des Düsteren, Geheimnisvollen und Abschreckenden. Genau diesen Effekt erhoffte sich die Führung.

Hinzu kam hinsichtlich des persönlichen Nachrichtenaustausches die damalige Immobilität. Heute hat jeder ein Auto; man kann sich gar nicht mehr vorstellen, wie ein Leben ohne die ständige Möglichkeit des Verreisens aussieht. In den Dreißigerjahren wurde ein Auto praktisch nur für berufliche Zwecke angeschafft, und im Krieg fiel auch diese Beförderungsmöglichkeit fort. Man verreiste vielleicht einmal jährlich im Urlaub, aber dann meist nicht weit, allenfalls an die See.

Eine vertrauliche mündliche Kommunikation über größere Entfernungen gab es deshalb praktisch nicht. Wer also in Leipzig wohnte, erfuhr in aller Regel nichts von der Existenz des KZ Buchenwald bei Weimar und so fort. Dies galt ganz besonders für die Kriegszeit, in der die Reisemöglichkeiten noch drastischer eingeschränkt waren. Die Kenntnis von einem KZ hatten also normalerweise nur die in unmittelbarer Nähe Wohnenden, und auch sie erfuhren wegen der Geheimhaltungsmaßnahmen allenfalls die halbe Wahrheit. So habe auch ich selbst bis zum Kriegsende, abgesehen vom KZ Dachau, von der Existenz der übrigen zahlreichen KZ nie etwas erfahren.

Die Wahl vom 5. März 1933 steht vor der Tür Der Wahlkampf vor dem 5. März wurde seitens der neuen Machthaber mit einem Propagandaaufwand ohnegleichen und massiver Einschüchterung der politischen Gegner betrieben. Hitler war pausenlos mit dem Flugzeug unterwegs, und das ganze Land wurde mit Werbeveranstaltungen überzogen, zu denen auch ein lückenloser Einsatz des neuen Mediums »Rundfunk« gehörte. In einer Rede vor führenden Industriellen ließ Hitler alle Hemmungen fallen und versicherte, er werde die Macht niemals wieder abgeben, ganz gleich wie die Wahl ausfalle. Bei dieser Gelegenheit bat Hjalmar Schacht zur Kasse, und man sammelte (mindestens) drei Millionen Wahlhilfe (bis dahin war die Industrie mit derartigen Geldspenden äußerst zurückhaltend gewesen).

Die verblendeten Kommunisten In der folgenden Zeit lief die Taktik Hitlers und seiner Helfer darauf hinaus, den Gegner, d.h. die Kommunisten, zu provozieren, um dann als Retter in der Not erscheinen zu können. Deshalb verzichtete man auch auf ein Verbot der KPD, wie Hugenberg es vorgeschlagen hatte, um mit diesem Trick die Reichstagsmehrheit zu erlangen und Wahlen überflüssig zu machen.

Hitlers berechtigte Sorge aber war es, die Kommunisten könnten zu einer großangelegten Aktion überhaupt nicht fähig sein. In der Tat blieb das dramatische große rote Szenario aus, das den Stoff für eine Errettung aus bolschewistischer Not hergegeben hätte.

Denn die Kommunisten waren völlig verblendet: Sie meinten immer noch, die Sozialdemokratie sei der eigentliche Feind und Hitler eine Marionette. Es ist unbegreiflich, dass die millionenfachen Anhänger des Kommunismus in diesen Wochen sang- und klanglos verschwanden, als hätten sie sich wie ein Morgennebel aufgelöst. Die Ursache war nur zum kleineren Teil Entmutigung. Viel wichtiger war, dass Hitler und Goebbels ein sozialistisches Konzept parat hatten, das gefühlsmäßig leicht an die Stelle des kommunistischen Sozialismus treten konnte. Hiervon wird gleich noch zu sprechen sein.

Der Reichstag brennt. Die ohnehin in der Bevölkerung bestehende Furcht vor dem Kommunismus wurde durch dieses Ereignis immens gesteigert. Angesichts der vermeintlichen kommunistischen Gefahr stieß die jetzt die Kommunisten treffende Verhaftungswelle in breiten Bevölkerungskreisen kaum auf Ablehnung.

Jedenfalls blieben nur noch kleine mutige, aber ohnmächtige Gruppen übrig, die Widerstand zu leisten versuchten, aber in der Arbeiterschaft praktisch keine Resonanz mehr fanden, um so weniger, als Hitler am 11. Februar märchenhafte Zukunftspläne vor den staunenden Augen der Arbeiter ausgebreitet hatte. Doch davon gleich mehr.

Die Bevölkerung in großer Angst vor einem kommunistischen Umsturz: der Reichstag brennt! Vor diesem Hintergrund verdichtet sich der Verdacht, dass der am 27. Februar aufflammende Reichstagsbrand das Werk der SA war. Ohnehin war festzustellen gewesen, dass etwa zwanzig Brandherde gelegt worden waren, die unmöglich von jenem Einzeltäter Marinus van der Lubbe stammen konnten, der sich schuldig bekannt hatte. Denn innerhalb einer Viertelstunde hatte das ganze Gebäude in Flammen gestanden. Bemerkenswert ist auch, dass zwischen dem Reichstag und dem Palais des Reichstagspräsidenten (nämlich Göring) eine unterirdische Gangverbindung bestand. (Trotzdem ist die Urheberschaft bis heute umstritten.)

Göring jubelte angesichts dieses Brandes und schlug sich vor Vergnügen auf die Schenkel. Nun könne man richtig gegen die Kommunisten vorgehen, rief er begeistert. Der über die Ermittlungseinzelheiten informierte Branddirektor Gempp wurde kurze Zeit später in der Untersuchungshaft umgebracht.

Diese Fakten und noch einige andere sprechen mit erheblicher Wahrscheinlichkeit dafür, dass der Reichstag von Hitlers Anhängern in Brand gesetzt worden ist und dass Hitler sowie Göring darüber Bescheid wussten bzw. die Urheber waren. Gleichwohl ist es eigentlich unerheblich, ob die Nationalsozialisten nun wirklich selbst die Täter waren oder sich nur die willkommene Gelegenheit zunutze gemacht haben. Denn was sie in diesem Zusammenhang tun wollten, hätten bzw. haben sie so oder so getan. In diesem Sinn hat sich auch Göring vor dem Nürnberger Tribunal geäußert.

»›Jetzt habe ich sie‹, waren Hitlers Worte, als er die Nachricht vom Brand des Reichstages hörte. Und kurz darauf in wild schreiendem Tonfall mit wutverzerrtem Gesicht: ›Es gibt jetzt kein Erbarmen. Wer sich uns in den Weg stellt, wird niedergemacht. Das deutsche Volk wird für Milde kein Verständnis haben. Jeder kommunistische Funktionär wird erschossen, wo er angetroffen wird. Die kommunistischen Abgeordneten müssen noch in dieser Nacht aufgehängt werden. [...] Auch gegen Sozialdemokraten und Reichsbanner gibt es jetzt keine Schonung mehr.‹« (R. Diels, zit. n. J. Fest)

Hitler nutzte die Gunst der Stunde perfekt. Die Gräuelnachrichten über angeblich allenthalben bevorstehende kommunistische Unruhen und revolutionäre Absichten wurden überall in einer solchen Dichte und – angesichts der ohnehin bestehenden Kommunismusfurcht – so glaubhaft unter die Leute gebracht, dass die Menschen in Panik gerieten und sich zu den absonderlichsten »Selbstschutzmaßnahmen« bereit fanden. In ihrer Angst war vielen jetzt jede Gewaltmaßnahme Hitlers Recht.

Zu ihnen gehörten meine Eltern zwar nicht. Aber sie waren sich durchaus unsicher, wer und was nun eigentlich hinter dem Reichstagsbrand steckte. Denn dass dieser Einzeltäter van der Lubbe eins, zwei, drei den ganzen Reichstag allein in Brand gesteckt haben sollte, war merkwürdig. Aber er jedenfalls war Kommunist, und es schienen doch auch noch andere Kommunisten im Spiel zu sein. Dass Hitler selbst oder Göring oder die SA die Brandstifter gewesen sein könnten – darauf kamen meine Eltern damals nicht, und vor einem kommunistischen Umsturz und erst recht vor einem Bürgerkrieg hatten sie erhebliche Sorge.

Es mag aus heutiger Sicht, nachdem der Kommunismus gescheitert ist, die damalige Angst der Bevölkerung vor dem Bolschewismus übertrieben erscheinen, zumal die Kommunisten in den Parlamentswahlen nie mehr als etwa 15% erreichten. Es sei aber hier noch einmal daran erinnert, dass die Kommunisten beständig ihre unbeirrbare Vasallentreue zu Moskau erklärt und versichert hatten, in Deutschland die Diktatur des Proletariats in gleicher Weise wie in Russland errichten zu wollen. Und man wusste hierzulande sehr genau, dass Russland Lenins Devise an die Tscheka gefolgt war: »Rücksichtslosigkeit ist unsere Pflicht. Innerhalb dieser Pflicht ist Grausamkeit das höchste Verdienst.«

Wenn man sich die weitere Entwicklung der Gewalt und des Mordens in den kommunistischen Ländern vergegenwärtigt, so muss man sagen, dass damals die Angst vor dem Kommunismus und seinen Folgen einen sehr realistischen und keineswegs übertriebenen Hintergrund hatte.

Die »Notverordnung zum Schutze von Volk und Staat« wird die neue »Rechtsgrundlage« für alle Willkürmaßnahmen des Regimes sowie – später – für die SS als »Staat im Staate« Gerade diese Furcht vor dem Bolschewismus kam Hitler entscheidend zu Hilfe. Er erschien beim Reichspräsidenten und stellte wieder einmal sein komödiantisches Talent in den Dienst seiner diabolischen Sache. In höchster Erregung beschrieb er die Lage so dramatisch und so überzeugend, dass Hindenburg die vorbereitete Notverordnung unterzeichnete, die Hitler einen Blankoscheck für jede beliebige Maßnahme ausstellte und seine Kabinettsmitglieder, die das unverständlicherweise hinnahmen, zu Marionetten degradierte.

Die Polizei konnte jetzt tun und lassen, was sie wollte: Sie konnte willkürlich und beliebig lange verhaften, war niemandem Rechenschaft schuldig und konnte foltern, sie brauchte noch nicht einmal Auskunft zu geben; die Grundrechte vor Gericht waren aufgehoben.

Diese »Notverordnung zum Schutze von Volk und Staat«, ergänzt durch die am gleichen Tage erlassene Verordnung »gegen Verrat am deutschen Volke und hochverräterische Umtriebe« wurde und blieb bis 1945 die »Rechtsgrundlage« für jedwede Maßnahme der Willkür, die der nationalsozialistischen Hierarchie opportun erschien. Kein Gericht war in der Lage, hiergegen etwas zu unternehmen. Allein bis Mitte März 1933 sollen in Preußen zehntausend Menschen verhaftet worden sein. »Es ist wieder eine Lust zu leben«, notierte Goebbels begeistert in seinem Tagebuch.

Diese gleiche »Notverordnung« wurde insbesondere die Basis für jenen Staat im Staate, den sich Hitler nach der Röhm-Affäre des Jahres 1934 mit der SS schuf. Dieser »Parallelstaat« expandierte unter Himmler nicht nur immer weiter, sondern führte auch eine Existenz jenseits aller Gesetze. Denn Himmler gelang es im Laufe der Zeit, über die SS hinaus den gesamten Polizeiapparat in seine Hand zu bekommen, sodass die ordentlichen Gerichte jederzeit ausgeschaltet werden konnten. Beispielsweise geschah es in unzähligen Fällen, dass ein Verdächtiger, dem nach Recht und Gesetz nichts nachzuweisen und der deshalb freizusprechen war, bereits am Ausgang des Gerichtsgebäudes festgenommen und unmittelbar in ein Konzentrationslager gebracht wurde.

Zurück zum Reichstagsbrand. Van der Lubbe wurde aufgrund der Notverordnung vom 28. Februar zum Tode verurteilt und hingerichtet, obwohl er nach den zur Tatzeit – am 27. Februar – geltenden Gesetzen nur mit Zuchthaus hätte bestraft werden dürfen. Der Rechtsstaat hatte bereits abgedankt.

Und das haben sich die Deutschen gefallen lassen? Ach Gott, viel schlimmer: Hitler hatte es mit seiner teuflischen Regie dahin gebracht, dass fast die Hälfte der deutschen Bevölkerung in ihm den Retter aus höchster Not vor der bolschewistischen Gefahr sah. Die andere Hälfte aber war unsicher und zunehmend im Zweifel, ob nicht vielleicht doch das Wichtigste von dem Behaupteten wahr sein könnte. Denn die Allerwenigsten ahnten das ganze Ausmaß der Lüge.

Hierin liegt auch der Grund dafür, dass diese Terrorakte, die eben in der Bevölkerung absurderweise vielfach als Schutzmaßnahme gegen die drohende Kommunistengefahr gewertet wurden, die neue Zuversicht dieser »Nationalen Erhebung« nicht ernsthaft zu beeinträchtigen vermochten.

In diesen Tagen besuchten wir Bekannte im Gaswerk Reick. Ich stromerte in der Gegend herum und ging zu dem riesigen Gasometer, vor dem ich schon immer einen gewissen Respekt hatte und dachte: »Hoffentlich fliegt er nicht eines Tages in die Luft, wenn wir gerade hier sind.« Jetzt sah ich zu meiner Überraschung, dass rings um diesen Gasometer SA-Leute mit geschultertem Gewehr standen, die Armbinden mit der Aufschrift »Hilfspolizei« trugen. Es passierte nicht das Geringste, aber ich dachte: »Na, das ist gut, dass die hier aufpassen.« Denn dass unruhige Zeiten angebrochen waren, das hatte ich schon mitbekommen. Was meine Eltern über diese sogenannten Hilfspolizisten damals gesagt haben, weiß ich nicht mehr. Aber ein naiver Beobachter konnte angesichts der allgemeinen Kommunistenfurcht leicht dahin kommen, meine Meinung zu teilen.

Die Wahl vom 5. März 1933 bringt Hitler ein mageres Ergebnis, aber mit einem betrügerischen Trick die eigentliche »Machtergreifung« Das Ergebnis der Wahl vom 5. März 1933 (man ist sich heute einig, dass die Auszählung korrekt erfolgte) spiegelt diese Verfassung und Meinung der deutschen Bevölkerung in jenen Tagen recht anschaulich wider. Hier die Zahlen:

NSDAP	43,9 %
Deutschnationale (DNVP)	8 %
Zentrum	11,2 %
Sozialdemokraten	18,3 %
Kommunisten	12,3 %
übrige Parteien	6,3 %

Hitler und seine Partei waren wie gesagt mit einem unerhörten Propagandaaufwand zu Felde gezogen, und gemessen daran sowie angesichts der vielfältigen Behinderungen, denen die anderen Parteien ausgesetzt waren, war das für Hitler ein ziemlich dünnes Ergebnis. Denn er hatte ja auch jetzt für sich allein nicht die Mehrheit der Reichstagsmandate erreicht.

Aber NSDAP und Deutschnationale kamen zusammen auf 51,9 % der Stimmen. Infolgedessen wäre nach normalen demokratischen Spielregeln die Stellung der DNVP jetzt sehr stark gewesen, da sie der »Mehrheitsbeschaffer« war. Aber die Demokratie war bereits tot.

Denn Hitler konnte ohne daran gehindert zu werden aufgrund eines im Zusammenhang mit dem Reichstagsbrand ergangenen Verbotes der KPD die von den Kommunisten am 5. März erzielten Stimmen kurzerhand für ungültig erklären. Damit verschoben sich natürlich Zahl und Verhältnis der Abgeordnetensitze: Es waren nicht mehr 647, sondern nur noch 566 Abgeordnete im Reichstag, und damit hatten die NS-Abgeordneten die Mehrheit (288 Mandate). Es ist mithin eine Halbwahrheit, dass Hitler legal an die Macht gekommen sei. Denn die eigentliche »Machtergreifung« fand nicht am 30. Januar statt, sondern im März, als Hitler sich durch die Ausschaltung der kommunistischen Reichstagsfraktion die parlamentarische Mehrheit sicherte.

Die »Nationale Revolution« als Maske des Terrors In den nächsten Tagen trugen Hitler und seine Anhänger ihre »Revolution« in die Länder und sorgten mit brutalem Terror dafür, dass die bisherigen Inhaber öffentlicher Ämter vertrieben und durch Hitleranhänger ersetzt wurden. Diese »Gleichschaltung« lief in sehr kurzer Zeit und mit rücksichtsloser Gewalt ab, sodass es schätzungsweise 500 bis 600 Tote gab. In Preußen wurden in wenigen Tagen 5000 Personen verhaftet, im Rheinland 2000. Dann aber rief Hitler – natürlich aus taktischen Gründen – die SA zur Ordnung und ließ das Bürgervolk aufatmen. Auch ließ er nur Schlüsselpositionen auswechseln, um auf der nächsten Ebene genügend Fachleute zur Verfügung zu haben.

Jetzt trieb Hitler das Verwirrspiel noch weiter, indem er sich plötzlich als ein »Wahrer des Rechts« darstellte, der sich aufrieb, um »Übergriffe« zu unterbinden. Hier liegt übrigens auch eine der Wurzeln für jene vom Alltagsärger des NS-Staates abgehobene Überhöhung des »Führers«, die in der Redensart gipfelte: »Wenn das der Führer wüsste!«

Der Führer: Das war eben jener Herrscher, gesandt aus überirdischen Regionen, der immer nur das Beste wollte, den das Wohl der Nation kaum schlafen ließ, der sich abmühte Tag und Nacht, um die bolschewistische Gefahr abzuwenden, der aber natürlich nicht überall sein konnte, um nach dem Rechten zu sehen.

Das neue überwältigende Wir-Gefühl Die »Volksgemeinschaft« und die »Nationale Erhebung« waren die beiden Schlüsselworte für das neue deutsche Wir-Gefühl. In diesen Wortbildungen fanden einerseits die nationalen Sehnsüchte nach Erneuerung, Würde und Stolz ihre Entsprechung, wie sie Hitler vor der Wahl volltönend an die Adresse des deutschen Volkes unter dem Glockenklang des Königsberger Domes formuliert hatte: »Trage Dein Haupt jetzt wieder hoch und stolz! Nun bist Du nicht mehr versklavt und unfrei. Du bist nun wieder frei [...] durch Gottes gnädige Hilfe.« Andererseits suggerierte der ständige formelhafte Gebrauch dieser Begriffe den »Abseitsstehenden«, dass sie den großen historischen Augenblick der Erneuerung des deutschen Volkes in träger Teilnahmslosigkeit verschliefen.

Dieser Vorstellung sind damals nicht wenige Menschen erlegen, die keine ausgesprochenen Opportunisten waren, die in der »nationalen Erhebung« mitmachen wollten und denen es dann gelegen sein mochte, dass sie dabei in Amt und Würden blieben.

Diese Haltung korrespondierte aufs Beste mit Hitlers Konzept, nicht die ganze gesellschaftliche und wirtschaftliche Struktur zu zerschlagen, wie es die kommunistischen Revolutionäre getan haben und damit letztlich gescheitert sind. Vielmehr ließ er alles intakt und beschränkte sich darauf, in die Gesellschaft ein raffiniertes Geflecht von direkter und indirekter Überwachung einzuziehen und die Massen durch spektakuläre wirtschaftliche und außenpolitische Erfolge für sich zu gewinnen. Die Massengesellschaft aber folgte um so williger, als über Hitlers Straße des Erfolges – am strahlendsten bis 1938 – die Sonne der neuen »Volksgemeinschaft« schien.

Der braune Rütli-Schwur auf die »Volksgemeinschaft« Man kann sich aus heutiger Sicht die Intensität kaum vorstellen, mit der Hitler unter dem Schlagwort der »Nationalen Erhebung« die Bekehrung der Menschen zur neuen Volksgemeinschaft betrieb. Im Jahre 1933 war Hitler über einhundert Mal – also im Durchschnitt zweimal wöchentlich – irgendwo auffallend präsent: Entweder hielt er eine Rede, tat irgendwo einen »ersten Spatenstich«, erließ einen Aufruf oder machte mit einem Erlass von sich reden, der eine irgendwie überraschende Perspektive zu bieten schien. Die Parteien von Weimar hatten die Menschen ohne Hoffnungen gelassen und im Grund nur gelangweilt. Jetzt aber war alles ganz anders, das ganze Leben wurde von einer unerhörten Dynamik erfasst. Man wartete förmlich auf den nächsten Tag – viele mit Bangen, aber bei den meisten Menschen überwog bei weitem die Hoffnung. Weil von dem Terror und den Drohungen nur eine kleine Minderheit unmittelbar betroffen war, konnte sich die breite Masse einer von nationalen und gesellschaftlichen Einigungshoffnungen geprägten, rauschhaften Erwartungshaltung hingeben.

»Es vollzieht sich das, was die Öffentlichkeit mit »Umbruch« bezeichnet. [...] Beim Anblick dieses Durcheinanders wird man von Schwindel erfasst. Man kennt sich bei der Häufung der Geschehnisse des Jahres 1933 nicht mehr aus. Aber das deutsche Volk in seiner Mehrheit ist weniger abgestoßen als beeindruckt von soviel Schwung und Kühnheit. Es bebt wie ein Pferd, das plötzlich die Faust und die Sporen seines Herrn spürt.« (A. François-Poncet)

Für Hitlers Pläne und Ziele war deshalb seine ständige Präsenz in der Öffentlichkeit von enormer Bedeutung und Wirkung. Letztere wurde in einer für uns heute unvorstellbaren Weise dadurch verstärkt, dass es keine Pressefreiheit mehr gab. Infolgedessen konnten Hitlers Auslassungen nicht von kritischen Kommentaren begleitet werden. Vielmehr verbreitete die gesamte Publizistik einschließlich Rundfunk und – besonders wichtig – Wochenschau im Kino unisono die Reden und jedwede Äußerung »des Führers« ganz selbstverständlich als unbezweifelbare Fakten.

Die Wochenschau im Kino war aus zwei Gründen so wichtig: Zum einen gingen damals die meisten Menschen – da es noch kein Fernsehen gab – mindestens einmal wöchentlich ins Kino. Zum anderen hatte die Diktion des Wochenschausprechers eine besonders suggestive Kraft, und es entstand in der Dunkelheit des Zuschauerraumes durch das gemeinsame Sehen eine Art Gemeinschaftserlebnis, das die Wirkung dieses Propagandamittels erheblich verstärkte. Wenn ich mir heute die Stimme dieses Wochenschausprechers in mein akustisches Gedächtnis zurückrufe, merke ich erst richtig, wie intensiv die Beeinflussung des Zuschauers hierdurch war.

Bei alledem dachte Hitler gar nicht daran, den Menschen materiellen Wohlstand zu versprechen. Einen Wiederaufstieg der Nation – ja, das vor allem; Beseitigung der Not – ja, ebenso; eine klassenlose Gesellschaft und ein Auto für den kleinen Mann – ja, auch das. Aber im Übrigen wurde da keine träge Wohlstandswelt versprochen, nein, Hingabe an das Vaterland und Bereitschaft zu Opfern waren seine Forderungen mit jenem ganze Vokabular von Entsagung und Idealismus, das keinem »Systempolitiker« in den Sinn gekommen wäre. Aber jetzt, in der neuen »Volksgemeinschaft«, mussten sich hiervon viele angesprochen fühlen, sodass für Hitler die Notwendigkeit entfiel, dieser oder jener gesellschaftlichen Gruppe Zugeständnisse zu machen oder abzuringen.

Es ist kein Wunder, dass gerade die Jugend sich von diesen Appellen besonders stark beeindruckt fühlte und dass sie jetzt nur noch mehr das bisherige Parteiensystem mit seinen bürgerlichen Parteiführern verachtete, die für Not und Elend allenfalls beschwichtigende Worte, aber keine neue Perspektive zu bieten hatten. Die große Mehrheit der SA-Leute war weniger als dreißig bis vierzig Jahre alt. Von den SPD-Abgeordneten waren etwa zehn Prozent unter vierzig, bei den Nationalsozialisten waren es aber etwa sechzig Prozent!

In diesen ersten Wochen nach dem 30. Januar 1933 produzierte Hitler landauf, landab eine rhetorisch und publizistisch unerhört geschickte Mischung, bestehend aus jener immer wieder gefeierten »Nationalen Erhebung«, aus einschüchternder Gewalt (vor allem gegenüber KPD und SPD), aus Hasstiraden auf die »Systempolitiker« und aus bolschewistischen Angstszenarien. Und er beschwor, wohin er immer kam, die Wachsamkeit des Volkes, sich nicht wieder die beglückende nationale Einigung von dem erklärten Todfeind, dem Kommunismus, aus den Händen winden zu lassen. Indem er ständig dieses Menetekel an die Wand schrieb, gewann er ein weiteres Element für die Solidarisierung der Deutschen in der neuen »Volksgemeinschaft«.

Zugleich sparte er nicht mit Freundlichkeiten an die bürgerliche Adresse, pries die Religion als Grundlage der Kultur und erklärte das Eigentum für unantastbar sowie eine autokratische Wirtschaftsführung für unverzichtbar. Auf diese Weise brachte er die Skeptischen und Unbeteiligten ständig in neue Verwirrung und Unsicherheit. In Joseph Goebbels, der jetzt »Reichsminister für Volksaufklärung und Propaganda« wurde, stand Hitler bei alledem ein an demagogischem Raffinement und charakterloser Skrupellosigkeit ebenbürtiger Helfer zur Seite, der bereits die nächste Schaustellung vorbereitete.

Der Tag von Potsdam: Der böhmische Gefreite verneigt sich vor dem Feldmarschall. Wer mag glauben, daß dieser unscheinbare Mann, dem Hindenburg da die Hand drückt, der raffinierteste und skrupelloseste Machthaber sein wird, den dieses Land je gesehen hat! Unterlegt von Orgelklang und Chorälen gaukelte diese politische Theatervorstellung den Deutschen vor, eine neue Zeit nationaler Harmonie und gemeinsamer, von uneigennütziger Hingabe getragener Willensanstrengung sei angebrochen.

Eines der raffiniertesten Schaustücke Hitlers und ein Tag voller Hoffnung für das ganze Land: der Tag von Potsdam Es war, am 21. März 1933, eines der denkwürdigsten Ereignisse, weil die Zeremonie exakt die hoffende Erwartungshaltung aller Schichten in Deutschland in gutem Sinne zu bestätigen schien. Goebbels war der Regisseur, makellos war seine Regie. An alles war gedacht, was ein gutgesinntes deutsches Herz in diesem Augenblick bewegen konnte.

Da verneigte sich in der ehrwürdigen Garnisonskirche vor dem Sarkophag Friedrichs des Großen der »schlichte Gefreite« vor dem greisen Generalfeldmarschall des letzten Krieges.

»An seiner [Hindenburgs] Seite erscheint Hitler wie ein befangener Neuling, den ein mächtiger Beschützer in eine Gesellschaft einführt, in der er fremd ist. Wer könnte annehmen, dass dieser bleiche Mann mit seinen gewöhnlichen Gesichtszügen, der einen schlecht sitzenden Anzug trägt und so ehrerbietig und bescheiden wirkt, die stärkere dieser beiden Persönlichkeiten ist, der Mächtige, der die Oberhand gewinnen wird? Wenn man sie im Augenblick so sieht, Seite an Seite, drängt sich auch dem Skeptiker der Eindruck auf, dass eine loyale und enge Zusammenarbeit die gestrige und heutige Generation verbände ...« (A. François-Poncet)

Dann spricht Hindenburg, beschwört den Geist Preußens, nationale Selbstbesinnung, seelische Erneuerung und das Ende des Parteienzanks. Hitler antwortet und feiert das im Felde unbesiegte Deutschland, brandmarkt das Versailler Diktat, preist die durch die Wahlen vom 5. März wiederhergestellte deutsche Ehre und beteuert seine friedlichen Absichten.

Jetzt ertönt gewaltiger Orgelklang und alle singen das »Niederländische Dankgebet« mit dem Text »Wir treten zum Beten vor Gott den Gerechten« und seinem Schluss »Herr, mach uns frei«. Auch der schmetternde Schlusschoral »Nun danket alle Gott« fehlt nicht. Dann donnern die Kanonen Salut und das traditionsreiche Infanterieregiment 9, das Regiment des preußischen Adels, defiliert eindrucksvoll im Paradeschritt vor Reichspräsident und Reichsregierung.

Man musste beileibe kein Militarist sein, um von dieser Szene angerührt zu werden. Nur ein bisschen Patriotismus – im besten Sinne – war nötig, um auszurufen: Welch eine historische Stunde! Endlich, endlich schien der Augenblick gekommen, der allen Streit und Hader der letzten 15 Jahre vergessen machte! Wie viele Menschen in Deutschland verbanden mit diesem Tag die rosigsten politischen Hoffnungen! Gerade die bisher Zurückhaltenden aus der bürgerlichen Mitte fragten sich jetzt, ob sie nicht etwas falsch machten mit ihrer Distanz zu Hitler. Und ausländische Beobachter und Diplomaten sahen sich gegenseitig verwundert an.

Denn sah es nicht so aus, als habe der Agitator von einst, der da jetzt in Cut und Zylinder auftrat und dem Feldmarschall seine Ergebenheit darbrachte, sich zum Staatsmann gewandelt? Nur wenige konnten sich der Faszination dieses Schauspiels entziehen und waren in der Lage zu erkennen, was es in Wirklichkeit war: glänzend inszeniertes, aber elendes Schmierentheater!

Denn wer Hitler nicht genau studiert und sein Buch gelesen hatte oder wer aus anderen grundsätzlichen Erwägungen innerlich »nein« sagte, konnte durchaus in dieser symbolträchtigen Handlung den Anfang eines befreienden Ausweges aus aller Ratlosigkeit sehen und überdies darauf hoffen, dass die augenblicklichen »Übergriffe« nicht von Dauer sein würden. Und hatten jene, die immer noch zurückhaltend blieben, außer ihren alten Vorbehalten etwa irgendetwas Neues, Besseres parat?

Nein, der Terror war glänzend ausbalanciert, weil er nur eine relativ kleine Minderheit traf und die große Mehrheit von den neuen, zukunftsträchtigen Perspektiven überwältigt wurde. In dieser Situation hatte die zögernde Hälfte der deutschen Bevölkerung – ja, doch, man muss es hier noch einmal sagen: Die Hälfte des deutschen Volkes zögerte jetzt immer noch! – diese Hälfte hatte dem Ansturm der Gefühle keine Alternative, keine neue verlockende Blickrichtung, kein Fernziel entgegenzusetzen; nur ihre Skepsis gegenüber dem neuen Mann und die Offerte, alles zu lassen, wie es war.

Eine verbreitete Überlegung der Hilflosen: Kann man der plötzlichen Gefühlsflut durch Unterwanderung Herr werden? In Verkennung der Situation kam man jetzt vielerorts auf den Gedanken, die NSDAP zu unterwandern, weil man meinte, auf diesem Wege die neue Situation irgendwie in der Kontrolle behalten zu können.

Ich hatte einmal einen Patienten, der 1933 Regierungspräsident von Köln war. Er gehörte dem katholischen Lager an, und dort bat man ihn mit der eben erwähnten Begründung, doch in die Partei einzutreten. Er erzählte mir, dass er lange überlegt habe, ob er diesen Schritt zu dem genannten Zweck tun solle. Schließlich habe er es unterlassen, weil ihm das Ganze suspekt war – Gott sei Dank. Kurze Zeit später wurde er gewarnt, verteilte seine Kinder auf Internate und floh mit seiner Frau nach Rom. Erst im folgenden Jahr konnte er es wagen, von dort zurückzukehren.

Fast muss man sagen, dass Hitler und seine engen Gefolgsleute die Zerschlagung der Parteien, Verbände und Gewerkschaften gar nicht hätten zu betreiben brauchen; denn häufig kamen diese dem Zugriff der Macht durch die Selbstauflösung zuvor, weil sie sich in diesem Gefühlsansturm, in die Isolierung gedrängt, zukunftslos und überflüssig vorkamen. »Das war kein Sieg, denn die Gegner fehlten.« (O. Spengler)

Das Ermächtigungsgesetz Schon zwei Tage nach Potsdam hatten Hitler und seine Vasallen am 23. März die Kulissen für ein völlig anderes Bühnenbild aufgestellt.

Eine neue, ganz andere Szene – das Ermächtigungsgesetz im Reichstag – offenbarte Hitlers vulgäre Rohheit, seine machtpolitische Raffinesse und seine rhetorische Schlagfertigkeit, die Standhaftigkeit der SPD und die Hilflosigkeit der Bürgerlichen.

In der Kroll-Oper trat der Reichstag zusammen. Alles war in das Braun der »Bewegung« getaucht; im Hintergrund der Bühne leuchtete eine riesige Hakenkreuzfahne. Man konnte meinen, sich in einer Parteiversammlung, nicht aber im Parlament zu befinden. Überall demonstrierten Spaliere von SA und SS eine unmissverständliche Drohgebärde. Hitler erschien natürlich im »Braunhemd«. Die Parlamentarier in Zivil nahmen sich wie Besucher aus einem fremden Land aus.

Jetzt hielt Hitler seine erste Rede im Reichstag. Auch sie soll hier ausnahmsweise in längeren Passagen wiedergegeben werden, weil sie ein Musterbeispiel für seine Qualitäten als Redner und für seine demagogische Raffinesse ist, für seine Rabulistik und für seine rhetorischen Wechselbäder sowie für seine Schlagfertigkeit in der politischen Auseinandersetzung. Aber auch seine Rohheit, seinen pathologischen Hass auf Andersdenkende und seine Infamie belegt diese Rede exemplarisch. Leider lässt sich Hitlers Fähigkeit, den merkwürdig gutturalen Klang seiner Stimme in schneidende Schärfe zu wandeln, hier nicht wiedergeben; ebenso wenig der Tempowechsel seiner Diktion und seine Gestik mit ihren Drohgebärden sowie das ganze Arsenal seines rhetorisch-komödiantischen Talentes.

Wie üblich begann Hitler mit einem Rückblick auf das düstere politische Panorama der letzten 15 Jahre. Dann forderte er die Zustimmung zu einem Ermächtigungsgesetz, das im Kern die folgenden Forderungen enthielt:

1. Die Gesetzgebung geht vom Reichstag auf die Reichsregierung über;
2. Die Regierungsvollmacht betrifft auch Verfassungsänderungen;
3. Das Ausfertigungsrecht für Gesetze geht vom Reichspräsidenten auf den Reichskanzler über;
4. Die Ermächtigung betrifft auch Verträge mit fremden Staaten;
5. Die Gültigkeit der Ermächtigung wird auf vier Jahre begrenzt und ist an die gegenwärtige Regierung gebunden.

Zur Begründung führte Hitler im Einzelnen aus: »Es würde dem Sinn der nationalen Erhebung widersprechen und dem beabsichtigten Zweck nicht genügen, wollte die Regierung sich für ihre Maßnahmen von Fall zu Fall die Genehmigung des Reichstages erhandeln und erbitten. Die Regierung wird dabei nicht von der Absicht getrieben, den Reichstag als solchen aufzuheben. Im Gegenteil, sie behält sich auch für die Zukunft vor, ihn von Zeit zu Zeit über ihre Maßnahmen zu unterrichten. [...] Die Regierung beabsichtigt dabei, von diesem Gesetz nur insoweit Gebrauch zu machen, als es zur Durchführung der lebensnotwendigen Maßnahmen erforderlich ist. Weder die Existenz des Reichstags noch des Reichsrats soll dadurch bedroht sein. Die Stellung und die Rechte des Herrn Reichspräsidenten bleiben unberührt. [...] Der Bestand der Länder wird nicht beseitigt.« (zit. n. M. Domarus)

Schon in diesen wenigen Sätzen hatte er also ohne mit der Wimper zu zucken schamlos gelogen. Dann fuhr Hitler fort: »Da die Regierung an sich über eine klare Mehrheit verfügt, ist die Zahl der Fälle, in denen eine innere Notwendigkeit vorliegt, zu einem solchen Gesetz die Zuflucht zu nehmen, an sich eine begrenzte. Um so mehr aber besteht die Regierung der nationalen Erhebung auf der Verabschiedung dieses Gesetzes. Sie zieht in jedem Fall eine klare Entscheidung vor. Sie bietet den Parteien des Reichstags die Möglichkeit einer ruhigen deutschen Entwicklung und einer sich daraus in der Zukunft anbahnenden Verständigung, und sie ist aber ebenso entschlossen und bereit, die Bekundung der Ablehnung und damit die Ansage des Widerstandes entgegenzunehmen. Mögen Sie, meine Herren Abgeordneten, nunmehr selbst die Entscheidung treffen über Frieden oder Krieg.«

Daraufhin klatschten seine Anhänger stürmisch Beifall und sangen das Deutschlandlied. Die SA-Spaliere und die vor der Tür im Sprechchor Schreienden: »Wir fordern das Ermächtigungsgesetz, sonst gibt's Zunder!« ließen keinen Zweifel, was den Standhaften zugedacht war.

Da die Deutschnationalen ohnehin Mitglieder der Regierung war, kam es entscheidend auf das Zentrum an, weil Hitler eine verfassungsändernde Mehrheit brauchte. Hitler hatte deshalb dem Vorsitzenden des Zentrums, Dr. Kaas, ein Konkordat mit sehr weitgehenden Konzessionen und den Widerruf des Reichstagsbranderlasses in Aussicht gestellt, soweit die bürgerlichen und politischen Freiheiten verletzt würden. Brüning und Hugenberg hatten sich außerdem zwei Tage vorher geeinigt, dass die Deutschnationalen eine Garantieklausel zur Sicherung der politischen und bürgerlichen Freiheiten einbringen sollten und dass hiervon die Zustimmung des Zentrums abhängig gemacht werden sollte. Hiervon rückten die Deutschnationalen aber in einer Beratungspause wieder ab.

Dennoch plädierte die Mehrheit der Zentrumsfraktion für die Annahme, obschon der Brief, der Hitlers mündliche Zusicherungen schriftlich fixiert enthalten sollte, noch nicht vorlag. Man könne ja doch nichts machen, so das resignierende Fazit vieler Zentrumsabgeordneter. Demgegenüber wehrte sich Brüning leidenschaftlich gegen die Annahme und sagte, es sei besser, ruhmvoll unterzugehen als ein klägliches Ende zu finden.

Inzwischen war Dr. Kaas von Hitler auf seine Frage hin versichert worden, der Brief sei schon unterschrieben und dem Innenminister zur Weiterleitung übergeben worden, noch während der Abstimmung werde er eintreffen. Wenn er irgendwie Hitler je geglaubt hätte, so Dr. Kaas, so müsse er es nach dem überzeugenden Ton diesmal tun. Er kannte eben Hitlers komödiantische Begabung und seine diabolische Skrupellosigkeit noch nicht zur Genüge. Aber der Brief kam nie an. Denn für Hitler war auch die infamste Lüge lediglich eine politische Routinemethode.

Jetzt begründete der sozialdemokratische Parteivorsitzende Otto Wels mit einem Bekenntnis zur Demokratie und zu den Menschenrechten, zu Menschlichkeit und Gerechtigkeit die ablehnende Stellungnahme seiner Fraktion. Allerdings stimmte er der von Hitler in diesem Augenblick entwickelten außenpolitischen Programmatik – wie alle anderen – zu, denn jetzt gab Hitler sich als friedliebender Staatsmann und sagte kein Wort von jenen aggressiven Absichten, wie er sie in »Mein Kampf« niedergelegt hatte.

»Wels spricht mit größter Mäßigung, in einem Ton, als wolle er sich für seine Verteidigungsrede entschuldigen, ein wenig wie ein Kind, das Schläge bekommen hat und weitere fürchtet. Seine Rede ist aber, gerade in Anbetracht der Umstände, sehr ehrenhaft, voll

Würde und Mut.« (A. François-Poncet) Hitler macht sich währenddessen Notizen und dann fällt er über Wels her mit dem ganzen gnadenlosen agitatorischen Fanatismus, der die Massen aufzustacheln weiß, mit allem Hohn und allen demagogischen Raffinessen, die ihm zur Verfügung stehen:

»Spät kommt Ihr, doch Ihr kommt! Die schönen Theorien, die Sie, Herr Abgeordneter, soeben hier verkündeten, sind der Weltgeschichte etwas zu spät mitgeteilt worden!« Die Sozialdemokraten hätten eben kein Gefühl für nationale Ehre und für das Recht, außenpolitische Gemeinsamkeiten gebe es mit ihnen nicht. »Sie reden von Verfolgungen. Ich glaube, es sind nur wenige unter uns hier, die nicht die Verfolgungen von Ihrer Seite im Gefängnis büßen mussten. [...] Sie scheinen ganz vergessen zu haben, dass man uns jahrelang die Hemden herunterriss, weil Ihnen die Farbe nicht passte. [...] Aus Ihren Verfolgungen sind wir gewachsen!

Sie sagen weiter, dass die Kritik heilsam sei. Gewiss, wer Deutschland liebt, der mag uns kritisieren; wer aber eine Internationale anbetet, der kann uns nicht kritisieren! Auch hier kommt Ihnen die Erkenntnis reichlich spät, Herr Abgeordneter! Die Heilsamkeit der Kritik hätten Sie in der Zeit erkennen müssen, als wir uns in Opposition befanden. [...] Damals hat man uns unsere Presse verboten und verboten und wieder verboten, unsere Versammlungen verboten, jahrelang! Und jetzt sagen Sie: Kritik ist heilsam!

Sie sagen [uns]: ›Sie wollen nun den Reichstag ausschalten, um die Revolution fortzusetzen.‹ Meine Herren, dazu hätten wir es nicht nötig gehabt, diese Vorlage hier einbringen zu lassen. Den Mut, uns auch anders mit Ihnen auseinander zu setzen, hätten wir wahrhaftigen Gottes gehabt!

Sie sagen weiter, dass die Sozialdemokratie von uns nicht weggedacht werden kann, weil sie die erste gewesen sei, die diese Plätze hier freigemacht hätte für das Volk, für die arbeitenden Menschen und nicht nur für Barone und Grafen. In allem, Herr Abgeordneter, kommen Sie zu spät! Warum haben Sie über diese Ihre Gesinnung nicht beizeiten Ihren Freund Grzesinski, warum nicht Ihre anderen Freunde Braun und Severing belehrt, die jahrelang mir vorwarfen, ich sei doch nur ein Anstreichergeselle! Jahrelang haben Sie das auf Ihren Plakaten behauptet. Und endlich hat man mir sogar gedroht, mich mit der Hundepeitsche aus Deutschland hinauszutreiben.

Dem deutschen Arbeiter werden wir Nationalsozialisten von jetzt ab die Bahn freimachen zu dem, was er fordern und verlangen kann. Wir Nationalsozialisten werden seine Fürsprecher sein. Sie meine Herren, sind nicht mehr benötigt! [...] Und verwechseln Sie uns nicht mit einer bürgerlichen Welt. Sie meinen, dass Ihr Stern wieder aufgehen könnte! Meine Herren, der Stern Deutschlands wird aufgehen, und Ihrer wird sinken. [...] Was im Völkerleben morsch, alt und gebrechlich wird, das vergeht und kommt nicht wieder.«

Dann sagte er offenherzig, er appelliere nur des Rechts wegen und aus psychologischen Gründen an den Deutschen Reichstag, »uns zu genehmigen, was wir auch ohnedem hätten nehmen können«, und an die Adresse der Sozialdemokraten gerichtet rief er aus: »Ich glaube, dass Sie für dieses Gesetz nicht stimmen, weil Ihnen Ihrer innersten Mentalität nach die Absicht unbegreiflich ist, die uns dabei beseelt. [...] und ich kann Ihnen nur sagen: Ich will auch gar nicht, dass Sie dafür stimmen! Deutschland soll frei werden, aber nicht durch Sie!«

Überschäumender Beifall, Heilrufe und Händeklatschen bejubelten diese Antwort Hitlers. Hugenberg bedankte sich am nächsten Tag namens der übrigen Kabinettsmitglieder »für die glänzende Abfertigung des Marxistenführers Wels«.

Für das Zentrum stimmte Dr. Kaas zu, nachdem Frick ihm feierlich versichert hatte, der Brief mit Hitlers Zusicherungen sei bereits im Büro von Dr. Kaas abgegeben worden – auch jetzt war alles gelogen. Seine Zustimmung kam zum Teil wohl aus der Annahme, mit der vermeintlichen schriftlichen Zusicherung Hitlers immer noch etwas mehr in der Hand zu haben, als bei einem bloßen Nein; zum Teil mochte wohl auch eine gewisse Resignation im Spiel sein angesichts der eigenen Machtlosigkeit gegenüber diesem überschäumenden nationalen Einigungsrausch.

Aber auch wenn Hitler den Brief tatsächlich geschrieben und er sowie Frick nicht so infam gelogen hätten, wäre das Zentrum mit Brünings leidenschaftlicher Ablehnung des Ermächtigungsgesetzes weit besser beraten gewesen (Brüning gab in der Abstimmung seine Ablehnung auf, weil er und Dr. Kaas fürchteten, dass eine demonstrative Weigerung Brünings Hitler einen Vorwand liefern würde, die angeblich brieflich zugesagten Garantien doch noch zurückzuhalten).

Eine derartige Kritik schreibt sich heute leicht, weil man die Konsequenzen kennt. In der damaligen Situation kam es aber darauf an, ob man Hitler durchschaute oder nicht. Und es war eben für redlich und rechtlich denkende Menschen sehr schwer, sich in die abgrundtief diabolische Denkweise dieses neuen Mannes hineinzuversetzen. Das mindert nicht den tragischen Irrtum derer, die damals resignierend oder skeptisch zustimmten, und es ehrt um so mehr die sich weigernden SPD-Abgeordneten. Da aber der Entscheidung des Zentrum nicht ein Opportunismus, sondern eine verhängnisvolle Fehleinschätzung zugrunde lag, scheint mir eine moralische Verurteilung aus der heutigen sicheren Perspektive der Rückschau kein faires Unterfangen zu sein.

Als Sextaner auf dem Gymnasium Zu Ostern 1933 kam ich aufs Gymnasium. Es war eine traditionsreiche Schule, vor über 200 Jahren von August dem Starken für die Kapellknaben der Hofkirche gegründet. Deshalb war es eine katholische Schule, und die Katholiken der Dresdener Diasporagemeinde schickten ihre Kinder am liebsten auf dieses St.-Benno-Gymnasium.

Die Schule lag an der Wiener Straße, inmitten eines besonders schönen Wohngebietes und war in einer großen Villa untergebracht. Damit hatte sie in ihrem Äußeren und Inneren eigentlich so gar nichts von einer »Schule«, zumal die Schülerzahl mit insgesamt etwa 250 Schülern gemessen an heutigen Verhältnissen geradezu paradiesisch klein und überschaubar war.

Es ist ein verbreiteter Irrtum zu glauben, dass sich damals nur »Besserverdienende« für ihre Kinder den Besuch einer höheren Schule erlauben konnten. Als ich in die Sexta kam, waren wir ungefähr 30 Schüler in der Klasse, und nur die Eltern von drei oder vier Mitschülern waren Akademiker. Das soziale Spektrum wurde auf der einen Seite begrenzt von den Kapellknaben. Sie stammten meist aus sehr armen Verhältnissen und waren hauptsächlich in Böhmen beheimatet. Am anderen Ende der sozialen Skala standen die Kinder des sächsischen Königshauses, die aber keinerlei Bevorzugung genossen.

Um aufgenommen zu werden, musste man eine Aufnahmeprüfung ablegen, die nicht sehr schwer war. Aber es wurden doch die Grundkenntnisse der »Volksschule« überprüft. Das Schulgeld betrug monatlich zwanzig Mark, aber wer begabt und fleißig war, konnte Schulgelderlass erhalten. Auf den anderen Dresdener Gymnasien waren die Verhältnisse ganz ähnlich.

Der Unterricht begann damit, dass wir in der ersten Stunde einen lateinischen Satz lernen mussten: »Laudetur Jesus Christus – in aeternum. Amen. – Gelobt sei Jesus

Christus – in Ewigkeit. Amen.« Den ersten Satzteil sprach der Lehrer beim morgendlichen Beginn des Unterrichtes, und die Antwort des zweiten Teils gab die Klasse. Ich war mächtig stolz, dass ich jetzt eine Schule besuchte, auf der man sich sozusagen vom ersten Tag an lateinisch verständigte.

Der Direktor der Schule war ein kaum vierzig Jahre alter promovierter Theologe. Er genoss eine unerhörte Autorität. Wenn die Schule in der Aula versammelt war und er den Raum betrat, erstarb jeder Laut. Wir nannten ihn nur »den Rex«, und diese respektvolle königliche Titulierung scheint mir heute rückschauend noch angemessener als damals.

Dabei schlug sein Herz nur für seine Schule und ihre Schüler. In den jetzt folgenden Jahren hat er allen Anfechtungen und Verlockungen, sein Gewissen zu betrügen und sich mit dem Regime zu arrangieren, mit großer Selbstverständlichkeit standgehalten. Er war einer von jener Minderheit, die sah, wohin die Reise ging.

Umso mehr mag es für den heutigen Zeitgenossen verwunderlich sein, dass er – dies erfuhr ich nach dem Kriege – 1938 seine Lehrer bat, doch in die Partei einzutreten, weil er sich durch einen solchen Schritt den Erhalt der Schule, deren Existenz er mit Recht in höchster Gefahr sah, erhoffte. Man sieht an diesem einfachen Beispiel, wie schwierig und belastend es in einer Diktatur sein kann, Verantwortung zu tragen. Für mich steht es außer Frage, dass dieser Schritt als letzter Versuch in der damaligen Situation gerechtfertigt war.

Obschon ich nie bei ihm Unterricht hatte, verdanke ich seinem Wirken indirekt insofern sehr viel, als es ihm gelang, seine Vorbehalte gegenüber dem Regime unausgesprochen dadurch fühlbar werden zu lassen, dass er Lobgesänge auf das Regime vermied und im Schulgottesdienst ethische Werte vor religiösem Hintergrund betonte, die das Regime hasste. Da er, ungeachtet seiner großen Autorität, bei den Schülern außerordentlich beliebt war, ging diese Grundstimmung auf jeden über, der dafür einigermaßen empfänglich war.

Er machte auch nie einen Hehl aus den Schwierigkeiten, die ihm bzw. der Schule als einer privaten katholischen Institution von dem Regime bereitet wurden. Da sich die »Bannführung«* der Hitlerjugend in einer unserer Schule gegenüberliegenden Villa eingenistet hatte, waren wir natürlich für die dort ein- und ausgehenden Führer schon rein optisch ein stetiger Stein des Anstoßes.

Ein Hort seliger Abgeschlossenheit von den politischen Einflüssen jener Jahre war aber auch diese Schule nicht. Denn schon bald wurde uns mitgeteilt, dass die schöne lateinische Begrüßung am Morgen laut ministeriellem Erlass zu entfallen habe und dass stattdessen am Beginn jeder Stunde der »deutsche Gruß« vom Lehrer mit erhobenem Arm und »Heil Hitler« darzubieten und von der Klasse mit einem lauten »Heil Hitler« zu beantworten sei.

Die meisten Lehrer teilten die Einstellung unseres Direktors. Aus der Art und Weise, wie bei dem einzelnen Lehrer das neue Begrüßungsritual ablief, konnte man unschwer seine Begeisterung, seine Vorbehalte oder auch seine Abneigung gegenüber der neuen Zeit ablesen. Noch stärker kam seine Einstellung natürlich im Unterricht zum Ausdruck. Man kann sich heute kaum vorstellen, wie vielseitig damals für einen Lehrer die Möglichkeiten waren, seiner tatsächlichen Gesinnung maskiert Ausdruck zu geben.

Das Rezept war höchst einfach: Wer im Sinne der »nationalen Erhebung« dafür war, pries sie laut und vehement, wer Vorbehalte hatte, sagte nichts. Kinder und Jugendliche

---

* | Der »Bann« war in der Hitlerjugend eine organisatorische Einheit, die etwa ein Stadtgebiet umfasst.

haben bekanntlich ein sehr feines Gespür für die Aufrichtigkeit ihrer Gesprächspartner. Es war deshalb für uns Schüler – bis zum Abitur im Krieg 1941 – ein Leichtes, festzustellen, wes Geistes Kind der einzelne Lehrer war.

Ich sagte eben, dass die meisten Lehrer dachten wie unser Direktor. Mit unserem Klassenlehrer K. – nennen wir ihn Kaufmann – war es da allerdings etwas anders. Er war dreiunddreißig Jahre alt und ein magerer Mann mit einem schmalen langen Gesicht, hinter dem ein Arzt die Beschwerden eines chronisch Magenkranken hätte vermuten können. Dessen ungeachtet war er keineswegs übellaunisch, sondern korrekt, gemessen und von etwas steifem Humor, aber immer gerecht. Kurzum, er schien ganz normal.

Doch sein ungestillter Kummer war, dass er den Ersten Weltkrieg wegen seines damals jugendlichen Alters nicht mehr hatte mitmachen können, und dieses beklagenswerte Defizit teilte er alsbald der Klasse mit.

Sein durch diese Härte des Schicksals versäumtes »Fronterlebnis« versuchte er nun durch allerlei militärisches Gehabe wenigstens teilweise im Klassenzimmer nachzuholen: Wenn die Klasse am Beginn des Unterrichts wie üblich aufstand, erging jedes Mal sein Befehl: »Ausrichten!«, und das sollte heißen, dass jeder Schüler sich genau hinter seinen Vordermann zu stellen hatte. Er selbst begleitete dieses militärische Erziehungsmanöver mit selbsterdachten Befehlsgesten, indem er sich hochaufgerichtet vor die erste Reihe stellte und den ernsten Blick entschlossen über die Jungenköpfe streifen ließ, als suche er einen Feind in der Ferne. Dabei unterstrich er mit ausgestrecktem rechten Arm und senkrecht gedrehter Hand unmissverständlich die Richtung, die es herzustellen galt, nicht ohne seinem Befehl durch mehrfaches Abwinkeln und Strecken des Unterarmes Nachdruck zu verleihen. Schien ihm die Richtung ausreichend hergestellt, so trat er einen Schritt zur Seite nach rechts, peinlich darauf bedacht, seine gerade, gebieterische Körperposition beizubehalten, und überprüfte die nächste Reihe bis schließlich seinem Ausrichtungsbedürfnis Genüge getan war.

Als dann der »deutsche Gruß« an die Stelle der bisherigen Grußformel trat, war Herr Kaufmann erst richtig in seinem Element. Nach vollzogener Ausrichtung trat er jetzt mit gesammeltem Blick vor die Klasse, verharrte einen Moment in angemessener Konzentration und hob dann den untadelig gestreckten Arm, um mit dieser Geste den verbalen Lobpreis auf den Führer zu unterstreichen. Sichtlich zufrieden mit seiner Erziehungsarbeit quittierte er den Schall des »Heil Hitler« seiner Schutzbefohlenen mit einem zufriedenen Lächeln.

Herr Kaufmann war zu diesem Zeitpunkt keineswegs Parteimitglied und eigentlich auch kein richtiger Nazi. Aber der Rausch der nationalen Erhebung und die Zeichen der soeben angebrochenen »großen neuen Zeit« hatten ihn voll erfasst. Sein Geschichtsunterricht hätte ihm ja eine Fülle von Möglichkeiten geboten, die NS-Ideologie zu predigen; aber das tat er nicht. Er war einer der vielen Deutschen, deren Herz jetzt Tag und Nacht höher schlug und die auf irgendeine Weise »dafür« waren.

Als Mussolini 1935 das wehrlose Abessinien überfiel, hatten sich seine Sympathien für die neue Zeit entschieden gefestigt. Da die tapferen Abessinier den Italienern einen heroischen Widerstand entgegensetzten und sie militärisch kräftig blamierten, hielten wir Jungen natürlich den wackeren Abessiniern die Stange. Nicht so unser Klassenlehrer, den wir von jedem Unterricht mit der Frage: Wie steht es in Abessinien? ablenken konnten. Er erging sich dann in weitausholenden strategischen Erwägungen, die ihm wenigstens einen bescheidenen Ersatz für seine versäumten Fronterlebnisse zu bieten schienen. Später habe ich ihn aus den Augen verloren, weil er unsere Schule verließ, aber er ist mir als Repräsentant einer jener vielen politischen Verirrungsmöglichkeiten, die es damals gab, in Erinnerung geblieben.

Das neue Wir-Gefühl erfüllt die Nation mit neuen Hoffnungen – auch beim Avus-Rennen. Hitler fährt vorbei Im unser Klassenzimmer drang aber von den vielen nationalen und völkischen Parolen, die auf allen Straßen und Plätzen in Hitlers erstem Jahr laut ertönten, nur sehr wenig. Das lag zweifellos an der in eine katholische Grundstruktur eingebetteten Pädagogik. Überhaupt sah sich das Regime gerade während des ersten Jahres im katholischen Milieu einer erheblichen Zurückhaltung gegenüber, obschon der Episkopat den folgenschweren Fehler machte, Hitlers Beteuerungen auf gute Nachbarschaft Glauben zu schenken.

Dies heißt aber nicht, dass man sich in katholischen Kreisen die Verhältnisse der Weimarer Republik zurückgewünscht hätte. Man ließ sich ohne Frage auch von den aktuellen nationalen Einigungsgefühlen erfassen; aber das war nach der voraufgegangenen katastrophalen Situation nur zu verständlich. Man hoffte allgemein, das begrüßenswerte Neue würde sich durchsetzen und das Fatale würde irgendwie zur Raison gebracht werden. Jedenfalls überwogen die Hoffnungen die Befürchtungen, zumal man allgemein die Ursache der »Übergriffe« weniger in Hitler als in seiner Gefolgschaft sah.

Diese Hoffnung, »dass es nun wieder aufwärts ging«, erfasste alle Bereiche. Im Sommer 1933 fand wie immer das Avus-Rennen statt, und auch diesmal spielte sich das Wettrennen zwischen Mercedes und Alfa Romeo ab. Da unser Radio defekt war, lauschte ich bei Bekannten gespannt dem anschaulichen Bericht des Reporters. Das war etwas für mein Jungenherz, als Manfred von Brauchitsch sich auf einem alten Mercedes SSK gegen Caracciola auf Alfa Romeo abmühte und schließlich verlor. Aber dann sagte der Reporter, diesmal hätten »wir« – damit meinte er Deutschland – noch verloren, doch die Pläne für neue Rennwagen, die lägen ja schon in der Schublade, und im nächsten Jahr werde Deutschland wieder vorne sein. Das hatte nichts mit NS-Propaganda zu tun, aber sehr viel mit jenem neuen Wir-Gefühl.

Und in der Tat, im folgenden Jahr waren die neuen deutschen Rennwagen am Start und fuhren einen Sieg nach dem anderen nach Hause. Die Konkurrenz spielte sich praktisch nur noch zwischen Mercedes-Benz und Auto-Union ab. Da beide Unternehmen geniale Konstrukteure zur Verfügung hatten – Fritz Nallinger bei Mercedes und Ferdinand Porsche bei Auto-Union – hielten sie sich im Erfolg die Waage. Das Ausland bewunderte offen oder heimlich den plötzlichen Aufstieg auch auf diesem Gebiet.

In Deutschland war die Autobegeisterung damals riesengroß, und die Autorennen wurden von einer natürlichen und keineswegs chauvinistischen nationalen Anteilnahme begleitet, nicht anders als heute die Fußballweltmeisterschaft. Das Regime zog daraus einen ganz beträchtlichen psychologischen Gewinn, ohne viel dazu tun zu müssen.

Nach dem Rennen musste ich in der Neustadt die Hauptstraße überqueren, aber die war voller Menschen, die in dichten Spalieren standen. »Gleich kommt Hitler«, erhielt ich auf meine Frage zur Antwort. Ich kletterte auf eine Bank, sodass ich gut sehen konnte, und nach ein paar Minuten fuhr tatsächlich Hitler, in einem großen Mercedes stehend und den Arm ausgestreckt, langsam vorbei. Er war kleiner, als ich ihn mir vorgestellt hatte. Auch waren seine Haare heller, als ich nach den Fotos dachte. Er machte ein »entschlossenes«, ziemlich finsteres Gesicht, alle schrieen laut »Heil« und ich schrie mit, und dann war er schon vorbeigefahren. Es blieb das einzige Mal, dass ich Hitler gesehen habe.

Hitlers weiterer Vormarsch Von dem Ermächtigungsgesetz habe ich als Sextaner damals verständlicherweise nichts mitbekommen und auch nichts von dem nun folgenden taktischen Schachzug Hitlers, als er, sechs Wochen nach dem Ermächtigungsgesetz, auf der Reichstagssitzung vom 17. Mai 1933 auch noch die Sozialdemokraten überlistete.

Die SPD geriet nach dem 23. März über der Frage, wie es nun weitergehen sollte, in eine Krisensituation. Hitler hatte zum 17. Mai die Einberufung des Reichstages veranlasst. Die meisten Vorstandsmitglieder warnten, weil sie Übles ahnten, zumal eine Woche vorher das Parteivermögen der SPD beschlagnahmt worden war.

Trotzdem nahm knapp die Hälfte der Fraktion an der Sitzung teil, die Frick zunächst mit einer Drohung gegen das Leben der in Konzentrationslagern befindlichen SPD-Mitglieder einschüchterte. Dann hielt Hitler eine außenpolitische Rede, die entgegen allen Erwartungen keineswegs aggressiv, sondern »staatsmännisch maßvoll« ausfiel. Wer wollte hiergegen etwas sagen? »Eine sanftere Friedensrede hätte auch Stresemann nicht halten können«, bemerkte der SPD-Abgeordnete Hoegner später. Wer diesen Ausführungen zustimme, möge sich von seinem Platz erheben, so die Aufforderung des Parlamentspräsidenten Göring. Und in dieser Situation blieb auch den SPD-Abgeordneten nichts anderes übrig, als Hitler zuzustimmen und damit unfreiwilligerweise den standhaften Eindruck vom 23. März zu verwischen.

Man kann es ihnen nicht übel nehmen. War doch das Ausland von dieser maßvollen Rede höchst angetan, die »Times« unterstützte mit zahlreichen ausländischen Stimmen Hitlers Forderung nach Gleichberechtigung, und der amerikanische Präsident Roosevelt war sogar von Hitlers Rede »begeistert«.

Die Auflösung der Parteien und des Regierungsapparates Dann taten die nach Prag emigrierten SPD-Mitglieder dem Reichsinnenminister Frick (NSDAP) im dort erschienenen »Vorwärts« auch noch den Gefallen, zum Sturz des Hitler-Regimes aufzurufen, sodass Frick einen Vorwand hatte, die SPD am 22. Juni 1933 zur »volks- und staatsfeindlichen Organisation« zu erklären.

Im gleichen Monat Juni lösten sich die Deutschnationalen selbst auf, als Trostpflaster erhielten sie die Aufnahme ihrer Mandatsträger in die NSDAP-Fraktionen des Reichstages, der Landtage und der Gemeindeparlamente, und Hugenberg bezahlte seine Ungeschicklichkeiten auf der Londoner Weltwirtschaftskonferenz mit dem Rücktritt. Die Deutsche Staatspartei und die Deutsche Volkspartei lösten sich ebenfalls sang- und klanglos auf. Ein paar Tage später folgten die Bayrische Volkspartei sowie das Zentrum.

Schluss, aus. Wie Schnee in der Sonne war die parlamentarische Demokratie weggeschmolzen. Über das Tempo der »Gleichschaltung« war selbst Hitler verblüfft. »Wir stehen in der langsamen Vollendung des totalen Staates«, meinte Hitler vor den so genannten »Reichsstatthaltern« (den mit nur geringen Kompetenzen ausgestatteten NS-Landesfürsten). Den Versuch erneuter Parteibildungen verhinderte ein schnell erlassenes Gesetz. Aber den Mitgliedern der verschwundenen Parteien traute Hitler richtigerweise keine Aktivität mehr zu. Das Machtmonopol der NSDAP war nun unbestritten.

Jetzt löste sich auch der eigentliche Regierungsapparat auf. Im Jahr 1933 fanden noch 50 Kabinettsitzungen statt, im folgenden Jahr nur noch 19, die letzte 1938. Das Kabinett wurde immer mehr entmachtet. An die Stelle normaler Kabinettsarbeit traten in zunehmendem Maße Monologe Hitlers und der Führerbefehl.

Dies hatte ein großes Durcheinander der Kompetenzen und dementsprechende Streitereien zur Folge. Zwar wurden die Fachminister zu ziemlich selbständigen Regenten, aber ihre Kompetenzen wurden immer wieder von sogenannten »Reichskommissaren« durchkreuzt, die ähnliche Zuständigkeiten hatten oder beanspruchten. Hitler entwickelte auch hier eine machtpolitische Meisterschaft und sorgte dafür, dass seine vielfältigen bilateralen Beziehungen zu den einzelnen Trägern seines Machtapparates von einem queren Geflecht der Intrigen und Kompetenzeifersüchteleien durchzogen wurden, dass aber auch das ständige Buhlen um die Gunst des Allerhöchsten jedem um Einfluss Bemühten zur zweiten Natur wurde.

Das gelang um so besser, als viele Kompetenzfragen in der Schwebe bleiben mussten. Zwar wurde die NSDAP zur Trägerin des »deutschen Staatsgedankens« erhoben, ihre Entscheidungsbefugnisse wurden jedoch nicht über die der staatlichen Verwaltung gesetzt. Aber neben jedem Bürgermeister gab es eben einen Ortsgruppenleiter, der dafür sorgte, dass die nationalsozialistische Weltanschauung – oder was er dafür hielt – nicht in Vergessenheit geriet.

Damit war aber für jeden »Volksgenossen« klar, dass die Funktionäre der Partei in dieser Eigenschaft keine wirkliche Arbeit leisteten. In den unteren Rängen übten die »Amtswalter« – so hießen sie – ihre parteipolitische Tätigkeit denn auch nebenberuflich aus. Aber in ihren oberen Rängen führten sie ein parasitäres Dasein, weil sie auch dort keine echte Aufgabe hatten und zudem oft genug korrupte Emporkömmlinge waren.

Die Verfassung wurde damit praktisch außer Kraft gesetzt, aber eine neue Verfassung nie beschlossen. Alles blieb in einem eigenartigen Dämmerzustand: Die Verwaltung funktionierte, die Partei stromerte an allen Ecken und Enden herum, die Parteigrößen und die »Gliederungen« der Partei intrigierten gegeneinander aus Leibeskräften; die Justiz blieb erhalten, aber beflissene Juristen im Sinne der Partei gab es in großer Zahl, und wenn hier Wünsche offen blieben, sorgte die Gestapo für eine geräuschlose Abwickelung außerhalb des Rechtsweges. Aber wer »arisch« war und nicht aus der Reihe tanzte, war seines Lebens sicher, und materiell ging es allen zunehmend besser.

Hitlers biologische Sicht des Staates Denn für Hitler war der Staat ein Mittel zum Zweck. Diesen sah er in der »Aufgabe, aus diesem Volk die wertvollsten Bestandteile an rassischen Urelementen nicht nur zu sammeln und zu erhalten, sondern langsam und sicher zur beherrschenden Stellung empor zu führen.« (zit. n. E. Jäckel)

Damit war seine biologische Sicht des Staates angesprochen. Hitlers Adept Heinrich Himmler hat dementsprechend von einem »Pflanzgarten germanischen Blutes« gesprochen, andere haben damals den Nationalsozialismus als den »biologischen Willen des deutschen Volkes« oder als »politisch angewandte Biologie« (Escherich, Lehmann, zit. n. H. Krausnick) gepriesen.

Wenn in den Dreißigerjahren ständig von Blut und Boden geredet und verblasenes germanenseliges Zeug gefeiert wurde, so haben sich die meisten (unter ihnen auch ich) über diesen Unsinn lustig gemacht und gar nicht gemerkt, welche bestialischen Absichten dahinter steckten: »Das eigene Volk und, im Zweiten Weltkrieg, die Völker

Europas wurden von den Nationalsozialisten wie unrationell angelegte und von Unkraut durchwucherte Pflanzungen angesehen, in denen einmal Ordnung geschaffen werden musste, indem man die Asozialen isolierte, die ›Fermente der Dekomposition‹ unschädlich machte, wertvolle Elemente vermehrte und minderwertige verkümmern ließ, Kranke unfruchtbar machte und Unruhe stiftende Volksstämme entweder verpflanzte oder ›ausmerzte‹; am Ende sollte dann eine neue, biologisch sinnvoll geordnete europäische Gesellschaft stehen. [...] Euthanasie, Sterilisierung, Umsiedlung und Germanisierung und nicht zuletzt die Ausrottung ganzer Kategorien als wertlos oder gefährlich betrachteter Menschen dienten diesem Programm.« (H. Buchheim, zit. n. H. Krausnick)

Bei alledem verstand es Hitler, im Volk den Eindruck seiner absoluten Uneigennützigkeit zu erwecken: »Ich bin ein Feind der Übernahme aller Ehrentitel. [...] Ich möchte auf meinem Grabstein nichts anderes haben als meinen Namen. [...] Ich bin ein unabhängiger Mann. [...] Ich habe mich immer zu der Auffassung bekannt, dass es nichts Schöneres gibt, als Anwalt derer zu sein, die sich selbst nicht gut verteidigen können.« (zit. n. J. Fest) Hitler war es also gelungen, in der kurzen Zeit von nur fünf Monaten den bisherigen Staat auf den Kopf zu stellen, die Macht zu erobern und bei alledem von weiten Kreisen der Bevölkerung auch noch bejubelt oder mindestens respektiert zu werden.

Im Sommer 1933 schrieb der Münchener Kardinal Faulhaber an Hitler: »Was die alten Parlamente und Parteien in 60 Jahren nicht fertig brachten, hat Ihr staatsmännischer Weitblick in 6 Monaten verwirklicht.« (zit. n. I. Kershaw) So weit konnte in diesen Monaten der »Nationalen Erhebung« die Selbsttäuschung gehen. Vier Jahre später war der gleiche Kardinal der Initiator der Enzyklika »Mit brennender Sorge«.

Ein neues machtpolitisches Meisterstück: der 1. Mai und die Auflösung der Gewerkschaften Und die Gewerkschaften? Hatten sie nicht vier Millionen Mitglieder und jährlich 184 Millionen Mark Einnahmen? Die »Lösung« dieses Problems zeigt einmal mehr Hitlers überragende machtpolitische Fähigkeiten.

Der 1. Mai, dieser alte Kampftag der Linken, wurde kurzerhand zum »Tag der Arbeit« erklärt. Aber zu wessen Nutz und Frommen?

Sehr einfach – zum Wohle der »Volksgemeinschaft«! Mit meinen Eltern stand ich am Straßenrand, als die zum Maiumzug aufgerufenen Betriebe in Reih und Glied durch die Straßen marschierten – Arbeiter, Angestellte und Betriebsleiter (sie hießen jetzt »Betriebsführer«) – einträchtig vereint. Der 1. Mai 1933 war ein sehr heißer Tag, ich erinnere mich noch gut, wie sich alle den Schweiß von der Stirn wischten, und nicht alle Teilnehmer machten glückliche Gesichter. Aber unverkennbar war, dass sie sich in eine neue Gemeinschaft eingebunden fühlten. Und nirgendwo bildeten sich Gegendemonstrationen, die damals noch möglich gewesen wären und die ein emotionales Gegengewicht hätten bilden können.

In Berlin waren am gleichen Tage vormittags eineinhalb Millionen Menschen auf den Beinen. Alle sozialen Schichten marschierten hier wirklich Seite an Seite als »Arbeiter der Stirn und der Faust« und propagierten so in der Realität die neue »Volksgemeinschaft«.

Es war offensichtlich, dass hinter dieser Theaterinszenierung eben nicht die blanke Gewalt, sondern viel mehr eine Regie steckte, die sich eines neuen Zeitgeistes gewiss sein durfte. Diese Regie bediente sich mit geradezu einmaliger Meisterschaft – denn keine kommunistische Propaganda vorher oder nachher hat ähnliches so massenwirksam zustandegebracht – derartiger großer zentraler Massenaufmärsche als Multiplikatoren eben jener neuen Gesinnung.

Am Abend des 1. Mai fand in Berlin auf dem Tempelhofer Feld eine riesige und glänzend inszenierte, von den Teilnehmern als überwältigend empfundene Massenkundgebung statt. Den Funktionären der Gewerkschaften wurde bedeutet, es handele sich um eine sozialistische Treueversicherung, es gehe darum, die Einheit aller durch den Adel der Arbeit Verbundenen zu feiern. Um eine neue Brüderlichkeit gehe es, der niemand fernbleiben könne, dem dieses Anliegen Herzenssache sei. Das klang den Gewerkschaftlern überzeugend, zumal kein Lohnausfall gefordert, sondern eine Sondervergütung nebst Fahrt und Verpflegung zugesichert wurden.

Das Bühnenbild für diese Veranstaltung hatte ein junger, 28-jähriger Architekt geliefert. Er war der begabte Schüler des hochrenommierten Architekten Heinrich Tessenow, hatte aber, ungeachtet seiner Fähigkeiten, in den Jahren der wirtschaftlichen Misere keine rechte Arbeit finden können. 1931 war er zu Hitlers Partei gestoßen, und seither hatte er hier und da kleinere Aufträgen von irgendwelchen Parteigrößen erhalten. Zufällig entdeckte er den Kulissenentwurf für die Veranstaltung auf dem Tempelhofer Feld. Das sehe ja aus wie die Dekoration zu einem Schützenfest, ließ er sich belustigt vernehmen. Bitte sehr, so wurde ihm geantwortet, niemand hindere ihn, es besser zu machen.

In der nächsten Nacht setzte er sich an die Aufgabe und zeichnete mit großem Improvisationsgeschick kurzfristig realisierbare Entwürfe, die seine Fähigkeit offenbarten, theatralische Massenveranstaltungen mit großer Wirksamkeit in Szene zu setzen. Der junge Mann – er hieß Albert Speer – besorgte Filmscheinwerfer, die ihr Licht in den Nachthimmel werfen und den Redner anstrahlen würden, drapierte gekonnt Fahnen über und um die Tribüne und kümmerte sich um die Aufmarschregie. Als er den Entwurf erwartungsvoll seinem Lehrer Tessenow zeigte, meinte dieser kühl: »Glauben Sie, dass Sie da etwas geschaffen haben? Es macht Eindruck, das ist alles.« Aber gerade das war es ja, worauf es ankam. Denn dies war in der Tat ein Fest ganz neuer Art, das in den teilnehmenden Massen den Geist der neuen »Volksgemeinschaft« beschwor.

Ich kenne keinen besseren Augenzeugenbericht als den des damaligen französischen Botschafter A. François-Poncet. Wegen seiner grundsätzlichen Wichtigkeit und beispielhaften Bedeutung für analoge Veranstaltungen, in denen Hitler auftrat, gebe ich die Schilderung ungekürzt wieder:

»Beim Hereinbrechen der Nacht durchziehen dichte Kolonnen die Straßen von Berlin in schöner Ordnung, im Gleichschritt, Schilder werden vorangetragen, Pfeifergruppen, Musikkapellen spielen, so zieht man zum Versammlungsort; ein Bild wie beim Einzug der Zünfte in den Meistersingern! Alle stellen sich an den ihnen zugewiesenen Plätzen auf dem weiten Felde auf.

Am äußersten Rand des Geländes ist eine Tribüne für die Gäste der Regierung errichtet. Hier nehmen die diplomatischen Vertreter des Auslands Platz, geladene Zeugen der Prachtentfaltung. Man erwartet von ihnen Bewunderung und Ehrfurcht. Ein rotschimmerndes Meer von Fahnen schließt im Hintergrund das Bild ab. Gleich dem Bug eines Schiffes erhebt sich vorn eine Tribüne, mit zahlreichen Mikrophonen besetzt, unter der die Menge brandet: Die Reihen der Reichswehreinheiten, dahinter eine Million Männer. SA und SS wachen über die strenge Ordnung bei diesem gewaltigen Treffen. Die Naziführer erscheinen, einer nach dem anderen, von der Menge lebhaft begrüßt.

Bayerische Bauern, Bergarbeiter, Fischer in Berufskleidung, österreichische Abordnungen, Abordnungen aus dem Saarland und aus Danzig besteigen die Tribüne; sie sind Ehrengäste des Reiches. Alles atmet gute, frohe Stimmung, allgemeine Freude. Nichts erinnert an Zwang. Die Menge freut sich, hier versammelt zu sein, ist von stolzer Freude erfüllt über das Schauspiel, das sich ihr darbietet.

Um 8 Uhr entsteht Bewegung. Hitler erscheint, aufrecht stehend in seinem Wagen, mit ausgestrecktem Arm, das Gesicht starr, etwas verkrampft. Er wird mit lang anhaltenden Rufen begrüßt, die machtvoll aus Tausenden von Kehlen aufbrausen. Inzwischen ist es Nacht geworden. Die Scheinwerfer flammen auf, in weiten Abständen aufgestellt, sodass zwischen ihren bläulichen Lichtkreisen Dunkelheit liegt. Ein Menschenmeer, aus dem hie und da in Lichtstreifen bewegte Gruppen auftauchen; ein eigenartiges Bild, diese atmende, wogende Menge, die man im Licht der Scheinwerfer sieht und im Dunkel errät.

Nach einigen einführenden Worten von Goebbels besteigt Hitler die Rednerbühne. Die Scheinwerfer erlöschen, mit Ausnahme jener, die den Führer in strahlende Helle tauchen, sodass er wie in einem Märchenschiff über dem Gewoge der Menge zu stehen scheint. Es herrscht Stille wie in einer Kirche. Hitler spricht.

Ich hatte ihn noch nie öffentlich unter freiem Himmel gesehen. Ich wende keinen Blick von ihm. In der Hand hält er ein Päckchen kleiner Blätter, wie ein Kartenspiel, auf die er Stichwörter notiert hat; flink gleiten die Karten durch seine Finger. Er feiert die Arbeit und ihren heiligen Wert, die Rolle des Arbeiters in der Gesellschaft, das Einswerden aller Klassen in der Arbeit. Er stellt ein Programm auf für die Erneuerung des Landes durch die Arbeit. Er kündigt an, der Arbeitsdienst werde von nun an obligatorisch sein, damit jeder Deutsche durch die gesunde Schule körperlicher Arbeit gehe. Um die Arbeitslosigkeit zu bannen, würden große öffentliche Aufträge vergeben; man wird Wohnungen bauen, ein ausgedehntes Straßennetz und Kanäle anlegen, Gebäude aller Art errichten. Auf Jahre hinaus wird es Arbeit geben, für viele Milliarden Mark und für viele hunderttausend Hände. Der Zins wird gesenkt werden. In Zukunft wird die Wirtschaft nicht mehr von Gesellschaften geleitet, wobei Entschlüsse von Mehrheiten getroffen werden; sie wird nach dem Autoritätsprinzip geführt. Das neue Deutschland wird keine sozialen Konflikte mehr kennen. Es wird eine einzige Familie bilden, deren Glieder mit vereinten Kräften an der gleichen Aufgabe arbeiten. So wird Deutschland eine mächtige, eine geachtete Nation werden und seiner eigentlichen Bestimmung, der Macht und Größe, entgegengehen.

Das Auffallende an der Rede ist nicht so sehr der Inhalt, der trotz aller Worte ziemlich unklar bleibt; es ist ihre Wirkung, die Wirkung, die vom Redner selbst ausgeht: seine warme Stimme, manchmal rau, dann wieder schneidend und wild, die Leidenschaft, die ihn fortreißt, der Atem, der ihn belebt, der seine Nasenflügel beben lässt. Ich denke an das Wort der Griechen: Wenn man Demosthenes wirklich erleben wolle, müsse man ihn selbst, ›das Tier‹, gesehen haben. Es ist die Wirkung, die von ihm auf die Zuhörer überströmt, eine Wirkung, die weit mehr körperlich als geistig scheint, gesteigert von der Umgebung, der theatralischen Ausstattung, dem Gegensatz von Licht und Schatten, der ganzen romantischen Aufmachung, den Fahnen und Uniformen, dem Blitzen der Helme und Bajonette, dem Rausch, der von dem zwingenden Rhythmus der Musik ausgeht. Unter den lauschenden Massen sind sicher viele von Misstrauen, vielleicht auch Hass gegenüber diesem Menschen erfüllt; aber selbst sie sind erschüttert, mitgerissen wie der Schiffer vom Zauberlied der Lorelei.

Nächtliche Kundgebung im »Dritten Reich«. Die von Albert Speer meisterhaft in Szene gesetzten Massenveranstaltungen waren immer getragen von pseudoreligiöser Feierlichkeit, denen gegenüber die analogen kommunistischen Massenparaden eher bieder und hölzern wirkten, weil ihnen jene Pseudoreligiosität fehlte. Die von Speer ersonnen »Lichtdome« mit ihren senkrecht nach oben gerichteten Scheinwerfern, überwölbt vom Tiefblau des Nachthimmels, gaukelten den in riesigen wohlgeordneten Blöcken zum Weltanschauungsritual angetretenen »Gläubigen« die hingebende Vereinigung in einem immensen sakralen Raum vor.

Ein ungeheurer Jubel bricht am Schluss der Rede aus. Die Nationalhymne und das Horst-Wessel-Lied klingen in der Nacht auf, in der die Raketen und vielfarbigen Sonnen als Feuerwerk aufleuchten. Ja, es ist wirklich ein schönes, ein wundervolles Fest! Die Deutschen und die Ausländer, die ihm beiwohnen, nehmen den Eindruck mit, dass ein Hauch der Versöhnung und der Einigkeit über dem Dritten Reich wehe.«

Hitler beseitigt die Gewerkschaften und rühmt die »Helden der Arbeit« Das war am Abend. Am folgenden Morgen werden alle Gebäude, Zeitungen und die Bank der Gewerkschaften von SA besetzt, die Gewerkschaftsführer verhaftet, die Bankkonten beschlagnahmt. Federführend ist ein »Aktionskomitee zum Schutz der deutschen Arbeit«. Wie gesagt: Vier Millionen Mitglieder hatte diese Organisation und ein Einkommen von 184 Millionen Mark. Aber nirgends zeigt sich Widerstand oder überhaupt irgendeine Reaktion. Mit einem Schlag sind die Gewerkschaften verschwunden, als habe sie der Erdboden verschluckt. Die lähmende Macht der »nationalen Erhebung« und ihrer politischen Träger konnte sie beseitigen, weil sie überflüssig erschienen.

Aber das war nicht alles. Zwei Tage später lenkte Hitler sicherheitshalber die Gefühle jener, die vielleicht doch noch den Gewerkschaften nachtrauerten, in die neue Bahn der großen Volksgemeinschaft, indem er zu einer »Stiftung für Opfer der Arbeit« aufrief.

Am Vorabend des 1. Mai waren nämlich in Essen sieben Bergleute bei einem Grubenunglück ums Leben gekommen. Hieran und an die Feiern zum 1. Mai knüpfte Hitler jetzt an: »Ein denkwürdiger Tag ist vorüber: der erste Feiertag der nationalen Arbeit. In überwältigenden, noch nie da gewesenen Kundgebungen hat sich das deutsche Volk zur Ehrung der deutschen Arbeit und des deutschen Arbeitertums bekannt, [...] dieser historische Tag darf nicht vorbeigehen, ohne dass [...] dieses [...] Bekenntnis auch seinen materiellen Niederschlag in einer Leistung der Dankbarkeit findet. [...] Sieben deutsche Bergarbeiter, Angehörige des Arbeiterstandes, denen das Los der härtesten Arbeit zugefallen ist, sind am Vorabend des 1. Mai einem furchtbaren Unglück zum Opfer gefallen und auf dem Felde der Arbeit geblieben, Witwen und Waisen sind ihrer Ernährer beraubt worden. Der Tod dieser Helden soll der ganzen Nation Anlass sein, eine Stiftung zu errichten, aus der von jetzt an allen Soldaten der Arbeit, die auf dem Felde des Kampfes um das tägliche Brot fallen, die ausreichende Versorgung ihrer Familien gewährleistet wird. [...] Es ist [...] eine Ehrenpflicht aller Deutschen, insbesondere aber der Begüterten unter ihnen, hier ihr Bestes und Möglichstes zu tun.« (zit. n. M. Domarus)

Wer das damals las – musste er Hitler nicht aus vollem Herzen zustimmen? Mit einem Federstrich wurde hier geregelt, was bis dahin das »Parteiengezänk« und die Gewerkschaften in Jahren nicht fertiggebracht hatten. Und wie der Führer mit den Opfern und ihren Familien fühlte! Und wie er das sagte: Helden der Arbeit waren sie gewesen und wie Soldaten gefallen! War das nicht endlich ein Politiker, der sich für »den kleinen Mann« einsetzte?

Heute weiß man, dass solche Sätze aus Hitlers Mund, dem das Schicksal des deutschen Volkes erklärtermaßen zeitlebens völlig gleichgültig blieb, nichts als zynische Berechnung waren. Aber damals?

Hitlers einmalige Begabung der Massenbeeinflussung Die Wirkung dieser Massenveranstaltungen wurde multipliziert durch die emotionale Beteiligung der Bevölkerung am Radio und insbesondere im Kino, wenn durch die optisch-akustische Berichterstattung der Wochenschau in den Menschen überall im Lande sich immer mehr der Wunsch steigerte, nicht abseits zu stehen.

Es war dies das uns von den Wahlen her bekannte Phänomen der »Meinungsspirale«: Eine bestimmte politische Stimmung gewinnt immer mehr Anhänger und dreht sich immer schneller, nachdem sie einmal innerhalb eines Kollektivs einen Grenzwert überschritten und genügend an Boden gewonnen hat, weil die meisten Menschen dazu neigen, sich der Mehrheit anzuschließen und sich in der Minderheit unbehaglich fühlen. Und unsere Erfahrungen aus den kritischen Monaten vor einer Wahl bezeugen bekanntlich, dass jene Menschen rationalen Gegenargumenten nicht mehr zugänglich sind, die sich innerhalb dieser Meinungsspirale mitbewegen.

Die auf diese Weise erzeugte Aufbruchsstimmung steigerte Hitler immer wieder durch den virtuosen Gebrauch pseudoreligiöser Wendungen, die das Schauspiel der Massenveranstaltung in die Sphäre eines Gottesdienstes vor dem wiederaufgebauten Altar nationaler Umarmung erhoben: »Wir wollen tätig sein, uns brüderlich vertragen, miteinander ringen, auf dass einmal die Stunde kommt, da wir vor Ihn hintreten können und Ihn bitten dürfen: Herr Du siehst, wir haben uns geändert, das deutsche Volk ist nicht mehr das Volk der Ehrlosigkeit, der Schande der Selbstzerfleischung, der Kleinmütigkeit und Kleingläubigkeit, nein Herr, das deutsche Volk ist wieder stark geworden in seinem Geiste, stark in seinem Willen, stark in seiner Beharrlichkeit, stark im Ertragen aller Opfer. Herr, wir lassen nicht von Dir, nun segne unsern Kampf.«

Substanziell enthielten diese Tiraden und Blasphemien überhaupt nichts, aber sie entfachten erst recht die rauschhafte Feierlichkeit nächtlicher Stunden, in der Hitler rationales Denken zugunsten purer Emotionalität auszuschalten verstand. Diese von Hitler immer wieder mit großem Erfolg angestrebte und schließlich erreichte Idealbildung füllte, am Ende der »Systemzeit« mit ihrer Sinnkrise, eine klaffende Lücke im

Denken sowohl wichtiger Eliten wie auch weiter Teile der breiten Massen aus. Denn die Hoffnung auf eine Teilhabe an kommendem Ruhm und Erfolg einer großen Gemeinschaft, aber auch am irgendwie Erhabenen und an der Gefahr des Scheiterns, war noch immer eine starke Triebfeder für die Bereitschaft, sich einem echten oder vermeintlichen Ideal zu verschreiben. Und die im Laufe der Zeiten so gehandelt haben, waren keineswegs immer die Schlechtesten und Verbohrten. Man ist heute leicht geneigt, die damalige Aufbruchstimmung als »Massenhysterie« abzutun. Aber damit wird man weder den damals Lebenden noch dem Phänomen als solchem gerecht. Es war vielmehr eine alles überwältigende Manifestation des Kollektivismus.

Diese gegen den Liberalismus gerichtete Gesellschaftslehre besagt zum einen, dass die Gemeinschaft wertmäßig vor dem Individuum rangiere, weil dieses mit seinen Fähigkeiten und Entwicklungsmöglichkeiten an das Niveau der Gemeinschaft gekoppelt sei; zum anderen könne das Individuum seine Existenzberechtigung nur aus der wertmäßig höherstehenden Gemeinschaft ableiten, die immer Vorrang habe. Deshalb bedürfe es keiner Rechtfertigung, wenn die Gemeinschaft auf das Individuum Zwang ausübe; wohl aber bestehe dieser Rechtfertigungszwang im umgekehrten Fall für den Einzelmenschen, wenn er Ansprüche an die Gemeinschaft stelle.

Der Kollektivismus ist einmal im Marxismus zuhause, wenn dort gesagt wird, dass der Mensch seine Erfüllung erst in der klassenlosen Gesellschaft finde, weil hier seine eigenen Interessen und die der Gemeinschaft zusammenfallen. Aber auch alle im Staatsverständnis Hegels gegründeten Vorstellungen haben hier ihre Heimat gehabt bis hin zum Nationalsozialismus mit seiner Forderung: »Du bist nichts, dein Volk ist alles.«

Die Woge dieses Kollektivismus sowie Hitlers ständige, aber genau dosierten Verwirrspiele zwischen Terror und »nationaler Erhebung« waren in fünf, sechs Monaten so erfolgreich, dass er schon im Juni die nationale Revolution für beendet erklären und sich bei dieser Gelegenheit wieder als Hort des inneren Friedens darstellen konnte. Wann hat jemals ein Tyrann virtuoser mit dem Gefühlsleben der Menge gespielt!

Hitlers suggestive Verbreitung von neuer Zuversicht facht plötzlich die Investitionstätigkeit an
Trotzdem wäre die verbreitete Wirkung Hitlers auf die Idealbildung bald verpufft, wenn sich nicht auf wirtschaftlichem Gebiet – sozusagen vom ersten Tage an – erstaunliche Dinge abgespielt hätten.

Mein Vater bekam das schon in den ersten Wochen und Monaten nach dem 30. Januar zu spüren. Plötzlich kamen Aufträge herein, auf die zu hoffen ihm wenige Monate zuvor geradezu aberwitzig erschienen wäre. Seine bis dahin absolut negative Einschätzung Hitlers begann sich zu ändern. Was sich da im politischen Raum alles abspielte, war nicht schön, gewiss nicht, und dass man seinen Bruder Alfons sechs Wochen eingesperrt hatte, empörte ihn; und ebenso wenig war er mit der Drangsalierung der Juden einverstanden. Aber, nun ja, vermutlich waren das Übergangserscheinungen. Jedenfalls brauchte er plötzlich seine Geschwister nicht mehr um Hilfe zu bitten – es ging wieder aufwärts, und das gegen alle Erwartung. Denn jedermann hatte geglaubt und alle »Systempolitiker« hatten es laut verkündet, dass sich Hitler sehr schnell totlaufen werde, wenn er sich erst einmal den Realitäten der wirtschaftlichen Notlage gegenübersehen würde. Aber genau das Gegenteil war jetzt der Fall!

Ganz drastisch erlebten wir das im Spätherbst 1933, als mein Vater in Leipzig einen Auftrag erhielt, wie er ihn in diesem Umfang in seinem Leben noch nicht auf den Tisch bekommen hatte. Es war so viel, dass wir allein davon ein Jahr leben konnten. Wir zogen aus der hässlichen und lauten Wohnung in der Kaiserstraße aus, denn mein Vater hatte eine wunderschöne und dazu noch preiswerte Wohnung im ersten Stock einer alten Villa in Blasewitz, einem renommierten Villenvorort, gefunden. Kein Haus stand uns gegenüber. Nach vorn heraus blickte man auf eine große Parkwiese, und von unserer Terrasse auf der Hinterseite des Hauses sahen wir auf die gegenüberliegenden Elbhöhen. Ich hatte mein Zimmer in einer Art Turm, der Vordergarten gehörte zu unserer Wohnung, und die ganze Familie fühlte sich wie im Paradies.

Was war plötzlich geschehen?

Hitler hatte von volkswirtschaftlichen Dingen keine blasse Ahnung. Aber er wusste natürlich, dass er an seinem Versprechen, die Arbeitslosigkeit zu beseitigen, gemessen werden würde. Also versprach er, kaum dass er Kanzler geworden war, Arbeitsbeschaffungsprogramme, und darüber hinaus tat er aus sicherem Instinkt heraus das Allerwichtigste: Er sicherte der Industrie die Respektierung des Eigentums und stabile Löhne zu. Hinzu kam ohne Frage, dass die Depression der deutschen Industrie Anfang 1933 bereits das Ende der Talfahrt erreicht hatte.

Aber diese für Hitler günstige Konstellation reicht keinesfalls aus, um den jetzt einsetzenden rasanten Wirtschaftsaufschwung zu erklären. Vielmehr kamen programmatische Ankündigungen hinzu, und vor allem verstand es Hitler, psychologische Kräfte in einem ungeahnten Ausmaß freizusetzen.

Wenn heute von der wirtschaftlichen Entwicklung nach Hitlers Machtantritt die Rede ist, so wird sein Erfolg, den er unzweifelhaft hatte, meist mit einer Handbewegung abgetan und es wird auf die Aufrüstung verwiesen. Aber das ist abwegig, zumal die Aufrüstung erst in den folgenden Jahren einsetzte. Damals jedoch wie heute war bzw. ist die erste Voraussetzung eines Wirtschaftsaufschwunges, dass die Unternehmer Grund haben oder zu haben meinen, hoffnungsvoll in die Zukunft zu blicken. Und eben dies: Vertrauen in die Zukunft zu wecken, gelang Hitler in geradezu einzigartiger Weise durch die von ihm erzeugte Aufbruchstimmung. Und damit begann er sofort.

Noch keine zwei Wochen nach der »Machtergreifung« horchten die Industrie und die deutsche Öffentlichkeit auf, als Hitler am 11. Februar 1933 die Eröffnungsrede zur Internationalen Automobilausstellung in Berlin hielt. Das hatte bis dahin noch kein Reichskanzler getan.

Hitler betonte, die Kraftfahrzeugherstellung sei die wichtigste Zukunftsindustrie, er stellte Steuersenkungen in Aussicht und verkündete einen für damalige Verhältnisse riesigen Neubau von Autostraßen, den Autobahnen. Das war keine neue Idee. Aber für Deutschland und dazu in dieser wirtschaftlichen Situation war ein solches Straßenbauprogramm sensationell. Und dann weckte »der Führer«, kaum dass er an die Macht gekommen war, in den Menschen die Träume vom eigenen Auto.

Was ist heute schon ein Auto – jedermann hat es. Nur wer nach der Währungsreform 1948 über Jahre hinweg einem Auto entgegengeträumt hat, kann ermessen, was Hitlers Ankündigung damals bedeutete: ein Auto für jedermann, einen »Volkswagen« für tausend Mark! Wie bitte? Ja, für 1 000 Mark! (Zum Vergleich: Das billigste Auto war damals der Opel P4 zum Preis von 1 900 Reichsmark.) Eben nicht mehr das Auto nur für reiche Leute, nein für alle – war das etwa kein Sozialismus? Hatten die »Systempolitiker«, hatten die SPD oder die Gewerkschaften oder gar die Kommunisten so etwas jemals in Aussicht gestellt?

Hitler im Jahr 1933 bei einem seiner vielen »ersten Spatenstiche«. Diese ständige Präsenz im ganzen Land und seine eigene Aktivität und Dynamik, verbunden mit seiner glänzenden rhetorischen Begabung, entfachten überall eine plötzlich einsetzende, geradezu bezwingende Zuversicht der Menschen, von der die Wirtschaft wie in einem Frühlingssturm irrational erfasst wurde. Hier (und eigentlich hier allein) liegt die Ursache des damaligen Wirtschaftswunders, das im Jahr 1933 ein Drittel der Arbeitslosen plötzlich von der Straße brachte.

Für alle neu zugelassenen Fahrzeuge wurde die Kraftfahrzeugsteuer abgeschafft. Im zweiten Quartal 1933 wurden doppelt so viele Autos zugelassen wie im gleichen Quartal des Vorjahres! Zwar kam es weltweit um diese Zeit zu einer Erholung der Wirtschaft, aber das Tempo dieser positiven Entwicklung war mit dem Aufschwung in Deutschland überhaupt nicht zu vergleichen.

Es ist bemerkenswert, dass führende Fachleute in Deutschland von dem Autobahnbau nichts wissen wollten und dafür plädierten, zunächst den Zustand der bestehenden Straßen zu verbessern, dass Hitler aber die vielfältige Bedeutung der Autobahnen erkannte. Dabei waren es nicht militärische Gesichtspunkte, die hier im Vordergrund standen; das zeigt ein Blick auf die damalige Planung. Nein, Hitler erkannte wirklich, dass mit der zunehmenden Motorisierung, die er anstrebte, die bisherigen Straßen verstopfen würden. Und die Anlage der Autobahnen berücksichtigte in hohem Maße landschaftliche Gesichtspunkte. Die deutschen Autobahnen galten weltweit als die schönsten, und der maßgebende Architekt Dr. Todt war ein Mann von hoher Qualifikation. Jedenfalls wischte Hitler alle Bedenken vom Tisch und setzte das Projekt durch. Für den notwendigen Kredit sorgte der Reichsbankpräsident Schacht.

Und Wohnungen werde man bauen, versicherte er, die Zinsen werde man senken und zwei gewaltige Vierjahrespläne werde man zur Sanierung der Wirtschaft durchführen.

Und für den Arbeiter werde etwas geschehen. Mit dem Klassenkampf sei es vorbei, »Kraft durch Freude« hieß die neue Organisation, die dem Arbeiter schöne Urlaubswochen in der fröhlichen Gesellschaft von Seinesgleichen bescheren werde. Dampfer (wir würden sagen: Kreuzfahrtschiffe) werde man bauen, und auf diesen klassenlosen Schiffen würden die Arbeiter im Urlaub über die Meere fahren. Und im Winter werde man allen Notleidenden helfen, ein umfassendes Hilfswerk werde es geben, eben das »Winterhilfswerk des deutschen Volkes«. »Keiner soll hungern und frieren«, so lautete die neue Parole, und die das anging, wussten nur zu gut, was »hungern und frieren« bedeutete.

Hatte man so etwas schon jemals gehört? Und bald merkte jeder, dass da nicht etwa nur leere Worte gemacht wurden, sondern dass sich diese Ankündigungen Schritt für Schritt erfüllten – bis hin zum Volkswagen. Der Bau des Volkswagenwerkes wurde tatsächlich mit Pauken und Trompeten in Angriff genommen. Und ich kann mich noch gut erinnern, dass ich 1938, ganze fünf Jahre nach der tiefsten wirtschaftlichen Depression, während einer Reise mit meinen Eltern auf der »deutschen Alpenstraße« dem zivilen Prototyp des VW begegnete, der sich hier auf einer Probefahrt befand.

»Gott sei Dank«, so dachten viele Menschen jetzt, »dass die ›Systemzeit‹ vorbei ist!« Und war es eigentlich schlimm, dass die Gewerkschaften verschwunden waren? Denn jetzt wurde doch wirklich etwas für den Arbeiter getan, unvergleichlich mehr, als die Gewerkschaften jemals erwirkt hatten!

Die Leute kamen aus dem Staunen nicht heraus, und woher das Geld für dieses Paradies auf Erden kommen sollte, wusste Hitler zu diesem Zeitpunkt selbst noch nicht. Aber er konnte reden und die Menschen überreden, an diese neue Zukunft zu glauben.

Und jetzt geschah etwas in der Wirtschaftsgeschichte wirklich Einmaliges: Noch bevor ein eigentliches Programm zur Ankurbelung der Wirtschaft verabschiedet wurde (das geschah erst im Juni 1933, s. u.) zog sich die deutsche Wirtschaft, wie weiland Münchhausen aus dem Sumpf, an der eigenen überwältigenden Zuversicht aus dem Schlamassel der wirtschaftlichen Misere heraus: Wie auf Kommando tätigte die gesamte Industrie Investitionen, vor denen sie noch wenige Monate zuvor zurückgeschreckt wäre.

Es ist bezeichnend für die damalige Stimmung im Land, dass Hitler es in seiner Rede zum 1. Mai 1933 wagen konnte, den folgenden Appell an das deutsche Volk zu richten, den man mit Kopfschütteln als naiv abgetan hätte, wenn er 1931 aus dem Munde von Brüning gekommen wäre: »Deutsches Volk! Glaube nicht, dass das Problem der Arbeitsbeschaffung in den Sternen gelöst wird. Du selbst musst mithelfen, es zu lösen. Du musst aus Einsicht und Vertrauen alles tun, was Arbeit geben kann. Jeder Einzelne hat die Pflicht, von sich aus nicht zu zögern mit der Beschaffung dessen, was er bedarf, nicht zu warten, um das herstellen zu lassen, was er einmal herstellen lassen muss. Jeder Unternehmer, jeder Hausbesitzer, jeder Geschäftsmann, jeder Private, er hat die Pflicht, sich der deutschen Arbeit zu erinnern.« (zit. n. M. Domarus) Und die Leute folgten diesem Appell tatsächlich.

Aber bei diesen Appellen blieb es nicht. Anfang Juni 1933 wurde ein »Gesetz zur Minderung der Arbeitslosigkeit« erlassen. Fritz Reinhardt, der Staatssekretär im Finanzministerium, entwickelte einen entsprechenden Plan. Schon 1931 hatte ein hoher Beamter im Wirtschaftsministerium, Wilhelm Lautenbach, ein solches Konzept ohne

Erfolg dem damaligen Reichskanzler Brüning vorgelegt. Jetzt konnte er, ebenso wie Reinhardt, Hitler davon überzeugen, dass die Angst vor dem Gespenst der Inflation unter den gegebenen Umständen abwegig war. Kurze Zeit später begeisterte sich der anfangs skeptische Hjalmar Schacht für das Programm und sorgte mit durch die Regierung ausgestellten Wechseln (diese Idee stammte von Lautenbach) für die notwendigen Kredite. Außerdem wurden die Steuern gesenkt.

Alles zusammen – Hitlers Initiativen zur Arbeitsbeschaffung, seine Reden und die Beiträge der Fachleute – führten zu einer Initialzündung eines wirtschaftlichen Aufschwunges, wie ihn sich zu erträumen noch wenige Monate zuvor niemand gewagt hätte. Einige Zahlen mögen das belegen:

Ende 1933 war die Arbeitslosigkeit um ein Drittel(!) gesunken, statt 6 Millionen waren nur noch 4 Millionen ohne Beschäftigung. Man muss hinzufügen, dass der Autobahnbau für diesen Rückgang untergeordnete Bedeutung hatte (120 000 Beschäftigte).

Hier muss man wirklich einen Moment innehalten und sich vorstellen, es würde heute einem Regierungschef gelingen, innerhalb eines Jahres die Arbeitslosigkeit um ein Drittel zu senken – würde man ihm nicht sozusagen die Füße küssen und wäre seine Position hierdurch nachgerade nicht unanfechtbar? Doch der Vergleich hinkt. Denn heute würde sich diese Reduzierung der Arbeitslosigkeit vor dem Hintergrund einer noch nie da gewesenen sozialen Absicherung der Arbeitslosen abspielen. Damals aber hungerten und froren die Erwerbslosen in einem Ausmaß, wie wir es uns gar nicht mehr vorstellen können.

Doch weiter: Die Anlageinvestitionen der Industrie stiegen 1933 gegenüber 1932 um 27,3 % und 1934 gegenüber 1933 um 89,3 %. Zum Vergleich: Von 1930 auf 1931 waren die Investitionen um 43,9 % gefallen, von 1931 auf 1932 um 50 %!

In der Wohnungswirtschaft waren die Investitionen von 1930 bis 1932 um rund 70 % gefallen. Von Anfang 1933 bis Ende 1934 stiegen sie gegenüber 1932 um 78 %!

Die Aufwendungen für den Verkehr hatten sich Ende 1934 gegenüber 1932 nahezu verdoppelt, die Anlageinvestitionen der öffentlichen Verwaltung stiegen im gleichen Zeitraum nahezu um das Dreifache.

In den Jahren 1933 bis 1935 wurden für Arbeitsbeschaffungsmaßnahmen vom Staat 3 Milliarden bereitgestellt; sie machten rund 10 % des Gesamtetats in diesem Zeitraum aus! Die Kreditfinanzierung erfolgte über sogenannte Arbeitsbeschaffungswechsel, die auf bis zu fünf Jahre prolongierbar waren. Von den Banken konnten sie jederzeit bei der Reichsbank rediskontiert werden.

Wie schon gesagt: Mit der Wiederaufrüstung hatte das alles nichts zu tun. Denn die Rüstungsausgaben des Jahres 1933 lagen exakt im Schnitt der Jahre 1925 bis 1933. Erst in der zweiten Hälfte des Jahres 1934 stiegen sie an. Aber bis 1937 lagen die Ausgaben für den zivilen Sektor noch weit über den Rüstungsausgaben (11,9 zu 8,2 Milliarden bei einer Schuldenaufnahme von 5,8 Milliarden und einem Steueraufkommen von 14,0 Milliarden). Erst 1938 kehrte sich dieses Verhältnis deutlich um (Rüstung 18,4 Milliarden; ziviler Sektor 13,4 Milliarden; Steuereinnahmen 18,2 Milliarden; Schuldenaufnahme 7,5 Milliarden).

In Unkenntnis dieser Zahlen wird die Bedeutung der Rüstungsausgaben für die gesamtwirtschaftliche Entwicklung in den Dreißigerjahren meist falsch eingeschätzt.

Ein wirtschaftlicher Aufschwung wie der des Jahres 1933, der zu einem Abbau der zuvor katastrophalen Arbeitslosigkeit um ein Drittel führt, trägt sich selbst. Angesichts solcher wirtschaftlicher Zuwachsraten würde heute jeder Notenbankpräsident die Stirn runzeln und sich fragen, wann er die Zinsen wird erhöhen müssen. Rüstungsausgaben wie die der Dreißigerjahre waren in dieser volkswirtschaftlichen Situation kein Stimulans, sondern eine Belastung, weil sie bald zu Überbeschäftigung, Versorgungsengpässen und einem Anwachsen der Inflationsrate führen mussten und auf die Dauer fatale volkswirtschaftliche Folgen hatten, die durch den staatlich verordneten Preisstopp und Schachts Trick mit seinen Mefo-Wechseln* nur unzureichend gebremst werden konnten.

Vielmehr ist zu betonen, dass sich die rüstungsunabhängige Volkswirtschaft in Deutschland vorzüglich entwickelte. Denn mit dem schlagartig erwachten Vertrauen in die Zukunft boomten auch der private Konsum und die zivile Investitionstätigkeit, weil die Leute Geld in die Hand bekamen und sich nach den schlimmen Jahren der Entbehrung »endlich wieder einmal etwas gönnen« wollten. Schon 1936 war praktisch die Vollbeschäftigung erreicht. Ohne die Rüstungsaufträge hätte es damit vielleicht ein oder zwei Jahre länger gedauert, aber nicht einmal das scheint mir sicher.

Es ist in diesem Zusammenhang zu bedenken, dass bei Hitlers »Machtergreifung« die meisten Wirtschaftsfachleute lächelten und meinten, jetzt werde sich bald zeigen, dass Hitlers Versprechungen lauter Seifenblasen seien. So oder ähnlich dachten natürlich auch alle, die ihn nicht mochten.

Dass in wenigen Jahren das Gegenteil Realität wurde, war der entscheidende Grund, warum ihm die Leute nicht wegliefen. Seine außenpolitischen Erfolge kamen hinzu, gewiss. Aber ohne das damalige »Wirtschaftswunder« hätten sie ihm wenig genutzt, und gegen eine durch wirtschaftliche Not angefachte negative Stimmung wäre auch die NS-Diktatur auf die Dauer machtlos geblieben.

Hitlers nationaler Sozialismus Neben dem »Wirtschaftswunder« war Hitlers Sozialismus ein weiterer Pfeiler, auf dem seine Herrschaft sicher ruhte. Obschon Hitler auf nationalökonomischem Gebiet ganz sicher über keinerlei solide Kenntnisse verfügte, war er doch in der Lage, hier gefühlsmäßig den richtigen Weg zu gehen.

Er kombinierte nämlich ein umfangreiches Programm sozialer Verbesserungen mit einer klaren Absage an alle planwirtschaftlichen Konzepte sozialistischer Färbung. Dass dies nur an seinem Hass auf den Marxismus lag, glaube ich nicht. Vielmehr hat er offenbar instinktiv erkannt, dass die Lähmung der unternehmerischen Initiative ins Chaos führt. Er tat nämlich genau das Gegenteil: Er betonte die Unantastbarkeit des Eigentums, pries das »Führerprinzip« als Grundlage auch des Wirtschaftslebens und verbot Streiks, brachte aber andererseits die Arbeiterschaft durch ein Bündel von sie begünstigenden Maßnahmen hinter sich, wobei deren Wirkung durch den geschickte Propagandaapparat beträchtlich gesteigert wurde. Da war dann immer wieder schmeichelhaft von den Verdiensten der Arbeiter um die Nation und von den »Helden der Arbeit« die Rede, angereichert durch Ausdrücke sozialistischer Verbrüderung (wie z. B. »Arbeiter der Stirn und der Faust«). Doch im Gegensatz zu analogen Tiraden, wie sie später in der DDR üblich waren, wirkte das verbale Ermutigungsmuster im »Dritten Reich« nicht unglaubwürdig, weil ja tatsächlich eine für jeden erkennbare Realität der verbesserten Bedingungen dahinter stand.

---

*| Zu diesem Zweck gründeten mehrere Großbetriebe eine »Metallurgische Forschungsgemeinschaft«, einen Scheinbetrieb, dessen Wechsel die Reichsbank diskontierte. So konnte sich der Staat unauffällig mit 12 Milliarden Mark verschulden.

Vergnügen am Strand mit KdF (»Kraft durch Freude« = NS-Freizeitorganisation). Das Bild hätte ebensogut in einem kommunistischen Staat aufgenommen werden können. Es symbolisiert den sozialistischen Traum von der Gleichheit aller und der Auslöschung des Individuums. Erst im Kollektiv komme man zu sich selbst – so lautete die Verheißung hier wie dort.

Und was war mit der Freiheit? Ach ja, die Freiheit! Da soll man sich nichts vormachen: Die große Mehrheit der Menschen hat mit der Freiheit etwa im Sinne von Alexis de Tocqueville (s. S. 138) oder Friedrich von Hayek* wenig im Sinn. Materielle Wohlfahrt in sozialistischer Geborgenheit und größtmöglicher Gleichheit auf Kosten der Freiheit, das ist den meisten Menschen tausendmal lieber. Und die bot die neue »Volksgemeinschaft«. Denn sie war nicht nur ein Schlagwort ohne substanziellen Hintergrund.**

Es wurde ja wirklich für die Menschen gesorgt: Das Arbeitgeber-/Arbeitnehmer-Verhältnis besserte sich, und die Arbeitsbedingungen wurden verbessert. Es war für jeden sehr handgreiflich zu spüren, wenn er gegen die »Ehre der Arbeit« verstieß. Dies hieß praktisch, dass die Arbeitgeber die Arbeiter menschlich zu behandeln, für Sauberkeit, Hygiene und gute Ausstattung der Werkstätten und für die Einhaltung von Verträgen (Löhne, Arbeitszeit, Urlaub) zu sorgen hatten. Von den Arbeitern andererseits wurden Ordnung und Disziplin gefordert. Streiks waren verboten. Über den

---

* | Berühmter Nationalökonom, Nobelpreisträger und Unversalgelehrter. Im 20. Jahrhundert einer der entschiedensten Gegner des Sozialismus. Er sieht in den planwirtschaftlichen und/oder sonstigen staatlichen Reglementierungen, die der Sozialismus notwendigerweise mit sich bringt, den Ansatz zum Verlust der Freiheit im Totalitarismus und damit zum »Weg in die Knechtschaft«. Diesem Konzept staatlichen Zwanges stellt er die »Verfassung der Freiheit« gegenüber: Eine gesellschaftliche Ordnung, die sich den selbstregulierenden Kräften des Marktes anvertraut, weil diese im Endeffekt am besten die Wohlfahrt der Gesellschaft und die freie Entfaltung der Kräfte des Individuums sichert.

** | Die folgenden Abschnitte stützen sich im Wesentlichen auf die Darstellung des damaligen französischen Botschafters François-Poncet und meine eigenen Erinnerungen.

KdF-Werbung für eine Kreuzfahrt nach Norwegen. Die »klassenlosen« Schiffe fuhren tatsächlich zum Nordkap oder nach Madeira und unterstrichen die tägliche Erfahrung der Menschen, »dass es aufwärts ging«.

sozialen Frieden wachten »Treuhänder der Arbeit«, und die Arbeitsgerichte waren im Übertretungsfall in beiden Richtungen nicht zimperlich mit Strafen. Sie konnten soweit gehen, dass einem Unternehmer das Recht abgesprochen wurde, weiterhin seinem Unternehmen vorzustehen.

Auch die Wohnbedingungen wurden verbessert, es gab günstige Darlehen, die körperliche Arbeit stand höher im Kurs als früher, und das ganze Jahr hindurch sah sich der »Volksgenosse« einer Vielzahl von möglichen Gemeinschaftserlebnissen gegenüber, denen sich die meisten Menschen gar nicht ungern anschlossen.

Statt der Gewerkschaften gab es jetzt die »Deutsche Arbeitsfront«, eine hierarchisch gegliederte riesige Organisation. Ihre Aktivitäten ließen den Arbeiter seine früheren Gewerkschaften bald vergessen, weil die materiellen Resultate für den Arbeiter fühlbar besser waren.

Das »Winterhilfswerk« (»WHW«), das im Oktober 1933 ins Leben gerufen wurde, appellierte an das soziale Gewissen des Volkes, den Armen zu helfen. Auch hier zeigte das Regime keinen Mangel an Einfallsreichtum. Da gab es zum Beispiel den »Eintopfsonntag«; dies hieß, dass jeder statt eines Sonntagsbratens nur einen Eintopf essen und die hierdurch ersparte Differenz als Spende dem Winterhilfswerk zuwenden sollte. Die Aktion wurde mit erheblichem Propagandaaufwand unter Einsatz der Parteiführer, die auf Straßen und Plätzen aus einer »Gulaschkanone« ihren Eintopf löffelten, zum Erfolg gebracht. Das finanzielle Resultat war außerordentlich: Schon in seinen Anfängen brachte das »WHW« 350 Millionen Mark ein. Wichtiger noch als der finanzielle Erfolg war für das Regime der durch diese Aktion erzielte Solidarisierungseffekt der Bevölkerung.

Hinzu kam eine riesige Freizeitorganisation, genannt »KdF« (»Kraft durch Freude«), die den Arbeitern zu preiswerten Ferienaufenthalten und Reisen bis hin zu den von Hitler versprochenen Kreuzfahrten auf KdF-eigenen Schiffen verhalf.

Ein Leiter des Sportwesens für das Reich wurde ernannt, überall entstanden neue Sportplätze und Schwimmbäder. Auch das trug erheblich zur zustimmenden Grundhaltung der Bevölkerung bei. Die Olympischen Spiele in Berlin standen vor der Tür, und große Erwartungen der neuen deutschen Massengesellschaft knüpften sich an dieses Ereignis. Denn nun galt es, auch hier dem Ausland zu zeigen, dass mit der neuen Zeit eine neue Ära sportlicher Erfolge angebrochen war. Dementsprechend intensiv war die Förderung sportlicher Talente.

Das alles war zwar nur um den Preis ständiger »Gemeinschaftserlebnisse« zu haben. Aber man sage nicht, dass diese Vereinnahmung des Menschen in der modernen Massengesellschaft auf Ablehnung stoße, im Gegenteil. Für Intellektuelle, die ein geistig unabhängiges Leben schätzen, ist das nichts, aber die Mehrzahl der Menschheit besteht nun einmal nicht aus Intellektuellen, sondern aus einfachen Menschen, die andere Präferenzen haben. Sie schätzen diese Art der sozialen Verbundenheit und die Gleichheit aller, die sie im Erlebnis der Massengesellschaft spüren oder jedenfalls zu spüren meinen. Denn in dieser Gleichheit sehen sie in erster Linie die Realisierung der »Gerechtigkeit«. Dass in totalitären Staaten damit die Auslöschung des Individuums angestrebt wird, nehmen die meisten Menschen kaum war. Wie sagte doch der brandenburgische Ministerpräsident Manfred Stolpe nach der »Wende«: Es sei der besondere Charme (er gebrauchte wirklich das Wort »Charme«!) der DDR gewesen, dass alle gleich gewesen seien ...

Hitler traf mit dieser Proklamation der neuen »Volksgemeinschaft« haargenau ein kardinales Anliegen des Marxismus, der ja auch die Überwindung der aus dem »Kapitalismus« gewachsenen gesellschaftlichen Ordnungen im Auge hatte, um eine neue »Gerechtigkeit« zu schaffen. Im bürgerlichen Staat, so steht es bei Marx, liege die Existenz des Individuums außerhalb der gemeinschaftlichen Existenz; im Kommunismus aber würden Gemeinschaft und Individualität zusammenfallen. In der Gemeinschaft erst sei man frei, nur hier könne man zu sich selbst finden. Das hätte wortwörtlich auch ein Parteitheoretiker Hitlers sagen können.

Friedrich Nietzsche hatte bereits zwei Generationen zuvor mit hellsichtiger Klarheit den Sozialismus jedweder Prägung durchschaut: »Der Sozialismus ist der phantastische jüngere Bruder des fast abgelebten Despotismus, den er beerben will; seine Bestrebungen sind also im tiefsten Verstande reaktionär. Denn er begehrt eine Fülle der Staatsgewalt, wie sie nur je der Despotismus gehabt hat, ja er überbietet alles Vergangene dadurch, dass er die förmliche Vernichtung des Individuums anstrebt. Seiner Verwandtschaft wegen erscheint er immer in der Nähe aller exzessiven Machtentfaltungen. Da er nicht einmal auf die alte religiöse Pietät gegen den Staat mehr rechnen darf, vielmehr an deren Beseitigung unwillkürlich fortwährend arbeiten muss, bereitet er sich im Stillen zu Schreckensherrschaften vor und treibt den halbgebildeten Massen das Wort ›Gerechtigkeit‹ wie einen Nagel in den Kopf, um sie ihres Verstandes völlig zu berauben (nachdem dieser Verstand schon durch die Halbbildung sehr gelitten hat) und ihnen für das böse Spiel, das sie spielen sollen, ein gutes Gewissen zu schaffen.«

BDM-Mädchen auf dem Weg nach Genua, um dort das KdF-Kreuzfahrtschiff
»Wilhelm Gustloff« zu besteigen.

Die geistige Nachbarschaft der sozialistischen Systeme in ihren Träumen Hitler war es gelungen, allein schon mit der eigentlich langatmigen Bezeichnung seiner Partei – Nationalsozialistische Deutsche Arbeiterpartei – eine »Synthese auf den Wortmarkt« (H. Arendt) zu werfen, die das früher Unvereinbare vereinbar machte. Und mit einem Raffinement ohnegleichen setzten Hitler und – fast mehr noch – sein Propagandaminister Goebbels die alte sozialistische Utopie von einer Welt der Gerechtigkeit in brüderlicher Gleichheit in Szene und verbanden mit diesen Träumen die Hoffnung auf eine Erfüllung nationaler Sehnsüchte.

Es war, als hätte man sich aus dem alten sozialistischen Repertoire das für die eigenen Zwecke passende Filetstück herausgeschnitten und dabei die marxistische Kernlosung des Klassenkampfes in den Abfalleimer der Geschichte geworfen.

Der Marxismus hatte ein sehr klares gesellschaftliches und wirtschaftliches Programm, das in jedem Fall auf die Enteignung der Besitzenden, auf die Umverteilung ihres Besitzes und die Beseitigung der »Klassen« hinauslief. Die Entwicklung in Russland hatte aber jedem gezeigt, dass diese gesellschaftlichen Veränderungen in ihren Auswirkungen auf den Einzelnen zumindest unübersehbar waren und am Ende auf einen allgemeinen Terror hinausliefen. War da nicht das Konzept der neuen »Volksgemeinschaft« viel besser? Hier behielt jeder, was er hatte, der kleine Mann wurde geehrt und gefördert und den »Besserverdienenden« wurde die Einordnung in die alle umarmende Volksgemeinschaft abverlangt. Da hatte man doch die klassenlose Gesellschaft!

Ohne diesen Volltreffer in die Gefühlswelt der Massen sind die darauf folgenden Ereignisse wie die »Gleichschaltung«, die Auflösung von Parteien und Gewerkschaften und die wie ein Flächenbrand um sich greifende Zustimmung zu dem neuen Staat undenkbar.

Ob man es wahr haben will oder nicht: Hier wurde wirklich ein entscheidender Teil der sozialistischen Gefühlswelt angesprochen und ihre Verwirklichung so plausibel suggeriert, dass den Vielen, die vorher für die Linke votiert hatten, die alten Ziele überflüssig vorkommen mussten.

Der dazwischen in Erscheinung tretende Terror war sehr genau berechnet. Wie schon angedeutet: Jenem »Mann auf der Straße«, der den Terror für sich selbst nicht zu fürchten hatte, wenn er sich einigermaßen konform verhielt, wurde durch eine äußerst geschickte Propaganda beigebracht, dass es in seinem ureigensten Interesse liege, wenn die als Staatsfeinde gebrandmarkten »Systempolitiker, Kommunisten und Kriminellen« ausgeschaltet und in ein Konzentrationslager gebracht würden, da diese die eigentlichen Ruhestörer der neuen Harmonie des Volkes seien. Infolgedessen brachte die Massengesellschaft diesen als notwendig dargestellten »Maßnahmen« zunehmend weit mehr Verständnis als Ablehnung entgegen.

»Die Alltagssituation im Dritten Reich war bestimmt durch die ständige Gleichzeitigkeit, nicht durch die Alternative, von Lockung und Zwang, Verführung und Verbrechen, Angeboten zur Integration und Drohung mit Terror.« (N. Frei) Das ist sehr treffend gesagt, und man muss hinzufügen, dass in den Jahren bis zum Kriegsausbruch die Bedrohung durch den Terror für die allermeisten Menschen immer weniger und schließlich so gut wie nicht mehr spürbar war, um so mehr aber die Vorteile, die das Regime gegenüber dem Zustand der »Systemzeit« zu bieten schien. In diesem Punkt lässt sich die Reaktion der Leute auf jene einfache, oft gehörte Formel bringen: »Na ja, es ist manches nicht schön, das mit den Juden gefällt mir auch nicht, aber wir haben wieder Arbeit und verdienen gutes Geld!«

Ebenso wie die Parteien und die Gewerkschaften verschwand die Vielfalt der Vereine. »Gleichschaltung« nannte man das in der offiziellen Sprachregelung ganz unbekümmert. In den meisten Fällen wurden diese Vereine oder Verbände ein wenig umbenannt und erhielten mit dem neuen Etikett einen anderen Vorsitzenden.

Denn auch diese »Gleichschaltung« war im Grunde nichts anderes als die konsequente Durchsetzung des Kollektivismus mit dem Ziel, eine dem Staat ergebene Geschlossenheit aller Mitglieder des »Volkskörpers« zu erreichen. Dieser Prozess ließ alle Parteien und politischen Körperschaften außerhalb des Nationalsozialismus spurlos verschwinden. Alle Verbände und Vereine bis hin zu den Sportvereinen, Automobilklubs und Briefmarkensammlern liefen für die Gleichschaltung um die Wette, als könnten sie zu spät kommen. Alles ging so schnell, dass Hitler sich nicht genug über diese Kapitulation wundern konnte. Vielleicht hatte er selbst es gar nicht bemerkt, dass diese als »nationale Erhebung« deklarierte Einigungsbewegung im Gefühlsgrund der Masse eine braune Schwester solcherlei sozialistischer Vorstellungen war, die er so hasste.

Der neue Reichspropagandaminister Josef Goebbels und die Gleichschaltung des kulturellen Lebens Doch zunächst zurück zum Jahre 1933. Es ist bezeichnend, dass Goebbels ganz unverblümt »Reichspropagandaminister« hieß, was ja von vornherein gleichbedeutend war mit »Übertreibung«. Aber eben dies war sein wichtigster und wirksamster Trick. Denn wenn Goebbels oder sein Ministerium irgendetwas verlautbaren ließen und dabei dick auftrugen, dann war jedermann geneigt, im Bewusstsein eigener intellektueller Überlegenheit eine solche Publikation als »Propaganda« abzutun ohne zu merken, dass die eigentliche Essenz der Lüge nach unbewusstem Abzug der

Übertreibung eben doch irgendwie im Gedächtnis als Bodensatz haften blieb und in der allmählichen Summation bei den meisten Menschen genau das Ziel der Goebbels'schen Absicht erreichte: nämlich eine Umformung der bisherigen Vorstellung.

Goebbels war äußerlich missgestaltet klein und schwächlich, mit einem Klumpfuß behaftet, hatte einen übergroßen Kopf mit einem hässlichen Gesicht und einem riesigen Mund, aber in diesem Kopf wohnten eine weit überdurchschnittliche Intelligenz mit fundierter Bildung, rhetorischer und schriftstellerischer Begabung und mehr noch der Fähigkeit, sich ständig geradezu virtuos zwischen Lüge und Wahrheit zu bewegen, den Eindruck absoluter Genauigkeit zu erwecken, schwierige Probleme für den einfachen Mann plausibel auf einen einfachen Nenner zu bringen und jederzeit griffige Formulierungen zur Hand zu haben. List, Sophismen, teuflische Verdrehung, Rabulistik, Perversität, Niedertracht und was man sich sonst nur ausdenken kann, alles war in dieser Ausgeburt der Hölle versammelt.

Goebbels und Hitler, sein Gebieter, sie waren gleich schlimm in ihren Absichten und gleich begabt in ihrer Infamie. Aber wenn man als Mediziner die beiden vor sich sieht, dann hat man keine großen Schwierigkeiten, in Hitler einen Psychopathen zu sehen; als normal kann man ihn jedenfalls nicht bezeichnen (was nicht heißt, dass er nicht schuldfähig war). Doch Goebbels ist ganz anders: Er hat nicht wie Hitler unreflektierte, festgefahrenen Ideen, die er mit querulatorischer Hartnäckigkeit vertritt. Er hat vielmehr einen glasklaren Verstand, der das gesamte Spektrum seines Intellektes abdeckt. Und wenn man auch in der Geschichte lange sucht, so leicht wird man keine Figur finden, die das Denken so bewusst und lustvoll ausschließlich in den Dienst des Bösen gestellt hat. Mir jedenfalls ist keine vergleichbare Gestalt eingefallen.

Dies also war der neue Herr über die deutsche Kultur. Er richtete sieben Ressorts für Presse, Funk, Propaganda, Musik, Theater, bildende Kunst und Film ein. Dementsprechend gab es bald eine »Reichskulturkammer«, der die entsprechenden Ressort-Kammern zugeordnet wurden. Wer weiter seinen Beruf ausüben wollte, musste hier »organisiert« sein, und von hier aus wurde kontrolliert. Wer die vorgegebene Linie verließ, wurde eliminiert. Diese Linie definierte Goebbels so: »[...] dass an die Stelle des Einzelmenschen und seiner Vergottung nun das Volk und seine Vergottung tritt. Das Volk steht im Zentrum der Dinge.« (zit. n. J. Fest)

Sehr viel Protest gab es nicht und konnte es wohl auch zu diesem Zeitpunkt schon nicht mehr geben. Die Vorstände der einzelnen Kammern waren im Allgemeinen Emporkömmlinge; denn in aller Regel war es nicht die erste Garnitur, die sich für diese Vorstandsposten interessierte.

Der Reichsschrifttumskammer stand beispielsweise ein gewisser Hanns Johst vor, mit dessen dramatischem Machwerk »Schlageter« ich mich als Primaner in einem Aufsatz herumschlagen musste. Es wollte mir einfach nicht aus der Feder, die geforderte erbärmliche Lobhudelei aufs Papier zu bringen. Ich beherrschte eben die hohe Kunst der zweideutigen Formulierung noch nicht. So rief ich meinen Vater zu Hilfe, der schließlich, ohne sich nun geradewegs zu verkaufen, für mich ein »ausreichend« rettete. Bei dieser Gelegenheit stieß ich auf einen enthüllenden Ausspruch jenes armseligen Kulturkammerliteraten: »Dichten heißt dicht sein, so dicht, dass ich eins mit dem Dinge bin«. Auf der Linie solchen Tiefsinns lagen die meisten Äußerungen der Goebbels'schen Kulturoberen.

Die damals wirklich prominenten Künstler zogen es im Allgemeinen vor, sich ihrem Beruf zu widmen und sich hierauf zu beschränken. Nicht selten hört man heutzutage die Auffassung, diese damaligen Spitzenkünstler seien zu verurteilen, weil sie sich allein durch ihr Auftreten exponiert und damit dem Regime zu einem Schleier der Kulturfreundlichkeit verholfen hätten. Daran ist richtig, dass gerade prominente Künstler vom Regime gern als Aushängeschild mit Beschlag belegt wurden, und bekanntlich sind Künstler von ihrem Naturell her meist noch weniger als »normale« Menschen bereit, dem Angebot des öffentlichen Ruhms zu widerstehen. Aber denkt man diese Kritik zu Ende, so hätte sich jeder überdurchschnittliche Künstler zur Emigration verpflichtet sehen müssen – ein geradezu absurder Gedanke.

Schließlich war es für einen Künstler, der bedrängten Kollegen helfen wollte, unabdingbar, sich mit der politischen Prominenz auf vertrauten Fuß zu stellen. Gustaf Gründgens ist hierfür ein gutes Beispiel. Ich hatte einmal einen Patienten, der in den Dreißigerjahren dem Gründgens-Ensemble angehörte. Er erzählte mir, wie Gründgens sich am Beginn ihrer Zusammenarbeit mit einem Versprecher sehr geschickt davon überzeugte, dass er keinen Parteigänger des Regimes vor sich hatte. Ihn heute für seine Nähe zur NS-Prominenz zu schelten, ist einfach. Es fragt sich nur, ob ein solcher puristischer Gegenwartskritiker bei seiner Meinung bleiben würde, wenn Gründgens ihm selbst unter Ausnutzung seiner Beziehungen zum Regime aus seiner Bedrängnis herausgeholfen hätte.

Imo Moszkowicz, selbst als Jude der Hölle von Auschwitz entronnen und nach dem Kriege Regieassistent bei Gründgens, hat es so formuliert: »Ich darf es sagen mit meiner Vergangenheit, dass dieses Bleiben im Land, dieses Beharren auf etwas, was wir Recht nennen, dass das eine viel, viel größere Tat war als zu emigrieren und einfach das Land zu verlassen.«

Gewiss wurde man mit dem Verbleiben im Land noch nicht zu einem Bewahrer des Rechts. Aber der Emigrant aus reiner Überzeugung – ich meine hier nicht den Verfolgten, sondern den nicht Bedrohten, aber Angewiderten – hatte zugleich auch die Möglichkeit aufgegeben, durch seine bloße Existenz im Lande und seinen noch so bescheidenen Einfluss immerhin einen wenn auch winzigen Beitrag in eine andere Richtung zu leisten. Das scheint aus heutiger Sicht wenig zu sein; in einer Diktatur verschieben sich aber die Proportionen, und dort hat jeder Nichtkonforme Gewicht.

Zurück zur so genannten »Gleichschaltung«: Alles hatte auf einer Linie im Dienst der »neuen Zeit« zu stehen: Presse, Literatur, Film, Rundfunk, Kunst und Architektur. Eine Oppositionspresse gab es nicht mehr. Eine Zeit lang wurde eine Pressezensur durchgeführt. Dann kam Goebbels auf eine viel wirkungsvollere Lösung.

Er gab den Journalisten in Umrissen vor, was sie zu schreiben hätten. In diesem Rahmen hatten sie eine gewisse Bewegungsfreiheit, und sie konnten ihren Blättern eine – wenn auch sehr bedingte – Eigenart geben. Schriftleiter mussten durch Goebbels bestätigt werden, und wehe, wenn die Linie verlassen wurde. Alle mussten Parteimitglieder werden. Doch nach außen hin konnte Goebbels sagen, dass es in Deutschland keine Zensur gibt.

Trotzdem blieb es erstaunlich, dass gewisse Zeitungen in einem wenn auch sehr bescheidenen Rahmen einen bestimmten Stil und eine irgendwie nichtkonforme Richtung bewahrten. Meine Eltern bezogen etwa ab Mitte der Dreißigerjahre die »Deutsche Allgemeine Zeitung« aus Berlin. Für die damaligen Verhältnisse waren die Unterschiede etwa gegenüber dem »Völkischen Beobachter« beträchtlich. Und wenn man beispielsweise die feuilletonistischen Beiträge von Ursula von Kardorff las, so spürte man, dass diese Autorin von einer anderen Denkart geprägt war, als die Verfasser propagandistischer Meterware. Selbst ich mit meinen fünfzehn, sechzehn Jahren habe das sehr deutlich empfunden.

Hitler waren und blieben diese Blätter und ihre Journalisten ein Dorn im Auge, was ihn dazu brachte, im August 1943 die seit einhundert Jahren bekannte »Frankfurter Zeitung« zu verbieten. Nachdem der Belegschaft die traurige Nachricht vom Ende der Zeitung mitgeteilt worden war, erhielt jeder ein kleines Blatt Papier, auf dem nichts stand als ein Gedicht von Paul Fleming, geschrieben im Dreißigjährigen Krieg, mit der Überschrift »An sich«. Ich kann es mir nicht versagen, wenigstens die erste Strophe hier abzudrucken. Denn es verdient festgehalten (und von jüngeren Generationen bedacht) zu werden, dass es damals nicht nur beflissene Konformität, sondern auch Aufrichtigkeit und intellektuellen Mut gab:

> Sei dennoch unverzagt, gib dennoch unverloren,
> Weich keinem Glücke* nicht, steh höher als der Neid.
> Vergnüge dich an dir und acht es für kein Leid,
> Hat sich gleich wider dich Glück, Ort und Zeit verschworen.

Am 10. Mai 1933 fand in einer nationalen »Feierstunde« auf dem Opernplatz in Berlin eine riesige Bücherverbrennung statt. Aus ungefähr 20 000 Bänden wurde ein Scheiterhaufen errichtet. Laut wurden die Namen der Autoren verkündet, die hier symbolisch dem Feuer übergeben wurden. Aus der Asche dieser verbrannten Bücher werde der neue Geist entstehen, so rief Goebbels aus, und die teilnehmenden Studenten jubelten als er hinzufügte, die geistigen Grundlagen der Weimarer Republik seien nun für immer zerstört.

Auch Heinrich Heine war unter den Verfemten. »Wo man Bücher verbrennt, verbrennt man am Ende auch Menschen«, hatte er einhundert Jahre zuvor geschrieben, und wie schauerlich sollte er Recht behalten. Heute erinnert an diesem Platz der Bücherverbrennung eine in den Boden eingelassene Bronzeplatte an die Schande jener Stunde, und wer die Freiheit des Geistes zu schätzen weiß, kann die Inschrift nicht ohne Bewegung lesen.

Gewiss wären damals Protestaktionen kaum noch möglich gewesen. Von sehr viel größerer Bedeutung ist aber, dass damals viele, viel zu viele, die man eigentlich den Intellektuellen zurechnen müsste, diese Barbarei auch innerlich gleichgültig oder sogar mit Sympathien hingenommen haben.

Die Intellektuellen und das Dritte Reich Damit ist man bei den Intellektuellen und dem schwierigsten Erklärungsfeld in jenen Tagen. Denn die Gleichschaltung lief an den Hochschulen genauso schnell ab wie in Organisationen und Verbänden aller Art. Zieht man einmal den zahlenmäßig sicher großen Kreis jener Opportunisten ab, denen es nur gelegen kam, wenn ein beneideter Besserer den Platz freiwillig räumte oder unfreiwillig räumen musste, so bleibt doch eine beträchtliche Zahl von solchen Hochschullehrern, Schriftstellern und sonstigen Intellektuellen, die freiwillig und ohne jeden Zwang Ergebenheitsadressen verfassten oder sich auf irgendeine andere Weise öffentlich zum begeisterten Anhänger

---

* | »Glück« bedeutete zur Zeit Flemings soviel wie »Schicksal«.

Die Freiheit des Geistes wird unter jubelnder Zustimmung verbrannt: Am 10. Mai 1933 wurde auf dem Berliner Opernplatz ein Scheiterhaufen aus 20 000 Büchern unliebsamer Autoren entzündet. Es war wie ein Freudenfeuer über die selbstgewählte geistige Bevormundung.

Hitlers und seiner »neuen Zeit« machten. Andererseits gab es nicht wenige, die bei ihrer Ablehnung blieben und sich, soweit sie konnten, zurückzogen.

Man kann sich viele Gedanken darum machen, warum sich die einen so und die anderen anders verhielten. Am Ende kommt man meines Erachtens an der simplen Feststellung nicht vorbei, dass damals eben auch ein großer Teil der Intellektuellen unter Preisgabe des gesunden Menschenverstandes diesem nationalen Einigungsrausch, dieser Ideologie, erlegen ist. Das wird besonders deutlich, wenn man die Texte dieser teils schwärmerischen, teils anbetenden Äußerungen liest.

Hier nur einige Beispiele aus prominenten Köpfen:

Gerhart Hauptmann stellte sich 1933 schnell um, grüßte öffentlich mit dem »deutschen Gruß« und sang vernehmlich das »Horst-Wessel-Lied« mit. Gottfried Benn, tiefgründiger expressionistischer Dichter, der später für sich – gewiss mit Recht – in Anspruch nahm, kein Opportunist gewesen zu sein, sagte im April 1933 im Rundfunk, die geistige Freiheit der Weimarer Zeit sei gleichbedeutend mit »Zersetzungsfreiheit« gewesen, er sehe im Kolonnenschritt der braunen Bataillone den Anbruch einer neuen Kulturperiode. Für die neue »Erb- und Rassenpflege« zeigte er ausgesprochene Sympathien, ließ ohne große Hemmungen die verfemten Kollegen fallen und bekannte unumwunden: »Ich erkläre mich ganz persönlich für den neuen Staat, weil es mein Volk ist, das sich hier den Weg bahnt, […] meine geistige und wirtschaftliche Existenz, meine Sprache, mein Leben, meine menschlichen Beziehungen, die ganze Summe meines Gehirns danke ich doch in erster Linie diesem Volk …« Aber nicht lange danach wandte er sich ab.

Der berühmte Philosoph Martin Heidegger reihte sich ebenfalls ein: Die deutsche Studentenschaft sei auf dem Marsche, lasse die nur verneinende akademische Freiheit hinter sich und stelle sich in den Dienst des völkischen Staates, sagte er in seiner Rede als neuer Rektor der Universität Freiburg 1933 u. a. und fügte hinzu: »Nicht Lehrsätze und Ideen seien die Regeln eures Seins! Der Führer selbst und allein ist heutige und künftige deutsche Wirklichkeit und ihr Gesetz.« Auch gab es ein Manifest deutscher Professoren, in dem man sich überschwänglich zu Adolf Hitler und dem nationalsozialistischen Staat bekannte. Auch ein »Treuegelöbnis der deutschen Dichter für den Volkskanzler Adolf Hitler« fehlte nicht.

Aus dem Munde des Germanisten Ernst Betram hörte man in der Vorlesung, dies sei ein Aufstand gegen die lebensfeindliche Ratio und gegen volksfremde politische Dogmatik, gegen alle widergermanischen Tendenzen und Überfremdungen. In Heidelberg schrieb der Nobelpreisträger Philipp Lennard eine mehrbändige »Deutsche Physik«!

Entscheidend für diese Art der Zustimmung war wohl, ob dem Betreffenden etwas an seiner eigenen Individualität und Unabhängigkeit gelegen war, ob er ein elementares Bedürfnis zu eigenständiger Entfaltung spürte, ob er sich in der Versuchung des Opportunismus von sich selbst angeekelt fühlte und ob ihm diese Distanzlosigkeit und diese elende Gleichmacherei ein Gräuel war.

Man kann es auch so ausdrücken: Zufrieden waren nie und wurden nie die »echten Intellektuellen«: Jene, denen die persönliche Freiheit zur Entfaltung wichtiger war als die Geborgenheit in einer Ideologie; jene, denen der neue Konformismus körperlichesUnbehagen bereitete; jene, die Freude am kritischen Gebrauch ihres Verstandes hatten, an einer freien Literatur, an einer Kunst jenseits aller Richtlinien, an freier Meinungsäußerung, am Recht als entscheidender Errungenschaft unserer Zivilisation und jenseits des »gesunden Volksempfindens«, kurzum: an einem humanen Leben.

»Ich glaube [...] nicht, dass die wahre Liebe zur Freiheit jemals allein aus dem Anblick materieller Güter, die sie verschafft, erwachsen ist. [...] Was ihr zu allen Zeiten die Herzen bestimmter Menschen gewonnen hat, das sind – unabhängig von ihren Wohltaten – ihre wesentlichen Vorzüge, der ihr eigene Reiz; es ist das Vergnügen, ohne jeden Zwang sprechen, handeln, atmen zu können, unter Gottes und der Gesetze Herrschaft allein. Wer in der Freiheit etwas anderes sieht, als sie selbst, ist zum Dienen geschaffen.« (Alexis de Tocqueville)

Die Situation der Kirchen nach dem Ermächtigungsgesetz An kritischen Äußerungen der offiziellen katholischen Kirche gegenüber dem Nationalsozialismus hatte es schon vor der Machtübernahme nicht gefehlt, und vor der Wahl vom 5. März 1933 brachten die deutschen Bischöfe ihre Vorbehalte noch einmal in einem Hirtenbrief zum Ausdruck.

Aber Hitler war behänder: Nachdem die Wahl für ihn unerwartet mager ausgefallen war, gab er kurz darauf, am 23. März, eine Regierungserklärung ab, in der er das Christentum als unerschütterliches sittliches und moralisches Fundament des Staates pries und sich verpflichtete, die bestehenden Verträge zwischen den christlichen Kirchen und den Ländern des Deutschen Reiches zu respektieren. Damit weckte er in den Kirchen die Hoffnung, dass man mit rechtsstaatlichen Verhältnissen rechnen könne und dass die Gewalttaten dieser ersten Wochen vorübergehende Erscheinungen bleiben würden. Angesichts dieser Zusicherungen Hitlers erklärte die katholische Fuldaer Bischofskonferenz fünf Tage später, dass »die vorbezeichneten allgemeinen Verbote und Warnungen nicht mehr als notwendig betrachtet zu werden brauchen«.

Die Bischöfe sahen sich in ihrer Auffassung dadurch bestärkt, dass Hitler ein Reichskonkordat in Aussicht stellte. Es zeigte sich bald, dass die Zusagen der Reichsregierung hinsichtlich des staatlichen Schutzes und der Bestandsgarantien weit über das hinausgingen, was die Weimarer Regierung der katholischen Kirche zugestanden hatte. Schon im Juli wurde das von Papen ausgehandelte Konkordat unterzeichnet.

Diese Episode steht beispielhaft für viele andere, nicht nur im Verhältnis der Kirchen zu Hitler: Mit seinem überragenden machtpolitischen und komödiantischen Talent und seiner skrupellosen Bereitschaft zur Lüge gelang es ihm von Anfang bis Ende, seine Kontrahenten im In- und Ausland immer wieder über seine wahren Absichten zu täuschen.

Für die evangelische Kirche war es infolge ihrer ganz andersartigen, nicht hierarchisch angelegten Struktur sehr viel schwieriger als für die katholische Kirche, zu einem geschlossenen Vorgehen zu kommen. Schon unmittelbar nach der Machtübernahme trat eine seit 1932 im nationalsozialistischen Fahrwasser schwimmende Bewegung der »Deutsche Christen« unter dem Königsberger Wehrkreispfarrer Ludwig Müller immer mehr in den Vordergrund. Sie wandte die politische Zuverlässigkeitsklausel und den Arierparagraphen des üblen »Gesetzes zur Wiederherstellung des Berufsbeamtentums« vom 7. April 1933 auf die evangelischen Kirche an. Dennoch waren in der evangelischen Kirche viele Christen über die Verletzung der Rechtsstaatlichkeit empört und forderten eine offizielle kirchliche Stellungnahme (so u. a. der Württembergische Kirchenpräsident Theo Wurm). Aber diese Stimmen blieben eine Minderheit.

Die begeisterte NS-Anhängerschaft der »Deutschen Christen« provozierte eine Gegenbewegung. Als solche trat eine »jungreformatorische Bewegung« unter Hanns Lilje und Martin Niemöller auf. Gegenüber diesem mehr lutherischen Kreis bildete sich im Rheinland um den Bonner Theologen Karl Barth eine mehr reformiert geprägte Gruppe.

Bei den kirchlichen Neuwahlen im Juli 1933 trat die »jungreformatorische Bewegung« mit ihrer Liste »Evangelium und Kirche« für eine »Bekennende Kirche« ein. Diese vertrat unter dem Motto »Kirche muss Kirche bleiben« die Unabhängigkeit vom Staat und die Freiheit der Verkündigung. Aber die Wahl gewannen die »Deutschen Christen« hoch, nicht zuletzt durch die propagandistische Aktivierung der »Taufschein-Christen«. Im September wurde L. Müller von der »Nationalsynode« zum »Reichsbischof« gewählt.

Als dann auf einer Sportpalastkundgebung von einem Redner die Befreiung »der deutschen Kirche vom Alten Testament mit seiner jüdischen Lohnmoral« und von der »ganzen Sündenbock- und Minderwertigkeitstheologie des Rabbiners Paulus« sowie der Ausschluss der Juden aus der evangelischen Kirche gefordert wurde, kam es zu Massenaustritten und zu einem Zerfall der Deutschen Christen in mehrere Gruppen. Schließlich wurde L. Müller auch von Hitler aus bestimmten Zweckmäßigkeitserwägungen nicht mehr gestützt.

Im Übrigen war es für den raffinierten Machtpolitiker Hitler nur eine machiavellistische Routineübung, die sehr unterschiedlichen Strömungen innerhalb der evangelischen Kirche und ihre demokratische Struktur auszunutzen, um sie als innenpolitischen Machtfaktor schachmatt zu setzen. Dessen ungeachtet zeigte die Synode der Bekennenden Kirche in Barmen (Mai 1934), dass die theologische Substanz des deutschen Protestantismus hier ungebrochen bewahrt wurde.

Ein ebenso lehrreiches Kapitel ist die weitere Entwicklung in der deutschen katholischen Kirche. Nachdem die Katholiken im Parlament keinen Widerstand gezeigt hatten, wurden sie jetzt durch allerlei gezielte Aktionen verleumdet und verfemt. Trotzdem verfolgten die Bischöfe zunächst weiter eine Appeasement-Politik, weil sie sich damit einen Rest an Bewegungsfreiheit zu erkaufen hofften. Papen bestärkt sie auf diesem fatalen

Weg und warb für den Eintritt von Katholiken in die Partei. Und während wortführende widerspenstige Katholiken, die einen solchen Schwindel nicht mitmachen wollten, verhaftet wurden, verhandelte Papen in Rom über das schon erwähnte Konkordat, das vordergründig erstrebte Rechte zu sichern schien. An der grundsätzlichen Feindschaft des Regimes gegenüber dem Katholizismus ändert sich aber dadurch nichts.

Deshalb gab sich in der Folgezeit von Seiten der Bischöfe keiner irgendwelchen Illusionen darüber hin, wes Geistes Kind der Nationalsozialismus mit seiner Rassenideologie war. Daran lassen weder die bischöflichen Verlautbarungen noch die päpstlichen Dekrete einen Zweifel. Aber man lebte in dem Wunschdenken, es könne trotzdem so etwas wie ein friedliches Beieinander möglich sein.

Doch so politisch kurzsichtig einige (aber keineswegs alle) Bischöfe – jedenfalls im Anfang der NS-Herrschaft – waren, so klarsichtig war der sogenannte »niedere Klerus«, und daran änderte sich bis zum Ende nichts. Ich habe in all den Jahren immer wieder die Erfahrung gemacht, dass man bei katholischen Pfarrern und Kaplänen (die oft einen erstaunlichen Mut an den Tag legten und von denen nicht wenige den Weg ins KZ antreten mussten) ganz selbstverständlich im Gespräch davon ausgehen konnte, dass sie das Regime ablehnten. Denn die tägliche Praxis zeigte ihnen immer wieder aufs neue, aus welchem Holz die neuen Herren im Staate geschnitzt waren.

Die Tragödie der Juden beginnt Sehr bald nach dem 30. Januar begannen erst Belästigungen und dann Verfolgungen der Juden mit Geschäftsboykottierungen, Ladenplünderungen, körperlichen Misshandlungen und persönlichen Diffamierungen sowie dem Ausschluss der preußischen Rechtsanwälte und Notare aus ihrem Beruf. Gleichzeitig wurden die Passbestimmungen verschärft.

Am 1. April kam es zu einem vom Regime in Szene gesetzten Boykott jüdischer Geschäfte als »Antwort« auf eine angebliche »Gräuelhetze« ausländischer Juden. Aber die Aktion brachte nicht den erhofften Erfolg, vor allem blieb die Beteiligung der Bevölkerung weit hinter den Erwartungen zurück. »Um der Gerechtigkeit willen gegenüber dem deutschen Volke muss gesagt werden, dass der Boykott bei der Arbeiterschaft und dem gebildeten Teil des Mittelstandes unpopulär war«, berichtete der amerikanische Konsul in Leipzig (zit. n. H.-U. Thamer).

Was waren das aber dann für Leute, die sich ein Vergnügen daraus machten, den Terror gegen Juden und politische Gegner zu praktizieren? Leider gibt es sie in allen Ländern der Erde: jenes minderwertige Gesindel, das sich ein Vergnügen aus Mord und Totschlag macht, wenn die Umstände ihm die Macht dazu in die Hand geben.

»Die Normalverfassung solch eines Menschenviehs ist Mordbereitschaft aus unversöhnlichem Hass gegen alles Bessere im Menschen. Schon das Anderssein steht bei ihm im Verdacht, etwas Besseres zu sein. Das Schlechte, ihm gleiche, tröstet ihn über sich selbst. Deshalb gibt er sich ihm völlig hin. [...] Ihn zum Menschen zu machen, ist bisher keiner Erziehungsmethode gelungen, keiner Philosophie, keiner Sittenlehre, keiner Ideologie und keiner Religion.« (F. Kortner)

Hitler lenkt scheinbar ein Das Ausland empörte sich, und tatsächlich wurden die Verfolgungen auf offener Straße eingestellt. Aber auf anderer Ebene gingen sie weiter. Das sagt sich so hin und verschleiert doch zugleich das ganze Ausmaß der ungeheuerlichen Demütigungen und existenziellen Verluste, denen die Juden in diesen Jahren ausgesetzt waren.

So verloren die »nichtarischen« Beamten durch ein am 7. April erlassenes Gesetz (»Arierparagraph«) ihre Stelle. Allein 2 000 Wissenschaftler wurden an den deutschen Hochschulen aus dem Amt gejagt, darunter weltberühmte Gelehrte und unter ihnen 24 Nobelpreisträger. Die Solidarität der »arischen« Hochschullehrer mit ihren »nichtarischen« Kollegen fiel dabei beschämend mager aus. Wenige Wochen später wurde den jüdischen Ärzten die Kassenzulassung entzogen, ganz ähnlich erging es ihnen in den einzelnen anderen Berufsgruppen.

Jetzt schwanken die Juden. Die einen können nicht glauben, dass diese Schikanen von Dauer sein werden. Am Ende wird dann alles nicht so heiß gegessen, wie es gekocht wurde, so hoffen sie. Andere Juden sehen weiter und brechen unverzüglich ihre Zelte ab. Wieder andere Juden, die sich als ausgesprochen nationalgesinnte Deutsche fühlen, im Krieg Offiziere waren und als Frontsoldaten ausgezeichnet wurden, rechnen damit, dass die Verfolgung vor ihnen und ihren Verdiensten um Deutschland Halt machen wird. Schließlich gibt es auch nicht wenige alteingesessene deutsche Juden, die in den aus dem Osten eingeströmten Juden und ihrer andersartigen Mentalität eine Belastung sehen.

Wir hatten auf dem Gymnasium einige jüdische Mitschüler. Irgendwelche antisemitischen Äußerungen von »arischen« Mitschülern oder gar von Lehrern habe ich nie erlebt. In einer Klasse unter mir war ein jüdischer Mitschüler namens Arnhold. Sein Vater war Inhaber einer angesehenen Dresdner Privatbank. Er hatte der Dresdner Bevölkerung das schönste und größte Schwimmbad gestiftet, das nach ihm benannte »Arnhold-Bad«. Es dauerte nicht lange, und dieses Schwimmbad wurde mit einem Federstrich in »Güntzwiesenbad« umgetauft. Ich war damals Quintaner oder Quartaner und konnte die ganze Gemeinheit, die hinter dieser Umbenennung steckte, vielleicht noch nicht völlig erfassen. Aber das Unrecht haben wir alle gespürt, und es hat uns trotz unserer jungen Jahre ein Stück weit hellhöriger gemacht. 1935 verschwanden plötzlich auch unsere zwei jüdischen Mitschüler lautlos aus unserer Klasse, ohne dass wir erfuhren, wo sie geblieben waren. Wahrscheinlich sind die Familien damals emigriert.

Die Bevölkerung bestand nach 1933 in ihrer großen Mehrheit nicht aus erklärten Antisemiten, sie hatte mehr oder weniger Mitleid mit den Juden und missbilligte innerlich das Unrecht, das den Juden zugefügt wurde. Praktiziert wurde insbesondere der gewalttätige Antisemitismus nach 1933 fast ausschließlich von fanatischen Anhängern Hitlers. Ihre Zahl ist schwer zu schätzen, aber ich halte es für sehr wahrscheinlich, dass sie nur einen relativ kleinen Anteil jener – mutmaßlichen – dreißig Prozent der Bevölkerung umfasste, die damals bedingungslos hinter Hitler standen.

Hätte wirklich eine Möglichkeit zu einem ernsthaften Widerstand bestanden? Nicht für den Einzelnen, aber doch für eine Institution wie die katholische Kirche. Sinngemäß Ähnliches wird man für die evangelische Kirche sagen dürfen, nur war diese strukturell eben nicht hierarchisch angelegt wie die katholische Kirche und von daher auch weniger »schlagkräftig«. Darüber hinaus waren die deutschen Protestanten – jedenfalls in der ersten Phase nach der »Machtergreifung« – Hitler und der »Nationalen Erhebung« im Allgemeinen schneller und stärker zugeneigt als die Katholiken. Männer wie Dietrich Bonhoeffer blieben damals recht einsame Rufer. Er wandte sich schon im April 1933 gegen das Unrecht. Aber seine Forderung, die »Judenfrage« auf einem evangelischen Konzil zu behandeln, blieb unerfüllt.

Die Katholiken waren demgegenüber eine außerordentlich straff und hierarchisch gegliederte gesellschaftliche Gruppe, zahlenmäßig sehr groß, vor der Hitler erheblichen Respekt hatte. Ich habe damals der katholischen Jugendbewegung angehört und habe deshalb das katholische »Kirchengefühl« jener Jahre sehr unmittelbar erlebt und heute noch lebhaft in Erinnerung.

Die katholische Kirche glich einer hochmotivierten, äußerst disziplinierten Armee. Man kann sich heute die innere Geschlossenheit dieser Gemeinschaft überhaupt nicht mehr vorstellen, ebenso wenig die Bereitschaft der Gläubigen, für ihre Sache ohne Wenn und Aber einzutreten. Irgendeine Form von Antisemitismus ist mir hier nie begegnet. Hätte der deutsche Episkopat damals in der »Judenfrage« geschlossen zum kompromisslosen Widerstand geblasen, so hätte es zwar eine Auseinandersetzung auf Hauen und Stechen gegeben, aber das Kirchenvolk hätte sich davor nicht gedrückt und sich nicht beirren lassen.

Doch der deutsche Episkopat war sich nicht einig. Ein Teil befand sich in einem verhängnisvollen Irrtum weil er meinte, Hitler Glauben schenken und mit ihm kooperieren zu können. Andere Bischöfe hatten Hitler durchschaut, aber alle miteinander konnten sich nicht auf eine geschlossene energische Aktion einigen.

Was hätte man denn praktisch tun können? Die deutschen Bischöfe hätten beispielsweise in einem Hirtenbrief im Hinblick auf die Judenverfolgungen Hitler offen ihr entschlossenes »Es ist dir nicht erlaubt!« entgegenrufen und jeden Gläubigen in seinem Gewissen verpflichten können, keinem Juden etwas zuleide zu tun und jedem Juden beizustehen, wo immer sich dazu eine Möglichkeit bot. Der Episkopat hätte den Klerus auffordern können, öffentlich für die verfolgten Juden zu beten, wie dies Bernhard Lichtenberg, der Probst der Berliner St.-Hedwigs-Kathedrale, getan hat (und der dafür bis in den Tod verfolgt wurde).

Ein solcher Schritt hätte eigentlich um so näher gelegen, als in dieser Zeit auch die katholische Kirche den Hass Hitlers und seiner Anhänger sehr deutlich zu spüren bekam. Dem Bischof von Meißen beispielsweise wurde unter fadenscheinigem Vorwand ein Schauprozess gemacht, und ähnlich erging es vielen Ordensleuten.

Ich bin jedenfalls überzeugt, dass der Klerus einer solchen Aufforderung zum Protest mutig und in großer Geschlossenheit nachgekommen wäre und dass die Gläubigen es ihren Geistlichen gleichgetan hätten. Die moralische und auch die praktische Wirkung eines solchen Hirtenbriefes in Deutschland – nicht nur auf die Katholiken – ist kaum abzuschätzen.

Ich glaube zwar nicht, dass man Hitler damit von seinem tiefsitzenden Judenhass und dessen pseudowissenschaftlicher Begründung abgebracht hätte. Und möglicherweise wäre am Ende auch nichts Entscheidendes dabei herausgekommen – vielleicht. Vielleicht aber hätte eine solche Auseinandersetzung auch die Menschen in Deutschland hellhöriger gemacht und innerlich in eine gewisse Distanz zum Regime gebracht.

Aber ein solches Kalkül ist vom Ansatz her fragwürdig. Es gibt eben Situationen, in denen es nicht darauf ankommt, ob und wie sicher man mit einem Erfolg rechnen kann, sondern allein die Frage entscheidend wird, ob man sich am Ende sagen kann: Ich habe getan, was ich konnte. Dass die deutschen Bischöfe dies nicht erkannt haben und sich nicht zu einem geschlossenen Protest aufraffen konnten, macht in meinen Augen ihr tragisches Versäumnis aus.

Eine unerschrockene Frau der evangelischen Kirche, die nicht vergessen werden sollte, hat es damals besser gemacht als die meisten führenden Männer der beiden Kirchen zusammen. Es war Marga Meusel, Jugendfürsorgerin beim kirchlichen Jugendamt Berlin-Zehlendorf. Auf einer Synode legte sie eine Vorlage mit dem Titel »Zur Lage der deutschen Nichtarier« auf den Tisch, in der die Judenverfolgung schonungslos offengelegt und verurteilt und die Forderung aufgestellt wurde, die gerade (1935) erlassenen Judengesetze ebenfalls zu verurteilen. Aber ihr Antrag fand keine Mehrheit.

Leider unterblieb aber auch seitens des deutschen Episkopates und damit der katholischen Kirche in den folgenden Jahren ein offenes Eintreten für die verfolgten Juden. Als 1935 die abscheulichen Judengesetze erlassen wurde, wäre der richtige Zeitpunkt gewesen: der »kairós«, wie die Griechen das nannten, jene Gelegenheit, die man ergreifen muss und die so nicht wiederkommt. Dies ist um so mehr zu bedauern, als sich schon bald nach 1933 in der katholischen Kirche niemand mehr Illusionen machte. Doch es blieb ein ebenso tragischer wie verhängnisvoller Irrweg des deutschen Episkopates, dass man zu sehr die eigene Glaubenssituation und das eigene Konkordat (das sich ohnehin als immer wertloser erwies) im Blick hatte und zu wenig das Unrecht und Unglück der Juden sah.

Im Frühjahr 1937 schlug der deutsche Episkopat im Rom eine Erklärung des Papstes über die Situation der katholischen Kirche in Deutschland vor. Daraufhin erließ der damalige Papst Pius XI. auf der Grundlage eines Entwurfes des Münchner Kardinals Faulhaber die Enzyklika »Mit brennender Sorge«. In ihr wurde unmissverständlich gegen die neue Ideologie mit ihrer Vergötzung von Rasse, Volk und Staat Stellung bezogen. Aber auch hier fehlte im Grunde die Diktion des offenen Affronts, der einzigen Ausdrucksweise, die Hitler verstanden hätte. Doch kaum hingeschrieben, möchte ich eigentlich diesen Passus schon wieder streichen, weil es so leicht ist, ex post etwas Kritisches zu sagen, und oft so schwer, in der jeweiligen aktuellen Situation das Richtige zu tun.

Unmittelbar nach Kriegsausbruch befahl Hitler die Tötung aller Geisteskranken. Hiergegen wandten sich in der Öffentlichkeit vor allem der Bischof von Münster, Clemens August Graf von Galen, und der evangelische württembergische Landesbischof Theo Wurm sowie Friedrich von Bodelschwingh (für die Beteler Anstalten). Der Bischof von Münster predigte offen gegen die sogenannte Euthanasie von der Kanzel der dortigen zentralen Lambertikirche und zeigte die für die Tötung Verantwortlichen beim zuständigen Gericht wegen Mordes an. Schließlich sah sich Hitler angesichts der Proteste genötigt, die Tötungsaktionen einzustellen. Bis dahin waren aber schon 70 000 Geisteskranke ermordet worden.

Hitlers außenpolitische Wege So rücksichtslos Hitler den innenpolitischen Umsturz vorantrieb und dabei immer wieder äußerst geschickt zwischen Einschüchterung und beseligendem Einigkeitserlebnis balancierte, so vorsichtig operierte er in den ersten Jahren außenpolitisch. Hätte doch das Ausland geahnt, wie sehr ihn in dieser Zeit die Sorge vor einer Intervention der Alliierten umtrieb!

Denn er hatte allen Anlass, einen Präventivkrieg zu fürchten, weil seine Coups immer wieder für das Ausland ein Grund gewesen wären, in den vollzogenen Verletzungen des Versailler Vertrages den casus belli (Kriegsgrund) zu sehen. Aber die Öffentlichkeit in den westlichen Demokratien wollte die Realität nie zur Kenntnis nehmen, weil in den westlichen Gesellschaften eine pazifistische Grundstimmung vorherrschte. Auch nur die

Andeutung eines Präventivkrieges hätte unweigerlich die Ablösung der betreffenden Regierung zur Folge gehabt.

Memorandum um Memorandum schickte der französische Botschafter François-Poncet nach Paris; aber niemand nahm die alarmierenden Nachrichten in ihrem Ernst zur Kenntnis. 1936 wird Winston Churchill im englischen Unterhaus seine Parlamentskollegen beschwörend auf die deutsche Aufrüstung aufmerksam machen; aber man wird ihn als »war-monger« (Kriegstreiber) bezeichnen. Um die gleiche Zeit werden Studenten in Oxford erklären, dass sie niemals bereit sein würden, in einen Krieg zu ziehen. Aber schon drei Jahre später müssen sie die bittere Wahrheit zur Kenntnis nehmen.

Kein Wort führt Hitler in diesen Jahren so oft im Munde, wie das Wort »Frieden«. Ist das wirklich der gleiche Mann, der in seinem Buch »Mein Kampf« für ein friedliches Leben nur Worte der Verachtung gefunden hat? Wenn man seine zu Herzen gehenden Beteuerungen hört, mit der er dem In- und Ausland seine ausschließlich friedlichen Absichten versichert, kann man schon in Versuchung sein, ihm zu glauben. Denn perfekter und schauspielerisch gekonnter hat noch nie ein Politiker gelogen.

England, Frankreich, Italien, Russland und der Vatikan – alle werden Empfänger spezieller Friedensbotschaften. Zur großen Verwunderung der Öffentlichkeit werden sogar mit Polen, diesem verhassten Nachbarn, Verhandlungen zur Verbesserung der Beziehungen in Szene gesetzt.

Alle renommierten Diplomaten wissen selbstverständlich, welche Äußerungen über den Erbfeind Frankreich in Hitlers Buch stehen. Vermutlich hätte Hitler diese Texte am liebsten ungeschrieben gemacht. Am 8. April 1933 sondiert zum ersten Mal der französische Botschafter François-Poncet die Lage in einem persönlichen Gespräch mit Hitler. Die Besprechung ist nicht mehr als eine erste Kontaktaufnahme und offenbar von dem Wunsch Hitlers bestimmt, seine Friedensliebe auch Frankreich gegenüber zu unterstreichen, auch wenn er Ansprüche auf eine Gleichberechtigung insbesondere auf militärischem Gebiet anmeldet. Diese brachte Hitler jetzt und später auf die einleuchtende Formel: Entweder alle rüsten ab, dann brauchen wir nichts zu tun, oder dies geschieht nicht, dann muss man uns das gleiche Recht zuerkennen. Was ließ sich hiergegen schon sagen?

Beim Völkerbund in Genf war man trotzdem nicht vertrauensselig. Man hatte einen Abrüstungsplan mit einer Laufzeit von acht Jahren entwickelt, der allerlei Sicherungsklauseln einschloss. Diese aber boten Hitler nach Form und Inhalt eine Handhabe, sie – zumindest gegenüber der eigenen Bevölkerung – als diskriminierend abzulehnen. Er hatte damit seinen erhofften Vorwand, um sich aus Genf zurückzuziehen mit der einleuchtend erscheinenden Begründung, er habe den Bruch der Unehre vorgezogen. Am Abend sprach Hitler im Rundfunk Frankreich an, »unseren alten, aber glorreichen Gegner« und fügte hinzu: »Man müsste wahnsinnig sein, sich einen Krieg zwischen unseren beiden Ländern vorzustellen!«

Wohlgemerkt: Das sagte ein Mann, der in diesem Augenblick und später nichts anderes im Sinn hatte, als Frankreich so bald als irgend möglich zu bekriegen. Doch die Deutschen fragten sich jetzt verständlicherweise, warum man diesem Mann, der pure Selbstverständlichkeiten aussprach, misstrauen sollte. Lag nicht die Schuld für diesen Bruch bei den anderen, die Bedingungen forderten, unter denen sie selbst kein Abkommen unterschrieben hätten?

Auch diese ersten Kostproben der außenpolitischen Raffinesse Hitlers stützten in diesem turbulenten Jahr 1933 das zunehmende Ansehen, das Hitler in der Bevölkerung für sich verbuchen konnte. Nebenbei, ohne dass die Masse das recht merkte, wurde die Auflösung des Reichstages verkündet und der Zusammentritt der Landtage auf unbestimmte Zeit verschoben.

Dann kommt am 12. November 1933 eine Volksabstimmung. Abgestimmt wird über eine Einheitsliste des Reichstages und über die Frage einer Zustimmung zur bisherigen Politik der Regierung. Die Abstimmung steht nicht zuletzt unter dem Eindruck des deutschen Austrittes aus dem Völkerbund, der mit jener für die deutsche Bevölkerung einleuchtenden Begründung vollzogen worden war. Für die Einheitsliste stimmen rund 90 % der Wähler und auf die gestellte Frage antworten 40,5 Millionen mit Ja und 2,1 Millionen mit Nein. Damit hat Hitler das angestrebte Plebiszit, das auch im Ausland nicht übersehen werden kann. Hitler hat also in der kurzen Zeit von noch nicht einem Jahr eine geradezu einzigartige machtpolitische Leistung vollbracht: Er hat die Weimarer Republik beseitigt und an ihrer Stelle eine persönliche Diktatur errichtet, die auf einer breiten Zustimmung basiert.

Diese Zustimmung hat viele Schattierungen mit mancherlei Vorbehalten. Jene Massen, die Hitler bei seinen Reden auf Massenveranstaltungen zujubeln, repräsentieren nicht das breite Spektrum der Ansichten im Volk, ja noch nicht einmal die Meinung aller Jubelnden selbst, wenn sie zu Hause beim Abendessen zusammensitzen und sich unterhalten. Es ist ein Gemisch von Zustimmung, Vorbehalten und Ablehnung, das aus den persönlichen Erfahrungen in diesem Jahr 1933 resultiert.

Aber Hitler hat es durch sein politisches Geschick, durch diese Mischung aus beseligendem Erlebnis eines »nationalen Aufbruchs«, einer geradezu atemberaubender Besserung der wirtschaftlichen Verhältnisse, Beseitigung der politischen Gegner und seinem kühnen ersten außenpolitischen Schritt dahin gebracht, dass ihn die Allermeisten zumindest respektieren.

Vorbehalte allerdings spürt Hitler auch aus den Reihen jener Anhänger, denen die nationale Revolution noch viel zu milde war, die auf eine Nacht der langen Messer gehofft haben und die enttäuscht sind, dass den »Gliederungen«, insbesondere der SA, nicht die erhoffte Macht zugefallen ist. Der Sprengstoff liegt hier schon bereit, und die nächste Auseinandersetzung wird Hitler in seiner ganzen Brutalität zeigen.

11 | 1934 – Das zweite Jahr: Hitler als Staatsmann des Friedens und als brutaler Diktator

Das Jahr 1934 war ein krisen- und ereignisreiches Jahr in Europa – auch außerhalb Deutschlands. Gleich im Anfang gab es eine innenpolitische Krise in Frankreich, dann starb König Albert von Belgien; im April scheiterte die Abrüstungskonferenz; im Sommer wurde der österreichische Bundeskanzler Dollfuß ermordet, im August starb Hindenburg und im Spätherbst kriselte es wieder in Frankreich. Diese Labilität des politischen Wetters musste Hitler sehr gelegen kommen; und er wusste sie zu nutzen, indem er außen- und innenpolitisches Handeln so ineinander verflocht, dass wieder alle Beobachter einerseits ratlos ob seiner Erfolge, andererseits erschüttert angesichts seiner Brutalität waren.

Hitlers erster höchst erfolgreicher Bluff: ein Pakt mit Polen Hitler begann im Januar mit einem außenpolitischen Paukenschlag: Er schloss mit Polen einen Pakt ab. Das war damals so ähnlich, als wenn sich heute zwei verfeindete Balkanvölker versöhnen würden. Denn der Hass auf Polen hatte in Deutschland fast krankhafte Ausmaße, insbesondere seitdem sich die Polen in der kleinen Entente mit Frankreich verbündet hatten, und die Gebietsabtretungen (polnischer Korridor, Freistaat Danzig) nach dem Ersten Weltkrieg wurden zu Recht als unzumutbar betrachtet. Hier lag ein ständiger Konfliktstoff, zumal die Polen mit ihrem Hass auf Deutschland ihrem westlichen Nachbarn nicht nachstanden. Dementsprechend schlecht waren die beiderseitigen Beziehungen.

Jetzt aber gelang es Hitler, binnen kurzem nicht nur eine Normalisierung, sondern geradezu gute nachbarliche Beziehungen herbeizuführen: Im Januar 1934 unterzeichnete man einen Nichtangriffspakt mit zehnjähriger Laufzeit und dem Zusatz, dass man sich um eine Verständigung in allen anfallenden Fragen bemühen werde.

Wer in Europa konnte eigentlich für sich in Anspruch nehmen, gleich viel für den Frieden zu tun? Konnte nicht, wer so handelt, auf Verständnis hoffen, wenn er den ergebnislosen Völkerbundverhandlungen ade sagte? Musste nicht der einstige Agitator der Straßen und Plätze jetzt der deutschen Öffentlichkeit als friedliebender Staatsmann erscheinen, der eben nicht nur vom Frieden redete? Gewiss, heute weiß man, dass dies alles eiskalte Berechnung war. Aber wie sollte man das damals erkennen? Woher sollte man wissen, dass Hitlers Ziel nicht die Sicherung des Friedens, sondern die innenpolitische Wirkung und die Bewegungsfreiheit für den nächsten Schritt war?

Die Polen selbst wähnen sich sicher, und die deutsche Öffentlichkeit ist sprachlos, »wie der Führer das so großartig gemacht hat«. Unbegreiflich bleibt, dass die Polen an ihrem Verbündeten Frankreich vorbei diesen Alleingang macht, obwohl das deutsche Auswärtige Amt ihnen auch noch vorgeschlagen hatte, die Franzosen in die Verhandlungen einzubeziehen!

Jetzt sind die Polen eingelullt und glauben im Ernst, Hitler werde in den nächsten zehn Jahren nicht an das Problem »Danzig und Korridor« rühren. Göring reist also eifrig zu Jagdpartien nach Polen und pflegt dabei die guten Beziehungen, während Hitler sich freuen darf, seine nächsten Schritte im Bewusstsein des eigenen Landes und der europäischen Öffentlichkeit so gut abgesichert zu haben.

Hitlers geschicktes Taktieren mit Frankreich

Mit Frankreich führt Hitler ausgedehnte Abrüstungsverhandlungen. Argumentativ ist er insofern in der besseren Ausgangssituation, als er – 15 Jahre nach Kriegsende – grundsätzlich eine Gleichberechtigung verlangt, aber das geforderte Volumen des deutschen Militärs mit 300 000 Mann in einer bescheidenen Größenordnung ansetzt. Auch stimmt er entsprechenden Kontrollen zu (was er in einem solchen Fall wirklich getan hätte, steht auf einem anderen Blatt).

Immer aber versteht es Hitler, sich selbst als den ohne Abstriche Friedenswilligen, die Franzosen aber als die Zögernden erscheinen zu lassen. Schließlich bringt es Hitler mit Raffinesse dahin, dass Frankreich die Fortführung der Verhandlungen verweigert, sodass er sich vor aller Welt als der von Frankreich im Stich gelassene Freund des Friedens darstellen kann. »Wie die mit dem Führer umgehen, so sind eben die Franzosen!«, denkt in Deutschland der »Mann auf der Straße«.

Papen hält eine mutige Rede Im Frühsommer 1934 hält Papen in Marburg eine sensationelle, ungemein mutige Rede, die eigentlich gar nicht zu ihm passt: ein helles Blatt zwischen den vielen dunklen Seiten dieses Mannes. Verfasst hatte die Rede sein Mitarbeiter Edgar Jung, der die Menschen gegen Hitler zu mobilisieren versuchte. Er wird bald darauf ermordet werden (darum wird sich Papen dann allerdings nicht mehr kümmern).

In seiner Rede sagt Papen, dass eine Einheitspartei nur eine vorübergehende Erscheinung bleiben dürfe. Er beklagt sich über die Verleumdung der Christen und die Diffamierung intellektueller Tätigkeiten sowie über die Herabsetzung der als Reaktionäre gebrandmarkten Konservativen. Die Grundlage jedes Staates müsse das Recht sein. Es sei abwegig, jeder Kritik eine böse Absicht zu unterstellen. Nur eine von gegenseitigem Vertrauen getragene Auseinandersetzung um strittige Fragen könne Sicherheit und Schaffensfreude geben.

Man kann davon ausgehen, dass Hindenburg für diese Rede Papen Rückendeckung gegeben hat. Die Zeitungen dürfen die Rede nicht veröffentlichen. Papens Rede ist vor dem Hintergrund einer im Frühjahr 1934 um sich greifenden Unzufriedenheit in den Kreisen jener Menschen zu sehen, die sich allem Tageslärm zum Trotz eine gesunde Nachdenklichkeit bewahrt hatten. Sie nehmen mit Entsetzen und immer kritischer die Aggressionen gegen die katholische und evangelische Kirche sowie gegen die Juden zur Kenntnis wie überhaupt die Beseitigung des Rechtsstaates.

Goebbels ergeht sich in Drohungen gegen »die Herren, die in ihren Klubs in bequemen Sesseln herumlungern. [...] Diese Kritiker haben unseren Großmut nicht verstanden. Zweifellos werden sie unsere Strenge besser verstehen. Wir werden über sie hinweggehen.«

Etwa parallel zu diesen Ereignissen hatte sich in den letzten Monaten ein Konflikt zwischen Hitler und seinem SA-Führer Ernst Röhm entwickelt. Röhm war unzufrieden mit der Hintanstellung seiner Person und der SA gegenüber der Wehrmacht. Ihm schwebte vor, die SA als Miliz mit der Armee unter seinem, Röhms, Oberbefehl zu vereinigen. Hitler muss wohl den Versuch gemacht haben, Röhm von diesem Gedanken abzubringen, aber offenbar ohne Erfolg.

Jetzt entschließt sich Röhm zum Komplott, sammelt Waffen und erklärt seinen Anhängern, Hitler verrate die nationalsozialistische Revolution, er sei ein Büttel der Militärs und wolle die SA auflösen. Am 29. Juni wird Hitler der – sehr wahrscheinlich unzutreffende (und von den Militärs lancierte?) – Verdacht hinterbracht, ein Revolte Röhms und seiner Leute stehe unmittelbar bevor. Daraufhin fährt Hitler nach Bad Wiessee, wo sich Röhm zur Kur aufhält und beginnt mit einem großen Blutbad, indem er eigenhändig etliche von Röhms Gefährten erschießt. Röhm selbst wird kurz darauf von Hitlers Häschern umgebracht. Seine und seiner Freunde Homosexualität dient später als magere Rechtfertigung des Mordens.

Die Gelegenheit ist günstig, und Hitler benutzt sie, um viele seiner echten oder vermeintlichen Feinde, die mit der SA nichts zu tun haben, umbringen zu lassen. Es handelte sich vorwiegend um Intellektuelle aus dem bürgerlichen Lager. Ihre Zahl geht in die Hunderte. Papen entgeht – sicher knapp – diesem Schicksal.

Ich erinnere mich lebhaft, wie entsetzt meine Eltern damals waren. Denn mit dieser Affäre hatte sich Hitler selbst demaskiert und gezeigt, wozu er fähig war. Meine Mutter fühlte sich in ihren alten Vorbehalten bestätigt; aber mein Vater war und blieb hin- und hergerissen, weil er mit Hitlers Machtantritt plötzlich wieder auf eigenen Füßen hatte stehen können. In der Folgezeit gab es zwischen meinen Eltern viele politische Streitereien, ich habe sie als fast tägliche Auseinandersetzungen in der Erinnerung. Doch ich kann sie gerade im Rückblick nur zu gut verstehen. Denn in ihnen offenbarte sich im Grunde das allgemeines Dilemma jener Jahre.

Natürlich kann man heute rückschauend sagen: »Na ja, die Weltwirtschaftskrise flaute doch ab, es wäre auch ohne Hitler wieder aufwärts gegangen.« Heute weiß man das, aber damals konnte man es nicht wissen. Und wenn mein Vater bei den vielen politischen Kontroversen meine Mutter fragte, ob es denn wieder werden solle wie vor '33, dann wusste sie darauf auch keine Antwort. Ich habe sie jedenfalls nie sagen hören: »Nein, das Leben in wirtschaftlicher Not wie damals, aber ohne Hitler wäre mir lieber.«

Die Ermordung des österreichischen Bundeskanzlers Dollfuß Hitler hatte von Jugend an »alldeutsche« Pläne. In Österreich bestanden nach Hitlers »Machtergreifung« und unter dem Eindruck des Terrors sowie der antikirchlichen Tendenzen erhebliche Vorbehalte gegen einen Anschluss, und ihr unerschrockener Repräsentant war der von Gestalt kleine, aber mutige Bundeskanzler Dollfuß.

In Österreich breitete sich zur gleichen Zeit eine nationalsozialistische »Bewegung« aus, die wie ihre deutsche Schwesterpartei durch den Terror der Straße versuchte, an Einfluss zu gewinnen. Ihr stellte sich Dollfuß entschlossen entgegen, verbot das Tragen von Uniformen und ordnete eine Säuberung der Behörden von NS-Elementen an.

Schließlich kam es im Juli 1934 dazu, dass Dollfuß im Zusammenhang mit einem Aufstand, von dem sich die deutsche Seite geschickt distanzierte, durch NS-Attentäter ermordet wurde. Hitler schickte Papen als Botschafter nach Wien, den er auf diese Weise loswurde und der überdies als Katholik gutes Wetter in Wien zu machen versprach.

Das Wichtigste aber: Die armselige, schlaffe Entschlusslosigkeit der westlichen Demokratien hatte die Spielernatur Hitler durch diese Episode hochmotiviert und ihm signalisiert, dass er viel, sehr viel würde riskieren können, bevor ihm eine gefährliche Intervention drohte.

Hindenburgs Tod Am 2. August 1934 starb Hindenburg. Hitler sorgte dafür, dass er ihn umgehend als Präsident beerben konnte. Aber er »verzichtete« auf diesen Titel und ließ sich stattdessen als »Führer und Reichskanzler« apostrophieren. Es dauerte aber gar nicht lange, dann wurde der Zusatz »und Reichskanzler« weggelassen, und Hitler war jetzt im Inland wie auch zunehmend dem Ausland gegenüber nur noch »Der Führer«.

Damit erhielt seine Stellung eine völlig neue Qualität, die damals wie auch heute in ihren Konsequenzen kaum bedacht wurde bzw. wird. Denn während er als Reichskanzler auf den von Gesetz und Recht vorgegebenen Rahmen angewiesen war, eröffnete ihm der Führerbegriff den Eintritt in eine außerstaatliche Legitimation.

Einer der Kronjuristen des »Dritten Reiches« hat es so formuliert: Der Führer sei Träger des völkischen Gemeinwillens. Er wandele das bloße Gefühl des Volkes in einen bewussten Willen. Er bilde in sich den wahrhaften Willen des Volkes, der von den subjektiven Überzeugungen der jeweils lebenden Volksglieder zu unterscheiden sei; er verfechte die objektive Idee der Nation gegen die subjektive Willkür einer irregeleiteten Volksstimmung und so fort.(E. R. Huber: »Verfassungsrecht des Großdeutschen Reiches«, zit. n. H. Buchheim)

Damit war jeder Willkür des »Führers« das Tor geöffnet: Er konnte sich im Rahmen gesetzlicher Normen bewegen, er konnte es aber auch unterlassen, sich an bestehenden Gesetze zu halten. Die Herrschaft des NS-Regimes ist also nicht eine bis zum Äußersten getriebene Steigerung der staatlichen Macht, sondern neben die fortbestehende, aber relativierte Staatlichkeit trat jetzt der außerhalb gesetzter Normen liegende »Wille des Führers«. Erstmalig fand diese totalitäre Herrschaft ihren Ausdruck in der »Notverordnung zum Schutze von Volk und Staat« nach dem Reichstagsbrand (s. S. 102).

Wenn es nach Hitler gegangen wäre, hätte er am liebsten alle Gesetzbücher verbrannt und alle Juristen fortgejagt, so sehr hasste er das gesetzte Recht. In seinen Augen müsse jeder, der Jurist sei, defekt sein oder werden, so hat er sich einmal im vertrauten Kreis geäußert.

Die Exekutive des Führerwillens aber wurde die SS bzw. die hieraus hervorgegangene »Geheime Staatspolizei« (Gestapo), die überall dort tätig wurde, wo sich jener Wille des Führers nicht der gesetzten und noch in Kraft befindlichen Normen bediente. Damit wurde der defensive Charakter der Polizei zum Schutz des Staates im politischen Bereich zu einem aggressiven Instrument pervertiert, das den Führerwillen durchzusetzen hatte. Da im Laufe der Zeit die gesamte Bevölkerung einer polizeilichen Observierung unterlag, kam es konsequenterweise zu einer Verschmelzung von SS und Polizei.

12 | Das Jahr 1935: Das Saargebiet kehrt heim. Die Wiedereinführung der Wehrpflicht und die armselige Reaktion der Westmächte

Gleich zu Beginn des Jahres stärkte ein weiteres Ereignis Hitler den Rücken. Im Versailler Vertrag war festgelegt worden, dass nach 15 Jahren eine Abstimmung in dem zunächst unter französische Verwaltung gestellten Saargebiet über den zukünftigen Status entscheiden sollte. Jetzt stimmten 90 % der Saarländer für eine Rückkehr ins deutsche Reich. Der Jubel war groß, die propagandistische Auskostung ließ keine Möglichkeit aus, und Hitler versicherte Frankreich wieder einmal seine Friedensliebe, in der er sich von niemandem übertreffen lasse. Und wieder einmal gab man sich im westlichen Ausland der Illusion hin, Hitler könne sich vielleicht doch gewandelt haben.

Aber die Wiederaufrüstung war schon im Gang, als Hitler am 17. März das Gesetz zur Wiedereinführung der Wehrpflicht verkündete. Eine Erhöhung des britischen Wehretats und eine scheinbare Verlängerung der Dienstzeit in Frankreich hatten der deutschen Propaganda das erforderliche Material zur Vorbereitung dieses Schrittes geliefert.

Die Westmächte waren psychologisch in einer schwierigen Situation. Natürlich war die Wiedereinführung der Wehrpflicht ein glatter Bruch des Versailler Vertrages, und dieser stellte – jedenfalls theoretisch – den casus belli dar. So sah es auch Hitler, der große Sorge hatte, die Westmächte würden diesen Schritt nicht schlucken und kurzerhand einmarschieren. Doch er spielte Vabanque und gewann, weil Demokratien immer sehr lange Zeit brauchen, bis unliebsame Notwendigkeiten der breiten Masse zu vermitteln sind.

In Deutschland hatte Hitler die Bevölkerung von vornherein auf seiner Seite, weil es ja das erklärte Ziel aller Bevölkerungskreise war, den Versailler Vertrag zu revidieren; nur über die Methode war man unterschiedlicher Meinung. Nun gelang Hitler der Schritt, den die Besonnenen im Land behutsam tun wollten, mit einem Schlag, ohne dass etwas geschah.

Da freuten sich natürlich die allermeisten, denn hatte Hitler sich etwa mehr genommen, als jedes Volk für sich beanspruchte? Und war es nicht beeindruckend, wie ihm das gelungen war? Diese Gefühle hatten mit dem Nationalsozialismus als solchem sehr wenig, aber mit Hitler persönlich sehr viel zu tun; und es war mehr eine Emotion der Genugtuung angesichts der Beseitigung eines Zustandes, der verständlicherweise und durchaus zu Recht allgemein als Unrecht angesehen wurde. Worauf die Sache am Ende angelegt blieb, darüber war sich nur eine kleine Minderheit im Klaren.

Die gleichgeschaltete Presse feierte das Ereignis als ein großes Datum in der deutschen Geschichte. Nun sei, so hieß es, die Schande von Versailles ausgelöscht. Es gab Paraden und Vorbeimärsche, Reden und heilige Schwüre, an denen alle Waffengattungen einschließlich der bereits heimlich aufgerüsteten Luftwaffe teilnahmen.

Am meisten wurde verständlicherweise die Jugend von einem in dieser Situation nur zu verständlichen nationalen Gefühl erfasst. In unserer Schule wurden einige Wochen vor dem Abitur zwei Primaner feierlich verabschiedet, die sich als aktive Offiziersanwärter gemeldet hatten. Als Quintaner bewunderte ich natürlich die beiden, zumal ihre Streiche schulbekannt waren: den Herzog von Ratibor und Horst von Kirchbach, den Führer unserer Jugendgruppe »ND« (»Neudeutschland«, ähnlich den Pfadfindern). Sie wurden, wie ich später erfuhr, vorbildliche Offiziere. Der eine fiel in Polen, der andere in Russland.

Und was taten die Westmächte? Zunächst einmal nichts – wenn man von kleinlauten, lahmen Protesten absieht, die eigentlich noch schlechter als nichts waren. Und als Hitler merkte, dass er auf keinen ernsthaften Widerstand stieß, behandelte er den englischen Außenminister Eden bei seinem Besuch in Berlin rücksichtslos und rüpelhaft wie ein primitiver Gewinner seinen beim Pokerspiel unterlegenen Gegner.

Und Sir John Simon, der Eden begleitete, war schließlich angenehm überrascht von Hitlers Vorschlag, die Tonnage der deutschen Kriegsschiffe nicht über 35% der englischen hinausgehen zu lassen. Zwar fanden die Westmächte und Mussolini vier Wochen später zu einem sehr deutlichen Protest in Stresa und kurz darauf vor dem Völkerbund in Genf zusammen und berieten über Maßnahmen in zukünftigen Fällen. Aber Hitler hatte vollendete Tatsachen geschaffen, an denen nicht mehr zu rütteln war, wenn man einem bewaffneten Konflikt aus dem Wege gehen wollte.

Und darin waren sich leider alle Beteiligten einig. Dieses Vorgehen war »charakteristisch für die Haltung der Mächte, die bei jedem Gewaltstreich des dritten Reiches weniger darum besorgt waren, die geschehene Verletzung [des Versailler Vertrages] aufzuheben, als die nächste zu verhindern, während Hitler umgekehrt im erzielten Fortschritt einen Ansporn sah, auf den nächsten zu zielen.« (A. François-Poncet)

Stresa und Genf hatten vorübergehend – wenn auch post festum – eine Solidarität der europäischen Mächte gebracht, von der Hitler und die deutschen Kommentatoren höchst unangenehm überrascht waren. Aber diese Front hielt nur wenige Wochen. Dann war es Hitler mit seinem taktischen Geschick und seinen verbalen Verlockungen bereits gelungen, die Engländer schwach werden zu lassen: Im Alleingang nahmen sie seine 35%-Begrenzung der Flotte dankbar entgegen, und wenig später stürzte sich Mussolini in sein Abessinien-Abenteuer. Die Chance, den nächsten Weltkrieg zu vermeiden, war vertan.

Nachdem Adenauer 1955 in Moskau mit Bulganin und Chruschtschow verhandelt hatte, berichtete er, dass er zu ihnen gesagt habe, »sie möchten mal überlegen, wer denn den Hitler groß gemacht hätte. Ob wir das gewesen seien, oder ob nicht erst andere Länder das gemacht hätten. Darauf haben sie nichts geantwortet und haben es nicht in Abrede gestellt.« (zit. n. W. Bührer)

Mein Vater wird fünfzig und ich sage ein Gedicht auf. Onkel Hans auf der Anklagebank Im Januar 1935 wurde mein Vater 50 Jahre alt. Aus diesem Anlass hatte meine Mutter ein Gedicht verfasst, das ich aufsagen sollte und aus dem mir ein Vierzeiler in Erinnerung geblieben ist. Eingangs war von überstandenen Bedrängnissen vergangener Jahre die Rede und von den jetzt, im Januar, länger werdenden Tagen. Und dann hieß es:

> Dies nehmen wir als sich'res Zeichen,
> dass wieder Gutes kommen mag,
> denn Dunkles muss doch einmal weichen,
> und einmal bleibt es lange Tag.

In diesen Versen kam eine skeptische Stimmung zum Ausdruck, die gar nicht selten war. Das »Dunkle« betraf weniger die wirtschaftliche Not, denn die war schon in den Hintergrund getreten: Mein Vater war jetzt – nur zwei Jahre nach der tiefsten Depression – in der Lage, ein neues Auto zu kaufen! Es war ein kleiner Mercedes mit Heckmotor, nicht unähnlich dem späteren Volkswagen. Und diese herrlichen Schwingachsen hatte das wunderbare Auto und dadurch eine zauberhafte Federung und Straßenlage. Die rasante Veränderung der Lebensbedingungen war auf der ganzen Linie unglaublich.

Nein, es waren vor allem die Begleiterscheinungen der Willkür und die Rechtsbrüche, die das schöne Bild der wirtschaftlichen Besserung verdunkelten und von denen meine Mutter wie auch mein Vater hofften, es werde damit irgendwie eines Tages schon zu einem Ende kommen. Meine Mutter allerdings blieb weiterhin von dunklen Ahnungen mehr erfüllt als mein Vater, der vor sich selbst und anderen alle möglichen politischen Theorien entwickelte (und das taten außer ihm noch viele), um seine Zweifel loszuwerden und sich am neuen Wohlstand freuen zu können.

Aber so recht wollte das nicht gelingen. Gerade nämlich hatte Onkel Hans ein Erlebnis gehabt, das allen Anlass bot, misstrauisch zu bleiben.

Onkel Hans – jener anfangs schon erwähnte Sohn eines armen Schneiders aus Berlin – war Prokurist bei der DEA (Deutsche Erdöl-AG) und er hatte die Steuerangelegenheiten des Unternehmens zu bearbeiten. Da die Firma einen jüdischen Vorstand hatte (ich glaube, er hieß Hausmann), versuchte man, diesem integeren Herren etwas am Zeuge zu flicken, und das sollte der Fiskus besorgen.

Es kam also zu einer Gerichtsverhandlung, in der sich der Richter weniger als ein Anhänger des Rechts, sondern mehr als Vollstrecker des gesunden Volksempfindens sah und versuchte, dem Unternehmen Steuerunehrlichkeit nachzuweisen. Um Onkel Hans mürbe zu machen, ließ er ihn vier Stunden auf einer Holzbank warten. Aber Onkel Hans hatte nicht nur ein gutes Gewissen, sondern auch gute Nerven und legte sich der Länge nach auf die Bank, um die Wartezeit im Schlaf zu verbringen. Und als der linientreue Richter meinte, nun sei Onkel Hans wohl reif für einen Urteilsspruch im Namen der neuen Zeit, musste der Gerichtsdiener ihn wecken, und der famose Richter musste ihn und den Vorstand des Unternehmens freisprechen.

Einige Zeit später war Onkel Hans bei uns zu Besuch, und ich saß mit ihm wartend im Auto, während meine Eltern etwas einkauften. In der Unterhaltung plapperte ich einige Begründungen nach, die sich das Regime zur Legitimation seiner Diktatur zurechtgelegt hatte. Onkel Hans machte ein ernstes Gesicht und unterhielt sich dann mit mir wie mit einem Erwachsenen. Darauf war ich sehr stolz. Denn meine Eltern hatten in dem schwierigen pädagogischen Geschäft, einem Heranwachsenden allmählich Bürgerrechte in der Erwachsenenwelt einzuräumen, leider keine sehr glückliche Hand. Es genügten ihm wenige Sätze, in denen er kein Blatt vor den Mund nahm, um mir die propagandistischen Verdrehungen und den wahren Sachverhalt klar zu machen. Das kurze Seminar über Recht und Unrecht habe ich nicht vergessen.

Die Judengesetzgebung von 1935. Viele Juden hoffen auf eine wenn auch bescheidene Lebensbasis
Nach den Drangsalen der ersten zwei Jahre werden nun die »Nürnberger Gesetze« erlassen, die scheinbar die bisherige Willkür beenden und eine »rechtliche« Basis für das Leben der Juden schaffen. So haben es selbst viele Juden gesehen, die meinten, irgendwie damit leben zu können und immerhin vor weiteren Verschlimmerungen sicher zu sein.

Das war es eben: Hitlers Versprechungen gerade auf wirtschaftlichem Gebiet blieben keine leeren Versprechungen. Hier eröffnet er zwei Jahre nach der »Machtergreifung« das erste Autobahnteilstück Frankfurt-Darmstadt. Nach der entsetzlichsten wirtschaftlichen Krise, die Deutschland bis dahin gesehen hatte, grenzte die Dynamik dieses Wiederaufstiegs ans Wunderbare.

Diese Gesetze bestimmten, dass man »deutschen oder artverwandten Blutes« sein musste, um »Reichsbürger« – ein neuer Begriff für den vollwertigen Menschen – zu sein. Nur er besaß die vollen politischen Rechte, die Juden waren damit ausgegrenzt. Denn sie durften weder wählen noch ein öffentliches Amt bekleiden. Auch die ehemaligen jüdischen Frontsoldaten wurden jetzt in die Diffamierung einbezogen. Eine Heirat zwischen »Deutschen« und Juden war gesetzlich untersagt, sie galt als »Rassenschande«. Geschlechtsverkehr mit Juden wurde ebenfalls als »Rassenschande« bezeichnet und unter schwere Strafe gestellt. Kurzum, die Juden waren völlig rechtlos geworden, und die beiden Wochenblätter »Der Stürmer« und »Das schwarze Korps« überboten sich gegenseitig in den übelsten Verleumdungen und Diffamierungen, die jede Vorstellung überstiegen.

Im Übrigen spielten sich die Verfolgungen der Juden nach dem Erlass der so genannten »Nürnberger Gesetze« von 1935 bis 1938 kaum in der Öffentlichkeit ab. Denn die Olympischen Spiele standen vor der Tür, die ganz darauf angelegt waren, die deutsche Reputation im Ausland zu steigern. Zudem waren Hitler und sein Regime in diesen Jahren in erster Linie darum bemüht, die Röhm-Affäre des Jahres 1934 (s. S. 147) vergessen zu machen und den verblassenden Einigungsrausch des ersten Jahres durch eine Kette außenpolitischer Erfolge in eine innenpolitische Stabilisierung zu überführen.

Abschied von Locarno* 1925 hatte Deutschland unter der Federführung Stresemanns den Vertrag von Locarno unterzeichnet. Jetzt aber hatten sich die Zeiten geändert, Hitler betrachtete diese deutsche Verpflichtung als eine Einschränkung. Zugleich reizten die Konsequenzen des Vertrages seine Spielernatur, wieder den Würfelbecher in die Hand zu nehmen und den Einsatz zu verdoppeln. Natürlich musste er nach einem Vorwand suchen. Doch der war bald gefunden.

Für Frankreich war Deutschland ein Sicherheitsrisiko, jetzt mehr als je zuvor. Es versuchte deshalb, zu einem »Ostpakt« zu kommen, der Russland, Polen, die baltischen Staaten, die Tschechoslowakei und Deutschland in einem gegenseitigen Garantieabkommen umfassen und eine gegenseitige Unterstützung im Falle eines militärischen Angriffes auf einen der Beteiligtem sicherstellen sollte. Deutschland jedoch lehnte jetzt das ab, was man in Locarno unter ähnlichen Voraussetzungen gutgeheißen hatte, weil Hitlers Ziele im Osten lagen.

Im Mai 1935 kam es zum Abschluss eines Bündnisvertrages zwischen Frankreich und der Sowjetunion. Eine Woche später hielt Hitler vor dem Reichstag eine große Rede, beteuerte seine Friedensliebe, die im Kontrast zu dem eben abgeschlossenen französisch-russischen Vertrag stehe. Deutschland werde aber trotzdem zum Locarnovertrag stehen, soweit die anderen Signatarmächte das Gleiche tun würden.

Dann kamen Monate der Ruhe, in denen die Presse immer wieder einmal die deutsche Vertragstreue zu Locarno beteuerte. Der Schachspieler wartete noch auf seine Chance.

* | Der Vertrag von Locarno: An dem 1925 abgeschlossenen Vertrag waren Deutschland, Belgien Frankreich, England, Italien, Polen und die Tschechoslowakei beteiligt. Ziel des Vertrages war die Herstellung eines Sicherheitssystems in Mitteleuropa im Rahmen des Völkerbundes. Darin verzichtete Deutschland auf eine Revision seiner Westgrenze und erkannte ausdrücklich die Entmilitarisierung des Rheinlandes an, die Bestandteil des Versailler Vertrages war. Sinn dieser Abmachung war es aus deutscher Sicht, einerseits das Rheinland zu sichern (Schutz vor eventuellen französischen Sanktionen), andererseits dem französischen Sicherheitsbedürfnis Rechnung zu tragen. Demgegenüber verzichtete Deutschland nicht auf eine künftige Revision der Ostgrenze mit friedlichen Mitteln und anerkannte andererseits die Defensivverträge Frankreichs mit Polen und der Tschechoslowakei.

13 | Friedensstimmung im Jahr 1936: Deutschland im Olympiafieber. Hitler kündigt Locarno und marschiert unbehelligt im Rheinland ein

Hitler wählte für seine Überraschungscoups in der Regel einen Samstag, weil er die westlichen Politiker zu diesem Zeitpunkt zu Recht beschlussunfähig im Wochenende wähnte. So auch am 7. März 1936, als deutsche Truppen im Rheinland einrückten. Gleichzeitig kündigte Hitler den Vertrag von Locarno mit der Begründung, der französisch-sowjetische Vertrag sei mit den Abmachungen von Locarno unvereinbar (seinem Geist entsprachen die russisch-französischen Abmachungen sicher nicht). Die jubelnden Massen am Straßenrand wussten natürlich nichts von Locarno und seinen vertraglichen Verpflichtungen, die durch den Einmarsch verletzt wurden. Es sei, so meinten die Leute, die sich damals so wenig wie heute um genauere Details kümmerten, ein Schritt mehr weg von Versailles. Und war der Anspruch auf die unbeschränkte Territorialhoheit etwa mehr, als alle anderen ganz selbstverständlich forderten?

Die Franzosen erwogen ernsthaft eine militärische Intervention, schreckten aber dann doch davor zurück. Die übrigen europäischen Mächte gaben ihrer Entrüstung Ausdruck, aber das störte Hitler wenig. 48 Stunden hatte Hitler bangen müssen, dass etwas geschah. Dann aber wusste er: Es würde wieder nichts geschehen, und dann konnte er vor die Militärs, die ihn gewarnt hatten, hintreten und überlegen sagen: Na, sehen Sie, es ist gekommen, wie ich Ihnen gesagt habe! Hitlers leidenschaftliche Anhänger aber schlugen sich vor Begeisterung gegenseitig auf die Schulter und riefen sich zu: Das macht dem Führer keiner nach! Die breite Masse empfand den Einmarsch als eine längst fällige »Normalisierung« und war deshalb ebenso einverstanden wie beeindruckt. Man ging schnell zur Tagesordnung über.

Denn das ganze Land befand sich im Olympiafieber. Im Februar waren in Garmisch-Partenkirchen die Olympischen Winterspiele abgehalten worden, die den deutschen Teilnehmern große Erfolge brachten. Schon hier war ein Rahmen geschaffen worden, der alle Teilnehmer und Besucher die Spiele als ein großes, friedliches Ereignis in einem friedlichen Land empfinden ließ.

Diese Stimmung steigerte sich bis zu den Olympischen Sommerspielen immer mehr. So wurde diese Olympiade zu einem riesigen Fest, das alle dunklen Wolken der Vergangenheit und Zukunft beiseite zu schieben schien. Dies wurde nicht nur von der deutschen Bevölkerung, sondern auch vom Ausland so empfunden. Das deutsche Talent für eine vorzügliche Organisation verband sich mit dem Bestreben des Regimes, sich von den besten Seiten darzustellen.

Die Eröffnungsfeierlichkeiten, mit einer von Richard Strauß komponierten olympischen Hymne, hatten einen pseudoreligiösen Anstrich. Die Teilnehmer der einzelnen Nationen wurden mit großer Herzlichkeit begrüßt, und als die Franzosen mit erhobenem rechten Arm vorbeimarschierten, kannte der Jubel keine Grenzen.

Die Olympiade 1936 in Berlin: Einmarsch der Nationen. Nur drei Jahre nach der größten Wirtschaftskatastrophe stellte sich das Regime dem internationalen Publikum mit perfekter Organisation als ein blühendes Staatswesen dar. Ausländische Besucher kamen in großer Zahl und sparten nicht mit Bewunderung. Für sie war es zu diesem Zeitpunkt praktisch nicht wahrnehmbar, dass man hierzulande in einer Diktatur lebte. Allenfalls hätte ein Ausländer von einem »autoritären System« gesprochen, einer Staatsform, mit der damals in Europa viele liebäugelten.

In den beiden Jahren zuvor war eine intensive Sportförderung betrieben worden. Überall wurden »Olympia-Anwärter« herausgefiltert. Wir hatten auf unserer Schule auch einen solchen Olympia-Kandidaten im Schwimmen, den wir sehr bewunderten (auch wenn er dann nicht zu den erhofften Ehren kam). Dank dieser Förderung schnitten die deutschen Teilnehmer – hinter dem Spitzenreiter USA – sehr erfolgreich ab.

Die Menschen im In- und Ausland dachten, dass man sich nun einer Periode des Friedens nähern werde, nachdem Deutschland den verhassten Versailler Vertrag liquidiert hatte. Hitlers Ansehen im Ausland war enorm gestiegen, und alle Welt war neugierig darauf, ihn und das neue Deutschland kennen zu lernen; und dazu boten die Spiele eine gute Gelegenheit.

Das Regime nutzte die Stunde mit einem Aufwand ohnegleichen, dem fraglos parvenuhafte Züge anhafteten. Aber der Zweck wurde erreicht, denn die ausländischen Besucher waren tief beeindruckt, wenn Goebbels eintausend Personen zu einem Diner und zu einer italienischen Nacht auf die Pfaueninsel einlud, die nach einem Regentag im Handumdrehen von Soldaten der Wehrmacht wieder für das abendliche Fest hergerichtet wurde und wo am Abend ein riesiges Feuerwerk den Nachthimmel verzauberte.

Oder man staunte über das Dorf aus dem 18. Jahrhundert, das Göring hatte aufbauen lassen und in dem er seine Gäste mit allerlei Schnickschnack-Unterhaltung erfreute. Ribbentrop, gerade zum Botschafter in London ernannt, bewirtete 700 Personen in seiner

Dahlemer Villa unter einem riesigen Zelt und wurde seiner Vergangenheit als Pommery-Vertreter gerecht, indem er diesen Champagner in Strömen fließen ließ. In der Berliner Oper gab es einen großen Ball mit vielen livrierten Dienern, mit viel Glanz und Flitter. Es war, wie gesagt, alles eigentlich eine Schuhnummer zu groß, aber es verfehlte seinen Eindruck nicht. Ein von Leni Riefenstahl ausgezeichnet gemachter Film über die Olympischen Spiele sorgte dafür, dass die Herrlichkeiten dieser Tage den Weg in alle Städte und Dörfer fanden und dass sich ihr Hochgefühl der gesamten Bevölkerung mitteilte.

Man bedenke, dies alles spielte sich nur drei Jahre nach jener Wirtschaftskrise ab, in der Deutschland am Rand des Abgrunds gestanden hatte. Deutsche und Ausländer waren von dem Schauspiel so gefangen genommen, dass die wenigsten den neuen Abgrund wahrnahmen.

Um die gleiche Zeit fiel die Zahl der KZ-Häftlinge unter 10 000. Auch wenn das nichts an der schlimmen Situation der noch Inhaftierten änderte, so sehr verdämmerte jetzt aus dem Bewusstsein der breiten Masse, dass man in einer Diktatur lebte. Im Gegenteil: Viele Menschen meinten, ohne gewisse Maßnahmen des Zwanges und der Reglementierung wären die bisherigen großen Erfolge nicht möglich gewesen. Die Drangsalierung der Juden spielte sich jetzt längst nicht mehr in der Öffentlichkeit ab, und viele Juden waren bereits emigriert. Zu dem versäumte die Propaganda nicht, immer wieder mit Schlagzeilen über die Verhaftungswellen des »großen Terrors« in der Sowjetunion zu berichten, sodass sich hierzulande jeder angesichts der gebannten bolschewistischen Gefahr glücklich schätzen musste.

14 Die innere Struktur der Zustimmung und Ablehnung im »Dritten Reich«

Wenn man heute Fernsehdokumentationen aus jenen Jahren sieht, so hängen meist zu allen Fenstern Hakenkreuzfahnen heraus, und es werden dazu kurze Ausschnitte aus irgendwelchen Aufmärschen gezeigt, die dem heutigen Betrachter den Eindruck vermitteln, die Menschen seien damals ständig zwischen Fahnen herumgelaufen und ziemlich stupide von einem Aufmarsch zum anderen gerannt, um alle Augenblicke »Sieg Heil« zu rufen. Auch ergibt sich für den heutigen Zuschauer zumeist der Eindruck, jene drei Viertel der Bevölkerung, die man – in der Tat – als Anhänger Hitlers bezeichnen konnte, seien eine weitgehend homogene Gruppe gewesen. Eine solche Vorstellung entspricht aber nicht der damaligen Realität.

Zunächst muss man sagen, dass die Form und das Ausmaß der Zustimmung einerseits zu Hitler und andererseits zum Regime zwei verschiedene Paar Schuhe waren. Für die Anhänger insgesamt war Hitler der Hoffnungsträger, aber das Regime blieb für die Allermeisten eine unerfreuliche Begleiterscheinung. Man kann diesen Unterschied gar nicht genug betonen, er bleibt bedeutungsvoll bis in die Nachkriegszeit hinein, genauer: bis zum heutigen Tage. Denn die Menschen, die in den Dreißigerjahren Hitler anhingen, sahen in ihm den Retter und ahnten nicht im Traum, dass er letztlich der Alleinschuldige der großen Katastrophe sein würde. Hätte man damals den Menschen gesagt, das »Dritte Reich« werde in den Untergang führen, dann hätte jeder Anhänger Hitlers weit eher das Parteivolk als Schuldigen vermutet, aber kaum Hitler selbst.

Heute ist die Meinung weit verbreitet, Hitler und die peripheren Träger seines Regimes als eine einheitliche Autorität zu sehen. Aber es war eben ganz anders: Hitler war die überragende, pseudosakral herausgehobene, fast mythische und ferne Gestalt, ein absolutistischer Herrscher reinsten Wasser, dem mit Zauberhand alles gelang, was er anfasste – und in den Niederungen des Alltags liefen seine kleinen und großen Vasallen herum, von allen als Trittbrettfahrer jenes dem deutschen Volk von Gott Gesandten betrachtet, miese Alltagsware, allenfalls gefürchtet, aber von niemandem geachtet. Sie hatten ja auch keine Funktion, sie arbeiteten nicht wirklich und leisteten nichts Produktives. Sie schmarotzten nur auf Kosten der Allgemeinheit, das konnte jedermann sehen, und je höher sie im Rang standen, um so mehr.

Die Schattierungen der Zustimmung und Ablehnung Nach meiner Einschätzung (die ich öfter bei meinen Altersgenossen bestätigt gefunden habe), dürften 30 % der Bevölkerung überzeugte und kompromisslose Anhänger Hitlers gewesen sein. Dreißig Prozent – das klingt nach relativ wenig, aber das war eben doch fast jeder dritte erwachsene Deutsche. Hinzu kam, dass die Jugend sehr weitgehend nationalsozialistisch indoktriniert war. Dies schlug sich durchaus im allgemeinen politischen Klima nieder. Die Absolventen höherer

Schulen machten hiervon eine auffallende Ausnahme. Jedoch war in den Dreißigerjahren die Zahl dieser Schüler sehr viel kleiner als heute.

Schätzungsweise etwa 20 % waren oder wurden im Laufe der Zeit »anti«, wie man das nannte. Das hatte nichts mit aktivem »Widerstand« zu tun, sondern hierunter war eine innerlich ablehnende Haltung ohne Wenn und Aber zu verstehen. Zwischen diesen beiden Polen erklärter Zustimmung und Ablehnung lag das breite Spektrum der Bevölkerung, das etwa die Hälfte ausmachte. Man kann sie mit einem Wort als »Sympathisanten« bezeichnen. Diese Gruppe zeigte mancherlei Nuancen einer stärkeren oder weniger starken Zustimmung oder auch Vorbehalte, aber allen gemeinsam war etwa folgende Charakteristik:

Man setzte auf Hitler, weil man ihn für einen fähigen Politiker hielt, der Deutschland aus der Misere herausgeführt und international wieder respektabel gemacht hatte. Man sah durchaus seine machtpolitische Rücksichtslosigkeit, nahm sie aber um des erwiesenen Aufstiegs willen in Kauf. Man bedauerte die Verfolgung der Juden und meinte selbst beschwichtigend, dass sich diese »Auswüchse« am Ende doch irgendwie legen würden. In diesem Zusammenhang war wichtig, dass sich die Drangsalierungen der Juden nach 1933 – abgesehen von der üblen Judengesetzgebung 1935 – nicht mehr in der Öffentlichkeit abspielten. Die Sympathisanten lehnten das Regime in seiner peripheren Phänomenologie ab oder sahen es zumindest sehr kritisch. Denn sie sahen in der Partei und ihren Funktionären ein Sammelsurium von nur selten qualifizierten, sondern meist hochgekommenen, fragwürdigen und im Grunde oft verachtenswerten Existenzen. Freiwillig gingen die wenigsten der Sympathisanten in die Partei, am ehesten als Beamte unter dem Druck der drohenden Entlassung. Auch eine Mitgliedschaft in einer der »Gliederungen« der Partei – also SA oder SS – nahm kaum einer auf sich.

Man war kein blinder Claqueur. Freiwillig ging kaum einer zu einer Kundgebung oder sonstigen Parteiveranstaltung. Vielmehr machte man durchaus, wenn die Umstände es zuließen, von der Möglichkeit des »Meckerns« über Unzulänglichkeiten des Regimes Gebrauch. Darüber hinaus konnte ein Sympathisant im vertrauten Kreis auch Hitler in dieser oder jener Beziehung in Frage stellen oder sich zum Schimpfen über allerlei Missstände verstehen, sodass der Einruck entstand, der Betreffende sei eher dagegen als dafür. Bei anderer Gelegenheit wieder verteidigte ein solcher Sympathisant Hitler und seine Herrschaft. Man sprach auch nicht vom »Führer« (das taten die 30 %), sondern von »Hitler«. Und schlussendlich: Man wusste nicht, wer denn an Hitlers Stelle würde treten und mit ähnlichem Erfolg würde handeln können.

Zu diesen Sympathisanten gehörte mein Vater, wenn er auch sicher mehr Vorbehalte hatte als der Durchschnitt dieser Gruppe. Aber am Ende sah eben auch er keine Alternative zu Hitler, weil er sich nur mit Entsetzen an seine wirtschaftliche Situation vor 1933 erinnerte. Hinzu kam für alle Sympathisanten, dass schon wenige Monate nach Hitlers Machtübernahme ohnehin gar nicht mehr daran zu denken war, dass Hitler von unten her, von der Straße aus, wie wir es 1989 in der DDR erlebt haben, aus dem Sattel würde gehoben werden können. Dafür waren seine Erfolge viel zu überzeugend.

Und wo kamen die Jubelnden her? Zugejubelt wurde stets nur Hitler, nie einem seiner Vasallen. Nach dem Ende des Jahres 1933 war es selten, dass sich Hitler außerhalb der festliegenden NS-»Feiertage« den Menschen in einer Fahrt durch die Menge zur Schau stellte. Das geschah nur zu ganz wenigen besonderen Anlässen, etwa nach einem gelungenen außenpolitischen Coup wie der Annexion Österreichs oder im Krieg nach dem Frankreichfeldzug. Im Übrigen boten nur die Auftritte Hitlers in den Großkundgebungen eine Möglichkeit, ihm zuzujubeln.

Die aus solchem Anlass Jubelnden rekrutierten sich in erster Linie aus jenen 30 % der ohne Wenn und Aber Begeisterten. Da diese 30 % gleichbedeutend mit vielen Millionen waren, genügten sie völlig, um als Publikum die Straßen und Arenen zu füllen. Manche Sympathisanten mögen, je nach Anlass, hinzugekommen sein, aber sie waren sicher in der Minderzahl. Mein Vater beispielsweise wäre nie auf die Idee gekommen, sich an den Straßenrand zu stellen und Hitler »Sieg Heil« zuzurufen oder eine Großkundgebung zu besuchen.

Bei den großen Aufmärschen und Kundgebungen waren außer den »Hundertprozentigen« (und unter ihnen die SA u. ä.) natürlich geschlossen die Hitlerjugend, der Arbeitsdienst und Teile der Wehrmacht dabei. Damit waren schon genügend Leute auf den Beinen, viele Tausend waren es gewiss. Irgendein Zwang zur Teilnahme wurde auf die Sympathisanten nie ausgeübt. Das war schon deshalb ausgeschlossen, weil man sie ja gar nicht kannte.

Insofern hatten unter den Anhängern des »Dritten Reiches« die Sympathisanten das angenehmste Leben. Denn das Regime ließ sie ungeschoren – und vermied dadurch, dass unter den Sympathisanten Ressentiments geweckt wurden. Das war aber eine unfreiwillige Konsequenz, denn der Wille Hitlers zielte erklärtermaßen darauf ab, die Deutschen in Zukunft von der Wiege bis zur Bahre in die Parteidisziplin einzuspannen. Er war sich nur darüber im Klaren, dass er die »Alten«, ehemals Bürgerlichen, dahin nicht bringen konnte, ohne sich eine breite Opposition auf den Hals zu laden. So hoffte er, auf die Dauer sein Ziel über die nationalsozialistische Indoktrination der nachwachsenden Generation zu erreichen.

Demgegenüber mussten die Parteimitglieder an allen möglichen Parteiversammlungen teilnehmen. Vor allem aber hatten die Angehörigen der SA und der übrigen »Gliederungen« regelmäßig »Dienst« am Wochenende oder auch zusätzlich in der Woche. Dabei ging es um paramilitärische Ausbildung und um »politische Schulung«. Das lief natürlich auf eine Einengung der persönlichen Freiheit und ein stumpfsinniges Verplempern der Zeit hinaus, zu der freiwillig nur einfältige Gemüter bereit sein konnten oder Fanatiker oder aber Leute, die auf diesem Wege eine Karriere zu machen hofften.

Ach ja, und dann gab es da noch die »NS-Frauenschaft« mit Frau Scholz-Klink (ich glaube, so hieß sie) an der Spitze. Wenn man auf Bildern aus den Dreißigerjahren verzückte Frauen abgebildet sieht, die Hitler zujubeln und versuchen, ach, doch seine Hand zu ergreifen, dann kann man ziemlich sicher sein, dass diese Damen in der NS-Frauenschaft »organisiert« waren. Das waren nun wirklich die Treuesten der Treuen des Führers. Niemand hatte sie zu einer Mitgliedschaft gezwungen, nein, reine Liebe zum Führer war es. Sie waren die Gefährlichsten in der Unterhaltung, weil am schnellsten zu einer Denunziation bereit: eine üble Gesellschaft, vor der man sich nur in acht nehmen konnte. In dieser Beziehung kamen sie gleich hinter der SS.

Wurde also der »nichtorganisierte« Durchschnittsbürger in den Dreißigerjahren überhaupt nicht behelligt? Oh doch! Aber wirklich behelligt wurde man nur indirekt, nämlich durch die unaufhörliche Propaganda, die einem pausenlos aus der Presse und dem Rundfunk entgegenkam. Sie war mal mehr, mal weniger intensiv, aber sie hörte nie auf.

Als meine Eltern 1936 ihren 15. Hochzeitstag feierten, gingen sie mit mir zum Abendessen in den »Luisenhof«, dem wohl am schönsten gelegenen Dresdner Restaurant auf der rechten Elbseite mit einem herrlichen Blick auf die Stadt. Kaum hatten wir uns an den Tisch gesetzt, ertönte aus dem Lautsprecher die Stimme von Josef Goebbels, der eine Rede hielt. Na, das konnte ja ein schöner Abend werden. Meine Eltern und die übrigen Gäste sahen sich vielsagend an, aber niemand wagte zu protestieren. Aber schon nach wenigen Sätzen kam die Erlösung. Denn ein Engländer winkte den Ober heran und bat unbekümmert darum, doch das Radio abzustellen. Der Ober entsprach diesem Wunsch unverzüglich, und auf allen Gesichtern spiegelte sich die Erleichterung angesichts des nun geretteten Abends wider.

Die Wirkung dieses propagandistischen Dauerregens war sehr unterschiedlich. Das Drittel der »Hundertprozentigen« sah sich hierdurch tagtäglich bestätigt. Genauso, wie die meisten Menschen heute sagen: »Es ist gestern im Fernsehen gekommen« und in diesem Faktum allein schon die Garantie für einen objektiven Wahrheitsgehalt sehen und nicht den Ausdruck einer individuellen Meinung, so wurden damals die Meldungen in Rundfunk, Presse und Wochenschau als im Grunde objektive Berichterstattung mit einem gewissen notwendigen propagandistischen Beiwerk aufgefasst.

Die Gruppe der Sympathisanten mochte gegenüber dieser ständigen gefärbten Meldungsflut etwas kritischer sein, brachte aber nur einen Teil der dargebotenen Nachrichtensubstanz in Abzug und wurde letztendlich deshalb doch in der von den Medien gewünschten Richtung beeinflusst.

Die Reaktion der »Antis« war zwiespältig. Im Vordergrund stand, dass man von diesen unaufhörlichen Phrasen angewidert wurde und dass dadurch die Antipathien gegen das Regime zunahmen. So ging es jedenfalls mir und meinen Freunden, mit denen ich mich in Übereinstimmung wusste, etwa von meinem 14. Lebensjahr an. Hierbei spielten natürlich glückliche pädagogische Einflüsse eine wichtige Rolle.

Andererseits wusste auch in dieser Gruppe der Einzelne nie so recht, ob an der Kernsubstanz der Nachrichten nicht doch etwas Wahres daran war. Denn er hatte ja keine Möglichkeit der Überprüfung, weil auch ein Auslandssender – wenn er ihn denn hörte – einem Propagandazweck folgte und zudem nicht ständig die deutschen Inlandsnachrichten kommentierte. Hinzu kam, dass Hitler von 1933 bis 1938 ein außenpolitischer Coup nach dem anderen gelang und dass er wirtschaftspolitisch Deutschland von heute auf morgen in ein blühendes Land verwandelt hatte. Unter diesen Umständen Wahrheit und Lüge auseinander zu halten, war außerordentlich schwierig und oft genug unmöglich.

Ich weiß noch gut, dass ich in diesen Jahren sehr bereit war zu glauben, dass die westlichen Demokratien wohl eine degenerierte Sippschaft sein mussten, weil Hitler alles so bewundernswert leicht gelang, während sie von einer Regierungskrise in die andere stolperten, weil sie Hitler ständig aufs Wort parierten und ihm oft genug den Hof machten. Erst als unser Englischlehrer (der glücklicherweise noch nicht einmal ein Sympathisant war) uns anhand von Zeitungen sehr ausführlich über die damaligen Krönungsfeierlichkeiten in London informierte und ich bald darauf meinen Korrespondenzfreund Kenneth bei seinem Besuch persönlich kennen lernte und an ihm ein wenig studieren konnte, was man »very british« nennt, ging mir – bis zu einem gewissen Grade – ein Licht auf.

Und was war mit den Aufmärschen und Kundgebungen? Wenn man heute im Fernsehen Bilder aus der Zeit des »Dritten Reiches« sieht, dann sind in der Regel die Straßen in ein Meer von Hakenkreuzfahnen getaucht. Auch das ist ganz irreführend. Die Aufnahmen wurden meist von der damaligen Wochenschau gedreht, und das geschah natürlich nur zu besonderen Anlässen. Im Alltag war das Straßenbild nicht anders als heute auch. Die Leute gingen ihrer Arbeit nach, und jeder lebte sein Leben. Geflaggt wurde nur zu den »Festtagen« des Regimes, die genau festgelegt waren. Ausnahmen hiervon gab es in Berlin, wenn dort ein Staatsbesuch zu erwarten war.

Der Festtagskalender des nationalsozialistischen »Kirchenjahres« Im »Dritten Reich« wusste man die Wirkung großer Feste auf die Anhänger richtig einzuschätzen. Denn diese Veranstaltungen hatten einen beträchtlichen propagandistischen und solidarisierenden Effekt. Man wusste aber auch, dass Zwang hier das falsche Mittel war. Desgleichen war man sich darüber klar, dass eine zu große Zahl von Veranstaltungen den Effekt nicht erhöhen, sondern verwässern würde. Deshalb hatte man sich, sozusagen in Analogie zum Kirchenjahr, eine begrenzte Zahl von Gedenktagen und Festen ausgedacht, die nach einem bestimmten Programm bzw. Ritual abliefen. Zu diesen Veranstaltungen lud man stets das diplomatische Korps ein, um den neuen Stolz auch nach außen hin zu demonstrieren.

Im März begann es mit dem Heldengedenktag: In der Kroll-Oper fand eine Feierstunde statt und anschließend erfolgten Kranzniederlegungen. Am 20. April feierte man Hitlers Geburtstag so wie früher »Kaisers Geburtstag«. Aus allen Landesteilen kamen Abordnungen, um dem Führer zu gratulieren, und die Zeitungen wussten hierüber rührend zu berichten. Eine große Parade bildete den Abschluss. Dann kam der 1. Mai, das Fest der Arbeit, wobei man den erfolgreichen Stil des Jahres 1933 beibehielt.

Den Höhepunkt der Festtagsfolge bildete im September der einwöchige Reichsparteitag in Nürnberg. Hitler hatte den Platz ausgewählt, weil diese alte Kaiserstadt eine lange historische Tradition hatte, an Kunst und Reichtum denken ließ und an die Reichskleinodien, die dort einmal aufbewahrt worden waren. Auch Hitlers Idol Richard Wagner schien hier präsent. In jedem Jahr wurde der Parteitag unter eine andere Devise gestellt: Parteitag des Sieges, Parteitag der Ehre, Triumph des Willens und so fort. Ungeahnte Menschmassen bevölkerten die Stadt, etwa so viel, wie sie Einwohner zählte, doch die Organisation wurde mit ihnen fertig.

»Aber erstaunlich und nicht zu beschreiben war die Atmosphäre der allgemeinen Begeisterung, in die die alte Stadt eintauchte, ein eigenartiger Rausch, von dem hunderttausende von Männern und Frauen erfasst wurden, eine romantische Erregung, fast mystische Ekstase, eine Art heiligen Wahns. Während der acht Tage ist Nürnberg eine Stadt, in der nur Freude herrscht, eine Stadt, die unter einem Zauber steht, fast eine Stadt der Entrückten. Diese Atmosphäre, verbunden mit der Schönheit der Darbietungen und einer großzügigen Gastfreundschaft, beeindruckte die Ausländer stark; und das Regime vergaß nie, sie zu dieser jährlichen Tagung einzuladen. Es ging davon eine Wirkung aus, der nicht viele widerstehen konnten; wenn sie heimkehrten, waren sie verführt und gewonnen, reif zur Mitarbeit, ohne die gefährliche Wirklichkeit bemerkt zu haben, die sich hinter dem trügerischen Prunk großartiger Aufmärsche verbarg.« (A. François-Poncet)

Die Regie dieser Parteitage war meisterhaft. Sie lag in der Hand von Albert Speer. Hier feierte die Massengesellschaft ihre beseligenden Gemeinschaftserlebnisse; hier durfte sie dem Führer zu Füßen liegen, wenn Hitler in seinen das Herz und den Verstand

Reichsparteitag in Nürnberg 1933. Die Massenveranstaltungen zur »Totenehrung« waren eines der wirkungsvollsten Rituale, die der Nationalsozialismus immer wieder mit dumpfem Trommelwirbel zelebrierte. Der Orientierungslosigkeit der Epoche kam das Gefühl ungemein entgegen, einer »verschworenen Gemeinschaft« anzugehören, die den Unbilden menschlichen Schicksals zu trotzen schien und die zeitliche Begrenzung der menschlichen Existenz mit – wenn auch diffusen, so doch gefühlsstarken – Verheißungen bleibenden Ruhms zu überwinden trachtete.

überwältigenden Reden den Geist der Staatsvergottung beschwor. Die Kommunisten haben haargenau das Gleiche unternommen, dabei die gleichen Ziele verfolgt, und die Dimensionen ihrer Aufmärsche waren nicht kleiner. Aber niemals haben sie diese rituelle Perfektion der pseudoreligiösen Weihestimmung erreicht, wie dies Hitler und seinem Adepten Speer gelang.

Die Woche des Parteitages hatte einen festgelegten Ablauf: Am Eröffnungstag die Proklamation des Führers, dann folgten die Tage des Arbeitsdienstes und der Hitlerjugend, dann wieder kam der Tag der Parteifunktionäre, die mit 150 000 Mann aufmarschierten, anderntags bestimmte die SA das Bild und schließlich mit einer großen Parade die Wehrmacht. Auf allen Kundgebungen sprach Hitler, und diese Massenerlebnisse verzauberten die Teilnehmer; sie überkam eine dem Alltag entrückte, überirdische Stimmung, die unvergesslich in der Erinnerung haften blieb. Sein Erscheinen, seine Reden und die soziale Geborgenheit in einer riesigen Schar Gleichgesinnter, das waren die eigentlichen Höhepunkte, derentwegen man nach Nürnberg gekommen, nein: gepilgert war.

Im Oktober fand auf dem Bückeberg bei Hannover das große nationale Erntedankfest statt, das einerseits von einer pseudoreligiösen Blut-und-Boden-Mystik getragen war; andererseits sorgten Trachtenaufzüge und Volkstanzdarbietungen für eine völkisch angefärbte, aber stimmungsvolle Fröhlichkeit: Selbstverständlich sprach Hitler auch hier, und ebenso selbstverständlich bildete ein Manöver der Wehrmacht, der »Schützerin unseres heiligen Bodens«, den Abschluss.

Am 9. November wurde in München der »Blutzeugen der Bewegung« gedacht. Den Mittelpunkt der Feier bildete ein emotionsgeladener Kult um die »Gefallenen der Feldherrnhalle« die am 9. November 1923 bei dem von Hitler inszenierten Putsch zu Tode gekommen waren. Trommelwirbel und tiefe Molltöne versetzten die Teilnehmer auch hier in eine Art religiöser Grundstimmung, die als höchsten Zweck des Menschen ein heldisches Leben und die bedingungslose Bereitschaft pries, das eigene Leben im Interesse des Staates für nichts zu achten, formuliert in dem über die Sarkophage geschmetterten Ruf: »Du bist nichts, dein Volk ist alles.«

Alle diese Veranstaltungen waren darauf angelegt, ein starkes nationales Solidaritätsgefühl auf einer weihevollen, opferbereiten Grundstimmung zu erzeugen. Sie kamen damit vor allem der Sehnsucht jüngerer Menschen entgegen, sich einem Ideal zu verschreiben. Da die Weimarer Republik dem Bedürfnis der Jugend nach Idealbildung nichts zu bieten hatte, sondern in deren Augen heillos zerstritten war, fanden Hitler und seine geschickten Anhänger hier ein Vakuum vor, das sie mit Leichtigkeit auffüllen konnten. Es war eine »pervertierte moralische Energie«, die hier genutzt wurde. »Es waren vor allem Menschen mit einem starken, wenn auch zugleich richtungslosen Moralverlangen, an die der Nationalsozialismus appelliert hat. [...] Treue, Ehrlichkeit, Gehorsam, Härte, Anständigkeit, Armut, Tapferkeit, allerdings losgelöst von jedem übergreifenden Bezugssystem und gänzlich auf die Zwecke des Regimes ausgerichtet.« (J. Fest)

Erste eigene Erfahrungen mit den Repräsentanten der neuen Zeit Im Sommer 1936 wurde die Mitgliedschaft in der Hitlerjugend – jetzt sprach man auch von »Staatsjugend« – Pflicht. Schon 1934 oder 1935 war der Samstag zum »Staatsjugendtag« erklärt worden. An diesem Tag hatten die Angehörigen der Hitlerjugend bzw. des »Jungvolkes« (10- bis 14-Jährige) schulfrei und stattdessen Dienst. Die »Nichtorganisierten« hatten in der Schule keinen normalen, sondern »nationalpolitischen« Unterricht.

Bisher hatte ich der schon erwähnten, zur katholischen Jugendbewegung gehörenden Schülergruppe angehört und an ihren Zusammenkünften zwar nicht mit Leidenschaft, aber doch ganz gern teilgenommen. Jetzt aber war ich, ebenso wie meine dortigen Freunde, im Herzen empört. Denn man hatte uns kurzerhand verboten. Wieso eigentlich? Wem hatten wir denn etwas getan? Es war die erste heilsame Lektion.

Die nächste Lektion fand am folgenden Samstag statt, als ich zum ersten Mal – ich war noch nicht ganz 14 Jahre alt – beim Jungvolk zum Dienst erschien. Man ließ uns unverblümt wissen, dass wir »die Neuen« seien und also zu denen gehörten, die bis jetzt immer abseits gestanden hätten. Damit sei es nun aber vorbei. Der Führer habe der Hitlerjugend den Auftrag gegeben, alle Jungen und Mädel geschlossen auf die Aufgaben der Zukunft vorzubereiten, und dazu seien wir jetzt hier. Höchste Zeit sei es deshalb, dass wir uns endlich der Jugend des Führers eingliedern und uns die nationalsozialistische Weltanschauung zu Eigen machen würden. Dieser 17-jährige »Fähnleinführer« hatte eigentlich kein unsympathisches Gesicht, aber wenn er sprach, stieg ihm seine Macht zu Kopfe.

Dann begann der Dienst, der sich für die »Neuen« ausschließlich im Exerzieren abspielte. Vor mir stand ein gleichaltriger Junge, den ich vor einer Stunde noch nicht gekannt hatte, und befahl mir »links um, rechts um!« und nörgelte an mir herum wie ein mieser professioneller Unteroffizier. Ich war wütend. Denn ich fragte mich in diesem

Erntedankfest auf dem Bückeberg bei Hameln. Alle »Festtage« des Regimes waren mit pseudo-religiöser Feierlichkeit unterlegt. So auch hier: Auf einer Massenveranstaltung werden die Früchte bäuerlicher Arbeit – so wie früher symbolisch Gott am Altar der Kirche – jetzt ebenso symbolisch Hitler übergeben.

Augenblick voll von innerem Zorn, woher denn dieser Kerl da vor mir, so alt wie ich, die Berechtigung bezog, mich hier ohne jeden vernünftigen Sinn und Zweck herumzuschikanieren.

Nicht überall spielte sich für die »Neuen« die erste Begegnung mit der Hitlerjugend so ab. Aber ich bin heute noch froh über diese am eigenen Leibe gesammelten ersten Erfahrungen mit dem Regime und seinen Jüngern. Denn sie brachten mich ganz von selbst in eine angemessene Distanz zum Nationalsozialismus. Hierzu trug etwa um die gleiche Zeit auch noch ein anderes, mehr literarisches Erlebnis bei.

In meinem Elternhaus tauchte eines Tages, ich weiß nicht mehr woher, eine geheftete Schrift mit dem Titel »Kleine Kritik am ›Mythus des 20. Jahrhunderts‹« auf. Dieser »Mythus des 20. Jahrhunderts« galt als das weltanschauliche Standardwerk des Nationalsozialismus; sein Verfasser war Alfred Rosenberg, der nationalsozialistische »Chefideologe« (den Hitler allerdings verachtete). Die »Kleine Kritik« dürfte damals kaum über die Ladentheke gehandelt worden sein, sondern ging wahrscheinlich unter der Hand von einem zum andern. Die Verfasser waren einige Hochschulprofessoren, wenn ich mich recht entsinne, waren es vornehmlich katholische Theologen der Universität Münster. Jedenfalls gehörte ein beträchtlicher Mut dazu, damals noch eine solche Schrift unter die Leute zu bringen.

Für mich als Halbwüchsigen erhöhte allein schon dieses ganze Drum und Dran der Vertraulichkeit den Reiz, die Schrift zu lesen. Erst recht fesselte mich die Lektüre selbst. Denn wenn ich auch von der Thematik an sich herzlich wenig verstand, so war es doch auch für mich einleuchtend und sehr vergnüglich, wie hier in kühler wissenschaftlicher Manier, sachlich und ganz unpolemisch, das Machwerk dieses Chefideologen »auseinandergenommen« wurde. Da die Verfasser offensichtlich ihr Metier souverän beherrschten, waren sie in der Lage, die vielen Phrasen und Halbwahrheiten, das von Rosenberg aus der Kulturgeschichte falsch Verstandene und die Phantastereien, die das

Mißbrauchte Jugend. Lagerromantik 1933.

Buch enthielt, als solche zu entlarven. Wenn ich heute in diesem Buch Rosenbergs blättere, bewundere ich die damaligen Verfasser erst recht, dass sie sich überhaupt der Mühe unterzogen, gegen diesen kaum lesbaren oberflächlichen Schwulst anzuschreiben. Doch ihre Arbeit war nicht umsonst. Denn außer mir hat daraus bestimmt noch manch anderer damals seinen Nutzen gezogen.

Da das gedankliche Kauderwelsch an Phrasen und unbewiesenen Behauptungen dem Standardrepertoire der »Weltanschauung« in der Hitlerjugend entsprach, trug diese Lektüre sehr dazu bei, dass ich auf die weltanschaulichen Plattheiten, die uns ständig umgaben, nicht hereinfiel, sondern in jugendlichem Hochmut jedes Mal versucht war, schmerzlich das Gesicht zu verziehen, wenn ich irgendwo den Parolen des Nationalsozialismus begegnete.

Jener Fähnleinführer beherrschte übrigens bereits die Regeln der Einschüchterung recht gut. Wir durften nämlich das HJ-Abzeichen nicht sofort, sondern erst nach einer gewissen Zeit der »Bewährung« tragen. Als ich dann nach »Verleihung« des HJ-Abzeichens irgendwann eine harmlose, aber unziemliche Bemerkung gemacht hatte, wurde mir vor versammelter Mannschaft die Berechtigung zum Tragen des HJ-Abzeichens für 6 Wochen wieder abgesprochen. Kam ich in dieser Zeit vom Dienst nach Hause, heftete ich mir das Abzeichen vor der Haustür wieder an, weil ich die Fragen und Aufregungen meiner Eltern fürchtete.

Im Oktober wurde ich 14 Jahre alt und in die Hitlerjugend (14- bis 18-Jährige) »überführt«. Hier ging es wesentlich weniger verbissen, sondern ziemlich chaotisch zu, ganz so, wie man sich das Zusammensein von Jungen in diesem Alter vorstellt. Es beschränkte sich im Wesentlichen auf die »Heimabende«, die der Vertiefung der »nationalsozialistischen Weltanschauung« dienten.

Mißbrauchte Jugend. Deutsche Soldaten in Stalingrad auf dem Weg in die Gefangenschaft.

Das geschah eigentlich kaum durch verbale »Schulungen«, sondern mehr indirekt durch »Gemeinschaftserlebnisse« wie »Geländedienst« und Sport sowie die gemeinsam gesungenen Lieder. In Gedächtnis geblieben ist mir ein Lied mit dem Textbeginn: »In den Ostwind hebt die Fahnen, denn im Ostwind steh'n sie gut, [...] und den Ruf hört unser Blut.« Ich machte mir um diesen Text nicht viele Gedanken, wusste aber auch eigentlich nichts damit anzufangen. Gefühlsmäßig dachte ich gelegentlich, es gehe um die Wiedererlangung der im Versailler Vertrag an Polen abgetretenen Gebiete. Ich kann mich aber nicht erinnern, dass Hitlers »Lebensraum«-Forderung erörtert wurde.

Ein besonders übles Lied mit einer eingängigen Melodie war sehr beliebt:

Es zittern die morschen Knochen
der Welt vor dem großen Krieg.
Wir haben die Schrecken gebrochen,
für uns war's ein großer Sieg.
Wir werden weiter marschieren,
wenn alles in Scherben fällt,
denn heute gehört uns Deutschland
und morgen die ganze Welt.

So richtig vorstellen konnte ich mir das allerdings nicht, wie uns die ganze Welt gehören sollte.

Was war das eigentlich: die »nationalsozialistische Weltanschauung«? Wenn man in den Dreißigerjahren einer Abiturklasse als Aufsatzthema die Frage nach der nationalsozialistischen Weltanschauung vorgesetzt hätte, wären alle in großer Verlegenheit gewesen. Denn hinter diesem Begriff verbargen sich weder ein klar umrissenes Programm noch ein bestimmtes Weltbild. Man hätte alles mögliche nennen können: das »Führerprinzip«, das »Großdeutsche Reich«, die »Volksgemeinschaft«, das Schlagwort »Gemeinnutz geht vor Eigennutz«. Man hätte »Blut und Boden« verherrlichen können oder die Überlegenheit der »arische Rasse«, man hätte über die »dekadenten westlichen Demokratien« und ihre »plutokratische Herrschaft« herziehen können – alles wäre richtig gewesen.

Hieraus ergibt sich schon, dass diese »Weltanschauung« eigentlich gar kein Programm war, analog etwa zu dem des Marxismus. Vielmehr handelte es sich um eine bestimmte Mentalität (H. Buchheim), die für die nationalsozialistische Elite zum tragenden Element wurde. Im Laufe der Zeit würde diese »Weltanschauung«, so hoffte Hitler, alle Menschen in Deutschland weitgehend durchdringen und damit verbinden.

In der Tat ist es Hitler gelungen, in der Kerntruppe seiner Anhänger – nämlich in der SS, in der Hitlerjugend und im »Reichsarbeitsdienst« – diese Mentalität sehr fest zu etablieren. In der Partei, in der SA und in den weiteren Untergliederungen gelang ihm das nur bedingt, weil hier ziemlich viele »Mitläufer« beheimatet waren.

Einige Aspekte der NS-Mentalität im »Dritten Reich«: deutsche »rassische Hochkultur« und sozialdarwinistische Überlegenheit im »Daseinskampf« Im Vordergrund der nationalsozialistischen »Weltanschauung« stand die unermüdlich wiederholte Verherrlichung des Deutsch-seins, der »deutschen Art«, der überlegenen »arischen Rasse«, die zum Befehlen geschaffen und der zu gehorchen die anderen Völker geboren waren. Niemals fiel – weder in der Publizistik noch im Schulunterricht – ein Wort über die Qualitäten und die Leistungen anderer Völker. Vielmehr wurden die westlichen Demokratien ständig als die »vom internationalen Judentum beherrschten Plutokratien« verächtlich gemacht. Der Geschichtsunterricht war allein auf eine mythologische Glorifizierung der deutschen Vergangenheit ausgerichtet.

Einen breiten Raum nahm, vor allem im Biologieunterricht der Schulen, die Rassenkunde ein, die mit pseudowissenschaftlichen Mitteln die Überlegenheit der arischen Rasse und die Kostbarkeit deutschen Blutes nachzuweisen und den jungen Menschen einzuimpfen suchte. Obwohl gerade auf den höheren Schulen im Allgemeinen der propagandistische Charakter solcher Aussagen durchaus erkannt wurde, blieb am Ende von der Grundsubstanz dieses völkischen Hochmutes doch etwas hängen.

Das entscheidende Kennzeichen deutschen Mannestums war es, ein »Kämpfer« zu sein: Rassisch überlegen, hatte er ständig kampfbereit zu sein, für sein »im Kampf ums Dasein« stehendes Volk, aber auch kämpferisch im täglichen Leben und hart gegen sich selbst.

Mit diesem Sozialdarwinismus wurde hierzulande die Vorstellung verbunden, dass eine solche »natürliche Auslese« die Voraussetzung menschlicher Höherentwicklung und somit das Schicksal der zwischenstaatlichen Beziehungen sei. Das Humanitätsprinzip hingegen hebe die »gesunde« und »zweckmäßige« regulative Wirksamkeit der natürlichen Auslese auf.

Pädagogisch im Vordergrund standen eine »soldatische Haltung« als Basiseinstellung zum Leben und eine »fanatische Entschlossenheit«, nichts als unmöglich anzusehen und

Ein Gemälde von Adolf Ziegler: »Göttin der Kunst«, recht typisch für die »artgerechte Kunst« im Dritten Reich.

jeden Befehl auszuführen, dabei »hart wie Kruppstahl« und unbekümmert um irgendwelche ethische Normen. Kampf und Krieg wie auch das Dasein des Kriegers wurden nicht als Bewährung in einer Ausnahmesituation, sondern als erstrebenswerte Kontinuität verherrlicht.

Kunst und Weltanschauung Die Kunst hatte dem Volk zu dienen, musste »schön« sein, das »jüdisch-bolschewistische Artfremde« eliminieren und den Geist der »nationalen Bewegung« in den Erscheinungen des täglichen Lebens widerspiegeln, wie sie sich in den Wunschvorstellungen des Nationalsozialismus darstellten.

Gezeigt werden musste deshalb eine heile Welt deutschen Aufstiegs, deutscher Kampf- und Opferbereitschaft, konfliktfreier und gläubiger Volksgemeinschaft, heroischen Soldatentums und deutscher Verbundenheit mit Blut und Boden. Nicht fehlen durfte der Arbeiter, dem die Freude am unermüdlichen Schaffen »für Deutschland« ins Gesicht geschrieben war und der, ganz ähnlich wie im Sozialismus, zum »Helden der Arbeit« stilisiert wurde.

Kinderreiche Familien ließen ihre rassische Untadeligkeit an Haupt und Gliedern erkennen. Blonde Frauen mit einem aus Zöpfen geflochtenen Kranzgebilde auf dem Kopf schienen nur darauf zu warten, dem Führer alsbald das nächste Kind zu gebären, ließen aber von den zu diesem Zweck erforderlichen Vorfreuden wenig ahnen. Da diese Wunschwelt nationalsozialistischer Wesensdurchdringung in der Realität nicht existierte, war diese Kunst genauso verlogen, wie die analogen Produkte in jedem kommunistischen »Arbeiter- und Bauernstaat«. Deshalb mussten die beteiligten Maler und Bildhauer nicht alle schlecht sein. Aber der geforderte »weltanschaulich saubere« Stil zwang jeden, der hier reüssieren wollte, seine Seele zu verkaufen oder sich mit jener Weltanschauung zu identifizieren.

Zufällig war ich 1938 allein in München und besuchte bei dieser Gelegenheit die Ausstellung im Haus der Deutschen Kunst. Gegenüber war eine Ausstellung »Entartete Kunst« plakatiert. Aber da ich damit nichts anzufangen wusste, ging ich nicht hinein. Ich hätte wohl auch sicher kopfschüttelnd vor den Bildern gestanden, denn bis dahin war ich ohne sachkundige Einführung in diese Kunstepoche geblieben.

In der Ausstellung gegenüber begegnete ich einer Malerei und Plastik, die den damaligen weltanschaulichen Erfordernissen genügte. Ich fand das Dargebotene nicht hässlich, aber es begeisterte mich auch nicht, ohne dass ich mir selbst den Grund sagen konnte. Ich dachte bei mir, es ist alles so dargestellt, wie in der Natur, und trotzdem fand ich das, was ich da sah, eigentlich langweilig. Der Grund war vermutlich, dass diese Kunst zu einem Hilfsmittel der Propaganda nationalsozialistischer Mentalität wurde, ohne dass der Betrachter das allenthalben so recht merkte.

Natürlich suchten meine pubertierenden Augen mit flackernden Blicken nach weiblichen Akten, und gleich am Eingang war eine Dame zu sehen – ich glaube, es war die vorstehend abgebildete Schöne – die ein Maler namens Adolf Ziegler gemalt hatte. Ein enttäuschtes Gefühl beschlich mich, weil meiner sexuellen Phantasie so recht keine Flügel wachsen wollten. Vielleicht lag das daran, dass mein Griechischlehrer Heubner mich, zusammen mit drei oder vier Klassenkameraden, kurz zuvor mit in die Dresdner Gemäldegalerie genommen hatte und wir dort vor Giorgiones »ruhender Venus« gestanden hatten. Denn jene Dame schien mir in der Erinnerung wohl von anderem Blut durchpulst, als die Ziegler'sche Schöpfung, die mich in den folgenden Nächten auch nicht in meinen Träumen verwirrte.

Die Weltanschauung und das Recht Mit Hitlers »Machtergreifung« trat an die Stelle des bisherigen liberalen Rechtsstaates sehr schnell der totalitäre Herrschaftsanspruch des Nationalsozialismus. Obschon der neue Gesetzgeber die bisherige Rechtsordnung grundsätzlich bestehen ließ – dies gilt insbesondere für das Privatrecht –, lautete das Programm der nationalsozialistischen Rechtspolitik: »Völkische Rechtserneuerung auf der Grundlage der nationalsozialistischen Weltanschauung.«

Hitler hatte für die Juristen nur Verachtung übrig und hätte sie, eigenem Bekunden zufolge, am liebsten alle umgebracht. Seine Anhänger dachten ganz ähnlich und ebenso vulgär. Im Grunde betrachteten sie das Recht nur als instrumentelle Hilfe für ihre totalitäre Herrschaft. Das bestehende Recht bot aber hierzu keinen unmittelbaren Zugang. Auch war neues NS-Recht nicht aus dem Boden zu stampfen, aber man brauchte natürlich im täglichen Leben eine Rechtsordnung, damit nicht alles drunter und drüber ging. So kam nun alles darauf an, die bestehende Gesetzlichkeit mit »weltanschaulichem Leben« zu erfüllen.

Es bleibt ein beschämendes Kapitel der Rechtsgeschichte, mit welcher Beflissenheit sich eine große Zahl der deutschen juristischen Hochschullehrer »in einer seltsamen Mischung aus völkischer Begeisterung, Karrieresucht und ängstlicher Anpassung« (B. Rüthers) um die Wette bemühte, diesem Anspruch der neuen Machthaber schnellstmöglich gerecht zu werden.

Das Recht am Galgen. Um dem »völkischen Rechtsempfinden« Eingang vor allem bei der jüngeren Juristengeneration zu verschaffen, fanden bald nach der »Machtergreifung« Schulungslager für Referendare in Jüterbog statt. Das Bild ist ebenso dekuvrierend wie beklemmend: Begeisterte juristische Anhänger des »neuen Rechtsempfindens« amüsieren sich darüber, dass hier das gesetzte Recht, dargestellt in einem Paragraphen, an den Galgen gebracht und damit getötet wird.

Im Vordergrund stand die neue »Rechtsidee«. Sie bestand in der Ablösung des bürgerlichen Rechtsstaates durch den auf »rassische Artgleichheit« gegründeten völkischen Rechtsstaat. Danach diente das Gesetz nur noch der »näheren Ausgestaltung der völkischen Ordnung«. Somit war es grundsätzlich möglich, im Einzelfall ein Gesetz für obsolet zu erklären: »Mit der Überwindung der Trennung von Recht, Sitte und Sittlichkeit wird auch das Recht als Rechtsquelle wieder hineingestellt in den Gesamtzusammenhang der Lebensäußerungen des Volkes.« (K. Michaelis, zit. n. B. Rüthers). Damit hatte im Zweifelsfall die Weltanschauung immer vor dem gesetzten Recht zu rangieren.

Erstaunlich bleibt bei alledem die Wendigkeit der begründenden Formulierungen: »Das Recht wurzelt in der artbestimmten Volksgemeinschaft, es ist deshalb mit dem Verstande allein nicht zu errechnen, ist vielmehr vom Volksgenossen aus der Volksverbundenheit heraus zu erfühlen und zu erleben.« (H. Lange, zit. n. B. Rüthers) Durch die Allmacht des »Führerbefehls« wurde das verfassungsmäßig erlassene Gesetz seiner normativen Kraft beraubt und die Unberechenbarkeit und Unvorhersehbarkeit zur Norm erhoben.

Einen besonders traurigen Ruhm hat sich damals Carl Schmitt erworben, der bis dahin als bedeutender Staatsrechtslehrer galt.

Ich zitiere aus der Vielzahl seiner wendigen Ergebenheitsbekundungen nur zwei seiner Äußerungen, weil sie sehr anschaulich den plötzlichen damaligen Umbruch des Denkens und jenes geistige Fluidum der »Weltanschauung« aus juristischer Sicht in konkrete Worte fassen:

»In einem Gemeinwesen, das den Staat als Mittel der nationalsozialistischen Weltanschauung ansieht, ist das Gesetz Plan und Wille des Führers. [...] Der deutsche Rechtswahrer ist heute der Mitarbeiter des Führers. Alle, die von Berufs wegen mit der Anwendung und Wahrung des deutschen Rechts befasst sind, stehen in derselben weltanschaulichen Grundhaltung. [...] Der Führer ist nicht Staatsorgan, sondern oberster Gerichtsherr der Nation und höchster Gesetzgeber.«

Nach den Morden um Röhm 1934: »Der Führer schützt das Recht vor dem schlimmsten Missbrauch, wenn er im Augenblick der Gefahr kraft seines Führertums als oberster Gerichtsherr unmittelbar Recht schafft. Der wahre Führer ist immer auch Richter. [...] In Wahrheit war die Tat des Führers echte Gerichtsbarkeit. Sie untersteht nicht der Justiz, sondern war selbst höchste Justiz.« (zit. n. B. Rüthers) An diesem Kotau ist besonders widerlich, dass er unmittelbar nach den Morden publiziert wurde, denen auch Männer zum Opfer fielen, die Schmitt nahegestanden hatten.

Die weltanschaulichen Träume vom »Reich« Diese Träume trieben wunderliche Blüten, die sich aber immer ähnlich waren. So korrespondierte beispielsweise auch der Unterricht unseres linientreuen Geschichtslehrers Ziegler weitgehend mit einem Beitrag von Friedrich Hielscher in dem früher erwähnten Buch »Krieg und Krieger«:

»Durch die Völkerwanderung wird die Erde zum ersten Mal auf das heimliche Reich aufmerksam. [...] Der Schatz dieser Kräfte ist groß. [...] Der Mensch ist Schlachtfeld geworden. Die ganze Fülle der in diesem Streit miteinander verflochtenen Kräfte nimmt das heimliche Reich in sich auf, als es seine Stämme in den Krieg um das Mittelmeer hineinschickt. [...]

Im sechzehnten Jahrhundert erwacht der Westen. Ein neues Seelentum wird sichtbar. Seine Menschen breiten sich westlich des Rheines und bald auch jenseits des atlantischen Ozeans aus, gekennzeichnet nicht durch Verehrung einer als göttlich empfundenen Macht, sondern durch Anbetung des Stoffes, nicht nach Weisheit oder Macht, sondern nach Verdienst strebend, als Ziel und Sinn des Lebens den größtmöglichen wirtschaftlichen Nutzen vor Augen. [...]

Während diese neue geschichtliche Macht ihre Stellung so rasch wie möglich ausbaut, schmelzen die Menschen des heimlichen Reiches im Feuer des Dreißigjährigen Krieges die seit einem Jahrtausend gewonnen Werte ein. [...] Der Dreißigjährige Krieg ermöglicht Leibnitz und Friedrich den Großen, Bach und Mozart, Goethe und Hegel.«

Ich hätte diesen kaum lesbaren Schwulst nicht so ausführlich zitiert, wenn derartige deutsch-völkische Historien-Phantastereien im »Dritten Reich« nicht zum unbestrittenen Fundus der linientreuen Journalisten, Schriftsteller und Pädagogen gehört hätten.

15 | Das Jahr 1937: Hitlers glänzende Bilanz. Ganz Deutschland träumt vom dauerhaften Frieden

Es war ein Jahr der Ruhe vor dem Sturm. Die Menschen in Deutschland hatten das Friedensgefühl des vorangegangen Olympiajahres in das neue Jahr mitgebracht und gaben sich der trügerischen Hoffnung hin, man stehe nun vor einer Phase der Stabilisierung.

Denn aus aller Welt kamen Leute und Delegationen angereist, um das Beispiel Deutschland zu studieren, das sich in so kurzer Zeit aus aller Misere herausgearbeitet hatte: Wie die Arbeitslosigkeit beseitigt worden sei, wollte man wissen; welche Förderung die Wirtschaft erfahren habe; wie man es fertiggebracht habe, zu alledem noch die Sozialleistungen in diesem Ausmaß zu verbessern: die Arbeitsbedingungen, die Wohnungen, die Betriebskantinen, die Kindergärten, die Flotte der KdF-Schiffe, die Erholungsstätten für Arbeiter. Das Modell eines auf Rügen geplanten riesigen Hotels erhielt auf der Weltausstellung in Paris den Grand Prix. Ausländische Beobachter und Berichterstatter überboten sich in Bewunderung. Wie sollten die Deutschen da nicht vor Stolz strahlen?

Demgegenüber spielten sich in dieser Zeit die Bedrängnisse und Verfolgungen der Juden und Regimegegner weitgehend im Verborgenen ab, sodass sie kaum jemals in den Sichtkreis des Durchschnittsbürgers traten. Gleichzeitig bestärkte Hitler die Bevölkerung in ihrer Zuversicht durch seine Versicherung: »Die Epoche der Überraschungen ist abgeschlossen«, und die meisten glaubten ihm das auch. Durch seine Erfolge hatte sich Hitler in der Bevölkerung einen großen Kredit erworben. Auch die »Antis« konnten nicht umhin, diese Leistungen als das anzuerkennen, was sie waren: eben Leistungen. Für die »Hundertprozentigen« und die Sympathisanten resultierte daraus eine geradezu naive Anhänglichkeit, auch wenn das Regime insgesamt und in ihm die Partei durchaus ein Ziel der Kritik aus allen Bevölkerungskreisen waren. Hitler und sein Meisterschüler Goebbels ließen den Menschen weitgehend stillschweigend dieses Ventil des »Meckerns«, solange es nicht am Heiligsten des Heiligen, nämlich am Führer selbst, rüttelte.

Eine von Hitlers Weichenstellungen war der pompöse Empfang, den er Mussolini zuteil werden ließ und der alle früheren Inszenierungen dieser Art weit übertraf. Dahinter schien eine echte Zuneigung zu stehen, die Hitler gegenüber Mussolini empfand. In Verbindung mit dem ungewöhnlichen Geschick Hitlers, Menschen zu überreden, wurde Mussolini unfähig zur kritischen Analyse, und die beiden schlossen ein Bündnis. Für die nächsten Schritte der kalten Eroberung, die Hitler plante, war die neue Verbindung – man nannte sie jetzt die »Achse Berlin–Rom« – von entscheidender Bedeutung. Als die riesige Kundgebung auf dem Berliner Maifeld mit Mussolinis pathetischer Rede ihrem Höhepunkt zustrebte, zuckten die Blitze und krachten die Donner eines großen Gewitters, als wollte der Himmel vom kommenden Unheil dieser Verbindung künden.

Diese Annäherung der beiden Diktatoren hatte eine wechselvolle Vorgeschichte, die sehr viel Misstrauen und Vorsicht aufseiten Mussolinis enthielt. Denn er hatte Hitler in seiner infamen Durchtriebenheit schon richtig erkannt, er verachtete ihn und hielt ihn für einen Narren. Und deshalb hielt er sich in den ersten Jahren Hitler vom Leibe.

Aber im Laufe der Zeit ließ sich der ehrgeizige Mussolini doch von den raschen Erfolgen, die Hitlers Dreistigkeit hatte, beeindrucken. So nahm das Verhängnis seinen Lauf, nachdem die Front von Stresa zerbrach und so wenig gefehlt hätte, Europa und der Welt den Frieden zu retten.

Im Dezember 1937 verbrachte der französische Außenminister Pierre Etienne Flandin anlässlich einer privaten Reise drei Tage in Berlin, traf aber auch mit Regierungsmitgliedern zusammen. Als er mit dem englischen Botschafter Neville Henderson zusammensaß, meinte dieser: »Wir gehen dem Frieden entgegen.« Flandin war gegenteiliger Ansicht: »Was wir zur Zeit erleben, ist die Ruhe vor dem Sturm«, und er schloss mit Henderson eine Wette ab, dass Hitler noch vor Ablauf von drei Monaten in Österreich einfallen werde. So nahe lagen damals Klarsicht und Täuschung beieinander – und die beiden waren höchstrangige Diplomaten, denen alle Informationsmöglichkeiten offen standen! Ist es angesichts dieser bezeichnenden Episode verwunderlich, dass damals die Mehrzahl der Deutschen hinter Hitler stand?

Hitlers atemberaubende Erfolge, die großen politischen Schaustellungen des Regimes und die jetzt schon starke Verwurzelung der Jugend in der NS-Mentalität sowie die Erwartung aller, dass Deutschland nun einer Epoche ruhiger Friedensjahre entgegengehe, hatten Hitler eine Reputation in der Bevölkerung verschafft, die unantastbar schien und die er mittels seiner unbeirrt durchgehaltenen sakralen Überhöhung in mythischer Ferne meisterhaft aufrechtzuerhalten verstand.

Hitler agiert immer ungeduldiger und entwickelt im engsten Führungskreis seine Eroberungspläne
Noch während Hitler versicherte, die Zeit der Überraschungen sei nun vorbei, plante er schon ungeduldig die nächsten Schritte, wie von jetzt an überhaupt das Handeln Hitlers durch eine sich immer noch steigernde Hast gekennzeichnet ist, als habe er Sorge, seine Lebenszeit reiche nicht aus, um seine Eroberungspläne zu verwirklichen.

Ende November 1937 hielt Hitler eine geheime Konferenz im allerengsten Führungskreis von Partei und Wehrmacht ab. Darin wiederholte Hitler in einem mehrstündigen Monolog seine schon in »Mein Kampf« geäußerten Absichten eines großen Eroberungszuges nach Osten und der hierzu notwendigen bahnbrechenden Schritte. Konstantin von Neurath, der Außenminister, und die Militärs von Fritsch und von Blomberg traten diesen Kriegsplänen scharf entgegen. Hitler konnte daher die unten beschriebene so genannte Fritsch-Krise nur willkommen sein, um diese Männer mit ihrer »bürgerlichen Denkungsart« loszuwerden.

16 | Das Jahr 1938: Die Fritsch-Krise. Österreich im Heimkehrrausch. Am Rand des Krieges erscheint Hitler als Retter des Friedens. Persönliche Erlebnisse. Das Novemberpogrom

Hitler diffamiert den Oberbefehlshaber der Wehrmacht und schiebt Generäle wie Bleisoldaten hin und her Am Anfang dieses Jahres kam es aus eigentlich nichtigem Anlass zu einer schweren Führungskrise der Wehrmacht. In kurzen Worten: General von Blomberg, der Chef des Reichswehrministeriums, war verwitwet und wollte wieder heiraten, und zwar seine Sekretärin. Hitler war einverstanden, aber der Oberbefehlshaber der Wehrmacht, General von Fritsch, protestierte mit der Begründung, die Heiratsaspirantin habe ein zweifelhaftes Vorleben. Hitler war außer sich und bekam einen seiner Wutanfälle, aber der General von Fritsch feuerte aus allen Rohren zurück und redete sich mit scharfen Worten alles von der Seele, was sich in ihm an Kritik aufgestaut hatte: er brandmarkte die Brutalität des Regimes, seine Verschwendung, seine Korruption, und er wetterte gegen Hitlers glücksspielerische Außenpolitik. Jetzt überschlug sich Hitler vor Wut, verweigerte Blomberg den beantragten Rücktritt und nahm Himmlers Behauptung auf, Fritsch sei homosexuell.

Fritsch trat von seinem Posten zurück und verlangte ein Ehrengerichtsverfahren. Daraufhin benutzte Hitler die Gelegenheit zu einem Großreinemachen, entließ 16 hochrangige Generäle und versetzte zahlreiche hohe Offiziere. Unter den verbliebenen Generälen zeigte sich keine Spur von Solidarität. Hitler hatte ohne Widerstand die Generalität nach seinem Belieben hin- und herschieben und austauschen können, und beflissen hatte sich jeder General schnell bereitgefunden, dem ein neuer Posten oder gar Aufstieg winkte. Verächtlich meinte Hitler, nun wisse er, dass die Generäle feige seien.

Bei dieser Gelegenheit »säuberte« Hitler auch das Außenministerium und den damit verbundenen diplomatischen Dienst. Es war eine Wiederholung der Röhm-Affäre, wenn auch ohne Blutvergießen.

Der neue Außenminister Joachim von Ribbentrop war von mäßiger Intelligenz, aber maßlos eitel und liebedienerisch Hitler gegenüber. Dieser bewunderte seinen Höfling, weil er Englisch und Französisch konnte. Das Adelsprädikat hatte sich der aus einfachen Verhältnissen stammende Ribbentrop mittels der von ihm betriebenen Adoption durch einen entfernten Verwandten besorgt. Eigentlich war er schlichter Getränkevertreter gewesen, aber dann hatte er die Tochter des Sektfabrikanten Henkell geheiratet und war dadurch reich geworden. Goebbels hatte seinen Aufstieg hämisch auf eine treffende Formel gebracht: »Seinen Namen hat er gekauft, sein Geld hat er geheiratet, und sein Amt hat er sich erschwindelt.« (zit. n. W. Michalka) Nun residierte er in einer üppigen Villa in Berlin-Dahlem, und Hitler bewunderte ihn, weil er ihn für einen Mann von Welt hielt. Dieser wiederum redete Hitler unaufhörlich nach dem Munde, und das war es, worauf Hitler stets wartete.

Ribbentrops Kenntnismangel war unglaublich: Er hatte keinen Schimmer vom Text des Versailler Vertrages und wusste nichts von den Verpflichtungen, die Deutschland nach 1919 eingegangenen war. Weder war er in der Lage zu sagen, was der Locarnopakt enthielt noch welche Abmachungen im Briand-Kellog-Pakt* standen.

Es war schwer, eine richtige Unterhaltung mit ihm zu führen. Er folgte dem Beispiel Hitlers und hielt Monologe, sodass Unterhaltungen mit ihm für ausländische Diplomaten wertlos waren. Dazu war Ribbentrop ein ausgesprochener Scharfmacher, der Hitler immer wieder auf seinem unheilvollen Weg anfeuerte. Aber das gerade gefiel Hitler, der von Ribbentrop sagte: »Er ist stärker als Bismarck.« (zit. n. A. François-Poncet)

Die Fritsch-Krise nutzte Hitler geschickt aus, um sich selbst zum Oberbefehlshaber der Wehrmacht zu machen. Als seinen Adlatus berief er Keitel, einen devoten Höfling, wie er widerlicher nicht gedacht werden kann. Hitler selbst verachtete diesen Mann und äußerte Goebbels gegenüber, Keitel habe das Gehirn eines Kinoportiers.

Fritsch wurde von einem unter dem Vorsitz Görings tagenden Ehrengericht rehabilitiert. Doch Fritsch war damit nicht zufrieden, er verlangte, dass der Urheber der Verleumdung – das war Himmler – vor Gericht gestellt würde. Aber das geschah natürlich nicht. Fritsch fiel vor Warschau, als er seinem verwundeten Adjutanten zu Hilfe kommen wollte.

Österreich »kehrt heim ins Reich«, und Mussolini hält still Am 12. März 1938 annektierte Hitler Österreich. Voraufgegangen waren intensive Kampagnen der nationalsozialistischen Untergrundbewegung, die es nicht schwer hatte, in der österreichischen Bevölkerung Anschlussträume zu wecken. Bei einem Zusammentreffen mit dem österreichischen Bundeskanzler Kurt von Schuschnigg behandelte Hitler diesen Mann mit einer unbeschreiblichen Rohheit, die nur von seinen Drohungen übertroffen wurde. Schließlich wies er Schuschnigg buchstäblich die Tür. Nicht lange darauf musste Schuschnigg den Weg ins Konzentrationslager Dachau antreten.

Auch der Einmarsch in Österreich war eine Verletzung des Versailler Vertrages. Aber was hieß hier noch Versailles, und mit welchem Recht sprach man überhaupt noch davon, so dachte man in Deutschland. Und bewies nicht der unbeschreibliche Jubel der Österreicher, mit der sie den »Anschluss« begrüßten, dass hier lediglich die alte Forderung nach einem »Selbstbestimmungsrecht der Völker« praktiziert wurde?

Als der deutsche Einmarsch mit Hitlers Einzug in Wien auf dem Höhepunkt war, wurde bei uns der dortige Jubel über die Lautsprecher auf alle Straßen und Plätze übertragen. Ich war gerade mit dem Fahrrad nach der Schule auf dem Heimweg und hielt am Straßenrand an, um die Übertragung zu hören. Und ich war tief bewegt. Hitler spielte für mich dabei eine untergeordnete Rolle. Aber ich fand es großartig, dass ein ganzes Land, das offensichtlich einmütig zu Deutschland gehören wollte, diese Vereinigung friedlich vollzog, und ich verstand nicht, dass man sich im Ausland hiergegen sperrte.

Es sperrte sich aber auch gar nicht das gesamte Ausland. Die Engländer meinten, dieser Anschluss komme früher oder später sowieso. Die Polen hatten nichts dagegen, und der tschechische Präsident hatte gesagt, er sähe lieber die Deutschen in Wien als die Habsburger – wohl ohne zu bemerken, dass dann die Verteidigung der Tschechoslowakei ihren Sinn verloren hatte. Frankreich war natürlich dagegen, aber das zählte im

---

*| Briand-Kellog-Pakt, auch kurz Kellog-Pakt genannt: 1928 geschlossener Vertrag zwischen Frankreich und Amerika, dem sich zunächst 15 Staaten anschlossen, unter ihnen auch Deutschland. Hierin wurde der Angriffskrieg als Mittel des politischen Zwecks geächtet. Bis 1938 schlossen sich 54 weitere Staaten an. Sanktionen wurden aber nicht vereinbart. Der Vertrag bildete eine juristische Grundlage für die Nürnberger NS-Prozesse.

Der umjubelte Asoziale von einst. Hitler am 15. März 1938 auf dem Heldenplatz in Wien. Die Begeisterung der Österreicher war unbeschreiblich. Aber auch die Deutschen waren bewegt angesichts dieser Vereinigung, die geradezu das Selbstbestimmungsrecht der Völker in die Tat umzusetzen schien. Vor diesem Hintergrund nehmen sich Nachkriegsformulierungen österreichischer Politiker, die von »Occupation« sprechen und Österreich in die Rolle eines »überfallenen Staates« rücken wollen, eher peinlich aus.

Gesamtrahmen nicht mehr viel. Vier Wochen später bestätigte eine Volksabstimmung in Österreich fast einmütig Hitlers Coup, und damit waren ohnehin Proteste ausländischer Mächte ohne großes Gewicht. So also meldete nun der einstige Wiener Asoziale »vor der Geschichte« vom Balkon der Wiener Hofburg »als der Führer und Kanzler der deutschen Nation und des Reiches nunmehr den Eintritt meiner Heimat in das Deutsche Reich.«

Die Geschichte kennt keine vergleichbare Karriere. Doch in einem Punkt hatte er sich nicht verändert: Er war ein Asozialer geblieben, und daran änderte sich nichts bis zu seinem Untergang.

Es war deshalb nur folgerichtig, dass neben den großdeutschen Vereinigungsrausch auf der Stelle Drangsalierungen der Juden traten: »Mit nackten Händen mussten Universitätsprofessoren die Straßen reiben. Fromme weißbärtige Juden wurden in den Tempel geschleppt und von johlenden Burschen gezwungen, Kniebeugen zu machen und im Chor ›Heil Hitler‹ zu schreien. Man fing unschuldige Menschen auf der Straße wie Hasen zusammen und schleppte sie, die Abtritte der SA-Kasernen zu fegen; alles, was krankhaft schmutzige Hassphantasie in vielen Nächten sich orgiastisch ersonnen, tobte sich am hellen Tage aus …« (Stefan Zweig, zit. n. J. Fest)

Hitler hatte Mussolini mit dem Einmarsch vor vollendete Tatsachen gestellt. Aber er hatte sich Mussolini inzwischen hörig gemacht, sodass dieser nicht mehr zurück konnte, sondern sich jetzt nur noch immer tiefer in die unheilvolle Verbindung verstrickte.

Ein neuer Lehrer Zu Ostern 1938 bekamen wir einen neuen Griechischlehrer. Er war erst dreißig Jahre alt, aber mir kam er sehr viel älter vor. Er war mittelgroß, hatte ein rundes Gesicht und zwinkerte manchmal mit den Augen. Aber jeder spürte seine Autorität. Er sprach ziemlich leise, und nie wurde er laut. Er hieß Dr. Heinz Heubner. In seinen späten Jahren wurde er, nach Quittierung des Schuldienstes, noch ein international renommierter Tacitusforscher und Ehrendoktor der Universität Basel.

Im Griechischen war ich mäßiger Durchschnitt, weil ich – heute mir unbegreiflich – die Schulaufgaben immer morgens im Zug erledigte, und dafür waren die 25 Minuten Fahrzeit nun wirklich zu wenig.

Aber sein Unterricht nahm mich gefangen. Wir lasen bei ihm ein Stück aus der Ilias und dann die Apologie des Sokrates von Platon. Er vermittelte uns nicht nur etwas von dem intellektuellen Reiz, der im Übersetzen eines Textes liegt. Stil und Inhalt, aber auch der Anspruch seines Unterrichtes waren so ganz und gar anders als die Schulstunden anderer Lehrer. Besonders spürbar wurde das bei der Lektüre der »Apologie«. Hier war die Rede von Recht und Gesetz, von Wahr und Falsch, von Ehrlichkeit gegen sich selbst und von ethischen Kategorien, die in Frage zu stellen nicht erlaubt sei. Diese Griechischstunden empfand ich, ungeachtet meiner jungen Jahre, wie den Aufenthalt auf einer Insel inmitten einer verlogenen Welt der Phrasen und lauten politischen Parolen, die uns ständig umgaben.

Er war nicht nur Altphilologe, sondern hatte auch Germanistik studiert. Dadurch wurde der Horizont seines Unterrichtes ungleich weiter als bei einem »Pauker«. Auch war ihm lehrerhaftes Räsonnieren fremd; wer kein Interesse an seinem Unterricht hatte, den ließ er einfach links liegen. Dafür vermittelte er jedem von uns Halbwüchsigen, der dafür einigermaßen empfänglich war, eine Ahnung von unserer Kultur und Zivilisation. Allein schon hierdurch ließ er uns die Bedrohung ahnen, in der wir lebten.

Ein Widerspruch in seinem Erscheinungsbild reizte mich besonders: Mitunter trug er ein Parteiabzeichen, und das passte überhaupt nicht zu der völlig unpolitischen Art seines Unterrichtes. Es passte auch nicht zu einer gelegentlichen Einladung an uns, mit ihm – wer Lust hätte – eine »Clavigo«-Aufführung zu besuchen. Mit einigen anderen war ich dabei, und danach gingen wir in ein Café und betätigten uns gemeinsam als Theaterkritiker. Wie im Unterricht, so war es auch hier ein Vergnügen, seine pointierten Formulierungen zu hören, mit denen er unsere Meinung ergänzte.

Eines Tages entdeckte meine Mutter ein Heft, in dem meine Bummelei im Lateinischen in schmachvoller Weise dokumentiert war. Denn zu meinem Lateinlehrer stand ich in einer ziemlich flegelhaften und faulenzenden Opposition, was diesen verständlicherweise zu der Prophezeiung veranlasste, aus mir würde nie ein Arzt werden. Aufgeregt eilte meine Mutter zu Dr. Heubner und fragte ihn, ob er zu einigen Nachhilfestunden bereit sei. Er sagte zu.

In der ersten Stunde war ich sehr verblüfft. Denn es kam mir vor, als behandele er mich, ganz ähnlich wie damals Onkel Hans, als einen Erwachsenen. Selbstverständlich hatte ich daraufhin beim nächsten Mal die Cicero-Lektüre tadellos präpariert, wir erledigten das Pensum wie eine notwendige Arbeit, und dann ging er an den Flügel, schlug einen »Tristan«-Klavierauszug auf und gab mir im Hinblick auf die gerade aktuelle Neuinszenierung der Oper eine Art Einführung.

Ein andermal zeigte er mir seine Büchersammlung, die er als Bibliophiler zusammengetragen hatte, und mit seinen Kommentaren weckte er mein Interesse an der klassischen Literatur, von der ich keine Ahnung hatte. Nebenbei, einen Gedichtband von Heinrich Heine in der Hand, verspottete er vorsichtig die NS-Nomenklatur, indem er von dem »Nichtarier« Heine sprach. Wir kamen ein wenig ins Reden, ich machte mich zwischendurch mit ein oder zwei vorlauten Bemerkungen über die Partei lustig, und er quittierte das mit einem diskreten Schmunzeln und einem vieldeutigen »Na ja«.

In den nächsten Stunden gab er allmählich seine Vorsicht auf, und wir sprachen unbefangen, wobei er über den vulgären Ungeist des Regimes mit unmissverständlichen Worten und beißendem Spott herzog. Sein Onkel war der damalige Papst der Pharmakologie, Wolfgang Heubner in Berlin, der sich mit dem Erziehungsminister Rust herumschlug. Deshalb wusste Dr. H. von dort interessante und bezeichnende Details zu berichten.

Um so erschrockener war ich, als beim nächsten Mal in seinem Zimmer ein SS-Führer mittleren Dienstgrades saß. Die beiden führten in meiner Gegenwart noch ihr Gespräch zu Ende, das sich um Probleme aus der deutschen Literatur drehte. Als der Besucher sich kurz darauf verabschiedet hatte, meinte mein Lehrer erklärend, der Herr sei Kulturdezernent in X, einer sächsischen Großstadt. Er kenne ihn seit seiner Schülerzeit und verdanke ihm sehr viel. Zu der SS-Uniformierung gab er aber keinen Kommentar.

Erst sehr viel später vertraute er mir an, er wisse auch nicht, welcher Teufel diesen seinen Seniorfreund geritten habe. Eines Tages habe er ihn auf der Prager Straße (der großen Dresdner Geschäftsstraße) in dieser Montur getroffen und ihn entsetzt gefragt, was denn mit ihm los sei. Er habe verlegen irgendwie ausweichend, aber nicht plausibel geantwortet. Opportunismus? Da sei er nicht sicher. Am ehesten glaube er, dass seinen Freund die schöne Uniform verrückt gemacht habe. Ein richtiger Nazi sei er jedenfalls nicht, das wisse er genau.

Er war nicht der Einzige, der in jenen Tagen dem merkwürdigen Zauber der Uniform erlag. Man mag es glauben oder nicht: Es gab damals nicht Wenige, die sich »organisieren« wollten und in die SS eintraten, weil diese »Organisation« als die »feinere« Version der SA galt und die »flotteste« Uniform bot. Die meisten haben dann schnell die NS-Doktrin assimiliert; Ausnahmen gab es aber auch hier. Diesen Träger jedenfalls kostete seine schöne Uniform eine Verurteilung zu 18 Jahren Zuchthaus in dem berüchtigten Zuchthaus Bautzen, aus dem er aber durch glückliche Umstände früher entlassen wurde. Jahre später lernte ich ihn zufällig ein wenig kennen, weil er jetzt in Köln lebte und seine Frau meine Patientin wurde. Er war ein feinsinniger, hochgebildeter Mensch, der jetzt als gebrochener Mann in seinem Sessel saß, glücklich, noch ein paar Atemzüge in der Freiheit vor sich zu haben.

Das andere Rätsel, nämlich das Parteiabzeichen meines Lehrers, löste sich erst einige Jahre später, als ich erfuhr, dass damals der Direktor unserer Schule (ich erwähnte das schon) seine Lehrer gebeten hatte, doch in die Partei einzutreten, um auf diese Weise die bei der Partei in Misskredit stehende konfessionelle Schule zu retten.

Ein neues Haus und die Nachbarn in Radebeul Im Sommer 1938 zogen wir um nach Radebeul, einem kleinen Städtchen am Rand von Dresden. Die schöne Wohnung in Blasewitz hatten wir aufgeben müssen, weil die Besitzerin, die bisher in Bremen gelebt hatte, pensioniert wurde und nach Dresden zog. In Radebeul hatten meine Eltern ein sehr schönes, leicht am Hang unterhalb der Weinberge gelegenes Grundstück gefunden und hier ein Haus gebaut, nicht üppig, aber doch ganz solide. Jetzt fuhr ich mit der Eisenbahn zur Schule.

Es war eigentlich unglaublich: Erst fünf Jahre waren vergangen, seitdem mein Vater bei seinen Geschwistern um sein tägliches Brot hatte betteln müssen, und jetzt konnte er an einem wunderschönen Platz ein Haus bauen, teilfinanziert gewiss, aber immerhin: so gut ging es ihm wirtschaftlich! War es verwunderlich, dass er trotz aller möglichen Vorbehalte letztendlich doch Sympathien für Hitler und dessen Leistungen entwickelt hatte? Denn etwas geleistet hatte Hitler doch, das war es ja!

Uns schräg gegenüber wohnte Herr Thiele, der Ortsgruppenleiter. Er war ein ruhiger, freundlicher Mann, der seinem Drogeriegeschäft nachging. Ich habe nicht gehört, dass er jemandem etwas zuleide getan hat. Er ist in einem russischen Straflager umgekommen.

Herr Kötteritsch war da schon von anderem Kaliber. Er war unser Blockwart und so recht nach dem Wunsch der Parteiführung: fanatisch bis unter die Haarwurzeln, mit einem giftigen Blick aus seinen bebrillten Augen und scheinheilig wie Franz Moor. Er versuchte immer wieder, meine Mutter auszuhorchen oder irgendwie zu provozieren. Eines Tages bemängelte er, dass in unserem Haus kein Bild des Führers hing. Meine Mutter, verängstigt, beeilte sich daraufhin, dem Wunsch unseres Blockwartes nachzukommen. Auch er ging in einem russischen Lager unter.

Uns direkt gegenüber wohnten Beutlers. Herr Beutler war ein pensionierter Kontrabassist der Staatskapelle. Eines Abends waren die beiden bei uns zum Abendessen, und die Unterhaltung wurde mit steigendem Weinkonsum gelöster. Man sprach dies und jenes über die Politik, insbesondere meine Mutter ließ sich kritisch vernehmen, und die Nachbarn erweckten den Eindruck, ähnliche Ansichten zu haben. Einige Wochen später kam es zu einer eigentlich belanglosen nachbarlichen Kontroverse, worauf Frau Beutler mit etwas verkniffenen Augen spitz zu meiner Mutter sagte: »Sie werden sich sicherlich an das erinnern, was sie kürzlich bei unserem Besuch gesagt haben ...« Meine Eltern bekamen natürlich einen gehörigen Schrecken, aber zu einer Denunziation kam es nicht.

Nebenan auf der einen Seite wohnten Krumbachs, etwas älter als meine Eltern. Er war höherer Beamter bei der Bahn. Sie waren außerordentlich freundliche Leute, sehr zurückhaltend und immer höflich. Meine Eltern sprachen oft mit ihnen, wie man sich so über den Zaun mit netten Nachbarn unterhält, aber sie ahnten nicht, dass diese Nachbarn tiefgläubige Nationalsozialisten waren. Als der Krieg verloren zu Ende ging und die Russen vor der Tür standen, öffneten sie in ihrer Verzweiflung den Gashahn und nahmen sich gemeinsam das Leben.

Von Schönfelds, den Nachbarn auf der anderen Seite, ist Erfreulicheres zu berichten. Er war Kaufmann, und in seinem Witz ähnelte er sehr seinem Bruder, dem damals berühmten Schauspieler Ralph Arthur Roberts. Der erste Nachbarschaftskaffee verlief recht lustig und brachte nach einigem gegenseitigen Abtasten die Klärung, dass man eines Sinnes sei. Schönfelds hatten einen Sohn in meinem Alter, mit dem ich mich anfreundete und dessen Theaterbegeisterung ich teilte. Auch er musste in Hitlers Krieg, der nicht der seine war und kam schwerverwundet mit einem steifen Bein und einem zerschossenen Auge, aber immerhin lebend zurück.

Ich sagte eben, dass man eines Sinnes gewesen sei. Das hieß in derartigen Fällen im Hinblick auf meinen Vater, dass er keinen Hehl aus seinen Vorbehalten gegenüber dem Regime machte und dass er Hitler nicht vehement verteidigte, sondern die Situation so akzeptierte, wie sie war. Er hatte auch Verständnis für eine schärfere Kritik, als sie ihm selbst hinsichtlich Hitlers über die Zunge kam. Aber oft geriet er dann in einen Monolog, in dem er irgendwelche Theorien über mögliche weitere politische Entwicklungen ausbreitete, die seiner eigenen Beruhigung dienen mochten, aber recht unrealistisch waren.

Mein Vater hatte einen Freund, der ein in der Wolle eingefärbter Nationalsozialist war. Wir besuchten das Ehepaar recht häufig, aber jedes Zusammensein geriet sofort auf die politische Ebene. Vor 1933 polemisierte mein Vater in jeder dieser Unterhaltungen mit einer Leidenschaft gegen Hitler, dass ich jedes Mal dachte, mit der Freundschaft ist es aus. Nach 1933 wurde mein Vater in diesen Diskussionen immer kleinlauter, auch wenn er weiter von seinen Vorbehalten sprach. Und schließlich schlief die Freundschaft mehr oder weniger ein, denn mein Vater mochte wohl dieses immer wiederkehrende »Und was sagst Du nun?« seines Freundes nicht mehr hören.

Wie man schon an diesen wenigen Beispielen sieht, passen Klischeevorstellungen über das Verhalten und die Denkweise der deutschen Bevölkerung im »Dritten Reich« sehr schlecht zur recht unterschiedlichen und vielfältigen Realität des Alltags.

Die »Bannspielschar« der Hitlerjugend. Eine Weihnachtsfeier In der HJ wechselte ich zur »Bannspielschar«. Das war eine Art Theatertruppe, und ich hoffte, dort alsbald Theater zu spielen – anspruchsvolles Theater natürlich – und »entdeckt« zu werden. Aber die Hitlerjugend hatte andere Ziele. Eher war daran gedacht, dass die Mitglieder dieses Ensembles bei irgendwelchen NS-Feiern markige Sprüche aufsagen sollten. Dabei hatte man sich breitbeinig hinzustellen, die geballten Fäuste in grimmiger Entschlossenheit vor den Oberschenkeln ruhen zu lassen und den Blick sieghaft in die Ferne zu richten. Das behagte mir allerdings weniger; aber es geschah aus äußeren Gründen auch nur ein einziges Mal, und offenbar taugte mein unkriegerisches Gehabe nicht so recht für diesen Zweck, sodass ich mit der subalternen Aufgabe des Platzanweisens beauftragt wurde.

Immerhin gaben »wir Theaterleute« uns, wie überall auf der Welt, ein wenig extravagant, indem die meisten von uns zu den »Heimabenden« auf das Tragen der Uniform verzichteten. So kam es an jedem Mittwoch zwischen meiner Mutter und mir zum Streit, weil sie darauf bestand, dass ich die Uniform anzöge, um »nicht wieder aus der Reihe zu tanzen«, während ich ihr klar zu machen versuchte, dass ich in Uniform eher ein Sonderling wäre. Das führte dazu, dass ich die Uniform oftmals zunächst an- und dann heimlich wieder auszog.

Kurz vor Weihnachten 1938 veranstaltete die »Spielschar« eine eigene »Weihnachtsfeier«, deren Gestaltung unser Führer übernommen hatte. Was er da von sich gab, war ein fürchterlicher Aufguss aus Blut- und Bodenromantik, pseudosakraler germanischer Sonnenwendfeier, Treueschwüren und dem Edda-Zitat, dass der Toten Tatenruhm ewig lebe.

Das war nun doch zuviel. Ich stand auf und polemisierte mit jugendlicher Emphase gegen diesen Humbug, indem ich sinngemäß sagte, dies alles habe mit Weihnachten überhaupt nichts zu tun. Ob man denn meine, mit diesem hohlen Kult die christliche Tradition des Weihnachtsfestes ersetzen zu können. Die Reihe bedeutender Köpfe, die sich auf christlichem Boden bewegt hätten, sei lang und reiche über viele hundert Jahre, und sie seien es, denen mein Vertrauen gelte.

Der Führer war natürlich konsterniert, sagte aber nicht viel. Doch kurz darauf wurde mir zugetragen, dass ich wegen dieses Vorfalls aus der Hitlerjugend ausgeschlossen werden sollte. Das war allerdings wirklich bedenklich, weil sich daran eine Verweigerung der Immatrikulation zum Studium knüpfen konnte. Meine Eltern waren verständlicherweise höchst besorgt, und mir war auch nicht mehr wohl in meiner Haut. Also machte sich mein Vater auf den Weg in die sächsische »Gebietsführung« der HJ, um in der Höhle des Löwen für seinen vorlauten Sohn zu fechten. Überraschenderweise war es für ihn nicht allzu schwer, die jungen Herren dort von meiner grundsätzlich untadeligen nationalsozialistischen Einstellung zu überzeugen und die Entgleisung bei der Weihnachtsfeier als einmaligen »Ausrutscher« durchgehen zu lassen. Als ich allerdings im folgenden Sommer einen Pass beantragte, um nach England zu meinem Korrespondenzfreund fahren zu können, wurde er mir verweigert.

Die Septemberkrise: am Rand des Krieges Im September 1938 kam es zu der bekannten Sudetenkrise. Hitler hatte sich nach dem so völlig problemlosen Einmarsch in Österreich vorgeworfen, nicht die günstige Gelegenheit genutzt und sich nicht gleichzeitig die zur Tschechoslowakei gehörenden Sudetengebiete angeeignet zu haben. Hier ist anzufügen, dass die Tschechoslowakei ein aus dem Zerfall des Habsburgerreiches entstandenes, recht heterogenes Staatengebilde war. Hitlers Trachten ging jetzt jedenfalls dahin, das Versäumte nachzuholen und am besten gleich die ganze Tschechoslowakei zu zerschlagen bzw. in seine Botmäßigkeit zu bringen.

Goebbels und die Presse leisteten die Vorarbeit. Sie wetterten und zeterten immer mehr über die Drangsale der unter tschechischer Herrschaft lebenden deutschen Bevölkerung. Dabei übertrieb man zwar, aber aus der Luft gegriffen waren die Vorwürfe nicht. Außerdem wurde die Stimmung angeheizt durch die Behauptung, die Tschechen stellten mit ihren neu angelegten Flugplätzen eine Bedrohung Deutschlands dar, und das Gleiche gelte hinsichtlich der tschechischen Verbindungen zu Russland. In der Tschechoslowakei etablierte sich eine nationalsozialistische Partei unter einem gewissen Konrad Henlein, die laut nach Hilfe rief, und Hitler forderte Gerechtigkeit und Selbstbestimmung für die dortigen Deutschen, die nun auch »heim ins Reich« wollten.

Jetzt rächte sich die Torheit, dass man in Versailles mit der Tschechoslowakei ein Staatsgebilde aus der Retorte geschaffen hatte, dem jede gewachsene Legitimität fehlte und das mit dem Selbstbestimmungsrecht nicht das Geringste, aber viel mit dem Bestreben Frankreichs zu tun hatte, auf der anderen Seite Deutschlands einen Verbündeten zu haben. Fetzen und Flicken seien das, aber kein Staat, hatte Neville Chamberlain im Hinblick auf dieses Minderheitenkonglomerat verächtlich gesagt. Und die Briten fragten sich, was sie dort eigentlich verloren hatten.

Hitler war das Schicksal dieser Deutschen im Grunde genau so gleichgültig, wie das aller anderen Menschen. Ihn interessierte einzig und allein die Frage, auf welchem Wege er seine Machtvorhaben am besten realisieren konnte. Heute weiß man das. Damals aber klang jedes Wort aus Hitlers Mund so, als beschäftige ihn das Schicksal der Sudetendeutschen Tag und Nacht. Das diplomatische Hin und Her kann hier außer Betracht bleiben. Von Bedeutung ist aber, dass Hitler in dem Trommelfeuer gegen die Tschechoslowakei auch sehr geschickt die Begehrlichkeiten der Polen und Ungarn zu wecken wusste.

Erwähnenswert ist weiter, dass der englische Premierminister Neville Chamberlain seinen Vertrauten, Lord Runciman, nach Prag schickte, damit dieser sich ein möglichst objektives Bild von der Situation machte. Runciman blieb sechs Wochen in Prag, sprach mit beiden Parteien, bereiste das Land und die von den Deutschen bewohnten Gebiete, analysierte sorgfältig und kam zu dem Ergebnis: Jawohl, die dort lebenden Deutschen haben Recht mit ihrem Wunsch nach Autonomie, man sollte einen Weg in diesem Sinne suchen und eine Volksabstimmung durchführen. Diese aber wurde von Prag abgelehnt.

Inzwischen steigerte Hitler die militärische Demonstration immer mehr. Wenn ich mit dem Zug von Radebeul zum Dresdner Hauptbahnhof zur Schule fuhr, begegnete ich fast täglich unheilverkündenden Truppentransporten, beladen mit Geschützen und anderem Militärgerät, die von den Mitreisenden stumm und mit tiefbesorgten Mienen zur Kenntnis genommen wurden. Alle schienen überzeugt, dass ein kriegerischer Konflikt unausweichlich sein würde, aber nie habe ich einen Menschen sagen hören, nun sei es aber höchste Zeit, den Tschechen die Pistole unter die Nase zu halten.

Den Reichsparteitag Anfang September benutzte Hitler zu neuen wüsten Drohungen. Mitte September schlug Chamberlain Hitler ein Treffen vor, um zu einer friedlichen Lösung zu kommen.

Der britische Premier, schon von den Spuren seiner Jahre gezeichnet und etwas altmodisch gekleidet, aber eben ein Herr, schien mir der Bote aus einer anderen Welt zu sein, wie er da aus dem Flugzeug stieg und sich zwischen all den hackenschlagenden Parvenus in Uniform mit ihren gewöhnlichen Gesichtern etwas gebeugt voranbewegte, um einen letzten Versuch zum Frieden zu machen. Aber keiner dieser nassforschen und selbstsicheren Vertreter unseres Landes ahnte wohl, wozu jene Nation entschlossen sein würde, die der alte Herr in seiner unaufdringlichen Art trotz seines Canossaganges so würdevoll vertrat. Aber hierzulande hatte man für eine zivilisierte Zurückhaltung und für den Wert höflicher Umgangsformen kein Organ mehr. »Der ordinärste kleine Hund, dem ich je begegnet bin«, so lautete das Zeugnis, das Chamberlain seinem Verhandlungspartner Hitler später ausstellte.

Es kam zu mehreren Begegnungen zwischen ihm und Hitler. Die Forderung Hitlers nach Abtrennung der deutschsprachigen Gebiete schien Chamberlain nicht unvernünftig. Nach langen Beratungen stimmten die Franzosen zu. Die Tschechen wehrten sich, aber mit falschen Argumenten, und ihr Zugeständnis bestimmter Freiheiten und einer relativen Autonomie war zugleich ein Eingeständnis, dass sie diese deutschen Minderheiten bislang nicht richtig behandelt hatten. Eine Volksabstimmung verweigerten die Tschechen, weil sie sich das Ergebnis ausrechnen konnten. Aber die europäische Öffentlichkeit war in diesem Punkt nicht auf ihrer Seite. Angesichts dieses Druckes gab die Prager Regierung schließlich doch nach.

Als Chamberlain bei seinem nächsten Besuch Hitler das Zugeständnis seiner Forderungen überbrachte, war dieser in seinem Ton ungleich fordernder und schärfer und kam mit ultimativen Terminforderungen. Chamberlain lehnte weitere Verhandlungen ab und verabschiedete sich. Hitler war am Schluss zwar etwas sanfter, aber die Mobilmachungen stand vor der Tür, die Sudetendeutschen bildeten Freikorps, und alle Welt rechnete mit einem Krieg. England und Frankreich berieten erneut unter Einbeziehung des französischen Generalstabschefs. Man war sich einig, dass man für einen Krieg ungenügend gerüstet sei.

Unterdessen heizte Hitler die Krisenstimmung mit einer großen Rede im Berliner Sportpalast weiter an. Er versicherte hier, dies sei die letzte territoriale Forderung die er habe und die erfüllt werden müsse. Aber dann kamen Schmähungen und Hasstiraden, und schließlich steigerte er sich in ein exaltiertes Schlusspathos hinein: »Und so bitte ich mein deutsches Volk: Tritt jetzt hinter mich, Mann für Mann, Frau für Frau. [...] Wir sind entschlossen! Herr Benesch mag jetzt wählen!« Stürme des Beifalls antworteten ihm und die Massen, die er wieder einmal in besinnungslose Hysterie geredet hatte, standen auf und sangen: »Der Gott, der Eisen wachsen ließ ...«

Aber dieser massenpsychotische Ausbruch gab nicht die tatsächliche Gemütsverfassung der Bevölkerung wider. Als die von Hitler beorderte motorisierte Division durch Berlin und über die Ost-West-Achse durch die Wilhelmstraße fuhr, entfachte sie keine Kriegsbegeisterung, im Gegenteil. Die Menschen seien schnell in die Untergrundbahn verschwunden oder mit betroffenen, ernsten Gesichtern stehen geblieben, stellte ein ausländischer Beobachter fest.

Aber am 29. September lenkte Hitler ein und schlug eine Konferenz in München vor. Durch eine Intervention Mussolinis und vermutlich auch durch eine Unterredung mit dem französischen Botschafter sowie durch eine Reihe von anderen Einflüssen aus seiner persönlichen Umgebung und sicher auch durch die fehlende Kriegsbegeisterung war er schwankend geworden.

Nach langen Verhandlungen wurde das Abkommen unterzeichnet, das Deutschland die Sudetengebiete zusprach; eine internationale Kommission sollte die Abwicklung wie zuvor im Saargebiet überwachen. Die neuen Grenzen der Tschechoslowakei wurden von England und Frankreich garantiert.

Am 30. September hörte ich frühmorgens meinen Vater aufgeregt die Treppe heraufkommen. Im Schlafanzug hatte er die Zeitung aus dem Briefkasten geholt und brachte vor glücklicher Erleichterung kaum die entscheidende Nachricht über die Lippen, dass der Friede gerettet sei. So wie meine Eltern und ich dachten die meisten Deutschen in diesem Augenblick, dass Hitler entscheidenden Anteil an der Erhaltung des Friedens hätte. Infolgedessen führte das Ereignis von München zu einer erneuten Festigung von Hitlers Ansehen in der Bevölkerung.

Doch der Preis für diese Erleichterung war zu hoch, aber niemand in der deutschen Bevölkerung konnte das wissen. Denn Hitler wäre 1938 beim Ausbruch eines bewaffneten Konfliktes in kurzer Zeit erledigt gewesen, weil an der Westgrenze nur fünf aktive deutsche Divisionen und sieben Panzerdivisionen etwa einhundert französischen Divisionen gegenüberstanden. So sagte Alfred Jodl, der spätere Chef des Wehrmacht-Führungsamtes, im Nürnberger Prozess aus. Noch am 31. Januar 1933 hatte er seine begeisterten Sekretärinnen gewarnt: »Fallen Sie doch bloß nicht auf diesen Scharlatan herein!« Doch jetzt, am 29. September 1938, vermerkte er in seinem Tagebuch, das Genie des Führers habe wieder einmal einen Sieg davongetragen und er hoffe, dass die Ungläubigen, Schwachen und Zweifelnden jetzt bekehrt seien und bekehrt bleiben würden (zit. n. H.-P. Schwarz).

Doch am schlimmsten war es vielleicht, dass ein bis ins Kleinste sehr gut vorbereiteter Plan, Hitler unschädlich zu machen, durch diese Appeasement-Politik vereitelt wurde. Zu diesem Zeitpunkt standen in der Spitze der militärischen Führung einige verantwortungsbewusste Generäle bereit, und es ist sehr wahrscheinlich, dass das Vorhaben damals geglückt wäre, wenn Hitler nicht eingelenkt hätte. So aber erschien er als der Friedensretter und war der deutschen Bevölkerung nicht mehr als verantwortungsloser Kriegstreiber zu präsentieren.

Unbegreiflicherweise haben die Westmächte dem deutschen Widerstand, der einen Emissär nach dem anderen über den Kanal schickte, immer wieder die kalte Schulter gezeigt und durch ihre Kurzsichtigkeit, ihren Hochmut und ihre Illusionen zur großen Tragödie beigetragen.

Die Zeitungen in England zeigten Bilder über Bilder von jubelnden, die deutschen Soldaten grüßenden Menschen, aber sie weigerten sich, jene abzubilden, die vor ihnen flohen. Auch Wenzel Jaksch, den Führer der sudentendeutschen Sozialdemokraten, wies man ab, als er nach London flog und um Hilfe für seine Freunde und sich selbst bat. Noch nicht einmal ein Visum gab man ihnen. Stattdessen sang eine in lauter Friedensphantasien politisch blind gewordene Menge vor Downing Street 10 zu Ehren Chamberlains das fröhliche Lied: »For He's a Jolly Good Fellow«. Auch der französische Ministerpräsident Edouard Daladier sah sich bei seiner Rückkehr nicht, wie er erwartet hatte, einer protestierenden, sondern einer ihn bejubelnden Menge gegenüber, und deprimiert flüsterte er seinem Staatssekretär zu: »Die Idioten!«

Churchill sah es schon richtig, als er nach dem Abkommen von München im Unterhaus sagte: »Wir haben eine totale, eine umfassende Niederlage erlitten.« Aber die Antwort auf diesen Satz war nicht Zustimmung, sondern ein Sturm der Entrüstung. So groß war die Verblendung.

Damit das Bild von der historischen Schuld nicht ganz schief gerät, sei es hier einmal mehr gesagt: Es waren eben damals nicht nur die Deutschen, die Hitler und seine Absichten falsch einschätzten. Es mutet merkwürdig an, wenn heute noch die englische Presse voller Hochmut die Deutschen tadelt, die hinter Hitler hergelaufen sind. An der fatalen Entwicklung zu jenem großen Krieg, der dann kam, sind jedenfalls die Briten ebenso wie die Franzosen durch ein geradezu unbegreifliches Maß an politischer Blindheit beteiligt. Hitler traf den Nagel auf den Kopf, als er in seinem Bunker 1945 vor sich hin sinnierte: »Sie haben überall eingelenkt. Wie Feiglinge haben sie allen unseren Forderungen nachgegeben. So war es tatsächlich schwierig, die Initiative zu Feindseligkeiten zu ergreifen.«

Literatur:
(1) H. Arendt
(9) K. D. Bracher
(10) K. D. Bracher
(11) M. Broszat und N. Frei
(12) H. Brüning
(20) M. Domarus
(22) J. Fest
(23) J. Fest
(28) N. Frei
(29) A. François-Poncet
(30) E. Fröhlich
(32) S. Haffner
(33) S. Haffner
(36) H. Heiber
(42) E. Jäckel
(43) E. Jäckel
(44) E. Jäckel
(47) I. Kershaw
(51) H. Krausnick
(52) H. W. Krumwiede
(59) W. Michalka
(60) J. Mirow
(64) F. Nietzsche
(80) J. Rifkin
(82) B. Rüthers
(92) A. Stahlberg
(95) H.-U. Thamer

17 | 1939: Hitler bricht alle Brücken ab: Er überfällt die Tschechei, teilt sich mit Stalin im voraus Polen und beginnt den Krieg. Persönliche Eindrücke auf einer neuen Schule

Hitler sucht den Krieg, aber die Deutschen sehen in ihm immer noch den Retter des Friedens Viele Menschen in Deutschland – und auch aus dem Kreis der Müllers und Schulzes – erkannten damals schon, dass Hitler keine Ruhe geben würde. Man merkte ihm immer mehr seine Getriebenheit an, mit der er von einem Coup zum anderen hastete. »Chamberlain, dieser Kerl, hat mir meinen Einzug in Prag verdorben«, so hatte Schacht ihn nach dem Münchener Abkommen schimpfen gehört. Immer mehr trieb ihn die Angst, er könnte Zeit verlieren und deshalb seine Pläne nicht mehr zur Ausführung bringen.

Im November 1938 hielt er vor den Chefredakteuren der Inlandspresse eine geheime Ansprache, in der er seine bisherigen Täuschungsmanöver und seine künftigen Ziele unverblümt umriss: »Die Umstände haben mich gezwungen, jahrzehntelang fast nur vom Frieden zu reden. Nur unter der fortgesetzten Betonung des deutschen Friedenswillens [...] war es mir möglich, dem deutschen Volk Stück für Stück die Freiheit zu erringen und ihm die Rüstung zu geben, die immer wieder für den nächsten Schritt als Voraussetzung notwendig war. [...] Es war nunmehr notwendig, das deutsche Volk psychologisch allmählich umzustellen und ihm langsam klar zu machen, dass es Dinge gibt, die [...] mit den Mitteln der Gewalt durchgesetzt werden müssen.« (zit. n. M. Domarus)

Es begann eine neue Phase echter Kriegsvorbereitung in allen Zweigen der Rüstung und des Militärs, im zivilen Bereich ebenso wie auf politischem Feld, wo jetzt die eigentliche Etablierung der SS-Herrschaft begann. Trotzdem wollte kein Mensch etwas vom Kriege wissen – einige begeisterte HJ-Führer oder sonstige Fanatiker vielleicht ausgenommen.

Hitler aber konnte es sich nicht verzeihen, dass er nicht die ganze Tschechoslowakei in einem Zug vernichtet hatte. So sann er unablässig darüber nach, wie er so bald als möglich das Versäumte nachholen könnte, und schon am 21. Oktober – die Tinte des Münchener Abkommens war noch nicht trocken – gab er Befehl, die »Erledigung der Resttschechei« vorzubereiten.

Bei seinen Plänen störte ihn aber eine Erkenntnis, die er in der schon erwähnten Geheimansprache vor den Chefredakteuren sehr klar formulierte, die Einsicht nämlich, dass die Intellektuellen für ihn zu einem Problem wurden: »Wenn ich so die intellektuellen Schichten bei uns ansehe, leider, man braucht sie ja; sonst könnte man sie eines Tages ja, ich weiß nicht, ausrotten oder so was. Aber man braucht sie leider ...« (zit. n. M. Domarus)

In der Tat war inzwischen eine Veränderung eingetreten. Der große Einigungsrausch des ersten Jahres, der eben auch viele Intellektuelle trunken gemacht hatte, war längst verebbt. Aber dann hatte die allgemeine Stimmung Hitler getragen, als es wirtschaftlich steil aufwärts ging und er von Erfolg zu Erfolg geeilt war. Auch durch München waren ihm noch einmal die Sympathien zugeflogen, doch nur deshalb, weil man in ihm irrigerweise den Friedensstifter vermutete. Aber jetzt vermisste er die »fanatische Entschlossenheit« der Massen, weil sie von Kriegsangst und Zweifeln geplagt wurden.

Deshalb mahnte er in jener geheimen Rede vor den Chefredakteuren, die breite Masse wolle mit Zweifeln nicht belastet werden, und deshalb sei es notwendig, dass gerade die Presse sich ganz blind zu dem Grundsatz bekenne: Die Führung handelt richtig! – Vielleicht werde mancher Intellektuelle das gar nicht begreifen ...

Hitler sah das durchaus richtig: Die Masse folgt bekanntlich allgemeinen Stimmungen und stellt kaum echte Überlegungen an. Und die allgemeine Stimmung war jetzt von einer unbestimmten Erwartungsangst geprägt und nicht mehr von jener unbekümmerten friedlichen Zuversicht wie ein und zwei Jahre zuvor. Denn Hitlers Ruhelosigkeit, mit der er immer schneller seine politischen Schritte hintereinander setzte, teilte sich auch den Menschen mit und ließ sie innerlich nicht mehr zur Ruhe der vorangehenden Jahre kommen.

Die »Reichskristallnacht« Die fehlende »fanatische Entschlossenheit«, die Hitler beklagte, kam auch bei dem großen Pogrom am 9. November 1938 zum Vorschein. Die Berliner erfanden für diese Scheußlichkeit das Wort »Reichskristallnacht«. Meinem Gefühl nach war das nicht verniedlichend gemeint, sondern es umschrieb eher mit einem Anflug von schwarzem Humor durch die darin nachgeahmte NS-Terminologie die sich distanzierenden Gefühle der Unbeteiligten.

Und die Unbeteiligten waren die große Mehrheit. Es geht an der Realität vorbei zu glauben, dass »die Deutschen« schlechthin diese Scheußlichkeiten begeistert mitgemacht oder gar ersonnen hätten, ganz im Gegenteil. Erich Kästner hat das sehr anschaulich beschrieben:

»Als ich am 10. November morgens gegen drei Uhr in einem Taxi den Berliner Tauentzien hinauffuhr, hörte ich zu beiden Seiten der Straße Glas klirren. [...] Ich blickte aus dem Taxi und sah, links wie rechts, vor etwa jedem fünften Haus einen Mann stehen, der [...] mit einer langen Eisenstange ein Schaufenster einschlug. War das besorgt, schritt er gemessen zum nächsten Laden und widmete sich [...] dessen noch intakten Scheiben. Außer diesen Männern, die schwarze Breeches, Reitstiefel und Ziviljackett trugen, war weit und breit kein Mensch zu entdecken. Das Taxi bog in den Kurfürstendamm ein. Auch hier standen in regelmäßigen Abständen Männer und schlugen mit langen Stangen jüdische Schaufenster ein. [...] Es war, als bestünde die ganze Stadt aus nichts wie krachendem Glas. Zwischen Uhland- und Knesebeckstraße ließ ich halten, öffnete die Wagentür und setzte gerade den rechten Fuß auf die Erde, als sich ein Mann vom nächsten Baum löste und energisch zu mir sagte: ›Nicht aussteigen, auf der Stelle weiterfahren!‹ Es war ein Mann in Hut und Mantel. – ›Na, hören Sie mal, ich werde doch noch ...‹ – ›Nein,‹ unterbrach er drohend, ›aussteigen ist verboten, machen Sie, dass Sie weiterkommen!‹ Er stieß mich in den Wagen zurück, gab dem Chauffeur einen Wink, schlug die Tür zu und der Chauffeur gehorchte. Weiter ging es durch die gespenstische Nacht der Scherben. [...] An der Wilmersdorfer Straße ließ ich wieder halten. Wieder kam ein Mann in Zivil leise auf uns zu. ›Polizei! Weiterfahren, wird's bald ...?‹ – Am nächsten Nachmittag stand in den Blättern, dass die kochende Volksseele infolge der behördlichen Geduld mit den jüdischen Geschäften spontan zur Selbsthilfe gegriffen habe ...«

Das berüchtigte Novemberpogrom 1938. Hier das Bild der brennenden Synagoge in Bamberg. So wie hier wurden in allen deutschen Städten die Synagogen in Schutt und Asche gelegt.

Ich bekam von den Zerstörungen kaum etwas mit, weil mein Schulweg nur durch Wohngebiete führte. Aber in der Schule gab es eine von oben angeordnete Gemeinschaftsübertragung, die dem Mord an dem deutschen Diplomaten vom Rath in Paris galt und mit fürchterlichen Drohreden gegen das »Weltjudentum«, Rechtfertigungen des »Volkszorns« und Totenkult in tiefen Molltönen ausgefüllt war. Wir hörten alle beklommen zu, weder der Direktor noch ein Lehrer gaben einen Kommentar, und die meisten von uns spürten wohl, dass hier eine völlig neue Dimension der Gewalt und der Drohung aufgerissen worden war.

Meine Mutter war zu diesem Zeitpunkt zufällig in Olsberg, einem kleinen Ort im Sauerland, in dem Verwandte von uns wohnten. Voller Entsetzen berichtete sie nach ihrer Rückkehr von den Gräueltaten, die sich dort abgespielt hatten: Mit übergezogenen Gesichtsmasken waren SA-Leute des Ortes in die jüdischen Wohnungen eingedrungen und hatten dort wie eine wildgewordene Soldateska gehaust. Einen armen alten Juden hatte dieses Mordgelichter aus einem oberen Stock zum Fenster hinausgestürzt und dem netten Metzger Schild, von dem wir immer unseren Schinken bezogen, das Geschäft verwüstet. Unter dieser Mörderbande sei auch ein prominenter Arzt des Ortes gewesen, der als fanatischer Nazi bekannt war. (Wie ich später hörte, waren nach dem Kriege infolge seiner damaligen Vermummung die Bemühungen der Justiz vergeblich, ihm seine Schuld nachzuweisen.)

Es kann keine Rede davon sein, dass diese von Goebbels, Himmler und wohl auch Hitler (dies scheint nicht ganz sicher zu sein) inszenierten und von der SA durchgeführten widerlichen Zerstörungen, Morde und Brandstiftungen der Ausdruck eines allgemeinen krassen Antisemitismus gewesen wären. »Ich habe nicht einen einzigen Deutschen, gleich welcher Bevölkerungsschicht, angetroffen«, so berichtete der britische Geschäftsträger in Berlin, »der nicht in unterschiedlichem Maße zum mindesten missbilligt, was geschehen ist. Aber ich fürchte, dass selbst die eindeutige Verurteilung vonseiten erklärter Nationalsozialisten oder höherer Offiziere der Wehrmacht keinen Einfluss auf die Horde von Wahnsinnigen haben wird, die gegenwärtig Nazi-Deutschland beherrscht.« (zit. n. H.-U. Thamer)

Aber diese wüsten und demütigenden Verfolgungen auf offener Straße führten eben auch nicht zu einem grundsätzlichen Sinneswandel der Menschen, jetzt, wo das Regime jede Maske fallen ließ. Ich meine damit gar nicht den offenen, lauten Protest, der ohnehin nicht möglich war, sondern ich meine eine Veränderung der inneren Einstellung im Sinne einer grundsätzlichen Abkehr vom Regime. Aber sie blieb aus.

Deutschland bangt um den Frieden. Hitler überfällt die Tschechei und teilt sich mit Stalin im Voraus Polen. Der Krieg beginnt Am 30. Januar 1939 hielt Hitler eine Rede, deren entscheidende Sätze mir heute noch im Ohr klingen. Er sei schon oft ein Prophet gewesen und habe Recht behalten, und so wolle er auch jetzt wieder ein Prophet sein, und dann sagte er: Wenn es dem internationalen Judentum gelingen sollte, die Völker noch einmal in einen Weltkrieg zu stürzen, dann würde dies das Ende der jüdischen Rasse in Europa sein. Ich weiß noch, dass mir dieser Satz durch Mark und Bein ging, aber nicht etwa, weil ich mir darunter den Mord an den europäischen Juden vorstellte; eine solche Interpretation wäre mir völlig absurd vorgekommen. Vielmehr dachte ich bei mir, ein solcher Krieg wird so fürchterliche Ausmaße haben, dass kein Stein mehr auf dem anderen bleibt und auch die Juden unter diesen Trümmern begraben werden. Etwas anderes konnte ich mir darauf nicht zusammenreimen.

In den auf das Abkommen von München folgenden Wochen und Monaten trommelte die deutsche Propaganda beständig und prügelte verbal auf die Tschechoslowakei ein. Am 13. März 1939 wurde der tschechische Präsident Hacha in die Reichskanzlei zitiert, und Hitler teilte ihm unter entwürdigenden Umständen mit, dass am folgenden Morgen um 6 Uhr die deutschen Truppen die Tschechei besetzen würden, nachdem man die Slowaken bereits zuvor veranlasst hatte, sich von den Tschechen zu trennen.

Hitler zog in Prag ein und quartierte sich für eine Nacht, wahnhaft seiner historischen Größe verfallen, auf dem Hradschin ein, siegestrunken und überzeugt, dass auf der Welt nichts mehr sei, was ihn aufhalten könne. Denn die Protestnoten der Westmächte waren für ihn in seiner Hybris nicht mehr als ein Ausdruck der Hilflosigkeit.

Aber die Welt und auch weite Teile der deutschen Öffentlichkeit spürten, dass Hitler jetzt eine entscheidende Grenze überschritten hatte. Denn jedermann konnte nun erkennen, dass für ihn ein Vertrag nicht mehr als ein Fetzen Papier und ein gegebenes Wort nicht mehr als ein plumpes Täuschungsmanöver waren.

Angesichts der jüngsten Ereignisse – Novemberpogrom, ständige Drohgebärden Hitlers, Zunahme des diktatorischen Druckes auf Kirchen und »Meckereien«, Annexion der Tschechei, Einschränkungen der Versorgung – machte sich in der Bevölkerung eine deutliche, aber kaum artikulierte Unzufriedenheit breit. Doch auch jetzt blieb angesichts dieser Entwicklung die grundsätzliche innere Abwendung von Hitler bei den meisten Deutschen aus.

Hitler zerschlägt die Resttschechei: deutsche Soldaten auf der Prager Burg. Viele Deutsche hat dieses brutale Zerreißen des Münchener Abkommens mit bösen Ahnungen erfüllt. Man sah nirgendwo begeisterte, sondern nur verwirrte bis betroffene Gesichter. Aber ein gegen Hitler gerichteter Stimmungsumschwung blieb aus.

Mehr noch. Am 20. April 1939 wurde Hitler fünfzig Jahre alt. In einer eigenartigen Schizophrenie flogen ihm an diesem Tag in überschwänglicher Zuneigung die Herzen gerade derer zu, die in unbestimmten Ängsten der Zukunft entgegensahen, gerade so, als sei die Rettung des Friedens, wenn überhaupt, nur von ihm zu erhoffen. Denn er wusste auch jetzt, mit seinen Verlogenheiten die Leute an sich zu binden, wenn er in diesen Tagen sagte, er habe das Chaos in Deutschland beseitigt, sieben Millionen Erwerbslose wieder in Arbeit und Brot gebracht, die »historische Einheit des deutschen Lebensraumes wiederhergestellt«, und er habe sich bemüht, »dies alles zu tun, ohne Blut zu vergießen und ohne meinem Volk oder anderen daher das Leid des Krieges zuzufügen.«

Eine plausible Begründung für dieses unverständliche Beharren der meisten Menschen im bisherigen Denken lässt sich nach meiner Meinung nur im Licht moderner Meinungsforschung gewinnen. Hiervon wird später noch zu sprechen sein.

Noch eine »Heimkehr ins Reich« Kaum war Hitler aus Prag zurück, schiffte er sich auf dem Panzerkreuzer Deutschland ein, um das »Memelgebiet«, das durch Versailles an Litauen

Gleichgesinnte unter sich: Bei der Unterzeichnung des Paktes zwischen Hitler und Stalin ließ man in kühlen Worten die Option für die nächste Teilung Polens offen.

gefallen war, »heim ins Reich« zu holen. Selbstverständlich lag ihm an den Menschen, die ihn auch hier, erfasst vom Heimkehrrausch, trunken bejubelten, überhaupt nichts, und mit etwas Geduld wäre dieser Punkt des Versailler Vertrages, jetzt leichter als früher, ganz unspektakulär zu revidieren gewesen. Aber gerade das wollte Hitler ja nicht, er wollte vielmehr einmal mehr durch die Anwendung von Gewalt ein neues Zeichen seines Konfliktwillens auf seiner vermeintlich unaufhaltsamen Siegesbahn setzen.

Hitler vor den Toren Polens Wenn Hitler sein ureigenstes und eigentliches Ziel – die Gewinnung von »Lebensraum« auf Kosten Russlands – verwirklichen wollte, musste er sich mit Polen verbünden oder dieses Land durch Krieg niederzwingen, um mit Russland zu einer konfliktfähigen Grenze zu kommen. Der erstgenannte Schritt schlug als Versuch fehl. Ehe er den nächsten Schritt versuchte, gab Chamberlain Polen eine Garantieerklärung für den Fall eines deutschen Angriffs, um Hitler endlich die Bedingungen von Krieg und Frieden aufzuzeigen und Hitlers Expansionskurs eine definitive Grenze zu setzen.

Gleichwohl spürte man allenthalben hinter den immer drohender werdenden Äußerungen Hitlers und den Attacken des Goebbels'schen Propagandaministeriums eine unversöhnliche Haltung Hitlers. Dieser hatte ja noch im Zusammenhang mit der Sudetenkrise in alle Welt hinausposaunt, dies sei seine letzte territoriale Forderung, und schon ein halbes Jahr später galt ihm dieses Wort nichts mehr. Und nun war ihm offensichtlich an einer Verständigung mit Polen auch nichts gelegen. Vielmehr schien er seine Forderungen ohne Rücksicht auf die Folgen immer höher zu schrauben. Allenthalben ging die Kriegsfurcht um, die Menschen waren deprimiert bis gleichgültig oder fatalistisch, aber nirgendwo spürte man auch nur einen Hauch von Kriegsbegeisterung.

Inzwischen hatte es einen Wettlauf zwischen Hitler und den westlichen Demokratien um die Gunst und die Bündnisbereitschaft Russlands gegeben. Für Hitler ging es darum, sich mit Russland auf Kosten Polens zu verständigen und eine Teilung Polens vorzubereiten, um danach über Russland herfallen zu können.

Da die Westmächte nicht daran dachten, Stalin einen ähnlich verlockenden Teilungsplan vorzulegen, gewann Hitler das Rennen, obwohl das englische Kabinett durch Ernst von Weizsäcker sehr frühzeitig auf die deutsch-russischen Kontakte hingewiesen worden war. Außerdem spielte wohl auch eine Rolle, dass einen Politiker der westlichen Demokratien ein weltenweiter Abstand von diesen beiden Diktatoren trennte, die wie zwei kriminelle Kumpane trotz aller ideologischen Gegensätze viel besser zueinander passten.

Am 23. August 1939 unterzeichneten Ribbentrop und Molotow einen Nichtangriffspakt. Dieses Abkommen schlug in der deutschen Öffentlichkeit wie eine Bombe ein. Einen Vertrag mit den Bolschewisten, mit den Todfeinden des Nationalsozialismus! Für die Menschen in Deutschland stand die Welt auf dem Kopf. Aber da es sich um einen Nichtangriffspakt handelte, glaubten die meisten, »dem Führer« sei da mal wieder ein toller Coup gelungen, und so verhielt es sich ja auch. Nur ahnte niemand, dass dahinter Hitlers Absicht stand, eines Tages über Russland herzufallen.

Das Wichtigste an dem Vertrag war aber das geheime Zusatzprotokoll, das erst nach dem Kriege bekannt wurde, nachdem es im Nürnberger Prozess der deutschen Verteidigung zugespielt worden war. Darin war die künftige beiderseitige Interessenlinie festgelegt, und es wurde kühl festgestellt, man lasse offen, »ob die beiderseitigen Interessen die Erhaltung eines unabhängigen polnischen Staates erwünscht erscheinen lassen und wie dieser Staat abzugrenzen wäre«. Dieses Zusatzprotokoll zeigt, dass Hitler in Stalin einen gleichgesinnten und gleich skrupellosen imperialistischen Partner gefunden hatte. Erstaunlicherweise ist später – und eigentlich bis zum heutigen Tage – von dieser verbrecherischen Komplizenschaft des Kommunismus mit dem Nationalsozialismus kaum noch die Rede gewesen.

Die ideologische Todfeindschaft wurde unter dem Plan dieser gemeinsamen Räuberei leicht und schnell begraben. Nur hat es selbst Stalin nicht für möglich gehalten, dass sein Komplize so virtuos lügen und wortbrüchig werden konnte, wie Hitler es dann tatsächlich vorführte.

Während Frankreich kaum Anstalten machte, sich gegen die hereinbrechende Flut zu rüsten, verfolgten die Briten jetzt eine ganz klare Linie. Dabei spielte die vielleicht wichtigste Rolle, dass Hitler durch sein Bündnis mit Stalin für die westlichen Demokratien als »Bollwerk gegen die Weltrevolution« nicht mehr in Betracht kam. Gerade für jene Funktion, mit der man sich jenseits des Kanals insgeheim immer wieder getröstet hatte, fiel Hitler jetzt aus. Hitler aber redete sich ein, die westlichen Demokratien würden die Hände in den Schoß legen.

An alles hätten zu diesem Zeitpunkt die Menschen in Deutschland gedacht – nur nicht an einen in der Ferne lauernden Krieg mit Russland. Aber die Unruhe und die Hast, die mangelnde Kompromissbereitschaft und die Kälte Hitlers teilten sich den Menschen mit und erzeugten eine fast lähmende innere Teilnahmslosigkeit, als sei ein unerbittliches Geschick hereingebrochen, das man nur mit fatalistischem Achselzucken hinnehmen könne.

Der Krieg beginnt Als meine Eltern und ich Hitlers Rede zum Kriegsbeginn hörten mit seinem geradezu hysterisch herausgeschrieeenen »Seit 5.45 Uhr wird jetzt zurückgeschossen! Und von jetzt ab wird Bombe mit Bombe vergolten!«, waren wir am meisten entsetzt über den Schluss dieser Rede: »Ich werde ihn [den Waffenrock] nur ausziehen nach dem Sieg oder – ich werde dieses Ende nicht mehr erleben.« Um ihn ging es also, nicht um sein Volk, das er in dieser entscheidenden Passage mit keinem Wort mehr erwähnte, von dem aber und von dessen Interessen er zuvor beständig geredet hatte. Würde er Pech haben und würde es schief gehen, nun gut, dann würde er sich eben erschießen. So war es also gemeint. Auf mich mit meinen siebzehn Jahren übertrug sich die Erschütterung, die meine Eltern bei diesen letzten Worten überkam, und ich konnte hinfort nie mehr den Gedanken loswerden, dass wir, das Volk, hier in eine Sache hineingezogen wurden, mit der wir im Grunde nichts zu tun hatten.

Viele dachten so. Viele ließen sich auch von der geschickten Propaganda irreführen und glaubten an den »aufgezwungenen Verteidigungskampf des deutschen Volkes«. Aber wenn sie es glaubten, dann war zumeist auch so etwas wie Wunschdenken dabei, dass es doch so sein müsste. Aber sie taten es nicht mit jener tiefen inneren Überzeugung der Generation von 1914. Ich kann mich jedenfalls nicht erinnern, dass ich irgendwann während des Krieges einen Menschen hätte sagen hören (einen Parteiredner oder einen HJ-Führer vielleicht ausgenommen): »Uns ist ein Krieg aufgezwungen worden, den unser Führer bis zuletzt verhindern wollte, aber die Polen und die Westmächte sind über uns hergefallen.«

Es war Hitlers Krieg, der da, Gott sei's geklagt, in unserem Namen begonnen wurde. Es war nicht ein Krieg, den das deutsche Volk gewollt hatte. Doch mit der unheilvollen Verstrickung, die Hitler zwischen sich und dem deutschen Volk geflochten hatte, band er die Menschen in tragischer Komplizenschaft an sich und zog sie mit sich in den Abgrund:

»Und siehe da, die Ratten kamen aus ihren Häusern hervor [...] und liefen in Scharen hinter ihm her. Die Melodie übte einen wahren Zauber auf sie aus; sie entsprach ihrem unklaren Begehren, ihrer Sehnsucht, ihrer Leidenschaft, ihrer Hoffnung. Sie wiegte sie ein und erregte sie, bezauberte sie und zog sie mit unwiderstehlicher Macht an.

Und in einer schwarzen Schar, die dichter und dichter wurde, folgten die Ratten den Schritten des Zauberers. Er führte sie an einen Fluss. Und ohne Zögern schritt er hinein. Die Ratten folgten ihm, von der Musik betört. Und Zauberer und Ratten verschwanden in den Fluten ...« (zit. n. A. François-Poncet)

Aber trotz alledem blieb jeder Mensch ein Individuum mit einer persönlichen Verantwortung, die sehr unterschiedlich wahrgenommen wurde. Es hat dies nach dem Kriege manch einer gerne verdrängt: dass diese moralische Verantwortung sich nämlich nicht nur auf das aktive Handeln, sondern fraglos auch auf die individuelle Gesinnung erstreckte. Denn in der Summe aller Individuen war sie es, die, je nach dem, für die Stabilität des Regimes von Nutzen oder schädlich und somit von existenzieller Bedrohung war. Die Beurteilung dieses Individualverhaltens unter den Bedingungen einer Diktatur ist allerdings ein ungemein schwieriges Feld. Doch hiervon später mehr.

Kurz vor dem Krieg hatten meine Eltern ein neues Radio gekauft, einen »Blaupunkt«. Diese Firma hatte mit dem Slogan geworben: »Was die Welt funkt – hör mit Blaupunkt!«. Das bekam jetzt einen ironischen Anstrich, denn Auslandssender zu hören war bei hoher Strafe verboten, und wer solche Nachrichten verbreitete, landete auf dem Schafott.

Rechts auf der Kurzwellenskala unseres Gerätes war England zu hören, und das berühmt gewordene Zeichen, jenes »Ta-ta-ta-taaam«, suggerierte dem Zuhörer, er gehöre mit dem Einschalten dieses Senders einer anderen Schicht an, den Wissenden sozusagen.

Zunächst hatte dieser Sender allerdings nicht sehr viel Bemerkenswertes mitzuteilen. Denn Polen wurde in 18 Tagen überrannt. Selbstverständlich bewunderte ich – ebenso wie meine Eltern – die Leistungen der deutschen Truppen, und ich bewundere sie heute noch: Nicht weil ich etwas für den Krieg übrig habe, sondern weil ich Respekt habe vor dem Einsatz des eigenen Lebens.

Diese Einsatzbereitschaft der Fronttruppe hatte sehr verschiedene Facetten (ich nehme hier die SS-Verbände aus, weil ich von ihnen zu wenig weiß): Freiwilligkeit, weil man, verführt durch falsche Informationen der Propaganda, das Vaterland in Gefahr wähnte und sich von daher verpflichtet fühlte, das eigene Leben einzusetzen; unfreiwillige bis erzwungene Bereitschaft zum Einsatz des Lebens, weil man eben als Soldat eingezogen war und gar nicht anders konnte, als hier einem gegebene Befehl nachzukommen.

Zwischen diesen beiden Polen gab es viele Gefühlsmischungen, die je nach Herkommen, Erziehung und Information sehr unterschiedlich ausfielen. Nur eine Grundhaltung, die heute fälschlicherweise oft unterstellt wird, ist mir bei der Fronttruppe nie begegnet: blanke Eroberungslust um ihrer selbst willen. Vor die Wahl gestellt, in den Krieg zu ziehen oder auf den Krieg zu verzichten und im bisherigen Friedenszustand weiterzuleben, wären die allermeisten lieber heute als morgen nach Hause gegangen. Diese Einstellung stand in diametralem Gegensatz zu den Vorstellungen Hitlers. Und Hitler wusste das.

Der für Hitler überraschende Kriegseintritt der Westmächte Zu Hitlers Überraschung standen die Westmächte zu ihrer übernommenen Verpflichtung, die Franzosen allerdings ziemlich selbstquälerisch. »Wie versteinert saß Hitler da und blickte vor sich hin. Er war nicht fassungslos, [...] er tobte auch nicht. Er saß völlig still und regungslos an seinem Platz. ›Was nun?‹, fragte Hitler seinen Außenminister«, so der ehemalige Chefdolmetscher P. Schmidt. Immer war sein Vabanquespiel aufgegangen, immer hatten die Anderen sich ihm gebeugt. Jetzt stand er fassungslos vor der Realität und wollte sie nicht wahrhaben. Es ging ihm damit wie damals in seinen Jugendtagen, als er statt des großen Loses eine Niete in der Lotterie gezogen hatte.

In der Tat stellte der Kriegseintritt Englands Hitlers Kriegsplan auf den Kopf. Denn er war von der Voraussetzung ausgegangen, dass die Westmächte stillhalten und er im Osten freie Hand haben würde. Auf keinen Fall dürfe es zu einem Krieg mit England kommen, hatte er noch vor kurzen zu Dönitz (dem Oberbefehlshaber der Kriegsmarine) gesagt. Jetzt war es soweit, und in manchen Augenblicken schien Hitler zu ahnen, dass damit der Krieg bereits verloren war. So hoffte er denn, wie er immer wieder irrational gehofft hatte: nämlich auf eine Verständigung mit England.

Dazu hatte Hitler aber auch aus rein militärtechnischer Sicht allen Grund. Denn Deutschland war auf den Krieg ganz und gar nicht ausreichend vorbereitet. Von einer Autarkie war Deutschland weit entfernt, die Abhängigkeit von Rohstoffeinfuhren war erdrückend. Sinngemäß ähnlich war die Situation auf dem militärischen Kräftefeld. Nur die Luftwaffe war zahlenmäßig überlegen. Unfasslich bleibt, dass die Westmächte nicht mit dem Beginn des Krieges sofort im Westen losschlugen – in wenigen Wochen wäre alles zu Ende und Hitler ein toter Mann gewesen.

Unser Gymnasium wird geschlossen. Wir kommen auf eine staatliche Schule und sind überrascht
Unmittelbar vor Weihnachten 1939 wurde unser Gymnasium zwangsweise geschlossen. Jetzt waren Eltern, Lehrer und Schüler zum letzten Mal in der Aula zu einem Gottesdienst und einer Abschiedsfeier versammelt. Als unser Direktor hier seine letzte Ansprache hielt, dachte man, nun sei ihm alles egal. Er attackierte so unverblümt die Rechtlosigkeit des Regimes, dass es uns allen den Atem verschlug und man meinte, er würde gleich auf offener Szene verhaftet. Aber nichts geschah, und uns blieben seine Worte unvergesslich als Mahnung im Gedächtnis. Dann verabschiedeten sich der »Rex« und die Lehrer persönlich von jedem Schüler und den anwesenden Eltern. Wir alle waren tiefbewegt und gingen nachdenklich nach Hause. Unser Rex aber starb einige Monate später, früher hätte man gesagt: am gebrochenen Herzen.

Nachdem unsere Schule aufgelöst worden war, übersiedelte mein Griechischlehrer in eine Kleinstadt im Erzgebirge. Aber wir blieben in brieflichem Kontakt, und nach dem Abitur bot er mir zu meiner Überraschung das freundschaftliche Du an. Nicht lange darauf wurde auch er eingezogen, und einige Zeit später sahen wir uns unter ungewohnten Umständen wieder. Doch hiervon möchte ich gern später erzählen.

Die andere Schule Mit den meisten meiner Mitschüler kam ich jetzt auf das »Staatliche Gymnasium« in Dresden-Neustadt.

Ich war sehr überrascht. Zwar war der Gesamttenor der Schule linientreu, viel mehr, als auf dem katholischen Gymnasium zuvor. Aber wenn ich erwartet hatte, unter den neuen Mitschülern eine stramme nationalsozialistische Gesinnung anzutreffen, so konnte davon keine Rede sein. Einige wenige waren wohl darunter, hüteten sich aber, mit ihrer Überzeugung hervorzutreten, weil sie hätten befürchten müssen, als Phrasendrescher isoliert zu werden. Denn wir standen mit einem Bein schon fast in der Realität des Krieges und des Soldatenlebens und hatten für Phrasen der »Weltanschauung« nur Spott übrig.

Ein Mitschüler, körperlich schmächtig, redete sogar laut und ganz offen gegen das Regime. Er saß auf der hintersten Bank, und mitunter machte er selbst mitten im Unterricht halblaute abfällige Bemerkungen. Ich habe noch im Ohr, wie er einen linientreuen Lehrer ziemlich laut murmelnd kommentierte: »Jetzt faselt er wieder!« Es ist mir heute noch ein Rätsel, wie das gut gehen konnte. Aber es passierte nichts, jedenfalls nicht während unserer Schulzeit.

Es waren aber auch noch andere Mitschüler da, insbesondere aus dem Lager der evangelischen Kirche, die mir, kaum dass wir uns kannten, ganz unverblümt ihre Meinung sagten. Allerdings sprachen wir kaum über die Frage, wer schuld an diesem Kriege sei. Wahrscheinlich war Hitlers Alleinschuld vielen (und auch mir selbst) deshalb nicht in vollem Umfang klar geworden, weil kurz vor Beginn des Krieges in Bromberg 7 000 Deutsche von Polen ermordet worden waren (der so genannte »Bromberger Blutsonntag«). Man ahnte oder war überzeugt, dass Hitler der Hauptschuldige war; aber dass er allein diesen Krieg vom Zaun gebrochen hatte, das ist uns allen doch eigentlich erst nach dem Kriege lückenlos klar geworden. Auffallend war aber jedenfalls eine Erfahrung, die ich auch später bestätigt fand: Dass nämlich die Absolventen höherer Schulen viel weniger von der nationalsozialistischen Ideologie befallen waren als die übrige Jugend. Allerdings verschob sich dieses Bild bei den jüngeren Jahrgängen: Mit zunehmender Indoktrination stieg die Zustimmung für Hitler und das Regime.

Auch hier zeigt sich der Unterschied zum Marxismus. Seine festgefügte und in sich – zumindest vordergründig – schlüssige Theorie konnte für einen jungen Menschen sehr wohl überzeugend sein. Aber die NS-Mentalität hatte nur Schlagworte, aber kein in der Theorie plausibles Gedankengebäude vorzuweisen. Deshalb wurden – nachdem der große Einigungsrausch des ersten Jahres vorbei war – vorzugsweise schlichtere Gemüter zu echten Gläubigen der NS-Schlagwort-Ideologie.

Aus dem damaligen Direktor des Staatlichen Gymnasiums, Dr. Fraustadt hieß er, bin ich nie ganz klug geworden. Natürlich trat er als überzeugter Parteigänger des Führers auf. Auch erschien er zu Schulbeginn, wenn nach den Ferien militärisch »angetreten« und beim »Appell« die Fahne gehisst wurde, in seiner braunen »Amtswalter«-Uniform – als »Goldfasan«, wie man das nannte. Aber ich kann mich nicht erinnern, dass er bei dieser Gelegenheit flammende, phrasentriefende Reden gehalten hätte, die über das vorgeschriebene Maß hinausgegangen wären. Auch im Unterricht – wir hatten bei ihm Latein – habe ich es nicht erlebt. Selbst in seiner Abituransprache fehlte dergleichen völlig, er stellte sie unter einen unverfänglichen Vers von Will Vesper (einem sonst regimetreuen Poeten): »Gottes sind Woge und Wind. Aber das Steuer, dass ihr den Hafen gewinnt, ist euer.«

Ich kann mir vorstellen, dass er zu spät Zweifel an seiner ursprünglichen, zustimmenden Auffassung bekam und dann nicht mehr zurückkonnte oder wollte. Er ist mir als einer von den vielen, die im Irrtum befangen waren, in durchaus nicht unfreundlicher Erinnerung geblieben, und wenn es stimmt, dass er in einem russischen Internierungslager elend umgekommen ist, so gilt ihm heute noch mein Mitgefühl.

Bei Dr. Ziegler, dem Konrektor, würde es mit meinem Mitgefühl schon schwieriger, denn der soll sich nach dem Kriege, so wurde mir erzählt, beizeiten in Westdeutschland in die Arme der evangelischen Kirche geworfen haben. Er war einer jener charakterlosen Opportunisten und widerlichen Anhänger Hitlers, denen das Regime seine Existenz und Stabilität verdankte. Wir hatten bei ihm Geschichte. Nie habe ich einen Lehrer in der kurzen Zeit einer Unterrichtsstunde so viele Phrasen und soviel dummes ideologisches Zeug herunterleiern hören. Dabei war er nicht einmal unbeliebt; denn er pflegte eine kumpelhafte Attitüde, die »kameradschaftlich« wirken sollte.

Da war es schon eine Erholung, wenn wir anschließend Mathematik bei Herrn Doege hatten. Jeder wusste, dass er altes SPD-Mitglied und so couragiert gewesen war, nach 1933 noch eine Zeit lang mit seinen drei Pfeilen, dem SPD-Abzeichen, am Rockaufschlag zu erscheinen. Die Nachlässigkeit seines obligaten »Heil Hitler!«-Grußes ließ keinen Zweifel, dass sich an seiner Abneigung inzwischen nichts geändert hatte.

Ganz anders wieder bei »Schleim«, so hieß bezeichnenderweise unser Deutschlehrer mit Spitznamen, der sich auf seine linientreuen Tiraden bezog. Er hatte etwas vom Schmierenkomödianten, sah sich wohl auch selbst als befähigten Rezitator. Deutschtümelnd lebte er in der tiefen Überzeugung, dass am deutschen Wesen die Welt genesen müsse. Dies veranlasste ihn eines Tages, so jedenfalls wurde mir später erzählt, sich freiwillig als Lehrer ins besetzte Luxemburg zu melden. Als er merkte, dass die dortigen Schüler seinen Bekehrungsversuchen obstinaten Widerstand entgegensetzten, soll er sich verzweifelt am geöffneten Gashahn das Leben genommen haben.

Ich könnte die Beschreibung auf dieser Linie fortsetzen. Auch hier sind Klischeevorstellungen wenig geeignet, der Vielfalt des alltäglichen Lebens und der Menschen im »Dritten Reich« gerecht zu werden.

Hitler beginnt in Polen mit seiner Ausrottungspolitik Kaum war der Polenfeldzug beendet, als Stalin und Hitler, der eine so skrupellos wie der andere, sich auf die vollständige Zerschlagung Polens einigten. Auf diese Weise bekam Hitler, was er wollte: eine Grenze mit und ein Aufmarschgebiet gegen Russland. Das sogenannte Wartheland und das oberschlesische Industrierevier wurden dem Reich einverleibt, das übrige polnische Gebiet wurde zum Generalgouvernement erklärt und dem bald berüchtigten Hans Frank unterstellt.

Hitler verlangte die Vernichtung der polnischen »Intelligenz« und einen niedrigen Lebensstandard der Bevölkerung. Schon bald begann ein beispielloser Ausrottungsprozess durch ein Terrorregiment der Polizei- und SS-Einheiten, was Hans Frank als eine Epoche gewaltigster kolonisatorischer und siedlungsmäßiger Neugestaltung bezeichnete. Seriöse Schätzungen gehen davon aus, dass eine Million Polen dem Massenmorden zum Opfer fiel.

Die polnische Oberschicht wurde systematisch umgebracht, die jüdische Bevölkerung in großen Ghettos verschiedener Städte zusammengetrieben oder bereits durch Massenerschießungen getötet. Das unmenschliche Ziel dieser perversen »Volkstumspolitik« war die Versklavung eines ganzen Volkes und die Reduzierung des Bildungsniveaus auf ein Minimalwissen: Für die nichtdeutsche Bevölkerung des Ostens dürfe es keine höhere Schule geben als die vierklassige Volksschule, so Himmler. Das Ziel habe zu sein: »Einfaches Rechnen bis höchstens 500, Schreiben des Namens, eine Lehre, dass es ein göttliches Gebot ist, den Deutschen gehorsam zu sein. [...] Lesen halte ich nicht für erforderlich.« (zit. n. H. Buchheim) Man muss hinzufügen, dass diese ebenso grauenhaften wie aberwitzigen Pläne nicht offiziell bekannt gemacht wurden.

Vonseiten der Wehrmachtbefehlshaber ist, insbesondere durch den Generalobersten Blaskowitz, verschiedentlich massiv gegen diese Unmenschlichkeiten protestiert worden – aber ohne jeden Erfolg. Weil Hitler diese Reaktion von vornherein vermutete, entzog er am Ende des Polenfeldzuges das rückwärtige Gebiet der Befehlsgewalt der Wehrmacht und übergab das Kommando Himmler und der SS. Trotzdem gab es auch Verstrickungen der Wehrmacht in diese Vernichtungspolitik. Man muss nur lesen, was Marcel Reich-Ranicki in seinen Erinnerungen über das abscheuliche Verhalten deutscher Soldaten im Warschauer Ghetto und ihre menschenunwürdigen »Scherze« schreibt, um zu wissen, dass unter entsprechenden Voraussetzungen Unmenschlichkeiten nicht automatisch an eine bestimmte Uniform gebunden sind.

Dazu kamen riesige sogenannte Umsiedlungsaktionen: Bis zum Sommer 1941 wurden eine Million Polen von Haus und Hof vertrieben, um »wertvollem deutschen Blut« (Volksdeutsche aus dem Baltikum, Wolhynien, Nordbukowina, Bessarabien, Norddobrudscha) Platz zu machen. J. Fest hat – sicher mit Recht – vermutet, dass diese grenzenlose Barbarei auch das Ziel hatte, die deutsche Bevölkerung an ein unermessliches Verbrechen gleichsam zu ketten und sie so zum Kampf bis in den Untergang zu zwingen.

Stalin blieb in seinem polnischen Gebiet auch nicht untätig. Seine Ausrottungspolitik richtete sich gezielt gegen die polnische Oberschicht und das polnische Offizierskorps.

18 | Im Sommer 1940: Hitler auf dem Zenit

Das Desaster Frankreichs Schon im November wollte Hitler den Feldzug gegen Frankreich beginnen. Aber schlechtes Wetter vereitelte diesen Plan, und bis zum eigentlichen Beginn des Frankreichfeldzuges im Mai 1940 wurde der Angriffstermin insgesamt 29 mal verschoben. Zuvor gelang es Hitler Anfang April in einem äußerst gewagten Unternehmen und gegen den Rat seiner Generäle, Dänemark und Norwegen zu besetzen.

Der Sieg über Frankreich führte Hitler auf den Zenit seiner Macht. Nachdem er sich schon im Norwegenfeldzug gegen den Rat der militärischen Fachleute behauptet hatte, gelang ihm dies jetzt ein weiteres Mal.

Ursprünglich sollte der Angriff von Nordwesten her erfolgen, aber diesem Plan hafteten Erinnerungen an den Ersten Weltkrieg und seinen damals bald einsetzenden Stellungskrieg an. Ein anderer Plan war von Erich von Manstein schon 1939 vorgelegt, aber vom Oberkommando des Heeres (OKH) wegen seiner Kühnheit verworfen worden. Gerade das aber war es, was Hitler daran reizte, als er davon erfuhr, zumal er sich selbst mit ähnlichen Gedanken befasst hatte.

Der Plan sah vor, was dann auch tatsächlich geschah: Über Holland und Belgien erfolgte ein Angriff von Norden. Die alliierten Streitkräfte, überrascht (obschon vom deutschen Widerstand informiert), wandten sich mit allem, was sie hatten, dorthin. Eigentlich hätte es sie argwöhnisch machen müssen, dass die Luftwaffe sie in Ruhe ließ. Als sie weit genug in die nördliche Falle hineingelaufen waren, drangen massierte deutsche Panzerverbände über die Ardennen nach Westen vor und standen binnen kurzem an der Kanalküste.

Als Churchill um diese Zeit im französischen Oberkommando eintraf und den französischen Oberkommandierenden fragte, wo denn seine strategische Reserve stecke, musste dieser ihm bekennen, dass keine vorhanden sei. Hätte Hitler, dem angesichts dieser Erfolge selbst schwindelte, nicht den Befehl zum Anhalten gegeben, bevor das offen daliegende Dünkirchen in deutsche Hand kam, wäre dem englischen Expeditionskorps der Rückzug unmöglich gewesen. So aber brachten die Briten in einer bravourösen Aktion auf Schiffen, Ausflugsdampfern, Segelbooten und Privatjachten ihre Soldaten nach Hause – Gott sei Dank, muss man heute sagen.

Der Rest des Feldzuges war eigentlich nur noch eine Abwicklung, die durch den fehlenden Widerstandswillen der Franzosen noch erleichtert wurde. Schon Ende Mai befand sich die französische Armee in völliger Auflösung, Hunderttausende von flüchtenden Zivilisten verstopften die Straßen, und es passt ins Bild wenn man liest, dass es vom französischen Hauptquartier in Briare zur Truppe und zur Außenwelt nur einen einzigen Fernsprechapparat gab, der aber von 12 bis 14 Uhr nicht in Betrieb war, weil die Posthalterin um diese Zeit zum Essen ging.

Hitler auf dem Zenit seiner Macht: Im Triumphzug fährt er nach dem Sieg über Frankreich unter grenzenlosem Jubel durch Berlin.

Noch ein Treppenwitz: Mussolini schämte sich nicht, im letzten Augenblick als Trittbrettfahrer auf den Kriegszug aufzuspringen. Nach dem Kriege wurde Ciano, sein damaliger Außenminister gefragt, warum dies denn geschehen sei. Nun ja, das sei eben, so antwortete Ciano, eine seltene Gelegenheit gewesen. Dazu meint Churchill in seinen Memoiren trocken: »Those chances, though rare, are not necessarily good.«

Hitler war auf dem Zenit. Militärisch war es auf die Zukunft gesehen ein Verhängnis mit unabsehbaren Folgen, dass Hitler in geradezu einzigartiger Weise Recht behalten hatte: Alle Bedenken der Generalität hatten sich als unbegründet erwiesen und er, Hitler, hatte den entscheidenden und von der Generalität zuvor verworfenen Feldzugsplan aus der Schublade geholt und zur Grundlage seiner eigenen Entscheidung gemacht. Keitel, einer seiner ergebensten und widerlichsten Hofschranzen, feierte ihn als »den größten Feldherrn aller Zeiten«.

Hitlers militärische Begabung und ihre Grenzen War er nun wirklich ein strategisches Genie? – Das sicher nicht. Aber er hatte unzweifelhaft eine überdurchschnittliche Begabung auf militärischem Gebiet, und dazu gehört auch die Strategie. Nur war er auch hier, wie überhaupt in seinem Charakter und seinen Begabungen, von einer krassen Widersprüchlichkeit.

Er hatte sich auf militärischem Gebiet sehr viele Detailkenntnisse angeeignet und in seinem glänzenden Gedächtnis gespeichert. Auch traf er oft das Richtige, weil er aus der Unbefangenheit des Autodidakten heraus argumentierte und weil er Risiken weniger als andere scheute. Desgleichen hatte er ein Gefühl für praktische Anwendungsmöglichkeiten von militärischem Gerät. Das beste Beispiel ist die Panzerwaffe.

Außer Hitler hatten zwar auch andere in Europa die überragende Bedeutung der Panzerwaffe in einem zukünftigen Krieg erkannt, und in Deutschland hatte Guderian das Augenmerk darauf gelenkt. Aber Hitler hatte als Einziger daraus die Konsequenzen gezogen und entsprechende Panzerverbände aufstellen lassen, denen im Frankreichfeldzug eine Schlüsselrolle zufiel, der sie glänzend gerecht wurden. Es mehrt übrigens die Tragik des französischen Versagens, dass ein französischer Oberst genau die gleichen Überlegungen hinsichtlich der Panzerwaffe angestellt hatte, wie Hitler, aber auf völliges Unverständnis stieß. Er hieß Charles de Gaulle.

Ein anderes Beispiel für Hitlers militärische Phantasie ist die Ausrüstung der Sturzkampfbomber mit Sirenen, die auf ihn zurückgeht und die eine schrecklich demoralisierende Wirkung hatten (vielleicht konnte auf diese Idee überhaupt nur ein Mann wie Hitler kommen). Auch stammt der Gedanke von ihm, das die Festung Lüttich beherrschende Fort Eben Emael handstreichartig durch Fallschirmjäger zu erobern, die mit Lastenseglern ins Ziel gebracht wurden.

Besonders ausgeprägt war sein psychologisches Einfühlungsvermögen in die Situation des Gegners und die schon in seiner politischen Karriere immer wieder in Erscheinung getretene Fähigkeit der schnellen Einsicht in Zusammenhänge, des Erfassens einer günstigen Gelegenheit und der blitzschnellen Reaktion hierauf. Das ging den meisten seiner Generäle ab, und das brachte sie immer wieder ihm gegenüber in die Defensive.

Aber eine andere Charaktereigenschaft war stärker als diese zwar begrenzte, aber fraglos vorhandene militärische Begabung: Seine Unfähigkeit, sich selbst Fehler und Irrtümer einzugestehen und hieraus Konsequenzen zu ziehen. Vielleicht noch stärker war seine ihn beherrschende Verbissenheit, ein bestimmter negativer Sachverhalt könne ganz einfach nicht vorliegen, weil er nicht mit seinen Erwartungen übereinstimmte und deshalb auch nicht vorliegen dürfe. Da ist sie wieder, die Episode aus der Jugend mit der Niete in der Lotterie, von der er doch das große Los erwartet hatte.

Diese Voraussetzungen erklären seine Beteiligung am militärischen Erfolg zu den Zeiten, als er das Glück hatte, dass die Gegner zu schwach oder zu unentschlossen waren, aber auch sein völliges Versagen sowie seine haarsträubenden und dilettantischen strategischen Entscheidungen, als er in die Defensive gedrängt wurde.

Der Sieg über Frankreich war aber, nicht nur militärisch, sondern auch politisch ein Verhängnis, weil er Hitler in der Bevölkerung mit einer Aura der Unbesiegbarkeit umgab.

Selbstverständlich verfolgte ich mit Bewunderung die unvergleichlichen Erfolge unserer Soldaten. Wie war das alles denn nur zu erklären? In einen Hurra-Patriotismus verfiel ich ebenso wenig wie meine Klassenkameraden; aber ich dachte, vielleicht wird doch der Krieg gewonnen. Der Gedanke, dass man dann wahrscheinlich sogar noch uniformiert ins Bett gehen würde und bei Tag und bei Nacht »zackig« leben müsste, verursachte mir zwar ein erhebliches Unbehagen; aber eine Niederlage stellte ich mir noch schlimmer vor.

Mein Vater war nicht überglücklich, aber hoffnungsvoll. Er hatte die schreckliche Zeit der Krisenjahre im Kopf und sagte jetzt und in den folgenden Jahren immer wieder: Wir müssen den Krieg gewinnen. Eine andere Möglichkeit ließ er nicht gelten.

Meine Mutter war da nüchterner. Nach dem Waffenstillstand war auf der ersten Seite unserer Dresdner Tageszeitung eine Karte Englands abgedruckt, und darunter stand: »England, jetzt schlägt deine Stunde!« – »Tjaah«, sagte meine Mutter gedehnt, als sie durch ihre dicke Brille auf die Karte sah, und machte ein skeptisches Gesicht. Vielleicht hatte sie es in der Nase, dass daraus »their finest hour« werden sollte, wie Churchill später mit Recht die Entschlossenheit der Briten umschrieb, in diesem historischen Augenblick nicht zu kapitulieren.

Der Kontrast konnte größer nicht sein: Diesseits des Kanals der Sieger, der im Wald von Compiègne den Waffenstillstand diktiert, die französische Hauptstadt, dieses Herz Frankreichs, wie im Traum durchstreift und dann in Berlin in einem überwältigenden Triumphzug einzieht und die Nation wie niemals vorher oder nachher hinter sich weiß – und auf der anderen Seite des Kanals Winston Churchill, der Blut, Mühsal, Tränen und Schweiß verspricht und entschlossen hinzufügt: »Doch ob unsere Qual heftig oder lang sei oder beides: Wir werden keinen Ausgleich schließen, wir werden kein Parlamentieren zulassen; wir werden vielleicht Gnade walten lassen – um Gnade bitten werden wir nicht.«

Hitler antwortete darauf am folgenden Tage in einer mehrstündigen Rede, nachdem er die Gegenseite als »lächerliche Nullen« und »politische Fabrikware der Natur« bezeichnet hatte und schloss: »Ich bin mir darüber im Klaren, dass die Fortführung dieses Kampfes nur mit der vollständigen Zertrümmerung des einen der beiden Kämpfenden enden wird. Mister Churchill mag glauben, dass dies Deutschland ist. Ich weiß, es wird England sein.«

Plötzlich hatte sich nach diesem Wortwechsel für meine Eltern, aber auch für mich irgendwie das Bild gewandelt. Aus Hitlers Worten schien eine erhebliche Unsicherheit zu sprechen. Und was würde mit Amerika sein? Würde Amerika die Briten allein lassen? Vor allem aber wusste ich jetzt noch weniger als zuvor, wofür ich in den Krieg ziehen sollte. Um England zu besiegen?

Ich hatte, das sagte ich schon, aus dem Englischunterricht einen Korrespondenzfreund in London, Kenneth Bidwell hieß er. Er hatte uns 1938 einige Wochen besucht und ich hatte durch ihn ein wenig das »typisch Englische« kennen gelernt. Von daher erschien mir die Lebensart der Briten wesentlich erstrebenswerter als die uns ständig gepredigten Phrasen der »nationalsozialistischen Weltanschauung« und dieses ewige »Im Gleichschritt – marsch!«.

Dann war ich mit ihm in Berlin gewesen, und wir hatten zusammen den Leichtathletik-Länderkampf Deutschland gegen USA angesehen, den die Amerikaner ziemlich hoch gewannen. Jetzt musste ich daran denken, wie er begeistert seine Vettern jenseits des Atlantik angefeuert und ihre Siege bejubelt hatte. Und die sollten die Engländer im Dreck sitzen lassen? Das wäre doch wohl eine törichte Hoffnung!

Ich wünschte mir zwar nicht, dass die Engländer den Krieg gewinnen sollten, aber ich wusste auch nicht, warum wir eigentlich die Engländer besiegen sollten. Ebenso wenig wünschte ich mir unsere Niederlage – ich wusste überhaupt nicht, was ich mir wünschen sollte. Mit diesem Fragezeichen war ich unter meinesgleichen nicht allein.

Merkwürdigerweise dachte Hitler ganz ähnlich. England war für ihn immer der Wunschpartner gewesen, und er wusste im Grunde nicht, warum er nun einen Feldzug gegen die Briten in Gang setzen sollte. Immer noch hoffte er abstruserweise darauf, sie müssten doch endlich einsehen, dass eine Allianz mit ihm zu ihrem Heile sein würde. Dass er diesen Angelsachsen einfach unappetitlich, gegen den guten Geschmack und gegen ihr Lebensgefühl war, dass hinter ihnen ein ganz anderes Weltbild stand – das der Aufklärung nämlich, mochten sie es auch oft genug selbst mit Füßen treten –, hatte er in seiner intellektuellen Begrenzung nicht wahrgenommen. Dass diese Angelsachsen, an einem bestimmten Punkt angekommen, wegen jener Lebensart, die ich an Kenneth kennen gelernt hatte, sagen würden: »Dies nicht mit uns!«, überstieg sein Fassungsvermögen.

Eine Zwangstaufe Im Oktober 1940 wurde ich 18 Jahre alt. Damit schied ich aus der Hitlerjugend aus. Aber es war Hitlers erklärter Wille, dass man danach »in die Partei oder eine ihrer Gliederungen« überführt wurde. Er hatte seine Vorstellungen 1938 recht genau präzisiert: »[...] diese Jugend, die lernt ja nichts anderes als deutsch denken, [...] und wenn diese Knaben und diese Mädchen mit zehn Jahren in unsere Organisation hineinkommen, [...] dann kommen sie vier Jahre später vom Jungvolk in die Hitlerjugend, und dort behalten wir sie wieder vier Jahre. Und dann geben wir sie erst recht nicht zurück in die Hände unserer alten Klassen- und Standeserzeuger, sondern dann nehmen wir sie sofort in die Partei, in die Arbeitsfront, in die SA oder in die SS [...] und so weiter. Und wenn [...] sie dort noch nicht ganz Nationalsozialisten geworden sein sollten, dann kommen sie in den Arbeitsdienst und werden dort wieder sechs oder sieben Monate geschliffen.« Dann kommen sie in die Wehrmacht, »[...] und wenn sie [...] zurückkehren, dann nehmen wir sie sofort wieder in die Partei, die SA, SS und so weiter, und sie werden nicht mehr frei ihr ganzes Leben.« (zit. n. H.-U. Thamer)

Diese Vorstellungen Hitlers waren uns natürlich wohlvertraut. Aber der hier vorgesehene Automatismus des Wechsels von einer Organisation in die andere funktionierte jetzt nicht immer, weil praktisch alle Männer eingezogen waren. So hatte man auch mich vergessen. Ich war darüber heilfroh, weil ich mir nach meinen bisherigen Erfahrungen ein Leben, eingeschlossen in eine Parteidisziplin, höchst deprimierend vorstellte.

Aber mein Vater fragte mich eines Tages, was denn nun mit meiner Übernahme los sei. Ich sagte es ihm, und daraufhin verlangte er von mir, dass ich mich »gefälligst darum kümmern« solle. Ich sagte »ja, ja« in der Hoffnung, er würde das Ganze vergessen. Ich muss hinzufügen, dass man damals erst mit 21 Jahren volljährig wurde und ich insofern psychologisch wie auch rechtlich in einer anderen Situation war, als ein Achtzehnjähriger heute.

Meine inzwischen leidenschaftliche Ablehnung beruhte nur bedingt auf einer Antipathie unmittelbar gegen Hitler. Wohl stieß mich seine ordinärer und rüder werdende rhetorische Dialektik ab, und ich war mir auch darüber klar, dass auf ihn letztlich alles zurückging, was mich in Opposition brachte. Aber er war doch für mich eine ferne Figur. Was mich aber unmittelbar anwiderte, war diese uniforme Lebensart, die einem vorschrieb, was man zu denken und zu tun hatte; es waren diese unaufhörlichen und unerträglichen Phrasen, die einem tagtäglich aus allen Medien ebenso wie aus dem Munde ordinärer HJ-Führer und Parteifunktionäre entgegenquollen. Ich fand die Vorstellung unsagbar hoffnungslos, zeitlebens zum »Dienst« gehen zu müssen, um dort dem Gemeinschaftsritual zu folgen: »Antreten – Stillgestanden – richt' euch – Augen gerade aus – im Gleichschritt Marsch ...« und dazu dann auch noch schwachsinnige Lieder singen zu müssen wie »Schwarzbraun ist die Haselnuss ...« oder »Auf der Heide blüht ein kleines Blümelein ...«.

Doch nach zwei Wochen kam mein Vater auf die Sache zurück. Jetzt versuchte ich, ihm meinen Standpunkt klar zu machen: Entweder wir gewinnen den Krieg und ich überlebe ihn, dann werde ich als »siegreicher Frontsoldat« zurückkommen und keiner wird mich danach fragen, warum ich mich damals nicht gemeldet habe. Oder wir verlieren den Krieg, dann kann ich nur froh sein, wenn ich mit »dem ganzen Verein« nichts zu tun hatte.

Das wollte mein Vater aber nicht gelten lassen: Erstens müssten wir den Krieg gewinnen, und dafür spräche jetzt – Hitler war auf dem Höhepunkt seines Erfolges – alles. Außerdem hätte ich wegen meiner Widersetzlichkeit in der Hitlerjugend ohnehin schon etwas auf dem Konto, wenn nun noch etwas dazukomme, dann seien mein Zukunft und möglicherweise mein Studium in Frage gestellt. So zu denken, war in der damaligen Situation nicht ganz abwegig, aber in meinen Augen doch zu besorgt.

Daraufhin gab es eine außerordentlich heftige Vater-/Sohn-Kontroverse, die mir in sehr unschöner Erinnerung geblieben ist. Leider trat jetzt der Jähzorn meines Vaters höchst unangenehm in Erscheinung, und wie bei ähnlich veranlagten Menschen auch, war dann von einem gewissen Punkt an mit ihm nicht mehr zu reden. So landete ich am Ende, wie Pontius Pilatus im Credo*, zu meinem Ärger doch noch in der Partei.

Ich hatte allerdings einen Fehler gemacht. Ich hätte meinem Vater sagen können: »Was Du da verlangst, werde ich nicht tun, denn es geht hier um mein zukünftiges Leben. Du kannst ja Herrn Thiele [dem Ortsgruppenleiter von gegenüber] sagen, dass ich nicht in seinen Verein will.« Das hätte er natürlich nicht getan. Es hätte zwar einen Riesenkrach gegeben und unser ohnehin nicht glückliches Verhältnis hätte sich weiter zugespitzt. Aber ich wäre die Sache losgewesen. Doch diese Idee kam mir erst geraume Zeit später, als ich mit ihr nichts mehr anfangen konnte.

Um so mehr verstärkte diese »Zwangstaufe« meine Antipathien gegen das Regime, und sie entfremdete auch Vater und Sohn noch mehr. Denn ich muss leider bekennen, dass es mir sehr schwer gefallen ist, meinem Vater diesen Fehler im Grund meines Herzens nachzusehen. Ganz gelungen ist mir das bis in meine alten Tage nicht, denn gelegentlich ertappe ich mich dabei, dass mir in Gedanken jene Episode wieder vor Augen tritt und ich mich, achtzehn Jahre alt, mit ihm herumstreite, um ihn von seiner Forderung abzubringen.

Literatur:
(4) W. Benz et al.
(7) H. Boberach
(12) H. Buchheim et al.
(13) H. Buchheim
(22) E. Einbeck
(23) J. Fest
(26) J. Fest
(27) J. Fest
(33) S. Haffner
(37) H. Heiber
(43) E. Jäckel
(44) E. Jäckel
(45) E. Jäckel
(53) H. Krausnick
(59) B. O. Manig
(65) W. Nieschke
(89) P. Schmidt
(92) J. Schultz-Naumann
(94) L. Graf v. Schwerin-Krosigk
(95) A. Stahlberg
(98) H.-U. Thamer

* | Im katholischen Glaubensbekenntnis findet der römische Gouverneur Pontius Pilatus als historische Figur Erwähnung, hat aber für die Glaubenssubstanz keine Bedeutung.

19 | Das Jahr 1941: keine Invasion Englands, aber ein Krieg gegen Russland. Persönliche Erlebnisse

Hitler ohne politisches Konzept Der Herbst kam, der Winter kam, das Frühjahr kam, aber zu der allseits erwarteten Invasion in England kam es nicht. Jeder fragte sich kopfschüttelnd, wie denn dieser Krieg zu einem Ende kommen sollte. Denn offensichtlich reichten ja die deutschen militärischen Möglichkeiten nicht aus, um eine Invasion in England zu riskieren.

Nach seinem unvergleichlichen Sieg über Frankreich hätte Hitler es in der Hand gehabt, Europa nach seinem Willen einen dauerhaften Frieden zu geben, wenn er ein echter politischer Kopf napoleonischen Zuschnitts gewesen wäre. Aber sein ganzes Sinnen und Trachten zielte nur auf Gewaltherrschaft und die Realisierung absurder Vorhaben. Erst recht waren Gedanken an eine Politik des Augenmaßes völlig gegen seine Natur, und es wäre ihm als unverzeihliche Schwäche erschienen, unterworfene Feinde zu Partnern zu machen. »Wenn ich ein freies Land unterwerfe, nur um ihm die Freiheit wiederzugeben, wozu das?«, so fragte er einmal und fügte hinzu, wer Blut vergossen habe, der habe auch das Recht, die Herrschaft auszuüben.

Die Italiener rufen um Hilfe Im Spätherbst 1940 hatte Mussolini Albanien und dann Griechenland überfallen. Das ging schief, und Hitler war gezwungen Truppen zu schicken, vor denen die Griechen, die den Truppen Mussolinis so wirkungsvoll Widerstand geleistet hatten, kapitulieren mussten. Im April 1941 eroberte er dann auch Jugoslawien. Etwa um die gleiche Zeit gerieten die Italiener in Nordafrika an den Rand des Unterganges, aus dem sie Rommel mit seinen Truppen in 12 Tagen herausboxte.

Auch die Luftschlacht über England war, Görings Prahlereien zum Trotz, verloren, und Churchill hatte Recht wenn er später sagte, dass selten so wenige Männer so viel für so viele getan haben. Inzwischen machte sich bereits die materielle Hilfe der Amerikaner bemerkbar. Hitler wusste, dass die Zeit gegen ihn arbeitete und er »nur noch einen Schuss in der Büchse« hatte. So wurde der Krieg gegen Russland auch zu einer Art Verzweiflungsschritt.

Die »Schule der Nation« und ihre Führer Aber davon ahnten wir nichts, als wir im März 1941 Abitur machten. Danach wurde ich zum Arbeitsdienst eingezogen.

Über den Arbeitsdienst ist heute nur noch wenig bekannt. Hitler hatte ihn als »die Schule der Nation« bezeichnet mit dem Ziel, dass jeder junge Mann die körperliche Arbeit kennen und respektieren lernen solle. Das klang sehr sozial. Die Wirklichkeit sah aber ganz anders aus, und meine eigenen bösen Erfahrungen decken sich mit den Erlebnissen meiner Altersgenossen. Ich glaube heute, dass diese letztlich auf Hitler zurückgehende Institution sowohl Ausdruck seines Intellektuellenhasses wie auch seines Wunsches war, eine fanatische Jugend zu »erziehen«.

Die Arbeitsdienstführer waren nämlich fast durchweg Leute, die im zivilen Leben beruflich gescheitert waren und die von daher a priori einen Hass auf jeden hatten, den sie für einen Intellektuellen hielten. Ihre geistige Primitivität wurde nur noch von ihrem politischen Fanatismus übertroffen. Dazu passte, dass sie charakterlich das übelste Gesindel waren, das mir in meinem Leben begegnet ist. Sie sahen sich als die mustergültigen Vertreter der deutschen Herrenrasse neuen Stils und wären, davon bin ich überzeugt, zu allem und jedem breit gewesen, was Hitlers Hirn sich ausdenken konnte. Jedoch blieb ihre Wirksamkeit auf den Arbeitsdienst beschränkt.

Nach einer kurzen Ausbildungszeit wurden wir nach Ostpolen nahe der Demarkationslinie verlegt. Wir Abiturienten waren dort nur eine ganz kleine Minderheit. So fanden die Ressentiments der Führer sehr schnell eine bereitwillige Resonanz bei den Kameraden, die keine Abiturienten und ohnehin mit ihren 18 Jahren zu einem selbständigen Urteil nicht fähig waren. Zudem kamen sie in ihrer Gesinnung den Idealvorstellungen Hitlers sehr nahe: Sie waren bereits sehr stark von der Hitlerjugend, dem dort herrschenden vulgären, sozialdarwinistischen Denken und der NS-»Weltanschauung« geprägt. Infolgedessen sah man in uns bebrillten »Schwächlingen« die willkommenen Ziele für Schikanen und Gemeinheiten aller Art.

Beschäftigt wurden wir im Straßenbau. Dabei lernten wir anschaulich den Fachverstand unserer Führung kennen. Denn wir hatten der Straßendecke ein Profil aus Sand zu geben, geradewegs wie die kleinen Kinder, die am Strand Burgen bauen. Selbstverständlich wurde diese »Straßendecke« beim ersten Regenguss weggeschwemmt, und dann begann das Spiel mit dem Sand von vorn.

Der Krieg gegen Russland beginnt. Wir stellen erstaunt Analogien zwischen Kommunismus und Nationalsozialismus fest, aber erkennen nicht Hitlers sozialdarwinistisch-biologische Sichtweise Der 22. Juni 1941 war ein strahlender sonniger Sonntagmorgen, und die friedliche Stimmung wurde für uns nur durch das Geräusch vieler Flugzeuge durchbrochen, die ihre Bahn am blauen Himmel zogen. An diesem Tag begann der Krieg gegen Russland, überfallartig wie alle Aktionen Hitlers, mit einem noch nie da gewesenen Einsatz von Soldaten und Waffen.

Wir wurden im Mittelabschnitt einer Infanteriedivision unterstellt und hatten hinter der Front gegebenenfalls Straßen und Wege für den Nachschub herzurichten. Dazu kam es aber wegen des zunächst schnellen Vormarsches nicht, sondern wir fuhren auf unseren Fahrrädern hinter der kämpfenden Truppe her. »Ausgerüstet« waren wir recht fragwürdig: Ein Drittel hatte deutsche Gewehre, zwei Drittel von uns hatten französische Gewehre ohne Munition.

Anfangs war ich, wie alle anderen auch, sehr geneigt, der Propaganda zu glauben, dass Russland hätte angreifen wollen und Hitler mit diesem Angriff auf Russland lediglich dem Überfall Stalins zuvorgekommen wäre. Denn in diesem grenznahen Gebiet waren offensichtlich viele russische Soldaten stationiert gewesen, die jetzt in einer riesigen Umfassungsschlacht eingekesselt und gefangen genommen wurden. Damit schien die Behauptung Hitlers und der Propaganda, dass es sich hier um einen Weltanschauungskrieg gegen den Bolschewismus handele, nicht unglaubwürdig. Allerdings überkamen mich später bei näherem Hinsehen angesichts der Dimensionen unseres Aufmarsches Zweifel, aber unsicher blieb ich noch ziemlich lange.

Mit diesem »Krieg auf Leben und Tod gegen den Bolschewismus« wurden jahrzehntealte deutsche Ängste mobilisiert, die irgendwo mehr oder weniger in den allermeisten schlummerten, und so auch in mir. Denn jeder ahnte, dass ein solcher Weltanschauungskrieg ganz andere Dimensionen gegenseitigen Hasses heraufbeschwören würde, als der Krieg gegen die Westmächte. Auch stellte man sich eine Herrschaft des Kommunismus im eigenen Lande weit schlimmer vor als die des Nationalsozialismus, denn über Hitlers verbrecherische Alleinschuld am Ausbruch des Krieges wusste man im Grunde ebenso wenig wie über seine eigentlichen Ziele.

Der erste Tote den ich sah, war ein russischer Offizier. Er lag nahe bei einem Busch und hielt noch das Foto seiner Familie in seiner erstarrten Hand. In diesem Augenblick relativierten sich für mich alle Propaganda-Erklärungen zum Kriege, und ich hätte etwas darum gegeben, wenn ich dieser Familie hätte sagen können, was ich ganz spontan über diesen irrsinnigen Krieg dachte, der da, Gott weiß von wem, in Gang gesetzt worden war.

Wenige Tage später wurde ich Zeuge eines Vorfalls, der mir heute noch vor Augen steht, als habe er sich gestern ereignet. Wir fuhren an einem größeren Areal vorbei, das als provisorisches Gefangenenlager diente, aber nur wenige Gefangene wurden bewacht. Einer hatte wohl einen Ausbruchsversuch gemacht und war gefasst worden. Nun lag er schon hilflos auf dem Boden, durch einen Schuss verwundet. Der bewachende Soldat aber nahm sein Gewehr und tötete den Wehrlosen mit zufriedenem Gesicht, als habe er eine Ratte erledigt. Mit Entsetzen war ich hier zum ersten Mal der infernalischen Lust begegnet, die manche Menschen beim Töten eines wehrlosen anderen Menschen empfinden, der ihnen nichts zuleide getan hat.

Merkwürdigerweise erfuhren wir nichts von den verbrecherischen Befehlen, die Hitler am Beginn des Russlandfeldzuges erlassen hatte und die jeden Kommissar praktisch für vogelfrei erklärten. Ich vermute, dass unser Divisionskommandeur diesen Befehl einfach nicht an die Truppe weitergegeben hat. Unser Abteilungsführer, jeder Zoll ein selbstbewusster Vertreter der »arischen Herrenrasse«, hätte jedenfalls sicher nichts unterlassen, uns zu dieser einzigartigen Möglichkeit einer Betätigung als »Herrenmenschen« zu veranlassen.

Auf dem Vormarsch war es sehr heiß, und jeder lechzte nach Wasser. Ich war als Hilfssanitäter eingeteilt und führte als solcher für Notfälle zusätzlich eine große Feldflasche mit Wasser bei mir. Während einer Pause forderte der Abteilungsführer die Flasche für sich, weil er Durst hatte. Ich sagte ihm daraufhin, in angemessener militärischer Form, aber in der Sache unmissverständlich, dass diese Flasche eine Vorsorge für Notfälle darstelle. Jetzt geriet er außer sich, tobte und gab mir »den dienstlichen Befehl«, ihm die Feldflasche auszuhändigen. Das geschah, und er trank sie in vollen Zügen aus, wie es seinem Charakter entsprach. Wenn ein militärischer Vorgesetzter mit dem »dienstlichen Befehl« herumhantiert, befindet er sich selbst meist in einer schwachen Position. Das spürte natürlich auch dieser Führer, und er sann sichtlich auf Rache.

Zuvor hatte Hitler diesen Feldzug mit viel Goebbels'schem Propagandageschrei als einen Weltanschauungskrieg gegen den Bolschewismus ausgegeben; zu unserer Überraschung glichen aber die Parteieinrichtungen, die wir sahen, den unsrigen aufs Haar. Ich fragte mich, worin eigentlich der Unterschied der beiden politischen Systeme bestand, konnte aber keine rechte Antwort darauf finden. Für mich schienen sie austauschbar.

Doch Hitler relativierte im kleinen Kreis seine Propagandaformel und äußerte zynisch: »Grundsätzlich kommt es also darauf an, den riesenhaften Kuchen handgerecht zu zerlegen, damit wir ihn erstens beherrschen, zweitens verwalten und drittens ausbeuten können.«

Das hätte er sogar haben können, wenn sein Eroberungskonzept die echte Befreiung der Bevölkerung vom Kommunismus enthalten und in der Praxis auf humane Weise realisiert hätte. Denn die russischen Menschen, denen wir begegneten, waren alles andere als eingeschworene Kommunisten. Dies zeigte sich auch darin, dass in den ersten Kriegswochen siebzigtausend russische Überläufer in deutsche Hand kamen.

Die Massenmorde hinter der Front beginnen, ohne dass die Generalität solidarisch bei Hitler protestiert
Aber jeder Gedanke an irgendeine Form von Humanität war für Hitler nur ein Zeichen von Dekadenz. Demgegenüber erfüllten ihn Grausamkeiten aller Art mit körperlichem Behagen. Vor allem aber verstand er den von ihm in Gang gesetzten Krieg gegen Russland als einen Ausdruck seiner sozialdarwinistischen Vorstellungen vom notwendigen Kampf der Völker gegeneinander und er sah hierin die entscheidende Möglichkeit, das in seinen Augen »rassisch Kranke« zu vernichten und der »wertvollen germanisch-arischen Rasse« zur Herrschaft zu verhelfen.

Dementsprechend wurden die Bevölkerung und in ihr vor allem die Juden durch die SS und den so genannten Sicherheitsdienst (SD) in grauenvollen Massenmorden dezimiert, nachdem das rückwärtige Frontgebiet der Befehlsgewalt der militärischen Kommandeure entzogen worden war.

Ich selbst bin glücklicherweise nicht Zeuge eines solchen Verbrechens gewesen. Gleichwohl haben viele Soldaten diese Verbrechen unfreiwilligerweise mit ansehen müssen. Und wie die Menschen sind: Die einen wandten sich mit Entsetzen ab, andere gafften und für wieder andere war dieses schreckliche Erlebnis der Anlass, sich dem Widerstand anzuschließen oder immerhin innerlich mit Hitler und seiner Herrschaft zu brechen. Unmittelbar hatte kein Soldat die Möglichkeit, ein solches Verbrechen zu verhindern. Doch mit Betrübnis muss man feststellen, dass sich die Generalität nicht solidarisch gegen diese grauenvolle Menschenvernichtung gewandt hat. Auch hier wäre es für die Generalität darum gegangen – und das wäre viel gewesen – ein Zeichen zu setzen, auch wenn ein solcher geschlossener Protest »nichts gebracht« hätte.

Illusionen Hitlers und der militärischen Führung Angesichts der militärischen Erfolge in den ersten Wochen meinten Mitte Juli Hitler und sein Oberkommando, der Krieg sei praktisch entschieden. Man stellte sogar die Rüstung bereits um auf U-Boote und Luftwaffe. Die Hybris der deutschen militärischen Führung war kaum noch zu übertreffen. Im August zeigte sich dann, dass trotz aller Umfassungsschlachten, trotz des Durchbruchs durch die »Stalin-Linie« und trotz aller riesigen Gefangenenzahlen die Gegenseite immer neue Truppen gegen den eingedrungenen Feind führte, die einen sich immer mehr steigernden Widerstandswillen erkennen ließen.

Aber noch war das Wetter schön. Auf unserem Vormarsch waren wir durch riesige Wälder mit teilweise urwaldartigem Baumbestand geradelt, aber auch durch ausgedehnte Kiefernwälder mit herrlichen hohen Bäumen gefahren. Wenn der kriegerische Anlass nicht gewesen wäre, hätte man seine Freude daran haben können.

Partisanen Auf diesen Fahrten kamen wir eines Tages plötzlich an einigen gehenkten jungen Männern vorbei, die vielleicht zwanzig Jahre alt gewesen sein mochten. Hingerichtete Partisanen seien das, so erfuhren wir, Russen also, die aus dem Hinterhalt geschossen hätten. Ich hörte das Wort »Partisanen« hier zum ersten Mal.

Einige Tage später ließ unser Abteilungsführer uns antreten und fragte herausfordernd, wer sich freiwillig zur Partisanenerschießung melden würde. Die Hälfte der Arme ging sofort hoch. Aber damit war er noch nicht zufrieden und wartete weiter. Allmählich wurden es mehr. Ich ließ meinen Arm unten, aber als kein Unfreiwilliger mehr übrig war, hob ich auch meinen Arm, weil ich mir sagte, dass dieser brutale Mann mich im gegebene Fall wahrscheinlich als ersten zu einem solchen Erschießungskommando schicken würde. Weder sagte uns ein Mensch etwas, ob und warum eine solche Erschießung rechtens sein würde, noch erfuhren wir überhaupt irgendetwas über das Kriegsrecht.

Schon seit einigen Wochen war ich mit üblen Durchfällen krank. Die meisten litten damals in Russland unter dieser Krankheit, aber mich hatte es besonders schlimm erwischt. Irgendeine Behandlung gab es nicht. Ich war zusehends weniger in der Lage, die schwere Arbeit zu verrichten. Jetzt höhnte mein Zugführer, ein gescheiterter Student, er werde dafür sorgen, dass mir meine Träume von einem Studium versalzen würden. Denn die »Schule der Nation« hatte tatsächlich die Möglichkeit, eine Immatrikulation zu verhindern.

Erinnerungen an den Geschichtsunterricht am Ufer der Beresina Mittlerweile waren wir bei Bobruisk über die Beresina gegangen, Napoleons Schicksalsfluss. Ein Stück weiter nordöstlich von unserer Route, bei Borodino, hatte Napoleon in der Nacht vor der blutigen Schlacht vom 2. September 1812, die den Weg nach Moskau freimachte, eine Proklamation an seine Soldaten erlassen, in der es hieß: »Soldaten! Seht da die Schlacht, die ihr so lange ersehnt habt! Der Sieg hängt von euch ab. Er ist für euch selbst notwendig! Er wird uns Überfluss, gute Winterquartiere und eine baldige Rückkehr ins Vaterland gewähren.«

Drei Monate später war alles Makulatur, als im November 1812 der russische General Kutusow unweit unseres Überganges mit seinen Soldaten nach dem Brand von Moskau das Schicksal Napoleons und seiner Armee endgültig besiegelte. Jetzt, an Ort und Stelle und in dieser Situation, bekamen die Erinnerungen an den Geschichtsunterricht und an eine Illustration jener apokalyptischen Szene mit den in der Beresina versinkenden französischen Soldaten, Wagen und Pferden eine unheimliche Aktualität.

Inzwischen erging sich Hitler schon in Zukunftshoffnungen der ihm eigenen Art. Er malte sich aus, wie er Moskau und Leningrad aushungern und damit unter der Bevölkerung eine Katastrophe ohnegleichen herbeiführen würde. Seinem Wesen nach gehöre er eben zu einer ganz anderen Gattung, bekannte er seiner Umgebung. Wenn er sehe, »dass die Art in Gefahr sei«, dann trete bei ihm an die Stelle des Gefühls die eiskalte Überlegung.

Hitler hat utopische Pläne. Neue persönliche Erfahrungen Aber anders als Hitler erwartet hatte, schmolzen die Materialreserven zusammen, und es musste entschieden werden, wo man die Entscheidung herbeiführen solle. Das Oberkommando und die Heeresgruppe Mitte, zu der wir gehörten, wollte den konzentrischen Angriff auf Moskau. Hitler aber, in völliger Überschätzung seiner Möglichkeiten, wollte alles zugleich: Er wollte nach Norden, um den Russen den Zugang zur Ostsee abzuschneiden, und er wollte zugleich einen großen Angriff nach Süden, um die landwirtschaftlichen und industriellen Reserven der Ukraine und des Donezbeckens und die Ölzufuhr aus dem Kaukasus in die Hand zu bekommen. Der Heeresgruppe Mitte wurde befohlen, ihre motorisierten Verbände im Norden und Süden abzugeben. Aber davon merkten wir auf unseren Fahrrädern nichts.

Einen Moment schien Hitler Recht zu behalten. In einer großen Schlacht um Kiew fielen 665 000 russische Gefangene in deutsche Hand. Gleichzeitig entfiel damit die Flankenbedrohung für den Mittelabschnitt, und der Weg nach Moskau schien frei zu sein.

Eine gruppendynamische Erfahrung Mit alledem waren zwei Monate vergangen, es war Ende September geworden. Wir waren nicht mehr so viel herumgefahren, sondern waren meist längere Zeit an einer Stelle geblieben. Meine Krankheit wurde zunehmend kräftezehrender und die Durchfälle immer unkontrollierbarer mit allen peinlichen Konsequenzen. Dazu gesellt hatte sich eine Furunkulose, die sich unter den schlechten hygienischen Verhältnissen weiter ausdehnte und in deren Verbänden Hunderte von fetten Läusen ein angenehmes Quartier fanden. Um die Misere voll zu machen, zertrümmerte mir ein »Kamerad«, ein übler Schläger, mit einem Boxhieb ein Brillenglas, das ich nur durch eine Pappscheibe ersetzen konnte. Durch das ungewohnte einäugige Sehen stolperte ich jetzt alle Augenblicke und fiel auf die Nase. Das passierte auch öfter beim Essenholen, und dann lag das Essen der ganzen Gruppe im Dreck.

In diesem Desaster lernte ich eine spezielle Art von »Gruppendynamik« kennen. Angeheizt durch die Führer stellten sich alle »Kameraden« gegen mich, obwohl doch eigentlich jeder sehen konnte, wie die Dinge lagen. Nur einer blieb davon unberührt, mein Freund Hans Reiche. Er half mir immer wieder so gut er nur konnte und kümmerte sich nicht um das, was andere daherredeten. Noch einmal habe ich ihn später in einem Urlaub wiedergesehen; dann ist auch er, wie so viele, gefallen.

Meine Führer sahen meine Entwicklung offensichtlich mit Zufriedenheit, und eines Tages hörte ich durch die halbgeöffnete Tür im Quartier des Abteilungsführers, dass von mir die Rede war und der Abteilungsführer gegenüber einem anderen Führer programmatisch äußerte, ich solle »verrecken«. In diesem Augenblick war ich entschlossen, sobald als möglich in einer Nacht alles auf eine Karte zu setzen und »aus Versehen« auch das andere Glas meiner Brille zu Bruch gehen zu lassen. Das war ein gefährliches Vorhaben, weil es mich im ungünstigen Fall vor ein Kriegsgericht hätte bringen können.

Der Vormarsch versinkt im Schlamm, aber ich habe Glück Am 2. Oktober begann der Angriff in Richtung Moskau. Zugleich erließ Hitler eine Proklamation an die Soldaten, in der er, ganz ähnlich wie Napoleon, ihnen einen großen Sieg, baldigen Ruhm und die schnelle Rückkehr in die Heimat versprach. Kurz darauf setzte der Herbstregen ein. Über die Konsequenzen kann man sich hier und heutzutage keine Vorstellung machen: Das ganze Land versank in einem schlammigen Morast, der oft genug buchstäblich knietief war. Jedes Fahrzeug blieb darin stecken. Selbst Kettenfahrzeuge hatten ihre Mühe vorwärts zu kommen, da es abseits der »Rollbahn« (einer befestigten Straße in Richtung Moskau) so gut wie keine festen Straßen gab.

Mit unseren Fahrrädern konnten wir uns nur mit der größten Anstrengung durch den Schlamm vorwärts arbeiten. Beständig versuchten wir, meist vergeblich, »Knüppeldämme« in die schlammigen Massen zu legen, um den Fahrzeugen einen passierbaren Untergrund zu verschaffen. Da ich infolge meines reduzierten Kräftezustandes auf dem Weitermarsch nicht mehr mitkam, wurde von dem Abteilungsführer ein Unterführer abgestellt, der auf mich einzuprügeln hatte, wenn ich zurückblieb. Aber dadurch ging es auch nicht schneller.

In den folgenden Oktoberwochen blieb der Vormarsch weitgehend im Schlamm stecken. Es wurde schon empfindlich kalt, der Wind pfiff uns um die Ohren, und jeden Tag waren wir bis auf die Haut durchnässt, denn unsere Bekleidung war völlig unzureichend.

Plötzlich, es war Ende Oktober und wir mochten wohl 100 Kilometer westlich von Moskau liegen, wendete sich mein Blatt. Denn ich fiel zufällig einem Stabsarzt der Wehrmacht in die Hände, als ich, abgemagert und voller Schlamm, allein an der »Rollbahn« stand. Er sah mich verwundert an, fragte mich, was denn mit mir los sei, und dann lud er mich kurzerhand in seinen Wagen und fuhr mich viele Kilometer bis Roslawl, um mich dort in einen Lazarettzug zu verfrachten.

Ich war völlig perplex. Denn dieser Arzt unterhielt sich freundlich mit mir, wie ein normaler Mensch. So hatte außer Hans Reiche seit Monaten niemand mit mir gesprochen. In dem Lazarettzug kümmerte man sich ständig um mich, brachte mich in einem Polsterklasseabteil unter, gab mir Medikamente, und laufend erkundigte sich ein Sanitätsfeldwebel nach meinem Befinden, sodass ich vor Rührung losheulte. Es war wie die Fahrt in einem Traum, und zehn Tage später fand ich mich in einem sauberen Bett eines rheinischen Lazarettes wieder.

Als ich am ersten Abend im Schlafsaal, angetan mit einem viel zu kurzen Nachthemd, mit meinen abgemagerten, dünnen Beinen aus dem Bett aufsprang und mich nach wenigen Schritten im Streit mit meinem Darm geschlagen geben musste, rief jemand aus einer Ecke in breitem Kölsch: »Luurens heij, do kütt de Jandi (Sieh mal hier, da kommt der Gandhi).« Der gutmütige Spott ließ den gerade durchgehenden Arzt auf mich aufmerksam werden, er sah sofort meinen schlechten Allgemeinzustand, und ich bekam ein Einzelzimmer mit fürsorglicher Betreuung.

Im russischen Winter sieht sich Hitler erstmals in einer Krise auf Leben und Tod und fordert mit einem mörderischen Halte-Befehl »fanatischen Widerstand«, um seinen Untergang hinauszuzögern Bald aber wurden Soldaten eingeliefert, die noch weit Schlimmeres erlitten hatten als ich. Denn jetzt, in der zweiten Novemberhälfte, war unvermittelt der russische Winter hereingebrochen, nachdem Hitler alle Mahnungen, die Truppe für den Winter auszurüsten, in den Wind geschlagen hatte.

Das Thermometer fiel auf minus 30 Grad, manchmal bis auf unter minus 40 Grad. Die Folgen waren unvorstellbar. Die Soldaten waren in keiner Weise auf diese Kältekatastrophe vorbereitet und erlitten zu Abertausenden schwere und schwerste Erfrierungen oder kamen in der Kälte um. Die automatischen Waffen versagten, die Fahrzeuge kamen nicht mehr weiter und selbstverständlich kam der Angriff vor den Toren Moskaus zum Erliegen. In diesem Augenblick traten gut ausgerüstete und kältegewohnte sibirische Elitedivisionen mit 500 000 Mann zur Gegenoffensive an.

Die deutsche Front war dem Zusammenbruch nahe. Hitler sah sich nach langen Jahren ständiger Erfolge zum ersten Mal einem schweren Rückschlag und zugleich einer Krise auf Leben und Tod gegenüber. Jeden Vorschlag der Generalität, durch einen taktischen Rückzug ein größeres Unglück zu vermeiden, wies er schroff zurück. Er ahnte, dass in diesem Augenblick seine Schicksalsbahn den Zenit überschritten hatte, aber er wollte es nicht wahrhaben, weil es eben einfach nicht sein durfte, und jetzt verlangte er von seinen Soldaten »fanatischen Widerstand«: Desgleichen weigerte er sich unbeugsam, auch nur ein Fußbreit Boden preiszugeben, gleichgültig aus welchen Gründen. Von nun an ging es nicht mehr – das wusste Hitler ganz genau – um einen Sieg, sondern nur noch um ein Hinauszögern des Unterganges. Und da das eine seiner beiden eigentlichen Ziele – die »Gewinnung von Lebensraum« auf Kosten Russlands – evidenterweise nicht mehr erreichbar sein würde, konzentrierte sich in seinem Hirn alles auf sein anderes Ziel: die Vernichtung der europäischen Juden.

Dazwischen geisterten in seinem Kopf plötzlich irreale Hoffnungen auf einen Verhandlungsfrieden herum und auf ein Bündnis mit England. Und dann sagte er von dem Volk, dem er so viel vorgelogen und das er wie ein Zauberkünstler umgarnt hatte, es solle ruhig vergehen, wenn es nicht mehr stark und opferbereit genug sei, er werde ihm dann keine Träne nachweinen.

Das Lazarett füllte sich bis unter das Dach mit armen Teufeln, die schreckliche Erfrierungen erlitten hatten und die trotzdem Gott dankten, dass sie auf diese Weise wenigstens der Hölle entronnen waren. Aus allen Räumen des Lazarettes drang ein penetranter, für die Erfrierungen typischer Gestank, aber alle waren heilfroh, in einem Bett zu liegen und sich sagen zu können, dass der Krieg vorläufig oder sogar auf immer für sie zu Ende sei.

Am 20. Dezember erließ Hitler einen Aufruf zur Kleiderspendensammlung für die Soldaten an der Ostfront, nachdem er sich wenige Wochen zuvor noch mit Prahlereien über den am Boden liegenden Feind selbst überboten hatte. Trotzdem gaben viele Leute, was sie hatten, weil sie meinten, den armen Soldaten an der Front damit helfen zu können, auch wenn sich jeder sagen musste, dass der herannahende russische Winter schließlich kein Geheimnis gewesen war. Aber das allermeiste blieb unterwegs infolge mangelhafter Organisation irgendwo stecken oder es kam erst an, als es schon zu spät war. Merkwürdigerweise richtete sich der Unmut der Bevölkerung weniger auf Hitler unmittelbar, sondern mehr kollektiv auf »die Führung«, weil niemand ahnte, das Hitler im Grunde der Alleinschuldige war und er auch jetzt noch die Aura um seine Person zu wahren wusste.

Militärische Befehlshaber, die sich ein selbständiges Urteil bewahrt hatten, dachten aber inzwischen anders. Für sie stand es außer Frage, dass Hitlers Hoffnung auf einen Blitzkrieg gegen Russland gescheitert war. Jetzt kamen die alten Vorbehalte, die mancher General gegen Hitlers strategische Begabung hatte und die von den immer neuen Erfolgen bisher unterdrückt worden waren, ans Licht. Vor allem der unsinnige Befehl Hitlers, jetzt jede Position ohne Rücksicht auf die strategischen Gegebenheiten zu halten, führte zu scharfen Auseinandersetzungen mit einigen Generälen. Von Brauchitsch erbat seinen Abschied als Oberbefehlshaber des Heeres, und Hitler übernahm selbst den Oberbefehl. Das bisschen Operationsführung könne jeder machen, äußerte er, viel wichtiger sei es, das Heer nationalsozialistisch zu erziehen, und das könne eben nur er, fügte Hitler hinzu. Auch die Oberbefehlshaber der drei Heeresgruppen Nord, Mitte und Süd wurden abgelöst, desgleichen zahlreiche andere Generäle.

In dem Augenblick, als Hitler das Kriegsglück verließ und die Alliierten ihre Anstrengungen koordinierten, verlor er auch jede Fähigkeit, logische strategische Antworten oder wenigstens ein plausibles Gesamtkonzept zu finden. Alles, was er tat, beschränkte sich auf das verzweifelte Sich-Klammern an ein einstmals erobertes Territorium. Es war auch jetzt wieder, wie in seinen Jugendtagen, das Ankämpfen gegen die Niete in der Lotterie.

Diese Intention legte alle Kräfte der Vernunft in ihm lahm. Aber im Anblick seines sinkenden Sterns wurden die entsetzlichsten diabolischen Kräfte frei, über die dieser

Mann verfügte. Jetzt, in diesen Tagen des drohenden Zusammenbruchs der Ostfront, müssen in seinem Denken auch die ihn schon seit eh und je beherrschenden, finstersten aller seiner Wünsche endgültig die Oberhand gewonnen haben: die europäischen Juden auszurotten, und dies auf jeden Fall, selbst wenn es ihm nicht gelingen sollte, Herr über den »Lebensraum im Osten« zu werden. Nur in solches Untergangsdenken passt auch, dass er am 11. Dezember 1941 Amerika den Krieg erklärte, vier Tage nach dem japanischen Überfall auf Pearl Harbour. Wahrscheinlich wollte Hitler damit der amerikanischen Kriegserklärung zuvorkommen, um wenigstens noch die Pose einer Initiative für sich zu retten.

20 | Das Jahr 1942: Eine Million Tote an der Ostfront: Hitler opfert rücksichtslos die Soldaten für die Verlängerung seines Überlebens. Neue persönliche Erfahrungen. Versagen und Schuld der deutschen Generalität. Hitlers krankhafte Phantasien

Der Krieg an der Ostfront überstieg in diesem ersten Winter alle Vorstellungen. Bis Ende Februar 1942 waren auf deutscher Seite eine Million Soldaten gefallen; das waren 31,4 % des Ostheeres. Hitlers Reden wurden jetzt zunehmend langatmiger, aber substanzloser, und an die Stelle früherer geschickter Rhetorik traten immer mehr wüste primitive Beschimpfungen der alliierten Staatsmänner.

Eine Belehrung durch Theodor Mommsen An einem schon warmen Vorfrühlingstag Anfang März 1942 schlenderte ich durch die Straßen von Bad Neuenahr (ich war dorthin in ein Speziallazarett verlegt worden). Als ich an einer Buchhandlung vorbeikam, fiel mein Blick auf ein kleines Goldmann-Taschenbuch: die Caesar-Darstellung von Theodor Mommsen (mehr als seinen Namen kannte ich bis dahin von ihm nicht). Ich kaufte mir das Büchlein, und als ich auf der Straße stand, schlug ich es neugierig irgendwo auf.

Beim Lesen der ersten Sätze, auf die ich stieß, stockte mir fast der Atem. Denn dort hieß es: »Aber wo er erkannte, dass das Schicksal gesprochen, hat er immer gehorcht. Alexander am Hypanis, Napoleon in Moskau kehrten um, weil sie mussten und zürnten dem Geschick, dass es auch seinen Lieblingen nur begrenzte Erfolge gönnt. Caesar ist an der Themse und am Rhein freiwillig zurückgegangen.« Da stand es! Ich ging ein paar Sätze zurück, am liebsten hätte ich jetzt laut weitergelesen: »Caesar war Monarch; aber nie hat ihn der Tyrannenschwindel erfasst. Er ist vielleicht der Einzige unter den Gewaltigen des Herrn, welcher im Großen wie im Kleinen nie nach Neigung oder Laune, sondern ohne Ausnahme nach seiner Regentenpflicht gehandelt hat und der, wenn er auf sein Leben zurücksah, wohl falsche Rechnungen zu bedauern, aber keinen Fehltritt der Leidenschaft zu bereuen fand.«

Ich holte tief Luft, machte das Buch zu und ging eilig ins Lazarett zurück. Dort setzte ich mich in eine Ecke und verschlang das Büchlein.

Allein schon: welch ein hinreißender Stil! Und selbst ich mit meinen gerade 19 Jahren merkte sofort, aus welchem schier unerschöpflich profunden Wissen heraus diese Darstellung geschrieben war. Es war mir, als käme hier eine Botschaft aus einem ganz anderen Land, in dem nur galt, was auch vor kritischen Augen Bestand haben konnte und in dem nicht jenes kunstseidene Geschwätz erlaubt war, das uns täglich umgab. Und auf jeder Seite schien es mir, als habe Mommsen das eigens für mich geschrieben, um mir für unsere Situation die Augen zu öffnen. Denn während ich las, verglich ich unwillkürlich die beiden historischen Figuren, und dabei verwandelte sich Hitler in wenigen Augenblicken zu dem, was er in Wahrheit war: zu einer monströsen Missgeburt der Geschichte.

Als ich mit der Lektüre zu Ende gekommen war, musste ich unbedingt einen Menschen finden, dem ich erzählen konnte, was mich bewegte. Ich ging in einen Aufenthaltsraum.

Dort saß am Radio ganz allein ein Feldwebel. Ich setzte mich zu ihm und fing ein Gespräch an. Es stellte sich heraus, dass er evangelischer Pfarrer war.

Bei ihm hoffte ich alles loszuwerden. Ich sprach begeistert von Mommsen als Schriftsteller und referierte drauf los, um ihn mit meiner Schilderung all jener Eigenschaften Caesars, die Hitler nicht besaß, aus der Reserve zu locken. Dann versuchte ich es mit vorsichtigen kritischen Andeutungen. Immer wieder hatte ich das Gefühl, gleich würden wir uns mit unseren Meinungen treffen. Aber er blieb – vernünftigerweise – zurückhaltend. Und als wir uns trennten, sah er mich freundlich an, als wollte er auf diese Weise am Ende wenigstens noch ein unausgesprochenes Einvernehmen herstellen.

Die Spannung, die über solchen Versuchen einer gegenseitigen Annäherung lag, kann der Heutige kaum nachempfinden. Man muss aber auch sagen, dass dieses Spiel einen verführerischen Reiz hatte. Denn wer dem Regime kritisch gegenüberstand, entwickelte recht selbstbewusst ein »elitäres« Bewusstsein, weil er sich einer Minderheit zugehörig fühlte, die den Schwindel durchschaut hatte. Das konnte bei einem jungen Menschen leicht zur intellektuellen Überheblichkeit führen, und ich muss gestehen, dass auch ich davon nicht frei war.

Übrigens war ich damals überzeugt (und bin es noch heute), dass der Verleger dieses Kapitel aus Mommsens Römischer Geschichte eigens ausgewählt hatte, um dem Publikum die Unfähigkeit und den Größenwahn des immer noch in Ansehen stehenden »Führers« vor Augen zu führen. So bescheiden waren damals die Möglichkeiten, irgendwie so etwas wie Opposition zu zeigen!

Ich war ziemlich ratlos, was ich mir in dieser Situation für unser Land wünschen sollte. Durch meine Erfahrungen am eigenen Leibe hatte ich im letzten Jahr eine anschauliche Vorstellung davon bekommen, wes Geistes Kind die eigentlichen Anhänger Hitlers, das heißt die kompromisslos fanatischen Vertreter des Regimes waren. Auch wurde ich durch sie daran erinnert, dass so gut wie alle politisch führenden Leute in unserem Staat dieser menschlich minderwertigen Kategorie zuzurechnen waren und dass sie, sollten wir den Krieg gewinnen, eines Tages endgültig triumphieren würden. Von nun an konnte ich keinen Sinn mehr darin sehen, mich in diesem Krieg noch über das unvermeidliche Maß hinaus zu exponieren. Ich wollte nur noch überleben – nichts weiter.

Allerdings war ich damals nicht so sicher, dass ich mit meiner Auffassung Recht hatte, zumal man mich einige Monate später nach meiner Rekrutenzeit doch sehr animierte, Offizier zu werden. Zudem war ich nicht ohne Ehrgeiz und hatte das Bedürfnis, aus meiner Landserkluft herauszukommen. Und wenn ich damals gewusst hätte, wie armselig ein jahrelanges Landserleben ist, hätte ich mich möglicherweise doch anders entschieden. Gleichzeitig muss ich aber hinzufügen, dass ich bei der Wehrmacht nie unfair behandelt worden bin und dass Erlebnisse, wie ich sie im Arbeitsdienst hatte, nach meiner Erfahrung bei der Wehrmacht undenkbar waren.

Kurz und gut: Man konnte in der damaligen Situation durchaus auch anderer Meinung sein. Viele meiner Altersgenossen hielten es für ihre Pflicht, sich mit Leib und Leben für ihr Vaterland, das im Kriege stand, einzusetzen. Ich bin für diese Auffassung bis heute immer voller Respekt gewesen.

Zu Gast bei Onkel Josef Als ich im März 1942 aus dem Lazarett entlassen wurde, besuchte ich Onkel Josef in Köln. Er war Richter am Oberlandesgericht, und wir kannten uns noch nicht, weil er der zweite Mann meiner Tante war. Ich war sehr erstaunt und fühlte mich zugleich geschmeichelt. Denn er redete unbekümmert drauflos, als seien wir alte Vertraute: Gerade habe er England gehört. Die Amerikaner hätten gesagt, 1944 werde ihre Kriegsproduktion auf vollen Touren laufen. Da könne man sehen, was strategische Planung sei und was man in diesen Ländern der eigenen Bevölkerung an Wahrheiten zumuten könne. Für Hitler werde es kein Entkommen mehr geben.

Und dann machte er mir sehr schnell klar, dass nur ein Sieg der Alliierten unser Land von diesem irrsinnigen Mann befreien könne, der uns in diesen Krieg gestürzt habe. Auf eine andere Weise könnten wir die Nazis doch nie loswerden. Oder wie etwa sonst?

Ich wurde sehr nachdenklich. Unter diesem Gesichtswinkel hatte ich die Situation eigentlich bisher noch nie richtig betrachtet. Vielleicht hatte ich auch einen Anflug solcher Gedanken verdrängt, weil mir eine Niederlage in ihren Konsequenzen unvorstellbar erschien. Dabei wusste ich damals praktisch noch nichts von dem, was erst nach dem Krieg an Schrecklichem zu erfahren war.

Eine Landserbegegnung* Ein halbes Jahr später, im Herbst 1942, fuhr ich mit einem Truppentransport in Richtung Stalingrad. In Brest-Litowsk hielt der Zug. Da fiel mir ein, dass Heinz Heubner, mein ehemaliger Griechischlehrer, hier mit einer Bagatellverwundung im Lazarett lag. Es gelang mir, von der Bahnhofskommandantur aus mit ihm telefonischen Kontakt zu bekommen, und ein paar Minuten später war er bei mir auf dem Bahnhof.

Da standen wir nun, Lehrer und Schüler von einst, in der gleichen Landserkluft zusammen und wechselten belanglose Worte, wie es in diesen Jahren überall auf der Welt die Menschen taten, wenn sie zum Abschied auf Bahnhöfen standen und keiner wusste, welchem Schicksal er entgegenging.

Plötzlich fasste er mich am Arm und zog mich auf die Seite, sodass uns keiner hören konnte. »Bloß keinen Heldenmut!«, raunte er mir ins Ohr, und sinngemäß setzte er hinzu, dieser Krieg sei das größte Verbrechen, das die Welt je gesehen habe, und für »den« – damit meinte er Hitler – lohne es sich nicht. Man könne nur versuchen, irgendwie zu überleben. »Los, los, einsteigen«, rief da schon jemand den Zug entlang, wir winkten noch einmal, und ein paar Augenblicke später rollte der Zug schon wieder durch die endlose russische Weite, und ich lag in meinem rumpelnden Güterwagen, die letzten Sätze meines ehemaligen Griechischlehrers im Ohr.

Als wir in der Nähe von Stalingrad ausgeladen wurden, fragte man mich, ob ich bereit sei, einen Unterführerlehrgang mitzumachen. Das passte nun zwar nicht ganz in mein Karrierekonzept, aber der Geschützdonner am Horizont erinnerte mich an die einzige Alternative, und ich sagte Ja. Das war mein Glück. Denn mit einem relativ harmlosen Rückfall meiner früheren Durchfallerkrankung wurde ich von dem Truppenarzt, dem gerade ein an Durchfällen erkrankter Soldat gestorben war, in einen Lazarettzug gesteckt und entkam dem Inferno wenige Tage, bevor der Ring sich schloss.

Eine kleine Korrektur eines Schicksals Im Spätherbst 1943 wartete ich in Eilenburg bei Leipzig auf meinen Marschbefehl zur Fronttruppe. Ich hatte mich mit Eberhard T. angefreundet. Eines Tages kam er leichenblass zu mir und sagte: »Ich muss nach Jassy!« Das lag in Rumänien, und dort war die Hölle los, weil die Russen in breiter Front auf dem rumänischen Abschnitt durchgebrochen waren. »Da kannst du dir auch gleich hier eine Kugel

---
* | Landser = Soldat im Mannschaftsstand.

durch den Kopf schießen«, entfuhr es mir. Wir saßen eine Weile schweigend zusammen, dann hatte ich eine Idee. Er hörte sich meinen Vorschlag an und nickte. »Also, bis heute Abend«, sagte ich.

Am Abend spazierten wir los zu den Wiesen an der Mulde, einem kleinen Fluss am Rande der Stadt. Das Gelände war wellig, sodass wir uns an einer Stelle in der Dunkelheit in eine Vertiefung legen konnten. Dann nahm ich wie verabredet seinen rechten Fuß und raunte ihm zu, er solle die Zähne zusammenbeißen und den Mund halten, und dann verdrehte ich ihm diesen Fuß zu einer handfesten Verstauchung, dass es regelrecht krachte. Der Fuß war aber nicht gebrochen, doch ein großer Bluterguss war das Ergebnis meines Freundschaftsdienstes. Am nächsten Morgen humpelte mein Freund zum Arzt: Er habe sich im Dunkeln den Fuß verstaucht. Damit konnte er natürlich nicht nach Jassy reisen, sondern er kam später an einen ruhigeren Frontabschnitt. Er hat den Krieg überlebt.

Im Übrigen ist aber ein weiterer Bericht über meine Kriegserlebnisse für den heutigen Leser kaum von Interesse. Um den Zusammenhang zu wahren, dürften einige Anmerkungen den Zweck einer orientierenden Information erfüllen.

Also, um kurz zu referieren: Ich wurde Sanitätssoldat in der Hoffnung, mein im Frühsommer 1942 kurzfristig begonnenes Medizinstudium fortsetzen zu können. Hierzu kam es aber nicht. Stattdessen lernte ich bei der Infanterie das Leben eines »Landsers« kennen. Mehrere glückliche Umstände haben mir in einem weiteren Winter durch einen Lazarettaufenthalt die Schrecken der russischen Front erspart, mich über Monate im Heimatkriegsgebiet und dann an einem ruhigen Frontabschnitt Dienst tun lassen und mir schließlich in der Operationsgruppe eines Hauptverbandsplatzes als Narkotiseur die befriedigendste Tätigkeit beschert, die sich in einem Kriege für Meinesgleichen denken ließ. Ich hatte eben sehr großes Glück. Aber das gilt wohl für alle aus meiner Generation, die den Krieg überlebt haben.

Neue Scheinsiege und die große Tragödie Nach dem schlimmen Winter drangen im Sommer 1942 die deutschen Truppen im Süden bis in den Kaukasus und bis nach Stalingrad vor. Das war allerdings ein Scheinerfolg, bei dem schon jedem Obergefreiten schwindelig wurde. Denn die Front erstreckte sich von ursprünglich 800 Kilometern jetzt über 4 000 Kilometer. Und als ich in Kalatsch am Don, westlich Stalingrad, auf meinen Weitertransport in die umkämpfte Stadt wartete, sah ich ein von den Landsern aufgestelltes Wegeschild, auf dem zu lesen war: »Nach Leipzig dreitausendundsoundsoviel Kilometer.«

Im Führerhauptquartier erreichte der Konflikt Hitlers mit seiner obersten Generalität einen neuen Höhepunkt, als sein Generalstabschef ihm vorhielt, Hitlers Feldherrenentschlüsse ignorierten die Grenzen des Möglichen und machten Wunschträume zum Gesetz des Handelns. Auch mit dem ihm sonst so ergebenen Jodl geriet er aneinander und gab ihm dann monatelang nicht mehr die Hand. Hitler wurde zunehmend eigenbrötlerischer, aß allein und ging nur noch bei Dunkelheit vor die Tür.

Aber in seinem Kopf geisterten immer unrealistischere strategische Durchhaltepläne herum, geradeso, als könne mit einem Sich-Festklammern am bisher eroberten Territorium das Blatt noch einmal gewendet werden. In Nordafrika sollten die deutschen Truppen aushalten, vom Nordkap bis zum Kaukasus ebenso, in Kreta auch und in über einem Dutzend europäischer Länder ebenfalls, und dazu sollten dann noch England und Amerika besiegt werden.

Die riesige uferlose Weite des russischen Raumes berührte jeden Soldaten tief, der dieses Land betreten musste. Einen schöneren Sternhimmel habe ich nie gesehen als in der Steppe vor Stalingrad, auf dem Rücken liegend und im Gespräch mit einem Kameraden, der als Seemann davon träumte, eines Tages doch noch das »Kreuz des Südens« wiederzusehen.

Wenn man das heute liest und Hitlers unsinnige strategische Entscheidungen der nächsten Monate bedenkt, stellt sich die Situation immer gespenstischer dar und es wird zunehmend unverständlicher, dass dieser jetzt auch körperlich immer mehr verfallende Hitler sich bis ans Ende behaupten konnte. Man sollte meinen, irgendeinem aus dieser höchsten Generalsriege müsste doch – wenn schon nicht angesichts der unmenschlichen Befehle Hitlers – so doch wenigstens in Anbetracht dieses chaotischen strategischen Durcheinanders irgendwann »der Kragen geplatzt« sein und einen von ihnen veranlasst haben, Hitler kurzerhand über den Haufen zu schießen. Aber keiner konnte sich dazu aufraffen.

In der Tragödie um Stalingrad steigerte sich Hitler in seinen absurden Wünschen noch einmal und ebenso die Willfährigkeit der Generalität. Hitler befahl gegen den Rat seines neuen Generalstabschefs Zeitzler und den des Generals Paulus, der die 6. Armee befehligte, die Stadt zu erobern. Der Kommunismus müsse seines Heiligtums beraubt werden – das war seine Begründung.

Im Kampf um diese Stadt offenbarte sich in erschütternder Weise die armselige Entschlusslosigkeit der deutschen Generalität, sich einem mörderischen Befehl Hitlers zu widersetzen, und eine ganze Armee wurde das Opfer dieser Unterwürfigkeit. Damit ist man bei einer ungemein wichtigen Frage, die gerade im Russlandfeldzug von Anfang an Bedeutung hatte, aber nach Stalingrad zur Schicksalsfrage für ungezählte deutsche Soldaten wurde: nämlich der Frage nach dem Rückgrat der deutschen Generalität und ihrem Mut vor Hitler.

Versagen und Schuld der deutschen Generalität Der folgende Abschnitt stützt sich auf die Erlebnisse eines erfahrenen befreundeten ehemaligen Generalstabsoffiziers, auf dessen langjährigen Gedankenaustausch mit ehemaligen Kameraden in gleicher oder ähnlicher Funktion sowie auf Mitteilungen in der einschlägigen Literatur.

Es soll hier nur von der Verantwortung der deutschen Generalität gegenüber den eigenen Soldaten, nicht aber von ihren Verstrickungen in die Vernichtungspolitik Hitlers gegenüber Polen und Russland gesprochen werden.

Im Zusammenhang mit der so genannten Fritsch-Krise im November 1937 gelang es Hitler, sich selbst zum Oberbefehlshaber zu machen. Angesichts der Tatsache, dass Fritsch beim Heer ein außerordentlich beliebter und geradezu verehrter Oberbefehlshaber war, bleibt es ein unbegreifliches und die Generalität tief beschämendes Faktum, dass diese Führungselite auf den ungeheuerlichen Vorgang der Verleumdung Fritschs durch Himmler und auf seine Entlassung durch Hitler überhaupt nicht reagierte. Hitler hatte regelrecht darauf gewartet, aber keiner der Generäle setzte sich ernsthaft für Fritschs Rehabilitierung ein.

Es wurde schon gesagt, dass Hitler mit den ersten großen Rückschlägen im Winter 1941/42 zu seiner unsinnigen Strategie des Festhaltens an jedem Fußbreit Boden überging, obwohl die bewegliche Kampfführung eine der großen strategischen Stärken des deutschen Heeres war, die anfänglichen Erfolge bedingt hatte und in dieser katastrophalen Situation die Opfer an deutschen Soldaten hätte mindern können. Die oberste deutsche Generalität hat diese irrwitzige, verbrecherische Taktik in ihrer ganz großen Mehrheit mitgemacht oder zumindest ertragen, obwohl für sie erkennbar war, dass sie sinnlose Opfer forderte. Um so mehr ist jener wenigen Generäle mit Respekt und Dankbarkeit zu gedenken, denen die Sorge für die ihnen anvertrauten Soldaten wichtiger war, als ein sturer Gehorsam gegenüber Hitlers Befehlen.

Der schwerste Vorwurf, den man den Spitzen der deutschen Generalität machen muss, ist ihre fehlende Solidarität, deren Ursprung in einer egoistischen Denkweise zu suchen ist: Wenn ein Befehlshaber an der Durchführung eines sinnlosen Auftrages scheiterte und deshalb von Hitler »in die Wüste geschickt« wurde, fand sich immer ein anderer General, der bereit war, die Führung des Verbandes und den gleichen (undurchführbaren) Auftrag zu übernehmen.

Wenn gerade hier die betreffenden Generäle mehr Mut und Korpsgeist gezeigt und die Übernahme eines solchen Kommandos abgelehnt hätten, wäre Hitler mit seinem Latein bald am Ende gewesen. Es gibt im Übrigen genügend Beispiele dafür, dass Hitler die Ablehnung einer solchen Kommando-Übernahme akzeptierte. Aber selbst wenn der betreffende General Repressalien Hitlers oder Schlimmeres hätte erwarten müssen: Hätte nicht für jeden General die Sorge um seine Soldaten, von denen er jeden Tag den bedingungslosen Einsatz des Lebens verlangte, vor Willfährigkeit und blindem Gehorsam rangieren und ihn veranlassen müssen, die Übernahme eines solchen Kommandos abzulehnen? Die große Mehrzahl der höheren militärischen Führer hat diesen Mut nicht aufgebracht, sondern die Befehle Hitlers befolgt.

Die wenigen rühmlichen Ausnahmen würden es verdienen, im Gedächtnis unseres Volkes unvergessen zu bleiben. Aber wer kennt heute noch Namen wie den des Generaloberst Hoepner, der im Winter 1941 entgegen Hitlers Befehl vier Divisionen zurücknahm, um sie vor der Einkesselung zu bewahren, dafür aus der Wehrmacht ausgestoßen wurde und sich dem Widerstand anschloss, oder den des Generals Graf von Sponek, der in einer strategisch hoffnungslosen Situation die Halbinsel Kertsch räumte und dafür zum Tode verurteilt, zunächst begnadigt und später von Himmler ermordet wurde? Unsere geschichtslose Gegenwart hat sie vergessen. Doch wie anders wäre die Geschichte verlaufen, wenn wir viele Generäle solchen charakterlichen Formats besessen hätten!

An zwei authentischen gegensätzlichen Beispielen sei demonstriert, wie die Dinge im Allgemeinen liefen und wie sie hätten laufen können, wenn die Generäle weniger vor Hitler gekuscht hätten.

Im Spätherbst 1944 lag eine Division am Westufer des Narew, im südlichen Teil eines großen Bogens, den der Fluss nach Osten beschreibt. Hier verlief laut Armeebefehl die Verteidigungslinie. Die Stellung am Westufer war aber wegen des windungsreichen Flusses und eines offenen Geländes strategisch ungünstig. Die Division war durch die voraufgegangenen Kämpfe stark geschwächt, und alles deutete auf einen baldigen Großangriff der Russen hin.

Da die Divisionsführung sich unter den gegebenen Umständen außerstande sah, einen solchen Angriff abzuwehren, war beabsichtigt, die Verteidigungslinie 3–5 km westlich auf ein Höhengelände zu verlegen und das Narew-Ufer nur bis kurz vor dem Angriffsbeginn des Feindes zu halten.

Entsprechend einem »Führerbefehl« musste für ein derartiges Vorgehen die Zustimmung Hitlers eingeholt werden. Wochenlang bemühte sich die Divisionsführung vergeblich um die Genehmigung durch das vorgesetzte Generalkommando. Auch der mehrfache Hinweis der Division, man könne dieses Verfahren ja auch anwenden, ohne es vorher an die große Glocke zu hängen, wurde von dem kommandierenden General kategorisch abgelehnt.

So kam es, wie es aufgrund der uneinsichtigen Haltung des zum Widerspruch gegen Hitler nicht fähigen kommandierenden Generals kommen musste: Die eigenen schwachen Verbände konnten dem Ansturm nicht standhalten, wurden aus ihren Stellungen geworfen und gerieten auf dem freien Gelände in vernichtendes Feuer. Nur wenige Überlebende konnten die vorgesehene Hauptkampflinie erreichen.

Und hier das Gegenstück: Die gleiche Division kam am 13. April 1945 im Rahmen der Rückzugsbewegungen nach Zistersdorf, einem kleinen, etwa 40 km nordöstlich von Wien gelegenen Städtchen, rings von Höhen umgeben. In ihm befand sich die einzige Erdölquelle Österreichs (die längst brannte). Am gleichen Tag erhielt die Division per Fernschreiben einen »Führerbefehl«, der sofort zu bestätigen war und in dem Zistersdorf zur Festung erklärt wurde, die bis zum letzten Mann zu halten sei.

Alle wussten, was das hieß. Man bemühte sich beim Korps um eine Rücknahme des unsinnigen Befehls, dort aber sah man sich ebenfalls an den ergangenen Führerbefehl gebunden. Doch der dortige Chef des Generalstabes und sein Ia (erster Generalstabsoffizier, verantwortlich für die operative Führung) waren vernünftige Leute, mit denen man reden konnte. Trotzdem war klar, dass Zistersdorf nur aufgegeben werden konnte, wenn ein feindlicher Angriff hierzu zwang. Die Russen aber verhielten sich leider ruhig.

Der Ia der Division versuchte, seinen Kommandeur für einen russischen »Scheinangriff« und konsekutiven Rückzug zu gewinnen; der aber hielt sich entsetzt die Ohren zu und wollte von alledem nichts wissen. Trotzdem nahm der Ia die Verbindung zu vertrauenswürdigen Offizieren der eigenen Division auf und sprach mit ihnen den Plan ab, der beim Misslingen selbstverständlich alle Beteiligten den Kopf gekostet hätte. Der Divisionskommandeur gab schließlich sein Einverständnis.

Beim letzten Licht der Dämmerung wurde ein wildes Geschieße der Artillerie, der schweren Waffen und der Maschinengewehre inszeniert. Unter diesem »Angriff« der Russen konnte die Division geordnet abziehen und dem Korps melden, man sei durch einen Überraschungsangriff der Russen aus den Stellungen geworfen worden. Wie es wirklich abgelaufen war, wusste nur eine kleine Schar, die aber jetzt und später kein Wort verlauten ließ.

Es ist im Übrigen wichtig hinzufügen, dass ein General, der sich zur Durchführung eines unsinnigen oder unmenschlichen Befehls außerstande erklärte, in aller Regel nichts für Leib und Leben zu befürchten hatte. In den allermeisten Fällen wurde er lediglich abgelöst und an einen anderen Frontabschnitt versetzt (insofern waren Reaktionen Hitlers wie die im Fall Hoepner und Graf Sponek nicht repräsentativ).

Unvermeidlich ist deshalb der schwere Vorwurf, den man der deutschen Generalität machen muss: Den gleichen Generälen, die tagtäglich von den ihnen anvertrauten Soldaten einen bedingungslosen Einsatz des Lebens forderten und jeden mit dem Kriegsgericht und Tod durch Erschießen bedrohten, der dieser Pflicht nicht ohne Wenn und Aber nachkam, den gleichen Männern fehlte das Rückgrat, sich einem Befehl zu widersetzen, durch den eine unberechenbare Zahl von Soldaten dem ganz persönlichem zeitweiligem Überleben Hitlers geopfert wurde.

Fragt man nach dem Grund, so wird hinter der Ausrede, man habe dem Befehl folgen müssen, ein höchst banales Motiv sichtbar. Es ist der alte Spruch, der hier in besonderem Maße seine Gültigkeit beweist: »Wess' Brot ich ess', des Lied ich sing ...«

Die Generalität hatte durch Hitler seit der Wiedereinführung der Wehrpflicht und erst recht seit Kriegsbeginn einen zuvor nie erhofften, schwindelerregenden Aufstieg genommen – einerseits hierarchisch, zum anderen aber auch sehr handfest finanziell und darüber hinaus im sozialen Ansehen. Es wundert deshalb nicht, dass gerade viele Männer der höchsten Ränge in der Generalshierarchie Hitler am willfährigsten waren.

Bei gutem Einvernehmen winkte nämlich in solchen Fällen nicht selten eine besondere Gunst, beispielsweise in Form eines Rittergutes. So wurden dem bekannten General Guderian mehrere polnische Güter zur Auswahl angeboten, und nachdem er seine Wahl getroffen hatte, zuckte er lediglich die Achseln auf die Frage, wo denn die Besitzer geblieben seien. Auch besondere finanzielle Zuwendungen konnten verdienten Generälen winken. Und so traurig das ist: Alle Erfahrung des Krieges spricht dafür, dass auch gar nicht selten die Hoffnung auf militärischen Ruhm und auf die Anerkennung Hitlers, dokumentiert in einer »aus der Hand des Führers entgegengenommenen« hohen Auszeichnung, das treibende Motiv war, das alles andere vergessen machte und selbst aberwitzige strategische Planungen Hitlers hinzunehmen bereit war.

Doch mehr noch als Dotationen und die Hoffnung auf Auszeichnungen korrumpierte die Macht an sich. Es ist heute nach über fünfzig Friedensjahren und in einer völlig veränderten Gesellschaft, die von einem ganz anderen Zeitgeist bestimmt wird, sehr schwer, dem Leser die Ausnahmestellung plausibel zu beschreiben, die im Kriege ein hoher General innehatte.

In den letzten zwei Kriegsjahren waren auch die Träger höchster Generalsränge Männer, die vor 1933 in der Regel Hauptleute oder Majore gewesen waren. Damals trafen sie, wenn sie die Kaserne verließen, auf ein von Zivilisten bestimmtes Umfeld, in dem sie geachtet waren, aber auch nicht mehr. Nach 1933 und erst recht im Kriege nahmen sie in kurzer Zeit einen schwindelerregenden Aufstieg.

Der Krieg stellte nämlich die Gesellschaftsstruktur gänzlich auf den Kopf, und für die allermeisten hohen Militärs war ihre Aufgabe im Krieg die Erfüllung ihrer Träume: Ihre Bewährung als Soldat in einem selbständigen Kommando auf höchster Ebene und in einem rein soldatischen Umfeld, das notwendigerweise von Befehl und Gehorsam geprägt war. Dieser völlig unangefochtene soziale Spitzenrang verlieh ihnen – auch unter der Zivilbevölkerung – ein heute nicht mehr vorstellbares, unerhörtes Prestige, und hierauf durch eine freiwillige Abdankung oder gar durch einen Putsch zu verzichten, verlangte allerdings einen überdurchschnittlichen Charakter.

Eine ungerechte Beurteilung? Wie ist es ohne diese Motivationen aber dann zu verstehen, dass zwar jeder der strategisch erfahrenen Heerführer wusste, welche dilettantischen und egoistischen, aber auch verbrecherischen Befehle aus dem Führerhauptquartier kamen, aber nur ganz, ganz wenige bereit waren, diesen menschenverachtenden Erzfeind des eigenen Volkes unschädlich zu machen?

Ein besonders trauriges Beispiel für die Entschlusslosigkeit der Generalität gegenüber Hitler sind die Generalfeldmarschälle Paulus und von Manstein, die es nicht fertig brachten, sich gemeinsam im Kampf um Stalingrad Hitlers wahnwitzigem Durchhaltebefehl zu widersetzen, als es noch Zeit war. Der gleiche General Paulus, der von seinen Soldaten verlangte, bis zur letzten Patrone auszuhalten und sich totschießen zu lassen, war zu feige, ohne Befehl und auf eigene Faust zu handeln und den Ausbruch aus dem Kessel zu wagen. Nicht viel besser verhielt sich der Feldmarschall von Manstein. Sein Auftrag, die eingeschlossene 6. Armee durch einen Angriff zu entsetzen, erwies sich schließlich als undurchführbar. Daraufhin gab er zwar Paulus Handlungsfreiheit, wagte aber nicht, ihm den Ausbruch zu befehlen, um auf diese Weise die Rettung der Armee zu versuchen. Zu deutsch: Zwei Feldmarschälle schieben sich aus Angst vor Hitler gegenseitig den Schwarzen Peter zu, wo es um die Rettung einer ganzen Armee geht! Doch auch dies muss gesagt werden: Der General von Seydlitz-Kurzbach hat Paulus bedrängt, er solle doch auf eigene Faust handeln und in Gottes Namen den Kopf riskieren – aber alles war vergeblich. Er (Seydlitz) solle sich nicht für ihn (Paulus) den Kopf zerbrechen – das war in dieser Situation die läppische Antwort des Feldmarschalls Paulus!

Wie früher schon zitiert, äußerte Hitler im Zusammenhang mit der Fritsch-Krise verächtlich, jetzt wisse er, dass die Generäle feige seien. Damit hatte er – jedenfalls was den Umgang der Generalität mit ihm betraf – nur allzu recht. Die wenigen rühmlichen Ausnahmen bestätigen leider auch hier nur die traurige Regel.

Hitlers Vernichtungs- und Herrschaftsphantasien Als würde er ahnen, dass ihm die eroberten Räume in Südrussland nur noch kurze Zeit zur Verfügung stehen würden, steigerte Hitler jetzt seine aberwitzigen Vorstellungen einer neuen hierarchischen Ordnung durch die »überlegene arische Rasse deutscher Herkunft« ebenso ins Maßlose wie seine Vernichtungspläne ins nie Dagewesene.

Es sollte so etwas geben wie einen nationalsozialistischen Hochadel, einen Schicht der mittleren Parteiebene und die »Dienenden«, die »ewig Unmündigen«. Eine Auslese des »Guten Blutes« sollte herbeigeführt werden und eine Ausrottung des Minderwertigen. Unter Letzterem stellten er und seine SS-Vertrauten sich vor allem die jetzige Bevölkerung des beherrschten Territoriums vor, und unter diesen vor allem die Juden.

Die sogenannten Einsatzgruppen der SS und des SD entfalteten jetzt eine unbeschreibliche, schauervolle Aktivität des geplanten Massenmordens. Etwa die Hälfte der im okkupierten russischen Gebiet lebenden Juden mit Frauen und Kindern wurde ermordet, aber auch Funktionäre der kommunistischen Partei, Volkskommissare und andere »verdächtige« Personen wurden in Massenerschießungen umgebracht.

Die ganze abgrundtiefe Perversität des dahinterstehenden Denkens mag ein auszugsweise wiedergegebenes Zitat Himmlers illustrieren: »Es ist bedeutend leichter in vielen Fällen, mit einer Kompanie ins Gefecht zu gehen, wie mit einer Kompanie in irgendeinem Gebiet eine widersetzliche Bevölkerung kulturell tiefstehender Art niederzuhalten, Exekutionen zu machen, Leute herauszutransportieren, heulende und weinende Frauen wegzubringen [...], dieses stille Tun-Müssen, die stille Tätigkeit, dieses Postenstehen vor der Weltanschauung, dieses Konsequentsein-Müssen, Kompromisslosein-Müssen, das ist an manchen Stellen viel, viel schwerer.« In Anbetracht des mangelhaften rassischen Bewusstseins der deutschen Bevölkerung habe die SS das »für unser Volk getragen, haben wir die Verantwortung auf uns genommen und nehmen dann das Geheimnis mit in unser Grab ...«.

Hitler schwelgte in Träumen, wie sich dieses Herrendasein der germanischen Rasse über die slawischen Sklaven in der Wirklichkeit abspielen würde bis hin zu den Dorflinden der deutschen Siedlungsdörfer und vier Meter breiten Eisenbahnen für den Fernverkehr. Immer wehrbereit hatten diese Siedler zu sein, um den ständigen Kampf ums Dasein erfolgreich zu bestehen. Noch abstruser waren Hitlers und Himmlers Pläne zur »Verbesserung« des germanischen Blutes, die man durch eine Art rassischen Beutezug mit der Entführung arisch »wertvoller« Personen aus fremden Ländern bewerkstelligen wollte.

Hitler wurde auch zunehmend unfähiger, irgendwie politisch zu denken. Dazu mag beigetragen haben, dass er jetzt auffallend alterte und, mit herabhängenden Schultern nach vorn gebeugt, wie ein Parkinsonkranker mühsam vorwärts schlurfte. Auch eine Unzahl von Beruhigungs- und Aufputschmitteln, die ihm sein Leibarzt Morell wechselweise gab, dürfte den körperlichen Verfall mitbeeinflusst haben.

Als Russland im Sommer 1943 über die Stockholmer Vertretung die Friedensfühler mit verlockenden Bedingungen ausstreckte, um über einen Separatfrieden zu verhandeln und Ribbentrop ihm zuredete, antwortete er nur: »Wissen Sie, Ribbentrop, wenn ich mich heute mit Russland einige, packe ich es morgen wieder an – ich kann halt nicht anders.« – Gerade so, als ob ein Wahnkranker seinen unkorrigierbaren Irrtum für einen Moment von außen ansieht.

Erstaunlich bleibt aber bei alledem, dass seine persönliche Suggestionskraft bis in die letzten Stunden ungebrochen blieb. Es ist immer wieder bezeugt, dass er ungeachtet seines Verfalls in der Lage blieb, Menschen durch seine Überredungskünste »umzudrehen« und Dinge hoffen zu lassen, die sie vor einer solchen Unterredung als absurd zurückgewiesen hätten. Desgleichen blieb seine animalische Witterung für Intrigen, Rankünen, Antipathien und feindselige Tendenzen ungeschmälert, ebenso sein Lauern auf aktive Gegner und mögliche Attentatsversuche.

21 | Die Anfänge des Luftkrieges. Zur Frage deutscher Terrorangriffe. Das alliierte Luftkriegskonzept und seine verhängnisvollen Fehler

Über die Entstehung des Luftkrieges herrschen bei uns bestimmte Vorstellungen, die sich im Laufe der letzten 50 Jahre vor allem unter dem Eindruck deutscher Kriegsschuld herausgebildet haben, die man aber angesichts der zwischenzeitlichen militärhistorischen Forschungsergebnisse in einer ganzen Reihe von Punkten revidieren muss.

Das Kriegsrecht (ius in bello) gilt für jede kriegführende Partei, unabhängig davon, ob sie den Krieg verursacht hat oder nicht. Der bekannte Spruch: »Wer Wind sät, wird Sturm ernten« lässt sich nicht zur Legitimation von Kriegshandlungen verwenden, die nicht dem Kriegsrecht entsprechen. Hiervon abzugrenzen ist das ius ad bellum, also das Recht zum Kriege, das sehr unterschiedlich gewichtet sein kann und das Deutschland selbstverständlich nicht für sich in Anspruch nehmen konnte.

Ein eigentliches Luftkriegsrecht bestand weder im letzten Krieg noch gibt es eine derartige Vereinbarung heute. Wohl aber ist man sich stillschweigend einig, dass die Haager Landkriegsordnung von 1907 hinsichtlich der Behandlung der Zivilbevölkerung auch im Luftkrieg anzuwenden sei, nimmt aber damals wie heute in Kauf, dass infolge der unvermeidlichen Zielungenauigkeit in jedem Fall mit Verlusten der Zivilbevölkerung gerechnet werden muss.

Dies vorausgeschickt ergibt sich etwa folgendes Bild: Die Meinung, die alliierten Terrorangriffe seien letztlich eine vergeltende Antwort auf vorherige deutsche Terrorangriffe gewesen, ist irrig. England selbst hat nie für sich in Anspruch genommen, Vergeltungsangriffe zu fliegen, sondern immer betont, dass die Luftangriffe auf die deutschen Städte Teil eines strategischen Gesamtkonzeptes zur Verkürzung des Krieges waren. Man hoffte, über eine Demoralisierung der Bevölkerung schneller zum Ziel zu kommen.

Zu diesem Entschluss mag beigetragen haben, dass man offenbar einem 1941 entwickelten Bombardementkonzept zur gezielten Ausschaltung der deutschen Hydrierwerke mit nachfolgender »Querschnittslähmung« der deutschen Brennstoffversorgung angesichts der bestehenden Zielungenauigkeiten keine entscheidende Wirkung (mehr) zutraute.

Darüber hinaus könnte man von einer Vergeltung nur sprechen, wenn die Antwort auf den Anlass die Verhältnismäßigkeit gewahrt hätte. Schon diese Voraussetzung trifft aber nicht zu, selbst wenn man die Richtigkeit der Prämisse unterstellt, dass die in diesem Zusammenhang meist genannten deutschen Angriffe auf Warschau und Rotterdam vom Kriegsrecht nicht gedeckt und Terrorangriffe gewesen wären.

Aber auch dies lässt sich nach neueren Feststellungen - nicht zuletzt auch ausländischer Militärhistoriker - nicht hinreichend wahrscheinlich machen.*

* | Ausführliche Erläuterungen bei H. Boog (s. Bibliographie (8)).

Hitlers Zögern Am 24. August 1940 wurden von einigen deutschen Bombern – mit aller Wahrscheinlichkeit versehentlich – auf London Bomben geworfen, die einen »ganz geringen Schaden« (Times) anrichteten. Für Churchill war dies aber ein willkommener Vorwand, um Berlin planmäßig anzugreifen. Hitler hielt am 4. September eine Rede und drohte, er werde die englischen Städte »ausradieren«. Tatsächlich behielt er sich aber Terrorangriffe immer noch vor und lehnte am 14. September einen Vorschlag Jeschonneks (Generalstabschef der Luftwaffe) ab, englische Wohnviertel zu bombardieren. Gleichzeitig befahl er, »Luftangriffe gegen London unter Erweiterung der bisherigen Angriffsräume nach wie vor in erster Linie gegen kriegswichtige und für die Großstadt lebenswichtige Ziele einschließlich Bahnhöfe zu richten. Terrorangriffe gegen reine Wohnviertel sollen als letztes Druckmittel vorbehalten bleiben und daher jetzt noch nicht zur Anwendung kommen«. Dementsprechend gab es bis Mai 1941 nur einige Vergeltungsangriffe als Antwort auf vorherige britische Angriffe.

Für sein langes Zögern mit der tatsächlichen Durchführung von Terrorangriffen gegenüber England hatte Hitler einen Grund: Es war seine uralte irrationale Hoffnung, die Engländer müssten doch erkennen, dass nicht ein Krieg gegen ihn, sondern ein Bündnis mit ihm ihren eigenen Interessen und denen ihres Weltreiches am dienlichsten sei. Er hielt Churchill für einen Unfall im politischen Denken der Angelsachsen, der korrigierbar sein müsste, und bis in seine letzten Tage ist diese Fata Morgana am Horizont seines Denkens immer wieder aufgetaucht.

Die Auffassung, dass die deutschen Bombenangriffe gegen England in den Jahren 1940/41 keine eigentlichen Terrorangriffe waren, findet eine Bestätigung durch Sir Basil Collier, Autor der amtlichen britischen Geschichte der Luftverteidigung Englands: »Obwohl in dem von der Luftwaffe Anfang September [1940] gefassten Plan auch Angriffe gegen die Zivilbevölkerung in größeren Städten erwähnt sind, weisen detaillierte Unterlagen, die über diese Angriffe im Herbst und Winter 1940/41 angefertigt wurden, nicht darauf hin, dass ein unterschiedsloser Bombenkrieg gegen die Zivilbevölkerung beabsichtigt war. Zielpunkte waren meist Fabriken und Hafenanlagen. Andere Ziele, die den Bomberbesatzungen speziell zugewiesen wurden, umfassten die Londoner City und das Regierungsviertel um Whitehall.« (zit. n. H. Boog)

Nach vernichtenden englischen Brandbombenangriffen auf Lübeck und Rostock im Frühjahr 1942 versuchte Hitler, mit Terrorangriffen zu antworten, aber es fehlten zu wirkungsvollen Angriffen bereits die Mittel. Vom Juni 1944 bis März 1945 kam es zum Beschuss Englands mit den V-Waffen, die zielungenau waren und als reine Terrorangriffe zu gelten haben. Dass ihre Wirkung vergleichsweise gering war, lag an den unzureichenden Mitteln, nicht an etwaigen Hemmungen Hitlers.

Die Wirkung der alliierten Luftangriffe Ab 1943 steigerten sich die anglo-amerikanischen Angriffe in einem ungeahnten Ausmaß und legten die deutschen Städte mit wenigen Ausnahmen in Schutt und Asche. Sicher ist, dass diese Methode des Luftkrieges durch das Kriegsrecht nicht gedeckt war. Die Amerikaner waren anfangs nicht geneigt, hierbei mitzumachen, schwenkten dann aber doch auf die Linie der Briten ein. Doch der erhoffte Erfolg – die Demoralisierung der deutschen Bevölkerung – blieb aus. Im Gegenteil kam es zu einem Solidarisierungseffekt mit dem Regime.

Das ist zunächst überraschend, aber letztendlich doch verständlich. Denn das erklärte Ziel der Alliierten war die bedingungslose Kapitulation Deutschlands, und das wurde der

Überlebende nach einem Bombenangriff. Entgegen einer hierzulande weit verbreiteten Meinung waren die Terrorangriffe weder durch das Kriegsrecht gedeckt, noch können sie als legitime »Vergeltungsangriffe« eine Rechtfertigung finden.

deutschen Bevölkerung durch die Goebbels'sche Propaganda immer wieder ins Gedächtnis zurückgerufen. Deshalb musste jedes Bombardement den alten Spruch: »Mitgefangen, mitgehangen« bestätigen und den Betroffenen ein Gefühl der Solidarität aller mit allen vermitteln. Vor allem aber empfand man, wenn man in einem Luftschutzkeller saß und die Bomben krachten, einen solchen Luftangriff als das, was er war: nämlich als eine lebensbedrohliche Barbarei, und man verwünschte den, der die Bomben geworfen hatte.

Den Schuldigen aber sah man in Hitler immer weniger. Denn der war weiter als je entfernt, ließ kaum etwas von sich hören, und er hat sich auch nicht ein einziges Mal in einer von Bomben verwüsteten Stadt sehen lassen, so sehr Goebbels und andere ihn dazu gedrängt haben. Denn er wusste nur zu gut, dass er dann von seinem mythischen Sockel der Unfehlbarkeit stürzen und man ihn mit der Misere in einen unmittelbaren Zusammenhang bringen würde. Er ahnte auch, dass sein leibhaftiges Erscheinen irgendwo in deutschen Städten ihn optisch aus seiner unnahbaren, pseudosakralen Ferne in die handgreifliche, irdische Realität des Unterganges gerückt hätte. So blieb er auch körperlich immer, wo er war: dem Volk entrückt. Die irdische Realität aber teilte die Bevölkerung mit den peripheren Exponenten des Regimes. Dort schimpfte man dann und wann auf organisatorische Unzulänglichkeiten oder das Versagen irgendwelcher Parteigrößen und musste im Übrigen zusehen, wie man von einem Tag auf den anderen kam.

Die alliierten Terrorangriffe aber waren, um mit Talleyrand zu sprechen, schlimmer als ein Verbrechen: Sie waren ein Fehler. Denn hätte sich die alliierte Luftkriegsführung mit zunehmender Zielgenauigkeit und Reichweite ihrer Flugzeuge auf ihr ursprüngliches Konzept besonnen und alles darangesetzt, die deutsche Treibstoffherstellung und einige kriegsentscheidende Produktionsstätten lahm zu legen, dann wäre der Krieg in wenigen Monaten zu Ende gewesen.

Aber der englische Luftmarschall Harris hat sich gegen jede Änderung seines Konzeptes der flächendeckenden Terrorangriffe immer vehement gewehrt, und man hat den Eindruck, dass bei ihm für diese Haltung emotionale Faktoren blanken Hasses im Spiel waren. Die aber sind bekanntlich bei strategischen Entscheidungen gleich welcher Art immer ein schlechter Ratgeber.

Auch erstaunt es, dass die Alliierten in diesen beiden letzten Kriegsjahren die politische Nachkriegsentwicklung so wenig bedacht und die Frage außer acht gelassen haben, welche wirtschaftliche Wirkung die Zerstörung der Städte haben würde. Denn eigentlich hätten sie sich ausrechnen können, dass die Deutschen auch nach einem verlorenen Krieg nicht ewig in Wellblechbuden würden wohnen wollen, sondern sich wieder normale Häuser bauen würden. Dass hieraus am Ende das deutsche Wirtschaftswunder nach dem Krieg einen wesentlichen Anstoß erhalten würde, haben sich allerdings im Krieg die späteren Sieger am allerwenigsten ausgerechnet.

22 | Nach Stalingrad: törichte Hoffnungen, verzweifelte Anstrengungen und riesige sinnlose Opfer. Paradigmatisch für viele: Albert Speer

Nach dem Fall Stalingrads musste eigentlich jedem Vernünftigen klar sein, dass der Krieg nicht mehr gewonnen werden konnte. Die Führung spürte das, und Goebbels versuchte mit seinem Propagandaapparat, die desolate Stimmung durch das beständige Reden von dem bevorstehenden Einsatz der »Wunderwaffe« umzukehren, die der Führer angeblich noch in der Hinterhand hatte. Als dann schließlich die V2 auf London abgeschossen wurde, war bald klar, dass sich hierdurch das Blatt nicht wenden ließ. Zwar versuchte die Propaganda weiterhin die Hoffnungen auf eine Wunderwaffe wachzuhalten, aber nach dem enttäuschenden Effekt der V2 glaubten immer weniger Menschen an dieses Phantom.

Paradigmatisch für Viele: Albert Speer Er spielte eine Schlüsselrolle im weiteren Verlauf des Krieges und ist ein Musterbeispiel für die unverständliche Haltung so vieler Männer in führenden Positionen, die im klaren Wissen um die Aussichtslosigkeit aller Kriegsanstrengungen mit Hochdruck weitermachten. Weil er für manchen Seinesgleichen steht, soll von ihm hier etwas ausführlicher die Rede sein.

Warum machten so viele blind weiter wie bisher? Die Antwort hat verschiedene Gesichter: Um noch ein Stück weit die Zeit der eigenen Machtposition zu verlängern; weil man sich irrationalen Hoffnungen hingab; weil man sich an der unantastbaren Herrschaft und dem Einsatz als solchem berauschte, ohne über Zusammenhänge und Konsequenzen nachzudenken; vor allem aber, weil man sich sagen musste, dass mit dem Ende des Krieges der eigene Kopf und Kragen in Gefahr waren.

Letztlich waren alle, die in dieser aussichtslosen Lage auf hoher militärischer oder ziviler Ebene unsinnigen Durchhalteappellen folgten, direkt oder indirekt von Motiven des persönlichen, zeitlich befristeten Nutzens geleitet, oder sie besaßen keinen Verstand. Auf dieser oberen Befehlsebene waren die einzigen, die vor der Nachwelt in Anspruch nehmen können, nicht in irgend einer Variation des Egoismus, sondern zum Wohle ihres Vaterlandes gehandelt zu haben, die Männer des 20. Juli 1944.

Im Übrigen macht es einen erheblichen Unterschied, ob man im täglichen Handeln des Krieges das Unvermeidliche tut, oder ob man zu den 150%-igen Radikalinskis gehört, die jeden an den Galgen bringen, der nicht ebenso verbohrt ist, wie man selbst. Von dieser verblendeten Pervertierung des Pflichtbegriffs als Ausrede für das eigene borniert, moralisch minderwertige Verhalten ist die Geschichte der letzten zwei Kriegsjahre voll, und die meisten seiner Vertreter haben sich nach dem Kriege auch noch etwas darauf eingebildet.

Dass Speer, damals kaum dreißigjährig, sich Hitler verschrieb, ist verständlich; auch, dass er Hitler bewunderte. Aber schon in den ersten Jahren hat er es offenbar gemerkt – und hingenommen –, dass Hitler mit seinen gigantomanischen Entwürfen von ihm Dinge verlangte, die seinem künstlerischen Stilgefühl widersprachen. Jedenfalls wird hier bereits ein handfester Opportunismus sichtbar, der sich über eigene Bedenken hinwegsetzt und zur späteren Entwicklung passt.

Als Speer 1942 das Amt des Rüstungsministers übernahm, herrschte ein unbeschreibliches Chaos der Zuständigkeiten. Denn Hitlers im Machtkampf bewährtes System, Überschneidungen der Kompetenzen geradezu zu fördern, um die Beteiligten zum Intrigenspiel zu animieren und leichter in der Hand zu haben, hatte sich auch in der Kriegswirtschaft breitgemacht. Speer gelang es mit großem persönlichen Geschick, Organisationstalent und Ellenbogen, Ordnung in dieses Durcheinander zu bringen.

Die Zuständigkeit für die Arbeitskräfte in der Rüstungsindustrie wurde Fritz Sauckel übertragen, bisher Gauleiter von Thüringen. Dieser stellte im Frühjahr 1942 ein Programm zur Mobilisierung ausländischer Arbeitskräfte auf und deportierte nach eigenem Bekunden durch seine rücksichtslose Maßnahmen allein im ersten Jahr 3,5 Millionen ausländische Zwangsarbeiter nach Deutschland.

Speer wusste natürlich, wie diese Rekrutierungen zustande kamen, aber das hinderte ihn nicht, Sauckel zur weiteren Beschaffung von Arbeitskräften für die Rüstungsindustrie zu drängen. Sauckels Zwangsarbeiterjagd kam schließlich zum Erliegen, als Speer den französischen Produktionsminister dafür gewinnen konnte, dass für die deutsche Rüstungsindustrie ungenutzte französische Betriebe tätig wurden und diese dafür von allen Deportationsmaßnahmen verschont wurden.

Speers organisatorische Leistung war, wenn man sie moralisch wertfrei betrachtet, ohne Frage enorm. Aber man fragt sich natürlich, warum er das tat. Denn dass ein so intelligenter Mann wie er, der um alle Möglichkeiten und Defizite wusste, nach Stalingrad auch nur im Entferntesten noch an die Möglichkeit eines deutschen Sieges geglaubt hat, muss man für ausgeschlossen halten.

Am ehesten glaube ich, dass der große Erfolg, den er hatte, für ihn selbst überraschend kam; dass er plötzlich an sich Fähigkeiten entdeckte, von denen er zuvor nichts gewusst hatte. Damit stimmt seine Aussage überein, ihn habe damals ein »narkotischer Arbeitsrausch« erfasst und ihn wie eine Droge beherrscht. Das könnte wohl eine Erklärung sein, die aber natürlich keine Rechtfertigung darstellt.

In der gleichen Zeit spielte sich die grauenvolle Judenvernichtung ab. Speer hat immer bestritten, davon gewusst zu haben. Aber wer will ihm das glauben? Es ist einfach nicht vorstellbar, dass er oder andere Mitglieder der höchsten Führungsebene bei ihren vielfältigen Kontakten mit den Schrecken der Wahrheit überhaupt nicht in eine Berührung gekommen sein sollten. Ebenso wenig ist für mich nachvollziehbar, dass Speer und Seinesgleichen nach der Tragödie von Stalingrad, die Hitlers menschenverachtende, rein egoistische Denkungsart enthüllte wie nie zuvor, nicht die Konsequenzen gezogen und sich dem Widerstand angeschlossen haben. Wer ein Gewissen hatte, hätte jedenfalls zumindest zurücktreten müssen.

Gegen Ende des Krieges, das darf man zu Speers Gunsten nicht unerwähnt lassen, hat er sich eines Besseren besonnen und Hitlers Untergangsbefehl der »verbrannten Erde« nicht nur ignoriert, sondern bekämpft. Immerhin hat Speer durch diese Gesinnungsänderung und seine mit großem Mut durchgeführten Gegenmaßnahmen sehr viel Schaden verhindert. Sogar einen Attentatsversuch hat er geplant, wie sich aus seiner zwar eigenen, aber für mich glaubhaften Schilderung ergibt.

Der Eingang zur Neuen Reichskanzlei. Die Maßlosigkeit der Hitler'schen Vorstellungen kam nirgends so augenfällig zum Ausdruck wie in den von ihm inspirierten Bauten, die Speer, ein glänzend begabter Architekt, mit dem feinen Gespür des geborenen Opportunisten beflissen realisierte. Die optisch kleinen Mitglieder der den Eingang bewachenden SS-Prätorianergarde unterstreichen die inhumane Monumentalität.

Sicher ist, dass durch Speers Leistungen als Rüstungsminister Hitler in die Lage versetzt wurde, sehr viel länger Krieg zu führen, als ihm das sonst möglich gewesen wäre. Das aber heißt, dass viele Tausende in den Kampfhandlungen oder durch heimtückischen Mord sterben mussten, die sonst am Leben geblieben wären. Hierüber offensichtlich nie nachgedacht und hieraus die Konsequenzen gezogen zu haben, macht in meinen Augen die schlimmste Schuld dieses Mannes und Seinesgleichen aus.

Und welchen Rang hätte andererseits dieses verfehlte Leben noch gewinnen können, wenn Speer sich angesichts der nach Stalingrad vor aller Augen liegenden Wahrheit auf die andere Seite geschlagen und sich dem Widerstand angeschlossen hätte. Vermutlich wäre er untergegangen – aber in Ehren. Und 20 Jahre schmähliche Haft wären ihm erspart geblieben und wahrscheinlich würden Ungezählte ihr Leben seinem Mut verdanken.

23 | Die »Endlösung der Judenfrage« und Hitlers wichtigste Helfer

Die Vernichtung der Juden ist die ungeheuerlichste Maßnahme, die jemals planmäßig von einer Regierung veranlasst und durchgeführt wurde. Bedenkenlose Massenermordungen politischer Gegner hat es in diesem Jahrhundert unter kommunistischer Herrschaft millionenfach gegeben. Der Völkermord an mehreren Millionen Armeniern auf ihrer Vertreibung aus dem osmanischen Reich ist von ganz ähnlicher Unfassbarkeit. Doch das Vorgehen Hitlers und seiner Helfer, nämlich die geradezu generalstabsmäßig geplante Vernichtung von sämtlichen Männern, Frauen, Kindern und Greisen des jüdischen Volkes innerhalb Europas, soweit man ihrer habhaft werden konnte, steht in der Geschichte gleichwohl einzigartig da. Wie konnte es dahin kommen?

Letzten Endes ist es die früher schon beschriebene obskure Rassenlehre Gobineaus und seiner Epigonen aus den Jahren nach 1870, deren Saat hier aufgeht, angereichert mit dem sozialdarwinistischen Denken der Zeit.

Hitler hatte sich schon in seinen jungen Jahren die Grundgedanken dieser Rassenlehre ebenso wie das sozialdarwinistische Denken zu Eigen gemacht. Dabei vollzog sich in seinem Kopf ein Entdeckungserlebnis, wie es bei Menschen häufig zu beobachten ist, die sich ihr Wissen kunterbunt angelesen haben und diszipliniertes Denken hassen, um so mehr aber in pseudowissenschaftliche »Erkenntnisse« verliebt sind.

In Hitlers Buch »Mein Kampf« kann man das lückenlos nachlesen. Dort heißt es am Anfang des Kapitels »Volk und Rasse«: »Es gibt Wahrheiten, die so sehr auf der Straße liegen, dass sie gerade deshalb von der gewöhnlichen Welt nicht gesehen oder wenigstens nicht erkannt werden. Sie geht an solchen Binsenwahrheiten manchmal wie blind vorbei und ist aufs höchste erstaunt, wenn plötzlich jemand entdeckt, was doch alle wissen müssten. Es liegen die Eier des Kolumbus zu Hunderttausenden herum, nur die Kolumbusse sind eben seltener zu treffen.«

Damit fand sich dieser primitive und vulgäre Mann, der in seinem Leben bis dahin noch nicht einmal einen Schulabschluss erreicht hatte, aus seiner Sicht plötzlich mühelos eingegliedert in die Reihe der großen Entdecker. Seine pseudowissenschaftliche »Erkenntnis« gipfelt in der Annahme, der »Begründer höheren Menschentums« und der »Kulturbegründer« sei allein der Arier, und den gewaltigsten Gegensatz zum Arier bilde »der Jude«. Die Juden seien ohne schöpferische Fähigkeiten, sie seien nur Parasiten im Körper anderer Völker, ihre Wirkung sei die von Schmarotzern: sie führe zum Absterben des Wirtsvolkes. Sie seien deshalb der »Tuberkelbazillus der Völker«.

Das Entsetzliche war hier aber, dass sich diese wahnhafte Idee nicht in der Phantasie irgendeines Sonderlings, sondern in einem Kopf festgesetzt hatte, der ungeachtet aller sonstigen Primitivität über die wohl phänomenalste machtpolitische Begabung dieses

Jahrhunderts und dazu über eine grenzenlose diabolische Skrupellosigkeit verfügte. Das Instrument zur Durchführung seiner ungeheuerlichen Pläne fand er in der SS unter dem ihm blind ergebenen Himmler.

Hitlers wichtigste Helfer: Himmler und die SS Auch dieser Mann von kleinbürgerlichem Zuschnitt war von absurden pseudowissenschaftlichen Vorstellungen beherrscht: Er verband obskure, um die Gesundheit kreisende spekulative »Erkenntnisse« mit einer schauerlichen selbsterdachten Ethik, die alles Handeln und alles Töten in den Dienst einer »Reinerhaltung des guten Blutes« stellte. Die Verbindung von Konzentrationslager und Kräutergarten in Dachau symbolisiert treffend den geistigen Rahmen dieses Mannes.

Die von ihm geführte SS betrachtete er als eine Art »Orden«, dessen Verhaltensnormen gekennzeichnet seien durch die Maxime: Bereitschaft zum Kampf um des Kampfes willen; bedenkenloser Gehorsam ohne Wenn und Aber; Härte im Sinne von persönlicher Abhärtung, aber ebenso Härte als Unterdrückung mitmenschlicher Regungen; Verachtung der »Minderwertigen« und hochmütiger Stolz auf die Zugehörigkeit zu dieser Ordenselite.

Himmler stellte sich – ebenso wie Hitler – eine Neuordnung Europas nach rassentheoretischen Grundsätzen vor, und zwar durch eine »Ausmerzung der Minderwertigen« und »Höherzüchtung der Wertvollen«: Das Gesamtziel, so sagte er einmal, das ihm unverrückbar vorschwebe, sei es, einen Orden guten Blutes zu schaffen. Dieser solle Deutschland dienen und alles nordische Blut unseren Gegnern wegnehmen. Nach seiner Vorstellung sollten zu diesem Zweck der »Aufnordung« in aller Welt Kinder mit nordischen Rassemerkmalen geraubt werden. »Wenn nämlich dieses führende Blut, mit dem wir stehen und fallen, mit dem guten Blut sich nicht vermehrt, werden wir die Erde nicht beherrschen können« (zit. n. H. Krausnick).

In diesen Ideen verband sich ein beispielloser mörderischer Despotismus mit einem kläglichen pseudowissenschaftlichem Dilettantismus. Denn nirgendwo stand geschrieben, nach welchen Kriterien denn nun eigentlich ein Mensch »guten Blutes« von einem solchen minderwertiger Art zu unterscheiden sei. Zwar gab es alle möglichen »Forscher«, die auf diesem obskuren Gebiet mit den wunderlichsten Spekulationen herumhantierten; aber noch nicht einmal der Rassenbegriff wurde plausibel definiert, und dementsprechend wurden die Begriffe »Volk« und »Rasse« ständig durcheinandergeworfen bzw. synonym gebraucht. Dass sich unter diesen »Forschern« auch Leute befanden, die einmal ein Studium absolviert hatten, gehört zu den vielen beschämenden Unverständlichkeiten jener Zeit. So proklamierte der »Rassenhygieniker« Lenz »die Rasse als Wertprinzip«, gab aber gleichzeitig zu, dass man das Prinzip des Wertes wissenschaftlich nicht beweisen könne. »Nur besinnen kann man sich auf das, was man letzten Endes bejahen kann«, war seiner Weisheit Schluss.

Wie der Staat sich einer fremden Rasse gegenüber zu verhalten habe, befand Lenz weiter, sei eine Frage der politischen Zweckmäßigkeit, über welche die politische Leitung zu entscheiden habe.

Diese Entscheidung traf Hitler mit dem Beginn des Krieges gegen Polen. Denn jetzt fielen für ihn alle Hemmungen. Er nannte es »weltanschaulich bestimmte Kriegsführung«. Über die grauenhaften Konsequenzen im besetzten Polen wurde oben schon gesprochen.

Schon vor Beginn des Russlandfeldzuges wurde der künftige Wirkungsbereich der Einsatzgruppen zwischen dem Oberbefehlshaber des Heeres, von Brauchitsch, und den

SS-Führern, insbesondere mit Heydrich, abgesprochen. Die Stärke dieser SS-Einheiten lag zwischen 500 und 1 000 Mann, und sie eröffneten nach dem Beginn des Feldzuges unverzüglich ihr Mordwerk, dessen Umfang sich allem menschlichen Vorstellungsvermögen entzieht. Ermordet wurden außer den Juden auch kommunistische Funktionäre und sogenannte »radikale Elemente«, Partisanen, Geisteskranke und Zigeuner.

Von September 1941 an mussten alle Juden im Reichsgebiet und in Böhmen den gelben Judenstern tragen. Im Oktober 1941 begannen die Deportationen der deutschen Juden nach dem Osten in Transportzügen der Reichsbahn mit jeweils etwa 1 000 Personen, die vornehmlich in den großen Städten zusammengestellt wurden. Die Entrechtung der Juden kannte jetzt keine Grenzen mehr. Es ist schon mehr als beklemmend wenn man liest, wie die Bürokraten innerhalb der mit der Deportation befassten Organe alle möglichen Paragraphen erfanden, um der Deportation der Juden und der an ihnen verübten Vermögensberaubung noch ein Mäntelchen der Scheinlegalität umzuhängen. Die bislang im Reich verbliebenen Juden aber wurden abgrundtiefen Schikanen und Demütigungen unterworfen.

Anfang 1942 wurden alle Maßnahmen festgelegt, die zur endgültigen Ausrottung der Juden vorgesehen waren. Gleichzeitig machten die Beteiligten alle Anstrengungen, die Ungeheuerlichkeit dieses Vorhabens mit der höchsten Geheimhaltung zu umgeben. Auch im bürokratischen Verkehr untereinander wurde eine Terminologie verwandt, die den dahinterstehenden Mordprozess für den nicht Eingeweihten verschleiern sollte.

In Polen und im Baltikum ging man jetzt zur Massenvernichtung mittels Gaswagen über. Bei der Einführung diese Mordmethode spielte auch wieder eine Rolle, dass man – abgesehen von der großen Zahl Menschen, die ermordet werden sollten – die Wirkung von Erschießungen auf die menschliche Umgebung vermeiden wollte.

Im weiteren Verlauf kam es dann zu immer umfangreicheren Vernichtungsaktionen in Sobibor, Treblinka, Maidanek, Auschwitz und anderen mehr. Eine Zeit lang steckte die Vernichtungsaktion insofern in einem Dilemma, als viele Juden zur Zwangsarbeit für die Rüstung »abgestellt« waren und auf diesen Arbeitsplätzen eine gewisse Überlebenschance zu haben schienen. Aber im Laufe der Zeit trat die infernalische Vernichtungsabsicht an die erste Stelle und die eigentlich kriegswichtige Unterstützung der Rüstung in den Hintergrund.

Immerhin sei an dieser Stelle referiert, dass im September 1942 der »Wehrkreisbefehlshaber im Generalgouvernement«, General von Gienanth, in geschickter Weise versucht hat, den für die Wehrmacht arbeitenden Juden ihre Arbeitsplätze zu erhalten und sie somit vor dem Schlimmsten zu bewahren, Himmler aber die dahinter stehende Absicht witterte und in beleidigender Form Gienanths an das Oberkommando der Wehrmacht gerichteten Antrag sabotierte. Gienanth wurde seines Postens enthoben, und das Oberkommando der Wehrmacht schwenkte in beflissener Weise auf die Linie Hitlers und Himmlers ein.

Anfang 1943 gab Himmler an die SS den Befehl, das Warschauer Ghetto aufzulösen und die dort lebenden Juden nach Lublin zu überführen. Da die Juden wussten, was ihnen dort bevorstehen sollte, kam es zu dem berühmten Aufstand der Juden im Warschauer Ghetto, der für immer ein Ruhmesblatt heroischen Widerstandes im Namen der Freiheit und für alle Zeit eine unauslöschliche Schande für jene Unterdrücker und ihre Helfer bleiben wird, die ihre Verbrechen im Namen einer alten Kulturnation begangen haben.

Auschwitz. Es fällt schwer, zu diesen Bildern eine Legende zu schreiben. Unwillkürlich sieht man sich in der Hilflosigkeit dieser unschuldigen Opfer und steht fassungslos dem Grauen gegenüber, das hier so geschäftsmäßig abgewickelt wird.

In der Schlussphase des Krieges (also nach Stalingrad) gewinnt man immer mehr den Eindruck, dass Hitler der Judenvernichtung absolute Priorität eingeräumt hat, nachdem er einsehen musste, dass sein anderes Kriegsziel – die »Gewinnung von Lebensraum im Osten« – nicht zu realisieren war. Diese Annahme wird vor allem dadurch gestützt, dass angesichts der ohnehin knappen Transportkapazitäten die Bereitstellung von Eisenbahnwagen für die Deportation der Juden Vorrang vor dem Nachschubtransport an die Front erhielt.

Seit dem September 1942 wurde das Vernichtungslager Auschwitz das Hauptziel der Deportationen europäischer Juden. Es ist zum Symbol grenzenloser abartiger menschlicher Grausamkeit geworden, die sich bereit finden konnte, Millionen von Menschen im Namen einer pseudointellektuell begründeten, wahnhaften rassenideologischen Vorstellung erstmals in einer Tötungsfabrik planmäßig zu ermorden.

Vernichtung und Schuldbekenntnis an einem Ort schlimmster deutscher Schuld.

Bild oben:
ein erschütterndes Dokument aus der Vernichtung des Warschauer Ghettos 1943.

Bild unten:
Willy Brandt beugt 29 Jahre später die Knie im Gedenken an jene Untat des Schreckens.

24 | Die letzte Phase des Krieges

Der 20. Juli 1944 An diesem Tag fuhr ich mit einigen Malariakranken zum Tropenlazarett in Skopje. Kaum hielten wir auf dem Hof, als ein Landser unserer Gebirgsdivision die hintere Tür des Krankenwagens aufriss und aufgeregt hineinrief: »Am' Hitler hoam's a Attentat g'macht!«, und das sagte er in einem Ton, als wollte er gleich hinzufügen: »Hoffentlich hat's geklappt.« Jeder war wie vom Donner gerührt, und ich bemühte mich, kein glückliches Gesicht zu machen. Denn ich dachte oder hoffte, dass jetzt der Krieg aus sein müsse. So ging es wohl auch den anderen im Wagen, denn keiner war da, der sich über das Attentat empört hätte.

Als sich das Misslingen des Attentats herausstellte, war nicht nur ich tief deprimiert. Die Enttäuschung stand auch auf den Gesichtern aller Soldaten geschrieben, denen ich begegnete. Keiner sagte freilich ein Wort, denn das hätte unweigerlich Kopf und Kragen gekostet. Aber ich habe auch nicht einen einzigen getroffen, der sich ungefragt über das Attentat auch nur negativ geäußert hätte, und das ließ tief blicken. Der alte militärische Gruß wurde abgeschafft, und an seine Stelle trat der »deutsche Gruß«. Diese Äußerlichkeit versinnbildlichte handgreiflich, dass man jetzt auf eine äußerste Schärfe gefasst sein musste und nicht vorsichtig genug sein konnte.

Ich hatte natürlich in meinem kleinen Kreis auch nur einen sehr partiellen Einblick in das Denken der Landser an der Front. Aber ich hatte damals das Gefühl, dass sich jedenfalls bei uns jeder selbst isoliert haben würde, der ungefragt die offiziöse Lesart vertreten hätte. Später war ich sehr überrascht als ich erfuhr, dass im Heimatkriegsgebiet die Reaktion auf das Attentat sehr viel anders gewesen sei und viele Menschen das Attentat verurteilt hätten weil sie meinten, dass man »dem Führer nicht in den Rücken fallen dürfe« und was der törichten Argumente mehr waren.

Die Vorgeschichte zu diesem Attentat offenbart leider seitens der deutschen Generalität sehr viel Kleinmut und Unterwürfigkeit sowie einen beklagenswerten Mangel an selbständigem Denken. Offene Gespräche über dieses heikle Thema waren damals dank des immer noch bestehenden Korpsgeistes zumindest unter höheren Offizieren durchaus möglich, ohne den oder die Betreffenden zu gefährden. Um so unverständlicher ist dies: Alle Generäle gerade der obersten Führung waren sich völlig klar über den strategischen Dilettantismus Hitlers und seine menschenverachtenden »strategischen« Entscheidungen; auch mussten sie – mindestens in den wesentlichen Punkten – über die Massenerschießungen und Deportationen Bescheid wissen, die sich in ihrem Armeebereich abspielten. Aber diese Ungeheuerlichkeiten reichten nicht aus, um eine solidarische Empörung der Generalität auszulösen. Wie Handlungsreisende sind die Initiatoren des Widerstandes herumgereist und haben für ihre – einzig richtige – Idee geworben, Hitler »totzuschlagen wie einen tollwütigen Hund«. (Henning von Tresckow).

Aber nur wenige fanden sich bereit mitzumachen. Die anderen beriefen sich auf ihren Eid oder hatten irgendwelche Ausreden zur Hand. Dann wieder hingen sie an wunderlichen politischen Vorstellungen oder sagten mit halbem Herzen Ja und dann doch Nein. Exemplarisch für diese Einstellung ist das Verhalten Erich von Mansteins, des wohl besten strategischen Kopfes in diesem Kriege.

Die führenden Offiziere des Widerstandes bemühten sich darum, ihn im Rahmen eines Aufstandes gegen Hitler als Oberbefehlshaber zu gewinnen. Auch boten die Feldmarschälle Rommel und Kluge für den Fall von Hitlers Ausschaltung ihre Unterstellung unter von Mansteins Kommando an. Aber er verweigerte sich mit weltfremden Argumenten, obwohl er von den Massenerschießungen gewusst haben muss, die sich in der Etappe seiner Heeresgruppe abgespielt haben. Ebenso sicher ist, dass er darüber hinaus über das ganze Vernichtungskonzept Hitlers hätte bescheid wissen können. Aber er weigerte sich, Berichte über Auschwitz und andere Vernichtungslager zur Kenntnis zunehmen mit der Begründung, sie seien für ihn nicht glaubwürdig.

Es wäre für Manstein jedenfalls ein Leichtes gewesen, sich völlige Gewissheit zu verschaffen. Denn ein alter Freund von ihm, der Nachrichtengeneral Fellgiebel (der seinen mutigen Einsatz für den 20. Juli mit dem Leben bezahlte), hat ebenfalls um seine Zusage gerungen und ihn ganz gewiss über alles aufgeklärt. Zu welch einer Pervertierung alter preußischer Tugenden verstieg sich Manstein, wenn er abschließend seine Ablehnung mit der Bemerkung begründete, ein preußischer Feldmarschall meutere nicht.

So wie von Manstein müssen die meisten anderen »eidestreuen« Generäle gedacht haben, die sich dem Widerstand versagten. Und noch als alles vorbei war und alle Fakten auf dem Tisch lagen, betrachteten sie die Männer des Widerstandes als Hoch- und Landesverräter, sich selbst aber als pflichtbewusste Soldaten. Kann man borniterter sein?

Narkosen mit Chloroform wie im 19. Jahrhundert. Die Folgen unserer wissenschaftlichen Isolierung
In diesen letzten Wochen und Monaten des Krieges war es auf unserem Hauptverbandsplatz mit dem Äther plötzlich zu Ende, und wir hatten zur Narkose nur noch Chloroform zur Verfügung. Das war ein Teufelszeug, weil ein paar Tropfen zuviel schon das Ende des Patienten bedeuten konnten. Ich erinnere mich an einen Verwundeten, der am Oberschenkel amputiert werden musste und der dabei nur ganz wenige Tropfen Chloroform benötigte. Jedenfalls bin ich heute noch ein klein wenig stolz darauf, dass ich damals trotz Chloroform keinen Patienten verloren habe.

Ganz allgemein gesehen war die Situation gerade auf dem Hauptverbandsplatz medizinisch auch deshalb viel schwieriger als heute, weil uns selbst die einfachste Schockbehandlung unbekannt war. Durch unsere hochmütige Isolierung von der übrigen Welt hatten wir hier wie auch in anderen Wissenschaftszweigen schon lange entscheidendes Terrain verloren. Hätten wir statt unserer albernen medizinischen Deutschtümelei uns lieber um die medizinischen Fortschritte der Leute hinter dem Berge gekümmert und daraus die Konsequenzen gezogen, wären sicher viele Verwundete gerettet worden. Aber Verwundete und Gefallene kümmerten Hitler ohnehin nicht: Als man ihn auf die hohen Verluste unter den jungen Offizieren hinwies, war seine verbürgte Antwort nur: »Na und? Dazu sind die jungen Leute doch da!«

Graf Q. weiß einen neuen Witz Ein paar Wochen später kam mein Kompaniekamerad Graf Q. aus dem Urlaub zurück. Sein Vetter Graf K. sei gerade im Führerhauptquartier gewesen, »um sich die Schwerter* abzuholen«.

Er sei zurückgekommen und habe gesagt, dort springe nur noch eine Pervitinleiche auf dem Sofa herum. Dann nahm er mich am Arm und zog mich ins Freie. »Ich weiß einen neuen Witz, komm mit«, sagte er, und wir gingen aufs freie Feld, wo uns niemand hören konnte. Und jetzt rezitierte er:

> Des nachts im Traum,
> man glaubt es kaum,
> da sing ich ein Te Deum**:
> ich seh' den Führer ausgestopft
> im Britischen Museum.

Die Wirkung dieser Verse auf mein damaliges Gemüt ist schwer zu beschreiben. Schon lange, ganz lange, hatte ich nicht mehr so befreit gelacht. Gleichzeitig hätte ich am liebsten geheult, weil das Gedichtchen nur ein Traum war, der sich kaum verwirklichen würde. Aber es bestärkte einen doch auch in der Hoffnung, dass dieser von einem Wahnsinnigen in Szene gesetzte Krieg immerhin irgendwann ein Ende haben würde.

Nach dem Kriege habe ich diesen Witz noch oft erzählt. Die Wirkung auf den Zuhörer war fast immer ein untrüglicher Gradmesser dafür, wie er in jenen Jahren gedacht hatte. Die unbefangenen Lacher hätten auch damals gelacht. Aber wenn ein gequältes Lächeln auf den Zügen meines Gegenübers erschien, dann wusste ich, dass es ihm noch immer schwer fiel, den falschen Gott von einst als das zu sehen, was er war.

Heinrich Schlusnus singt ein Schubertlied. Eine vertane Chance Zu Weihnachten 1944 war ich noch einmal auf Urlaub bei meinen Eltern in Dresden. Kurz vor meiner Abreise Anfang Januar schaltete ich das Radio ein, als die unverwechselbare Stimme von Heinrich Schlusnus mit den Takten aus dem Schubert-Lied erklang: »[...] nun armes Herz vergiss der Qual, nun muss sich alles, alles wenden ...« Ein Redakteur mit dunklem Humor und ganz gewiss kein linientreuer Rundfunkmann hatte die gute Idee, in diesem Augenblick seine Hörer mit den verheißungsvollen Versen von Ludwig Uhland aufzumuntern. Man konnte es angesichts der bevorstehenden Ungewissheiten gebrauchen.

Am nächsten Tag machte ich mich auf den Weg zu meiner Einheit, die am Plattensee in Ungarn lag. In Wien hatte ich einen Tag Aufenthalt. Ich bummelte durch die Straßen und ging in ein Tabakgeschäft. Drinnen stand eine alte Dame als Kundin an der Theke, und plötzlich sah ich, dass sie einen gelben »Judenstern« trug. Da das von mir erhoffte Zigarettenpapier nicht vorrätig war, ergab es sich, dass die alte Dame und ich fast gleichzeitig zur Tür gingen, ich ein wenig vor ihr. In diesen Sekundenbruchteilen schoss es mir durch den Kopf, zurückzutreten und ihr den Vortritt zu lassen, wie es sich gehörte. Aber dann hatte ich wegen des Händlers im Hintergrund, dessen Blicke ich zu spüren meinte, Angst vor dieser demonstrativen Höflichkeit und ging als Erster durch die Tür.

---

* | Ritterkreuz mit Eichenlaub und Schwertern, die zweithöchste deutsche Tapferkeitsauszeichnung.
** | Te Deum: im katholischen Ritus ein Lobpreis Gottes aus festlichem Anlass (Te Deum laudamus: Dich, Gott, loben wir).

Als ich auf der Straße stand und die alte Dame mit müden Schritten davonschlurfen sah, war mir recht elend zumute. Am liebsten wäre ich hinter ihr hergelaufen und hätte ihr gesagt, sie solle nicht glauben, dass ich auch und so weiter. Doch die Chance, dieser alten gedemütigten, an Gott und der Welt verzweifelnden Frau ein einfaches Zeichen der Solidarität zu geben, hatte ich in diesem Augenblick der Feigheit unwiederbringlich vertan.

Der Mensch macht im Laufe seines Lebens viele Fehler. Die meisten ordnen sich lautlos in seine Erfahrung ein, und er vergisst sie. Aber manche Fehler führen lebenslang ein merkwürdiges Schattendasein im Keller der Erinnerung, aus dem sie dann und wann in einer schlaflosen Stunde die Treppe heraufkommen und als ungebetene nächtliche Gäste anklopfen. Für mich gehört dieses nichtbestandene Examen dazu.

Ungarische Gastfreundschaft Vom Wiener Ostbahnhof aus fuhr ich die ganze Nacht hindurch mit einem Bummelzug und kam am Morgen in Sombothey, dem früheren Steinamanger, an. Ich klingelte an einem wildfremden Haus und fragte, ob ich mich vielleicht einmal waschen könnte. Als hätte man seit Wochen auf mich gewartet, hieß man mich auf das Herzlichste willkommen und richtete das Badezimmer her. Anschließend stand das Frühstück bereit, und man entschuldigte sich heftig, dass man mir leider in Anbetracht der Zeitläufte keine richtigen Zigaretten, sondern nur Tabak und Zigarettenpapier anbieten könne.

Wo immer man in Ungarn hinkam, man konnte einer geradezu einmaligen Gastfreundschaft sicher sein. Knapp ein Jahr zuvor war ich in der Kleinstadt Kaposhvar bei einem jüdischen Zahnarzt einquartiert. Nicht nur wurden wir sehr nett aufgenommen; Herr Prager, so hieß er, ließ sich von mir die Anschrift meiner Eltern geben und schrieb ihnen einen Brief: Gewiss würde es sie freuen zu hören, dass er mich anlässlich der Einquartierung bei guter Gesundheit gefunden hätte, und so hoffe er, dass wir alle diesen schrecklichen Krieg heil überstehen würden.

Seine Hoffnungen haben sich Gott sei Dank erfüllt. Nach dem Kriege konnte ich durch seinen Sohn in Erfahrung bringen, dass Hitlers Schergen die Familie nicht erreicht haben.

Dass es so kommen würde, war damals nicht so sicher. Denn eines Tages sagte mir ein Freund aus unserer Kompanie, der bei einem jüdischen Pferdehändler einquartiert war und dort in geradezu herzlichem Einvernehmen wohnte, plötzlich seien seine Quartiergeber weinend und händeringend zu ihm gekommen und hätten ihn um Hilfe gebeten: Es waren, wie eine Räuberbande in der Nacht, Angehörige des SD, kenntlich an ihrer graublauen Uniform, erschienen und hatten alle Schubladen durchwühlt und sämtlichen Schmuck geraubt. Er konnte nicht mehr tun, als seine Verachtung zum Ausdruck zu bringen und sich von dem Pack hilflos rüde Bemerkungen anzuhören.

Das Ende des Krieges Im November 1944 hatte Hitler im Westen einen letzten, aber von vornherein völlig unsinnigen Versuch gemacht, durch eine Offensive in den Ardennen sein Schicksal zu wenden. Schon nach vier Tagen, als die Amerikaner bei besserem Wetter ihre Luftwaffe wieder einsetzen konnten, kam die Offensive zum Stehen. Hier wie anderenorts mussten um seiner zeitweiligen Lebensverlängerung willen in den letzten neun Monaten des Krieges mehr Menschen sterben, als in der gesamten Kriegszeit zuvor.

An einem regnerischen, trüben Karfreitag des Jahres 1945 überschritten wir bei Heiligenkreuz in der Steiermark auf dem Rückzug aus Ungarn die »großdeutsche«

Grenze. Überall waren fliegende Standgerichte unterwegs, die jeden sofort an die Wand stellten, der ohne schriftlichen Marschbefehl außerhalb seiner Einheit angetroffen wurde.

Je mehr sich der Krieg seinem Ende zuneigte, um so gespenstischer wurde die deutsche Kriegsführung. Hitler schob Armeen hin und her, die gar nicht mehr zur Verfügung standen und gab den Befehl der verbrannten Erde: Dem vordringenden Feind sollte nichts brauchbar in die Hand fallen und das deutsche Volk sollte keine Überlebenschancen haben, sondern mit ihm in den Abgrund stürzen. Für das deutsche Volk, das ihm im Grunde immer gleichgültig gewesen war, fand er diesen Untergang angemessen, weil es sich ja in diesem Kampf als das schwächere erwiesen hatte.

Aber den Schuss in den eigenen Kopf, von dem er immer als einer Kleinigkeit gesprochen hatte, versuchte er auf Kosten dieses Volkes und seiner Soldaten immer noch ein bisschen vor sich herzuschieben. Jugendliche, Wehruntaugliche und alte Männer wurden ohne Ausbildung zum »Volkssturm« einberufen und sollten als letztes Aufgebot die Niederlage abwenden. Der letzte Patient, den wir operierten, war ein solcher sechsundfünfzigjähriger Volkssturmmann, der in den allerletzten Tagen einen Bauchschuss erlitt und dem nicht mehr zu helfen war.

Im Chaos dieser letzten Kriegswochen zeigte sich erst recht, welche Befehlshaber im Angesicht von Niederlage und bevorstehender Kapitulation noch über Vernunft und Verstand verfügten und bemüht waren, die Opfer an Menschen und den materiellen Schaden soweit als möglich zu begrenzen. Sie waren leider in der Minderzahl, und viele taten sich mit rücksichtslosen und unsinnigen Durchhaltebefehlen hervor.

Nicht so der von mir so sehr geschätzte und schon mehrfach erwähnte Onkel Hans Zülsdorf in Berlin. Da er im Ersten Weltkrieg Feldwebel gewesen war, machte man ihn zum Führer einer kleineren Einheit. Zu seiner »Truppe« zählte auch der berühmte Schauspieler Horst Caspar, damals Deutschlands Heldendarsteller Nummer eins. Die beiden einigten sich aber sehr schnell darauf, dass Horst Caspar sein Heldenleben auch in Zukunft auf die Bühne beschränken sollte und dass nun alles darauf ankomme, einen gescheiten Rückzug anzutreten, ohne dafür an die Wand gestellt zu werden. Das gelang den beiden und ihren Kameraden glücklicherweise sehr schnell und ohne Verluste. Und als mein Onkel nach Hause kam, konnte ihm meine Tante erzählen, dass zwei russische Soldaten sie und das Haus vor plündernden Russen beschützt hätten. Denn die beiden hatten sich erinnert, dass meine Tante ihnen des öfteren, wenn sie als Gefangene die Mülltonnen durchwühlten, um irgendetwas zum Überleben zu wfinden, ein Butterbrot zugesteckt hatte.

Demgegnüber erwiesen sich viele hochrangige Generäle in diesen Tagen leider als weniger vernünftig. Hier nur ein repräsentatives Beispiel für die absurde Denkweise solcher Kommandeure: Der deutsche Befehlshaber in Dänemark, Generaloberst Lindemann, machte dem in Mürwik amtierenden Großadmiral Dönitz den Vorschlag, nach Norden zu kommen: »Dann machen wir den Flaschenhals zu und schlagen die letzte anständige Schlacht des Krieges.« (zit. n. Schwerin-Krosikg)

Glücklicherweise gab es aber auch andere Befehlshaber, die sich durch Mut und Entschlossenheit Hitler gegenüber auszeichneten. Am 23. August 1944 befahl Hitler dem Stadtkommandanten von Paris, General von Choltitz, die Stadt in einen Trümmerhaufen zu verwandeln. Er aber übergab Paris unzerstört. Hätten wir nur viele mehr von seiner Art gehabt!

Im Osten schien der Widerstand dort noch einen Sinn zu haben, wo man der Bevölkerung, die in einem riesigen Flüchtlingsstrom westwärts drängte, hierdurch die

Hitler im Herbst 1944. Obwohl körperlich geschwächt und durch einen immensen Tablettenkonsum zerrüttet, blieben seine Aktivität und sein lauernder Intellekt bis zum Ende ungebrochen.

Flucht vor der sich heranwälzenden Roten Armee zu ermöglichen hoffte. Denn die Russen übten jetzt an der Zivilbevölkerung eine furchtbare blutige Rache für die Leiden, die ihnen auf Hitlers Weisung in unserem Namen angetan worden waren.

Doch der Preis für diesen Einsatz war hoch. Denn er kostete nicht nur ungezählte deutsche Soldaten das Leben, sondern ermöglichte es auch der SS – was die deutschen Soldaten aber nicht wussten –, in den Vernichtungslagern ihr Morden bis zum letzten Augenblick fortzusetzen. Aber auch diese schreckliche Entwicklung wäre zu verhindern gewesen, wenn rechtzeitig Kapitulationsverhandlungen geführt worden wären bzw. die Generalität Front gegen Hitler gemacht hätte, gar nicht zu reden von dem Arrangement eines Friedensschlusses, zu dem Stalin 1943 höchstwahrscheinlich bereit gewesen wäre.

Am 30. April 1945 beging Hitler in seinem Berliner Bunker Selbstmord, der im verlogenen Wehrmachtbericht und bei der Truppe als »Heldentod« ausgegeben wurde. Wir mussten antreten, und unser Kompaniechef verkündete uns die Trauerbotschaft, nicht ohne das Heldentum dieses Mannes mit rühmenden Worten zu feiern. Ob es ihm Ernst war damit, weiß ich nicht; aber etwas anderes hätte er in diesem Augenblick kaum sagen können. Denn zu allgegenwärtig lag selbst der Schatten des jetzt erst recht zum Mythos erhobenen Toten in diesem Augenblick noch auf jeder Äußerung.

Er hatte Dönitz zu seinem Nachfolger ernannt, dem es durch hinhaltendes Taktieren bei den Kapitulationsverhandlungen in West und Ost gelang, Anfang Mai noch etwa 2,5 bis 3 Millionen deutschen Soldaten und Zivilisten die Flucht aus dem sowjetischen

Einflussbereich zu ermöglichen und sich nach dem Westen hinüberzuretten. Von erheblicher Bedeutung war dabei, dass der britische Feldmarschall Montgomery die Flucht über die Ostsee stillschweigend zuließ.

Am 8. Mai 1945 war, wie man weiß, alles zu Ende. Noch heute, nach über fünfzig Jahren, kann ich nicht daran denken, ohne dass mir die Tragik der vielfältigen unseligen Verflechtungen bewusst wird, mit denen Hitler und seine beflissenen Helfer das deutsche Volk an sich gebunden haben. Erst recht bin ich beim Rückblick einmal mehr erschüttert, dass es nicht gelungen ist, diesen Mann, diesen letztlich einzigen Urheber der Katastrophe zu beseitigen.

Nun hatten sie sich endlich wie feiges Gelichter auf den Weg gemacht: Hitler mit der Pistole und Goebbels mit einer Kapsel Gift im Führerbunker; Himmler, angetan mit falschem Bart und Verkleidung, auf gleiche Weise.

Die anderen Mitglieder des obersten Führungszirkels wurden bekanntlich vor ein Tribunal der Alliierten gestellt, gegen das man vielerlei berechtigte Einwendungen erheben konnte und von dem noch die Rede sein soll. Auch ich war mit dieser Art von Gericht und Siegerjustiz vom Grundsatz her nicht einverstanden. Trotzdem überwog jetzt, als ich die ganze Wahrheit über diese Schreckensherrschaft erfuhr, in mir die Genugtuung darüber, dass Hitlers engste Vasallenschar, dass dieses willfährige, elende Gesindel endlich dorthin kam, wo diese Hofschranzen der Tyrannenmacht nach meiner Meinung hingehörten: an den Galgen (damals war ich noch kein erklärter Gegner der Todesstrafe) und ins Gefängnis. Allerdings hatte ich zu einigen Urteilssprüchen hinsichtlich des Strafmaßes eine andere Meinung.

Fühlte ich mich befreit? Nein, eigentlich nicht. Denn die Alliierten hatten uns nicht besiegt, um uns zu befreien, und unter dieser Voraussetzung wäre es mir wie eine billige Anbiederung vorgekommen, in einen Befreiungsjubel auszubrechen. Aber ich war glücklich und Gott dankbar, dass ich mit heiler Haut aus diesem Krieg davongekommen war und Hitler und sein Regime ein Ende gefunden hatten.

> Endlich bleibt nicht ewig aus,
> Endlich wird der Trost erscheinen:
> Endlich grünt der Hoffnungsstrauß.
> Endlich hört man auf zu weinen.
> Endlich bricht der Tränenkrug,
> Endlich spricht der Tod: Genug!
>
> (Eingangsstrophe der »Trostaria« von Johann Christian Günther)

Literatur:
- (7) H. Boberach
- (8) H. Boog
- (12) H. Buchheim et al.
- (13) H. Buchheim
- (22) E. Einbeck
- (23) J. Fest
- (26) J. Fest
- (27) J. Fest
- (29) N. Frei
- (33) S. Haffner
- (37) H. Heiber
- (43–45) E. Jäckel
- (53) H. Krausnick
- (60) B. O. Manig
- (66) W. Nieschke
- (89) P. Schmidt
- (92) J. Schultz-Naumann
- (94) L. v. Schwerin-Krosigk

Das Ende der Katastrophe.

Bild oben:
Das letzte Bild Hitlers, in der Tür seines Berliner Bunkers.

Bild unten:
Die Verwirklichung seiner perversen Visionen: Köln als Paradigma der Zerstörung. Aber seine wichtigste Hoffnung ging nicht in Erfüllung: Die Geschichte hörte mit ihm nicht auf.

Zweiter Teil | Waffenstillstand und Frieden im Zwielicht; ausgebliebene »Aufarbeitung«, Wirtschaftswunder und ein neuer ideologischen Schub

1 | Der Krieg ist aus und ein komplizierter Friede beginnt

Die Alliierten vor einer schwierigen Frage: Was macht man mit den Deutschen, mit diesem Volk der Nazis? Ein missglückter Versuch, die Schuldigen zu finden: die Entnazifizierung Nun hatten die Alliierten den Krieg gewonnen, aber was sie mit diesem merkwürdigen Volk da in der Mitte Europas anfangen sollten, das Hitler bis ans Ende in seiner großen Mehrheit die Treue gehalten hatte, das wussten sie nicht so recht. Zudem waren sie sich in diesem Punkt auch untereinander ziemlich uneins. Jedenfalls teilten sie das Land zunächst einmal in vier Besatzungszonen auf und setzten Militärregierungen ein. Damit hatte Deutschland als Staat aufgehört zu existieren.

Die beim Abendessen kühl geplante Vertreibung der Deutschen Zur gleichen Zeit wurden die deutschen Expansionen aus der Zeit nach 1937 revidiert, nämlich der Anschluss Österreichs, die 1938 in der Münchener Konferenz vereinbarte Angliederung der sudetendeutschen Gebiete und die Annexion der Resttschechei. Außerdem beharrte Stalin auf der von ihm bereits vollzogenen Annexion Ostpolens, eines Gebietes, das sich die Polen nach dem Ersten Weltkrieg in einem gegen Russland geführten Krieg angeeignet hatten.

Eine derartige Schwächung Polens erschien den Westmächten inakzeptabel. In Teheran skizzierte Churchill deshalb Stalin beim Abendessen mit Hilfe von drei Streichhölzern den Vorschlag, die Ostgrenze Polens nach Westen zu verschieben und Polen für diesen Verlust durch die Annexion der deutschen Ostgebiete zu entschädigen. Stalin stimmte unter der Bedingung zu, dass Russland die eisfreien Häfen Königsberg und Memel erhalten solle. Es handelte sich also um ein Arrangement der Alliierten auf Kosten des besiegten Deutschland und unter ausdrücklicher Inkaufnahme notwendig werdender »Umsiedlungen«, nicht aber um die Erfüllung polnischer Forderungen, auch wenn die Realisierung dieses Planes ein dunkles Kapitel der polnischen Geschichte bleiben wird.

Die Vertreibung der Sudetendeutschen begann sofort mit Kriegsende auf die brutalste nur denkbare Weise. Vielerorts wurden die Deutschen in Lager gebracht oder in wilden Vertreibungen aus dem Land gejagt. Abertausende kamen an Entkräftung oder durch Epidemien um. Entsprechend der Dokumentation des Bundesarchivs wurden 350 000 Deutsche in 1 215 Internierungslagern, 846 Arbeits- und Straflagern und 215 Gefängnissen festgehalten. Im ersten Anlauf wurden etwa 700 000 bis 800 000 Deutsche vertrieben. Die zweite Welle von Januar bis Herbst 1946 besiegelte das Schicksal von über 1,8 Millionen Sudentendeutschen.

Auf der Konferenz von Potsdam (Juli/August 1945) kam man überein, die definitive Regelung der polnischen Westgrenze solle einem späteren Friedensvertrag vorbehalten bleiben. Das sagte man aber weniger aus Überzeugung, sondern mehr, um einen lästigen Sachverhalt vorläufig vom Tisch zu bekommen. An der Vertreibung der Deutschen

Die Vertreibung der Deutschen. Die vertreibenden Staaten waren schnell im Vergessen und konsequent im Ignorieren ihrer Schuld. Hier einer von den vielen endlosen Flüchtlingstrecks im Osten.

änderte sich jedenfalls dadurch nichts. Nimmt man die vertriebenen Deutschen aus den übrigen ost- und südosteuropäischen Ländern hinzu, so erlitten nahezu zehn Millionen Deutsche das Schicksal der Vertreibung.

Es war nicht die Vertreibung allein. Der Hass der Vertreibenden, ihre Rechtsbrüche und Grausamkeiten erreichten apokalyptische Ausmaße. Im Oktober bzw. Dezember 1945 schrieb Bertrand Russell: »In Osteuropa werden von unseren Alliierten Massendeportationen in einem nie da gewesenen Ausmaß durchgeführt, und anscheinend wird dort mit voller Absicht versucht, einige Millionen Deutsche auszurotten, nicht durch Gas, sondern indem man sie ohne Nahrung und Obdach einem langsamen, qualvollen Hungertod überlässt. [...] Viele sind tot, wenn sie in Berlin ankommen; Kinder, die unterwegs sterben, werden aus dem Fenster geworfen. Ein Mitglied der Friends Ambulance Unit beschreibt den Berliner Bahnhof, auf dem die Transporte eintreffen, mit den Worten: ›Bergen-Belsen noch einmal‹ [...] Tote werden auf rohen Pritschenwagen weggekarrt ....« (zit. n. C. Zentner)

Wie immer in solchen Fällen erfasste die Furie besinnungsloser Gewalt die sich jetzt im Besitz der Macht und der Rache fühlende Menge. Um so denkwürdiger sind die helfenden Taten jener Menschen, die sich von diesem Rausch des Terrors nicht erfassen ließen und für die das Gebot der Humanität Unschuldigen gegenüber wichtiger war als das Freudenfest chauvinistischer Rachsucht. Die bekanntesten von ihnen waren Alexander Solschenizyn und Lew Kopelew, die für ihr Zeugnis gegen Mordlust und Rache mit langen Jahren der Haft in russischen Straflagern bezahlen mussten.

Die vorangegangenen schrecklichen Verbrechen von deutscher Seite mit ihren Exzessen menschenverachtender Grausamkeit, die an den osteuropäischen Völkern auf Hitlers Befehl von willigen deutschen Helfern verübt worden sind, können Gefühle und Taten der Rache gewiss plausibel erklären, weil die Menschen nun einmal so sind. Eine Legitimierung können hierdurch Gräueltaten aber niemals finden. Unappetitlicherweise gibt es hierzulande nicht wenige Eiferer, die auch die Untaten der Vertreibung als im Grunde deutsche Schuld für ihre Betroffenheit reklamieren.

Alle Vereinbarungen der Alliierten, die zur Vertreibung der Deutschen geführt haben, werden für die Beteiligten ein beschämendes Zeugnis bedenkenlosen Machtmissbrauches bleiben. Denn angetreten waren jedenfalls die alten westlichen Demokratien gegen die von Hitler entfesselte Barbarei mit dem erklärten Wunsch, den Fortbestand ihrer Lebensart in freiheitlichen liberalen und demokratischen Staaten zu sichern. Hierzu aber hätte selbstredend gehört, jenen Zeichen zu folgen, unter denen sie die Bürde des von Hitler entfesselten Krieges auf sich genommen hatten: nämlich sich des Erbes der Aufklärung mit ihrer Forderung der Menschenrechte und jener historischen Bemühungen um die persönliche Freiheit zu erinnern, die von ihren Ländern einst ihren Ausgang genommen hatten und die ein unverlierbarer Besitz der europäischen Geistesgeschichte sein sollten. Es ist ein trauriges Fazit, dass die Alliierten diese Chance nicht wahrgenommen haben. Nicht weniger beklagenswert ist es in meinen Augen, dass die vertreibenden Staaten in der offiziellen politischen Lesart kaum je ein Wort des Bedauerns, geschweige denn des Schuldeingeständnisses haben verlauten lassen. Auf diesem Feld haben wir Deutschen es, wie ich meine, nach dem Kriege besser gemacht.

Deutschland verschwindet von der Landkarte und wird ein Vier-Zonen-Land In der russischen Besatzungszone wurde auf der Stelle klar, dass hier ein neues totalitäres Regime mit anderem Vorzeichen die Macht übernommen hatte. Willfährige Helfer fanden sich, jetzt wie ehedem, sehr schnell. In den Westzonen zeichnete sich sehr bald ab, dass man Deutschland oder das, was davon übrig geblieben war, demokratisieren wollte. Es war für uns, langfristig gesehen, ein großes Glück, dass man uns zu diesem Glücke zwang.

Da die Westmächte auf eine jahrhundertelange demokratische Tradition zurückblickten, wir aber zwölf Jahre zuvor unser demokratisches Experiment abgebrochen und sodann die westlichen Demokratien ohne Unterlass verhöhnt hatten, traten ihre Vertreter jetzt meist wie philisterhafte Lehrer auf, die einer mit Mühe zur Räson gebrachten Schulklasse Elementarunterricht auf allen Lebensgebieten beibringen wollen. Nach einiger Zeit aber traten im Lager der Westalliierten auch Männer auf, die Format hatten und über den Tellerrand der aktuellen Siegessituation hinausblickten.

Zunächst allerdings beschlossen sie, die Deutschen wirtschaftlich vorerst einmal ihrer Nachkriegsmisere zu überlassen, und das hieß praktisch, dass man an allem Mangel hatte, vor allem am Essen. Diese Maßnahme war zwar höchst unangenehm, aber doch nicht so gesundheitsschädlich, wie damals immer behauptet wurde. Der Gesundheitszustand der deutschen Bevölkerung war nämlich nie so gut wie zwischen 1945 und 1948. Denn der Mensch ist biologisch nun einmal auf Entbehrung sehr viel besser als auf Völlerei programmiert. Trotzdem gab es aber auch Menschen, die durch die Unterernährung gesundheitliche Schäden erlitten.

Natürlich haben wir über die Hungerei geflucht. Aber merkwürdigerweise war ich nicht moralisch empört. Vielmehr nahm ich diesen Racheakt mit einem Achselzucken und dem Gedanken hin, dass so nun einmal wohl der Lauf der Dinge in einer aus den Fugen geratenen Welt sein müsse, nachdem unser »Führer« uns und eben diese Welt in einen solchen irrsinnigen Krieg hineingeritten hatte. Vielmehr wunderte ich mich, dass die Rache nicht noch viel schlimmer ausfiel. Als ich so dachte, wusste ich allerdings noch kaum etwas von den Schrecken, die viele Tausende von deutschen Kriegsgefangenen erfahren mussten.

Heimgekehrter Soldat auf der Ruine seines Hauses, 1947.

Eine Momentaufnahme im ersten Nachkriegsjahr Im November 1945 saßen wir zu sieben Personen im Wohnzimmer des heil gebliebenen Hauses meines Onkels Paul in Düsseldorf. Er und seine Frau hatten uns, aus amerikanischer Gefangenschaft kommend, großzügig aufgenommen. Wir, das war außer mir noch Willy. Er war mein neuer Freund. In der Gefangenschaft hatte ich ihn kennen gelernt und ihn gefragt, wie weiland der Esel den Hahn in den »Bremer Stadtmusikanten«, ob er mit mir nach Düsseldorf kommen wolle. Er war froh über meinen Vorschlag, denn er wusste nicht, wohin. Meine Verwandten hatten nur kurz tief Luft geholt, als ich auch noch ihn mitbrachte. Etwas naiv war ich schon. Ich dachte nämlich, ein kinderloses Ehepaar wie meine Verwandten müsste doch überglücklich sein, wenn zwei so feine Kerls, wie wir es in meinen Augen waren, ihnen ins Haus schneien würden.

Dann saßen da um den Ofen herum noch das ausgebombte Ehepaar F., er ein Kollege meines Onkels, und Dieter S., ein achtzehnjähriger Neffe, der allein den Krieg überlebt hatte. Der Vater war gefallen und seine Mutter und seine Schwester waren unter den Bomben umgekommen.

Das Feuer im Ofen war fast erloschen. Was da noch brannte, waren nämlich so ziemlich die letzen Kohlen aus einem Säckchen, das Herr R. besorgt hatte. Er war der Sohn eines Regimentskameraden meines Onkels aus dem Ersten Weltkrieg. Sein Vater, Vorstand eines größeren Unternehmens, hatte in den letzten Kriegsmonaten im vertrauten Kreis geäußert, den Krieg würden wir wohl nicht gewinnen können. Aber wenn wir nach dem Kriegsende alle Kräfte zusammen nehmen würden, dann könnten wir seiner Meinung nach am Ende wieder auf die Beine kommen. Doch in dem vertrauten Kreis saß ein Denunziant. Die Gestapo war sofort zur Stelle und alle Bemühungen der Freunde blieben fruchtlos. Die Familie hat Herrn R. nie wiedergesehen.

Alle froren, es war eine Hundekälte in dem Raum, denn dieser Winter war besonders kalt. »Schluss mit der Friererei«, verkündete ich plötzlich, »wir werden Kohlen besorgen.« Man zweifelte an meinem Verstand, mit Recht. »Doch«, sagte ich, »wir werden ins Ruhrgebiet fahren. Schließlich gibt es dort Kohlen, zumindest unter der Erde. Morgen gleich werden wir fahren.«

Was ich jetzt erzähle, ist wirklich wahr. Am nächsten Tag sind wir nach Oberhausen gefahren. Auf dem Weg zum britischen Stadtkommandanten, den wir für uns gewinnen wollen, kommen wir an einer Zechenverwaltung vorbei. Natürlich kampiert sie in einer Baracke. »Los«, sage ich, »wir gehen zum Direktor.«

Willy sieht schlecht aus. Er hat wieder mal Durchfall, sein überstandener Bauchschuss macht ihm zu schaffen, und er sitzt immer schief, weil ihm bei dem Bauchschuss auch eine halbe Gesäßbacke weggeschossen worden ist. Sein Mantel ist arg verschlissen, und er hat einen Hut auf, der zu klein ist, sodass die Krempe viele Wellen wirft. Neben ihm nehme ich mich geradezu schick aus in meiner Gebirgsjägerkluft mit Anorak und Keilhose. Deshalb rede ich.

Der Portier ist wundervoll. Als sei nicht die Welt aus den Angeln geflogen, sondern völlig heil, so begrüßt er uns freundlich und höflich. Und als ich ihm sage, was wir wollen, sagt er: »Einen Moment bitte, nehmen Sie doch Platz.«

Dann kommt der Direktor, begrüßt uns ebenso freundlich, und ich erzähle die Story noch einmal: dass wir Studenten seien, aber unser Quartier verlieren würden, wenn wir nicht etwas zum Heizen herbeischaffen würden. Da sagt dieser Herr doch tatsächlich: »Da muss ich Ihnen aber helfen – drei Zentner, kommen Sie damit hin?«

Drei Zentner Kohlen?! Es ist unfasslich. Es war so ähnlich, als würde einem heute jemand ein Säckchen Diamanten schenken – nur mit dem Unterschied, dass man heute Diamanten nicht lebensnotwendig braucht. »Und wie wollen Sie die nach Düsseldorf bringen«, fragt er. – »Oh«, sage ich fröhlich, »mit dem Handwagen: drei Tage hin, drei Tage zurück.« Da lächelt dieser Menschenfreund und sagt: »Ach, das geht doch nicht«, greift zum Telefonhörer und bittet einen Herrn K. in Düsseldorf, uns drei Zentner Kohlen auszuhändigen. »Danke, kriegen Sie beim nächsten Mal wieder«, sagt er, bevor er auflegt.

Wir müssen aufpassen, dass wir nicht überschnappen. Aber nun sind wir ganz sicher, dass uns in dieser verrückten Welt nichts mehr aus dem Gleichgewicht bringen wird.

Hitlers Weltanschauung verschwindet wie Rauch vor dem Wind Die Alliierten mochten fürchten, dass die Deutschen alle gesinnungsgleiche Nazis seien und ihnen bis zum Sankt Nimmerleinstag verbissenen Widerstand entgegensetzen würden. Aber nichts davon: Mit Hitlers Tod und dem Kriegsende erwachten sie wie Frosch und seine Saufkumpane in Auerbachskeller, fassten sich wie jene gegenseitig verwundert an die Nase und waren (oder taten) erstaunt, dass sie so wunderlich geträumt hatten.

Der Grund für dieses plötzliche Verschwinden der nationalsozialistischen Weltanschauung war eigentlich leicht zu ermitteln. Denn dieser »Weltanschauung« lag nicht ein bestimmter Gesellschaftsentwurf mit einem in sich schlüssigen Programm zugrunde, wie dies z. B. für den Marxismus zutraf. Vielmehr handelte es sich, wie früher schon dargelegt, um eine bestimmte Mentalität, die sich aus allerlei mehr oder weniger obskuren Vorstellungen zusammensetzte, deren absurde Haltlosigkeit bereits in dieser ersten

Nachkriegsphase selbst eingefleischten Nationalsozialisten klar wurde, zumal kaum einer von ihnen Hitlers diabolische Träume – die Juden seien eine Art »Völkertuberkulose« und Deutschland brauche »Lebensraum« im Osten – wirklich geteilt hatte. Und wer es vielleicht dennoch getan hatte, hielt jetzt verlegen seinen Mund. Denn die große Seifenblase jener Weltanschauung war nun wirklich und für jeden erkennbar geplatzt. So konnte man denn auch in jenen Nachkriegstagen niemanden hören, der sie noch vertreten hätte. Vielmehr verlegten sich alle, die es anging, auf apologetische Entschuldigungen.

Das war nun für die Sieger erst recht verwirrend, zumal jetzt auf einmal kaum noch einer zu entdecken war, der sich in der früher so oft beschworenen Treue zu seinen damaligen Überzeugungen bekannt hätte. Vielmehr hatte jeder seine eigene Begründungsgeschichte. Verwirrend aber war daran nun wieder, dass die Begründungen oft gar nicht so abwegig waren.

Nehmen wir meinen Onkel Paul zum Beispiel. Er war Parteimitglied, aber er hatte für Hitler und dessen Regime weit weniger übrig als mein Vater, oder besser: Er hatte überhaupt nichts für die Nazis übrig (wenn er nach Hause kam, dann zog er das Parteiabzeichen aus wie ein schmutziges Hemd, das habe ich als Sechzehnjähriger selbst erlebt).

Mein Onkel war höherer Beamter und als »Landesrat« in der Provinzialverwaltung für die so genannten »Krüppelfürsorge« (d. h. Behindertenfürsorge) zuständig. 1938 wurde er vor die Wahl gestellt, in die Partei einzutreten oder pensioniert zu werden. Er fuhr mit seiner Frau ein paar Tage an die Mosel, und dort überlegten sie hin und her, was zu tun sei. Im Falle einer Zwangspensionierung würde er nicht nur mit einem schmalen Ruhegehalt zufrieden sein müssen, sondern an seine Stelle würde ein überzeugter Parteimann treten, der die heikle Aufgabe der »Krüppelfürsorge« sehr wahrscheinlich linientreu verfolgen würde.

Nach reiflicher Überlegung entschied sich mein Onkel zu bleiben und den Preis des Parteieintrittes zu bezahlen. Nun, nach dem Krieg, konnte er sich sagen, dass er es richtig gemacht hatte und dass der Behindertenfürsorge seines Ressorts in den schlimmen Jahren des »Dritten Reiches« ein strammer Parteimann mit allen – unter Umständen schrecklichen, menschenverachtenden – Konsequenzen erspart geblieben war. Zum Lohn stufte ihn die Entnazifizierungskommission jetzt als »Mitläufer« ein, obwohl er ja nun wirklich nicht mitgelaufen war.

Andererseits war er in den wirtschaftlichen Krisenjahren vor 1933 als höherer Beamter finanziell gesichert gewesen und konnte, während mein Vater mit dem Hut in der Hand bei seinen Geschwistern um Unterstützung betteln musste, recht selbstverständlich in die Schweiz zum Skilaufen fahren. Als es dann nach 1933 wirtschaftlich steil aufwärts ging, war dies für ihn kein Anlass zum Jubeln und für Hitler Sympathien zu entwickeln, wie dies bei meinem Vater der Fall war, den aber andererseits niemand zu einem Parteieintritt drängte, weil er Freiberufler war.

Von dieser Art gab es ungezählte Fälle. Daneben aber gab es natürlich eine riesige Zahl von Menschen, die sich noch vor kurzem vor Begeisterung für den Führer die Kehle heiser geschrieen oder, schlimmer noch, kaltblütig seinen Willen vollzogen hatten. Irgendwo mussten sie doch alle geblieben sein, dieses Pack, das 1933 den Terror in Szene gesetzt und dann bis eben noch Hitler bedingungslos gefolgt war. Wie sollte man unter diesen Umständen die eigentlich Schuldigen von den Harmlosen trennen?

2 Die unselige Entnazifizierung und der Nürnberger Prozess

In dieser Situation verfielen die Militärregierungen auf die Idee, nahezu von Jedermann die Ausfüllung eines umfassenden Fragebogens zu verlangen. In der amerikanischen Zone enthielt er 131 Fragen.

Seit dem elften Jahrhundert gehört es hierzulande zu den Grundregeln der Rechts, dass kein Tatverdächtiger sich selbst beschuldigen muss. Diese Regel setzte man jetzt außer Kraft und hoffte, auf diese Weise die Wahrheit über die deutsche Bevölkerung zu ergründen. Außerdem wurden sogenannte »Spruchkammern« eingerichtet. Dort sollte jeder vor einer Kommission Rede und Antwort stehen und Auskunft über sein nationalsozialistisches Vorleben geben.

Doch Fragebogen und Spruchkammern waren totgeborene Kinder. Die Aussichtslosigkeit, mit Hilfe der Spruchkammern zu einer einigermaßen gerechten Beurteilung der dort vor Gericht Stehenden zu kommen, hat Fabian von Schlabrendorff* sehr treffend beschrieben:

»Der im Werden begriffene deutsche Staat zog also aus, um Millionen zu fangen. Er erzielte auf dieser Jagd, wie jeder Verfolger, der nach Tausenden zielt, einen Fehltreffer nach dem anderen. [...] Beinahe noch schlimmer als die Jagd nach Angehörigen des Nationalsozialismus war die Frage: Wer soll die Spruchkammern besetzen, um nach langen Verhandlungen die Böcke von den Schafen zu trennen? Wie immer auf dieser Welt ist die Institution weniger wichtig als die Beantwortung der Frage, wer setzt die Institution in Bewegung und wie geht er mit den ihm vom Gesetz gegebenen Möglichkeiten um. Noch immer steht der Mensch über den Maßnahmen. Heute schämt sich ganz Deutschland dieses damaligen Rachefeldzuges.

Natürlich gab es auch gute Mitglieder der Spruchkammern. Aber die Nieten herrschten vor. Da gab es vor allem Ignoranten, die sich wichtig machen wollten, oder Nichtskönner, die eine bezahlte Beschäftigung brauchten, oder auch Figuren, die eine Möglichkeit sahen, von ihrer Fähigkeit zu leben, sich bestechen zu lassen. Es gab harte Prozesse mit vielen Zeugen, von denen niemand wusste, ob sie die Wahrheit sagten, oder den Betroffenen anschuldigen oder sich rächen wollten. Das Zeitalter der Denunziation begann von neuem. Unter den Delikten, deren sich manch ein Beteiligter der Spruchkammer schuldig machte, gab es sogar das Delikt der Aussageerpressung. Wer meinte, man könne mit sachlichem, anwaltlichem Auftreten dem Recht zum Siege verhelfen, trug nur halbe Erfolge davon. Wenn aber ein Betroffener zur rechten Stunde mit einer Stange amerikanischer Zigaretten erschien, so war der Fall schnell zu seinen Gunsten erledigt. [...]

---

* | Fabian von Schlabrendorff gehörte zum innersten Zirkel des Widerstandes vom 20. Juli 1944 und war später Richter am Bundesverfassungsgericht.

Wen gab es schon in Deutschland, der nicht, mehr oder weniger gezwungen, irgendwann die Mitgliedschaft in einer nationalsozialistischen Organisation erworben hatte. Unter den Millionen gab es ja auch viele, die ganz unpolitisch waren und für die der Beitritt zu einer nationalsozialistischen Organisation nichts anderes bedeutet hatte als der Beitritt zu einem Verein, dem anzugehören vor lästigen Nachfragen schützte und ein ruhiges Leben, ein Glück im Winkel, zu versprechen schien. Da waren doch die Vorstellungen, die sich Männer wie Goerdeler und der frühere Generalstabsrichter Dr. Karl Sack [beide als Mitglieder des Widerstandes hingerichtet. Anm. d. Verf.] gemacht hatten, sehr viel realistischer. Sie wollten nur die Gauleiter und Kreisleiter der Nationalsozialistischen Partei und gleichrangige Personen zur Verantwortung ziehen, alle anderen aber ungeschoren lassen. Was wollte es schon besagen, wenn ein Schauspieler einer nationalsozialistischen Organisation beitrat, um sein Engagement nicht zu verlieren.

Aber solche Überlegungen verfingen nicht bei der alliierten Besatzungsbehörde und bei den ersten deutschen Länderregierungen, die vor ihrem amerikanischen, britischen oder französischen Gouverneur im Staube krochen. Wer es dagegen in der Nazizeit verstanden hatte, sich außerhalb einer Organisation zu halten, aber es nicht unterlassen hatte, seine nationalsozialistische Gesinnung in die Tat umzusetzen, der lief frei herum und war in der Ausübung seines Berufes nicht gehemmt.«

Dieses unsinnige Entnazifizierungsverfahren war ein Grund mit, warum um diese Zeit zahlreiche wirkliche Verbrecher des Regimes durch die Maschen schlüpften. Hinzu kam, dass es eine funktionsfähige deutsche Gerichtsbarkeit nicht gab, weil die Justiz ganz allgemein rein formal durch Parteimitgliedschaften, aber noch sehr viel schwerwiegender durch eine überwiegend systemkonforme Rechtsprechung belastet war. Dies heißt nicht, dass alle Richter damals eingefleischte Nazis waren. Aber die Zahl der von der »völkischen Rechtserneuerung« Infizierten war beträchtlich.

Es war an anderer Stelle schon davon die Rede, wie nach 1933 in der deutschen Justiz von den damals tonangebenden juristischen »Vordenkern« das Recht und die Rechtsprechung im Sinne der neuen Weltanschauung verbogen und ideologisiert wurden. Das hatte tiefe Spuren hinterlassen. Wie wollte man jetzt die integeren Richter herausfinden und vor allem: Wer sollte jetzt dieses Prüfungs- und Berufungsamt übernehmen?

Ganz ähnlich und eher noch schlimmer lagen die Dinge bei der Polizei. Denn der Polizeiapparat samt Gestapo hatte fest in der Befehlsgewalt Himmlers gelegen. Wie sollte man dahin kommen – und dies in kurzer Zeit – die Schergen Hitlers herauszufinden, integere Beamte an ihre Stelle zu setzen und zu verhindern, dass bei der Verfolgung der SS-Verbrecher (die ja mit der Polizei in einem Boot gesessen hatten) die Kumpanei und Kameraderie die Ermittlungen blockierten? Diese Schwierigkeiten wurden noch dadurch vergrößert, dass durch verschiedene alsbald erlassene Gesetze die Wiederherstellung des Beamtenapparates herbeigeführt und dabei mehr als ein Auge zugedrückt wurde, weil eine Krähe der anderen kein Auge aushackt.

Das ausgebliebene Schuldbekenntnis Das Entsetzen in breiten Bevölkerungskreisen angesichts der Verbrechen, die unmittelbar nach dem Kriege bekannt wurden, war ehrlich. Aber kaum einer der großen oder kleinen ehemaligen Anhänger machte sich klar, dass er mit seiner wacker durchgehaltenen Zustimmung zum Regime dem teuflischen Diktator bis ans Ende zu einer verhängnisvollen Bewegungsfreiheit mitverholfen hatte. Stattdessen wurde bald – auch in der Publizistik – der Ruf nach einem »Schlussstrich« immer lauter.

Die Alliierten waren damals über diese »verstockten deutschen Nazis« und ihre Renitenz ähnlich erbost, wie die meisten heutigen Publizisten, die das »Dritte Reich« und die Nachkriegszeit nicht aus eigener Anschauung kennen. Die Erklärung für dieses Verhalten ist aber ziemlich einfach; man muss allerdings ein wenig weiter ausholen.

Wenn wir heute in unserer offenen Gesellschaft mit unserem Stimmzettel eine Entscheidung für eine bestimmte Partei bzw. deren Programm fällen, so erheben wir gleichzeitig unausgesprochen den Anspruch auf unsere Irrtumsmöglichkeit. Denn beispielsweise kann ja von zwei völlig gegensätzlichen Wirtschaftsprogrammen nur eines richtig sein. Und niemandem wird es einfallen, eines Tages denen, die sich mit ihrem Stimmzettel geirrt haben, einen Vorwurf zu machen.

Der Durchschnittswähler trifft seine Wahlentscheidung nicht etwa nach eingehender, sorgfältiger Überlegung, sondern in Anlehnung an eine bestimmte Stimmung, die von den Parteien und den Medien erzeugt werden. Rationale Überlegungen spielen dabei kaum eine Rolle, Parteien mit ihren Kandidaten bieten vielmehr der Massengesellschaft ihre Programme mit Hilfe einer Werbeagentur auf den Wahlplakaten ähnlich pseudobegründet an wie eine Seifenfirma ihr neues Waschmittel.

Als Erster hat das im letzten Jahrhundert Hitler politisch praktiziert: »Die Aufnahmefähigkeit der großen Masse ist nur eine sehr beschränkte, das Verständnis klein, dafür die Vergesslichkeit groß. Aus diesen Tatsachen heraus hat sich jede wirkungsvolle Propaganda auf nur sehr wenige Punkte zu beschränken und diese schlagwortartig so lange zu verwerten, bis auch bestimmt der Letzte unter einem solchen Wort das Gewollte sich vorzustellen vermag. [...] Die breite Masse eines Volkes besteht weder aus Professoren noch aus Diplomaten. Das geringe abstrakte Wissen, das sie besitzt, weist ihre Empfindungen mehr in die Welt des Gefühls. [...] Ihre gefühlsmäßige Einstellung bedingt zugleich ihre außerordentliche Stabilität. Der Glaube ist schwerer zu erschüttern, als das Wissen.« So zu lesen in »Mein Kampf«.

Genau so hatte es sich während jener zwölf Jahre verhalten. Ungefähr drei Viertel aller Deutschen hatten, wie früher schon im Einzelnen erläutert, aus den unterschiedlichsten Gründen – mehr oder weniger fest in ihrer Überzeugung oder doch zumindest loyal – Hitler ganz persönlich und sehr viel weniger dem Regime als solchem die Treue gehalten. Gemessen an diesen vielen Millionen war der Prozentsatz jener Anhänger Hitlers, die in Verbrechen verwickelt waren, sehr klein.

Gewiss kann man an dieser Stelle einwenden, dass doch von Anfang an der Terror des Regimes gegenüber seinen Gegnern und den Juden erkennbar gewesen sei. Hier ist aber all das zu bedenken, was ich in den Anfangskapiteln schon versucht habe zu zeigen. Insbesondere ist zu berücksichtigen, dass es Hitler wie mit Zauberhand gelungen war, die zuvor bestehende entsetzliche wirtschaftliche Not zu beseitigen. Und es darf darüber hinaus nicht vergessen werden, dass eben jene Alliierten, die jetzt alle Deutschen moralisch in Acht und Bann taten, selbst Hitler immer wieder verkannt und unterschätzt hatten, wenn sie sich nicht gar, wie die Sowjets, im Stil einer Maffia mit Hitler über die neue Teilung Polens geeinigt hatten.

Diese vielen Millionen Deutschen, die – ohne die Konsequenzen richtig zu übersehen – einem verhängnisvollen politischen Irrtum erlegen waren, sahen sich nun, nachdem der Krieg verloren war und die schrecklichen Verbrechen Hitlers und seiner Helfer allgemein erst richtig bekannt wurden, dem Vorwurf ausgesetzt, sie hätten das alles auf dem Gewissen. Kollektivschuld nannten das die einen, Mitschuld die anderen.

KZ-Wachmannschaften bergen unter Aufsicht alliierter Soldaten die entsetzlich abgemagerten Leichen der KZ-Häftlinge. Das Ausmaß der Verbrechen Hitlers, Himmlers und der SS in den KZ war der deutschen Bevölkerung in allen Jahren weitgehend verborgen geblieben.

Erst jetzt merkten jene Millionen von »Sympathisanten«, dass dieser Hitler, den sie immer für ihren guten, einzigartigen Führer gehalten hatten und dem das deutsche Volk doch nach ihrer Überzeugung so viel zu verdanken hatte, in Wahrheit die teuflischste Gestalt war, die jemals das deutsche historische Parkett betreten hatte, noch viel schlimmer, als sein peripheres Regime. Und sie hatten immer gemeint, umgekehrt wäre es gewesen: Es habe sich um ein mieses, korruptes Regime, aber um einen begnadeten »Führer« gehandelt.

Diesen grundlegenden Irrtum wollten sich natürlich die wenigsten eingestehen. Infolgedessen fanden sie mancherlei Erklärungen, die auch heute noch einleuchten, und vielerlei Ausreden, die an der Sache vorbeigingen. Sicher aber wehrten sich diese Millionen zu Recht wenn sie sagten, mit keinem Gedanken wäre es in ihrem Sinne gewesen, sechs Millionen Juden umzubringen, erst jetzt hätten sie davon erfahren, und den Krieg hätten sie ebenso wenig gewollt.

»Nein, nein«, sagten daraufhin die Alliierten (oder jedenfalls ihre Wortführer), »ihr habt Hitler gewählt, und was er getan hat, das habt ihr zu vertreten. Punktum!« Das sagten sie nicht ohne Selbstgerechtigkeit, kehrten gleichzeitig alles, was sie selbst an Menschenrechtsverletzungen und Kriegsverbrechen auf dem Gewissen hatten, unter den Teppich und sprachen erst recht nicht von ihren eigenen Irrtümern im Umgang mit Hitler.

Außerdem begannen sie mit einem »Umerziehungsprogramm«, um aus den Deutschen gute Demokraten zu machen. »Re-education« nannten sie das, mussten aber selbst feststellen: »Wir stimmen alle darin überein, dass »re-education« einer der Hauptzwecke unserer Besatzung ist. Es muss jedoch daran erinnert werden, dass die Deutschen, auch die am freundlichsten Gesinnten unter ihnen, nichts so sehr verabscheuen wie dieses und dass es keines gibt, das so energisch Reaktionen hervorzurufen geeignet ist.« (Memorandum der britischen Militärregierung vom 13. August 1948, zit. n. A. M. Birke)

Schon diese Umstände führten dazu, dass sich in der deutschen Bevölkerung viele Menschen gefühlsmäßig solidarisierten, die über Hitler sehr unterschiedlich gedacht hatten.

Das schwer zu beschreibende geistige Klima in den ersten Nachkriegsjahren Wenn ich hier in der Erzählung das Verhältnis der deutschen Bevölkerung zum »Dritten Reich« und zu den Besatzungsmächten in den Vordergrund stelle, so verschiebe ich damit eigentlich die Akzente. Denn diese Problematik war nur ein Teilaspekt der damaligen geistigen Situation, und sie stand im Alltag des täglichen Lebens nicht einmal im Vordergrund. Die Stimmung aber unmittelbar nach dem Krieg ist nicht leicht zu beschreiben. Vielleicht sollte ich von der Universität ausgehen, denn ich war damals Student, und die Hochschulen spiegelten, wie so häufig, den Zeitgeist am konzentriertesten wider.

Im Vordergrund stand eine unglaubliche, heute gar nicht mehr vorstellbare Zuversicht und ein fast unbegrenztes Selbstvertrauen. Die meisten hatten mehrere Kriegsjahre als Soldaten auf dem Buckel, viele waren Offiziere gewesen und hatten in jungen Jahren eine unverhältnismäßig große Verantwortung getragen. Jetzt, da man diesen entsetzlichen Krieg überlebt hatte, hätte jeder für Äußerungen der Lebensangst nur ein mitleidiges Lächeln übrig gehabt. Nicht wenige mussten ihr Studium selbst verdienen; ich gehörte auch dazu, aber diese Notwendigkeit hat mich und Meinesgleichen ungemein stimuliert und mein Selbstvertrauen gesteigert, mein Selbstbewusstsein ebenso (und zweifellos zuviel). Als besonders wohltuend empfand ich, dass niemand mehr herumlief, der irgendwelche Parolen oder Heilslehren verkündete. Das ganze Leben war pragmatisch darauf ausgerichtet, die Aufgaben zu bewältigen, die jeder Tag mit sich brachte – und das war nicht wenig.

Bei alledem herrschte ein ungemein aufgeschlossenes geistiges Klima. Die allgemeinbildenden Vorlesungen »für Hörer aller Fakultäten« waren randvoll besetzt. Die Probleme, die sich aus dem »Dritten Reich«, dem Krieg, der Nachkriegssituation und für die Zukunft ergaben, wurden mit Leidenschaft diskutiert, aber sie waren frei von ideologischem Beiwerk. Vielmehr war jeder bereit, die geistige Welt jenseits unserer Grenzen, von der wir so lange abgeschlossen waren, kennen zu lernen.

Im Studium wurde intensiv gearbeitet, alle hatten Zeit verloren und keiner hatte deshalb ein Semester zu verschenken. Jeder war im Krieg gewesen, aber »Alte-Kameraden«-Stimmung kam nicht auf. Ich genoss es jeden Tag, dass die Kameraderie vorbei war, dass man sich siezte und jeder wieder Herr Meier oder Herr Schmidt war. Das Verhältnis zu den Professoren konnte besser nicht sein, weil die Studentengeneration, die da vor ihnen auf den Bänken saß, eben nicht von der Schulbank herübergewechselt, sondern aus einem Krieg voller persönlicher Prägungen zurückgekommen war.

Dass jemand vom »Dritten Reich« in einem positiven Sinn gesprochen hätte, habe ich nie erlebt. Vielleicht hat es hier oder da einen Unverbesserlichen gegeben, aber mir ist unter den Studenten keiner begegnet (unter den älteren Jahrgängen und insbesondere unter denen, die Dreck am Stecken hatten, war das sicher anders). Die anfängliche »Ohne-mich«-Stimmung dem sich abzeichnenden neuen Staat gegenüber klang allmählich ab. Meine diesbezüglichen Empfindungen sind damals sehr von einigen Persönlichkeiten beeinflusst worden, die im »Dritten Reich« integer geblieben waren und jetzt, in exponierter Stellung, nicht daran dachten, sich den Vertretern der Besatzungsmacht anzubiedern oder sie gar als Befreier anzujubeln – was jene sicher angeekelt hätte. Vielmehr wussten sie recht selbstbewusst ihre Würde zu wahren. Sehr stark empfunden habe ich das damals im Auftreten Adenauers, aber ebenso bei dem damaligen Rektor der Universität Bonn, Professor Heinrich Konen und einigen anderen.

Jeder blickt auf seine Jugend gern zurück. Aber diese Jugendzeit nach dem Krieg, in einer Zeit des äußeren Mangels und großer persönlicher Herausforderungen, aber ohne viel Klagen und Jammern und mit einem zuversichtlichen Blick ohnegleichen auf die Zukunft – das war, nach einem heil überstandenen Krieg, für einen jungen Menschen schon eine ganz besonders schöne Lebenszeit. Und im Grunde war so oder ähnlich auch die allgemeine Stimmung in der Bevölkerung.

Als Medizinstudent in Bonn im Wintersemester 1946/47 Die Schwierigkeiten, denen sich der Einzelne damals gegenüber sah, waren allerdings beträchtlich. Im März 1947 wollte ich mein Vorphysikum (den ersten Teil der ärztlichen Vorprüfung) ablegen. Die zwei Wochen Studium im Sommer 1942 hatte man mir mit zwei zugedrückten Augen als »Semester« anerkannt. Im Sommer 1946 hatte ich an der von den Franzosen neu gegründeten Universität Mainz ein Semester »Naturwissenschaften« studieren können, war aber fast nur unterwegs gewesen, um mir irgendwo oder irgendwie etwas Essbares zusammenzusuchen oder zu erbetteln. Einmal war es ein Korb mit zwanzig Pfund Sauerkirschen, die ich innerhalb von 24 Stunden verkonsumierte, erstaunlicherweise ohne dass mein Inneres revoltierte.

Jetzt stand ich unter äußerstem Zeitdruck. An einen Vorlesungsbesuch war nicht zu denken. Mein Freund Willy hatte das Physikum schon hinter sich und klärte mich auf, was man wissen müsse, um gut zu bestehen. Denn darauf kam es für mich an, weil ich auf einen Erlass der Studiengebühren spekulierte. Ich lernte also nur aus Büchern.

Doch auch hier gab es Schwierigkeiten. Ich hatte zwar ein kleines Zimmer unter dem Dach gefunden, aber das hatte keinen Ofen. Der Winter 1946/47 war bitter kalt, es fror Stein und Bein, und es war ausgeschlossen, in der ungeheizten Bude zu lernen. Also zog ich jeden Morgen in das Bonner Hauptpostamt am Münsterplatz, den einzigen für mich erreichbaren geheizten Raum. Dort setzte ich mich an eines der Schreibpulte, packte meine Bücher aus und lernte in dem Gewusele des Publikumsverkehrs wie besessen. Denn am Nachmittag musste ich noch zwei Präparierkurse zur gleichen Zeit besuchen.

Irgendwie an Geld zu kommen, war vor der der Währungsreform nicht so schwierig. Denn jedermann hatte Geld, das nichts wert war. Ein »Einstieg« in den Schwarzmarkt blieb für mich allerdings ein kurzer, aber gescheiterter Versuch, als ich feststellen musste, dass ein »Partner« mir sehr gekonnt ein Bein stellte und ich einsah, dass mir für die dortigen Usancen die rechte Begabung fehlte. Stattdessen transportierte ich beispielsweise für meine Wirtsleute ihren nach Sachsen ausgelagerten Hausrat über die grüne Grenze oder verdiente mir mit anderen Dienstleistungen etwas Geld. Aber das kostete natürlich auch Zeit, und die hatte ich eigentlich gar nicht.

Im Sauerland hatte ich mir kurz vor Weihnachten einen Zentner Kartoffeln erbettelt. Die halfen mir jetzt über den schlimmsten Hunger hinweg. Nachts wurde ich oft von meinem knurrenden Magen geweckt, und dann schob ich mir eine von den gekochten kalten Kartoffeln, die ich immer bereitstehen hatte, in den Mund. Zwei Wochen vor Examensbeginn dachte ich, es würde mir unmöglich sein, mit meiner Vorbereitung zur Prüfung termingerecht fertig zu werden. Da fiel mir ein, dass ich ja noch vom Kriege her über ein Schächtelchen Pervitin verfügte. Dieser Droge vertraute ich mich jetzt an und siehe da: Statt bisher acht konnte ich nun zwölf Stunden ununterbrochen lernen und meinte, ich hätte ein Gedächtnis für zwei. So wurde ich wirklich pünktlich mit meinen Vorbereitungen fertig und konnte mit dem Ergebnis des Examens zufrieden sein. Ein halbes Jahr später war der zweite Teil der Vorprüfung an der Reihe. Auch jetzt versuchte ich es wieder mit dem wunderbaren Pervitin. Doch diesmal bekam es mir übel, denn ich lag zwei Tage mit einem wüsten Schwindel im Bett. Aber am Ende ging alles gut aus: Ich bekam den Gebührenerlass und sogar noch eine Stelle als Hilfsassistent an der Anatomie.

Der Nürnberger Prozess und seine fragwürdigen Grundlagen Alsbald nach Kriegsende etablierten die Alliierten in Nürnberg einen internationalen Gerichtshof, »eine unglückliche Veranstaltung, an die sich heute niemand mehr gern erinnert« (S. Haffner). Dessen Rechtsgrundlage stand auf denkbar schwachen Füßen, man konnte sehr handfeste Einwendungen dagegen erheben, die damals auch von Juristen der Gegenseite (unter denen auch Emigranten waren) geteilt wurden. Man kann sie auch heute noch geltend machen (ich folge hier in den meisten Punkten Fabian von Schlabrendorff, zum Teil auch Sebastian Haffner):

Angeklagt waren nur die Besiegten. Verbrechen der Sieger wurden ignoriert, als hätten sie sich nicht ereignet, auch wenn sie als Vergehen mit denen der Besiegten identisch waren. Damit lag über dem Verfahren von vornherein das Odium der Siegerjustiz.

Eine Grundlage des Verfahrens war der Briand-Kellog-Pakt aus dem Jahr 1928. Ihm hatte sich auch Deutschland angeschlossen. In diesem Vertrag war zwar formuliert, dass der Krieg als Mittel der Politik zu ächten sei. Es wurden aber keine Sanktionen vereinbart für den Fall, dass ein Vertragspartner dennoch einen Krieg entfesselte. Insofern war der Vertrag eine gutgemeinte Geste, aber nicht mehr, und als Basis einer Anklage bzw. eines Schuldspruches unbrauchbar.

Der Anklage lag ein rückwirkendes Gesetz zugrunde. Ein Gesetz über Verbrechen gegen die Menschlichkeit hatte bis dahin aber zu keiner Zeit existiert, zum Mindesten nicht zu der Zeit, als die mutmaßlichen Angeklagten die Verbrechen begingen, die ihnen vorgeworfen wurden. Damit machte man einen schwerwiegenden Fehler. Denn seit römischen Zeiten gilt der Grundsatz, dass man niemanden ohne Verstoß gegen ein zur Tatzeit bestehendes Gesetz bestrafen darf. Selbstverständlich hätte man die entsetzlichen Verbrechen, um die es hier ging, vor ein Gericht bringen müssen und können. Denn einer Anklage wegen Mordes vor einem deutschen Gericht hätte nichts im Wege gestanden, und genügend integere Richter hätten sich trotz des vorangegangenen »Dritten Reiches« – beispielsweise aus Kreisen des Widerstandes – mit Sicherheit finden lassen.

Besonders fatal war, dass in diesem Prozess der Sinn für den besonderen Charakter der Hitler'schen Verbrechen dadurch abgestumpft wurde, dass man seine Massenmorde mit den in jedem Krieg vorkommenden Kriegsverbrechen in einen Topf warf.

Die Anklage erstreckte sich nur auf Vergehen gegen Bürger alliierter Staaten. Die Gerechtigkeit hätte jedoch verlangt, dass ein solcher Unterschied nicht gemacht wurde. Bei den Opfern der Nazis handelte es sich um Menschen der verschiedensten Nationalität; darunter waren auch viele Deutsche. Es war nicht einzusehen, warum die Anklage sich nur gegen solche Verbrechen wandte, die gegenüber Alliierten begangen worden waren.

Ausgerechnet Hitlers schlimmstes Verbrechen – der maschinelle Massenmord an Juden, Polen, Russen, Zigeunern und Kranken – fand sozusagen nur in einem Nebensatz Erwähnung (in der Zusammenfassung mit Zwangsarbeit und Deportation als »Verbrechen gegen die Menschlichkeit«), während sich die Hauptanklage gegen den Krieg als solchen und »Verletzungen der Kriegsgesetze« richtete, zwei Felder also, auf denen die anklagenden Nationen im Laufe ihrer Geschichte übergenug auf ihr eigenes Kerbholz gesammelt hatten.

Ein Hauptmangel war es außerdem, dass nach den Grundlagen der Anklage die Ankläger und Richter identisch waren. In diesem Zusammenhang konnte man nur auf das alte deutsche Sprichwort verweisen: »Nur Gott kann dem helfen, dessen Ankläger sein Richter ist.«

Eine vernünftige Lösung des Problems scheitert an der Eitelkeit des amerikanischen Chefanklägers Auch auf alliierter Seite gab es vernünftige und kluge Leute, die vor einem solchen Verfahren warnten, aber sie konnten sich nicht durchsetzen. Zu ihnen gehörte der amerikanische General William Donovan, der nach dem Hauptankläger Robert Jackson als zweiter Mann vorgesehen war. Er hatte die Idee, Göring in einer Unterredung, sozusagen von General zu General, dahin zu bringen, die Gesamtschuld – als Vertreter Hitlers – auf sich zu nehmen. Erkläre Göring sich schuldig, so sei ohne Beweisaufnahme ein Urteil möglich. Dann könne man alle anderen Angeklagten einem deutschen Gericht übergeben, das dann in seiner Entscheidung frei sei.

Die Unterredung zwischen Donovan und Göring kam tatsächlich zustande, und Göring antwortete positiv. Aber Donovans Versuch, Jackson von dieser Möglichkeit der Verfahrensabwicklung zu überzeugen, scheiterte. Jackson hatte, so Donovan, einen monatelang dauernden Schauprozess sorgfältig vorbereitet und wollte auf seine Durchführung unter keinen Umständen verzichten.

Es ist sehr zu bedauern, dass Donovans Lösung an der Eitelkeit Jacksons scheiterte, auch wenn es eine offene Frage ist, ob die anderen Alliierten mitgemacht hätten. Selbstverständlich vertrat jeder auch nur einigermaßen rechtlich denkende Mensch in Deutschland die Meinung, dass die bekannt gewordenen ungeheuren Verbrechen vor ein Gericht gehörten – aber eben vor ein deutsches Gericht.

Die merkwürdige Solidarisierung in der deutschen Bevölkerung nimmt weiter zu So jedenfalls trug die nun praktizierte Siegerjustiz ganz wesentlich zu einem weiteren Anwachsen der Solidarisierung innerhalb der deutschen Bevölkerung bei. Verstärkt wurden diese Gefühle durch die Niederlage an sich und ihre Konsequenzen. Denn damals sah man in den Alliierten nicht – wie heute – unsere Befreier. Das waren sie am Ende zwar – aber unfreiwilligerweise; denn keineswegs hatten sie zu diesem Zweck Krieg geführt. Vielmehr wollten sie Deutschland besiegen, und die unmittelbare Nachkriegspolitik der Siegermächte war auf eine »Bestrafung« der deutschen Bevölkerung ausgerichtet.

Hierzu gehörte, dass es den siegreichen Soldaten strikt verboten war, mit den Besiegten zu »fraternisieren«, das heißt, mit ihnen auch nur ein privates Wort zu sprechen. Desgleichen gehörte natürlich auch die existenzielle Not des Hungerns, Frierens und Mangels jeder Art dazu, und das alles spielte sich in einem nicht mehr existenten Staat und inmitten einer heute unvorstellbaren geisterhaften Ruinenlandschaft ab, in der vor kurzem noch alle Augenblicke die Bomben gekracht hatten.

Hinzu kam der berüchtigte Morgenthau-Plan, den heute kaum noch jemand kennt. Im Herbst 1944 hatte der amerikanische Finanzminister Henry Morgenthau eine Denkschrift vorgelegt, die – immerhin zunächst – von Roosevelt und Churchill gebilligt worden war. Sie sah nicht nur eine Entmilitarisierung Deutschlands vor, sondern auch eine Internationalisierung des Ruhrgebiets und der deutschen Wasserstraßen. Vor allem aber sollte Deutschland auf das Niveau eines Agrarstaats reduziert werden. Obschon Roosevelt und Churchill ihre Zustimmung bald zurückzogen, hat der Plan die amerikanische Besatzungspolitik zunächst nachhaltig beeinflusst. Erst der Widerstand des amerikanischen Generals Lucius D. Clay und der Beginn des kalten Krieges führten hier eine Änderung herbei.

Es liegt auf der Hand, dass diese Voraussetzungen, alle zusammengenommen, einen starken Impuls zur Solidarisierung der Deutschen untereinander zur Folge hatten. Sie brachten auch die allermeisten, die dem Regime ablehnend gegenübergestanden hatten, in Opposition zu dieser Politik der Alliierten.

Diese Solidarisierung, der sehr viel Irrationalität anhaftete, war besonders fatal deshalb, weil sich die Bevölkerung, die Publizistik und die meisten Politiker direkt oder indirekt, ob gewollt oder ungewollt, damit auch vor Männer oder Frauen stellten, die keine harmlosen Mitläufer waren, sondern eine echte schuldhafte Mitwirkung oder sogar schwere Verbrechen auf dem Gewissen hatten. Und gerade diese kleinen und großen Schuldigen meinten jetzt, mit jener Siegerjustiz Argumente für ihre fragwürdige Aufrechnungsmentalität und für eine billige Selbstabsolution in der Hand zu haben – und damit gingen sie auch noch eifrig hausieren.

All diese Schwierigkeiten trugen dazu bei, dass nach Gründung der Bundesrepublik viele, nein, viel zu viele von ehemaligen beflissenen Tätern und Helfern Hitlers davonkamen, ohne zur Rechenschaft gezogen zu werden. Noch 1954 wurden durch fast einstimmigen Beschluss des Bundestages jene üblen Durchhalte-Nazis amnestiert, die in der Schlussphase des Krieges »in der Annahme einer Amts-, Dienst- oder Rechtspflicht« Unrecht begangen hatten und im Falle einer Anklage mit einer Strafe bis zu drei Jahren hätten rechnen müssen.

Dieser Sachverhalt darf aber nicht darüber hinwegtäuschen, dass zahlreiche Schuldige doch vor Gericht gestellt wurden. Leider waren es aber eben in den ersten Jahren nach dem Krieg keine deutschen Gerichte (die volle deutsche Gerichtshoheit wurde erst 1955 wiederhergestellt). Die Amerikaner führten in ihrer Zone zwölf große Nachfolgeprozesse durch: Gegen Juristen, Ärzte, Industrielle, gegen das Oberkommando der Wehrmacht und höhere SS-Funktionäre. Ähnliche Prozesse gab es in der britischen und französischen Besatzungszone. (Die Prozesse in der sowjetischen Zone sollen hier unberücksichtigt bleiben, da sie den in der westlichen Welt geltenden Rechtsnormen nicht entsprachen. Man schätzt ihre Zahl auf 45 000.)

In den Prozessen der Westalliierten wurden 5 025 Personen verurteilt und 806 Todesurteile ausgesprochen, von denen 486 vollstreckt wurden. Man kann also nicht sagen, dass nach dem Kriege alle Verbrechen aus dem »Dritten Reich« ungesühnt blieben. Dabei konnte es aber im Einzelfall außerordentlich schwierig sein, das Recht und die Gerechtigkeit auf der Seite des Urteils zu haben.

Dabei muss man aber gerade in diesem Zusammenhang betonen, dass die westlichen alliierten Hohen Kommissare – und hier vor allem der Amerikaner John Mc Cloy – sich ganz allgemein und insbesondere bei der Bestätigung von Todesurteilen um die

Gerechtigkeit weit mehr und gewissenhafter Gedanken machten, als es die Exponenten unseres Regimes im umgekehrten Besatzungsfall jemals getan hatten.

Dies änderte aber nichts an der gefühlsmäßigen Solidarisierung der Bevölkerung gegenüber den Besatzungsmächten. Die Parteien der jungen Republik machten sich diese Stimmung im Lande nach einem »Schlussstrich« zu Eigen und gingen mit Amnestien recht großzügig um. Sie waren eben damals wie heute darauf bedacht, dem Wähler keine unangenehmen Wahrheiten zu präsentieren. Die Situation wurde psychologisch dadurch noch schwieriger (und für alle, die Dreck am Stecken hatten, günstiger), dass die Bundesrepublik im Rahmen der Westintegration vor der Wiederbewaffnung und dem Abschluss von Bündnisverträgen stand.

Zur Frage der »Aufarbeitung« Seit den Sechzigerjahren ist deshalb bis heute die Mahnung nicht verstummt, die Verbrechen des »Dritten Reiches« seien »nicht aufgearbeitet« worden. Doch was soll man hier unter »Aufarbeitung« verstehen? Dass die Generation des »Dritten Reiches« sich nicht öffentlich schuldig bekannt hat? Dies zu monieren, mag im Grunde berechtigt sein. Doch wer so denkt, beweist eigentlich nur, dass er von der Natur des Menschen recht wenig weiß.

Einen fatalen politischen Irrtum unumwunden zuzugeben, setzt eine überdurchschnittliche Fähigkeit zur Selbstkritik und ein charakterliches Format voraus, mit dem man im Regelfall nicht rechnen kann. Max Planck hat das einmal für die Welt der Wissenschaft recht drastisch zum Ausdruck gebracht als er sinngemäß sagte: Neue Erkenntnisse setzen sich in der Wissenschaft nicht deshalb durch, weil die Vertreter der bisherigen Auffassung ihren Irrtum einsehen, sondern weil sie allmählich aussterben und die Jungen mit der neuen Erkenntnis groß werden.

Die ganze Debatte um die nicht erfolgte »Aufarbeitung« kann man sich sparen. Hat man denn jemals in anderen ehemals totalitären Staaten erlebt, dass die vormals von der Ideologie Überzeugten sich in Reuekundgebungen ergangen hätten? Kann man das etwa von den ehemaligen Anhängern des SED-Regimes sagen oder gar von den Menschen in der Sowjetunion und in den anderen ehemals kommunistischen Staaten? Oder von unseren jetzt in die Jahre kommenden Achtundsechzigern, die zu Sympathisanten der linksextremen Szene wurden?

Im Übrigen: Die drohenden Folgen in der politischen Situation der Jahre von 1933 bis 1938 zu erkennen war weit schwieriger, als sich in der DDR oder einem sonstigen kommunistischen Land während Jahrzehnten über den menschenverachtenden Charakter des »real existierenden Sozialismus« klar zu werden.

Hitlers beide eigentlichen, aber schwer erkennbaren Ziele Es wurde oben schon gesagt, dass sich erst viele Jahre nach dem Kriege die Meinung unter den Historikern durchgesetzt hat, dass sich Hitlers »Weltanschauung« in zwei Zielen erschöpfte, in zwei geradezu wahnhaften Vorstellungen: In der Vernichtung der Juden, die er als eine Art Ungeziefer oder »Rassentuberkulose« im Körper der verschiedenen Völker betrachtete und in der Überzeugung, Deutschland müsse sich im Osten »Lebensraum erkämpfen« bis zum Ural.

Diese beiden Vorstellungen waren zu allen Zeiten sein letztes Ziel, etwas anderes kann man nicht schlüssig nachweisen. Aber der Weg zu der vermeintlichen Verwirklichung seiner Ziele war für Hitler damit gepflastert, die machtpolitischen Voraussetzungen

hierfür zu schaffen. Und das waren seine großen Erfolge im Inneren und jene blenden-
den außenpolitischen Coups, die ihm zwischen 1933 und 1938 so verblüffend leicht
gelangen.

Hitlers Handeln ließ in diesen Jahren von den beiden Endzielen, die er im Auge hatte,
für den Durchschnittsbürger nicht das Geringste ahnen. Selbst die Historiker haben nach
1945 noch viele Jahre gebraucht, um Hitlers eigentliche Ziele herauszufinden: Erst 1969
ist dies Eberhard Jäckel endlich gelungen. Angesichts dieser Voraussetzung ist es nicht
verwunderlich, dass die meisten Deutschen in den Jahren zwischen 1933 bis 1938 meinten, Hitler sichere für Deutschland den Frieden.

Dass sie auch nach 1938 bei der Stange blieben, als sein kriegslüsterner Charakter,
seine Verlogenheit und sein abgrundtiefer Judenhass unverhüllt zutage traten, ist allerdings ein Kapitel für sich und schwierig zu verstehen. Deshalb wird hiervon jetzt zu
sprechen sein.

3 | Das politische Denken der Deutschen zur Zeit des »Dritten Reiches« und ihre unangefochtene Zustimmung zu Hitler im Licht moderner Meinungsforschung

Also: Warum hat sich die deutsche Bevölkerung nicht eines Tages – insbesondere nicht nach 1938 – doch von Hitler gelöst, sondern ist ihm bis zum Ende gefolgt? Ich meine damit nicht die offene Auflehnung, die ganz unmöglich war. Nein, ich meine die gefühlsmäßige Abwendung: warum wurden aus seinen Anhängern nicht seine stillen Feinde?

In den letzten 50 Jahren ist eine Fülle von Erkenntnissen über das Verhalten der Massengesellschaft im politischen Raum gewonnen worden, die wichtige Hinweise geben, obwohl oder besser: gerade weil sie in einer offenen Gesellschaft ermittelt worden sind.

In diesem Zusammenhang sind auch Beobachtungen von Interesse, die heutzutage in Wahlkämpfen gemacht werden. Beispielsweise wurde der Bundestagswahlkampf der SPD 1998 vom Institut für Demoskopie in Allensbach und den Kommunikationswissenschaftlichen Instituten der Universitäten Mainz und Dresden mit kontinuierlichen quantitativen Medieninhaltsanalysen, Wahlkampfbeobachtungen sowie einer assistierenden Umfrageforschung begleitet. Diese Untersuchungen gestatten Rückschlüsse auf das Wählerverhalten in unserer Gegenwart. (Es geht hier selbstverständlich nicht um eine Kritik am Wahlkampf der SPD, denn alle Parteien in allen Ländern machen es so. Vielmehr handelt es sich lediglich um die Darstellung eines in der politischen Praxis erfolgreichen Modells.)

Hieraus ergibt sich unter anderem, dass die Massengesellschaft gegenüber der politischen Beeinflussung in ihrem Verhalten bestimmten Regeln folgt. Als erster hat Hitler diese für die politische Praxis wichtigen Grundregeln erkannt und konsequent angewandt hat. Die damalige Antwort der deutschen Bevölkerung auf die Beeinflussung lässt sich meines Erachtens jetzt sehr viel besser verstehen, weil die in den letzten Jahrzehnten gewonnenen kommunikationswissenschaftlichen Erkenntnisse wichtige Hinweise bieten.

Die Werbemethoden in einem modernen Wahlkampf Es sind die gleichen, wie sie von Werbeagenturen beim Bewerben von Katzenfutter, Waschmitteln oder einer Telefongesellschaft eingesetzt werden. Dies heißt praktisch, dass nicht intellektuell schlüssige Begründungen, sondern argumentativ Scheinzusammenhänge, Halbwahrheiten sowie banale aber zugkräftige Sprüche und einfache Behauptungen präsentiert werden. Nur sie sind erfolgreich.

Die Wirksamkeit von politischen Botschaften »Botschaften werden erst dann verstanden, wenn sie immer und immer wieder öffentlich kommuniziert werden« hieß es in der Parteizentrale der SPD. »Wenn das Wahlkampfteam [...] einen Satz nicht mehr hören konnte, dann fing die Öffentlichkeit gerade erst an, Notiz davon zu nehmen. Deshalb wiederholte Gerhard Schröder gebetsmühlenartig Kernaussagen in seinen Reden, Fernsehinterviews und Stellungnahmen, und alle Sozialdemokraten verkündeten immer wieder, dass 16 Jahre genug und sie bereit seien. [...] Feste Zusagen aber machten die Sozialdemokraten nicht, alles stehe unter dem Vorbehalt der Bezahlbarkeit.« (D. v. Webel)

Die Einschätzung der Wirtschaftslage Sie ist wahrscheinlich das wichtigste Kriterium überhaupt. Dementsprechend ist im ganzen 20. Jahrhundert noch nie ein amerikanischer Präsident abgewählt worden, wenn die wirtschaftliche Entwicklung aufwärts lief.

Angepasst an deutsche Verhältnisse zielte die Wahlkampfstrategie der SPD im Bereich der Wirtschaft darauf ab, dem Publikum zu vermitteln, man verfüge über Konzepte – wie etwa den »runden Tisch« –, mit denen die Arbeitslosigkeit beseitigt und gleichzeitig, ohne Einbußen an Einkommen und Sozialleistungen, Innovationen wie auch ein gerecht verteilter »Wohlstand für alle« geschaffen werden könnten.

Übereinstimmung von Medieninhalten mit der Wirklichkeit Ganz generell lässt sich sagen: Wenn Medieninhalte und Wirklichkeit nicht übereinstimmen, so wird dies von den meisten Menschen nicht wahrgenommen. Desgleichen werden thematische Verzerrungen ignoriert. Beispielsweise erfuhr das Publikum alles über die Lage am Arbeitsmarkt, aber nichts über deren Ursachen. Dies ist um so bedeutsamer, als das Wählerpublikum nur solche Fakten für seine Kandidatenentscheidung wichtig nimmt, die in der Publizistik dominieren.

Die Beeinflussung der Wählermeinung durch Gefühlsvermittlung. Das Markenzeichen des Gefühls
Die Gefühlsvermittlung spielte im SPD-Wahlkampf eine herausragende Rolle. Hier sind zu nennen: Beständig Optimismus anzubieten; die gefühlsmäßige Diskreditierung des Gegners; das Gefühl, auf der Siegerseite zu sein; zu glauben, man stehe hinter einer starken und in sich geschlossenen politischen Führung; das Gefühl, die bisherige Regierung habe sich überlebt; in immer neuen Variationen das Gefühl, etwas Neues müsse kommen, ohne dass man Belastungen fürchten müsse.

Die Personalisierung »Wenn die inhaltliche, weltanschauliche Bindung an Bedeutung verliert, steigt der Einfluss der politischen Marketing-Konzepte und der kommunikativen Verpackung.« (W. Donsbach) Hierzu gehört die Personalisierung des Wahlkampfes, in dem der Spitzenkandidat, aber nicht die Partei im Mittelpunkt steht. »Aus der Nachrichtenwertforschung und aus psychologischen Experimenten weiß man, dass zum Beispiel Personalisierung und Vereinfachung, Faktenreiches und Konkretes, Streit und Konflikt bessere Chancen haben, die Aufmerksamkeit vor allem des Fernsehzuschauers zu gewinnen, als sachliche Darlegungen politischer Themen. [...] Personen spielen in der Berichterstattung eine zunehmend wichtigere Rolle als Sachthemen.« (W. Donsbach)

Soweit die hier interessierenden Erfahrungen aus der Studie über den Bundestagswahlkampf 1998. Im Hinblick auf die thematisch im Vordergrund stehende Frage nach dem Verhalten der deutschen Bevölkerung im »Dritten Reich« ist aber die Beleuchtung einiger weiterer kommunikativer Beziehungen in der Massengesellschaft von großer Wichtigkeit.

Weitere wichtige kommunikationswissenschaftliche Ergebnisse

Der Meinungsführer Der österreichisch-amerikanische Sozialpsychologe und Mathematiker Paul F. Lazarsfeld entdeckte 1940 anlässlich einer Untersuchung über das Wählerverhalten (»The People's Choice«) das Phänomen des »Meinungsführers«: Er verstand hierunter Personen mit überdurchschnittlicher Ausstrahlung, die in ihrem Bekanntenkreis die Wahlentscheidung stärker beeinflussen als die Massenmedien. Nach jahrzehntelangem vergeblichem Suchen wurden die Persönlichkeitsmerkmale dieser Meinungsführer durch E. Noelle-Neumann und das Institut Allensbach – eigentlich mehr zufällig – entdeckt.

Auf einen einfachen Nenner gebracht sind es vor allem persönlichkeitsstarke Menschen, die sich ihre Meinung selbst bilden, weil sie interessierter sind und mehr und genauer lesen. Sie beeinflussen eher andere Menschen und beraten sie als umgekehrt. Sie sind in jeder Art von persönlicher Kommunikation der übrigen Bevölkerung bei weitem überlegen, wissen politisch deutlich besser Bescheid und können dadurch auch klarer argumentieren. Sie beginnen auch früher über ein Thema zu sprechen als der Rest der Bevölkerung. Sie beteiligen sich nicht sonderlich an der Unterhaltung über Klatsch und Tratsch; um so mehr aber beeinflussen sie ihre Umgebung, wenn es um folgenschwere Entscheidungen geht. Sie gehören nicht einer bestimmten Schicht an; vielmehr sind Meinungsführer in allen sozialen Schichten zu finden und wirken auch in erster Linie innerhalb ihrer Schicht.

Sie leisten einem Medientenor eher Widerstand, weil sie weniger der Isolationsfurcht erliegen und der Schweigespirale (s. u.) weniger nachgeben. »Damit ist auch schon plausibel, dass sie – anders als es noch Lazarsfeld annahm – nicht nur ihren Umkreis in seinen Ansichten bestätigen, bestärken, sondern auch die Fähigkeit haben, den Kreis der Menschen um sie zu neuen, veränderten Einstellungen zu führen. Allerdings isolieren sie sich dabei nicht, sondern bilden in ihrem Kreis unter dem Eindruck von Medientenor oder unter dem Eindruck insbesondere gefährlicher Entwicklungen oder aktueller Ereignisse neue Einstellungen. Die Meinungsführer wechseln also nicht allein das Lager, sondern gehen mit ihrem ganzen Kreis gemeinsam in das neue Lager über. Eine solche Annahme würde erklären, warum, oft nach langer Inkubationszeit, ein Wechsel des Meinungsklimas, ein Wechsel der öffentlichen Meinung – was man im kontroversen Bereich öffentlich sagen kann, ohne sich zu isolieren – so plötzlich und weiträumig im ganzen Land vor sich geht.« (E. Noelle-Neumann)

Besonders interessant ist – und dies bestätigt die Rolle der Meinungsführer als Ursache von politischen Stimmungsänderungen in der Bevölkerung –, dass die politische Meinungsänderung der Meinungsführer einer solchen Änderung in der übrigen Bevölkerung um Wochen vorauseilt.

Die Schweigespirale Von grundsätzlicher Bedeutung für das Driften der Meinung in eine bestimmte Richtung ist das Phänomen der »Schweigespirale« (E. Noelle-Neumann): »Sie geht von der Annahme aus, dass alle Menschen mit Isolationsfurcht geboren werden. Sie möchten beliebt oder wenigstens in ihrer Umwelt gut gelitten sein. Um das zu sichern, beobachten sie unablässig ihre Umwelt, wie die meisten Menschen denken und vor allem, welche Einstellungen, Werte zu- und abnehmen. Wenn Menschen zu erkennen glauben, dass ihre eigenen Einstellungen sich ausbreiten, sprechen sie ihre Überzeugungen laut und zuversichtlich aus. Wenn sie das Gefühl haben, dass ihre Ansichten immer weniger geteilt werden, verfallen sie zunehmend in Schweigen. Und indem die einen sich laut und zuversichtlich äußern, wirkt dieses Lager immer stärker; stärker, als es wirklich ist. Zugleich wirken diejenigen, die in Schweigen verfallen, noch schwächer, als sie wirklich sind, bis schließlich wie in einem Spiralprozess die einen ganz dominieren und die anderen untergehen bis auf eine kleinen harten Kern. Die Schweigespirale ist gestützt auf persönliche Kommunikation, allerdings hochgetragen von Massenmedien.« (E. Noelle-Neumann) Es ist – gerade im Hinblick auf das Verhalten der deutschen Bevölkerung im »Dritten Reich« – von eminenter praktischer Bedeutung, dass eine Schweigespirale gegen den Medientenor bisher empirisch nie gefunden wurde.

Das Meinungsklima Es ist einerseits weitgehend identisch mit der »Öffentlichen Meinung« (s. u.); andererseits wird es im politischen Raum bestimmt durch stimmungsmäßige Sympathie- bzw. Abneigungszuweisungen. Diese werden heutzutage vor allem durch die optischen Eindrücke hervorgerufen, die Politiker bei ihrem Auftreten insbesondere im Fernsehen hinterlassen.

Der Ausdruck »Klima« gibt treffend wieder, dass das Individuum hier von einem Medium umgeben ist, dem es nicht entrinnen kann. Da es für die Mehrzahl der Menschen sehr wichtig ist, sich nicht zu isolieren, sondern sich mit ihrer Umgebung in Übereinstimmung zu befinden, vermittelt ihnen die Anpassung an das Meinungsklima vermutlich einerseits ein Gefühl der Geborgenheit, andererseits auch die innere Sicherheit, auf dem richtigen Wege zu sein. Damit wird aber die Beherrschung des Meinungsklimas zu dem vielleicht wichtigsten Herrschaftsinstrument überhaupt. Es liegt auf der Hand, dass in unruhigen Zeiten, zumal im Verlauf einer politischen Revolution oder eines geistesgeschichtlichen Umbruches, das Meinungsklima für den Einzelnen in seiner angeborenen Isolationsfurcht eine überragende Bedeutung gewinnt.

Das Individuum und die öffentliche Meinung Für John Locke (1632–1704) gibt es dreierlei Gesetze: das göttliche Gesetz, das bürgerliche und das Gesetz der öffentlichen Meinung. Unter letzterem fasst er das zusammen, was als Tugend und Laster gilt, fügt aber hinzu: »Das Maß dessen, was allerorten Tugend und Laster genannt und dafür gehalten wird, ist somit diese Billigung oder Missbilligung, Lob oder Tadel, die sich nach einem geheimen und stillschweigenden Übereinkommen in den verschiedenen menschlichen Gesellschaften, Klassen und Vereinen der Welt herausbilden, wodurch allerhand Handlungen, dem Urteil, den Grundsätzen oder der Mode jenes Ortes entsprechend, Gunst oder Untugend zuteil wird.« (»Versuch über den menschlichen Verstand« II, 28, 10). In dieser Definition kommt bereits die enge Abhängigkeit des handelnden Individuums von seinem sozialen Umfeld zum Ausdruck.

Auf gleicher Ebene, aber in der praktischen Konsequenz noch wesentlich tiefer gehend, liegt eine Beobachtung, die Alexis de Tocqueville in seiner Geschichte der französischen Revolution mitteilt. Er beschreibt die geradezu leidenschaftliche Ausbreitung der Religionsverachtung um die Mitte des 18. Jahrhunderts und das gleichzeitige Verstummen der Kirche in Frankreich: »Leute, die noch am alten Glauben festhielten, fürchteten die einzigen zu sein, die ihm treu blieben, und da sie die Absonderung mehr als den Irrtum fürchteten, so gesellten sie sich zu der Menge, ohne wie diese zu denken. Was nur die Ansicht eines Teiles der Nation noch war, schien auf solche Weise die Meinung Aller zu sein und dünkte eben deshalb diejenigen unwiderstehlich, die ihr diesen trügerischen Anschein gaben.« (zit. n. E. Noelle-Neumann).

Das Schlüsselexperiment von Solomon Asch Einhundert Jahre später führte der amerikanische Sozialpsychologe Solomon Asch ein Experiment durch, das unter Laboratoriumsbedingungen die Beobachtung von de Tocqueville auf eindrucksvolle Weise bestätigte:

Das Experiment umfasste acht bis neun nebeneinandersitzende Versuchspersonen, die bis auf einen am Ende der Reihe sitzenden Teilnehmer in das Experiment eingeweiht waren. Jedes Experiment wurde zwölfmal wiederholt. Die Teilnehmer hatten zu bestimmen, welche von drei unterschiedlich langen Linien in ihrer Länge mit einer vorgegebenen Vergleichslinie übereinstimmte.

Zunächst lief alles erwartungsgemäß ab: Alle Versuchspersonen zeigten auf die richtige Korrespondenzlinie. Dann aber wurde die Versuchsanordnung geändert. In den folgenden Durchgängen gaben die in das Experiment eingeweihten und an ihm teilnehmenden Helfer Aschs falsche Linien als »gleichlang« mit der Vergleichslinie an mit folgender Konsequenz:

Nur zwei von zehn Versuchspersonen blieben in allen Durchgängen bei ihrer – richtigen – Meinung. Zwei Teilnehmer schlossen sich nur in zwei Durchgängen der – falschen – Meinung an. Aber sechs von zehn Teilnehmern gaben mehrmals die eindeutig falsche Meinung der Majorität als ihre eigene an.

»Das bedeutet: Selbst in einer harmlosen Frage und in einer für sie ziemlich gleichgültigen, ihre realen Interessen nicht berührenden Situation schließen sich die meisten Menschen der Majoritätsmeinung an, auch wenn sie keinen Zweifel daran haben können, dass sie falsch ist. Dies war es also, was Tocqueville beschrieben hatte: ›Da sie die Absonderung mehr als den Irrtum fürchteten, so gesellten sie sich zu der Menge, ohne wie diese zu denken.‹« (E. Noelle-Neumann) Das Experiment ist oft und auch in europäischen Ländern mit jeweils gleich überzeugendem Ergebnis wiederholt worden.

Offensichtlich haben also die meisten Menschen ein elementares Bedürfnis, sich gegenüber der »Allgemeinheit« nicht zu isolieren, sich nicht in einen Gegensatz zu ihr zu bringen, sondern mit ihr in Übereinstimmung zu stehen. Um dies zu erreichen, verwenden sie eine erhebliche Anstrengung darauf, in einer unbewusst ablaufenden ständigen Beobachtung der Umwelt die Tendenz der Mehrheitsmeinung zu registrieren.

Dies als »Konformismus der Menge« abzutun, greift wahrscheinlich zu kurz. Es gehört wohl zu den elementaren Vitalreaktionen des Menschen, in seinem sozialen Verhalten die Absonderung fürchten zu müssen. »Die Gesellschaft verlangt von ihren Gliedern in Bereichen, die wechseln und zu verschiedenen Zeiten neu bestimmt werden, Konformität. Sie muss es verlangen, um selbst durch einen ausreichenden Grad an Übereinstimmung, Integration zusammenzuhalten.« (E. Noelle-Neumann)

Es scheint mithin so zu sein, dass in jeder Gesellschaft ein größerer Teil durch Anlehnung an die herrschende Meinung für den Zusammenhalt der Gemeinschaft sorgt und ein kleinerer Teil die Richtung bzw. gegebenenfalls die Richtungsänderung bestimmt.

Doch wie auch immer man das Schlüsselexperiment Solomon Aschs in seinen soziologischen Zusammenhängen sehen mag – es zeigt unstreitig, dass die Mehrheit der Menschen offensichtlich nicht anders kann, als sich überzufällig häufig der herrschenden, d. h. der öffentlichen Meinung anzuschließen, selbst wenn die vor Augen liegenden Tatsachen Veranlassung geben müssten, sich ganz anders zu entscheiden. Hieraus ergibt sich, dass man von der Vorstellung eines im Regelfall »mündigen Bürgers« Abschied nehmen muss, so bedauerlich es erscheinen mag.

Über den Begriff »öffentliche Meinung« ist bis zum heutigen Tage oft gestritten worden. Mir erscheint die folgende Lösung – die sich eng an die Arbeiten von E. Noelle-Neumann anlehnt – am plausibelsten, weil sie die praktischen Konsequenzen berücksichtigt:

Man kann die öffentliche Meinung als einen instabilen, wandelbaren Verhaltenskodex mit starker moralischer Einfärbung betrachten, der sich, bildlich gesprochen, teils in einem festen, teils in einem flüssigen Aggregatzustand befindet. Der »feste« Zustand umfasst jene allgemein akzeptierten Normen, die im Augenblick unangefochtene Gültigkeit haben und die man unbedingt beachten muss, wenn man sich nicht isolieren will. Die »flüssige Phase« umfasst die in der Gegenwart erörterten kontroversen Meinungen, die man äußern kann, ohne sich zu isolieren. In jedem Fall stehen die in der Öffentlichkeit geäußerten Ansichten unter dem Druck einer anonymen Kontrolle, die das Individuum ständig dem Risiko einer »Ächtung« durch Isolierung aussetzt.

Die Furcht vor einer solchen Isolierung ist offenbar enorm, da sie den zu konformer Anlehnung neigenden Menschen buchstäblich mundtot macht. Denn das einzelne Individuum reagiert auf die durch die abweichende Meinung »selbstverschuldete« Isolierung mit Schweigen, mit einem »Den-Mund-Halten«.

Was aber ist mit den »Richtungsweisern«? Es sind einerseits die ungezählten Neuerer der menschlichen Gesellschaft, die im Lexikon stehen und denen unser Respekt gilt, wenn wir ihre Werke lesen oder uns nur über sie informieren. Dass des Weiteren in unserem Medienzeitalter das gedruckte Wort und mehr noch das präsentierte Fernsehbild einen unangemessen hohen Anteil an dem Prägungsvorgang der öffentlichen Meinung haben, ist inzwischen schon eine eher banale Feststellung.

Doch auch all die kleinen Beweger des Zeitgeistes sind nicht ohne Wirkung, die an dem verachteten Stammtisch sitzen, die Freude an kontroversen Erörterungen haben, gerne einmal die Dinge auf den Kopf stellen und ihre Gesprächspartner überzeugen wollen (übrigens: sitzen wir nicht alle bei jeder Geselligkeit am »Stammtisch«?).

Doch dazwischen treiben sich die verhängnisvollen Heilsapostel herum, die Ideologen und die politischen Abenteurer mit demagogischem Geschick, die Rattenfänger des Totalitarismus mit ihren fanatisierten Anhängern und beflissenen Höflingen – unser Jahrhundert ist da bekanntlich voller schlimmer Erfahrungen. Alle zusammen aber lieben gerade das, was die anderen fürchten: Die Isolierung dessen, der Neues, bisher Unerhörtes sagt oder vielleicht nur unkonventionelle Ansichten äußert, dem aber dabei als Lohn seiner freiwilligen Isolierung ein großer oder kleiner Ruhm oder wenigstens die Aufmerksamkeit der Öffentlichkeit oder jedenfalls das Hinhören seiner persönlichen Umgebung zufällt.

4 Schlussfolgerungen für das Verhalten der Bevölkerung im »Dritten Reich«

All dies zeigt, dass der Massengesellschaft in einer offenen Gesellschaft ganz bestimmte Verhaltensweisen zu Eigen sind, die man immer wiederkehrend beobachten kann und der man deshalb Allgemeingültigkeit zumessen muss. In der geschlossenen Gesellschaft einer Diktatur ist damit zu rechnen, dass sich notwendigerweise einige Akzente verschieben und verschärfen. Es fällt aber der Versuch nicht schwer, im folgenden die in einer offenen Gesellschaft gewonnenen Erkenntnisse auf die Verhältnisse im »Dritten Reich« anzuwenden.

1. *Die wirtschaftliche Krisensituation öffnet Hitler erstmalig die politische Tür: sein Spiel mit der Problemlösungskompetenz.* Hitlers Aufstieg aus der politischen Bedeutungslosigkeit fiel zeitlich exakt mit dem Beginn der wirtschaftlichen Krisensituation zusammen. Ohne dieses Vehikel wäre er mit Sicherheit ein politischer Außenseiter geblieben. Aber die katastrophale wirtschaftliche Situation hatte für den Wähler, damals noch viel mehr als heute, absolute Priorität.

Es war für Hitler ebenso einfach wie wirkungsvoll, in seiner politischen Werbung immer wieder die Inkompetenz seiner politischen Gegner auf wirtschaftlichem Gebiet anzuprangern, ohne selbst ein konkretes, sachlich begründetes Programm anzubieten (das er zu diesem Zeitpunkt auch gar nicht hatte). Es war für ihn offenbar nur erforderlich, dem politischen Gegner die Problemlösungskompetenz oft genug abzusprechen, um sie im Unterbewusstsein der Masse auf sich selbst zu übertragen.

2. *Hitlers Stärke und Schwäche im politischen Marketing:* Hitler besaß – über seine phänomenale rhetorische Begabung hinaus – ein überragendes Talent zur Entwicklung völlig neuer politischer Werbemethoden, die späteren Erkenntnissen zum Teil weit vorauseilten. Gleiches gilt für Goebbels. Vor allem wusste er bereits, dass nur die permanente Wiederholung weniger und einfacher Behauptungen, die »auf den Begriffsstutzigsten zugeschnitten sind«, den Erfolg verbürgt.

Allerdings schränkten der vulgäre Stil, die Drohungen, der Antisemitismus und die Gewaltanwendungen der Anhänger die Ausbreitung des Anhängerpotentials innerhalb der Bevölkerung erheblich ein, sodass es ihm nicht gelang, auf parlamentarischem Wege die Mehrheit zu erreichen.

Das ist außerordentlich bemerkenswert und heißt praktisch, dass etwas mehr als die Hälfte der damaligen Generation inmitten der erdrückenden Übermacht einer einseitigen und höchst wirkungsstarken politischen Beeinflussung eine beträchtliche und gesunde politischen Skepsis bis zum Frühjahr 1933 aufrechterhielt.

3. Hitlers politischer Werbefeldzug bleibt ohne strategische Antwort Hitlers ungewöhnlich weit entwickelte Werbeideen, die hinsichtlich ihrer grundsätzlichen Methodik dem heutigen Standard schon weitgehend entsprachen, trafen auf einen völlig wehrlosen Gegner, dem derartige politische Werbefeldzüge fremd waren, der sie aber auch verachtete und dadurch Hitler und seinen Anhängern dieses wichtigste Feld moderner politischer Massenbeeinflussung kampflos überließ. Es war so ähnlich, als wenn im Siebenjährigen Krieg plötzlich einer der beiden Kriegsgegner über automatische Waffen verfügt hätte.

4. Die Personalisierung Hitlers Hitler hatte mit seiner Selbsternennung zum »Führer« eine aus seiner Sicht geradezu geniale Werbeidee. Denn damit erreichte er eine unerhörte Personalisierung im Kampf um die Macht, wie sie vorher und nachher keinem anderen gelungen ist. Zugleich brachte er es fertig, seine Person im Parteikultus und im Führermythos sakral zu überhöhen – eine Vorstellung, die jeden anderen Politiker der Lächerlichkeit preisgegeben hätte. Ebenso ist es ihm gelungen, diese Personalisierung mit einer pseudoreligiösen Weltanschauung zu verbinden, die, so verschwommen sie war, ihren Urheber als politischen Messias ungemein wirkungsvoll einrahmte. Viele seiner Gegner haben denn auch damals darüber gelacht, aber dabei den massenpsychologischen Effekt dieser politischen Werbemittel sträflich unterschätzt.

Heutzutage bemüht sich jeder führende Politiker um eine möglichst häufige Präsenz im Fernsehen, um im Wahlkampf eine Personalisierung zu erreichen. Hitler hätte diese Möglichkeit ebenfalls durchaus gehabt. Denn ich erinnere mich, dass ich 1936 auf der Funkausstellung in Berlin bereits die ersten Fernsehapparate gesehen habe. Er hat also diese Möglichkeit nicht genutzt – warum? Er hatte eine bessere Idee, um eine nicht nur aktuelle, sondern dauerhafte Personalisierung zu erreichen.

Meiner Meinung nach hat Hitler hat offenbar instinktiv gefühlt, dass eine ständige Präsenz im Fernsehen seine herausragende, sakralisierte Stellung als »Führer« verschleißen würde, weil sie mit einer Einebnung seiner vom Volk abgehobenen Position verbunden gewesen wäre.

Dementsprechend ist er zwar vor 1933 mit dem Flugzeug im Wahlkampf von Rede zu Rede gehetzt, um auf diese Weise sein wichtigstes Kampfmittel – seine überragenden rhetorischen Fähigkeiten – ständig im ganzen Land und im Gegensatz zu seinen Konkurrenten einzusetzen. Er hat diese Taktik auch nach dem 30. Januar 1933 zunächst noch fortgesetzt. Nachdem er aber die Macht erobert hatte – also seit dem Ende des Jahres 1933 –, trat er öffentlich viel seltener auf und bewegte sich hier immer nur in einem weihevollen Rahmen, der geeignet war, die Fiktion seiner überirdischen Sendung (und auf diesem Wege die Personalisierung) über die Jahre hinweg aufrechtzuerhalten. Dadurch wurde eine Begegnung mit ihm, eingebettet in eine der großen Parteiveranstaltungen, für den schlichten »Volksgenossen« zu einem einmaligen, unvergesslichen Erlebnis, an das sich der Einzelne nur mit glänzenden Augen zu erinnern vermochte und das er bereitwillig an seine Umgebung weitergab.

5. Hitler erzeugt eine Schweigespirale und ein neues Meinungsklima Hitler hatte, hierauf wurde schon hingewiesen, zunächst noch nicht einmal die Hälfte der Bevölkerung hinter sich. Doch jetzt stieß in die bestehende große Sinnkrise der Zeit seine immer wieder verkündete und in Potsdam mit großer Feierlichkeit in Szene gesetzte »Nationale Erhebung«.

Das hieß konkret-sachlich ja eigentlich gar nichts, aber dieser Begriff produzierte – nach Jahren politischer Ausweglosigkeit und inmitten eines wirtschaftlichen Ruins – ein Klima unerhörter nationaler Geschlossenheit, das dem Zustimmenden das Gefühl vermittelte, inmitten einer riesigen Gemeinschaft Gleichgesinnter an einer nationalen Zeitenwende teilzuhaben. Eine Welle der Siegeszuversicht und einer neuen, geradezu spiritualisierten politischen Hoffnung pflanzte sich unter den Menschen fort, die ständig durch Hitlers eigene Auftritte und durch ein Trommelfeuer der Propaganda in den völlig einseitig gesteuerten Medien gestützt wurde.

Und jetzt bröckelte immer mehr von dem bisher aufrecht erhaltenen Gefühlswiderstand der noch »Abseitsstehenden« ab. Immer mehr Menschen – unter ihnen Thomas Mann! – fragten sich, ob sie nicht auf der falschen Seite stünden, und die Zögernden wurden immer kleinlauter. Gleichzeitig blühte auf einmal das wichtigste Feld der Zustimmung, die Wirtschaft, mit nie erträumter Rasanz auf: am Jahresende war ein Drittel der Arbeitslosen verschwunden. Und jetzt (erst jetzt!) votierten 90 % der Bevölkerung für Hitler.

Die Bevölkerung nahm die negativen Begleiterscheinungen – nämlich Terror und Judendiskriminierung – durchaus wahr. Doch die positiven Erfahrungen, Eindrücke und Hoffnungen waren viel, viel stärker und subjektiv bedeutsamer. Es sei in diesem Zusammenhang noch einmal daran erinnert, dass sogar unter unseren Bedingungen einer freien Gesellschaft und fern von allen Krisensituationen, die mit der damaligen vergleichbar wären, empirisch noch nie eine Schweigespirale gegen den Medientenor beobachtet worden ist!

So war also Hitler schon im Sommer die Überrumpelung des ganzen Volkes soweit gelungen, dass er laut das Ende der »Nationalen Revolution« verkünden konnte. Jetzt war die Hoffnung allgemein, dass die »Übergriffe« bald ein Ende haben würden. Infolge dessen wurden von den nicht unmittelbar selbst Betroffenen (und das waren die meisten) die negativen Begleiterscheinungen bewußt als zweitrangig angesehen und angesichts der voraufgegangenen katastrophalen wirtschaftlichen Misere und der jetzt fulminant einsetzenden wirtschaftlichen Besserung in Kauf genommen.

6. Die Stabilisierung des Meinungsklimas in den Jahren 1934 bis 1938 Hitler hatte unmittelbar nach dem 30. Januar 1933 die öffentliche Meinungsfreiheit abgeschafft. Infolgedessen war er nicht in Gefahr, dass seine Person in den Augen der Wähler durch eine gegenläufige politische Werbung abgeschwächt würde. Dies war für ihn von unerhörtem Vorteil, wenn man bedenkt, wie sehr in einer offenen Gesellschaft das Image eines Spitzenkandidaten durch Attacken der Gegenseite gemindert werden kann. Vielmehr kam es für ihn nur darauf an, das positive Meinungsklima aufrecht zu erhalten. Es gelang ihm höchst wirkungsvoll durch mehrere parallel verlaufende positive Entwicklungen.

Zum ersten verbesserte sich die wirtschaftliche Situation von Tag zu Tag aus den an anderer Stelle schon dargelegten Gründen. Da jedermann nur mit einem Schauder des Entsetzens an die eben zurückliegende und auf geradezu wunderbare Weise überwundene wirtschaftliche Katastrophensituation zurückdachte, darf man davon ausgehen, dass der Faktor »Wirtschaft« auf der damaligen Wertungsskala der Gesellschaft zur entscheidenden Größe wurde.

Zum zweiten gelang es Hitler, nicht nur erstaunlich viele Verbesserungen für die Arbeiter ins Werk zu setzen, sondern auch die sozialistischen Sehnsüchte der Massengesellschaft nach Gleichheit und Sicherheit in vielfältiger Form zu realisieren.

Zum dritten: Hitlers atemberaubende außenpolitische Erfolge, die nun wirklich für jedermann erkennbar nur ihm zuzuschreiben waren, führten zu einer nie unterbrochenen Kontinuität der Personalisierung.

Diese drei ungemein erfolgreichen, parallel verlaufenden Entwicklungsstränge konnten zu keiner Zeit durch eine kritische Publizistik oder gar durch einen politischen Gegner in Frage gestellt werden. Auch die jedem ins Auge fallenden Schattenseiten des Regimes vermochten daran nichts zu ändern, weil sie im Bewusstsein der Menschen nicht die Oberhand gewinnen konnten.

Man muss hinzufügen: Das würde auch heute nicht anders sein. Denn die meisten Menschen verteilen, damals wie heute, ihre Sympathien unter dem Gesichtspunkt eigennützlicher Prioritäten und nicht nach moralischen Gesichtspunkten. Das mag man bedauern und beklagen, ändern wird man es nicht. Jedenfalls wäre es abwegig, der Bevölkerung von 1936 andere Maßstäbe abverlangen zu wollen als den heute Lebenden.

7. Fehlender Einfluss von Medien und Meinungsführern verhindern einen Gesinnungswandel nach 1938
Aber später, nach dem Judenpogrom und Hitlers Einmarsch in die Tschechei, dann nach Stalingrad und um die Zeit des Attentats vom 20. Juli 1944, überhaupt den ganzen Krieg hindurch – warum hat die breite Masse dann auch immer noch an ihm festgehalten, obwohl es doch nicht so schwer zu erraten war, wohin die Reise ging? Auch diese Frage lässt sich meines Erachtens heute unter Berücksichtigung der vorliegenden kommunikationswissenschaftlichen Untersuchungen sehr viel besser als bisher beantworten.

Das ganze Jahr 1939 war von einer in der Bevölkerung weit verbreiteten Kriegsfurcht bestimmt. Die allgemeine Stimmung wäre deshalb mit hoher Wahrscheinlichkeit einer kritischen Infragestellung zugänglich gewesen.

Doch sämtliche Medien waren fest in Regierungshand, sodass bereits eines der beiden entscheidenden Vermittlungsinstrumente einer Stimmungsänderung ausfiel. Das andere Instrument – die Meinungsführer – fiel aber ebenfalls aus. Zwar kann man damit rechnen, dass die Zahl der zu einer Gegenbewegung tendierenden Meinungsführer damals erheblich zugenommen hat. Aber sie konnten nicht wirksam werden, weil kritische Äußerungen für jeden Menschen lebensgefährlich waren.

Auf der anderen Seite ist es sehr aufschlussreich, dass eine allgemeine Kriegsbegeisterung, wie Hitler sie sich erhoffte, nicht aufkam. Die Massen waren nämlich durch Hitlers überaus geschicktes Taktieren in den Jahren zuvor zu der festen Überzeugung gelangt, »der Führer« sei der Wahrer des Friedens. An dieser Meinung hielten sie auch jetzt unbeirrbar fest, so verworren ihnen die ganze Situation schien. Denn sie wollten Frieden, unbedingt, und bisher hatte der Führer es doch immer noch geschafft, zuletzt noch in München! So war Hitler jetzt in Verlegenheit – dies zeigt seine Rede vor den Chefredakteuren – wie er die Massen in diesem Punkt zu einem Umdenken bringen sollte. Gelungen ist ihm das nicht.

Bemerkenswerterweise dominierte nämlich auch 1938/39 in der Publizistik ungeachtet aller Trommelei nicht eine offene Stimmungsmache für den Krieg, sondern es wurde lediglich der Gegenseite die Schuld für die Krisensituation zugeschoben, obwohl ja Hitler eine durch die Presse angefachte Kriegsbegeisterung wünschte. Das ist ein interessanter Sachverhalt. Ich glaube, dass in diesem Fall die Journalisten ihr professionelles Gespür für die Stimmung der Leser davon abhielt etwas zu schreiben, was ostentativ auf gefühlsmäßige Ablehnung gestoßen wäre.

Es gab aber auch innerhalb der Gesellschaft keine »Meinungsführer«, die – wie vor 1914 – die Auffassung vertreten hätten, ein Krieg liege in unserem nationalen Interesse und sei deshalb erforderlich. Im Gegenteil, niemand hieß den Krieg willkommen, sondern jedermann fürchtete ihn, sah ihn zugleich wie ein drohendes Fatum vor der Tür und alle Welt sprach auch darüber. Es fehlten also die beiden entscheidenden Voraussetzungen für einen Stimmungswechsel zur Kriegsbegeisterung: die kontinuierliche, gleichgerichtete publizistische Beeinflussung und die Meinungsführer. Ohne zumindest eine dieser beiden Induktionsquellen scheint es aber unmöglich zu sein, dass sich in einer Massengesellschaft eine grundsätzliche Änderung des Meinungsklimas durchsetzt. Dies gilt um so mehr, wenn es um die schwerwiegendste Frage geht, der eine Gesellschaft gegenüberstehen kann: Frieden oder Krieg?

Diese Voraussetzungen muss man sinngemäß auch für die gesamte Zeit von Ende 1938 bis zum Kriegsende unterstellen: Die Stimmung blieb zunächst in einem Schwebezustand der Unsicherheit, geprägt von der Angst vor einem Krieg. Während der ersten beiden Kriegsjahre wurde die große Masse dann durch Hitlers Erfolge in eine neue Phase der Zustimmung geführt und danach sank sie in einen Fatalismus der trotzigen Hoffnung, auch wenn die Zahl der Zweifelnden in den letzten Kriegsjahren beträchtlich zunahm. Doch zu einer grundsätzlichen Änderung des Meinungsklimas mit einem Stimmungsumschwung gegen Hitler kam es nie.

Dass es so war, entspricht den Erwartungen, die man nach meiner Meinung aus den oben angegebenen Gründen und nach den heute verfügbaren Ergebnissen der Kommunikationsforschung haben muss. So gesehen hat die deutsche Bevölkerung als Kollektiv wahrscheinlich nicht anders denken und handeln können, als sie es getan hat (selbstverständlich bleiben hierbei Verbrechen außer Betracht).

Mit dieser Auffassung soll natürlich nicht einer Generalabsolution das Wort geredet werden. Es geht hier nur um die statistische Wahrscheinlichkeit der individuellen Zustimmung zum Regime. Deshalb bleibt auch die moralische Verantwortung des einzelnen Menschen für seine zustimmende Gesinnung im »Dritten Reich« davon unberührt. Das ist außerordentlich wichtig, denn die Gesamtheit der innerlich Zustimmenden hatte, wie früher schon angedeutet, für die Stabilität von Hitlers Herrschaft eine entscheidende Bedeutung. Hierüber zu spekulieren, ist allerdings außerordentlich schwierig, weil die individuellen Umstände, die den Einzelnen in seiner Zustimmung oder Ablehnung beeinflusst haben, geradezu zahllos sind. Denn es geht ja hierbei um das häufigste Phänomen im menschlichen Leben: um eine Fehlhandlung infolge eines Irrtums. Und die meisten Fehler macht man bekanntlich, weil man im entscheidenden Augenblick »nicht richtig aufgepasst« oder besser: nicht sorgfältig genug überlegt hat.

»Falsche Zustimmung oder Irrtum« bei John Locke (1632–1704) John Locke hat sich in seinem schon erwähnten »Versuch über den menschlichen Verstand« über »Falsche Zustimmung oder Irrtum« Gedanken gemacht, die gerade im Hinblick auf das »Dritte Reich«, aber auch in unserer Gegenwart bedenkenswert sind.

Der Irrtum, so sagt er, ist nicht ein Fehler unseres Wissens, sondern ein Missgriff unseres Urteils, das einer Sache seine Zustimmung gibt, die nicht wahr ist. Wie kommen also Menschen dazu, ihre Zustimmung im Widerspruch zur Wahrscheinlichkeit zu erteilen? Locke nennt vier Gründe:

1. Mangel an Beweisen;
2. Mangelnde Fähigkeit, die Beweise zu benutzen;
3. Mangelnder Wille, die Beweise zu sehen;
4. Falsche Maßstäbe der Wahrscheinlichkeit.

Die Gründe sind vielfältig, zum Beispiel fehlende Zeit oder die mangelhafte Möglichkeit, sich umfassend zu informieren. Dann gibt es jene, »die eng eingeschnürt [sind] durch die Gesetze ihres Landes und die Aufsicht derer, die daran interessiert sind, sie unwissend zu erhalten. Denn je mehr sie wissen würden, desto weniger würden sie an jene Aufseher selbst glauben.« Das sind natürlich die Voraussetzungen in einer Diktatur.

Anderen wiederum fehlt »die Geschicklichkeit, die Zeugnisse von Wahrscheinlichkeiten, die sie besitzen, zu verwenden. Sie sind nicht imstande, eine Reihe von Schlussfolgerungen im Kopf zu behalten. Auch können sie nicht das Übergewicht sich widersprechender Beweise und Zeugnisse so genau abwägen, dass sie jeden Umstand gebührend berücksichtigen.«

Des Weiteren gibt es eine Gruppe von Menschen, die zwar die Beweise in der Hand haben, sie aber nicht benutzen wollen, sei es aus lauter Geschäftigkeit oder geistiger Trägheit, sei es, dass sie ohne Prüfung auf Treu und Glauben hinnehmen, was ihre Anschauungen begünstigt oder gerade in Mode ist. Quod volumus, facile credimus – was man wünscht, das glaubt man gern.

Schließlich bleibt noch die Gruppe jener Menschen, die der Wahrscheinlichkeit falsche Maßstäbe zugrunde legen und so zweifelhafte oder falsche Sätze als Prinzipien anerkennen, sich vorherrschenden Leidenschaften und Neigungen anschließen oder aus Autoritätsgläubigkeit handeln.

So sind wir Menschen nun einmal – der eine mehr, der andere weniger. Und im Hinblick auf die Situation im »Dritten Reich« – aber auch in unserer politischen Gegenwart – kann man vielleicht hinzufügen, dass die Sorgfalt ruhiger Überlegung besonders gefährdet ist, sobald emotionale Faktoren an Bedeutung gewinnen. Schließlich ist es für einen fairen Umgang mit den Irrtümern der damaligen Generation wichtig, eine weitere kommunikationswissenschaftliche Erfahrung zu berücksichtigen:

»In einem zentral-staatlich gelenkten Massenmediensystem – die zentrale Lenkungsinstanz filtert unter den Gesichtspunkten der Erziehung und Propaganda, welche Ereignisse und welche Argumente in den Medien behandelt werden und ob mit positiven oder negativen Vorzeichen – ist [eine] selektive Wahrnehmung praktisch außer Kraft gesetzt. Die Medien enthalten nicht verschiedene Versionen, von denen der Empfänger diejenigen, die seine Vorurteile bestätigen, selektiert, sondern diese Selektion ist ihm schon auf einer Vorstufe von der zentralen Lenkungsinstanz abgenommen. [...] Bei ›gleichgeschalteter‹ Publizistik sind die Abwehrmechanismen außer Kraft gesetzt, und das Individuum kann sich der Beeinflussung durch die Massenmedien nicht entziehen. Es wird manipuliert, selbst wenn – bei der Bevölkerung totalitärer Staaten – der Sachverhalt bekannt ist, dass die Medien nicht objektiv, nicht wahrheitsgemäß und vollständig informieren. [...] Dieses Wissen immunisiert nicht gegenüber einer Publizistik, die mit allen Medien übereinstimmend und einseitig informiert und kommentiert; und auch persönliche Beobachtungen und Erfahrungen bei illegal oder an der Grenze der Legalität empfangenen Sendungen ausländischer Stationen können nur unzureichend dem Druck synchronisierter Massenmedien entgegenwirken.« (E. Noelle-Neumann)

Im »Dritten Reich« führte dies alles zusammen in eine tragische Situation; denn Hitler und sein Regime hätten eine echte Richtungsänderung des Meinungsklimas nicht ausgehalten, weil auch eine Diktatur auf die Dauer nicht gegen eine klar entgegengesetzte Meinungsstimmung bestehen kann. Andererseits zeigt sich hier die in diesem Jahrhundert immer wieder zutage tretende Erfahrung, dass sich ideologische Regime nicht von innen her überwinden lassen, solange sie im Alleinbesitz der Kommunikationsmittel sind.

Literatur: (5) A. M. Birke
(28) N. Frei
(43) E. Jäckel
(53) H. Krausnick
(57) J. Locke
(63) J. Mirow
(72) E. Noelle-Neumann
(73) E. Noelle-Neumann
(77) E. Noelle-Neumann et al.
(88) F. v. Schlabrendorff
(96) M. Stürmer et al.
(99) A. Theisen
(102) C. Zentner.

5 | Eine neue Republik

Wenn man sich in den ersten Jahren nach dem Krieg politisch umsah, so konnte man eigentlich nur überrascht sein. In völligem Gegensatz zur Zeit nach 1918 und den ersten Jahren der Weimarer Republik verlief das Leben in den drei Westzonen politisch erstaunlich stabil, und allmählich erwachte in der Bevölkerung ein zunehmendes Interesse an der neuen und zunächst von den Besatzungsmächten aufgezwungenen Staatsform Demokratie. Hierzu trug natürlich auch die Tatsache bei, dass in den Köpfen der Menschen keine Dolchstoßlegende und keine andere, konkurrierende Staatsform herumspukte wie nach 1918.

Die Staatsvergottung des »Dritten Reiches« kehrte sich ins Gegenteil um. Das früher überzogenen Nationalgefühl versank fast spurlos in der Nachkriegsmisere, und an seine Stelle trat eine gewisse »Wurstigkeit«. Am besten brachten damals die Kölner Karnevalisten die allgemeine Stimmung zum Ausdruck, wenn sie den beliebtesten aller Schlager sangen: »Wir sind die Eingeborenen von Trizonesien, heidi tschiwella, tschiwella, tschiwella, tschiwella wumm ...« Darin kam eigentlich alles auf den Punkt: dass man noch einmal davongekommen war; dass man sich wie Eingeborene eines Entwicklungslandes behandelt fühlte; dass die neuen Herren sich nicht vorstellen konnten, wie die Realität des zugrunde gegangenen Staates ausgesehen hatte; dass einen der Verlust der alten Staatlichkeit überhaupt nicht erschütterte; dass einem die neue politische Situation ziemlich egal war und man dachte, irgendwie würde es auch in diesem neuen »Trizonesienland« weitergehen.

Im Sommer 1948 war mit einem Schlag die Hungerei der ersten Nachkriegsjahre zu Ende, denn mit der Währungsreform waren plötzlich auch die Schaufenster wieder voll – es war alles zu haben. Erstaunlicherweise hielten sich aber auch die Preise in einem erschwinglichen Rahmen. Dies hatte einfache Gründe: Einerseits kam die Volkswirtschaft sofort in Gang, und hieran hatte die Bauwirtschaft in den zerstörten Städten maßgeblichen Anteil. Andererseits wurden die Güter des täglichen Bedarfs im eigenen Land und in ausreichendem Maße hergestellt, sodass sich ein vernünftiges, an Angebot und Nachfrage orientiertes Preisgefüge aufbauen konnte.

Alle Menschen waren glücklich, dass nach den Entbehrungen der Kriegs- und Nachkriegsjahre die eigenen Anstrengungen durch einen neuen, wenn auch zunächst bescheidenen Wohlstand belohnt wurden. Vom Staat, der ja bankrott war, erwartete niemand etwas. Da einerseits zunächst die elementaren menschlichen Bedürfnisse wie Wohnung und Kleidung befriedigt werden mussten, darüber hinaus aber auf der Angebotsseite den Menschen immer neue und immer verlockendere Dinge in die Augen stachen, die zu erwerben sich jeder abmühte, kam es zu einer lang anhaltenden Konsumsteigerung mit einem kontinuierlichen Anstieg des Lebensstandards.

Im Handumdrehen waren die ersten Autos neuer Produktion auf den Straßen. Sie vermittelten denen, die nur davon träumen konnten, immerhin ein Gefühl der Zuversicht, dass man es irgendwann auch »geschafft« haben würde. Es dauerte natürlich Jahre, bis jeder wieder die notwendigen und weniger notwendigen Dinge seines Bedarfes angeschafft hatte. Aber gerade weil immer noch Lücken zu füllen waren, hatte jeder ein »Programm« vor sich, das jedes neue Kleidungsstück und jedes Paar Schuhe zu einem Schatz machte und die Zukunft hoffnungsvoll erscheinen ließ.

Als Student nach der Währungsreform 1948 Ganz so reibungslos lief der Marsch in die neue Wohlstandswelt für uns Studenten allerdings nicht ab. Als ich im Sommer 1948 mit meinen vierzig neuen »Deutschen Mark« in meiner Bude saß, war guter Rat teuer.

Nach meiner Vorprüfung hatte mich ein Bekannter auf die Idee gebracht, ein Repetitorium »Zur Vorbereitung auf das Physikum« zu betreiben, um damit mein Studium zu finanzieren. Ich startete also mittels Postkarten eine Werbekampagne, die eine gute Resonanz fand, sodass ich ein Klassenzimmer in der Volksschule Poppelsdorf mietete, in meiner Eigenschaft als Hilfsassistent an der Anatomie im Präparierkurs Reklamevorträge hielt und eine ausreichende Zahl von Kunden meinen Kurs bevölkerte.

Aber nun, nach der Währungsreform, konnte ich mir nicht vorstellen, dass noch jemand das wertvolle neue Geld für mein Repetitorium ausgeben würde. Deshalb war ich schon drauf und dran, mich als Rührer in einer Marmeladenfabrik zu verdingen. Aber da der Stundenlohn hier nur 79 Pfennige betrug, konnte ich mir ausrechnen, dass ich damit mein weiteres Studium nicht würde finanzieren können. Mit dem Mut der Verzweiflung wagte ich einen letzten Werbeversuch für mein Repetitorium, und ich war unsagbar glücklich überrascht, als sich tatsächlich ein paar Kursteilnehmer meldeten. Noch verblüffter war ich, dass bald der Zuspruch zu meinen Kursen lebhafter als vor der Währungsreform wurde.

Durch einen Zufall kam ich dahinter, dass das Geheimnis meines Erfolges lehrerhafte Strenge war. Es war mir nämlich passiert, dass ich in müdem Zustand faule Kursteilnehmer wie ein Lehrer beschimpft hatte. Zu meiner Überraschung hatten sie aber beim nächsten Mal nicht gekündigt, sondern ihr Pensum gelernt. Daraufhin machte ich aus dieser Erfahrung eine Methode. Einige Zeit später erzählte mir ein Semesterkollege, er habe in der Mensa am Tisch das Gespräch zweier Examenskandidaten angehört. Da habe der eine den anderen gefragt: »Sind Sie auch in dem Rep.-Kurs vom T.?« Als sein Gegenüber verneinte, habe der Freund gesagt: »Also wissen Sie, lernen tun Sie bei dem ja was, aber wenn Sie da raus kommen und stehen auf der Straße, dann schlottern Ihnen die Knie!«

Erstaunlich genug: Die Demokratie in der neuen Republik setzt sich durch und die Integration von 13 Millionen Flüchtlingen gelingt Als wollte das Schicksal etwas an uns gutmachen, fanden sich, im Gegensatz zu 1933, jetzt genügend verantwortungsbewusste (und uneigennützige sowie bescheidene!) Politiker und Politikerinnen, die den verfahrenen Karren aus dem Dreck zogen.

Mindestens genau so wichtig war der Anteil der Alliierten. Sie kommandierten kurz und bündig: Die Demokratie wird eingeführt! Im gleichen Augenblick zerschlugen sie die alte Staatlichkeit und entwarfen, gewissermaßen auf dem Reißbrett, neue Länder für eine neue Föderation. Das sah auf den ersten Blick mehr wie ein Verwaltungsakt aus, hatte aber die enorm wichtige Konsequenz, dass auch hier alle Brücken zur Vergangenheit abgebrochen wurden. Denn ohne diesen radikalen Einschnitt wäre es sehr viel schwerer gewesen, das deutsche Volk nicht nur gezwungenermaßen, sondern am Ende mit einer etwas nachhinkenden Freiwilligkeit zur Akzeptanz der neuen Staatsform Demokratie zu bewegen. Dass dies gerade in diesen wenigen ersten Jahren nach dem Krieg gelang, war für uns im Rahmen der gleichzeitig ablaufenden gesamteuropäische politischen Entwicklung von unschätzbarem Wert:

»In dem erstaunlich kurzen Zeitraum von nur fünf Jahren (1945–1950) fielen nicht nur jene großen politischen Entscheidungen, die als weltgeschichtliche Weichenstellungen bis zum heutigen Tage bestimmend geblieben sind. Auch die geistigen und normativen Entscheidungen dieses Jahrfünfts [...] bezeugen die Entstehung eines gemeineuropäischen und gemeindemokratischen Politikverständnisses, das ungleich stärker und allgemeiner als das bisherige politische Denken vom Primat der Freiheit und Menschenwürde, von der Bedeutung eines Ausgleichs sozialer und individueller Rechte, vom unverbrüchlichen Wert der pluralistischen Demokratie vor allen monolithischen Ideologien und Systemen durchdrungen war.« (K. D. Bracher)

Während nach dem Ersten Weltkrieg die rechtskonservative Elite erhalten blieb und dadurch – in Teilen zwar, aber am Ende entscheidend – zu der unseligen Entwicklung beitrug, die schließlich Hitler hieß, gab es dergleichen nach dem Zweiten Weltkrieg nicht. Ein weiterer wichtiger Punkt war die soziale Umstrukturierung. Schon die im »Dritten Reich« deklarierte »Volksgemeinschaft« war ja im Grunde ein sehr wichtiger Schritt auf dem Wege zur sozialen Einebnung der Massengesellschaft. Die turbulenten Nachkriegsverhältnisse mit der Notwendigkeit einer Integration von Millionen mitteloser Flüchtlinge führten in die gleiche Richtung.

»Sag' mal, was ist ein Gentleman?« An dieser Stelle ist eines ungewöhnlichen Mannes zu gedenken. Für mich ist er bis heute das Vorbild eines Staatsbürgers mit politischem Verantwortungsbewusstsein geblieben. Es war der Kölner Bankier Dr. Robert Pferdmenges. Er saß als Abgeordneter, offensichtlich ohne politischen Ehrgeiz, auf einer Hinterbank. Aber er war einer der wenigen Freunde Adenauers (ich glaube, er war sein einziger Duzfreund), und dieser wusste sein Wissen und seine Klugheit zu schätzen. Ihm machte Pferdmenges klar, dass mit den Millionen von Flüchtlingen ein Pulverfass von sozialen Spannungen ins Land gekommen und ein Lastenausgleich unumgänglich war. Das Gesetz trat 1952 in Kraft: Alle erhalten gebliebenen Vermögen wurden mit 50 % ihres Einheitswertes belastet, und der Erlös floss in den »Lastenausgleich« zugunsten der Vertriebenen.

Sollte einer meiner Enkel mich einmal fragen: »Sag mal, was ist eigentlich ein Gentleman?«, so würde ich ihm die folgende Geschichte erzählen:

In Köln gibt es ein altes Bankhaus, das 1789 von dem jüdischen Kaufmann Sal. Oppenheim gegründet wurde. In den schlimmen Jahren des »Dritten Reiches« war es in tödlicher Gefahr, geschlossen und enteignet zu werden, gar nicht zu reden von den Gefahren, die den »nichtarischen« oder nicht lupenrein »arischen« Teilhabern drohten. Einige waren schon ausgeschieden und emigriert, die anderen waren ratlos, wie es weitergehen sollte. In dieser bedrohlichen Situation stellte sich der »arische« Teilhaber des Hauses, Dr. Robert Pferdmenges, mit seinem Namen zur Verfügung, sodass die Bank in »Bankhaus Pferdmenges und Co.« umbenannt werden konnte.

»Was Pferdmenges tat, war mehr, als eine Unterschrift zu leisten, Es bedeutete, dass er das Schicksal der längst verrufenen Bank zu dem seinen machte – und das konnte unter dem Tyrannen böse enden. Pferdmenges machte sich gewissermaßen, ohne je darüber zu sprechen, wie Zuckmayer in ›Des Teufels General‹ den General Harras sagen lässt, zum Juden honoris causa.« (M. Stürmer) Denn es handelte sich nur um eine Änderung des Namens, nicht aber der Besitzverhältnisse.

Als der Krieg vorüber war, schickte Dr. Pferdmenges ein Schreiben an die Geschäftsfreunde der Bank: Im Jahr 1938 habe sich das Bankhaus Oppenheim angesichts der damaligen Bedrohung gezwungen gesehen, den Namen zu ändern. Um das zu ermöglichen, habe er seinen Namen zur Verfügung gestellt. Nun sei der Zeitpunkt gekommen, die Familie von Oppenheim, die das Haus gegründet und hochgebracht habe, wieder in ihre Namensrechte einzusetzen. Er sei sicher, bei den Freunden des Hauses Verständnis für diese Änderung zu finden.

Ich hoffe, dass mein Enkel sensibel genug sein würde, um der ebenso selbstverständlichen wie unaufdringlichen Noblesse, die aus diesem Brief und dem Verhalten seines Verfassers sprach, Respekt zu zollen und als befriedigende Antwort auf seine Frage zu empfinden. Ganz gewiss würde ich ihm dann aber auch eine der vielen freundlichen Antworten vorlesen, nämlich den Brief des Bankhauses Kleinwort Sons & Co aus London. Und ich würde ihn daran erinnern, dass diese von einem anderen – britischen – Gentleman verfassten Zeilen im Jahr 1947 geschrieben wurden, unmittelbar nach einem entsetzlichen Krieg, der von Deutschland seinen Ausgang genommen hatte:

»We readily appreciate that this revision to the old style under which your business has been conducted for so many years in the past, with all that it implies, must be the source of considerable satisfaction to you, and we trust that conditions in your country will steadily improve thus enabeling Germany to take part in the economic revival and rehabilitation of Europe.« (zit. n. M. Stürmer)

Der unverhoffte wirtschaftliche Aufschwung Die guten Wünsche der britischen Geschäftsfreunde sollten sich ungleich schneller erfüllen, als die Verfasser des Briefes und sein Empfänger sich das hätten träumen lassen. Der jetzt einsetzende wirtschaftliche Aufschwung war fraglos ein weiterer und vielleicht der wichtigste Grund für die erstaunliche politische Stabilität in den nun folgenden Jahren. Aus allen Beobachtungen der modernen Massengesellschaft weiß man, dass sie auf nichts so sensibel reagiert wie auf Veränderungen der wirtschaftlichen Situation zum Guten oder Schlechten. Und jetzt ging es eben immer aufwärts. Zu danken war dies in erster Linie Ludwig Erhard, der die Marktwirtschaft gegen die heftigen Einwendungen der SPD und starke Bedenken der Besatzungsmächte durchsetzte.

Ludwig Erhards Verdienst wird im Allgemeinen nur in seiner Leistung als Wirtschaftsfachmann gesehen. Aber das ist zu wenig. Ohne dass die Menschen das richtig wahrnahmen, hat er nämlich mit seiner Wirtschaftspolitik der »sozialen Marktwirtschaft« jene sozialistische Planung radikal über Bord geworfen, die in diesem Jahrhundert so oft in den politischen Totalitarismus geführt hat. Er hat im entscheidenden Augenblick, als alle Welt nach Planwirtschaft rief, diesem sozialistischen Konzept des Zwanges die Freiheit des Liberalismus entgegengestellt. Nicht einem Laisser-faire-Liberalismus hat er das Wort geredet, sondern die Risiken dieser gesellschaftlichen Lebensform durch die soziale Komponente abgefangen.

Der Beginn der Weltwirtschaftskrise mit der Börsenkatastrophe an der Wallstreet 1929.

Leider ist die banale Grundvoraussetzung seines Konzeptes immer mehr in Vergessenheit geraten: dass man nämlich erst etwas erwirtschaftet haben muss, bevor man ans Verteilen geht, und dass das Schuldenmachen inmitten einer florierenden Wirtschaft das schlechteste aller Programme ist.

Ein arbeitsloser Arzt 1951 Meine eigene Teilnahme am damaligen Wirtschaftswunder ließ allerdings etwas auf sich warten. Ich habe weiter vorne schon erzählt, dass ich mir mein klinisches Studium mit Repetitionskursen hatte verdienen können. Doch nach meinem Examen war es damit vorbei. Denn die fatale wirtschaftliche Situation der jungen Ärzte hatte sich herumgesprochen, und deshalb gab es plötzlich kaum noch Medizinstudenten. Infolgedessen musste ich mein Repetitorium zumachen und war nach dem Staatsexamen arbeitslos.

Denn es war damals völlig aussichtslos, als junger Arzt eine bezahlte Assistentenstelle zu bekommen, wenn man nicht in der Lage war, zuvor an der betreffenden Klinik ein bis zwei Jahre unentgeltlich zu arbeiten. Nur unter dieser Voraussetzung hatte man eine Chance, in eine bezahlte Stelle »hineinzurutschen«.

Eine Arbeitslosenunterstützung gab es für mich nicht, weil ich noch nicht gearbeitet hatte, und mich an die Sozialhilfe zu wenden, wäre mir nicht in den Sinn gekommen, zumal dieser Schritt damals gleichbedeutend mit »Schuldenmachen« gewesen wäre. Denn man musste damals die Sozialhilfe bei Besserung der wirtschaftlichen Verhältnisse (ganz oder teilweise) zurückzahlen.

Also wurde ich Handelsvertreter für Zigarren. Dabei hoffte ich im Stillen, für meinen Vater, der mit meiner Mutter inzwischen nach Köln gekommen war, noch einmal eine kleine Existenz aufbauen zu können. Ich hatte das Ruhrgebiet zu bereisen und meine

Etwa im gleichen zeitlichen Abstand zum Kriegsende kam es in Deutschland nach dem Zweiten Weltkrieg zu einem Wirtschaftsaufschwung noch nie gekannter Prosperität.

Zigarren auf den Vorstandsetagen der Industriebetriebe zu verkaufen, die dort zu »Repräsentationszwecken« benötigt wurden. Auf diese Weise habe ich viele damalige Vorstandsmitglieder großer Untenehmen kennen gelernt, und sie waren ausnahmslos alle sehr nett zu mir. Trotzdem war es ein hartes Geschäft, denn sie kauften natürlich nicht mehr, als sie brauchten, und das war nicht viel. Übrigens, sollte der Leser einmal eine Abbildung des damaligen Bundespräsidenten Heuß mit einer Zigarre in der Hand sehen: Er war auch mein Kunde, aber ich habe ihn nicht persönlich kennen gelernt. Mein Vertreterkollege war ein ehemaliger Kammersänger, der immerhin 1913 in Bayreuth den Hans Sachs gesungen hatte. Aber sein künstlerischer Ruhm war inzwischen lange verblasst, und nun war er froh, auf diese Weise ein paar Mark zu verdienen und dann und wann mit einer kunstverständigen Sekretärin über »die holde Kunst« plaudern zu können.

Doch ich wollte schließlich nicht bis ans Ende meines Lebens Zigarren verkaufen. Nach einem halben Jahr fand ich in Bonn eine Gelegenheit, unbezalt an einer Klinik zu arbeiten und im Ärztekasino zu essen, »wenn etwas übrig blieb«; aber das war glücklicherweise meist der Fall. Nebenbei wollte ich weiter meine Zigarren verkaufen, aber eine solche Tätigkeit kann man nicht mit der linken Hand betreiben. Deshalb gingen meine ohnehin spärlichen Einnahmen rapide zurück. Schließlich wurde meine finanzielle Situation so fatal, dass ich für fünf Mark Monatsmiete in einen ehemaligen Luftschutzbunker ziehen musste, der bis vor kurzem noch als Zuchthaus gedient hatte. Meine Bunkerzelle hatte kein Tageslicht, und quer herüber hing ein Strick, der zum Aufhängen der Kleider gedacht war, der einen aber in den häufigen trübseligen Stunden auch auf andere Gedanken bringen konnte. Noch schlechter als mir ging es einem Kollegen, der mit Frau und Kind zwei Bunkerzellen nebenan hauste.

Als ich gar nichts mehr verdiente, blieb mir nur als letzter Ausweg, jeden Monat kräftig Blut zu spenden. Das brachte 40 Mark, die noch nicht einmal eine Straßenbahnfahrt erlaubten. Außerdem lief ich wegen der überforderten Blutneubildung ständig mit Schienbeinschmerzen herum.

Um diese Zeit dirigierte Karl Böhm in Bonn ein Konzert. Er erlaubte mir in netter Weise, die Probe anzuhören, und in einer Pause schwärmte er mir etwas vor von einer »Don Giovanni«-Aufführung der Wiener Staatsoper einige Wochen später in Wiesbaden: »Mit der besten Besetzung, wo mr heit auf dr Welt zsammbringt, dös müssn Eahna anhör'n«, fügte er hinzu, und ich dachte: »Hat der eine Ahnung!«

Aber als ich in den folgenden Wochen mühselig von einem Tag in den anderen trottete, kam mir plötzlich Karl Böhms Empfehlung wieder in den Sinn und ich dachte, der »Don Giovanni« könnte meiner gequälten Seele sicher aufhelfen. Also stellte ich mich an die Autobahn und fuhr per Anhalter nach Wiesbaden, fand in einem Mainzer Studentenwohnheim ein kostenloses Nachtasyl, kaufte mir für fünf Mark eine Karte im obersten Rang – und dann fing mich mit Haut und Haaren diese unvergleichliche Oper ein. Der Maestro hatte wirklich nicht übertrieben. Ich habe den »Don Giovanni« noch oft gehört in meinem Leben, aber keine Aufführung war besser als jene damals.

Doch das Glück wollte kein Ende nehmen: Am nächsten Morgen vermittelte mir die Ärztekammer in Wiesbaden eine Landarztvertretung! Jetzt hatte alle Not ein Ende, denn mein Honorar betrug – neben freier Unterkunft und Verpflegung – fünfzehn Mark pro Tag, und ich wusste gar nicht, wohin mit dem vielen Geld. Ich bezog in einem hübschen alten hessischen Städtchen ein Zimmer – mit richtigem Fenster! – im Haus eines am Ort sehr beliebten, aber chronisch kranken Landarztes. Sogar einen Tennisplatz und ein kleines Schwimmbad gab es in dem großen Garten. Ich war gerettet.

Ein Glück für den jungen neuen Staat: Konrad Adenauer Und dann war da natürlich Konrad Adenauer. Er war ja schon ein alter Herr, noch im vorigen Jahrhundert verwurzelt. Dennoch war er so etwas wie eine Integrationsfigur des jungen neuen Staates. Er verband in seinem Auftreten und seinen Verhandlungen mit ausländischen Politikern in geradezu unnachahmlicher Weise eine unserer Situation angemessene Bescheidenheit mit natürlicher Würde und einer eminenten Autorität, die ihn von selbst zu einem gleichberechtigten Gesprächspartner machte. Unvergessen ist die Szene, als Adenauer nach seiner Wahl zum Bundeskanzler seinen Antrittsbesuch bei den Hohen Kommissaren der Westmächte auf dem Petersberg machte (eigentlich hätten die Herren zu ihm, dem Bundeskanzler, kommen müssen) und – als Ausdruck seiner gleichberechtigten Partnerschaft – mit großer Selbstverständlichkeit den gleichen Teppich betrat, auf dem die drei Herren standen und der ihm eigentlich als Standort nicht zugedacht war.

Viele haben es Adenauer damals übelgenommen (und ich gehörte auch dazu), dass er mit allzu vielen ehemals aktiven Dienern des »Dritten Reiches« in allzu großer Nachsicht verfuhr. Heute, im Rückblick, muss ich sagen, dass er damit Recht hatte. Er überblickte die Situation, er kannte die Menschen, er wusste um ihre Schwächen und ihre mangelhafte Einsichtsfähigkeit, und von daher war ihm klar, dass dieses Problem unter den gegebenen Umständen nach Gesetz und Recht nicht zu lösen war.

Vor allem aber wusste er, dass dieser neue deutsche Staat in die Gemeinschaft der alten westlichen Demokratien integriert werden musste und dass in diesem Zusammenhang Wiederbewaffnung und Wiedererlangung der Souveränität in einem engen und unauflöslichen Zusammenhang standen. Dabei spielte natürlich vordergründig der aktuelle Gegensatz zur Sowjetunion die entscheidende Rolle. Für uns Deutsche war aber die Westintegration auch ein entscheidendes Mittel, um Sonderwege in eine neue ideologische Katastrophe zu verhindern. Um dieses politische Ziel zu erreichen, musste eine Verweigerung der Vielen vermieden werden, die Hitler gefolgt waren. Dahin ist es in der Tat gekommen, sie wurden allmählich »aufgesogen« (E. Jäckel). Sicher ist, dass Adenauer in ihnen nicht seine Schützlinge gesehen, sondern seine Entscheidung in kühler Abwägung der politischen Notwendigkeiten getroffen hat.

Auch das andere kühle Kalkül Adenauers ging eines späten Tages auf, 1989 nämlich. Man hat ihm immer die Westintegration auf Kosten der Einheit vorgeworfen. Er betonte demgegenüber ohne Unterlass, dass eine wie auch immer geartete Neutralität Deutschlands verhängnisvoll für uns sein würde, dass aber eines Tages die westliche Gesellschaftsordnung einer freiheitlichen Demokratie über den Kommunismus den Sieg davontragen werde. »Es gibt politische Notwendigkeiten, die so zwingend sind, dass sie sich auf lange Sicht durchsetzen. Mein sogenannter Optimismus ist nichts anderes als das Vertrauen in die Kraft dieser Notwendigkeiten«, hatte er einmal gesagt. Nach vierzig Jahren war es soweit.

Er konnte persönlich ziemlich »fies« sein. Ich kannte einmal eine recht bekannte Persönlichkeit der unmittelbaren Kölner Nachkriegsgeschichte. Diesen Herrn wollte er zum Kultusminister von Nordrhein-Westfalen machen. Der aber wehrte sich gegen die Forderung, in die CDU einzutreten mit der Begründung, die dann notwendige Parteikonformität bereite ihm Unbehagen. Daraufhin schnitt Adenauer seinen Kandidaten ostentativ, er war für ihn gestorben. Jener aber war souverän genug im vertrauten Kreis zu äußern: »Solche Männer müssen so sein, anders können sie ihren Beruf nicht betreiben.«

Übrigens ist mir von eben diesem Herrn noch eine bezeichnende Bemerkung in Erinnerung aus der Zeit, als Adenauer unmittelbar nach dem Krieg noch Oberbürgermeister von Köln war. Er erzählte, die Beigeordneten (zu denen er gehörte), lauter gestandene Männer, hätten vor den Sitzungen mit Adenauer immer nervös auf ihren Stühlen gesessen und auf ihn, den Oberbürgermeister, gewartet wie eine Schulklasse vor der Schulstunde auf einen strengen Lehrer.

Gegenüber seinen politischen Gegnern hatte Adenauer ein außerordentliches Prä – er hatte unvergleichlich viel Humor und besaß eine unerhört witzige Schlagfertigkeit. Als der SPD-Vorsitzende Ollenhauer, dem diese Gnade weniger reichlich gegeben war, ihn einmal im Parlament heftig und durchaus stichhaltig attackierte, ging Adenauer ans Mikrophon und begann seine Replik in unverfälschtem Kölsch mit dem Sätzchen: »Herr Ollenhauer, isch jlaube, Se mögen misch nisch ...«

6 | Ein neuer ideologischer Schub: die Achtundsechziger-Bewegung

In den Sechzigerjahren kam es quer durch die westlichen Demokratien zu einer mächtigen Bewegung, die im Kern eine Infragestellung der eigenen liberal-sozial verfassten Demokratie zum Gegenstand hatte. Sie war insofern eng verwandt mit ähnlichen Strömungen der Zwanziger- und Dreißigerjahre in Europa, als es sich in beiden Fällen um eine Konfrontation von liberalen und totalitären Staatsauffassungen handelte und der illusionslosen, nüchternen liberalen Demokratie der Versuch entgegengestellt wurde, »die drei großen Grundprinzipien jeder demokratischen Theorie: Mehrheit, Freiheit und Gleichheit [...] miteinander zu versöhnen, ja völlig zur Deckung zu bringen. Die historische Erfahrung lehrt jedoch, dass dies unter menschlichen Bedingungen [...] nur begrenzt möglich ist und dass jeder Anspruch, die Grundspannung zwischen Freiheit und Gleichheit auf perfekte Weise zu lösen, zur inhumanen Zwangsherrschaft und zur Auslöschung der Freiheit führt.« (K. D. Bracher)

Die Re-Ideologisierung der Sechzigerjahre hatte mehrere Quellen. Zum einen war sie eine Identitätskrise der nachwachsenden Generation. Diese sah hierzulande in ihren Eltern vor allem eine Generation der Schuldigen an der großen Katastrophe und in deren Wiederaufbaumentalität nur eine Manifestation der Restauration, während die Realität der Diktaturen für die Jungen gefühlsmäßig in immer weitere Ferne rückte. »Die stabile, wertbetonte Demokratie erschien besonders den Jüngeren zunehmend als autoritäres System, die erfolgreiche soziale Marktwirtschaft als kaschierter bürgerlich-materialistischer Kapitalismus. Eine Welle der Selbstkritik erfasste den Westen im Zuge des Vietnamkrieges und der raschen gesellschaftlichen Veränderungen im Zeichen des materiellen Fortschritts und weltweiter Kommunikation durch neue Massenmedien.« (K. D. Bracher) Ursächlich hinzu kamen irrationale Ängste im Hinblick auf einschneidende zivilisatorische Veränderungen wie etwa die Atomkraft und die immer mehr um sich greifenden Umweltsünden in den hochindustrialisierten Staaten, die weltweit neue Orientierung der Frau in der Gesellschaft, das konfliktreiche Ende des kolonialen Imperialismus und die fortdauernde Ost-/West-Spannung.

In Deutschland manifestierte sich die neue ideologische Welle vor allem in einer Kritik an der bestehenden Gesellschaftsordnung: Staat und Wirtschaft, die Parteien, die Kirchen, Bundeswehr, Polizei und Justiz, Schulen und Hochschulen fielen der Ächtung anheim, weil sie Ausdruck eines autoritären Systems seien, das im Leistungsprinzip gipfele. Dies aber sei als Ausdruck eines »demokratischen Totalitarismus« abzulehnen.

Die jetzt aufblühende »Neue Linke«, in ihrer »antifaschistischen« Selbstgewissheit blauäugig gegenüber dem Totalitarismus kommunistischer Provenienz, fand mit ihrem Absolutheitsanspruch insbesondere in der nach einem neuen Ideal suchenden akademischen Jugend ein aufnahmefreudiges Publikum.

Vietnam-Demonstration 1968.
So verständlich der Protest gegen den Krieg in Vietnam war, so befremdlich blieb für mich die einseitig gegen Amerika zielende Stoßrichtung. Denn als die Russen in Afghanistan einmarschierten, ging kein einziger jener Vietnam-Demonstranten auf die Straße. Vielmehr trugen sie nach wie vor die Heiligen ihrer Ideologie wie Ikonen vor sich her, ohne nach deren Blutschuld zu fragen.

Unbestritten ist, dass damals die Hochschulen reformbedürftig waren, und es hat auch Tradition, dass Studenten nicht zimperlich sind, wenn sie die Welt zum Besseren verändern wollen. Aber die »Studentenunruhen« damals, das war mehr: Es war das Aufflammen einer intransigenten, von vielen Irrationalismen durchwirkten Ideologie. Selbst heute nach Überwindung jener Eruption und mitten im Abebben jenes ideologischen Irrweges bin ich noch erschrocken über die Maßlosigkeit der Gewaltbereitschaft, die damals zutage trat, über die brutale Unversöhnlichkeit, mit der an den Hochschulen andersdenkende Professoren »fertig gemacht« wurden. Der seinerzeitige bayerische Kultusminister H. Maier hat seine damaligen Erlebnisse später so rekapituliert:

»Uns wurde bedeutet, wir hätten mit unseren Auffassungen an der Universität nichts mehr zu suchen. Unsere Vorlesungen und Übungen werde man zu verhindern wissen. Dieser Abend [ein Diskussionsabend zwischen Professoren und Studenten; Anm. d. Verfassers] hat dazu geführt, dass ich endgültig und entschieden auf Gegenkurs ging. Dazu trugen nicht nur der elitäre Hochmut und das demagogische Gehabe der SDS-Wortführer [SDS = Sozialistischer Deutscher Studentenbund] bei, sondern auch die antisemitischen, nur mühsam als Antizionismus getarnten Ausfälle gegen die jüdischen Kollegen Kuhn und von Fritz. Wenig später erfuhr ich in Berlin, dass auch dort jüdische Professoren – Ernst Fraenkel, Richard Löwenthal – heftigen Attacken linker Gruppen ausgesetzt waren. [...] Monatelange Vorlesungsstörungen hatten ihn [Ernst Fraenkel] zermürbt, sodass er schließlich von Berlin Abschied nahm. Er sagte mir: ›Wissen Sie, wenn ich könnte würde ich wieder emigrieren, wie nach 1933; nur die Berliner Arbeiter haben mich vor der Verzweiflung bewahrt.‹«

In der Tat konnten die Arbeiter mit der ganzen Agitation und ihren programmatischen Äußerungen nichts anfangen, obschon der bunte ideologische Aufwand ja eigentlich darauf gerichtet war, die Arbeiter zu Anhängern der Bewegung zu machen. Doch das propagierte Ideal war ein verschroben-illusionäres Gemisch von freier Individualität und kollektivem Leben, eingebettet in eine partizipative Demokratie der »Räte«.

Es wurde so ziemlich alles, was etwas mit einer freiheitlichen liberalen Demokratie zu tun hat, auf den Kopf gestellt. Gleichzeitig wurde eine antikommunistische Einstellung als ideologisches Feind-Denken diffamiert und der Unterdrückungsmechanismus der kommunistischen Ideologie zur Bagatelle verharmlost.

Dadurch entwickelte auch der Revolutionsgedanke, gekleidet in Schlagworte wie »Antikolonialismus« und »Antiimperialismus«, in der nachwachsenden Generation eine um sich greifende Wirkung. Jugendliche in großer Zahl liefen mit Mao-Bildern auf ihren T-Shirts herum und priesen Fidel Castro und Che Guevara lautstark als neue Propheten einer humanen Welt.

Durch Zufall kamen meine Frau und ich damals mit einigen Vertretern der »Neuen Linken« in Kontakt, als in der evangelischen Kölner Antoniterkirche ein von der Linken initiiertes »Politisches Nachtgebet« stattfand. Die Kirche war voller junger Leute.

Beim ersten Mal war anklagend von den schlechten Wohnverhältnissen der Ausländer die Rede. Daraufhin ging ich ans Mikrophon und sagte, wenn es sich so verhalte, dann solle man doch gleich einmal hier an Ort und Stelle praktische Vorschläge überlegen, um dem Übelstand abzuhelfen. Daraufhin wurde ich von einer streitbaren Dame mit scharfen Worten zurechtgewiesen: Dies sei nicht das Vordringliche – auf eine Änderung des Bewusstseins komme es an.

Ich schüttelte verwundert den Kopf und fragte, wer denn diese Dame sei, der die Volkserziehung wichtiger als die praktische Hilfe war. Das sei »die Sölle«, sagte man mir, eine bald sehr bekannt gewordenen Exponentin der »Neuen Linken«.

Daraufhin luden wir einige Protagonisten der neuen Bewegung zusammen mit mehreren Freunden ein, die als Vorstände in verschiedenen Unternehmen tätig waren. Das Thema des Abends hieß: Brauchen wir noch einen Sozialismus? Wir wollten doch wenigstens einmal herausbekommen, worauf das Ganze hinauslief.

Die »Linken« waren durchweg nette, sympathische junge Leute. Aber was sie sagten, schien uns alles ziemlich nebulös und wenig konkret. Untereinander verständigten sie sich in einem ideologischen Vokabular, das ihnen einen Grundkonsens zu vermitteln schien. Alle waren Lebenstheoretiker: Soziologen, Lehrer und evangelische Pastore, keiner übte einen »praktischen« Beruf aus. Ein evangelischer Studentenpfarrer träumte von der »Stadtguerilla«. Sie hatten auch eine Art Saint-Just mitgebracht, ihren Chefideologen. Den fragte ich nach längerem und für uns wenig durchsichtigem Hin und Her nach den eigentlichen Zielen. Darauf sagte er wörtlich: »Was wir letztlich wollen, wissen wir noch nicht. Wir wissen nur, dass das Bestehende verschwinden muss, und aus der Spontaneität des Chaos wird dann das schöne Neue entstehen.«

Ich fand es zum Verzweifeln. Gerade hatte man das eine totalitäre System hinter sich, und jetzt schickte sich die nächste Generation an, sich lautstark wieder in eine Ideologie zu verrennen. Meine Frau und ich haben noch öfter an den Diskussionen um das

»Politische Nachtgebet« teilgenommen. Im Gegensatz zu den Auseinandersetzungen an den Hochschulen waren es hier eigentlich immer sehr angeregte und faire Erörterungen. Aber sie waren eben ideologiegeprägt, und man musste am Ende resignierend den Hang der Menschen zu einer ideologischen Welterklärung zur Kenntnis nehmen.

Gleichwohl würde man den »Achtundsechzigern« nicht gerecht, wenn man unerwähnt lassen würde, dass in dieser Bewegung damals viele Idealisten beheimatet waren, denen jenseits des ideologischen Getöses die mitmenschliche Solidarität das bestimmende Anliegen war. Sie haben damals zweifelsohne dazu beigetragen, dass der Blick für soziale Schieflagen und insbesondere für soziale Randgruppen geschärft wurde, die zuvor allzu leicht im Schatten der bürgerlichen Selbstgerechtigkeit gestanden hatten. Vor allem aus dem Kreis des Kölner »Politischen Nachtgebetes« sind mir diese Bemühungen in lebhafter und positiver Erinnerung.

Immer aber, wenn sich die Ideologie in den Vordergrund schob, wurde das Klima geradezu unerträglich. Beispielsweise lief das Ansinnen der »Neuen Linken« – ungeachtet der unbestrittenen Reformbedürftigkeit der damaligen Hochschule – nicht auf Reformen als Ergebnis rationaler Überlegungen hinaus, sondern auf die Forderung, dass eine zweckfreie, um Erkenntnis bemühte Wissenschaft aufzugeben sei und an ihre Stelle eine ideologisch geprägte, politischen Zwecken dienstbare Wissenschaft zu treten habe. Wörtlich genau so hatte man unter Hitler argumentiert.

Jetzt kam noch der Anspruch auf Abschaffung jeder »Herrschaft« hinzu. Dabei hatte die Neue Linke nicht einmal selbst eine Vorstellung, wie denn das Ideal der angestrebten neuen Gesellschaft aussehen sollte: »Wir werden in der revolutionären Praxis die Erfahrung machen, wie weit Herrschaft abschaffbar ist.« (Krahl, zit. n. E. K. Scheuch)

Es lohnt es sich durchaus, heute noch einmal einen kurzen Blick auf einige Glaubensinhalte dieser Ideologie zu werfen, die damals große Teile der Gesellschaft oberhalb »der arbeitenden Massen« erfasst hat. Hier eine knappe, E. K. Scheuch folgende Übersicht:

Eine neue Utopie der Gesellschaft und praktische Versuche ihrer Umsetzung Die neue Gesellschaft müsse »die Trennung des Arbeiters von seinem Betrieb [...] radikal aufheben, um geographische Einheiten des Lebensmilieus zu schaffen«; man solle nicht mehr »isoliert in der Familie zusammenhocken«; man werde Großküchen einrichten, fixe Arbeitszeiten abschaffen, Räteschulen einrichten, in denen jedermann Lehrer und Lernender zugleich sei.

Den ganzen Tag werde man in Kommunenkollektiven zubringen. »Man nimmt Computer zu Hilfe, um zu berechnen, was gebaut werden muss, wie die Pläne aussehen müssen« (Rabehl); »nach fünf Jahren soll der Sitz der Regierung rotieren: jede Landeshauptstadt soll für ein Jahr Bundeshauptstadt sein« (Schwendtner). »Die einzelnen Kommunen bilden jeweils einen obersten Städterat« (Rabehl), aber zugleich seien »die Städte auseinander zu reißen« (Dutschke). Da man sich antiautoritär fühlt, dürfe es »nie mehr einen Justizapparat geben« und »Juristerei und Polizei werden abgeschafft« (Dutschke).

Denn: »Mit der Proklamation der Pariser Kommune ist die Kriminalität schlagartig zurückgegangen« (Semler); »dass die Spezialisten Kuba verlassen haben, war gut für Kuba« (Dutschke), denn in einer neuen Gesellschaft entstehen neue Menschen, und »das Spezialistentum als Gefahr wird in ihr gar nicht auftauchen« (Rabehl). Doch die zufriedene bürgerliche Gesellschaft erkennt nicht einmal selbst ihre Lage: »an die Stelle der materiellen tritt die psychische und intellektuelle Verelendung, und sie wirkt zunehmend unbewusst« (Nirumand und Siepmann).

Man müsse also den Menschen dieser bürgerlichen Gesellschaft ihre durch Konsum erlangte Zufriedenheit austreiben. Und einer der führenden Theoretiker (Rabehl) schlägt für den Fall des Fehlschlagens einer antiautoritären Umerziehung vor: »Wo es ganz klar ist, dass eine Umerziehung unmöglich ist, etwa bei älteren Leuten, [...] da sollte man den Betreffenden die Möglichkeit geben, auszuwandern.« In der Hoffnung auf die Beseitigung jeglicher »Herrschaft« begann ein irrationaler Demokratisierungsrausch.

Es begeisterten sich erstaunlich viele so genannte Intellektuelle und Künstler an der neuen Lehre, deren primitiver Inhalt zur Erklärung für diese Zuneigung kaum ausreicht. Eher kann man die wirtschaftswissenschaftliche Unkenntnis dieses Personenkreises und sein emotionales Unbehagen an der Industriegesellschaft als Ursache in Betracht ziehen.

Die Verirrungen waren uferlos. Vater und Mutter wurden nicht nur in der praktischen – jetzt antiautoritären – Erziehung, sondern auch verbal abgeschafft und konvertierten zu Fritz und Uschi. Die Familie, ihre Nestwärme und ihre natürlichen sozialen Beziehungen wurden gegen wechselnde »Bezugspersonen« in »Kinderläden« ausgetauscht, die als Ort frühzeitiger Indoktrination gesehen und gehandhabt wurden. Die sexuelle Befreiung wurde bereits im Kleinkindesalter angestrebt und praktiziert.

Das Gewaltmonopol des Staates wurde in der Theorie bestritten und in zunehmendem Maße durch eigene Gewaltaktionen praktisch in Frage gestellt. Schließlich ging diese gewaltbereite linksideologische Bewegung, wie nicht anders zu erwarten, in blankem Terrorismus auf, und ihre weitere Entwicklung zur RAF und deren mörderische Gewalt sind noch in schlimmer Erinnerung.

Schneller vergessen ist, dass es um diese Zeit ein immenses Potential von Sympathisanten und ein großes Heer von »verständnisvollen Erwachsenen« sowie intellektuellen Prominenten gab, die befanden, es sei doch vieles an dieser »Bewegung« richtig und gut. Zwar missbilligten sie die pure Gewalt der Mordaktionen; aber sie klatschten Beifall für das ganze Programm und verschlossen – geradewegs wie die Vätergeneration auf ihre Weise – die Augen vor dem radikalen ideologischen Ansatz, der die pluralistische Gesellschaft und die parlamentarische Demokratie ablehnte und damit notwendigerweise den Keim der Gewalt in sich trug.

Es ist verständlich, dass die damaligen Anhänger der Bewegung heute nach positiven Langzeitwirkungen der Träume ihrer jungen Jahre suchen. Am häufigsten hört man, erst durch diese Bewegung habe die Demokratie in Deutschland eine richtige Verwurzelung erfahren. Dies scheint mir in gewisser Weise zu stimmen, allerdings in einem anderen als dem offensichtlich gemeinten Sinn: Die parlamentarische Demokratie hat damals ihre Bewährungsprobe bestanden. Dass sie dem Versuch entschlossen widerstanden hat, sich durch Erpressung funktionsunfähig machen zu lassen, bleibt das unvergessene Verdienst des damaligen Bundeskanzlers Helmut Schmidt. Niemand wird ihm die schweren Gewissensentscheidungen neiden, die ihm damals abgefordert wurden und denen er bewundernswert standgehalten hat.

Im Mai 1996 versammelte sich in der Berliner Technischen Universität im Kreis einer großen Schar von Anhängern und Sympathisanten alles, was in der linksextremen Szene Rang und Namen hatte, um des zwanzigsten Todestages von Ulrike Meinhof zu gedenken. Die Prominentesten dieses Treffens waren jene Terroristen, die wegen ihrer Mordtaten zu den höchsten Freiheitsstrafen verurteilt worden waren. Ihnen galt der Applaus des Publikums, sie selbst lächelten wie alte Veteranen, die für die gute Sache gelitten haben. Die verehrte Märtyrerin, deren zu gedenken war, hing als Ikone über der Versammlung.

Räumung eines von Linksradikalen besetzten Hauses in Frankfurt 1971. Seit John Locke (1632–1704) sind die Menschenrechte definiert als das Recht des Menschen auf Unverletzlichkeit von Leben, Freiheit und Eigentum. Vermutlich war den damaligen Akteuren der Hausbesetzerszene nicht klar, dass sie nicht nur kriminelle Handlungen, sondern auch Menschenrechtsverletzungen begingen. Wie alle Ideologen hassten sie gesetztes Recht und meinten, die als gut erkannte eigene Sache darüber stellen zu dürfen.

Kein Einziger war da, der seine ideologische Verbohrtheit zumindest als Irrtum bekannt oder sich gar einer »Aufarbeitung« gestellt hätte. Es ging nur ums Scheitern, um taktische Fehler, um die Frage nach besseren Wegen zum Erfolg der »sozialrevolutionären Befreiung des Menschen«. Mit der Liquidation eines Menschen müsse man sehr vorsichtig umgehen, man müsse prüfen, ob sie die Revolution wirklich voranbringe, meinte ein »Gemäßigter«. Und Christian Ströbele, Bundestagsabgeordneter der Grünen, versicherte: »Das waren in unserer Auffassung damals keine verrückten Desperados, das waren politische Menschen, das waren unsere Genossinnen und Genossen« (anhaltender Beifall).

Unsere fatale Neigung, das Heil in einer Ideologie zu suchen Wir Deutschen scheinen wohl genetisch in besonderem Maße für eine Art Liebesbeziehung zu Ideologien und Erweckungsbewegungen disponiert zu sein. Andere laufen ja auch hinter allen möglichen ideologischen Glücksverheißungen her; aber bei uns gerät immer alles gleich so tiefernst und gnadenlos fundamental, auch wenn es sich nur um Seifenblasen handelt. Es gibt ein Porträt von Albrecht Dürer, das einen Mann namens Oswald Krell darstellt. Es ist um die Zeit entstanden, als es Anfang des 16. Jahrhunderts nördlich der Alpen gärte und kochte. In der Tat ist es ein höchst beunruhigendes Bild, wenn man an unsere Ideologiebereitschaft denkt, und Kenneth Clark* meint dazu: »Oswald Krell ist am Rande der Hysterie.

---

*| Der vor einigen Jahren verstorbene Kenneth Clark war ein namhafter Kunsthistoriker und Direktor der National Gallery in London.

Albrecht Dürer:
Bildnis des Oswald Krell

Diese starrenden Augen, dieser Blick nach innen gekehrter Befangenheit, diese innere Unruhe, von Dürer wunderbar wiedergegeben durch die Unruhe der Flächen in der Modellierung – wie deutsch ist das alles! Und was für eine Plage ist es für die übrige Welt gewesen ...«

Keine sehr schmeichelhaften Worte. Zu dieser unserer deutschen Neigung, ohne Verstand und stattdessen in Gefühlen zu denken, hat auch unser Landsmann Nietzsche eine kritische Bemerkung hinterlassen: »Der Deutsche liebt die Wolken und alles was unklar, werdend, dämmernd, feucht und verhängt ist: das Ungewisse und Ungestaltete, Sich-Verschiebende, Wachsende fühlt er als ›tief‹. [...] Die Ausländer stehen erstaunt und angezogen vor den Rätseln, die ihnen die Widerspruchsnatur im Grund der deutschen Seele aufgibt.« (zit. n. J. Hirschberger)

Jedenfalls kann ich nicht umhin anzunehmen, dass Oswald Krell mit einem freiheitlichen, ideologiefreien Lebenskonzept ganz gewiss nichts im Sinn hatte, und ich kann ihn mir gut als links- oder rechtsideologischen Agitator vorstellen. Nach all den ideologischen Verirrungen, die uns Deutsche im zwanzigsten Jahrhundert heimgesucht haben, kann man nur um so mehr hoffen, dass wir in Zukunft jedem derartigen Ansatz, ob links oder rechts, argwöhnisch begegnen.

Übrigens würden sich unsere linken und rechten Extremisten wesentlich schwerer tun, wenn ihnen nicht das Fernsehen bei jedem Auftreten ein Forum auf dem ersten Platz der Fernsehnachrichten bieten würde. Es ist dies gewiss ein schwieriges journalistisches

Problem. Aber da es eine Utopie ist zu glauben, dass wir unsere Links- oder Rechtsextremisten jemals loswerden können, wäre es sicher eine Überlegung wert, wie man auf dem Feld der Publizistik in einem angemessenen Rahmen ihre indirekte Darstellungsmöglichkeit wenigstens mindern könnte.

7 | Drei tiefe Spuren der Achtundsechziger-Bewegung: unser Betroffenheitskult, der verkannte Kommunismus und die verachteten Soldaten

Als Hitler tot und mit ihm der Krieg zu Ende war, erstarb auch jegliches Nationalgefühl (das zuvor ins Krankhafte überzogen worden war). Die Sieger hatten uns zwar glücklicherweise zur Demokratie gezwungen. Aber die westlichen Demokratien konnten uns natürlich nicht jenes Lebensgefühl vermitteln, das aus ihrer Geschichte gewachsen ist und die Grundlage ihres eigentlichen Demokratieverständnisses bildet: »Eine Nation ist eine große Solidargemeinschaft, getragen von dem Gefühl der Opfer, die man gebracht hat, und der Opfer, die man noch zu bringen gewillt ist. Sie setzt eine Vergangenheit voraus, aber trotzdem fasst sie sich in der Gegenwart in einem greifbaren Faktum zusammen: der Übereinkunft, dem deutlich ausgesprochenen Wunsch, das gemeinsame Leben fortzusetzen.« (E. Renan, zit. n. A. Baring)

Eine Vergangenheit dieser Art hatten wir nicht. Aber eine Zukunft solchen Zuschnitts hätten wir gewinnen können. Als Willy Brandt 1972 im Warschauer Ghetto, an einem der Orte schlimmster deutscher Schuld, in unser aller Namen die Knie beugte, hat mich das sehr bewegt. Denn in dieser Geste des persönlich Unschuldigen verband sich in meinen Augen das uneingeschränkte Bekenntnis zur historischen Schuld unseres Vaterlandes mit einer auch im Kniefall aufrechten Würde, die sich in einer größeren geschichtlichen Kontinuität sah. Deshalb hatte ich gehofft, diese Grundeinstellung zu unserer Vergangenheit könnte Allgemeingut werden und es könnte daraus so etwas wie eine neue, in die Zukunft gerichtete nationale Selbstverständlichkeit wachsen, die sich dem Staats- und Lebensgefühl der alten westlichen Demokratien nähert.

Doch seit den Sechzigerjahren engte und engt unsere Linke die deutsche Geschichte auf das »Dritte Reich« ein. Der in diesem Zusammenhang gepflegte, demonstrative Betroffenheitskult überschreitet bei weitem das Maß der Glaubwürdigkeit und ist mit sehr viel Selbstgerechtigkeit befrachtet. Jedenfalls wären derartige Kundgebungen der Betroffenheit wesentlich glaubwürdiger, wenn sie zugleich von der Möglichkeit des eigenen Scheiterns unter den Bedingungen des »Dritten Reiches« sprechen würden.

Aber im Denken unserer Linken ist eben infolge ihrer ideologisch gegründeten Selbstsicherheit kein Platz für die bange Frage, wie man sich wohl selbst in jenen Jahren des »Dritten Reiches« verhalten haben könnte. Noch nie habe ich – nicht ein einziges Mal, auch nicht andeutungsweise – in derzeitigen massenwirksamen Publikationen über das »Dritte Reich« etwa folgende Überlegung reflektiert gefunden: Damals waren drei Viertel der deutschen Bevölkerung mehr oder weniger für Hitler und haben ihm bis zum Schluss die Treue gehalten. Da die Menschen sich in ihren Eigenschaften nicht verändern, muss man davon ausgehen, dass sich die heutige deutsche Bevölkerung unter den Umständen der Dreißigerjahre genau so verhalten haben würde, wie die damalige Generation. Und niemand kann sagen, welche Prüfung dem Einzelnen vom Schicksal damals zugewiesen worden wäre und wie er ihr standgehalten hätte. Wir haben also allen Grund, so müsste eigentlich die Schlussfolgerung jeder dieser Veröffentlichungen lauten, in unserem Urteil vorsichtig zu sein.

Dass man solche Überlegungen nicht anstellt, hat gute Gründe. Denn dann müsste jeder, der sich heute zur Problematik des »Dritten Reiches« äußert, für sich die grundsätzliche Möglichkeit einräumen, in jenen Jahren, wie damals so viele, falschen Idealen gefolgt zu sein. Für die heute bevorzugten Positionen des Hochmutes wäre jedenfalls kein Platz. Stattdessen müsste das Wort von Karl Jaspers gelten: »Niemand darf den anderen richten, es sei denn, er richtet ihn in der inneren Verbundenheit, als ob er es selbst wäre.«

Der verkannte Kommunismus und seine vergessenen Hohen Priester Eine andere Folge der Achtundsechziger-Bewegung war die Verschiebung unseres politischen Koordinatensystems nach links. So war denn vor allem im siebenten Jahrzehnt des zwanzigsten Jahrhunderts »links« nicht nur »schick«. Links war politisch auch synonym für »fortschrittlich«, »friedliebend«, »antifaschistisch«, »aufgeklärt« und »demokratisch-sozialistisch«. Sich als Intellektuellen sehen durfte mit gutem Gewissen eigentlich nur ein Linker.

Zwar wurden Stalin und der »Stalinismus« geächtet, jedoch sah man in ihm nur den Betriebsunfall eines an sich richtigen Konzepts. Dafür wurde aber der etwas weiter entfernt lebende Mao in den Siebzigerjahren zum angebeteten Heilsbringer. Scharenweise liefen seine Sympathisanten in T-Shirts herum, die mit Mao-Parolen oder Mao-Porträts geschmückt waren. Nicht weniger zahlreich waren die offenen oder »klammheimlichen« Freunde der »Rote Armee Fraktion«. Scheinbare politische Tauwettererscheinungen in Russland wurden als neues Licht am Horizont interpretiert. Und groß war die Zahl derer, die meinten, die DDR sei auf dem sicheren Wege, zu einem tragfähigen sozialistischen Modell zu werden.

Da man aber nicht sah, was man nicht sehen wollte, war auch von den schrecklichen Konsequenzen der Gewalt in den Ländern des »real existierenden Sozialismus« keine Rede mehr. Wer davon sprach, wurde in die rechter Ecke gestellt und als diskussionsunwürdig betrachtet.

Begreiflich war deshalb die Empörung der Linken, als kürzlich in Paris das »Schwarzbuch des Kommunismus« erschien, in dem Ross und Reiter genannt werden. Nahezu 100 Millionen Tote, so nimmt mit vorsichtiger Schätzung dort Stéphane Courtois an, habe die blutige Diktatur des Kommunismus in diesem Jahrhundert gefordert. Davon entfallen auf die Sowjetunion allein 20 Millionen, auf China 65 Millionen, hinzu kommen die Opfer in Vietnam, Nordkorea, Kambodscha, Osteuropa, Lateinamerika, Afrika und Afghanistan. Man mag über die genauen Zahlen, die ohnehin niemand ermitteln kann, streiten. Sicher ist, dass es sich in jedem Fall um eine unvorstellbare Zahl von Menschen handelt, die im Namen dieser totalitären Heilslehre ermordet wurden.

In den letzten zwanzig Jahren ist viel über die Frage gestritten worden, ob Hitlers Mord an den Juden schlimmer als die Verbrechen der kommunistischen Machthaber sei. Auch im Zusammenhang mit dem eben genannten »Schwarzbuch« ist diese Diskussion wieder entbrannt. Für meine Person halte ich nichts von einer solchen vergleichenden Erörterung.

Denn Hitler hätte, wenn er ihrer nur hätte habhaft werden können, die Juden der ganzen Welt ermordet; und er hat seine technische Tötungsmaschinerie in Gang gesetzt als er meinte, in Zeitnot zu sein (was aus seiner Sicht sicher stimmte). Dass andererseits Stalin und Mao nicht zu maschinellen Tötungsmethoden gegriffen haben, war reiner Zufall: Sie brauchten sie nicht.

Aber alle drei Schreckensherrscher waren von der Pest so vieler Halbintellektueller dieses Jahrhunderts befallen, sich selbstherrlich in pseudowissenschaftliche, an eine Ideologie gekoppelte »Erkenntnisse« zu verrennen. Es war der Triumph der unqualifizierten Pseudointellektuellen, von dem Ortega y Gasset spricht und der für unsere Epoche so charakteristisch ist. Zugleich waren sie als skrupellose Machtpolitiker reinsten Wassers zu einem noch nie gesehenen Terror bereit, um ihre absurden pseudowissenschaftlichen Ideen durchzusetzen und ihre eigene Herrschaft zu sichern.

Hitlers »wissenschaftliche« Erkenntnis, dass die Juden eine »Rassentuberkulose« seien und dass die »arische Rasse« zur Herrenrasse berufen sei, führte zur Ermordung von 6 Millionen Juden und einer riesigen Zahl von ermordeten Zigeunern, Polen, Russen und Angehörigen anderer Nationalitäten. Seine imperialistischen Pläne zur Gewinnung von »Lebensraum im Osten« basieren ebenfalls auf der spekulativen, pseudowissenschaftlichen Annahme, dass anders die Existenz des deutschen Volkes nicht zu sichern sei.

Mao fühlte sich 1957/58 berufen, obschon in technischen Dingen ahnungslos, eine technologische Revolution in Gang zu setzen, mit der er Großbritannien in 15 Jahren wirtschaftlich einholen wollte. Es war der berühmt-berüchtigte »große Sprung«. Er selbst war der Initiator dieses spekulativ-wahnhaften Experimentes mit 600 Millionen Chinesen: Millionen von Bauern mussten ihre bisherige Landwirtschaft aufgeben, um in riesigen Bewässerungsprojekten eingesetzt zu werden, ohne dass es für diesen größenwahnsinnigen Plan eine wissenschaftlich solide fundierte Grundlage gab. Eine Unzahl von Dörfern wurde zu riesigen Volkskommunen zusammengefasst. Zudem begeisterte sich Mao an der absurden Idee, auf den Dörfern zahllose Minihochöfen zu installieren. Auch das geschah nicht aufgrund sorgfältiger Planung durch ausgewiesene Fachleute, sondern weil Mao eben auch die technische Kompetenz für sich in Anspruch nahm.

Hierzu passen Maos pseudowissenschaftliche Plappereien wie diese: »Unsere Nation ist wie ein Atom, und nach der Spaltung des Atomkerns unserer Nation wird eine so ungeheure thermische Energie freigesetzt, dass wir imstande sein werden, Dinge zu vollbringen, die uns früher unmöglich waren.« (zit. n. H.-P. Schwarz)

Das Ergebnis waren schreckliche Hungersnöte mit einer unübersehbaren Zahl von Toten (die Schätzungen schwanken zwischen 30 und 46 Millionen). Doch Tote kümmerten Mao überhaupt nicht. In Moskau sagte er (so berichtet Chruschtschow), in der Tat könnte China 300 Millionen Tote in einem Atomkrieg verlieren. »Doch was heißt das schon? Krieg ist Krieg. Das Jahr wird vorbeigehen, wir werden uns wieder ans Werk machen und noch viel mehr Babies produzieren als zuvor.«

Kann man es begreifen, dass hierzulande Hunderttausende mit ihm sympathisiert und seine Schriften wie eine Bibel verinnerlicht haben? Ob sie sich heute noch daran erinnern?

Und Stalin? Hat er nicht Ende der Zwanziger- bis Mitte der Dreißigerjahre den Untergang der russischen Bauern durch grausamste Maßnahmen herbeigeführt, weil ihm die rein spekulativen Vorstellungen des »wissenschaftlichen« Marxismus-Leninismus im Kopf herumspukten? Reine Freude am Machtmissbrauch und an der Vernichtung von Menschenleben kann es doch nicht gewesen sein, wenn über zwei Millionen Bauern deportiert wurden und 6 Millionen Menschen verhungerten.

Denn 1932/33 kam es infolge der absurden Kollektivierung zu einer schrecklichen Hungersnot. Betroffen hiervon waren etwa 40 Millionen Menschen. In den am stärksten in Mitleidenschaft gezogenen Gebieten lag die Sterblichkeitsrate beim Zehnfachen des Normalen. Die unter Stalin begonnene und unter seinen Nachfolgern fortgesetzte Zerstörung der Umwelt in Russland steht als Negativum in der Welt einzigartig da und wird noch für Generationen ein beklemmendes Erbe sein.

Der »Große Terror« in den Dreißigerjahren führte vom Januar 1935 bis zum Beginn des Russlandfeldzuges 1941 zur Verhaftung von 20 Millionen Menschen, von denen 7 Millionen umgebracht wurden. Doch das ist, wie jedermann weiß, nur ein Teil der Verbrechen Stalins. Niemand wird je die Zahl der Opfer nennen können, die in den Kellern der russischen Geheimpolizei und in den Straflagern ihr Leben lassen mussten. Als er gestorben war, beweinte ihn Bert Brecht mit den Worten: »Den Unterdrückten von fünf Erdteilen, denen, die sich schon befreit haben, und allen denen, die für den Weltfrieden kämpfen, muss der Herzschlag gestockt haben, als sie hörten, Stalin ist tot. Er war die Verkörperung ihrer Hoffnung.« (zit. n. H.-P. Schwarz)

Die Austauschbarkeit ideologischer Tyrannen Kann man nach alledem im Ernst glauben, Stalin, Mao oder einer ihrer Epigonen hätten sich aus moralischen Gründen gescheut, es Hitler gleichzutun und maschinelle Tötungsverfahren anzuwenden, wenn es ihnen opportun erschienen wäre? Allerdings: Die Schande, dass sich ausgerechnet bei uns, in einer alten Kulturnation, zum ersten Mal solch ein unfasslicher Akt menschenverachtender ideologischer Raserei abgespielt hat, wird für immer an uns haften bleiben. Dies aber zum Anlass nehmen, um dem Kommunismus oder dem Linksextremismus eine höhere moralische Wertigkeit gegenüber dem Nationalsozialismus zu bescheinigen, kann wohl nur ein geschworener Anhänger jener Ideologie.

Ganz stimmt es allerdings nicht, dass wir den traurigen Primat maschineller Tötungsverfahren für uns in Anspruch nehmen müssen. Denn bekanntlich war die Guillotine die erste mechanisierte Form der Hinrichtung.

Zwar kamen durch sie in der französischen Revolution »nur« etwa 20 000 Menschen zu Tode, aber das war, gemessen an der damaligen Größe von Paris, auch schon eine ganz beachtliche Zahl. Dahinter stand zwar nicht ein Rassenwahn, aber immerhin der Tugendwahn Robespierres, vermischt mit dem Hass auf eine Klasse. Aber die Guillotine war das unmissverständliche Zeichen für die Bereitschaft des Menschen, im ideologischen Wahn sich eines maschinellen Tötungsverfahrens zu bedienen, wenn die große Zahl der Opfer und »Zeitnot« dies erforderlich erscheinen lassen.

Im Augenblick ist der Kommunismus gescheitert. Auf das Schuldbekenntnis seiner Exponenten wird man ebenso vergeblich warten, wie hierzulande auf die so genannte »Aufarbeitung« des Nationalsozialismus. Ideologen sind nun einmal nur im Ausnahmefall bekehrungsfähig. Die Voraussetzungen, die aus dem vergangenen Jahrhundert eine Epoche des ideologischen Schreckens gemacht haben, bestehen nach wie vor. Deshalb ist die Hoffnung wohl verfrüht, dass wir alles hinter uns haben und dass nicht nach Ablauf der gegenwärtigen ideologischen Erschöpfungsphase ein neuer Schub hereinbricht.

Die verachteten Soldaten Leopold von Ranke, der große deutsche Historiker des 19. Jahrhunderts, hat einmal gesagt, den Charakter eines Volkes erkenne man am Umgang mit seinen

Soldaten nach einem verlorenen Krieg. Legt man diese Prämisse zugrunde, so ist es um den Charakter unserer Nation nicht allzu gut bestellt.

Es ist heute eine lebhafte Diskussion über die Wehrmacht ganz allgemein sowie über die Verbrechen entbrannt, in die Soldaten der Wehrmacht schuldhaft verwickelt waren. Eine solche Debatte ist durchaus verständlich und auch sicher legitim. Allerdings besteht für die heute Lebenden der jüngeren Generation die Gefahr, dass sie wichtige Voraussetzungen nicht kennen und sie deshalb auch nicht in Rechnung stellen können.

Zunächst sollte man sich darüber klar werden, was das denn eigentlich war: die Wehrmacht. Ganz gewiss waren das nicht nur und nicht in erster Linie Verbrecher und Verbrechen, sondern 18 Millionen Soldaten, die, zum allergrößten Teil gezwungenermaßen, dieser Armee angehörten. Fragt man, mit welchen Motiven die Soldaten damals in den Krieg gezogen sind, so stellt man fest, dass die ganz große Mehrheit mit höchst widerwilligen Gefühlen ihren Einberufungsbefehl in Empfang genommen hat und, einmal zur Wehrmacht eingezogen, lieber heute als morgen nach Hause gegangen wäre. Sie waren Soldaten, weil ihnen nichts anderes übrig blieb. Trotzdem haben sie die ihnen auferlegte Pflicht erfüllt, sie haben ihr Leben eingesetzt und viele Millionen haben es verloren. Verdient das keinen Respekt?

Des Weiteren sollte man in Betracht ziehen, dass jene, die sich freiwillig gemeldet haben oder die sich durch besondere persönliche Tapferkeit auszeichneten, dies taten, weil sie sich hierzu in einer vermeintlichen Gefahrensituation des eigenen Vaterlandes verpflichtet fühlten, nicht aber weil sie von primitiver Eroberungslust besessen waren. Sie handelten also in besonderem Maße aus Pflichtbewusstsein. Auch wenn diese Vokabel im Wortschatz unserer Gegenwart wie ein Fremdkörper wirkt, habe ich für meine Person vor dieser Haltung eine besonders große Achtung.

Sodann wäre es gut sich daran zu erinnern, dass praktisch alle Männer der damaligen deutschen Bevölkerung zwischen 18 und 40 Jahren zum Wehrdienst eingezogen waren. Damit enthielt aber die Wehrmacht notwendigerweise jenen Prozentsatz an Gewaltbereitschaft, verbrecherischer Energie und potentieller Kriminalität, wie er in jedem Land zu finden ist.

Beispielsweise wurden im Jahr 1979 (diese Zahlen liegen mir zufällig vor) in Amerika 400 000 Personen, d. h. 0,243 % der Erwachsenen, wegen des Verdachts auf schwere Verbrechen verhaftet. Im gleichen Jahr ereigneten sich in Amerika einer seriösen Schätzung zufolge über zwei Millionen Kindesmisshandlungen. Keiner wird aber deshalb auf den Gedanken kommen, Amerika als eine verbrecherische Nation zu bezeichnen.

Ebenso ist auf die traurige Erfahrung hinzuweisen, dass Verbrechen in allen Armeen der Welt zu allen Zeiten vorgekommen sind. Dieses Faktum entschuldigt nicht ein einziges Verbrechen, aber es macht die gern vertretene These fragwürdig, dass die Wehrmacht und ihre Soldaten von ihrer genuinen Gesinnung her als außergewöhnlich verbrecherisch zu bezeichnen seien. Selbstverständlich war ihr Oberbefehlshaber der schlimmste nur denkbare Verbrecher, aber er hat es ja gerade immer wieder beklagt, dass ihm die Armee nicht genügend »nationalsozialistisch« sei.

Wenn heute ein Angeklagter vor Gericht steht, so wird jeder verantwortungsbewusste Richter mit allen Mitteln um eine lückenlose Erfassung aller be- und entlastenden Umstände bemüht sein. In der heutigen Diskussion über die Wehrmacht fehlt leider dieses Bemühen fast immer. Eher hat man in solche Beiträgen den Eindruck, dass hier ein strammer Staatsanwalt totalitärer Prägung »lebenslänglich« beantragt.

Wer sich auf diesem schwierigen Feld wirklich um die Wahrheit bemüht und nicht in erster Linie die Stimmigkeit mit vorgefassten ideologischen Vorstellungen im Auge hat, sollte stets bedenken, dass der raffinierteste Diktator dieses Jahrhunderts die Wehrmacht zu seinem Machtinstrument gemacht hatte und darüber als selbsternannter Oberbefehlshaber herrschte. Während er sich im Westfeldzug aus bestimmten Nützlichkeitserwägungen an das Kriegsrecht hielt, missachtete er es in Polen und Russland völlig, weil hier sein Denken von den Vorstellungen einer unmenschlichen Ausrottungspolitik beherrscht war.

Dies führte immer wieder zu noch nie da gewesenen Mordbefehlen, die von seinem ergebensten Diener Keitel beflissen weitergegeben und mit der Pseudobegründung verbrämt wurden, es handele sich hier um einen »Weltanschauungskrieg auf Leben und Tod«, in dem andere Maßstäbe anzulegen seien. Dieser verbrecherischen Auffassung wurde von den Generälen der obersten Führungsebene teils energisch widersprochen, öfter wurde sie unwidersprochen hingenommen, mitunter wurde ihr ausdrücklich zugestimmt. Mit einer generellen Verurteilung kommt man deshalb der Wahrheit hier nicht näher.

Im Frieden gibt es für das individuelle Handeln sehr genau gezogene Grenzen bzw. angedrohte Strafen, die auch jedem Kriminellen bekannt sind. Im letzten Krieg wurde demgegenüber durch die oberste Führung das Rechtsdenken von Grund auf verdorben. Infolgedessen wurden sowohl in Polen wie auch in Russland an das Gewissen, an das Rechtsbewusstsein und die Redlichkeit des einzelnen Soldaten ungleich höhere Ansprüche gestellt, als im Frieden.

Das spricht niemanden frei, der sich schuldig gemacht hat. Aber es würde zur Routine jedes ordentlichen Gerichtes gehören, diese besonderen Umstände bei der Urteilsfindung zu berücksichtigen. Leider ist hiervon in den meisten heute veröffentlichten publizistischen Beiträgen über die Wehrmacht so gut wie nie etwas zu spüren.

Aber auch wenn man alle diese Punkte berücksichtigt, hat man immer noch die wichtigste Voraussetzung vergessen, um adäquat über diese Thematik berichten zu können: nämlich das Gefühl derer in Rechnung zu stellen – und das waren die meisten –, die sich vor der unausweichlichen Notwendigkeit sahen, in einen Krieg zu ziehen, der ihnen innerlich fern lag.

Mir sind zufällig die letzten Verszeilen eines Neunzehnjährigen – er hieß Rolf Ehmer – in die Hand gekommen, die er niederschrieb, kurz bevor er in Galizien 1944 fiel. Sie sind ein Zeichen dieser Fremdheit in einer unerbittlichen kriegerischen Welt, wie sie von Millionen junger Menschen empfunden wurde:

Und ich spiele mit der Blume
in dem Laub,
breche eine Ackerkrume
still zu Staub.
Leiser Rhythmus klingt von ferne,
Pferdeschritt,
lausch' den Melodien gerne,
töne mit.

Wollte man die Gesamtheit der deutschen Soldaten in das Klischee einer brutalen, eroberungssüchtigen Soldateska pressen, so wäre das in der Tat eine infame Verdrehung. Eine solche Sicht passt nur für eine kleine Minderheit, und die gibt es in allen Armeen der Welt.

Im Jahr 1944 saß ich einmal bei einem Schnaps mit einem Kameraden, einem Stabsgefreiten aus meinem Zug, zusammen. Er war, weiß Gott, ein redlicher Schwabe, und wenn wir auf dem Marsch waren, dann fluchte er mit den Worten vor sich hin: »Der Hitler! Wenn er nur grad' verrecke tät'!« An jenem Abend beim Schnaps haben wir zusammengezählt, dass er bis dahin ungefähr zehntausend Kilometer marschierend (und nicht wenig davon im Gefecht) in diesem ungeliebten Krieg zurückgelegt hatte. Wenn ich heute eine dieser feindseligen und besserwisserischen Publikationen sehe oder lese, dann wünsche ich dem Verfasser manchmal zum richtigen Kennenlernen jener Zeit sechs Wochen des Lebens vom Stabsgefreiten Schneider aus Stuttgart.

Ich wünsche diesen Publizisten aber auch, meinetwegen für eine Nacht nur, die Gefühle jener Frauen, die um ihren Mann trauerten oder die Verzweiflung der Väter und Mütter, die ihren – vielleicht einzigen – Sohn in diesem sinnlosen Krieg hingeben mussten oder die Trauer derer, die ihren besten Freund verloren. An all diese vielen Menschen, es sind Millionen, muss ich denken, wenn ich das folgende Gedicht lese, das Wilhelm Lehmann 1944 geschrieben hat:

Auf sommerlichem Friedhof

Der Fliegenschnäpper steinauf steinab.
Der Rosenduft begräbt dein Grab.
Es könnte nirgends stiller sein.
Der darin liegt, erschein, erschein!

Der Eisenhut blitzt blaues Licht.
Komm, wisch den Schweiß mir vom Gesicht.
Der Tag ist süß und ladet ein,
noch einmal säßen wir zu zwein.

Sirene heult, Geschützmaul bellt.
Sie morden sich: es ist die Welt.
Komm nicht! Komm nicht! Lass mich allein,
der Erdentag lädt nicht mehr ein.
Ins Qualenlose flohest du,
O Grab, halt deine Tür fest zu!

Wenn sich manche unserer Meinungsbildner ein wenig mehr Mühe um eine vorurteilsfreie Berichterstattung machen würden, dann hätten sie auch längst festgestellt, dass die Wehrmacht und insbesondere die Fronttruppe für nationalsozialistische Indoktrinationen nichts übrig hatte. Dass ab 1943 »NS-Führungsoffiziere« dieses Defizit beseitigen sollten, spricht für sich.

Für hehre ideologische Sprüche war niemand zu haben. Vielmehr waren die Soldaten froh, wenn sie ihren Alltag bewältigen konnten. Welche oft genug übermenschlichen Leistungen dabei zu erbringen waren, hätte ebenfalls verdient, einmal positiv erwähnt zu

Deutscher Soldatenfriedhof in Litauen. Die hier bestattteten Soldaten, meist 17- bis 18-Jährige, fielen in den letzten Wochen des Krieges.

werden. Auch sollten sich selbstsichere Moralisten einmal in die Situation der Schwerverwundeten versetzen. Ich denke in diesem Augenblick an meinen alten Freund Willy S., der mit seinem Bauchschuss und einer schweren Gesäßverwundung bei mehr als vierzig Grad Kälte unter entsetzlichen Schmerzen eine endlose Fahrt auf einem holpernden Panjewagen ertragen musste, ehe er auf dem Hauptverbandsplatz einem tüchtigen Chirurgen in die Hände fiel, der ihm das Leben rettete.

Das hat nicht das Geringste mit billiger Heroisierung nach der Art trivialer Groschenhefte zu tun, sondern es hat etwas zu tun mit dem natürlichen Respekt vor einer Pflichterfüllung, die von den allermeisten in bester Absicht unter dem Druck tragischer und für den Einzelnen nicht überschaubarer historischer Entwicklungen geleistet worden ist – kurzum: Diese Achtung hat etwas zu tun mit menschlichem Anstand.

Vielleicht würde dann dieser oder jener Kritiker, der aus dem sicheren Hort des »im Nachhinein« argumentiert, sich doch einmal die Frage stellen, wie er heute berichten würde, wenn er selbst in jenen ungeliebten Krieg hätte ziehen müssen. Vielleicht käme dann auch etwas mehr Achtung vor den unbeschreiblichen Opfern dieser Kriegsgeneration und ihrer Tragik in die Berichterstattung und etwas weniger von jener billigen, zynisch-belehrenden Oberlehrer-Attitüde, die sagen will: Wer Hitler gewählt hatte, für den war es angemessen, auch die Folgen zu tragen!

8 | Die Juden und wir

Einige Gedanken zu unserer Verstrickung in Hitlers Genozid und über die Schwierigkeiten eines angemessenen Umganges mit unserer Vergangenheit Der Mord an den europäischen Juden wirft einen Schatten auf unsere Geschichte, der nie mehr verschwinden wird. Das deutsche Volk ist mit diesem grauenhaften Geschehen unlöslich verbunden, da der Urheber, Hitler, sein Führer war. Jedoch muss jeder, der sich nicht mit Klischeevorstellungen zufrieden gibt, eine Antwort auf die Frage versuchen, auf welche Weise und in welchem Ausmaß das deutsche Volk hierzu beigetragen hat.

Das größte Hemmnis für eine vorurteilsfreie Behandlung dieses schwierigen Problems scheint mir auch hier darin zu liegen, dass die Allermeisten der heutigen mittleren und jüngeren Generation nur noch ein Gegenwartsbewusstsein, aber keine von Jugend auf gewachsene Beziehung zur Vergangenheit haben. Dies hat einerseits zur Folge, dass man sich innerlich von jenem Ereignis abkoppelt, weil man ja in der Tat nichts damit zu tun hatte, andererseits aber auch dazu neigt, die damals Lebenden wie eine archaische Population anzusehen, der eine bestimmte aufgeklärte und deshalb überlegene, erst heute verfügbare Weltsicht noch nicht geläufig war.

Eine solche selbstgewählte Perspektive macht aber eine überhebliche Einstellung zu dieser Vergangenheit nahezu unvermeidlich. Denn nur wenn man bereit ist, die damals Lebenden als ganz normale Menschen »wie du und ich« zu sehen und nicht der Frage ausweicht, wie man sich wohl selbst in dieser oder jener Situation würde verhalten haben, kann man hoffen, der Wahrheit ein Stück näher zu kommen und der Verführung zur Selbstgerechtigkeit aus dem Wege zu gehen.

Dies vorausgeschickt ergibt sich für mich aufgrund der Literatur und der eigenen Erfahrung in jenen Jahren etwa folgendes Bild:

Zunächst kann man sagen, dass in Deutschland antisemitische Strömungen keinesfalls ausgeprägter waren als im übrigen Europa. Es gab aber bei uns wie auch anderswo eine relativ kleine Zahl von ausgesprochenen Antisemiten, die von einem echten Hass erfüllt waren, der sich, wie bei Hitler, aus angelesenen pseudowissenschaftlichen Rassen-Traktaten speiste. Diese Leute waren, auf die Zukunft bezogen, die potentiell gefährlichsten, weil sie meinten, die wissenschaftliche Erkenntnis auf ihrer Seite zu haben. Bis 1933 waren sie eher Sonderlinge ohne eine ins Gewicht fallende Bedeutung, aber in Hitlers Bewegung fanden sie ihre Heimat.

Als Hitler nach seiner Machtübernahme im Frühjahr 1933 die erste Welle der Judenverfolgung in Gang setzte, war hieran die breite Bevölkerung nicht beteiligt, sie verhielt sich eher abweisend. Insbesondere gilt dies für die nichtakademischen sozialen Schichten, in deren Kreisen ohnehin antisemitische Tendenzen geringer waren, weil die Juden meist höheren sozialen Schichten angehörten.

Vielmehr haben in diesem Augenblick die deutschen Akademiker versagt, und zwar an den Hochschulen wie auch in den Berufsverbänden. Zu diesem Zeitpunkt gab es zwar, wie früher schon beschrieben, eine Welle des Terrors, der die »nationale Erhebung« begleitete. Aber die Unterdrückung der Meinungsäußerung war noch nicht so perfekt, dass man überall kleinlaut hätte nachgeben müssen. Gewiss hätte es einer nicht unbeträchtlichen Zivilcourage bedurft, um sich gegen den Strom zu wenden. Aber es wäre zu diesem Zeitpunkt wohl kaum schon lebensgefährlich gewesen, wenn sich die Hochschullehrer vor ihre jüdischen Kollegen gestellt hätten. Sinngemäß das Gleiche gilt für die berufsständischen Vereinigungen etwa der Ärzte, Anwälte, Notare und anderer. Im Rausch der nationalen Einigung lief zwar eine Gleichschaltungswelle über das Land, die sofort linientreue Parteileute an die Schaltstellen der Universitäten und der berufsständischen Vereinigungen brachte. Aber die widerspruchslose opportunistische Beflissenheit, mit der man dort der Entfernung der »Nichtarier« nachkam, war ekelhaft.

Hitler hatte ein untrügliches Gespür dafür, was er den Leuten zumuten konnte. Dementsprechend nahm er mit der von ihm im Sommer 1933 verkündeten Beendigung der »nationalen Revolution« den Druck des Terrors zurück. In den folgenden Jahren bis 1938 waren die Juden, insbesondere seit 1935 nach dem Erlass der üblen Judengesetze, zu Menschen zweiter Klasse gestempelt und in ihrer wirtschaftlichen Existenz aufs Schwerste bedroht.

Denn mit den Judengesetzen wurde unter den eigentlichen Anhängern Hitlers eine Stimmung aufrecht erhalten, die jeden, der an einem kleinen oder großen Schalthebel saß, zu Schikanen aller Art ermunterte und die Juden täglich spüren ließ, dass sie rechtlos waren. Victor Klemperer hat in seinen Tagebüchern ungezählte Beispiele dieser Demütigungen vermerkt: Hier versucht ein Arzt seine Praxis zu verkaufen, aber das wird im letzten Moment verboten; dort erklärt ein Parteimann einer Haushaltshilfe, wenn sie bei Juden arbeite, sei die Beförderung ihres Sohnes gefährdet; dann wieder wendet man gegenüber Klemperer den für ihn ungünstigeren Paragraphen bei seiner finanziellen Ruhestandsregelung an; oder man schikaniert ihn mit einer lächerlichen Bauvorschrift; oder er verliert einen Bekannten, weil dieser als Beamter mit Juden nicht verkehren darf; oder man erhebt den Vorwurf einer »Erregung öffentlichen Ärgernisses« wegen des angeblichen Zustands seines Gartens; oder es wird ihm eine Hypothek aus »rassischen Gründen« verweigert und so weiter und immer wieder so weiter und bei alledem ständig Geldnot in einem mühsamen und ungewissen Leben von der Hand in den Mund. Dann wieder dazwischen ein beständiges Bangen zwischen der utopischen Hoffnung, nun aber werde es mit der NS-Herrschaft aus diesem oder jenem Grund bald zuende sein und der resignierenden Ermattung, dass man alle diese Hoffnungen begraben müsse in einem »fürchterlichen Stillstehen der Zeit«.

Jedoch war weder für die Juden noch für die Nichtjuden voraussehbar, dass allen Juden eines Tages die Vernichtung bevorstehen würde. Vielmehr glaubten viele Juden selbst, dass mit den Judengesetzen von 1935 eine zwar für sie schlimme, aber doch überschaubare und definitive Kodifizierung ihrer gesellschaftlichen Stellung vollzogen wäre. Die meisten veranlasste dies zur Emigration, manche wollten oder mussten bleiben und hofften auf bessere Zeiten oder resignierten in trauriger Ohnmacht. Die einzelnen Menschen in Deutschland aber hatten bereits seit dem Sommer 1933 keine Möglichkeit mehr, an dieser Entwicklung etwas zu ändern.

1941 begannen die Deportationen der Juden aus Deutschland und den von Deutschland besetzten Gebieten nach dem Osten. Deklariert wurde das als »Umsiedlung«. Erkennbar war nicht, dass den Deportierten die physische Vernichtung bevorstand. Erkennbar aber war, dass es sich um eine menschenunwürdige Deportation in eine ungewisse Zukunft handelte, und das war schlimm genug. Es muss um der Wahrheit willen festgehalten werden, dass diese Deportationen der Juden aus den besetzten Gebieten ohne die tatkräftige Mithilfe der dortigen lokalen Behörden, insbesondere der Polizei, nicht oder jedenfalls nur in wesentlich geringerem Maße möglich gewesen wäre.

Man hört heute in diesem Zusammenhang häufig die kritische Bemerkung, die Deutschen hätten damals »nicht wegsehen« dürfen. Eine solche Forderung ist aus heutiger Sicht verständlich, man verkennt dabei aber die Bedingungen der nationalsozialistischen Diktatur. Dieses »Nicht-Wegsehen« hätte ja in einer nach außen hin erkennbaren Handlung bestehen müssen, also in einer Demonstration oder dergleichen. Eine solche Aktivität beinhaltete aber für jeden Teilnehmer ein lebensgefährliches Risiko. Doch selbst wenn eine große Zahl von Menschen hierzu bereitgewesen wäre: Irgendjemand hätte die Menschen zusammentrommeln müssen, und schon jeder Ansatz einer solchen Demonstration wäre sofort niedergeschlagen worden und hätte für alle Beteiligten mit dem KZ und für den Initiator mit dem Schafott geendet. Schon ab dem Sommer 1933, aber erst recht nach 1938 wäre eine derartige öffentliche Protestaktion zugunsten der Juden mit der sofortigen Verhaftung aller Beteiligten quittiert worden.

Anders wäre die Situation gewesen – aber darüber sprach ich schon – wenn große und schwer angreifbare Institutionen wie die Kirchen sich hier resolut eingesetzt hätten. In diesem Augenblick wäre es auch für das Regime sehr viel schwieriger gewesen, gegen eine oppositionelle Stimmung in der Bevölkerung anzukommen, wie sich dies ja anlässlich der Ermordung der Geisteskranken gezeigt hat.

Im Übrigen gab es die Möglichkeit einer Hilfe im Einzelfall: Das war das Verstecken von Juden. Am ehesten konnten Juden in großen Städten in die Illegalität untertauchen. So haben 55 % aller Untergetauchten in Berlin ein Versteck gefunden, auf dem Land nur sieben Prozent. Aber auch in Berlin war das Leben in der Illegalität mit heute nicht mehr vorstellbaren Schwierigkeiten verbunden. Denn die unaufhörlichen Bombenangriffe, die ständig die Hausbewohner im Luftschutzkeller zusammenbrachten, machten die Begründung fragwürdig, wenn ein Untergetauchter von seinen Beschützern als »Besuch aus Schlesien« bezeichnet wurde. Infolgedessen mussten immer wieder die Verstecke gewechselt werden, und es mussten sich immer wieder Menschen zur Hilfe bereit finden. Die Journalistin Inge Deutschkron beispielsweise verdankte ihr Überleben zwanzig Berlinern, die ihr wechselweise Unterschlupf gewährte. Man schätzt, dass ab 1943 fünf bis zehntausend Juden in Berlin um ihr Überleben in der Illegalität gekämpft haben. Gelungen ist es nur 1 423.

Vor vielen Jahren, als die Ost-/West-Spannungen noch in voller Blüte waren, sprach ich einmal mit einer meiner Mitarbeiterinnen über die Problematik des »Wegsehens«. Ich sagte ihr: »Stellen Sie sich vor, ein bewaffneter Konflikt ist ausgebrochen, die Russen stehen im Land und ihre Funktionäre durchkämmen die Gegend nach Leuten, die sich zuvor politisch engagiert hatten. Plötzlich klingelt ein früherer »Kreisvorsitzender« irgendeiner Partei an ihrer Tür und fleht Sie an, Sie möchten ihn doch verstecken, wenigstens ein paar Tage. Es hat sich aber herumgesprochen, dass mit Tod oder Gefängnis zu rechnen hat, wer ehemaligen Politikern Unterschlupf gewährt. Sind Sie ganz sicher, dass Sie ihn zur Tür hereinlassen würden?«

Die organisatorischen Maßnahmen der Deportation und die physische Vernichtung der Juden in den Vernichtungslagern lief unter einer so perfekten Geheimhaltung ab, wie sie nur der hochentwickelte Polizeiapparat einer bis ins Kleinste durchorganisierten modernen Diktatur zustande bringen kann. Trotzdem bleibt es ein kaum glaubhaftes Phänomen, dass die deutsche Bevölkerung von Auschwitz nichts gewusst hat. Aber es ist in meinen Augen die Wahrheit. Jedenfalls habe ich im Laufe der Jahre mit zu vielen zuverlässigen Zeitgenossen gesprochen, denen es in diesem Punkt geht wie mir, als dass ich da noch einen Zweifel haben könnte.

Demgegenüber ist von den Massenerschießungen in Russland durch Augenzeugen schon dies und jenes ins Heimatkriegsgebiet gedrungen. Ich selbst habe ein einzelnes Mal auf der Rückfahrt vom Mittelabschnitt zwei Feldwebel miteinander tuscheln hören, und ich konnte dabei immerhin aufschnappen, dass einer von ihnen Zeuge irgendwelcher grausamen und rechtswidrigen Ereignisse gewesen war, bei denen Menschen erschossen worden waren. Aber auch hier galt das ungeschriebene Gesetz, dass man äußerst vorsichtig mit der berichtenden Weitergabe von Ereignissen sein musste, die rechtswidrig waren.

Der Kreis der über Auschwitz Informierten muss jedoch sehr klein gewesen sein und sich im Wesentlichen auf die SS-Führungsebene beschränkt haben. Hitler selbst hat nie einen schriftlichen Befehl zum Massenmord an den Juden gegeben, und man weiß bis heute auch nicht, wann und wo seine entscheidenden vertraulichen Besprechungen mit Himmler, Heydrich oder anderen stattgefunden haben. An seiner Urheberschaft kann dessen ungeachtet kein Zweifel sein, zu sehr ist in dem Verbrechen seine Handschrift erkennbar, zumal selbst Himmler nachweislich eine physische Vernichtung der Juden nicht im Sinn hatte. Gleiches gilt mit hoher Wahrscheinlichkeit auch für die einzelnen Mitglieder der SS-Führungsebene, obschon man hier weitgehend auf Vermutungen angewiesen ist. Aber Hitlers eigentlicher Antrieb zu seinem Handeln: die Vorstellung nämlich, es handele sich bei den Juden um einen »Völkerbazillus« nach Art der Tuberkulose, der ausgerottet werden müsse, um die Wohlfahrt der Menschheit zu sichern – eine solche wahnhafte Idee wird die SS-Führungsebene kaum als Leitmotiv beherrscht haben.

Um so mehr fragt man sich dann, was diese Männer veranlasst hat, mit einer solchen Besessenheit ihr entsetzliches Geschäft zu betreiben. Pure Mordlust kann es nicht gewesen sein. In einem KZ, dort ja, dort konnte einer seiner Mordlust frönen; denn der Mordlustige findet seine Befriedigung im Ansehen der Leiden seines Opfers und im Gefühl seiner angemaßten Überlegenheit. Aber die Organisatoren saßen am Schreibtisch, addierten Zahlen und erteilten Weisungen.

Ich glaube, E. Jäckel hat Recht wenn er meint, dass ganz banale untertänige Beflissenheit mit einem Schielen auf Anerkennung und Beförderung der eigentliche Antrieb war, der diese Männer ihr grauenhaftes Handwerk betreiben ließ. Ich glaube allerdings darüber hinaus, dass lange Jahre der Selbstindoktrination sie zu der Überzeugung gebracht haben, sie seien wirklich die Herrenmenschen, ein Geburtsadel des »guten Blutes«, und von daher berechtigt, mit den Juden als Lebewesen am unteren Rand des Menschseins nach Belieben zu verfahren. Dieses fiktive Elitebewusstsein dürfte einen zusätzlichen Impuls für das verbrecherische Handeln dieser Gruppe gegeben haben.

Also haben, abgesehen von Hitler, nur sie – die SS-Führungsebene und die durch sie beteiligten SS-Verbände – eine Schuld am Judenmord? Unmittelbar haben sicher nur sie die Schuld und eine schwer bezifferbare, aber relativ kleine Zahl von Wehrmachtangehörigen, die auf Weisung oder aus eigenem Antrieb mit den Mordkommandos der SS kooperiert haben.

Doch sollte man sich die Sache nicht zu einfach machen. In unserer unhistorischen Sichtweise wissen wir nichts mehr von dem Begriff einer tragischer Schuld. Es ist jene Schuld, die man durch ein bestimmtes Handeln – oder Denken – auf sich lädt, ohne zu wissen, dass man damit schuldig wird. In der griechischen Tragödie ist diese menschliche Handlungskonstellation exemplarisch belegt, und die Geschichte der Völker und das Leben jedes einzelnen Menschen sind voll davon. Das deutsche Volk hat Hitler durch seine Zustimmung zur Herrschaft ermächtigt und ihm damit – ohne seine Mordabsicht an den Juden zu kennen – die Durchführung seines alle Vorstellungen übersteigenden Völkermordes an den Juden ermöglicht. Hierin liegt die tragische Schuld des deutschen Volkes.

An einem ganz wichtigen Sachverhalt kann aber kein Zweifel sein: Auch während des »Dritten Reiches« war ein gewalttätiger Antisemitismus in Deutschland nicht populär. Dementsprechend sind weder Hitlers Terrorakte gegen die Juden im Frühjahr 1933 noch seine abscheulichen Judengesetze von 1935 noch das Pogrom im November 1938 von der breiten Mehrheit des deutschen Volkes mitgetragen worden. Dieser Feststellung kann man allerdings das armselige Verhalten der deutschen Akademiker entgegenhalten und gewiss auch hier kritisch anmerken, dass die Intensität des gefühlsmäßigen Abscheus in unserem Volk gegenüber der Judenverfolgung sehr unterschiedlich ausgeprägt und, alles zusammengenommen, nicht gerade ein Ruhmesblatt mitmenschlicher Solidarität war.

Jedoch hat die Vernichtung der Juden mit Sicherheit ohne das Wissen und ohne die Zustimmung der großen Mehrheit des deutschen Volkes stattgefunden. Denn hätte Hitler sich hinsichtlich seiner Vernichtungsabsicht mit dem deutschen Volk in Übereinstimmung gewusst, wäre die ganze Geheimhaltung unnötig gewesen und er hätte sich, wie es seiner Mentalität entsprach, laut und prahlerisch dieser Untat gerühmt. Aber er tat das Gegenteil, und alle Beteiligten wussten, warum sie striktes Stillschweigen bewahrten.

Wie wenig Hitler in diesem Punkt den Deutschen über den Weg traute, zeigt sich auch darin, dass die deutschen Juden vielfach erst nach Theresienstadt deportiert wurden, damit sie von dort Postkarten schrieben; erst danach kamen sie dann in ein Vernichtungslager.

Dass Hitler gegen seine sonstige Gewohnheit in dieser für ihn höchstwichtigen Sache nie einen schriftlichen Befehl herausgegeben hat, kann kein Zufall sein. Er muss jedenfalls gefürchtet haben, dass ihn ein solcher schriftlicher Befehl eines Tages schwarz auf weiß als den Urheber dieses unvorstellbaren Verbrechens ausweisen würde. Vielleicht hoffte er gegen alle Vernunft, im Fall eines Umsturzes doch noch den Kopf aus der Schlinge ziehen zu können, wenn sich kein schriftlicher Befehl von ihm in der Welt befand.

Dies jedenfalls kann man sagen: Wenn Hitler klar und unmissverständlich irgendwann zum Ausdruck gebracht hätte, es sei seine Absicht, 6 Millionen europäischer Juden zu ermorden, wäre es mit seiner Herrschaft vorbei gewesen. Diese Annahme ist nicht aus der Luft gegriffen. Denn Hitler sah sich 1941 gezwungen, die 1939 mit dem Kriegsausbruch befohlenen sogenannten »Euthanasie-Maßnahmen« einzustellen, weil er auf den massiven Widerstand der Bevölkerung (und hier auch auf Ablehnung bei eingefleischten Anhängern) sowie auf entschiedene Proteste der Kirchen stieß. Hieraus zog er offenbar für den von ihm beabsichtigten Judenmord die Konsequenz, vor dem deutschen Volk seine mörderischen Pläne wie auch deren Verwirklichung peinlich genau zu verbergen.

Durch die strikte Geheimhaltung dieses ungeheuerlichen Vorganges aber sind die Vernichtung der Juden durch Hitler und seine raffinierte Verflechtung des deutschen Volkes in sein verbrecherisches Handeln die gewaltigste nur vorstellbare Übersteigerung jener tragischen Schuld geworden. Es fragt sich aber, ob man der Generation der Dreißigerjahre gerecht wird und ob es dem Gedächtnis dieser Schuld in unserem Volke nützt, wenn nachgeborene selbsternannte Moralisten zu ständig neuen Geißlerzügen aufrufen, ohne die Ungewissheit ihres eigenen Verhaltens in jener Zeit in Betracht zu ziehen.

Nach meiner Meinung wäre es dem Nichtvergessen dienlicher, wenn in allen Diskussionen, die heute um den Holocaust geführt werden, stets im Blick bliebe und auch klar gesagt würde, dass die Deutschen während des »Dritten Reiches« - auch wenn sie Hitler zujubelten - in ihrer überwältigenden Mehrheit die von Hitler in Gang gesetzte Ermordung der Juden mit Sicherheit ebenso wenig gewollt haben wie ihre Nachfahren, die heute vor den Fernsehapparaten sitzen, um sich die diesbezüglichen Dokumentationen anzusehen. Leider wird dieser eminent wichtige Sachverhalt heutzutage sowohl von den Politikern wie auch von den meisten Publizisten kaum zur Sprache gebracht. Stattdessen wird der Öffentlichkeit mehr oder weniger suggeriert, es habe in diesem Punkt zwischen Hitler und dem deutschen Volk eben doch so eine Art Komplizenschaft bestanden.

Martin Walser hat mit seiner viel beachteten Rede vom 11. Oktober 1998 das Kind beim Namen genannt und ist dafür von vielen Seiten heftig angegriffen worden. Mir hat er aus dem Herzen gesprochen. Denn unvergessen - und nur darum sollte es gehen - macht man die Katastrophe von Auschwitz nicht durch sich ständig wiederholende Darstellungen und Nennungen des Schrecklichen. Hohe Einschaltquoten des Fernsehens sagen nämlich nicht das Geringste aus über angemessene gedankliche Reflexionen und Konsequenzen der Zuschauer. Vielmehr können sie ebenso gut Ausdruck primitiver Selbstgerechtigkeit und Schaulust bei Bier und Kartoffelchips sein. Im Übrigen ist es eine banale Erfahrung, dass Eindrücke jedweder Art parallel zur Quantität ihrer Präsentation an Überzeugungskraft einbüßen.

Nur wer außer dem »Dritten Reich« die historische Vergangenheit der letzten 1 000 Jahre in dem Raum, den wir Deutschland nennen, und ihre großen kulturellen Leistungen im Blick hat und sich selbst in bescheidenem Stolz als Teil dieser Kontinuität sieht, wird angesichts dieses furchtbaren Bruches in unserer Geschichte eine echte Trauer im Herzen empfinden. Andernfalls kann und wird man gewiss entsetzt sein über jene Katastrophe und Mitleid mit ihren Opfern haben, aber nicht mehr und nicht anders als jeder Mensch in irgendeinem zivilisierten Land. Oder anders ausgedrückt: Mit der heute weithin üblich gewordenen unhistorischen Betrachtungsweise begibt man sich sozusagen außer Landes auf neutralen Boden. Aus dieser Position heraus aber ist kein Bekenntnis zur historischen Schuld unseres Volkes wirklich glaubhaft.

Dies für die Zukunft zu bedenken scheint mir ganz besonders wichtig zu sein. Denn in wenigen Jahren wird kein Verfolger und kein Verfolgter mehr am Leben sein. Dann ist diese Epoche des unsäglichen Schreckens endgültig Geschichte; und dann wird es darum gehen, dass jene Schrecken nicht aus dem Bewusstsein verschwinden, dass aber auch wieder hierzulande ein unbefangenes Verhältnis zwischen Juden und Nichtjuden wachsen kann. Beides kann aber nach meiner Einschätzung nur gelingen, wenn man sich wieder auf unsere größere Geschichtlichkeit besinnt und jene große Katastrophe nicht hieraus isoliert.

9 | Ein Wiedersehen mit Dresden

Anfang der Achtzigerjahre wollte ich endlich doch einmal Dresden wiedersehen. Ich nahm zwei unserer Kinder mit, eine Tochter und den Sohn, und außerdem hatte ich einen Freund zu dem kleinen Abenteuer überredet, weil meine Frau damals nach einer Hirnoperation zur Rehabilitation in der Schweiz war.

Je näher wir der Grenze bei Herleshausen kamen, um so spärlicher wurde der Autoverkehr. Schließlich fuhren wir über eine schmale holprige Straße, und ein Schild am Wege mahnte uns unmissverständlich: »Sie verlassen jetzt die Bundesrepublik Deutschland«. Wären wir vielleicht doch besser nicht gefahren?

Der Empfang durch die Volkspolizei auf der anderen Seite war von professioneller Frostigkeit. Die Pässe wurden eingesammelt, und damit verschwand der Vopo in einer Bude. Wir alle durchforschten in diesem Augenblick blitzschnell unser westliches Gewissen in der Sorge, vielleicht doch mit irgendeinem Makel behaftet zu sein. Aber es fiel uns nichts ein.

Nach einer endlosen Wartezeit erschien ein anderer Vopo und fragte barsch, ob wir Waffen oder Zeitungen bei uns hätten. Nein, das hatten wir nicht – ach du liebe Zeit, jetzt fiel mir ein, dass wir kurz vor der Abreise noch irgendwas in Zeitungspapier eingewickelt hatten. Der Vopo sah mich misstrauisch an, aber dann machte er doch eine betont karge Handbewegung, lässig so mit zwei Fingern ohne etwas dabei zu sagen, mit der er uns zur Weiterfahrt aufforderte. »Und die Pässe?«, fragte ich. – »Kriegen Sie später«, beschied er mich. Wir fuhren ein paar Meter, dann mussten wir wieder halten. Nach geraumer Zeit konnten wir glücklich unsere Pässe wieder in die Arme schließen und waren richtig froh, dass wir nun »zum Geldumtausch« dirigiert wurden, eins zu eins natürlich.

Man hatte uns vorgewarnt, und deshalb blickte ich auf der Fahrt geradezu wie besessen auf den Tachometer. Doch die Straße war so schlecht, dass man ohnehin nicht schneller als 100 km/h fahren konnte.

Am späten Nachmittag kamen wir in Weimar an. In unserem Quartier im berühmten »Elephanten« schien die Zeit seit fünfzig Jahren stehen geblieben zu sein, und diese Reminiszenz an den Stil meiner Jugend berührte mich angenehm. Ob ich eine Tischreservierung wünsche, fragte die junge Dame am Empfang. Als ich zögerte, sah sie mich halb verständnislos, halb vorwurfsvoll an, sodass ich ja sagte – Gott sei Dank, denn es gab, wie sich später herausstellte, in ganz Weimar kein Lokal, in dem man zu Abend essen konnte.

Wir bummelten am frühen Abend ein wenig durch die Stadt, aber die Straßen waren menschenleer, als habe man die Leute verjagt. Doch wohin hätten sie auch gehen sollen? Nicht einmal ein Bier oder eine Tasse Kaffee konnte man irgendwo trinken. Die wenigen Menschen, denen wir begegneten, sahen uns freundlich, ein bisschen neugierig, aber auch scheu an.

Der schöne Speisesaal im »Elephanten« war im Stil der Zwanzigerjahre möbliert und ganz leer. Wir steuerten auf einen Tisch zu, aber es ertönte eine strenge Stimme: »Se werd'n eingewiesen!« Also gut, der angewiesene Tisch war auch nicht schlechter. Dann tröpfelten noch ein paar Gäste in den Saal, und plötzlich trafen wir ausgerechnet hier auf ein Kölner Ehepaar, das wir flüchtig kannten. Doch in dieser Fremde kam schnell eine herzliche Unterhaltung in Gang. Aber den ganzen Abend fühlten wir uns in dieser merkwürdig abgehobenen, sterilen und privilegierten Atmosphäre wie amerikanische Besatzungsoffiziere nach dem Krieg in Deutschland.

Am nächsten Morgen waren plötzlich mehr Gäste im Saal. Es waren Einheimische aus der DDR, und man erkannte sie daran, dass sie sich zum Frühstück in den seltenen Genuss von Bananen brachten, die offenbar Fidel Castro aus dem fernen Kuba hier in sozialistischer Solidarität angelandet hatte. Bevor wir weiterfuhren, sahen wir uns natürlich in Weimar um. Nirgendwo trafen wir auf Touristenströme, fast allein waren wir in all den Sehenswürdigkeiten. Manchmal beschlich uns ein unbehagliches Gefühl, weil wir laut Pass eigentlich gar nicht in Weimar sein durften, sondern Dresden unmittelbar hätten »anfahren« müssen, wie die in gutem Behördendeutsch verfasste Anweisung lautete. Aber es passierte nichts.

Unser Hotel in Dresden, nach dem bekannten Berg in der sächsischen Schweiz »Königstein« benannt, lag an der Prager Straße. Aber von jener wunderschönen Straße, die sich im Anschluss an die Schloss- und Seestraße von Norden nach Süden durch die Innenstadt zog und die gerade wegen einer gewissen Enge so einladend gewirkt hatte, war nach der schrecklichen Bombennacht nichts mehr übrig. Jetzt hatten die neuen Planer alles »großzügig« gemacht, und dabei waren die Proportionen auseinandergelaufen. Auch am Altmarkt hatten sie ihr Unwesen getrieben und diesen zentralen Platz durch eine »Vergrößerung« aus dem Gleichgewicht gebracht.

Es war halb drei, als wir in unserem Hotel freundlich empfangen wurden. Ob wir wohl hier oder irgendwo sonst, vielleicht in einem Café oder so, einen Happen zu essen bekommen könnten? Oh nein, das sei leider ganz unmöglich! Auf der ganzen Prager Straße nicht? Nein, nirgendwo, beim besten Willen nicht, überall sei jetzt Betriebspause. Aber einen Tisch zum Abend könne man reservieren. »Ja, bitte«, sagte ich, vom meinen knurrenden Magen angefeuert.

Ob ich einmal in Köln anrufen könne, fragte ich. »Oh, das geht leider nicht«, bekam ich freundlich zur Antwort. Aber vielleicht meine Frau in Bad Ragaz, in der Schweiz? Jetzt stand der jungen Empfangsdame der Stolz auf das »Weltniveau« ihrer Republik ins Gesicht geschrieben, und ein strahlendes »Ja, selbstverständlich!« schallte mir zur Antwort entgegen.

In einem verdächtig polternden Aufzug, dem einzigen fahrbaren neben drei defekten, fuhren wir in den fünften Stock. Der Weg zu unserem Zimmer führte über einen schwankenden Boden, weil wohl die Unterlage aus volkseigener Produktion nachgiebiger war, als der Architekt hatte ahnen können. Wir stellten schnell unser Gepäck ab und machten uns auf den Weg, um uns in Dresden umzusehen und in der heimlichen Hoffnung, doch irgendwo etwas Essbares aufzutreiben. Aber die Empfangsdame behielt recht.

Am Abend saß ich mit meinen beiden Kindern auf dem Bett und bat am Empfang um das Gespräch in die Schweiz. Im Handumdrehen war es hergestellt. Ich sprach mit meiner Frau über dies und das und sagte dann: »Übrigens, viele Grüße von Ulrich (meinem Freund). Und kannst Du nicht vielleicht eben mal in Köln die Irmgard (die Frau meines Freundes) anrufen und ihr sagen, es ginge ihm gut.« Bei diesen beiden Sätzen knackte es hörbar in der Leitung; das Vorhaben eines Dreiecksgesprächs über die Schweiz hatte offenbar den Staatsicherheitsdienst zu höchster Wachsamkeit veranlasst.

In der folgenden Nacht schliefen wir alle schlecht, denn wir fürchteten, dass irgendein politischer Tugendwächter durchdrehen und uns Scherereien machen könnte wegen »Verdachtes auf Konspiration über die Schweiz« oder so ähnlich. Aber es geschah nichts. Doch am nächsten Morgen fragte meine Tochter, ob wir nicht lieber abfahren sollten, sie fände es einfach scheußlich hier. Ich beruhigte sie, aber so richtig wohl fühlte ich mich nach dem Telefongespräch auch nicht in meiner Haut.

Mein Wiedersehen mit Dresden und dem Haus meiner Eltern in Radebeul ging nicht ohne Rührung ab. Am Abend standen wir, fast mutterseelenallein, vor der Oper und sahen über den herrlichen Platz hinüber zur Hofkirche und zum Zwinger, und kein parkendes Auto störte das einzigartige Bild, das mich schon seit Schülertagen immer wieder gefesselt hatte. Wie oft hatte ich hier als Pennäler in der Pause einer Opernaufführung gestanden und die Qualität dieses Theaters für das Selbstverständlichste von der Welt gehalten, weil ich damit groß wurde. Am nächsten Tag, einem Sonntagmorgen, gingen wir in die Hofkirche, die weitgehend von den Dresdner Katholiken sozusagen in »Heimarbeit« wiederhergestellt worden war. Und als die Kapellknaben so unbekümmert schön wie eh und je sagen, kullerten mir dicke Tränen die Backen herunter. Hätte mich in diesem Augenblick einer gefragt, warum ich denn da auf einmal losheulte, dann hätte ich ihm wahrscheinlich geantwortet: »Ich weiß auch nicht – wegen allem ...«

Dann standen wir in Radebeul vor dem Haus meiner Eltern und blickten neugierig über den verfallenen Zaun. Durchs Fenster sahen uns die jetzigen Bewohner da stehen; einer kam in die Tür und sah mich fragend an. »Verzeihen Sie«, sagte ich, »dass ich hier so neugierig reingucke. Aber ich habe vor vierzig Jahren einmal hier gewohnt. Es kann sogar sein, dass das Haus mir gehört, aber das weiß ich nicht genau.« Ich war etwas unsicher, ob ich den rheinischen Akzent meines Elternhauses oder besser das Sächsische meiner Schülertage anschlagen sollte, entschied mich dann aber für das Letztere.

Vielleicht hatte ich damit die beiderseitige Befangenheit aus der Welt geräumt; denn man bat uns herein, und beide Mietparteien zeigten uns das Haus. Das war natürlich schon wieder etwas Rührendes, aber meine nahe am Wasser gebauten Augen blieben doch trocken. Man bot uns eine Tasse Kaffee an, wir unterhielten uns und ich fragte vorsichtig danach, wie es denn so ginge. Doch die Antworten blieben neutral, kein Wort der Kritik am Regime kam über die Lippen der Hausbewohner. Ob ich ihnen denn vielleicht mit irgendetwas eine Freude machen könne, nach meiner Rückkehr an den Rhein, meinte ich. Nein, danke, man habe alles ausreichend. Aber vielleicht einen Topf Farbe, um den Zaun zu streichen? »Tja«, sagte einer der Hausbewohner gedehnt und sah dabei die anderen etwas ängstlich-fragend an. »Ja, eigentlich wäre das ja nicht falsch«, fügte er vorsichtig hinzu. »Also gut, einen Topf Farbe«, sagte ich erleichtert. Dann bedankten wir uns, jetzt war die Stimmung etwas gelöster, aber man schien doch froh zu sein, dass wir wieder abzogen.

»Mensch, ist das hier ein Klima«, sagte meine 20-jährige Tochter, als wir auf der Straße standen. »Ja, so ist das, wenn man den Mund halten muss«, sagte ich zustimmend. Dann gingen wir ein paar Schritte aufwärts, bis wir auf dem Augustusweg waren, einer verträumten Straße, die sich unterhalb der alten Weinberge hinzieht. Auch hier war die Zeit stehen geblieben. Die alten Häuser standen unverfälscht, wenn auch meist mit abblätterndem Putz. Kein Grundstück war zersiedelt, die alten Weinberghäuser schienen dazu gemacht, dass gleich Ludwig Richter oder Theodor Körner zu Besuch kämen.

Wir kamen auch an Sommers Haus vorbei. Herr Sommer, ein pensionierter Jurist – »Herr Oberamtsrichter Sommer« aus Apolda – hatte hier mit seiner Frau gewohnt, und meine Eltern waren mit dem Ehepaar befreundet gewesen. Von der Terrasse des Vorgartens aus hatte man einen wunderschönen Blick über das Elbtal. Dort hatten meine Eltern in den Zwanzigerjahren an einem lauen Sommerabend gesessen, und während ich in der Nähe herumspielte, hörte ich plötzlich, dass von einem Krieg die Rede war – einem zukünftigen Krieg, der, weiß der Himmel aus welchem Grund, wieder einmal hereinbrechen könne und wie schrecklich der dann sein müsse wegen der Bomben, die auf die Städte fallen würden. Das Bild eines solchen Infernos hatte mich in meinen Kinderträumen verfolgt, doch die Realität überstieg dann nur wenige Jahre später alle apokalyptischen Vorstellungen.

Am Abend des nächsten Tages gingen wir in ein am Altmarkt gelegenes HO-Lokal*, eines von wenigen geöffneten Restaurants. Am Eingang wartete eine Schlange. Als wir uns anstellen wollten, wichen alle zurück, als seien wir aus königlichem Hause, und wollten uns, den Privilegierten, den ersten Platz in der Schlange einräumen. Natürlich lehnten wir dankend ab, stellten uns hinten an und dachten über das Leben im »Arbeiter- und Bauernstaat« nach.

Nach einiger Zeit waren wir dran. Ich bestellte mir etwas zu essen und ein Bier, das ich bald durstig ausgetrunken hatte. »Würden Sie mir bitte noch ein Bier bringen«, bat ich den Ober. »Noch ein Bier« – »Ja, noch so ein Bier, bitte.« Das sei leider nur im Rahmen eines »Herrengedeckes« möglich, bekam ich zur Antwort. Auf meine Nachfrage wurde mir erklärt, das »Herrengedeck« beinhalte neben dem Bier eine kleine Flasche Sekt. Aber ich wolle doch keinen Sekt, sondern nur ein Bier. Na ja, das sei eben die Schwierigkeit, das zweite Glas Bier sei nur zusammen mit Sekt und so weiter. Also gut, dann ein »Herrengedeck«, sagte ich und lernte, wie bedarfsgerecht und menschenfreundlich die Planwirtschaft alles zum Besten einrichtet.

Dabei fiel mir ein Witz ein, den ich kurz zuvor gehört hatte: Kommt ein Dresdner in ein HO-Kaufhaus und fragt: »Hamse keene Hemden?« Sagt der Verkäufer: »Nee, keene Hemden gibt's dort drieb'n, bei uns gibt's keene Socken.«

An einem der folgenden Tage besuchten wir morgens eine Sammlung von Meißner Porzellan im Zwinger, die im Erdgeschoss und im ersten Stock untergebracht war. Meine Tochter steuerte sofort auf den Ausstellungsraum im Erdgeschoss zu, aber da ertönte sofort in breitem Sächsisch die mahnende Stimme der Museumswächterin: »D'r Rundgang beginnt ob'm.« Auf das verdutzte Gesicht meiner Tochter folgte die nochmalige Mahnung in noch strengerem Ton, sodass meine Tochter parierte, weil sie dachte, gleich schmeißt die Tante mich raus. Da war sie also noch, die gute deutsche Ordnung. Schließlich kann doch nicht jeder durch eine Ausstellung gehen, wie's ihm gefällt – wo kämen wir denn da hin?

Allmählich akklimatisierten wir uns, aber wir Bevorzugten des deutschen Schicksals schielten doch heimlich und beständig hin zu dem Augenblick, dass wir dieses Paradies der Menschheit wieder verlassen und in die Obhut des kapitalistischen Klassenfeindes zurückkehren konnten. Doch zugleich stand für uns fest, dass dies nicht unser letzter

---

* | HO = Staatliche Handelsorganisation der damaligen DDR, die praktisch die gesamte Versorgung der Bevölkerung mit Gütern des täglichen Bedarfs in der Hand hatte.

Besuch in der DDR sein würde, und als wir zu Hause waren, sagten wir allen Freunden und Bekannten: »Kinder, Ihr müsst unbedingt dorthin fahren. Jeder müsste es tun!«

Ein zweiter Besuch in Dresden Einige Jahre nach diesem ersten Besuch fuhr ich wieder nach Dresden, diesmal mit meiner Frau und zwei befreundeten Ehepaaren. Inzwischen hatte die Besucherzahl beträchtlich zugenommen. An der Grenze ging es geschäftiger zu, auch etwas weniger rüde, aber immer noch sehr selbstbewusst im Sinne eines gleichberechtigten deutschen Staates. Hohe Wachttürme, weithin sichtbar, und »Sicherheitsanlagen« zum Schutz des Staates gegen Republikflüchtlinge kündeten von seiner immer noch unangefochtenen Souveränität. Aber es gab jetzt einen feinen Unterschied.

Ich hatte telefonisch in dem neuen und sehr schönen Hotel Bellevue ein Zimmer bestellt, ohne alle Formalitäten, einfach so. Kurz vor unserer Abreise gab es irgendeine Terminschwierigkeit mit dem Pass, und ich rief im Hotel Bellevue in Dresden an, ob man mir helfen könne. »Aber selbstverständlich«, bekam ich zur Antwort, »sagen Sie an der Grenze einfach, dass Sie bei uns wohnen, die rufen dann bei uns an.« Genau so kam es, und mit unserem Etikett des Bellevue-Logisten wurden wir mit zusätzlicher Zuvorkommenheit behandelt: Denn wir waren Devisenbringer.

Am Hoteleingang agierte ein Portier, von Kopf bis Fuß in einer Livrée, die zu jedem kapitalistischen Fünfsterne-Hotel gepasst hätte. Das freundliche Personal hatte alle sozialistische Behäbigkeit über Bord geworfen und schien dem Publikum, fast ein wenig zuviel, die Wünsche an den Augen abzulesen. Alles war erstklassig, bis auf das Toilettenpapier, das wohl versehentlich der volkseigenen Produktion entnommen worden war.

Wir hatten uns mit einem ehemaligen Klassenkameraden verabredet, der nach wie vor in Dresden lebte. Als er mit seinem Trabbi vor dem Hotel erschien, raunzte ihn der livrierte Portier an: »Se gloobn doch nich, dass Se mit Ihr'n Auto hier park'n gönn'n?« Also machte er sich davon und suchte sich anderswo ein Plätzchen, während er traurig darüber nachdachte, welche wunderlichen Blüten der »real existierende Sozialismus« trieb.

Wir begrüßten uns, wie das Jugendfreunde immer tun, und schon nach ein paar Minuten hatten sich die vielen Jahre, die zwischen dem Heute und dem Damals lagen, in ein Nichts aufgelöst. Aber ich meinte zu spüren, dass er sich im Glanz und Flitter dieser Nobelbehausung und inmitten von lauter gutsituierten »Westlern« fremd vorkam und sich nicht recht wohlfühlte. Trotzdem verabredeten wir uns für den Abend, denn wir hatten ihn schon zuvor eingeladen und einen Tisch bestellt.

Doch der Abend geriet meinem Freund und seiner Frau zunächst nur zur halben Freude. Denn es gab unglücklicherweise keine Speisekarte ohne Preise, und als die beiden die Karte in die Hand bekamen und die Preise sahen, die einem guten westdeutschen Restaurant entsprachen, erschraken sie. Sie mochten in diesem Augenblick wohl auch daran denken, wie viel bedeutend nützlichere Dinge man hätte für das Geld kaufen können und dass sie nun mit jedem Bissen unsinnig verschwendete D-Mark herunterschluckten, während ich daran denken musste, wie ungerecht es auf der Welt zugeht. Aber all dies hatte ich zuvor bei meiner Einladung überhaupt nicht bedacht. Doch schließlich wurde es doch noch ein sehr netter Abend, wie es zumeist geht, wenn sich alte Freunde über vergangene gemeinsame Zeiten unterhalten.

Mein Freund war Chemiker, und es war ihm gelungen, aus einem »volkseigenen Betrieb«, in dem er beschäftigt war, auszuscheren und im Keller seines Hauses eine kleine Fabrikation von Badesalz, Duschgel und dergleichen zu betreiben. Vor allem aber hatte er das Glück, mit diesem Familienbetrieb in der damaligen DDR eine unabhängige Existenz gefunden zu haben.

Bei diesem Besuch stellten wir fest, dass sich die Menschen in der DDR verändert hatten. Sie waren selbstbewusster geworden, scheuten sich nicht mehr, mit Westdeutschen in Kontakt zu treten, sprachen offener aus, was ihnen nicht passte und drängten in zunehmender Zahl »nach dem Westen«. Als wir vor der Hofkirche in unser parkendes Auto steigen wollten, kam eine Dresdnerin mit ihren Kindern vorbei, die um unser Auto herumschlichen. Und plötzlich sagte die Mutter, halb lächelnd, halb traurig: »Können Sie uns nicht auch einladen? Gar nicht lange, nur bis drüben ...«

Die ruinöse Misswirtschaft des sozialistischen Systems war an allen Ecken und Enden zu spüren, und die Häuser verkamen, weil die Mittel zur Instandhaltung fehlten. Doch kaum einer ahnte, wie weit und schwierig der Weg zu einer marktwirtschaftlichen Normalisierung sein würde.

10 | Doch ein Grund zum Jubeln: die Wiedervereinigung

Es war eine merkwürdige Situation: Die Deutschen lagen sich in den Armen, überglücklich im Osten – ein wenig gerührt, aber doch etwas distanzierter im Westen. Und als Willy Brandt verkündete, nun wachse zusammen, was zusammen gehöre, war der Beifall des eigenen Lagers recht verhalten.

Denn dort mochte man nicht so recht daran glauben, dass der »real existierende Sozialismus« tatsächlich gescheitert war. Die Idee war doch richtig, so dachten viele, dafür waren sie doch zwanzig Jahre zuvor noch auf die Straße gegangen. An der Idee des Marxismus konnte es nicht liegen, soviel war klar. Schuld waren wohl menschliche Unzulänglichkeiten, Machtmissbrauch, Personenkult. Die Genossen drüben hatten wohl nicht immer richtig aufgepasst. Aber jetzt – eine Wiedervereinigung, um Gottes Willen! Zwei deutsche Staaten müssten es weiterhin sein. Man würde ja kooperieren können und man sollte der DDR auf die Beine helfen. Aber dabei müsste es bleiben. Die Sorge derer, die einen neuen überzogenen Nationalismus fürchteten, war angesichts unserer Vergangenheit nicht abwegig. Doch es kam anders. Jetzt, in der Stunde der Verwirklichung, kamen nur unbefangene Freude und Solidarität zwischen West und Ost auf, aber kein Chauvinismus.

Dass in der damaligen DDR jedermann aus dem Gefängnis heraus und in den Genuss des westlichen Lebensstandards kommen wollte, war evident für jeden, der von hier nach dort reiste. Aber was dachten eigentlich damals, vor der Wende, die Menschen hier in Westdeutschland? Ich meine, dachte der Mann auf der Straße wirklich so, wie »man« damals mehrheitlich zu denken schien, dass nämlich die Westdeutschen mit der Teilung ganz zufrieden seien?

Legt man Umfrageergebnisse des Instituts Allensbach aus den Achtzigerjahren zugrunde, so war, bei sorgfältiger Analyse, in der westdeutschen Bevölkerung der Wunsch nach einer Wiedervereinigung durchaus lebendig, die Sympathien zu den Menschen in der DDR waren ungebrochen und die Ablehnung des dortigen Regimes war eindeutig. Es ist interessant, dass in den westlichen Ländern, also in den USA, Großbritannien und Frankreich, die Mehrheit der Befragten angab, sie würden die deutsche Wiedervereinigung unterstützen (auch wenn Margret Thatcher verständlicherweise die Hände über dem Kopf zusammenschlug), während man hierzulande eigentlich in den Medien nur hören konnte, alle Welt sei gegen eine Wiedervereinigung.

11 | Brauchen wir doch ein Nationalgefühl? Was tun mit dem neuen Rechtsradikalismus?

Warum sind wir nur so ängstlich, ein wenig stolz auf unser Land und seine Geschichte zu sein? Für uns Deutsche hingen die Fragen der Wiedervereinigung und unseres Nationalgefühls eng zusammen. Im Grund standen sich zwei Meinungen gegenüber: Einerseits die Ansicht, eine Wiedervereinigung sei ebenso schädlich wie ein Nationalbewusstsein; beides beschwöre die Fehler unserer Vergangenheit herauf und verursache unseren Nachbarn Kopfschmerzen und Unruhe; andererseits die Auffassung, die Wiedervereinigung sei das Normale und ein Nationalbewusstsein für die Stabilität eines Staates unverzichtbar.

Die Wiedervereinigung hat inzwischen das zehnjährige Jubiläum gefeiert, die Schwierigkeiten der Anpassung und des Aufbaues in den neuen Bundesländern beginnen geringer zu werden, und zu einem überschäumenden Nationalismus ist es nicht gekommen. Demgegenüber scheinen zwei andere Probleme im Vordergrund zu stehen und eher zuzunehmen: Unsere Ratlosigkeit hinsichtlich unseres Nationalgefühls und der Rechtsradikalismus, der sich sehr viel stärker in den neuen Bundesländern als in Westdeutschland bemerkbar macht.

Dass wir auf Begriffe wie »Nationalgefühl« und »Nationalstolz« sensibel reagieren, ist angesichts unserer unglückseligen Vergangenheit verständlich und auch sicher gut. Weniger gut ist, »dass viele Deutsche sich seit Hitler nicht mehr trauen, Patrioten zu sein. Denn die deutsche Geschichte ist mit Hitler nicht zu Ende. Wer das Gegenteil glaubt und sich womöglich darüber freut, weiß gar nicht, wie sehr er damit Hitlers letzten Willen erfüllt.« (S. Haffner)

So sind wir denn schlecht beraten mit der Vorstellung, wir könnten diese wichtige Emotion aus dem Vokabular einfach streichen und damit habe sie sich erledigt. Es mag Menschen geben, die das Nationalgefühl für eine überlebte Gefühlskategorie halten. Aber für die große Mehrheit gilt das nicht, und wenn man es den Menschen versucht auszureden, wird es durch die Hintertür in irgendeiner Maske wieder hereinkommen.

Es ist recht aufschlussreich, dass alle unsere Nachbarn von unserer verbalen Europaseligkeit nichts wissen wollen und darüber den Kopf schütteln. Wer das nicht glauben mag, der versuche nur einmal, einem Engländer oder Franzosen klar zu machen, dass an die Stelle seines Nationalstolzes nun ein europäisches Surrogat zu treten habe. Er wird das selbstverständlich ablehnen und im stillen argwöhnen, dass sich sein deutscher Gesprächspartner eine neue Methode ausgedacht hat, wieder einmal seine Nachbarn zu vereinnahmen – diesmal über ein vorgeblich europäisches Gefühl.

Denn von der sicher wünschenswerten Realisierung eines gesamteuropäischen »Nationalbewusstseins« (wie es etwa für die Amerikaner zutrifft) sind wir deshalb noch so weit entfernt, weil wir eben trotz EU gefühlsmäßig nach wie vor in Nationalstaaten leben und sich nur in ihnen die dem Nationalgefühl eigene solidarisierende Emotion entwickelt, auf die es hier ankommt. Wir haben heute offene Grenzen in Europa, und wenn die Deutschen in die Nachbarländer kommen, begegnen sie dort einem Nationalgefühl, wie sie es sich heimlich wünschen und zuhause vermissen.

Für uns ist das eine schwierige Situation: »Die Beschwörung eines Nationalgefühls, das nur die angeblich positiven nationalen Tugenden der Deutschen zusammenfasst, ohne der Gesamtheit nationalistischer und chauvinistischer Konnotationen zu neuem Leben zu verhelfen, die maßgeblich zum Scheitern des kurzlebigen deutschen Nationalstaates beigetragen haben, ist eine Quadratur des Kreises.« (H. Mommsen, zit. n. E. Noelle-Neumann)

In der Tat beziehen unsere Nachbarn einen guten Teil ihres Nationalstolzes aus dem solidarisierenden Effekt gemeinsam gegen uns siegreich überstandener Gefahren in zwei Weltkriegen, und auf diesem Gefühlsfeld sollten wir gewiss keine unseligen Geister zu neuem Leben erwecken. Andererseits genügt die Funktion des Staates als Wirtschaftsmacht oder Versorgungs- und Ordnungseinrichtung sicher nicht, um den Menschen in dieser staatlichen Gemeinschaft jenes heimatliche Gefühl zu geben, das sie brauchen. Denn der Mensch ist ein soziales Wesen und lebt in seinen menschlichen Umweltbeziehungen nicht nur von gegenwärtigen familiären und freundschaftlichen Bindungen. Vielmehr haben bekanntlich seit alters her die gemeinsame Sprache, die gemeinsame Kultur und ihre Traditionen verbindende Kraft. Nicht weniger gilt dies für die Geschichtlichkeit überhaupt, die sich ja nicht in der so genannten Ereignisgeschichte erschöpft und nicht auf die Zeit der Nationalstaatlichkeit beschränkt ist. In diesem Zusammenhang ist es doch ermutigend, dass heutzutage historische Ausstellungen in der Öffentlichkeit ein so lebhaftes Interesse finden.

Ob allerdings hier der schwierige Umgang mit unserer jüngsten Vergangenheit immer den richtigen Ton trifft, wage ich zu bezweifeln. Hierüber nachzudenken, erscheint mir insbesondere im Hinblick auf den in letzter Zeit zunehmenden Rechtsradikalismus empfehlenswert. Damit ist man allerdings schon wieder bei dem Problem unseres Nationalgefühls. Wenn ein junger Mann, meinetwegen mit rasiertem Kopf, auf sein Kleidungsstück die Aufschrift malt: »Ich bin stolz, ein Deutscher zu sein«, oder demonstrativ nationale Symbole präsentiert, so offenbart sich in diesem Verhalten ein Defizit nationaler Identifikationsmöglichkeit. Denn kein Franzose, Engländer oder Pole käme auf diese Idee.

Dass der Rechtsradikalismus vor allem in den neuen Bundesländern soviel mehr als in Westdeutschland neue Blüten treibt, ist nicht verwunderlich. In der DDR war unaufhörlich vom Arbeiter- und Bauernstaat und vom Stolz auf diesen Staat die Rede. Das hat den Menschen, die ja materiell ständig einen Mangel zu beklagen hatten, um so mehr in ihrem Selbstbewusstsein den Rücken gestärkt. Jetzt ist die DDR verschwunden, aber nicht wenige junge Menschen aus der früheren DDR sehen in der Bundesrepublik keine äquivalente Identifikationsmöglichkeit, und deshalb zimmern sie sich selbst einen Altar für ihre herumirrenden Gefühle. Die einen gehen zur PDS, die ihnen Idealbildung und zugleich ein Forum für ihre Unzufriedenheiten bietet; andere nehmen ihre Zuflucht zu obskuren Leitbildern aus unserer unseligen jüngsten Vergangenheit.

Die Sorge, dass die heutigen Rechtsextremisten der Anfang einer Wiederauferstehung des Nationalsozialismus sind, geht sicher zu weit. Denn glücklicherweise fehlen hierfür bislang und vermutlich auch in Zukunft ein charismatischer Machtpolitiker Hitler'scher Prägung und das Umfeld extremer wirtschaftlicher Not. Desgleichen fehlen der rechtsradikalen Szene so gut wie völlig die Sympathisanten. Gleichwohl ist natürlich die Existenz dieser Rechtsradikalen an sich schon schlimm genug, auch wenn ihre absolute Zahl im Vergleich zur Gesamtbevölkerung verschwindend klein ist.

Wichtig scheint mir zu sein, dass die Grundlage ihres Handelns nicht ein klares politisches Programm ist, sondern dass Emotionen und eine bestimmte Mentalität die Bereitschaft zu verbrecherischem Handeln hervorrufen. Denn der Rechtsextremismus lebt einzig und allein von Stimmungen, die vom Umgang mit Symbolen, von irrealen Vorstellungen, aber auch vom Fehlen einer emotionalen Anlehnungsmöglichkeit an den Staat erzeugt werden. Es ist deshalb nicht erstaunlich, dass sich im Rechtsradikalismus nicht gerade die intellektuellen Überflieger sammeln.

Dass wir jede historischen Besinnung auf das »Dritte Reich« einengen und damit ein Übermaß an Betroffenheitskundgebungen verbinden, hat in meinen Augen auch einen unglücklichen Einfluss auf junge Leute, die in ihrer Idealbildung dem rechtsextremen Lager zuneigen. Hat denn dieser Raum unserer Geschichtlichkeit, den wir heute Deutschland nennen, in den letzten tausend Jahren nichts anderes hervorgebracht als diesen Hitler und haben allein wir ihm die Wege geebnet?

Gewiss haben wir ihm den Teppich ausgerollt, damit er unser Haus betreten konnte – das ist leider wahr. Aber nachdem er hierin Fuß gefasst hatte und sich sodann eine Tür nach der anderen aufschloss, haben ihn unsere westlichen Nachbarn – von Hitlers Spießgesellen Mussolini und Stalin ganz zu schweigen – wider besseres Wissen in einer unbegreiflichen Lethargie gewähren und zu einer aggressiven Potenz sondergleichen werden lassen; und zu allem Überfluss haben sie zeitweise auch noch Bravo gerufen, oft genug haben sie Hitler bewundert und in ihm ein Bollwerk gegen den Bolschewismus gesehen, und schließlich haben sie dem deutschen Widerstand die kalte Schulter gezeigt – das ist genauso wahr.

Aber welcher Politiker und welche Fernsehsendung spricht das aus? Etwas mehr Rückgrat, wie es uns Adenauer in Moskau gegenüber Chruschtschow und Bulganin vorgemacht hat, und etwas weniger Betroffenheitskult wären wünschenswert, weil sie einer von verschiedenen gangbaren Wegen wären, um wieder zu einem normalen und nicht überzogenen Nationalbewusstsein zu kommen, das dem Rechtsradikalismus psychologisch Nahrung entzieht.

Ein weiterer Weg in die gleiche Richtung könnte sein, dass man bei jeder Besinnung auf die Unbegreiflichkeiten des »Dritten Reiches« nicht nur pur in Sack und Asche geht, sondern zugleich etwas von der Tragik menschlichen Irrtums erwähnt und von der unbestreitbaren Tatsache, dass die meisten Menschen, die Hitler gefolgt sind, dies nicht aus Bosheit und ebenso wenig aus Antisemitismus taten, sondern weil sie den raffiniertesten Tyrannen dieses Jahrhunderts nicht durchschauten. Und es würde jedem Redner, der heute in irgendwelchen Gedenk- oder Feierstunden die Verbrechen des »Dritten Reiches« beschwört, gut anstehen zu bekennen, dass er als Nachgeborener hierüber nicht sprechen könne, ohne zugleich für sich die Möglichkeit des eigenen Scheiterns in jener historischen Situation in Betracht zu ziehen. Wann aber hört man dergleichen?

In diesem Zusammenhang liegt mir noch ein Wort auf der Zunge: In meinen Augen verhalten wir uns ausgesprochen schäbig gegenüber unseren eigenen Landsleuten der Dreißigerjahre. Selbstverständlich meine ich hiermit nicht die Verbrecher, nicht die Borniertern, nicht die Durchhalteapostel, nicht die Fanatiker. Aber ich meine die riesige Zahl derer – es waren viele Millionen – die sich geirrt haben, wie sich Menschen eben irren. Dass wir uns mit ihnen so wenig solidarisieren, dass wir für sie so wenig menschliches Verständnis haben, dass sich hierzulande so viele jenen gegenüber, die sich nicht mehr wehren können, selbstgerecht in Pose werfen und dass wir für sie gegenüber dem Ausland (und auch gegenüber den Juden) so wenig Partei ergreifen, wirft ein außerordentlich trübes Licht auf den Charakter unseres Volkes.

Ich glaube zwar nicht, das es gelingen kann, den Links- und Rechtsextremismus zum Verschwinden zu bringen. Aber ich bin überzeugt, dass es durchaus weitere Möglichkeiten gibt, extremistischen Entwicklungen Nahrung zu entziehen. Hierzu würde beispielsweise an erster Stelle gehören, dass »man« sich selbst mitarbeitend in einer Partei engagieren würde, um dadurch der pluralistischen Demokratie, verstanden als liberalen Rechtsstaat, zu etwas mehr innerem Leben zu verhelfen. Dies könnte ganz entscheidend zu einem neuen Staatsbewusstsein beitragen, aus dem heraus sich dann von selbst ein gesundes Nationalgefühl entwickeln würde.

Doch was tun wir stattdessen? Wir betrachten die Politiker als unsere Angestellten, schimpfen auf sie, wenn sie versagen, aber machen in aller Regel selbst keinen Finger krumm, wenn es auch nur um ein wenig tatsächliche Mitarbeit an den öffentlichen Dingen geht. So mancher hätte vor 1945 etwas um diese Möglichkeit der politischen Mitarbeit in einer freien Gesellschaft gegeben. Es ist im höchsten Maße beklagenswert, dass heute kaum einer Gebrauch davon macht. Am Ende hat jede Gesellschaft die Politiker und die politischen Entwicklungen, die sie verdient.

Epilog | Unsere politische Situation,
die Sinnkrise unserer Gesellschaft
und der Versuch einer Neuorientierung

1 | Alexis de Tocquevilles Erfahrungen mit der Demokratie in Amerika

Unsere politische wie auch die geistige Situation unserer Massengesellschaft am Ende des 20. Jahrhunderts werden besser verständlich, wenn man sich einige Einsichten des großen französischen Staatsdenkers Alexis de Tocqueville vergegenwärtigt, die er um die Mitte des neunzehnten Jahrhunderts niedergelegt hat. Denn sein Ausgangspunkt war jene Staatsform, die auch die unsere ist: die Demokratie. Um diese damals neue Staatsform zu studieren reiste er nach Amerika. Sein Weitblick ist auch heute noch bewundernswert.*

Die Gleichheit: das bemerkenswerteste Kriterium der neuen Staatsform »Demokratie« Als er Amerika besuchte, stach ihm sofort die Gleichheit der gesellschaftlichen Verhältnisse als das bemerkenswerteste Phänomen in die Augen. Er meinte damit umfassend die gesellschaftliche Egalisierung ebenso wie die Gleichheit der politischen Voraussetzungen für das Individuum. Nach Europa zurückgekehrt wurde ihm klar, dass hier die Entwicklung – schon seit sieben Jahrhunderten – in die gleiche Richtung ging: durch Einflüssen der Kirche, durch das Geld- und Handelswesen, durch zunehmende Literatur und Bildung infolge des Buchdrucks sowie durch die absolutistische Monarchie. Im Gegensatz zu seinen Zeitgenossen sah Tocqueville, dass es sich hier um einen unumkehrbaren Prozess handelte, der ganz Europa erfassen und die Gleichheit aller herbeiführen würde.

Die Menschen in der Demokratie nutzen nicht ihre Freiheit zur Mitverantwortung in der Gesellschaft Alexis de Tocqueville erkannte aber nicht nur das Faktum als solches, sondern sah auch überaus klar die damit zusammenhängenden Gefahren für die Entwicklung in Europa. Er hatte in Amerika beobachtet, dass die Menschen dort zwar von Anfang an sowohl die Gleichheit besaßen wie auch die Freiheit hatten, nicht nur für das eigene Schicksal, sondern auch für das des Gemeinwesens zu sorgen. Er sah jedoch sofort, dass ihr Verlangen sich weit mehr der Gleichheit als der persönlichen Mitverantwortung an den Angelegenheiten der Gesellschaft zuwandte.

Was wird geschehen, so fragte er sich weiter, wenn in einer Gesellschaft die »égalité des conditions« so weit getrieben ist, dass sie keine Strukturelemente wie Herkommen, Bildung, Tradition, Gesinnung, Erziehung und unterschiedliche Wertvorstellungen mehr enthält, die früher das Bild bestimmt haben?

---

* | Am erstaunlichsten bleibt seine prophetische Sicht der beiden Weltmächte Amerika und Russland: »Dem einen ist die Freiheit der Hauptantrieb, dem anderen die Knechtschaft. Ihr Ausgangspunkt ist verschieden, ihre Wege sind es auch; und dennoch scheint nach einem geheimen Plan göttlicher Bestimmung jeder von ihnen berufen, eines Tages die Geschicke einer Hälfte der Welt in den Händen zu haben.«

Die gesellschaftlichen Folgen der Gleichheit Die Gleichheit in dieser Gesellschaft wird, so schloss er, alle verpflichtenden und berechtigenden persönlichen Lebensbindungen zur Auflösung bringen. Die Gleichheit wird die Menschen voneinander unabhängig machen und bewirken, dass sie in ihren individuellen Handlungen nur ihrem eigenen Willen und persönlichen Nutzen folgen: »Ich sehe eine zahllose Menge einander ähnlicher und gleicher Menschen, die sich ohne Unterlass um sich selbst bewegen, um sich kleine und vulgäre Freuden zu verschaffen, die ihre Seele ausfüllen. Jeder von ihnen sondert sich ab und verhält sich dem Schicksal aller anderen gegenüber wie ein Fremder. [...] Was seine übrigen Mitbürger anbetrifft, so befindet er sich zwar neben ihnen, aber er sieht sie nicht. Er existiert nur für sich, [...] über ihnen allen aber erhebt sich eine ungeheure Vormundschaftsgewalt, die allein sich damit befasst, ihre Annehmlichkeiten zu sichern und über ihr Ergehen zu wachen.«

Diese Vormundschaft übernimmt die Staatsgewalt. Damit sieht sich der Einzelne der Notwendigkeit enthoben, sich um die öffentlichen Angelegenheiten zu kümmern; vielmehr gilt das einzige Streben der Menschen einer Vermehrung ihres persönlichen Wohlstandes: »Der Hang zum Wohlstand lenkt sie von der Betätigung an der Regierung ab, und die Liebe zum Wohlstand bringt sie in eine immer stärkere Abhängigkeit von den Regierungen.«

Tocqueville sieht in diesem Zusammenhang als schlimmstes Risiko für die demokratischen Epochen einen »längeren, verborgenen, aber sicheren Weg in die Knechtschaft. [...] Die Anarchie erkennen die Völker leicht und wehren sich gegen sie. Auf den Weg in die Knechtschaft lassen sie sich mitziehen, ohne es zu merken.«

Es besteht nämlich die Gefahr, dass die Menschen sich der Idee einer einzigen zentralen Gewalt anvertrauen, »die alle Bürger aus eigener Kraft lenkt«.

Und dann schlägt Tocqueville visionär die Brücke zu unserem Jahrhundert der Ideologien: »Überdies öffnet sich der Verstand der demokratischen Völker in Politik wie in Philosophie und Religion begeistert den einfachen und allgemeinen Ideen. Komplizierte Systeme widerstreben ihm, und er gefällt sich in der Vorstellung einer großen Nation, deren Bürger alle einem einzigen Vorbild ähneln und von einer einzigen Gewalt beherrscht werden. [...] Die Despotie, die zu allen Zeiten gefährlich ist, ist darum in den demokratischen Epochen besonders zu fürchten.«

Die vermeintliche Freiheit: das Volk als scheinbarer Souverän »Sie stellen sich eine einheitliche, vormundschaftliche, allmächtige Gewalt vor, die aber von den Bürgern gewählt wird. Sie wollen die Zentralisation mit der Volkssouveränität verbinden. Das verschafft ihnen einige Beruhigung. Der Gedanke, dass sie selbst ihren Vormund gewählt haben, tröstet sie über die Vormundschaft. Jeder lässt es sich nun gefallen, dass er gebunden wird, denn er sieht ja, dass es weder ein Mensch noch eine Klasse ist, sondern das Volk selbst, das das Ende der Fessel hält.«

2 | Einige Krisenpunkte unserer geistesgeschichtlichen Situation

Soweit Alexis de Tocqueville. Jedermann weiß, dass sich seine Voraussagen inzwischen erfüllt haben. Sie haben für unsere heutige politische und gesellschaftliche Situation überragende Bedeutung, auch wenn parallel hierzu und danach noch andere geistesgeschichtliche Entwicklungen hinzugekommen sind, auf deren Erörterung im hier vorgegebenen Rahmen verzichtet werden muß. Alle zusammengenommen haben zu bemerkenswerten und kennzeichnenden Fehlentwicklungen geführt. Sie lassen sich in Kürze etwa folgendermaßen zusammenfassen:

Das Wort »Demokratie« im Sinne von Volksherrschaft ist gänzlich irreführend. Das Volk, der »Souverän«, ist an seiner eigenen gesellschaftlichen Manifestation, dem Staat, völlig desinteressiert. Eine aktive Mitarbeit am Staat über die Parteien gibt es praktisch nicht. Der Staat wird als feindseliges Abstraktum gesehen.

Unsere Massengesellschaft ist orientierungslos, denn die tradierten Wertvorstellungen sind weitgehend außer Kraft gesetzt. Der Mensch sucht aber Orientierung. Er bezieht sie heute in erster Linie von »Prominenten« im Fernsehen.

Es sind erfolgreiche Sportler, Schauspieler, publikumswirksame Politiker, Fernsehkommentatoren und Journalisten, Showmaster, Schlagersänger, Models und das kunterbunte Gemisch der Talkshow-Teilnehmer, die dort in erster Linie zu Wort kommen und deren Vorstellungswelt für die Massengesellschaft prägende Bedeutung gewinnt. Aber diese Prominenten sind überfordert mit dem Anspruch, zu Problemen außerhalb ihrer Professionalität Stellung zu nehmen.

Der Lebensentwurf in unserer Gesellschaft ist vorwiegend hedonistisch geprägt, d. h. auf eine Maximierung der materiellen »Lebensqualität« und der Lusterlebnisse jedweder Art bei gleichzeitiger Minimierung ethischer Bindungen angelegt. Hierzu gehört, dass die antike Weisheit des »Maßes der Mitte« eher belächelt als bedacht und dabei ignoriert wird, wie sehr jede menschliche Maßlosigkeit das erhoffte Ziel der Glückssteigerung verfehlt.

Das Fernsehen prägt das Leben der Massengesellschaft: Es nimmt eine beherrschende Stellung ein. Es hat den Charakter einer Informationsautorität, lebt aber vom Bildkonsum, der auf Unterhaltung abgestimmt ist. Dem Fernsehen fehlt im Gegensatz zum gedruckten Text der Zwang zur analytischen Auseinandersetzung und argumentativen Verknüpfung. Auf dem politischen Feld erzeugt das Fernsehen in erster Linie Stimmungen. Einen besonders nachteiligen Einfluss hat das Fernsehen auf die kindliche Entwicklung.*

Der materielle Wohlstand und das Glück In den letzten vierzig Jahren hat unsere Industriegesellschaft ein beachtenswertes Massenexperiment durchlaufen: Der materielle Wohlstand und die Freizeit haben eine ständige Zunahme erfahren. Offensichtlich

---

* | Der Leser erlaube mir, ihn in diesem Zusammenhang auf das in meinen Augen ungemein aufschlussreiche Büchlein von Neil Postman aufmerksam zu machen: »Das Verschwinden der Kindheit«.

führt aber nach Überwindung der existenziellen Not eine weitere Steigerung des Wohlstandes nicht zu einer Zunahme der Zufriedenheit und des subjektiven Glücksgefühls. Lange Jahre ärztlicher Tätigkeit haben mir dies immer wieder gezeigt. Andererseits ist aber offenkundig, dass wir zu einer Neidgesellschaft geworden sind.

Recht kennzeichnend ist übrigens die semantische Verschiebung des Wortes »Freude« zum alles beherrschenden »Spaß«. Freude hat etwas zu tun mit dem menschlichen Glück. Der Spaß steht in enger Beziehung zum Ulk, zur Situationskomik des Absurden, zum schallenden Gelächter.

Die Ausweitung der Individualrechte hat ein ungeahntes Ausmaß erreicht. Hieraus resultiert eine noch nie gekannte Anspruchshaltung an den Komfort des Lebens, wie man ihn versteht. Ihren schlimmsten Ausdruck findet sie in der Zahl der Abtreibungen (die Presse spricht von jährlich 300 000), obschon eine riesige Zahl von adoptionswilligen Paaren sich liebend gern um diese Kinder kümmern würde. In diesem Verhalten offenbart sich eine weithin biologisch geprägte Sicht des Menschen. Es erscheint absehbar, dass die in den kommenden Jahren anstehenden bioethischen Entscheidungen diese Tendenz – mit heute noch ungeahnten Konsequenzen – bestätigen werden.

Irrationale Ängste: Die rasante technische Entwicklung hat, ganz ähnlich wie schon vor einhundert Jahren, zu irrational gesteigerten Sorgen vor der Zukunft geführt. Diese bewirken, dass in wichtigen Fragen nicht die nüchterne wissenschaftliche Analyse, sondern die emotionale Ablehnung zur Entscheidungsinstanz wird.

Die Mehrheit der Gesellschaft schätzt die Gleichheit über alles, weil sie meint, dass Gleichheit die Voraussetzung der »Gerechtigkeit« sei. Einer Elitenbildung — wie etwa der Wissenschaftselite der USA — steht sie deshalb feindlich gegenüber und übersieht dabei, dass sie selbst am Ende Nutznießer einer echten Elite ist. Denn letztere ist die Voraussetzung jedweden Fortschritts.

Die partnerschaftliche Bindungsfähigkeit ist immer schwächer geworden und in den meisten Fällen von vornherein latent auf Reversibilität angelegt. Dahinter steht in der großen Mehrzahl der Fälle eine ichbezogene Fehlhaltung persönlicher Rücksichtslosigkeit oder zumindest Gleichgültigkeit dem Partner gegenüber.

Der Gleichheitstraum wirkt in der Pädagogik nach. Wir fördern auf der Schule viel zu wenig die überdurchschnittlichen Begabungen, weil viele Pädagogen ihren Gleichheitstraum nicht begraben mögen. Dementsprechend rangieren wir in den Naturwissenschaften am unteren Rande des Mittelfeldes. Auf den Universitäten geben wir Milliardenbeträge sinnlos aus, weil viel zu viele junge Menschen studieren, die mit einem anderen Berufsweg besser beraten wären. Aber die im Billigabitur bescheinigte »Hochschulreife« animiert verständlicherweise schon rein semantisch zum Studium.

Andererseits gehen unsere überdurchschnittlich Begabten in großer Zahl in die USA, weil sie sich von dem dortigen Leistungsklima und seinen Entwicklungsmöglichkeiten angesprochen fühlen.

Auch ist die Bildung jenseits der Ausbildung nach wie vor ein Stiefkind. Damit beraubt man sich der Möglichkeit, das Interesse des Heranwachsenden an Kulturgütern zu wecken, die für die Berufsausbildung ohne unmittelbaren Wert sind, dem Menschen aber für seine Berufsausübung wie überhaupt für sein Leben erst den eigentlichen Standort geben.

3 | Gibt es einen Ausweg aus unserem Dilemma?

Es soll hier nicht eine Antwort auf alle Fragen versucht werden, die sich aus den oben skizzierten Fehlentwicklungen ergeben. Vielmehr geht es im Folgenden nur um das nach meiner Meinung wichtigste Problem: nämlich um eine neue Orientierung, um einen tragfähigen Lebensentwurf also, der in sich den Lösungsansatz für die vielfältigen Probleme unserer Gegenwart bereithält.

Eine solche neue Orientierung lässt sich nicht durch schöne Reden und Appelle auf die Massengesellschaft übertragen. Wenn überhaupt, so ist dies nur durch glaubhafte neue Meinungsführer möglich, soweit sie in der Massengesellschaft wirksam werden.

Gleichheit oder Freiheit? Max Horkheimer hat 1971 in einem Aufsatz* gesagt, dass die Parole »Freiheit, Gleichheit, Brüderlichkeit« einen Widerspruch überdecke: Mit der Zunahme der Gleichheit vermindere sich die Freiheit des Einzelnen gegenüber dem Staat und der Gesellschaft wie überhaupt seine Entscheidungsfreiheit. Das leuchtet sofort ein wenn man bedenkt, dass die Gleichheit der Menschen ein unnatürlicher Zustand ist, der mit allen möglichen Zwangsmaßnahmen herbeigeführt werden muss.

Das vergangene Jahrhundert war voll von sozialistischen Versuchen, die Gleichheit der Menschen auf Kosten der Freiheit mehr oder weniger zu realisieren in der Erwartung, dadurch eine größere Gerechtigkeit der menschlichen Lebensbedingungen herbeizuführen und somit ein größeres Maß an menschlichem Glück zu verwirklichen. Doch diese Hoffnungen haben sich als unrealistisch erwiesen.

Es ist genau umgekehrt: Der Mensch ist heiterer und von einer glücklicheren Grundstimmung erfüllt, wenn ihm die Möglichkeit zur eigenen Entfaltung in Freiheit gegeben ist. Das haben sorgfältige demoskopische Untersuchungen von Elisabeth Noelle-Neumann überzeugend dargetan.

Der Freiheitsbegriff meint hier selbstverständlich nicht eine Auflösung von normativen ethischen Bindungen oder eine maßlose Steigerung der Individualrechte. Gemeint ist auch nicht die bloße Freiheit von Diktatur. Vielmehr orientiert sich der hier benutzte Freiheitsbegriff an den Vorstellungen Friedrich von Hayeks (s. S. 129): Es geht um eine Freiheit von ständiger staatlicher »Betreuung« und Umsorgung, Bevormundung und planwirtschaftlicher Gängelung jedweder Färbung im Sinne des Sozialismus. Oder positiv ausgedrückt: Gemeint ist die Freiheit, sein Schicksal selbst in die Hand zu nehmen, dafür verantwortlich zu sein und auf staatliche Hilfe nur im echten Notfall zurückzugreifen.

---

* | Max Horkheimer: Die Zeitgemäßheit der Philosophie Schopenhauers. In: Neue Zürcher Zeitung Nr. 133 (Fernausgabe), 21. März 1971, S. 51/52 (zit. n. E. Noelle-Neumann).

Vielleicht ist an dieser Freiheit besonders wichtig, dass sie den Menschen die Aufgabe überlässt, Entscheidungen selbst zu treffen. »Und indem sie Entscheidungen treffen, entwickeln sie ihre Kräfte. [...] Und indem man seine Kraft gebraucht, entwickelt man die Fähigkeit zur Aktivität. Und mit der Aktivität entwickelt man Selbstbewusstsein. Und Selbstbewusstsein scheint nun die wichtigste aller Quellen für ein glückliches Lebensgefühl zu sein.« (E. Noelle-Neumann)

Amerikaner und Engländer schätzen zu 70 % diese Freiheit höher als die Gleichheit; bei uns sind es nur 39 %. (E. Noelle-Neumann) Den Unterschied merkt man sofort, wenn man Amerika besucht und mit den Menschen dort spricht. Die unaufgesetzte Freundlichkeit und Hilfsbereitschaft, die Offenheit und Zuwendung der Menschen wo immer man sie trifft, aber auch der unverkrampfte Umgang mit der in jeder Gesellschaft unumgänglichen Rangordnung ist mit analogen Erfahrungen in Deutschland nicht zu vergleichen. Wir haben noch eine Wegstrecke vor uns, um den angelsächsischen Freiheitsbegriff zu assimilieren.

Die Freiheit, der Hedonismus und die Hoffnung auf einen Weg aus unserer Sackgasse Die so verstandene Freiheit gewinnt in meinen Augen ihren eigentlichen Wert aber erst, wenn sie sich mit einem tragfähigen ethischen Konzept verbindet. In diesem Zusammenhang scheint mir am wichtigsten zu sein, ein Bewusstsein für unsere Situation zu entwickeln: dass wir uns nämlich in einer Sackgasse befinden.

Es ist eine eher banale Feststellung, dass sich für den Beginn unseres Kosmos kein plausibler Grund angeben lässt. Dementsprechend hat auch die immer größere Ausweitung unseres Wissens über die erfahrbare Welt insofern zu nichts geführt, als sie uns keinen hinreichenden Grund für unser eigenes menschliches Dasein wie auch für die Existenz des Weltalls geliefert hat.

Unsere Weltanschauung ist immanent, d. h. für uns ist die empirische Realität die einzige Wirklichkeit. Sie ist kausal in sich geschlossen, sie liefert uns nach dem Prinzip von Ursache und Wirkung eine Erklärung ihrer Struktur, aber keinen vernünftigen Grund für ihre Existenz an sich. Wir haben keinen transzendentalen Bezug mehr, weil wir ihn für diese Weltsicht nicht brauchen, was ja Nietzsche schon zu seinem bekannten Ausspruch veranlasst hat: »Gott ist tot!« Es bleibt dem Menschen also nur, irgendwie aus dieser an sich sinnlosen Existenz das Beste zu machen.

Im Augenblick scheinen sich die Menschen hiermit abgefunden zu haben. Die augenfälligste Konsequenz ist ein Leben, das »Spaß machen muss«. Sich hiermit zu begnügen, ist für den Menschen besonders schwierig, weil er im Gegensatz zum Tier ein Bewusstsein hat und eine Vernunft, die ihn eine Vielzahl von Fragen stellen lässt. Diese Fähigkeit ist, materialistisch gesehen, eigentlich ein Luxus, weil sie für seine biologische Existenz ohne Belang ist. Vielmehr bietet sie ihm über die elementaren Lebensbedürfnisse hinaus geistige Entfaltungsmöglichkeiten, die ihn über sich hinausweisen; aber sie quälen ihn zumeist mehr, als dass sie ihn glücklich machen. Wozu das Ganze? – so muss sich jeder fragen.

Leibniz hat das Prinzip vom zureichenden Grund als fundamentales Vernunftprinzip angesehen. Auf unsere Situation angewandt würde das heißen: Da sich in der physischen Welt kein »zureichender Grund« für ihre Existenz bietet, wird man eine Ursache außerhalb unserer immanenten Weltvorstellung annehmen müssen. Damit ist man bei der Grundidee der Metaphysik: der Annahme einer transzendenten Wirklichkeit.

Gegen sie lassen sich verschiedene Einwände geltend machen: An erster Stelle, dass genuin Transzendentes unserer Erfahrung unerreichbar bleibt; ferner das Problem, Überzeitliches als Seinsgrund für zeitlich lokalisierte Ereignisse anzusehen. Außerdem stört der mangelnde Erklärungswert des Transzendenten im Hinblick auf die in sich widerspruchsvolle Welt unserer Erfahrung. Schließlich lässt sich Transzendentes nicht beschreiben, da uns nur die Begriffe unserer Erfahrung zur Verfügung stehen.

Es ist nicht möglich, hier über die wissenschaftliche Erörterung des Für und Wider einigermaßen erschöpfend zu referieren, und es wäre wohl auch nicht zweckmäßig, weil die Frage am Ende doch offen bleibt. Stattdessen möchte ich an dieser Stelle lieber mein persönliches Credo bekennen.

In meinen Augen ist das stärkste Argument für den transzendentalen Bezug des Menschen, dass er bereit ist, um ethischer Forderungen willen, die er freiwillig auf sich genommen hat, gegen seine biologischen Interessen zu handeln. Der Feuerwehrmann, der in ein brennendes Haus stürzt, um ein Kind zu retten und dabei in den Flammen sein Leben verliert, ist biologisch gesehen im höchsten Grade töricht. Doch jeder normale Mensch wird in seinem Verhalten die höchstmögliche Verwirklichung menschlicher Bestimmung sehen.

In meinem Leben ist mir dieses Paradoxon nie so bewusst geworden wie in den Tagen nach dem 20. Juli 1944. Damals standen sich für mich in Hitler und Freisler das absolut menschlich Böse und in den Männern des 20. Juli das absolut menschlich Gute exemplarisch gegenüber. Freisler hätte nicht so besinnungslos getobt, wenn ihm nicht bewusst geworden wäre, dass hier Menschen vor ihm standen, denen ihre biologische Existenz zugunsten eines ethischen Anspruchs unwichtig geworden war und die er deshalb letztlich nicht treffen konnte. Sie hatten eben gerade das getan, was Freisler fremd war: sie waren freiwillig ihrem selbstgewählten ethischen Imperativ gefolgt, ohne den für sie ihre biologische Existenz sinnlos schien.

Das gegenwärtige Klima des Nihilismus, das uns umgibt und dem sich ja niemand ganz entziehen kann, wird gewiss kaum Endgültigkeit beanspruchen können; denn das hat es in der Geistesgeschichte noch nie gegeben. Sicher aber scheint mir zu sein, dass wir deshalb in einer Sackgasse stecken, weil die bewusste Aufgabe des transzendentalen Bezuges immer stärker zu einer rein biologischen Sicht der menschlichen Existenz führt (und umgekehrt).

4 | Auf welche Wertvorstellungen soll man zurückgreifen?

So sehr ich mir persönlich eine Renaissance des Christentums wünsche, so kann man nach meiner Meinung doch nicht apodiktisch die Hoffnung hegen oder gar die Forderung aufstellen, alle Menschen sollten wieder Christen werden; denn das Christentum ist eine Offenbarungsreligion, die aus verschiedenen Gründen ihre frühere Anziehungskraft eingebüßt hat, die sie sicher nicht von heute auf morgen wird zurückgewinnen können. Darüber hinaus glaube ich zum einen, dass eine Abkehr vom Zeitgeist unserer »Spaßgesellschaft« – wenn überhaupt – nur in Schritten gelingen kann. Zum anderen wird dies, um es noch einmal zu sagen, nur mit Hilfe von Meinungsführern möglich sein, die einem anderen Lebensentwurf folgen und an denen sich die Massengesellschaft orientiert.

Ein erster Schritt heraus aus unserer Sackgasse könnte sein, dass die Menschen dazu angeregt werden, überhaupt wieder die Frage nach einem sinnvollen Lebensentwurf zu stellen, der über den Konsum der Zeit als solchen hinausgeht. Ganz sicher ungeeignet ist die heute bevorzugt eingenommene Position eines radikalen Historismus, dessen Verfechter den Standpunkt vertreten, dass es keine letzten – und insbesondere moralischen – Wahrheiten gebe; dass eine transzendente Autorität fehle, die uns den Weg weisen würde für richtiges und falsches Handeln. Zwar haben sich in der Tat ethische Maxime im Laufe der Geschichte oft genug auf einer sehr breiten Skala verschoben. Aber am Ende des puren Historismus steht Nietzsche, der Gut und Böse für fiktive Größen hält und nur die Macht des Willens gelten lässt, die eigenen Entscheidungen durchzusetzen. Wohin das führt, haben wir erlebt.

Neil Postman hat – in ähnlichem Zusammenhang – im Blick auf die Gründungsväter Amerikas gesagt: »Sie begriffen, dass ein vulgärer Relativismus, also der Gedanke, dass Werte nur historische Vorurteile sind, zu Hoffnungslosigkeit und Untätigkeit führen müsste. [...] Sie glaubten daran, dass es, wie es eine physikalische Ordnung des Universums gibt, auch eine moralische Ordnung geben müsse, und dass die Menschheit sich seit je auf der Suche nach ihren Gesetzen befindet. Sie glaubten, dass der menschliche Geist nicht über die Kraft verfüge, einen neuen Wert zu erfinden, so wenig, wie wir ein neues Universum erfinden können.«

5 | Plädoyer für einen anderen Lebensentwurf

Ein plausibler Lebensentwurf jenseits eines oberflächlichen Hedonismus in bloßem Zeitkonsum benötigt eine tragfähige Grundformel für das ethische Verhalten. Sucht man hiernach in unserer heutigen Situation, so besteht sie für mich im Nebeneinander zweier sich ergänzender Postulate. Es ist zum einen der bekannte kategorische Imperativ Kants: Handle so, dass die Maxime deines Willens jederzeit zugleich als Prinzip einer allgemeinen Gesetzgebung gelten könnte. Zum anderen ist es die kardinale Forderung des Neuen Testamentes über den Umgang mit unseren Mitmenschen.

Wer sein Handeln nach diesen beiden Forderungen auszurichten sich bemüht, gewinnt nach meiner Meinung bereits einen sinnvollen Lebensentwurf, ohne auf einen transzendentalen Bezug festgelegt zu sein. Aber er folgt einem humanen Lebenskonzept, das in der Nähe christlicher und stoischer Vorstellungen liegt. Diese aber erleichtern immerhin dem so Handelnden den Zugang zu einem transzendentalen Bezug, weil die biologische Sicht des Menschen hier in den Hintergrund tritt.

Das Christentum hat den Weg des Menschen unter dem Gesichtswinkel der Ewigkeit gesehen und auf das zukünftige Glück im Himmel verwiesen. Das hat leider etwas den Blick dafür verstellt, dass jedes menschliche Tun als vollbrachte Leistung für das Individuum einen Wert in sich trägt, der mit der Ewigkeit nichts zu tun hat. Aristoteles hat das am Beispiel eines Schusters gezeigt, der einen schönen Schuh angefertigt hat und ihn zufrieden besieht. Und Aristoteles fragt: »Ist das etwa nicht Glück?« Man kann diese Befriedigung durch das eigene Handeln aber noch sehr viel breiter fassen, wenn man die »Forderung des Tages« im Auge hat, von der Goethe spricht. Es sind die täglichen Pflichten, die unseren Alltag ausmachen.

Bezeichnenderweise hat der Begriff »Pflicht« in unserer hedonistisch geprägten Gegenwart einen geradezu ranzigen Beigeschmack, weil die »Pflicht« als Beeinträchtigung unserer »Lebensqualität« gesehen wird, die man in Frage gestellt sieht, wenn eine Arbeit zu bewältigen ist, die »keinen Spaß macht«. An dieser Stelle passt ein Zitat aus den Selbstbetrachtungen Marc Aurels:

»Früh morgens, wenn du mühsam erwachst, sollst du dir vorhalten, ich wache auf, um als Mensch zu wirken. Und da will ich noch verdrießlich sein, wenn ich daran gehe, das zu tun, weswegen ich geworden und um dessentwillen ich in die Welt gerufen bin? Oder bin ich etwa dazu geschaffen, um auf dem Lager zu liegen und mich zu wärmen? [...] Also um das Angenehme zu genießen bist du geworden und nicht zum Schaffen und zur Betätigung? Siehst du nicht, wie die Pflanzen, die Sperlinge...ihr bestimmtes Werk tun und für ihr Teil ein Stück Weltordnung schaffen? Und du willst nicht dein Menschenwerk tun?« (zit. n. J. Hirschberger)

Viele Menschen unserer Epoche kennen vor lauter Nachdenken über ihre Lebensqualität gar nicht mehr das schlichte, zufriedene und oft glückliche Gefühl dessen, der sich am Abend sagen kann, dass er die Forderung des Tages annehmbar erfüllt hat.

Das irdische Glück des Handelnden hat noch einen anderen wichtigen, heute ebenfalls in Vergessenheit geratenen Aspekt. Es ist eine einfache, aber für das Individuum elementare Erfahrung: Wo immer man sich dem Mitmenschen gegenüber uneigennützig und positiv verhält (oder sollte ich doch den Mut haben zu sagen: wo man ihm warmherzig und liebevoll begegnet), kommt die ausgesandte »Botschaft« zurück zum Ursprung – nicht unbedingt persönlich, aber in jedem Fall als ein Gefühl der Befriedigung über die Richtigkeit des eigenen Handelns.

Das fängt übrigens mit der Höflichkeit an. Unser Zeitgeist hat sie törichterweise als »Dressur« abgetan. »Verhandlungen, Normen, Höflichkeiten, Rücksichten, Gerechtigkeit, Vernunft! Warum erfand man das alles? Wozu der ganze Umstand? All das lässt sich in dem Wort der Zivilisation zusammenfassen. […] Es dient dazu, die civitas, die Gemeinschaft, das Zusammenleben zu ermöglichen. […] Man ist so unzivilisiert und barbarisch, wie man rücksichtslos gegen seinen Nächsten ist.«(Ortega y Gasset) Andererseits: fühlt man sich nicht von jedem höflichen Menschen angezogen? Gibt es eine menschlichere und zugleich wirkungsvollere Methode im Umgang mit arroganten und scheußlichen Menschen als die Höflichkeit?

Zu sagen, dies sei im heutigen Konkurrenzkampf nicht möglich, ist eine sehr schwache Ausrede. Meinem Semester gehörte ein Kollege an, der nach dem Staatsexamen ein Einzelhandelsgeschäft seiner Eltern übernahm und einige Zeit später von der Medizin ganz in den kaufmännischen Beruf wechselte. Sein Unternehmen umfasst heute weit über tausend Filialen. Ein subtiler Kenner der Branche hat mir versichert, dass jeder, der ihn kennt, voller Respekt von seinen kaufmännischen Fähigkeiten und in der allergrößten Hochachtung von seinen menschlichen Qualitäten spricht. Der Betreffende gehört einer kleineren christlichen Gemeinschaft an und hat im Laufe seines Lebens enorme karitative Leistungen in Entwicklungsländern vollbracht. Man kann eben seine Interessen auch als Humanist wahren.

Jeder Mensch möchte gar zu gerne für die Nachwelt unvergessen sein und bleiben. Aber gibt es einen besseren Weg an dieses Ziel zu kommen, als in seinem Leben eine humane Spur zu hinterlassen, indem man das »Mobbing«, die Intrigen, das Beine-Stellen, den Neid, diese kleinkarierte Revanche um jeden Preis und das Übervorteilen anderer überlässt? Im Übrigen bleibt ja die Beteiligung an dieser gegenseitigen Fallenstellerei am Ende ohnehin ergebnislos – oder soll man es etwa in der Bilanz seines Lebens wirklich als einen Erfolg verbuchen, wenn man einen anderen Menschen auf diese Weise ausgebootet hat?

Die Welt ist voller partnerschaftlicher Schwierigkeiten. Sie würden sehr viel geringer sein, wenn wir weniger Ausreden und Erklärungen für uns selbst parat hätten und uns wieder mit dem Begriff der ganz persönlichen Schuld anfreunden würden.

Als ich ein kleiner Junge war, wurde mir beigebracht, abends eine »Gewissenserforschung zu halten« und dabei den Tag Revue passieren zu lassen. Es hat mich nicht zum Neurotiker gemacht. Aber ich habe damals gelernt, dass der Mensch sich im Rückblick zunächst einmal zu fragen hat, was er selbst falsch gemacht hat, und dass es, wenn auch schwieriger, so doch besser ist, anderen etwas nachzusehen als sich selbst. Heute weiß ich, dass man ohne moralischen Anspruch an sich selbst und ohne die tägliche oder besser: ohne die ständige moralische Reflexion seines Tuns kein Humanist sein kann.

Der Mensch mag nichts tun ohne Lohn. Das sitzt tief in ihm. Unser hedonistisches Zeitalter ist beherrscht von der Vorstellung, dass »der Spaß« der sicherste Lohn menschlichen Tuns ist. Doch seit Jahrtausenden weiß man, dass diese Rechnung in ein Defizit führt, weil »der Spaß« sich nur an der Oberfläche des Menschenlebens abspielt. Welchen Lohn hat dann aber ein Leben, das durch ethische Normen im Rahmen der oben umrissenen Grundformel bestimmt ist?

Antwort: Es führt in die Zufriedenheit und oft genug zu einem Gefühl des Glücks, weil unter dieser Prämisse die menschliche Existenz die Bedrohung der Sinnlosigkeit verliert, ganz gleich, wie man über Zeit und Ewigkeit denken mag. Gleichwohl erleichtert ein Leben, das unter den Anspruch gestellt ist, sich um humanes Handeln gerade dort zu bemühen, wo es am schwierigsten ist – nämlich im unmittelbaren Umgang mit seinen Mitmenschen – den Zugang zu einer anderen Vorstellung: dass unsere biologische Existenz nicht alles ist.

»Der letzte Sinn des Lebens übersteigt menschliches Begreifen. Von uns ist nicht gefordert, die Sinnlosigkeit des Lebens zu ertragen, wie die Existenzialisten behaupten, sondern unsere eigene Unfähigkeit zu ertragen, diesen letzten unbedingten Sinn zu erfassen« (Viktor Frankl*, zit. n. F. v. Kutschera). Um so mehr bin ich der Überzeugung, dass jeder Epoche ebenso wie jedem Menschen nicht nur die Aufgabe gestellt ist, nach dem Woher, Wozu und Wohin unserer Existenz zu fragen, sondern nicht weniger nach einem Lebensentwurf zu suchen, der die alltäglichen Konflikte ebenso wie die unbegreiflichen Widersprüche in dieser leidvollen Welt zu mindern sich bemüht.

Ein solches Ziel ist aus meiner persönlichen Sicht die beste Antwort auf die Frage, weshalb wir hier auf dieser Welt sind. Sie wird, davon bin ich überzeugt, in jenen, die sich hierum bemühen, durch ihr Tun zugleich die Hoffnung auf eine »coincidentia oppositorum«** wecken, wie Nikolaus von Cues das genannt hat: auf eine andere Wirklichkeit des Seins im unbeschreibbaren unendlichen Einen (das wir Gott nennen), wo die ergründlichen Rätsel und Widersprüchlichkeiten unserer erfahrbaren Welt sich auflösen, weil sie dort in einer für uns hier nicht zugänglichen Weise gegeneinander aufgehoben sind.

Literatur:
- (2) A, Baring
- (5) A. Birke
- (9) K. D. Bracher
- (10) K. D. Bracher
- (14) W. Bührer
- (18) S. Courtois
- (28) N. Frei
- (32) O. Y Gasset
- (35) F. A. Hayek
- (36) F. A. Hayek
- (41) Historikerstreit
- (43) E. Jäckel
- (46) J. Jessen
- (53) H. Krausnick
- (56) F. v. Kutschera
- (57) J. Locke
- (64) H. Möller
- (72–78) E. Noelle-Neumann
- (82) N. Postman
- (84) K. R. Röhl
- (86) E. K. Scheuch
- (87) F. Schirrmacher
- (91) F. Schneider
- (100, 101) A. de Tocqueville

*| Viktor Emil Frankl (geb. 1905): aus Wien stammender, vor einigen Jahren verstorbener, namhafter jüdischer Psychiater und Psychotherapeut, der die Schrecken des Konzentrationslagers überleben konnte.

**| Gleichzeitigkeit der Gegensätze

Bibliografie

1. Arendt, Hanna: Elemente und Ursprünge totaler Herrschaft. 4. Auflage. Piper, München 1986.
2. Baring, Arnulf: Scheitert Deutschland? Abschied von unseren Wunschwelten. Droemersche Verlagsanstalt, München 1997.
3. Benz, Wolfgang, H. Graml und H. Weiß (Hg.): Enzyklopädie des Nationalsozialismus. 3. Auflage. dtv, München 1998.
4. Benz, Wolfgang, Johannes Houwink ten Cate und Gerhard Otto (Hg.): Anpassung, Kollaboration, Widerstand. Kollektive Reaktionen auf die Okkupation. Metropol-Verlag, Berlin 1996.
5. Birke, Adolf M.: Nation ohne Haus. Deutschland 1945–1961. Siedler-Verlag, Berlin 1998.
6. Blaich, Fritz: Der Schwarze Freitag. Inflation und Wirtschaftskrise. 3. Auflage. dtv, München 1994.
7. Boberach, Heinz: Meldungen aus dem Reich. Auswahl aus den geheimen Lageberichten des Sicherheitsdienstes der SS 1939–1944. Hermann Luchterhand-Verlag, Neuwied/Berlin 1965.
8. Boog, Horst: Bombenkrieg, Völkerrecht und Menschlichkeit im Luftkrieg. – In: Die Soldaten der Wehrmacht, hg. von H. Poeppel, W.-K. Prinz von Preußen und K. G. von Hase. 3. Auflage. Herbig-Verlag, München 1999.
9. Bracher, Karl Dietrich: Zeit der Ideologien. Eine Geschichte politischen Denkens im 20. Jahrhundert. Erweiterte Neuausgabe 1984. Deutsche Verlagsanstalt, Stuttgart 1984.
10. Bracher, Karl Dietrich: Demokratie und Ideologie im 20. Jahrhundert. Bouvier-Verlag Herbert Grundmann, Bonn 1982.
11. Broszat, Martin und Norbert Frei (Hg.): Das Dritte Reich im Überblick. 6. Auflage. Piper-Verlag, München 1999.
12 Brüning, Heinrich: Memoiren 1918–1934. Deutsche Verlagsanstalt Stuttgart, Stuttgart 1970.
13. Buchheim, Hans, M. Broszat, H.-A. Jakobsen und H. Krausnick: Anatomie des SS-Staates. 7. Auflage. DTV, München 1999.
14. Buchheim, Hans: SS und Polizei im NS-Staat. Staatspolitische Schriftenreihe. Selbstverlag der Studiengesellschaft für Zeitprobleme, Duisdorf bei Bonn 1964.
15. Bührer, Werner (Hg.): Die Adenauer-Ära. Piper, München 1993.
16. Churchill, Winston: The Second World War. Seventh edition. Cassell, London 1967.

17. Cipolla, Carlo M. und K. Borchardt: Europäische Wirtschaftsgeschichte, Band 5. UTB Wissenschaft, Stuttgart 1986.
18. Collectivism: Encyclopedia Britannica 1993. 3/453.
19. Courtois, Stéphane (Hg.): Das Schwarzbuch des Kommunismus. 3. Auflage. Piper, München 1998.
20. Curtius, Ernst Robert: Deutscher Geist in Gefahr. Deutsche Verlagsanstalt, Stuttgart/Berlin 1932.
21. Deutschkron, Inge: Sie blieben im Schatten. Ein Denkmal für stille Helden. Edition Hentrich, Berlin 1996.
22. Domarus, Max: Hitler. Reden und Proklamationen 1932–1945. 2 Bände. Süddeutscher Verlag, München 1965.
23. Einbeck, Eberhard: Das Exempel Graf Sponeck. Carl Schünemann Verlag, Bremen 1970.
24. Fest, Joachim C.: Hitler. Eine Biographie. 2. Auflage. Propyläen-Verlag, Berlin 1973.
25. Fest, Joachim C.: Das Gesicht des Dritten Reiches. Profile einer totalitären Herrschaft. 5. Auflage. München 1997.
26. Fest, Joachim C.: Fremdheit und Nähe. Von der Gegenwart des Gewesenen. Deutsche Verlagsanstalt, Stuttgart 1996.
27. Fest, Joachim C.: Speer. Eine Biographie. Alexander Fest-Verlag, Berlin 1999.
28. Fest, Joachim: Staatsstreich. Der lange Weg zum 20. Juli. Siedler-Verlag, Berlin 1994.
29. Frei, Norbert: Vergangenheitspolitik. Die Anfänge der Bundesrepublik und die NS-Vergangenheit. DTV, München 1999.
30. Frei, Norbert: Der Führerstaat. Nationalsozialistische Herrschaft 1933–1945. 5. Auflage. dtv, München 1997.
31. François-Poncet, André: Botschafter in Berlin 1931–1938. Florian Kupferberg, Berlin/Mainz 1962.
32. Fröhlich, Elke: Joseph Goebbels – Der Propagandist. – In: Smelser, R. und R. Zitelmann (Hg.): Die braune Elite. 22 Biographische Skizzen. Wissenschaftliche Buchgesellschaft, Darmstadt 1989.
33. Gasset, Ortega Y: Aufstand der Massen. Deutsche Verlagsanstalt, Stuttgart 1933.
34. Haffner, Sebastian: Anmerkungen zu Hitler. 19. Auflage. Fischer Taschenbuch-Verlag, Frankfurt a. Main 1981.
35. Haffner, Sebastian: Geschichte eines Deutschen. Die Erinnerungen 1914 bis 1933. DVA, Stuttgart, 2000.
36. Hayek, F. A. von: Die Verfassung der Freiheit. J. C. B. Mohr (Paul Siebeck)-Verlag, Tübingen 1991.
37. Hayek, F. A. von: Der Weg zur Knechtschaft. Eugen Rentsch-Verlag, Erlenbach/Zürich [ohne Datum, Nachdruck 1991].
38. Heiber, Helmut: Adolf Hitler. Eine Biographie. Berlin 1960.
39. Henning, Friedrich Wilhelm: Die zeitliche Einordnung der Überwindung der Weltwirtschaftskrise in Deutschland. – In: Finanz- und wirtschaftspolitische Fragen der Zwischenkriegszeit, hg. v. Harald Winkel. Schriften des Vereins für Socialpolitik, Band 73. Duncker und Humboldt, Berlin 1973.
40. Henning, F.-W.: Die Industrialisierung in Deutschland 1800 bis 1914. 9. Auflage. Schöningh, Paderborn 1995.
41. Hirschberger, Johannes: Geschichte der Philosophie. Herder, Freiburg 1976.
42. Historikerstreit (ohne Hg.): Piper, München 1987.

43. Hitler, Adolf: Mein Kampf. Zwei Bände in einem Buch. Erster Band: Eine Abrechnung. Zweiter Band: Die nationalsozialistische Bewegung. 514.–518. Auflage. Zentralverlag der NSDAP, Franz Eher Nachf., München 1940.
44. Jäckel, Eberhard: Das deutsche Jahrhundert. 4. Auflage. DVA, Stuttgart 1998.
45. Jäckel, Eberhard: Hitlers Herrschaft. 3. Auflage. DVA, Stuttgart 1991.
46. Jäckel, Eberhard: Hitlers Weltanschauung. 4. Auflage. DVA, Stuttgart 1991.
47. Jessen, Jens: Gerührt, nicht geschüttelt. Nach den Molotowcocktails Gedenkparty für Ulrike Meinhof – In: Frankfurter Allgemeine Zeitung vom 06.05.1996.
48. Keese, Dietmar: Die volkswirtschaftlichen Gesamtgrößen für das deutsche Reich in den Jahren 1925 bis 1936. – In: Die Staats- und Wirtschaftskrise des deutschen Reiches 1929 bis 1933, hg. v. Werner Conze und Hans Raupach. Ernst Klett-Verlag, Stuttgart 1967.
49. Kershaw, Ian: Hitler. Deutsche Verlagsanstalt, Stuttgart 1998.
50. Keynes, John Maynard: The Economic Consequences of the Peace. Penguin Books 1971.
51. Kleist-Schmenzin, Ewald von: Der Nationalsozialismus. Eine Gefahr. Verlag L. Werdermann, Berlin Brist 1932.
52. Klemperer, Victor: Ich will Zeugnis ablegen bis zum letzten. Tagebücher 1933 bis 1945. Aufbau Taschenbuchverlag, Berlin 1999.
53. Kortner, Fritz: Aller Tage Abend. Autobiographie. Taschenbuchausgabe, Knaur-Verlag, 1996.
54. Krausnick, Helmut: Judenverfolgung. Schriftliches Gutachten für den Auschwitz-Prozeß – In: Buchheim, Hans, Martin Broszat, Hans-Adolf Jakobsen und H. Krausnick: Anatomie des SS-Staates. 7. Auflage. Piper, München 1999.
55. Krumwiede, Hans-Walter: Geschichte des Christentums III. Neuzeit: 17. bis 20. Jahrhundert. Zweite Auflage. Verlag W. Kohlhammer, Stuttgart 1987.
56. Kubiczek, August: Adolf Hitler, mein Jugendfreund. 5. Auflage. Leopold Stocker-Verlag, Graz 1989.
57. Kutschera, Franz von: Die großen Fragen. Philosophisch-theologische Gedanken. De Gruyter, Berlin/New York 2000.
58. Locke, John: Versuch über den menschlichen Verstand (Band II, Buch III und IV). Felix Meiner-Verlag, Hamburg 1988.
59. Löwith, Karl: Von Hegel zu Nietzsche. Der revolutionäre Bruch im Denken des neunzehnten Jahrhunderts. Felix Meiner-Verlag, Hamburg 1995.
60. Maier, Hans: Ein Achtundsechziger stellt sich vor – In: Rheinischer Merkur vom 16.03.2001.
61. Manig, Bert-Oliver: Was man nicht zugibt, weiß man nicht. – In: Frankfurter Allgemeine Zeitung vom 20.12.1999.
62. Marx, Karl und Friedrich Engels: Das kommunistische Manifest. Nachdruck der letzten Ausgabe von 1890. Dietz-Verlag, Berlin 1989.
63. Michalka, Wolfgang: Joachim von Ribbentrop – Vom Spirituosenhändler zum Außenminister. – In: Smelser, R. und R. Zitelmann (Hg.): Die Braune Elite. 22 biographische Skizzen. Wissenschaftliche Buchgesellschaft, Darmstadt 1989.
64. Mirow, Jürgen: Geschichte des deutschen Volkes. Casimir Katz-Verlag, Gernsbach 1996.

65. Möller, Horst (Hg.): Der rote Holocaust und die Deutschen. Die Debatte um das »Schwarzbuch des Kommunismus«. Piper, München 1999.
66. Niedhardt, Gottfried: Deutsche Geschichte 1918–1933. 2. Auflage. Kohlhammer-Verlag, Stuttgart/Berlin/Köln 1994.
67. Nieschke, Werner: Entwicklung und Ende. Ginta Verlag, Köln 1999.
68. Nietzsche, Friedrich: Menschliches, Allzumenschliches. dtv, München 1999.
69. Nietzsche, Friedrich: Also sprach Zarathustra. dtv., München 1999.
70. Nietzsche, Friedrich: Der Wille zur Macht. Versuch einer Umwertung aller Werte. Alfred Kröner Verlag, Stutgart 1996.
71. Nipperdey, Thomas: Deutsche Geschichte, Band II (1866–1918). Machtstaat vor der Demokratie. C. H. Beck'sche Verlagsbuchhandlung, München 1992.
72. Nissen, Rudolf: Helle Blätter, dunkle Blätter – Erinnerungen eines Chirurgen. Deutsche Verlagsanstalt, Stuttgart 1963.
73. Noelle-Neumnn, Elisabeth: Öffentliche Meinung. Die Entdeckung der Schweigespirale. Ullstein-Verlag, Berlin 1996.
74. Noelle-Neumann, Elisabeth: Öffentlichkeit als Bedrohung. Beiträge zur empirischen Kommunikationsforschung. Verlag Karl Alber, Freiburg/München 1977.
75. Noelle-Neumann, Elisabeth und H. Maier-Leibnitz: Zweifel am Verstand. 2. Auflage. Edition Interfrom, Zürich 1989.
76. Noelle-Neumann, Elisabeth: Eine demoskopische Geschichtsstunde. Edition Interfrom, Zürich 1991.
77. Noelle-Neumann, Elisabeth: Demoskopische Deutschstunde. Edition Interfrom, Zürich 1983.
78. Noelle-Neumann, Elisabeth, H. M. Kepplinger und W. Donsbach: Kampa. Meinungsklima und Medienwirkung im Bundestagwahlkampf 1998. 2. Auflage. Karl Alber-Verlag, Freiburg/München 1999.
79. Noelle-Neumannn, Elisabeth: Zauber der Freiheit. Über unbewußte Zusammenhänge in unserem Leben und in der Politik. – In: Frankfurter Allgemeine Zeitung vom 24.06.1999, Nr.143, S. 12.
80. Poeppel, Hans, W. K. Prinz von Preußen und H. G. von Hase (Hg.): Die Soldaten der Wehrmacht. 3. Auflage. Herbig-Verlag, München 1999.
81. Popper, Karl R.: Die offene Gesellschaft und ihre Feinde. 7. Auflage. UTB Wissenschaft, Tübingen 1992.
82. Postman, Neil: Das Verschwinden der Kindheit. 13. Auflage. Fischer-Verlag, Berlin 2000.
83. Postman, Neil: Die zweite Aufklärung. Berlin-Verlag, Berlin 1999.
84. Rifkin, Jeremy: Was macht euch so ängstlich? – In: Frankfurter Allgemeine Zeitung (Feuilleton) vom 18.11.2000.
85. Röhl, Klaus Rainer: Linke Lebenslügen. 3. Auflage. Ullstein, Berlin 1995.
86. Rüthers, Bernd: Entartetes Recht. Rechtslehren und Kronjuristen im Dritten Reich. C. H. Beck, München 1988.
87. Scheuch, Erwin K. (Hg.): Die Wiedertäufer der Wohlstandsgesellschaft. Markus-Verlag, Köln 1968.
88. Schirrmacher, Frank (Hg.): Die Walser-Bubis-Debatte. Suhrkamp, Frankfurt a. Main 1999.

89. Schlabrendorff, Fabian von: Begegnungen in fünf Jahrzehnten. Rainer Wunderlich-Verlag, Tübingen 1979.
90. Schmidt, Paul: Statist auf der diplomatischen Bühne 1923–1945. Erlebnisse eines Chefdolmetschers im Auswärtigen Amt mit den Staatsmännern Europas. Bonn 1950.
91. Schnabel, Franz: Deutsche Geschichte im neunzehnten Jahrhundert. Nachdruck. Deutscher Taschenbuch-Verlag, München 1987.
92. Schneider, Franz (Hg.): Dienstjubiläum einer Revolte. V. Hase und Koehler-Verlag, München 1992.
93. Schultz-Naumann, Joachim: Die letzten dreißig Tage. Universitas-Verlag, München 1980.
94. Schwarz, Hans-Peter: Das Gesicht des Jahrhunderts. Siedler-Verlag, Berlin 1998.
95. Schwerin-Krosigk, Lutz Graf von: Staatsbankrott. Musterschmidt-Verlag, Göttingen 1974.
96. Stahlberg, Alexander: Die verdammte Pflicht. 9. Auflage. Ullstein-Verlag, Berlin 1998.
97. Stürmer, Michael, G. Teichmann und W. Treue: Wägen und Wagen. Sal. Oppenheim jr. & Cie. Geschichte einer Bank und einer Familie. 3. Auflage. Piper, München, 1994.
98. Taddey, Gerhard (Hg.): Lexikon der deutschen Geschichte. Alfred Kröner Verlag, Stuttgart 1979.
99. Thamer, Hans-Ulrich: Verführung und Gewalt. Siedler-Verlag, Berlin 1986.
100. Theisen, Alfred: Die Vertreibung der Deutschen. – In: »Das Parlament«, Beilage »Aus Politik und Zeitgeschichte«, vom 10.02.1995.
101. Tocqueville, Alexis de: Über die Demokratie in Amerika. Reclam, Stuttgart 1997.
102. Tocqueville, Alexis de: Das Zeitalter der Gleichheit. Auswahl aus Werken und Briefen. Westdeutscher Verlag, Köln/Opladen 1967.
103. Zentner, Christian: Drittes Reich und II. Weltkrieg. Moewig-Verlag, Rastatt 1998.

Schlagwortregister

Abrüstungsverhandlungen 147
Achtundsechziger-
 bewegung 284, 292, 293
Agrarkrise 59
Amtswalter 117
„Anti" 159
Antisemiten 20
Antisemitismus 20, 21
Arbeitsbeschaffungsmaßnahmen 127
Arbeitsdienst 102, 204, 214
Arbeitslosenunterstützung 70
Arierparagraph 141
Asch, Solomon 268
Auschwitz 303, 305
Ausrottungspolitik 197
Autobahnen 124, 126

Baden, Max, Prinz von 32
Benn, Gottfried 137
Bethmann Hollweg von 26
Betram, Ernst 138
Bismarck 22, 23
Blomberg, General von 175
Bolschewismus 42
Bonhoeffer, Dietrich 142
Boykott jüdischer Geschäfte 140
Breitscheid, Rudolf 89
Briand-Kellog-Pakt 258
Bromberger Blutsonntag 195
Brüning, Heinrich 56

Bücherverbrennung 136
Busch, Fritz 51
Chamberlain, Housten Stewart 21
Chamberlain, Neville,
 Premierminister 182
Churchill, Winston 185
Curtius, Ernst Robert 78

Daladier, Edouard 185
DDP (Deutsche Demokratische
 Partei) 35
Deutsche Arbeiterpartei 42
Deutsch-völkisches Lebensgefühl 20
DNVP 32
Dolchstoßlegende 60
Dollfuß, Österreichischer
 Bundeskanzler 146
Donovan, William, General 259
Dreibund 22
Dreikaiserbündnis 22
Duesterberg, Theodor 85
DVP (Deutsche Volkspartei) 35

Ebert, Friedrich 32
Eden, Englischer Außenminister 151
Einmarsch in Österreich 182
„Endlösung" der Judenfrage 230
Ermächtigungsgesetz 138
Erntedankfest 153, 165
Expressionismus 20

Ferdinand, Franz, Erzherzog 26
Flandin, Pierre Etienne 74
Flick, Frederick 47
Freikorps 32
Freisler, Roland 326
Fritsch, General von 175
Fritz, Reinhardt 127
Fronterlebnis 19, 34

Gestapo 149, 249
Gewerkschaften 121
Gobineau, Graf 21
Gründgens, Gustav 135
Guderian, General 220

Hacha, Tschechischer Präsident 189
Hahn, Otto 17
Hammerstein Equord,
  General von 96, 97
Hanfstaengl, Ernst 76
Harzburger Front 75
Hauptmann, Gerhart 137
Hayek, Friedrich von 129
Hegel, Georg Wilhelm F. 20, 37
Heidegger, Martin 137
Heinrich, Ewald 84
Heldengedenktag 162
Henderson, Neville 174
Henlein, Konrad 182
Heroischer Realismus 60
Heubner, Dr. Heinz 178
Hielscher, Friedrich 172
Hindenburg 36, 80, 81, 82, 83, 85
Hoeppner, Generaloberst 218
Hugenberg, Alfred 58, 85

Imperialismus 20, 22, 23
Inflation 46

Investition 48, 49

Jackson, Robert 259
Johst, Hanns 134
Judengesetzgebung von 1935 152
Jugendbewegung 18, 19
Jugendstil 20
Jung, Edgar 147
Jünger, Ernst 61
Jünger, Friedrich Georg 61

Kaas, Dr. 110, 112
Keynes, Maynard 33
Kirk Ensor, Robert Charles 89
Kleiderspendensammlung 211
Kleinen Entente 49
Kleist-Schmenzin, Ewald von 84
Kollektivismus 20, 123, 133
Kollektivschuld 256
Kommunismus 62
Konkordat 143
Konzentrationslager 98, 103, 116, 133
Kortner, Fritz 24
KPD (Kommunistische Partei
  Deutschlands) 32, 35
Kraft durch Freude 129
Kriegsschuldlüge 33
Kubiczek, Josef 39

Lautenbach, Wilhelm 127
Lazarsfeld, Paul F. 265
Leber, Julius 89
Lennard, Philipp 138
Liebknecht, Karl 32
Locke, John 274
Loncarno, Vertrag von 154
Ludendorff, Erich 31
Luftkrieg 223, 224, 226

Luxemburg, Rosa	32, 62
Mann, Thomas	96
Mao	294, 295
Marx, Wilhelm	36
Massenbeeinflussung	122
„Mein Kampf"	40, 44
Meinungsklima	274
Meitner, Lise	17
Memelgebiet	190
Meusel, Marga	143
Molotow	192
Mommsen, Theodor	16, 213
Morgenthau-Plan	260
Mosse, G. L.	21
Moszkowicz, Imo	135
Müller, Hermann	55
Müller, Ludwig Wehrkreispfarrer	139
Mussolini	115, 176, 177
Nationalsozialistische Weltanschauung	168
Naturalismus	20
Neuhumanismus	16
Nietzsche, Friedrich	61
Nissen, Rudolf	14
Notverordnung zum Schutze von Volk und Staat	102, 103
Notverordnungsrecht	74
NS-Mentalität	174
Nürnberger Prozess	258
Öffentliche Meinung	266
Olympiade	156
Ortega y Gasset	294
Osten-Warnitz, Oscar von der	84
Panslawisten	22
Papen, Franz von	79
Parlamentarische Demokratie	31, 32
Pembaur, Karl Maria	52
Personalisierung	265, 271, 273
Pferdmenges, Dr. Robert	278
Plaschke von der Osten, Eva	51
Polen, Pakt mit	146
Ponto, Erich	51
Potsdam	107
Präventivkrieg	143, 144
Prinz Max von Baden	32
Putschversuch 1923	43
Quandt, Günter	47
Rassenkunde	21, 168
Rassenlehre	21
Rassentheorien	20
Räterepublik	42
Re-education	255
Reichskommissare	117
Reichskonkordat	138
„Reichskristallnacht"	187
Reichsparteitag	163
Reichsstatthalter	117
Reichstagsbrand	101
Reinhardt, Fritz	127
Reparationen	46
Reparationszahlungen	33, 34
Rheinlandbesetzung	155
Ribbentrop, Joachim von	175
Röhm, Ernst	74, 147
Rosenberg, Alfred	165
Rückversicherungsvertrag	22
Runciman, Lord	182
Rüstungsausgaben	127, 128
Schacht, Hjalmar	74
Scheidemann, Philipp	32

Schuldbekenntnis	254	Wahl vom 5. März 1933	138
Schumacher, Kurt	88	Wählerverhalten	265
Schlabrendorff, Fabian von	252, 258	Wahlkampf	264
Schleicher, Kurt, General von	77	Walser, Martin	305
Schmitt, Carl	17	Wehrpflicht	150
Schwarzer Freitag	54	Weimarer Koalition	35
Schweigespirale	265	Weltanschauung	250, 251, 253, 270
Sicherheitsdienst (SD)	207	Weltwirtschaftskrise	34, 46
Sozialdarwinismus	20, 168	Weltkrieg	26, 29, 30
SPD	35, 37	Wiederaufrüstung	150
Sponek, Graf von	218	Wilhelm II.	22, 23, 24
Staatsjugend	164	Winterhilfswerk	130
Stalin	293, 264, 294, 295	Wurm, Theo	143
Sternheim, Carl	21	Young-Plan	57, 58
Stinnes, Hugo	47		
Strasser, Otto	67	Zarathustra	61
Speer, Albert	119, 121, 227	Zweibund	22
Stresemann	153, 33		
Sponek, Graf von	218		
Sudetenkrise	182		
Sympathisanten	159, 160, 161, 173, 256, 262		
Schroeder, Bankier von	82		
Tessenow, Heinrich	119		
Tocqueville, Alexis de	138, 320		
Todt, Dr.	126		
Tripitz, Marinestaatssekretär	24		
Unterstützungssatz der Reichsanstalt	70		
USPD (Unabhängige SPD)	32, 35		
Verfassungsgebende National-versammlung	32		
Versailles	33, 34, 42		
Völkerbund	144		
Völkische Rechtserneuerung	170		
Völkisches Denken	19		

Bildquellen

Bayrische. Staatsbibliothek
S. 121, S. 241, S. 229, S. 235, S. 247

Bayrische. Staatsgemäldesammlung
S. 46

Beck Verlag
S. 171

Bild Kunst
S. 167

Klemm, Barbara
S. 289

Mövig Verlag
S. 125, S. 153, S. 165, S. 169
S. 235 oben, S. 225, S. 229

Picture Press
S.107, S.137, S.190,
S. 191, S. 233 oben, S. 235 unten,
S. 280, S.285

Preußischer Kulturbesitz
S. 70, S. 99, S. 129, S. 217, S.233

Rheinisches Bildarchiv
S. 243

Rowohlt Verlag
S. 290

Süddeutscher Verlag
S. 177, S. 243

Ullstein Bilderdienst
S. 28, S. 29, S. 34, S. 55, S. 71 oben
S. 71 unten, S.101, S. 130, S. 132,
S. 156, S. 163, S. 166, S. 188, S. 199
S. 247, S. 255, S. 281

VG Bildkunst S. 249

Das dunkle Jahrtausend
KARL LUDWIG TSCHAIKOWSKI

„…Dieses Buch ist eine durchaus eigenwillige, aber eigenständige und komprimierte Darstellung des Mittelalters geworden. Dem Werk ist eine große Leserschar zu wünschen." D.S. „Romerike Berge", Ausgabe 04/99

Immer noch gilt das Mittelalter vielen als eine dunkle Epoche, die man Gott sei Dank hinter sich gelassen hat – ein dunkles Jahrtausend eben, in dem aber auch Menschen gelebt, gehofft und gelitten haben. Das Interesse an dieser fernen Welt ist inzwischen beträchtlich gewachsen, aber wer in die Bücherregale greift, sieht sich in der Regel Werken gegenüber, die in erster Linie Teilaspekte der Epoche, aber keine Gesamtübersicht vermitteln.

Mit dem vorliegenden Buch steht jetzt eine kurz gefaßte Gesamtdarstellung des Mittelalters zu Verfügung. Der Autor – Dr. Karl Ludwig Tschaikowski, vormals Arzt in Köln – kennt die Schwierigkeiten aus vielfältiger eigener Erfahrung, die sich für den an einer Allgemeinbildung interessierten Laien bei der Suche nach einer geeigneten Lektüre ergeben. Dementsprechend ist hier eine umfassend orientierende, aber knappe und griffig geschriebene Übersicht über das gesamte Mittelalter entstanden. Namhafte Fachleute haben dem Verfasser dabei mit Kritik und Anregungen zur Seite gestanden.

Der Bogen spannt sich von der Spätantike bis zum Beginn der Neuzeit. Der Hauptakzent liegt auf der kulturgeschichtlichen Darstellung, die ja den Laien im allgemeinen mehr interessiert als die politische Ereignisgeschichte. Besonders am Herzen liegt dem Autor dabei die Vermittlung des mittelalterlichen Selbstverständnisses, dessen Kenntnis naturgemäß eine entscheidende Voraussetzung ist, um eine vorurteilslose Sicht auf die uns umgebenen Zeugnisse jener Vergangenheit zu gewinnen.

Man kann dem Leser guten Gewissens eine erlebnisreiche Reise in ein fernes Land voller Rätsel und Geheimnisse versprechen.

Karl Ludwig Tschaikowski
Das dunkle Jahrtausend
Annäherungen an das Mittelalter

Sachbuch, 336 Seiten,
24 Illustrationen,
8 Schwarzweiß-Collagen,
2 Karten, 16,5 x 26 cm,
gebunden, DM 39,–

Bezug über den deutschen Buchhandel oder über den Verlag:
Foglio Medien GmbH, Köln
Telefon 0221/640 40 40
Telefax 0221/640 40 42
e-mail: service@foglio.de
www.foglio.de/mittelalter/index.html